殷墟甲骨文字通釋稿

朱 歧 祥 著

文史哲出版社
印 行

殷墟甲骨文字通釋稿／朱歧祥著. -- 初版. --

臺北市：文史哲，民 98 印刷

4,40,466 面　30 公分.

ISBN 978-957-547-669-4 (平裝)

1. 甲骨・文字

792.2

殷墟甲骨文字通釋稿

著　　者：朱　　　歧　　　祥

出 版 者：文　史　哲　出　版　社

http://www.lapen.com.tw

e-mail：lapen @ms74.hinet.net

登記證字號：行政院新聞局版臺業字五三三七號

發 行 人：彭　　　正　　　雄

發 行 所：文　史　哲　出　版　社

印 刷 者：文　史　哲　出　版　社

臺北市羅斯福路一段七十二巷四號

郵政劃撥帳號：一六一八〇一七五

電話 886-2-23511028・傳真 886-2-23965656

平裝實價新臺幣八〇〇元

中華民國七十八年(1989) 十二月初版
中華民國九十八年(2009) 九月 BOD 初版再刷

序　言

　　由於我是一個好疑古的人，希望透過釋古來肯定中國古代文化的價值，從而建立一己與一民族的信心，所以我對於先秦典籍，以至考古學、古文字學產生了濃烈的興趣。唯有把地下的第一手材料搞通了，才能稍稍避免一代復一代『想當然耳』的文獻混淆，比較客觀地接觸到古文化的眞面目，以今人的咀巴道出古人的眞心話。甲骨文的發現正好提供了我追求古史眞相的尙好研究材料。《殷墟甲骨文字通釋稿》是一部嘗試通盤觀察殷代文字字義用例的書稿，它代表我治學前階段欲藉著古文字的剖析來展示中國信史的小小野心。

　　全書奠基在我對於殷代方國考釋、地理系聯、文字同形異構及對貞句法的一些初步研究。稿中所收錄的一千七百多個甲骨文字，其部屬分類主要是因承日人島邦男的《殷墟卜辭綜類》一書，加以分合，另增添了若干《小屯南地甲骨》、《甲骨文合集》等新出土材料，是目前較完備的一部甲骨文字詞典。本人由最初核對甲骨拓片開始，經隸定形構、分期考釋，以至排比歸納辭例，迄今稿成，已是六易寒暑。學途孤寂，幸得以古人爲友。箇中甘苦，實不易一一爲人道。

　　昔日董彥堂先生畢生以推廣普及甲骨學爲志，金祥恆師十年如一日的治學精神，都深深打動這塊頑石。匆匆返港任教文字學課程已達五年，終日營役爲人，了無寸進。書生論道，實不知『道盡在人生』；空言理想，却無裨益於黃口小兒。三十年來自恃一點小聰明，對於人性的認知，却是膚淺得可笑。多年來不敢懈惰的，唯獨立志完成這份書稿，以告慰　恩師的教誨與期望。然本人才識疏陋，以一人之力成此書稿，罣漏訛誤，自知難免。如蒙海內博雅君子，匡我不逮，俾得陸續修正，是所企盼。

　　最後，要爲這書稿說一聲感激的，是內子王明妮女士，沒有她默默的支持鼓勵，這份稿子恐怕已經早夭不能問世。此外，對於熱誠幫忙中文電腦打字，編列筆劃索引的朋友，僅在此致以衷心謝意。文史哲出版社的彭正雄先生高風亮節，以文會友，本書得蒙其大力相助，亦謹此誌謝。

一九八八年五月十二日朱歧祥序於香江。

心中惦念着我的學生。

殷墟甲骨文字通釋稿

凡　例

一． 本書以普及甲骨學為目的，行文力求淺白，以便初學對殷代文字有一通盤認識。考釋殷文形構博采諸家，擇善而從；唯對於諸家論證不作詳錄。

二． 本書考釋殷文字約二千，主要討論字的本義、引申和假借，俾讀者披閱每一殷文，都能了解其在殷商時期的各種用法，從而通讀所有卜辭。

三． 全書体例：先釋字形，附列《說文》或吉金古文形構，次釋字義，綜合文例、斷代的分類討論各種字義的變化。透過文字的斷代研究，串連殷史料的前後關係。

四． 釋義均列舉代表性辭例，以見徵信。為便初學，偶或附以釋文。唯孤證不強解濫取，一字一句，務必有所依據。

五． 由斷代、結体分析和文例類比歸納字與字間的關連。

六． 卜辭分貞辭、固辭、驗辭、允辭四類。貞辭本屬疑問句式，唯卜辭多殘片，辭類未易辨識，為求行文方便，所引卜辭率以句號作結。

七． 卜辭斷代依董作賓先生《甲骨文斷代研究例》說，分五期：

第一期	武丁卜辭
第二期	祖庚祖甲卜辭
第三期	廩辛康丁卜辭
第四期	武乙文丁卜辭
第五期	帝乙帝辛卜辭

八． 甲骨文中尚有不識之字，辭殘用法亦不詳，概不收錄。

九． 甲骨文中數目字，干支、先公先王名稱出現繁多，用法亦固定為假借義，不盡收錄。

十． 本書稿若干文字因斷代不同而異書，實可以互相歸併，唯拘於島邦男氏《卜辭綜類》體例，不一一併合。讀者可就〈筆劃索引〉得見字與字間的關係。

十一． 本書稿前附〈部首索引〉、〈檢字總表〉及〈筆劃索引〉，以便檢查。

十二． 本書稿釋例所引錄書目，一律用簡稱，可對照〈引書簡稱表〉。

部 首 索 引

檢字表

1.　2.　3.　4.　5.　6.　7.　8.　9.　10.

11.　12.　13.　14.　15.　16.　17.　18.　19.　20.

21.　22.　23.　24.　25.　26.　27.　28.　29.　30.

31.　32.　33.　34.　35.　36.　37.　38.　39.　40.

41.　42.　43.　44.　45.　46.　47.　48.　49.　50.

51.　52.　53.　54.　55.　56.　57.　58.　59.　60.

61.　62.　63.　64.　65.　66.　67.　68.　69.　70.

71.　72.　73.　74.　75.　76.　77.　78.　79.　80.

81.
82.
83.
84.
85.
86.
87.
88.
89.
90.
91.
92.
93.
94.
95.
96.
97.
98.
99.
100.

101.
102.
103.
104.
105.
106.
107.
108.
109.
110.
111.
112.
113.
114.
115.
116.
117.
118.
119.
120.

121.
122.
123.
124.
125.
126.
127.
128.
129.
130.
131.
132.
133.
134.
135.
136.
137.
138.
139.
140.

141.
142.
143.
144.
145.
146.
147.
148.
149.
150.
151.
152.
153.
154.
155.
156.
157.
158.
159.
160.

161.

162.

163.

164.

165.

166.

167.

168.

169.

170.

171.

172.

173.

174.

175.

176.

177.

178.

179.

180.

181.

182.

183.

184.

185.

186.

187.

188.

189.

190.

191.

192.

193.

194.

195.

196.

197.

198.

199.

200.

201.

202.

203.

204.

205.

206.

207.

208.

209.

210.

211.

212.

213.

214.

215.

216.

217.

218.

219.

220.

221.

222.

223.

224.

225.

226.

227.

228.

229.

230.

231.

232.

233.

234.

235.

236.

237.

238.

239.

240.

241.　
242.　
243.　
244.　
245.　
246.　
247.　
248.　
249.　
250.　
251.　
252.　
253.　
254.　
255.　
256.　
257.　
258.　
259.　
260.　

261.　
262.　
263.　
264.　
265.　
266.　
267.　
268.　
269.　
270.　
271.　
272.　
273.　
274.　
275.　
276.　
277.　
278.　
279.　
280.　

281.　
282.　
283.　
284.　
285.　
286.　
287.　
288.　
289.　
290.　
291.　
292.　
293.　
294.　
295.　
296.　
297.　
298.　
299.　
300.　

301.　
302.　
303.　
304.　
305.　
306.　
307.　
308.　
309.　
310.　
311.　
312.　
313.　
314.　
315.　
316.　
317.　
318.　
319.　
320.

321. 342. 361. 381.

322. 342. 362. 382.

323. 343. 363. 383.

324. 344. 364. 384.

325. 345. 365. 385.

326. 346. 366. 386.

327. 347. 367. 387.

328. 348. 368. 388.

329. 349. 369. 389.

330. 350. 370. 390.

331. 351. 371. 391.

332. 352. 372. 392.

333. 353. 373. 393.

334. 354. 374. 394.

335. 355. 375. 395.

336. 356. 376. 396.

337. 357. 377. 397.

338. 358. 378. 398.

339. 359. 379. 399.

340. 360. 380. 400.

401. 𤲟
402. 𤲟 𤲟
403. 𤲟
404. 𤲟
405. 𤲟
406. 𤲟 𤲟
407. 𤲟
408. 𤲟
409. 𤲟
410. 𤲟
411. 𤲟
412. 𤲟
413. 𤲟
414. 𤲟
415. 𤲟
416. 𤲟
417. 𤲟
418. 𤲟
419. 𤲟
420 𤲟

421. 𤲟
422. 𤲟 𤲟 𤲟
423. 𤲟
424. 𤲟
425. 𤲟
426. 𤲟
427. 𤲟
428. 𤲟 𤲟
429. 𤲟
430. 𤲟
431. 𤲟
432. 𤲟 𤲟
433. 𤲟
434. 二
435. 一
436. 三 ⚌ ⚌
437. 𠄐 丁 𠄐
438. 𠄐
439. 𠄐 𠄐 𠄐
440. 𤲟

441. 𤲟 𤲟 𤲟
442. 𤲟 𤲟 𤲟
443. 𤲟 𤲟
444. 𤲟 𤲟
445. 口
446. 𦥑 回
447. 𤲟
448. 吕 吕 昌
449. 𤲟 𤲟
450. 晶
451. D D
452. 𤲟 田 𤲟
453. 𤲟
454. 𤲟 𤲟
455. 𤲟
456. 𤲟 𤲟
457. 𤲟
458. 𤲟 𤲟
459. 𤲟 𤲟 𤲟
460. 𤲟

461. 𤲟
462. 丂
463. 勺
464. 𤲟 𤲟
465. 𤲟
466. 𤲟
467. 𤲟
468. 𤲟 𤲟
469. 𤲟 𤲟
470. 𤲟
471. 𤲟
472. 𤲟
473. 𤲟
474. 林
475. 𤲟 𤲟
476. 𤲟 𤲟
477. 𤲟 𐊠 丄
478. 𤲟 𤲟
479. 𤲟
480. 𤲟

— 8 —

481. 　 501. 　 521. 　 541.

482. 　 502. 　 522. 　 542.

483. 　 503. 　 523. 　 543.

484. 　 504. 　 524. 　 544.

485. 　 505. 　 525. 　 545.

486. 　 506. 　 526. 　 546.

487. 　 507. 　 527. 　 547.

488. 　 508. 　 528. 　 548.

489. 　 509. 　 529. 　 549.

490. 　 510. 　 530. 　 550.

491. 　 511. 　 531. 　 551.

492. 　 512. 　 532. 　 552.

493. 　 513. 　 533. 　 553.

494. 　 514. 　 534. 　 554.

495. 　 515. 　 535. 　 555.

496. 　 516. 　 536. 　 556.

497. 　 517. 　 537. 　 557.

498. 　 518. 　 538. 　 558.

499. 　 519. 　 539. 　 559.

500. 　 520. 　 540. 　 560.

561.
562.
563.
564.
565.
566.
567.
568.
569.
570.
571.
572.
573.
574.
575.
576.
577.
578.
579.
580.

581.
582.
583.
584.
585.
586.
587.
588.
589.
590.
591.
592.
593.
594.
595.
596.
597.
598.
599.
600.

601.
602.
603.
604.
605.
606.
607.
608.
609.
610.
611.
612.
613.
614.
615.
616.
617.
618.
619.
620.

621.
622.
623.
624.
625.
626.
627.
628.
629.
630.
631.
632.
633.
634.
635.
636.
637.
638.
639.
640.

641.

642.

643.

644.

645.

646.

647.

648.

649.

650.

651.

652.

653.

654.

655.

656.

657.

658.

659.

660.

661.

662.

663.

664.

665.

666.

667.

668.

669.

670.

671.

672.

673.

674.

675.

676.

677.

678.

679.

680.

681.

682.

683.

684.

685.

686.

687.

688.

689.

690.

691.

692.

693.

694.

695.

696.

697.

698.

699.

700.

701.

702.

703.

704.

705.

706.

707.

708.

709.

710.

711.

712.

713.

714.

715.

716.

717.

718.

719.

720.

721.
722.
723.
724.
725.
726.
727.
728.
729.
730.
731.
732.
733.
734.
735.
736.
737.
738.
739.
740.
741.
742.
743.
744.
745.
746.
747.
748.
749.
750.
751.
752.
753.
754.
755.
756.
757.
758.
759.
760.
761.
762.
763.
764.
765.
766.
767.
768.
769.
770.
771.
772.
773.
774.
775.
776.
777.
778.
779.
780.
781.
782.
783.
784.
785.
786.
787.
788.
789.
790.
791.
792.
793.
794.
795.
796.
797.
798.
799.
800.

801.

802.

803.

804.

805.

806.

807.

808.

809.

810.

811.

812.

813.

814.

815.

816.

817.

818.

819.

820.

821.

822.

823.

824.

825.

826.

827.

828.

829.

830.

831.

832.

833.

834.

835.

836.

837.

838.

839.

840.

841.

842.

843.

844.

845.

846.

847.

848.

849.

850.

851.

852.

853.

854.

855.

856.

857.

858.

859.

860.

861.

862.

863.

864.

865.

866.

867.

868.

869.

870.

871.

872.

873.

874.

875.

876.

877.

878.

879.

880.

881. （甲骨文字形）

882. （甲骨文字形）

883. （甲骨文字形）

884. （甲骨文字形）

885. （甲骨文字形）

886. （甲骨文字形）

887. （甲骨文字形）

888. （甲骨文字形）

889. （甲骨文字形）

890. （甲骨文字形）

891. （甲骨文字形）

892. （甲骨文字形）

893. （甲骨文字形）

894. （甲骨文字形）

895. （甲骨文字形）

896. （甲骨文字形）

897. （甲骨文字形）

898. （甲骨文字形）

899. （甲骨文字形）

900. （甲骨文字形）

901. （甲骨文字形）

902. （甲骨文字形）

903. （甲骨文字形）

904. （甲骨文字形）

905. （甲骨文字形）

906. （甲骨文字形）

907. （甲骨文字形）

908. （甲骨文字形）

909. （甲骨文字形）

910. （甲骨文字形）

911. （甲骨文字形）

912. （甲骨文字形）

913. （甲骨文字形）

914. （甲骨文字形）

915. （甲骨文字形）

916. （甲骨文字形）

917. （甲骨文字形）

918. （甲骨文字形）

919. （甲骨文字形）

920. （甲骨文字形）

921. （甲骨文字形）

922. （甲骨文字形）

923. （甲骨文字形）

924. （甲骨文字形）

925. （甲骨文字形）

926. （甲骨文字形）

927. （甲骨文字形）

928. （甲骨文字形）

929. （甲骨文字形）

930. （甲骨文字形）

931. （甲骨文字形）

932. （甲骨文字形）

933. （甲骨文字形）

934. （甲骨文字形）

935. （甲骨文字形）

936. （甲骨文字形）

937. （甲骨文字形）

938. （甲骨文字形）

939. （甲骨文字形）

940. （甲骨文字形）

941. （甲骨文字形）

942. （甲骨文字形）

943. （甲骨文字形）

944. （甲骨文字形）

945. （甲骨文字形）

946. （甲骨文字形）

947. （甲骨文字形）

948. （甲骨文字形）

949. （甲骨文字形）

950. （甲骨文字形）

951. （甲骨文字形）

952. （甲骨文字形）

953. （甲骨文字形）

954. （甲骨文字形）

955. （甲骨文字形）

956. （甲骨文字形）

957. （甲骨文字形）

958. （甲骨文字形）

959. （甲骨文字形）

960. （甲骨文字形）

1041.	1061.	1081.	1101.
1042.	1062.	1082.	1102.
1043.	1063.	1083.	1103.
1044.	1064.	1084.	1104.
1045.	1065.	1085.	1105.
1046.	1066.	1086.	1106.
1047.	1067.	1087.	1107.
1048.	1068.	1088.	1108.
1049.	1069.	1089.	1109.
1050.	1070.	1090.	1110.
1051.	1071.	1091.	1111.
1052.	1072.	1092.	1112.
1053.	1073.	1093.	1113.
1054.	1074.	1094.	1114.
1055.	1075.	1095.	1115.
1056.	1076.	1096.	1116.
1057.	1077.	1097.	1117.
1058.	1078.	1098.	1118.
1059.	1079.	1099.	1119.
1060.	1080.	1100.	1120.

961.
962.
963.
964.
965.
966.
967.
968.
969.
970.
971.
972.
973.
974.
975.
976.
977.
978.
979.
980.

981.
982.
983.
984.
985.
986.
987.
988.
989.
990.
991.
992.
993.
994.
995.
996.
997.
998.
999.
1000.

1001.
1002.
1003.
1004.
1005.
1006.
1007.
1008.
1009.
1010.
1011.
1012.
1013.
1014.
1015.
1016.
1017.
1018.
1019.
1020.

1021.
1022.
1023.
1024.
1025.
1026.
1027.
1028.
1029.
1030.
1031.
1032.
1033.
1034.
1035.
1036.
1037.
1038.
1039.
1040.

1121. 𢪀 𢪀

1122. 𢪀

1123. 𢪀

1124. 𢪀

1125. 𢪀

1126. 𢪀

1127. 𢪀

1128. 𢪀

1129. 𢪀

1130. 𢪀 𢪀

1131. 𢪀 𢪀 𢪀

1132. 𢪀 𢪀

1133. 𢪀

1134. 𢪀 𢪀

1135. 𢪀

1136. 𢪀 𢪀

1137. 𢪀 𢪀

1138. 𢪀 𢪀

1139. 𢪀

1140. 𢪀

1141. 𢪀

1142. 𢪀 𢪀

1143. 𢪀

1144. 𢪀

1145. 𢪀 𢪀 𢪀

1146. 𢪀

1147. 𢪀

1148. 𢪀

1149. 𢪀

1150. 𢪀

1151. 𢪀

1152. 𢪀

1153. 𢪀

1154. 𢪀

1155. 𢪀

1156. 𢪀

1157. 𢪀

1158. 𢪀 𢪀

1159. 𢪀 𢪀

1160. 𢪀

1161. 𢪀 𢪀

1162. 𢪀 𢪀

1163. 𢪀

1164. 𢪀

1165. 𢪀

1166. 𢪀

1167. 𢪀

1168. 𢪀 𢪀

1169. 𢪀

1170. 𢪀 𢪀

1171. 𢪀

1172. 𢪀

1173. 𢪀

1174. 𢪀

1175. 𢪀

1176. 𢪀

1177. 𢪀

1178. 𢪀 𢪀

1179. 𢪀

1180. 𢪀

1181. 𢪀

1182. 𢪀

1183. 𢪀 𢪀

1184. 𢪀

1185. 𢪀

1186. 𢪀

1187. 𢪀

1188. 𢪀

1189. 𢪀 𢪀

1190. 𢪀 𢪀

1191. 𢪀 𢪀

1192. 𢪀 𢪀

1193. 𢪀

1194. 𢪀

1195. 𢪀

1196. 𢪀 𢪀

1197. 𢪀

1198. 𢪀

1199. 𢪀 𢪀

1200. 𢪀 𢪀

1201.　1221.　1241.　1261.

1202.　1222.　1242.　1262.

1203.　1223.　1243.　1263.

1204.　1224.　1244.　1264.

1205.　1225.　1245.　1265.

1206.　1226.　1246.　1266.

1207.　1227.　1247.　1267.

1208.　1228.　1248.　1268.

1209.　1229.　1249.　1269.

1210.　1230.　1250.　1270.

1211.　1231.　1251.　1271.

1212.　1232.　1252.　1272.

1213.　1233.　1253.　1273.

1214.　1234.　1254.　1274.

1215.　1235.　1255.　1275.

1216.　1236.　1256.　1276.

1217.　1237.　1257.　1277.

1218.　1238.　1258.　1278.

1219.　1239.　1259.　1279.

1220.　1240.　1260.　1280.

1281.　　1301.　　1321.　　1341.

1282.　　1302.　　1322.　　1342.

1283.　　1303.　　1323.　　1343.

1284.　　1304.　　1324.　　1344.

1285.　　1305.　　1325.　　1345.

1286.　　1306.　　1326.　　1346.

1287.　　1307.　　1327.　　1347.

1288.　　1308.　　1328.　　1348.

1289.　　1309.　　1329.　　1349.

1290.　　1310.　　1330.　　1350.

1291.　　1311.　　1331.　　1351.

1292.　　1312.　　1332.　　1352.

1293.　　1313.　　1333.　　1353.

1294.　　1314.　　1334.　　1354.

1295.　　1315.　　1335.　　1355.

1296.　　1316.　　1336.　　1356.

1297.　　1317.　　1337.　　1357.

1298.　　1318.　　1338.　　1358.

1299.　　1319.　　1339.　　1359.

1300.　　1320.　　1340.　　1360.

1361.　1381.　1401.　1421.

1362.　1382.　1402.　1422.

1363.　1383.　1403.　1423.

1364.　1384.　1404.　1424.

1365.　1385.　1405.　1425.

1366.　1386.　1406.　1426.

1367.　1387.　1407.　1427.

1368.　1388.　1408.　1428.

1369.　1389.　1409.　1429.

1370.　1390.　1410.　1430.

1371.　1391.　1411.　1431.

1372.　1392.　1412.　1432.

1373.　1393.　1413.　1433.

1374.　1394.　1414.　1434.

1375.　1395.　1415.　1435.

1376.　1396.　1416.　1436.

1377.　1397.　1417.　1437.

1378.　1398.　1418.　1438.

1379.　1399.　1419.　1439.

1380.　1400.　1420.　1440.

1441. 🔯	1461. 🔯	1481. 🔯	1501. 🔯
1442. 🔯	1462. 🔯	1482. 🔯	1502. 🔯
1443. 🔯	1463. 🔯 🔯	1483. 🔯	1503. 🔯
1444. 🔯	1464. 🔯	1484. 🔯	1504. 🔯 🔯
1445. 🔯	1465. 🔯	1485. 🔯	1505. 🔯
1446. 🔯	1466. 🔯	1486. 🔯 🔯	1506. 🔯
1447. 🔯	1467. 🔯	1487. 🔯 🔯 🔯	1507. 🔯
1448. 🔯 🔯	1468. 🔯	1488. 🔯	1508. 🔯
1449. 🔯	1469. 🔯	1489. 🔯	1509. 🔯
1450. 🔯 🔯	1470. 🔯	1490. 🔯	1510. 🔯
1451. 🔯 🔯	1471. 🔯 🔯	1491. 🔯	1511. 🔯
1452. 🔯	1472. 🔯 🔯	1492. 🔯	1512. 🔯 🔯
1453. 🔯	1473. 🔯	1493. 🔯	1513. 🔯
1454. 🔯	1474. 🔯 🔯	1494. 🔯 🔯	1514. 🔯
1455. 🔯 🔯	1475. 🔯	1495. 🔯 🔯 🔯	1515. 🔯
1456. 🔯	1476. 🔯	1496. 🔯	1516. 🔯
1457. 🔯	1477. 🔯	1497. 🔯	1517. 🔯 🔯
1458. 🔯	1478. 🔯 🔯	1498. 🔯	1518. 🔯
1459. 🔯	1479. 🔯	1499. 🔯	1519. 🔯 🔯
1460. 🔯	1480. 🔯	1500. 🔯 🔯	1520. 🔯

1521.　　1541.　　1561.　　1581.

1522.　　1542.　　1562.　　1582.

1523.　　1543.　　1563.　　1583.

1524.　　1544.　　1564.　　1584.

1525.　　1545.　　1565.　　1585.

1526.　　1546.　　1566.　　1586.

1527.　　1547.　　1567.　　1587.

1528.　　1548.　　1568.　　1588.

1529.　　1549.　　1569.　　1589.

1530.　　1550.　　1570.　　1590.

1531.　　1551.　　1571.　　1591.

1532.　　1552.　　1572.　　1592.

1533.　　1553.　　1573.　　1593.

1534.　　1554.　　1574.　　1594.

1535.　　1555.　　1575.　　1595.

1536.　　1556.　　1576.　　1596.

1537.　　1557.　　1577.　　1597.

1538.　　1558.　　1578.　　1598.

1539.　　1559.　　1579.　　1599.

1540.　　1560.　　1580.　　1600.

1601. 1602. 1603. 1604. 1605. 1606. 1607. 1608. 1609. 1610. 1611. 1612. 1613. 1614. 1615. 1616. 1617. 1618. 1619. 1620.

1621. 1622. 1623. 1624. 1625. 1626. 1627. 1628. 1629. 1630. 1631. 1632. 1633. 1634. 1635. 1636. 1637. 1638. 1639. 1640.

1641. 1642. 1643. 1644. 1645. 1646. 1647. 1648. 1649. 1650. 1651. 1652. 1653. 1654. 1655. 1656. 1657. 1658. 1659. 1660.

1661. 1662. 1663. 1664. 1665. 1666. 1667. 1668. 1669. 1670. 1671. 1672. 1673. 1674. 1675. 1676. 1677. 1678. 1679. 1680.

1681.	1701.	1721.	1741.
1682.	1702.	1722.	1742.
1683.	1703.	1723.	1743.
1684.	1704.	1724.	1744.
1685.	1705.	1725.	1745.
1686.	1706.	1726.	1746.
1687.	1707.	1727.	1747.
1688.	1708.	1728.	1748.
1689.	1709.	1729.	1749.
1690.	1710.	1730.	1750.
1691.	1711.	1731.	1751.
1692.	1712.	1732.	1752.
1693.	1713.	1733.	1753.
1694.	1714.	1734.	1754.
1695.	1715.	1735.	1755.
1696.	1716.	1736.	1756.
1697.	1717.	1737.	1757.
1698.	1718.	1738.	1758.
1699.	1719.	1739.	1759.
1700.	1720.	1740.	1760.

1761.

1762.

1763.

1764.

1765.

1766.

1767.

1768.

1769.

1770.

1771.

1772.

1773.

1774.

1775.

1776.

1777.

1778.

1779.

筆劃索引

二　劃

人 (1)　匕 (2)　又 (215)(232)　入 (930)　厂 (1094)　乃 (1325)　乂 (1682)
八 (1720)　刂 (1733)　卜 (1752)　丂 (1763)

三　劃

尸 (3)　千 (10)　大 (63)(64)(68)(113)　卩 (119)　亡 (121)(1766)　夕 (168)
口 (318)　女 (348)　子 (424)(432)(853)(1759)　上 (434)　下 (435)　土 (477)
山 (480)　川 (533)　巳 (850)(851)(852)　勿 (1231)　弓 (1312)　凡 (1448)
工 (1470)　勺 (1659)　少 (1696)　三 (1736)　小 (1739)(1740)　才 (1741)
于 (1757)

四　劃

壬 (4)　介 (5)　勿 (7)(1321)　氏 (15)　元 (16)　尢 (29)　及 (33)　比 (37)
夭 (66)　天 (65)(68)　太 (102)　仄 (114)　印 (122)　卯 (152)　伊 (155)
丮 (159)　止 (167)　欠 (143)　之 (171)　厷 (216)　叉 (217)　双 (243)
尹 (224)(250)(251)　反 (234)(1104)　友 (244)　曰 (320)　云 (433)　日 (445)
月 (451)　火 (481)　皿 (494)　水 (532)(533)　木 (564)　牛 (644)　犬 (671)
心 (924)(925)　今 (943)　內 (1017)　网 (1020)　戶 (1043)　彳 (1169)
戈 (1177)　不 (1247)(1248)(1249)(1252)　凵 (1367)(1369)　丹 (1449)　井 (1458)
中 (1494)(1495)(1496)　爿 (1568)　丯 (1585)　方 (1595)(1596)(1597)
升 (1661)(1662)(1663)　爻 (1673)　刈 (1672)　文 (1675)　五 (1677)(1678)
王 (1681)　丰 (1691)　屯 (1700)(1701)　八 (1721)　公 (1722)　允 (1731)
分 (1734)(1735)　少 (1740)　屮 (1754)(1755)　尤 (1756)

五　劃

孕 (13)　兄 (17)　囚 (27)(28)(416)　立 (74)　去 (75)(76)　匜 (129)

-26-

令(137) 奴(149)(153)(158)(157) 卬(154) 妣(166) 出(174) 正(180)
㕣(219) 囚(236) 目(263) 四(278) 甘(319) 古(324) 叶(324)(327)
㚤(365)(427) 示(437)(1479)(1480)(1481) 生(455) 丘(482) 企(505)
孙(427) 禾(603) 主(646) 它(847) 丙(1017)(1020) 田(1057)
占(1088)(1753) 卟(1089) 石(1096) 斥(1103) 司(1097) 永(1136)
戊(1196)(1197)(1212) 召(1220)(1264) 汈(1222) 匄(1223) 叨(1229)
矢(1265)(1292) 弘(1320) 可(1326)(1773) 皿(1327) 囟(1368)
宁(1455)(1457)(1478) 歺(1463)(1469) 史(1497)(1500)
册(1501)(1510)(1689)(1505) 冬(1586) 白(1611) 幼(1631)
乍(1669)(1670) 玉(1683) 用(1745) 㠯(1747) 以(1747) 乎(1750)
卯(1758) 弗(1765) 矛(1772)

六　劃

旨(11) 先(23)(134)(187) 光(25)(131) 休(48)(575)
伇(50)(53)(109)(156) 伐(62)(96)(1185)(1187)(1598) 亦(77)(78)(79)(83)
戎(97)(104) 並(98) 因(100) 宊(101) 併(110) 夸(112) 況(128)
夙(160) 各(175)(384) 此(189) 𠬞(226)(227) 扣(228)(241)
老(285)(1777) 臣(290) 耳(301) 自(308) 舌(322)(1107) 吉(326)
吾(329) 合(332)(334) 改(363) 妃(363) 好(367) 如(373) 妇(375)
奻(389) 姼(407) 㚨(411) 奸(414) 吁(426) 名(453) 旬(463)
出(495) 宄(502) 孟(507) 州(535) 缶(325) 死(100)(1464)(1465)
艿(556) 艾(557)(592)(595) 杏(567) 杈(573)(574) 年(617)
屰(645)(647)(649) 牝(653) 告(657) 羊(659) 犯(677) 犴(690)
至(804)(1282) 虫(847)(848) 汜(857)
米(879) 囟(893) 羽(901) 衣(931)(932)(934) 向(981) 宅(1001)
安(1002)(1003)(1004)(1005)(1006) 卤(674) 吅(1054) 考(1235) 亘(1117)
行(1121) 辰(1136) 伏(1141)(1142) 巡(1162) 戍(1186)
我(1190)(1191)(1192) 戌(1205)(1204) 成(1207) 辛(1234)(1724)(1725)(1726)
杈(1248)(1249) 死(1250) 卯(1251) 䘖(1259)(1322) 伊(1276)
交(1293) 吕(1315) 引(1316) 弜(1323)(1324) 血(1328)(1329)(1330)(1331)

(1332)(1333) 网(1434)(1446) 峕(1459) 亙(1482) 西(1528)

臼(1539)(1540) 礻(1549)(1558) 聿(1582) 亥(1595) 穷(1599) 舟(1601)

百(1613) 朵(1615)(1616)(1620) 幽(1623) 糸(1644) 赤(1658) 玖(1682)

夷(1688) 圣(1692) 多(1703)(1769) 兆(1721) 珡(1743) 而(1760)

七　劃

尿(6) 沈(30) 役(45) 异(73) 夾(67)(81)(82) 邑(124)

即(139)(142)(1366) 次(144) 吹(145) 步(169) 址(172)(173)(212)

疟(177) 赤(190) 岀(199) 迒(212) 妟(220) 咠(242) 共(246)

君(254) 百(260) 旬(266) 取(267) 庙(272) 見(280) 告(321)

言(323)(127) 克(330) 晏(349) 每(352) 妠(361) 姅(362)(361)(1536)

妥(364)(400) 姘(366) 妹(369) 姅(378) 妣(383) 妤(397)(421)

妪(408) 妖(406) 岭(488) 岼(500) 岐(518) 陁(527)

坒(479)(1694)(1695) 見(106) 糸(195) 甫(233) 孚(428) 赤(489)

災(537)(551)(1192) 沈(550) 芸(558) 杏(565) 困(578) 杞(580)

杷(583) 杍(583) 匡(606) 利(607) 牢(650) 牡(651) 牧(652)

汴(656) 彬(678) 豕(680)(686)(692) 豸(726)(1667) 囲(797) 歧(854)

自(881)(882) 角(903) 貝(909) 宷(925) 吣(926) 忌(926) 沁(928)

余(944) 牢(988) 宋(989)(1007) 定(996) 完(997) 甾(1019) 汭(1021)

更(1023) 启(1044) 吕(1052) 男(1071) 延(1122) 征(1123)(1125)(1126)

(1127)(1124) 迆(1134) 迖(1134) 呇(1159) 戉(1178)

戋(1179)(1180)(1183)(1202) 戙(1198) 戒(1200) 我(1213) 刜(1227)

兵(1253) 紤(1256) 折(1260) 矛(1267) 医(1270) 尔(1279) 厌(1280)

弦(1317) 益(1335)(1337) 罒(1352) 取(1362)(1364) 酉(1370) 豆(1401)

皂(1397)(1399)(1403) 奴(1464) 齿(1466) 殅(1467) 巫(1483) 吿(1499)

知(1569) 穷(1570) 佛(1587) 車(1610) 系(1627)(1628)(1630) 考(1245)

束(1632)(1640)(1641)(1642)(1643)(1651) 告(1633)(1634)(1635)

吾(1633)(1634)(1678) 則(1705) 客(1676) 良(1718)(1719) 谷(1723)

彤(1737) 囯(1749) 作(1670)

八　劃

長(21)　兒(32)　羌(35)(36)(135)　沘(39)　虎(52)(69)(731)(732)

兒(54)　兒(26)　炎(80)(511)　兒(20)(929)　晨(94)　羿(38)　武(95)(208)

颭(161)(1776)　育(107)(368)　受(165)(1452)(1603)　妻(158)(350)(354)

空(177)　定(179)　往(181)(188)(1694)　朱(195)　垂(201)　歪(211)

肚(214)　攽(229)　牂(252)　爭(259)　罒(265)　取(299)(300)　狛(309)

呂(329)　咠(335)　哭(343)　妾(351)(1235)(1241)　娅(385)　姓(402)

狹(425)　昌(448)　昔(449)　明(452)　雨(464)　岳(483)(604)　罒(487)

祂(492)　㢾(493)　炷(510)　阜(513)　陝(524)　㳄(534)　陂(518)

河(549)　采(572)　杼(573)　枚(574)　林(586)　果(597)　秉(605)

東(611)　季(616)　來(620)　希(639)(640)　牧(658)　笨(660)　苀(665)

羙(668)　叛(670)(669)　奔(672)　畱(679)　承(682)　剋(685)　兔(722)

隹(769)(770)　虯(845)　昆(849)　祀(850)(852)(859)(860)　卣(882)

枇(927)(1493)　依(935)(1173)　叔(939)(941)　初(940)　京(956)(964)

靣(971)　宗(983)　兒(929)　宛(999)　床(1043)　門(1048)　攽(1047)

周(1067)　固(1088)　匡(1092)　宕(1098)　姰(1100)　征(1138)　侚(1158)

律(1171)　戔(1188)　彘(1195)　昏(1230)　肫(1250)　析(1257)(1260)

泆(1269)　弢(1272)(1310)　季(1295)　弦(1313)(1314)　羌(1344)

盂(1348)(1349)　扭(1364)　函(1377)　其(1420)(1427)　阜(1429)

剛(1439)(1440)(1443)(1444)　庚(1472)　亞(1474)(1475)(1476)(1477)

泉(1487)(1489)(1490)　曶(1503)(1508)　沑(1504)

典(1505)(1506)(1507)(1508)　叀(1512)(1518)(1519)　東(1522)(1642)

酉(1529)　帚(1532)　官(1546)　戕(1571)　畫(1584)　匐(1605)

帛(1612)　紉(1648)　紋(1649)　叔(1658)　朋(1685)　玟(1687)

玫(1687)　姍(1690)　易(1738)　者(1702)　沿(1732)　協(1697)

九　劃

屎(8)　胃(24)(1715)　挑(40)　保(46)(108)　拜(59)　洸(60)

美 (71) 頁 (106) 若 (138) 衿 (148) 既 (141) 洛 (176) 韋 (183)(184)

壴 (192)(1167) 柴 (193)(194) 浚 (218) 叚 (240) 爰 (249) 省 (253)

括 (256) 首 (261)(1716) 省 (264)(270) 面 (268) 眉 (274)(282) 相 (289)

洱 (306) 硈 (328)(1697)(1698) 尅 (331) 昍 (337) 名 (339) 哲 (340)

品 (346) 娍 (360) 姐 (374) 姘 (377) 星 (450) (456)(1055) 娙 (392)

姪 (403) 姟 (417) 侮 (420) 姦 (422) 俘 (428)(1156) 春 (429)

炎 (431) 帝 (444) 易 (447) 娝 (496) 怒 (498) 娍 (509) 降 (515)(516)

陣 (522) 陋 (531) 洹 (539) 封 (257)(479) 首 (279) 勉 (331) 耺 (302)

耴 (302) 姑 (384) 圓 (554) 柊 (577) 臬 (579) 柳 (581) 柄 (582)

春 (594) 囷 (606) 采 (613) 秒 (619) 香 (625) 逆 (648)(1148) 宰 (650)

洋 (661)(666) 羘 (664) 炋 (689) 厠 (694) 豢 (698) 牪 (654) 狭 (720)

昆 (747)(766) 風 (793) 胠 (847) 飲 (861) 寂 (862) 肉 (881) (890)(889)

迺 (892) 契 (929) 富 (946)(947) 亭 (956) 室 (985)

宑 (991)(992) (993) (994) 宛 (1006) 宋 (1007) 泉 (1037) 苗 (1062)(1063)(1064)

昢 (1070) 敗 (1072) 高 (1079) 祏 (1090) (1091) 砒 (1111) 砍 (1112)

宣 (1118) 御 (1145) 徉 (1146) 祥 (1152) 迲 (1153) 逛 (1155) 迶 (1161)

徐 (1161) 代 (1165)(1164) 祭 (1288) (1486) 依 (1173) 待 (1174) 胅 (1197)

減 (1206) 咸 (1208) 娍 (1210) 尧 (1241) 邖 (1261) 攺 (1277) 邞 (1278)

矦 (1280) 侯 (1280) 珗 (1318) 盍 (1340) 奐 (1341) 盉 (1341) 盂 (1350)

盆 (1356) 旺 (1361) 貞 (1388) 食 (1400) 壴 (1406) (1407) 罘 (1442)

罖 (1445) 盾 (1456) 娄 (1443) 南 (1459) (1461) (1462) 岀 (1493) 猶 (1531)

追 (1541) 荐 (1553) 舁 (1592) 宷 (1608) 係 (1619) 幽 (1624) 級 (1648)

叙 (1671) 珏 (1684) 春 (1702) 匡 (1093) 祖 (1704)(1705) 坤 (1717)

虹 (1761) 侵 (1537) (1149) 祔 (1672) 郭 (1242)

十 劃

鬥 (44) 豸 (93) 狱 (117).(902) 稅 (126) 鬼 (132) 敝 (147) 奴 (150)

陟 (103)(514) 祝 (125)(162) 卿 (140) 涉 (170) 敊 (178) 逐 (191) 尚 (196)

翌 (200)(213) 途 (202) 蜀 (221) 取 (230) 圃 (233) 癹 (238) 秦 (255)

眔(269)　麿(272)　寬(281)　眹(287)(297)　殹(294)　巣(310)　貝(317)

赶(331)　倉(333)　奚(357)　訊(372)　姝(396)　娂(399)　瓴(325)

媔(404)(405)　娘(410)　婤(415)　孫(430)　袘(438)　祐(439)　坒(478)

焌(489)(1294)　焐(491)　峺(499)　盆(501)　嶼(504)　隊(520)　陒(528)

隌(530)　晏(349)　賑(526)　酒(538)(1381)　涂(547)　棽(595)　桑(598)

剩(612)　祀(615)　叔(623)　羋(655)　祥(665)　羧(669)　豙(699)　象(700)

特(719)　馬(701)　虎(730)(733)(735)　虒(736)　飮(772)　隻(771)(772)

雀(785)　毞(808)　蚚(854)　粟(883)(884)(886)　鹵(892)　昌(910)

猷(679)　彡(681)　狋(683)(688)　狼(690)　啄(691)　狤(696)

尋(911)　猖(922)　涂(945)　毫(965)　高(966)(980)　宮(982)(1053)　家(986)

寧(990)　宰(1011)(1012)(1725)　寏(1013)　雱(1018)　冥(1034)(1035)(1036)

釘(1051)　敊(1170)　畱(1078)　席(1080)　祐(1095)　祠(1097)　砧(1105)

畫(1119)　徙(1123)(1124)　徣(1125)　衕(1126)　徲(1137)　袟(1142)

得(1156)　徆(1159)　倲(1166)　栽(1193)　娥(1214)　剛(1224)　喬(1236)

殇(1238)　斾(1262)　絭(1266)　效(1277)　射(1319)　益(1333)　盍(1335)

型(1349)　彭(1381)　鬲(1385)(1394)　員(1391)　洍(1398)　嵒(1432)(1433)

置(1435)　剮(1439)(1440)　叕(1447)　般(1448)(1450)(1453)(1604)　窓(1484)

袾(1502)　柬(1525)(1527)　酥(1530)　酞(1531)　羸(1533)(1535)

師(1539)(1540)(1542)　晝(1544)(1545)　敀(1547)　栢(1548)　旋(1551)

搝(1552)　旅(1554)　斿(1565)　疾(1572)(1573)(1575)　龛(1578)　書(1583)

罘(1593)　冓(1594)(1708)　旁(1599)　朕(1602)

奚(1617)(1620)(1621)(1615)(1616)(1618)　紼(1646)　毣(1647)　揀(1651)

紋(1675)　酉(1679)　倗(1686)　圍(1693)　徇(1735)　茲(1623)

茲(1627)(1628)　窜(1660)

十 一 劃

眾(42)　偱(92)　舾(151)　脛(18)　埶(163)　趾(167)(185)(214)　祭(222)(223)

蕺(237)　受(245)　弄(248)　偭(282)(283)　望(292)　臭(312)　萬(315)

區(347)　敏(354)　娬(382)　娛(387)　婦(388)　姬(390)　婢(391)　娜(412)

嫒(418)　婍(419)　姙(423)　教(431)(1674)　陷(454)　敍(441)(633)

雪(468)(897)　雩(469)　崭(506)　陸(521)　隉(525)　莫(559)(560)(563)

翌(117)(901)(902)　㬈(182)　㗊(207)　胝(458)　洨(548)　敇(566)　梀(576)

梀(585)　淋(587)　梻(592)　梺(593)(858)　桼(621)　麥(626)　奙(634)

羝(664)　狱(676)　犯(689)　舜(693)　圊(695)　虘(742)　虘(746)

鹿(759)(765)　淮(775)(779)　唯(776)　售(777)　瞿(784)　雄(786)　崔(787)

進(790)　堆(791)(807)　圊(797)　崔(810)(811)(819)　鳥(812)(813)(1393)

魚(824)　飮(885)　彗(897)(898)(900)　習(899)　般(904)　得(911)(912)(1160)

授(913)　敗(915)　徦(929)　膏(963)　啚(972)(978)　崔(987)　寂(992)

寇(995)(996)(998)(1484)　敍(1016)　商(1024)(1026)(1029)(1030)(1032)(1033)

啟(1044)　問(1049)　圊(727)　專(1065)(1512)(1513)(1514)　庮(1068)

宿(1081)(1082)(1083)　硏(1106)　硈(1107)　殷(1113)(1114)　徙(1122)

𡸵(1137)　徬(1144)　徘(1147)　微(1149)　㲋(1149)(1537)　遨(1150)

徙(1154)　齒(929)　㥁(1168)　逺(1168)　戕(1179)(1180)(1183)(1202)

斷(1258)　箵(1271)　寅(1273)(1274)(1275)(1291)　族(1281)

圊(1296)(1298)(1299)(1307)　執(1300)(1301)(1303)(1304)(1306)(1308)(1309)(1310)

猵(1342)　翔(1343)　盡(1347)　眺(1355)　盉(1357)　盧(1358)　啕(1365)

㐮(1378)　壹(1402)(1405)　殼(1404)　勘(1413)　即(1418)　基(1421)

眞(1422)　陿(1426)　庚(1473)　曺(1515)(1516)(1517)　曹(1523)　旋(1550)

旇(1552)(1555)(1556)(1557)　魯(724)　鼻(1589)　偁(1591)　舼(1609)

率(1614)　粟(1650)　絒(1653)(1654)　敖(1668)　郭(951)(952)

十 二 劃

敳(22)　無(86)(87)(88)(89)　棄(91)(429)(1423)　須(111)　智(118)　說(127)

異(90)(133)(1058)　湔(197)　曽(277)　壺(203)　復(204)　崷(205)

游(209)(1553)　焚(235)(484)(1727)(1728)(1729)　登(198)(247)　湄(275)(281)

媚(282)　屟(291)　品(345)　媟(370)　婵(376)　媧(394)　娘(405)

嫁(409)　滋(422)　晶(450)(1055)　胝(458)　雲(462)　焱(503)

𧰼(123)(714)(721)　躾(425)　聑(304)　奠(523)(1371)(1372)(1375)(1376)

蒜(552)　菅(555)　朝(561)(562)　椒(591)　散(591)　喪(601)　黍(618)

犂(608)(609)(1231)　賁(629)(630)　(632)　渾(667)　猶(679)(1530)　豚(684)

蟲(685)　馳(712)　猴(685)　琥(734)　象(716)(723)　爲(717)　翔(718)

厥(740)　殼(725)　犀(767)　隼(773)　皴(774)　筐(783)　稚(788)

崔(789)　集(790)　雇(798)　蛟(846)　蜖(849)　蛛(866)(1711)

卿(886)(891)　涵(894)(895)　逾(895)　貯(917)(918)　裡(937)(938)

葡(941)　椋(961)　畐(973)　楠(979)　窞(990)　寍(993)　雇(1046)

啓(1047)　閔(1050)　絮(1056)　審(1061)　曾(1066)(1074)(1076)　晙(1070)

硪(1099)　棐(1120)(1709)　循(1133)　御(1163)　徧(1167)　戠(1189)

戣(1194)　戟(1201)　軾(1209)　越(1212)　睨(1215)　喬(1237)　跨(1240)

稃(1244)　拳(1297)　敦(1300)　躰(1319)　盧(1339)　尋(1084)

飲(1378)(1379)(1380)　喜(1407)　彭(1409)　湮(1411)　媛(1417)(1418)

棋(1424)　畢(1428)　罯(1435)　剺(1439)　貯(1455)　敞(1471)　嚴(1534)

棺(1548)　粥(1649)(1656)　單(1561)(1562)　畫(1579)(1580)　朕(1602)

湊(1607)　銅(1635)　剩(1636)　絲(1645)(1646)　馭(1664)　菁(1702)

箏(1744)　壺(1360)　罜(1419)　評(1750)

十 三 劃

腹(55)　飆(57)　跨(112)　毀(239)　毇(239)　雷(271)　蜀(279)　聞(303)

腹(12)　滇(311)　暈(446)　嬠(371)　嫉(395)　嫌(413)　裯(443)　蠆(457)

雷(466)　雯(472)　電(475)　瞪(295)　農(459)　落(473)　腋(77)

槑(344)　溧(546)　榆(585)　楚(589)(858)　替(590)　葉(598)　稷(610)

棶(624)　晳(625)　髮(628)　猷(675)　豢(694)　寫(702)　馼(704)

虙(737)　虡(738)　虩(743)(745)　鹿(755)　鷹(756)(764)　雍(778)　雉(805)

鮊(826)　魝(834)　萬(863)(864)　鼉(869)(1710)　棄(883)　酋(896)

鹽(497)　解(905)(906)　窚(920)　買(923)　裘(936)　葍(954)　稟(974)(979)

嗇(976)(1059)　婷(1008)　袤(1041)　屑(1045)　趔(1119)　衙(1127)

睘(1132)　徼(1170)　鉞(1196)　戢(1211)　義(1217)　辟(1242)(1243)

新(1254)　殘(1288)　盟(1332)　歲(1199)　號(1354)　絲(1627)　鼎(1387)

鼓(1406)(1412)(1413)　燈(1408)　鼓(1412)　豐(1414)(1415)(1416)

禽(1429)　劉(1444)　般(1460)　韋(1498)　樻(1509)　練(1542).(1543)

遣(1544)　瘼(1575)　徧(1590)　遘(1594)　樆(1625)(1626)

溼(1629)　縣(1630)　縫(1637).　裯(1663)

十 四 劃

疑(31)　毓(47)(107)(368)(414)(433)　耤(51)(1228)　兢(99)　僕(115)(1425)

蒸(194)　瞍(206)　踶(213)　齁(225)　對(231)　監(284)　潋(298)

溫(314)　嘼(316)　嫜(356)(398)　媛(401)　叕(440)　福(442)　隩(519)

隋(529)　漁(536)　霝(466)　馘(307)　蒡(460)　雺(473)　舞(86)

聝(304)　榮(553)　瑤(614)　漻(627)　搽(634)(635)(636)　陞(637)

豪(681)　駁(706)　駃(710)　駃(711)　趕(724)　滮(739)　瀘(744)

塵(760)　雋(780)　鳴(776)(813)(816)(815)　羅(785)(1438)　鳳(792)

颲(794)　雖(804)　難(806)　雌(808)　漁(828)(829)(830)　鮇(832)

鮭(832)　嬽(835)　袋(942)　亭(948)　膈(963)　蒿(967)

寢(984)(1570)　寧(990)(1362)　賓(1009)(1010)(986)　齊(1015)　滴(1027)

福(1079)　徙(1172)　戩(1181)　豲(1216)　鵲(1268)　演(1269)

箙(1283)(1285)　嫩(1302)　埶(1304)　團(1307)　溟(313)　箕(1420)

馺(1431)　冪(1435)(1436)　麗(1437)　犖(1537)　寋(1048)　網(1446)(1447)

槃(1448)(1450)　叡(1468)　歸(1538)　斷(1562)　夢(1574)(1576)

盡(1347)(1593)　稱(1591)　鴜(1606)　櫟(1626)　釀(1655)　貉(1665)

彀(1684)　朢(1746)

十 五 劃

頵(84)(85)　飆(164)(1402)(1405)　墅(293)(296)　嬅(379)　霪(467)

墜(517)　噩(295)　襄(459)(460)　隤(523)(1374)　潰(543)　暮(559)

蘄(600)　稷(610)　徫(1162)　達(1163)　戬(643)　駛(711)　虢(740)

櫃(746)　殿(749)　慶(751)　塵(761)　鼻(818)　魯(825)　敳(828)

鯉(833)　酋(888)　韋(950)　亭(951)(952)　憂(984)　宿(994)

撲(642)(1014)(1622)　番(1059)　畱(1060)　齒(1085)　磊(1101)　磑(1102)

聲(1114) 衞(1128) 衛(1129)(1130)(1131) 逹(1155) 戚(1289) 盥(1362)
潢(540) 歙(1379) 稻(1382) 獋(1383) 鼏(1389) 澎(1410) 罰(1443)
興(1451)(1452) 盤(1448) 橐(1492) 畵(1517) 穀(1520)(1521) 戰(1563)
澅(1581) 緘(1622) 餗(1649)(1656) 堇(1712) 寶(1730)

十 六 劃

嬖(41) 禦(120)(146)(1145) 歷(210) 嬗(393) 噪(344) 霖(474)
瞶(297) 霓(470) 霓(470) 麻(588) 朁(594) 賓(630) 戴(642)
豭(683) 豫(728) 冀(715) 盧(745) 麇(750) 雝(779) 霍(795)
燕(820)(821)(823) 鮒(827) 龍(836)(844) 滿(865) 龜(870)(933)(969)(970)
賴(916) 廪(971) 穫(1218) 褱(1039) 鳴(1046) 媼(380)
盧(1025)(1069)(1358) 磬(1113) 聲(1115) 還(1132) 避(1139)
辥(1238)(1239) 新(1255) 虢(1311) 膚(1384)(1392) 擒(1429) 畏(1431)
禁(1487) 虩(1488) 輮(1523) 歸(1535) 斷(1566) 戰(1567)
數(1360) 墾(478)(1746)

十 七 劃

醜(61)(116) 罷(286) 龠(341)(342) 霝(465)(466) 燮(508) 虧(237)
獄(483) 隮(526) 豰(696) 騂(703) 麐(751) 麋(753) 靈(793)
颿(794) 雞(800)(1486) 離(802)(803) 鮑(827) 鳶(831) 鮪(833)
鮨(834) 蠅(856) 䑺(907) 褮(942) 稟(949) 譙(955) 鬃(1090)
聲(1117) 遷(1135) 霏(1263) 簋(1284) 瀕(1286) 瀛(1305) 濘(1353)
襆(1373)(1374) 爵(1395) 簋(1404) 艱(1417) 燹(1485) 輿(1524)
牆(1577) 儕(1588) 濕(1629) 智(1666)

十 八 劃

夒(262)(641) 鬷(461) 楚(460) 釐(628) 馘(642) 韡(662) 騖(705)
雛(710) 瀍(752) 觀(763) 雜(778) 舊(780)(781) 雚(782) 舊(787)
盨(1707) 鼉(867) 鼂(868) 醬(976) 穡(976)(1059) 鶂(1042)
聲(1115) 彝(258)(773)(818) 衛(1151)(1152) 矉(1290) 鹽(1359)

糧(1382)　禮(1416)　豐(1416)(1691)　歸(1538)　雞(814)(1628)

十 九 劃

藝(163)　藶(288)(1487)(1490)　疇(476)(1073)　舊(561)　覺(631)
廬(748)　麗(754)(758)　犢(655)　瀧(876)　籠(866)(1711)　穧(1060)
蠆(863)　瀧(842)　龐(838)(839)　瓊(1014)　黐(1231)　窺(1255)
鞴(1391)　羅(1438)(1454)　櫟(1564)　獸(1567)　櫝(1657)　鼕(1680)

二 十 劃

覺(485)　瀲(757)　邋(801)　齙(741)　騮(713)　隳(704)　犪(799)
燕(822)　籧(877)(878)　黻(872)　龑(837)(841)　灥(1038)　麲(1040)
寶(919)　纂(1287)　瀞(1396)　醴(1416)　騅(1430)　羼(1445)

二 十 一 劃

驊(638)　蠡(697)　騽(708)　鑑(873)　壘(855)　矗(843)　鼉(1399).
鸂(1618)　癟(1574)(1576)

二 十 二 劃

瀿(49)　鞥(663)　麃(762)　麐(768)　鶹(817)　鶹(817)　獮(1565)
斸(1565)　弼南(1649)(1650)(1656)

二 十 三 劃

歡(288)　麟(760)　瀤(796)　霹(839)　鼉(871)　蠱(1338)

二 十 四 劃

靈(471)(875)　籧(485)　雥(809)　贛(953)　鑪(1069)　齺(1086)
將鼎(1390)

二十五劃

孃(840)　繼(874)　罌(867)

二十六劃

驫(709)　鼃(874)

二十九劃

驪(705)（707）

三十一劃

鹵(884)

三十三劃

麤(762)

難　檢　字

(9)	(19)	(43)	(56)	(58)	(70)
(72)	(130)	(136)	(12)	(14)	(186)
(305)	(336)	(338)	(353)	(355)	(358)
(359)	(490)	(512)	(541)	(542)	(544)
(545)	(568)	(570)	(571)	(584)	(596)
(599)	(602)	(622)	(673)	(687)	(908)
(914)	(921)	(968)	(975)	(977)	(1000)
(1022)	(1031)	(569)	(887)	(1075)	(1077)
(1108)	(1109)	(1110)	(1140)	(1157)	(1164)
(1175)	(1176)	(1182)	(1184)	(1203)	(1221)
(1225)	(1226)	(1232)	(1233)	(1245)	(1246)
(1345)	(1346)	(1351)	(1363)	(1491)	(1511)
(1526)	(1559)	(1560)	(1638)	(1639)	(1652)
(1696)	(1706)	(1713)	(1714)	(1748)	(1764)
(1767)	(1768)	(1770)	(1771)	(1774)	(1775)
(1778)	(1751)	(1762)	(1779)	(1143)	

合　文

(34)	(105)	(436)	(471)	(486)	(729)
(734)	(840)	(957)	(960)	(958)	(959)
(962)	(654)	(880)	(1028)	(1219)	(1336)
(1502)	(1504)	(1507)	(1600)	(1742)	(1488)
(1311)	(1408)				

引書簡稱表（卜辭部份）

	書名	著者	年份	簡稱
1.	鐵雲藏龜	劉 鶚	1903年	鐵
2.	殷虛書契前編	羅振玉	1912年	前
3.	殷虛書契菁萃	羅振玉	1914年	菁
4.	鐵雲藏龜之餘	羅振玉	1915年	餘
5.	殷虛書契後編	羅振玉	1916年	後
6.	殷虛古器物圖錄	羅振玉	1916年	殷古
7.	殷虛卜辭	明義士	1917年	明
8.	戩壽堂所藏殷虛文字	姬佛佗	1917年	戩
9.	龜甲獸骨文字	林泰輔	1921年	林
10.	簠室殷契徵文	王 襄	1925年	簠
11.	鐵雲藏龜拾遺	葉玉森	1925年	拾
12.	新獲卜辭寫本	董作賓	1929年	寫
13.	福氏所藏甲骨文字	商承祚	1933年	福
14.	殷奏卜辭	容 庚	1933年	卜
15.	卜辭通纂	郭沫若	1933年	通
16.	殷虛書契續編	羅振玉	1933年	續
17.	殷契佚存	商承祚	1933年	佚
18.	鄴中片羽初集	黃濬	1935年	鄴一
19.	庫方二氏藏甲骨卜辭	方法斂	1935年	庫
20.	柏根氏舊藏甲骨卜辭	明義士	1935年	柏
21.	The Birth of China	H.G.Creel	1936年	誕
22.	甲骨文錄	孫海波	1937年	文
23.	殷契粹編	郭沫若	1937年	粹
24.	鄴中片羽二集	黃濬	1937年	鄴二
25.	甲骨卜辭七集	方法斂	1938年	七
26.	天壤閣甲骨文存	唐蘭	1939年	天
27.	鐵雲藏龜零拾	李旦丘	1939年	零
28.	殷契遺珠	金祖同	1939年	遺
29.	金璋所藏甲骨卜辭	方法斂	1939年	金
30.	鄴中片羽三集	黃濬	1939年	鄴三
31.	誠齋殷虛文字	孫海波	1940年	誠
32.	河南安陽遺寶	梅原末治	1940年	安
33.	雙劍誃器物圖錄	于省吾	1940年	雙古
34.	殷契摭佚	李旦丘	1941年	摭
35.	廈門大學所藏甲骨文字	胡厚宣	1944年	廈
36.	Bone Culture of Ancient China	W.C.White	1945年	坎
37.	甲骨六錄	胡厚宣	1945年	六

38. 龜卜	金祖同	1948年	龜
39. 小屯・殷虛文字甲編	董作賓	1948年	甲
40. 小屯・殷虛文字乙編	董作賓	1949年	乙
41. 殷契摭佚續編	李亞農	1950年	摭續
42. 甲骨綴合編付圖	曾毅公	1950年	綴付
43. 戰後寧滬新獲甲骨集	胡厚宣	1951年	寧
44. 戰後南北所見甲骨錄	胡厚宣	1951年	南
45. 殷契拾掇	郭若愚	1953年	掇一
46. 殷契拾掇第二編	郭若愚	1953年	掇二
47. 戰後京津新獲甲骨集	胡厚宣	1954年	京
48. 甲骨續存	胡厚宣	1955年	存
49. 殷虛文字外編	董作賓	1955年	外
50. 日本所見甲骨錄	饒宗頤	1956年	饒
51. 巴黎所見甲骨錄	饒宗頤	1956年	巴
52. 殷虛卜辭綜述插圖	陳夢家	1958年	綜圖
53. 海外甲骨錄遺	饒宗頤	1958年	海
54. 京都大學人文科學研究所藏甲骨文字	貝塚茂樹	1959年	人
55. 甲骨文零拾	陳邦懷	1959年	陳
56. 慶應義塾圖書館藏甲骨文字	史學二十卷一號		慶
57. 甲骨叕存	曾毅公	1939年	叕
58. 甲骨綴合編	曾毅公	1950年	綴
59. 殷虛文字綴合	郭若愚	1955年	合
60. 小屯・殷虛文字丙編	張秉權	1957年	丙
61. 小屯南地甲骨	考古所	1983年	屯南
62. 甲骨文合集	歷史所	1982年	合集

1. 𠤎

象人側立之形，隸作人。《說文》：「象臂脛之形。」卜辭用本義，泛指民眾。甲骨文習見「𠬝人」、「立人」、「用人」、「易人」、「陟人」、「人才」、「人𠂤」諸辭例。

𠬝人

即「登人」之省，隸作登人。登，徵也；謂徵召軍隊作戰和從事徭役。𠬝為登形之省，由下列二組卜辭文例對比得之。

(1) 　　《掇2.117》壬申卜，殻貞：𠬝人，呼𢦏呂 ☑。
　　　　《京1243》☑登人☑𢦏呂 ☑。
(2) 　　《存1.564》癸巳卜，殻貞：𠬝人，呼伐呂☑受☑人三千呼伐呂方，
　　　　　　　　受又。
　　　　《續11.10.3》☑貞：登人 三千，呼伐呂方，受屮又。

殷人召集軍旅討伐外族，主其事的，除殷王《後上31.6》外，有將領：婦好《前7.30.4》、𠂤《前7.15.4》、涿《庫402》、蕭《存2.292》、𠦪《前6.38.4》、遨《後下12.4》、多射《卜90》等。登人之數每次多達數千。

　　　　《後上31.6》丁酉卜，殻貞：今春王𠬝人五千征土方，受屮又。三月。
　　　　《前7.30.4》☑酉卜，爭貞：呼婦好先𠬝人于龐。

亦見有外邦登人入侵者，如：孟方。

　　　　《林2.25.6》乙巳王貞：啓呼𤔁曰：孟方𠬝人，其出伐☑。

殷人徵召軍伍的地方集中在：龐《前5.12.3》、北工《粹1217》、皿《卜90》、聖戈《佚726》、黍《乙2734》、𤕟《續5.24.1》諸地。

　　　　《粹1229》乙酉卜，殻貞：勿呼婦好先于龐𠬝人 。
　　　　《續5.26.9》☑貞：勿令在北工𠬝人。
　　　　《續5.24.1》☑貞：呼𠬝在𤕟人。

而征伐的對象主要是在西方，如：土方《殳74》、呂方《續1.13.5》、卬方《鐵259.2》、蜀《後下27.7》、𡢃方《存2.300》、下𢎟《簠征27》、𠻳《存2.315》、羌《乙4598》、𡆥方《前7.15.4》諸族。

　　　　《後上31.6》丁酉卜，殻貞：今春王𠬝人五千征土方，受屮又。三月。
　　　　《鐵259.2》☑貞：我𠬝人伐卬方。
　　　　《簠征27》☑賓貞：登人伐𢎟，受屮又。

立人

立，从人立於地上。立人，又稱「立眾人」，有征召入伍意，所立之人為「眾」。辭意與登人同。

　　　　《京973》丙亥卜，求延立人三百。

延，通作征，出也；有派遣的意思。

　　　　《乙6696》辛巳卜，賓貞：「勿唯翌甲申立人。」

1

《合30》☑ 🔱眾☑ 🔱眾↑☑。

用↑

　　用人，即用人牲作祭。人牲來源主要是俘虜、奴隸，如羌人是。行祭時多輔之以牛羊。

　　　　《外67》己酉卜，用↑、牛肜。

　　　　《京2238》☑呼用↑。

肜，祭名。殷用人牲由一人以迄千數：

　　　　《佚118》☑曹 𢀜 一↑。

曹，有獻冊告於鬼神之意。𢀜，即奴字；謂冊命用奴隸一人獻祭。

　　　　《南明635》☑祝二↑，王受佑。

　　　　《後下43.4》☑冊世十↑又五，王受佑。

冊，即「冊示」合文；謂告於宗廟意。用人牲十五。

　　　　《粹316》☑廿↑，王受佑。

　　　　《甲2491》己巳卜，彭貞：钉于沈，羌三十↑。在十月又二卜。

钉，即禦字，祀也。沈，水名；謂卜用三十羌人祭於沈水。

　　　　《南明538》☑其又彳大乙：羌五十 。

　　　　《鐵53.4》☑丑卜☑貞：寮 百↑。

　　　　《合301》☑不其降曹千牛千人。

　　　　《後下43.9》☑八日辛亥允戈，伐二千六百十五↑在沈。

寮，祭名；焚木以祭。伐，殺人牲以祭。上述諸辭均為殷用奴役為牲之證。

眾↑

　　隸作眾人，屬於殷民一種。眾人並非貴族身份，大率由小臣統轄《存2.476》，其工作有：

　　(1) 殷王出巡侍從

　　　　《南誠26》☑貞：勿唯王往以眾↑。

　　(2) 作戰的兵種

　　　　《林2.11.16》辛亥卜，爭貞：彳眾↑，立大事于西奠。玟。八月。

　　　　《粹1287》癸巳卜貞：令彳眾↑。

　　(3) 耕種的主力

　　　　《續2.28.5》☑王大令眾↑，曰协 田，其受年。十一月。

歸↑

　　隸作歸人。晚期卜辭用為外族名，其酋稱伯，曾遭殷人圍剿。

　　　　《庫1231》庚子卜，呼圍歸↑于𢀜，戈。

　　　　《粹1180》☑伐歸伯☑ 受又。

2

後為殷人平服，族眾淪為祭牲。

《南上96》囗祖丁囗用[歸]囗。

[歸]人多見於子卜辭，又作「人[歸]」、「[歸]……人」，見殷文字用詞位置的不定性。

《前8.12.4》己丑子卜貞：在川，[人][歸]囗。

《存2.586》戊寅子卜，祓[歸]在自[人]。

自，即師；謂在師旅用[歸]人祭祖求吉祥。

[人屮] [人屮] [人屮]

　　隸作人方，又作大方；[參]字。乃晚期卜辭中的族稱，處於殷的東南，屢與殷人互相攻伐。殷帝辛數度用兵，始克定之。

《甲3355》癸未卜，黃貞：王旬亡禍。王來征[人屮]。

《林1.10》癸酉王卜貞：「旬亡禍。王來征[人屮]。」

殷王討伐人方，所涉及東南之地甚廣，有：攸《前2.16.6》、[字]《南明786》、喜鄙《黻189》、嬶《黻189》、[字]《黻189》、[字]《甲3659》、雇《前2.6.6》、[字]《黻188》、[字]《金584》、商《續3.28.5》、亳《金584》、齊師《前2.15.3》、[字]師《續3.18.4》諸地。

《前2.16.6》癸酉卜在攸永貞：王旬亡禍。王來征[人屮]。

《南明786》癸巳卜，黃貞：王旬亡禍。在十月又二，唯征[人屮]在[字]。

《黻189》癸未王卜貞：旬亡禍。在二月。王來征[人屮]在嬶。

《金584》癸丑卜貞：王旬亡禍。在十月又一。王征[人屮]在亳。

《前2.15.3》癸巳卜貞：王旬亡禍。在二月在齊師。唯王來征[人屮]。

《前2.6.6》癸亥卜黃貞：王旬亡禍。在九月。征[人屮]在雇。

[人阡]

　　前人有釋「人歲」，見李棪氏〈島邦男綜類讀後〉；不可解。今宜讀為「妣戊」，乃武丁之妻。「[人阡]」當為「[人屮]」之譌。細審貞問[人阡]之卜辭，全屬第二期，並無例外。貞人有即、大、旅、行。

《外118》癸巳卜，即貞：[人阡]繫牛。

《京3377》囗卜大囗[人阡]囗其[敢]。

《南坊2.84》庚寅卜，旅貞：王賓[人阡]，亡尤。七月。

《存2.609》己巳卜，行貞：王賓雍己、[人阡]彭亡尤。

《存2.627》庚午卜，即貞：王賓[人阡]眔兄庚，亡尤。

[敢] 彭，均屬祭名。眔，及也。妣戊與兄庚同祭而列置兄庚之前，兄庚即祖庚，此當屬第二期祖甲卜辭。妣戊為祖庚、祖甲之母，故第二期卜辭特別著重祭祀妣戊，且屬殷王親自獻祭。

《續1.30.3》丁巳卜即貞：王賓[人阡]亡尤。

《天28》癸巳卜，大貞：王賓[人阡]亡尤。

《存1.1592》甲申卜，即貞：「[人阡]王其[敢]。」十一月。

2. 𐓟

　　即匕字。乃撓鼎之器；今言飯匙也，所以載鼎實。《說文》：「相與比叙也；从反人，亦所以用比取飯，一名柶。」段注：「匕即今之飯匙也。少牢饋食禮注：所謂飯槺也。禮記襍記乃作枇，本亦作朼。⋯⋯蘇林注漢書：「北方人名匕曰匙；玄應曰：匕或謂之匙。」吉金文作 𐓟〈韓嬴〉。卜辭不用本義，借為妣，即牝，歿母也。

　　　　《後下22.5》囚重伐 𐓟 于腹。

伐，用人牲祭。記殷人伐祭先妣於腹地。匕又借為牝，畜母也。

　　　　《南明734》己丑卜，王重壬 𐓟 犬禽。

謂卜問殷王於壬日是否擒獲牝犬。

　　　　《寧1.283》囚重 𐓟 羆囚。

復借為庇，蔭也，祐也。

　　　　《京3860》弜 𐓟，轟雨。

　　　　《後下36.6》乙巳卜，重北唯 𐓟。

轟，即遘，遇也。辭謂殷王出行，不受蔭祐而遇雨。「重北唯 𐓟」，言只有北面受庇。

3. 𐓢

　　象人曲背之形，隸作尸，《說文》：「陳也，象臥之形。」讀如夷，《周禮》注：「夷之言尸也。」夷，《說文》：「東方之人也，从大从弓。」卜辭為方國名，始見第一期，殷王武丁和婦好曾親征彼方。晚期又習稱「夷方」，仍為殷邊患。

　　　　《乙7818》庚寅卜，賓貞：今春王其步伐 𐓢。

　　　　《佚527》囚午卜，賓貞：王重婦好令征 𐓢。

　　　　《粹1187》囚侯告伐 𐓢 方。

4. 𐓤

　　以人立於土上，引申有企盼意，隸作壬；即壬字。《說文》：「善也，从人士。一曰象物出地挺生也。」卜辭見於第一期，盼望也。

　　　　《遺524》己卯卜，㱿貞：𐓤 父乙婦好生育。

父乙，即小乙；乃武丁父。謂盼望父乙能降祐后妃婦好，俾便順利生子。字復有用為名詞，作殷附庸將領名。

　　　　《天69》甲午卜，㱿貞：勿令 𐓤 囚。

　　　　《金656》囚貞：令 𐓤 囚。

5. 𐓦 𐓧

　　从人。隸作介。《說文》：「畫也。从人从八。」卜辭習稱多介，字作 𐓦、𐓧、𐓨、𐓩，審諸辭例，介實為疾字（𐓪、𐓫、𐓬、𐓭、𐓮、𐓯）省。參考下列諸組文例可證

4

：

(1) 疾雨

　《南明202 》☑貞：今夕其雨疾。

　《前4.9.7》☑疾雨，亡勾。

　《乙2877》☑不其🝔雨。

疾雨，又作雨疾，今言驟雨。

(2) 疾，钔於先祖

　《前1.25.1》☑貞：疾齒，钔于父乙。

　《合123 》☑貞：疾口，钔于妣甲。

　《前1.43.4》☑貞：于甲🝔，钔婦好。

(3) 疾，蚩

　《乙3864》☑貞：业疾，禍，隹蚩。

　《撫108 》☑业疾，业蚩。

　《續5.24.7》☑貞：不隹多🝔。蚩。

(4) 某疾

　《乙8896》☑婦🝔子疾，不往。

　《後上7.13》☑王固曰：兄甲🝔。

(5) 子效亡疾

　《乙8728》乙卯卜貞：子效亡疾。

　《南無240 》☑貞：子效亡疾。十月。

　《乙8965》乙卯卜貞：子效亡🝔。

比較上述文例，足見🝔當為疾字省。多介即多疾，重病也。諸點象病人所冒汗水。卜辭
有為患病之父、兄、子求佑。

　《前1.46.1》☑貞：勿业豕于多🝔父。

　《拾2.15》☑貞：业于多🝔兄。

　《合177 》☑于父乙多🝔子业。

　　　　　　　业犬于父辛多🝔子。

謂用犬作祭牲，求父乙、父辛降佑重病之子無恙。

6. 🝔

　　從人，即尿字，篆文作屎。《說文》：「人小便也。」卜辭用為疾病一種，示夜遺
之症。

　《甲1128》己巳卜貞，业疾，王🝔☑八月。

　《鐵55.4》☑貞：🝔，不其循。

循，有出巡意。因王患尿疾而卜問其出否。

7. 🝔

　　從人，從二點平衡重疊。島邦男《卜辭綜類》頁五把🝔、🝔列作一類，實誤；二字

形近而意相異。卜辭 ⿰字下接「口」，讀如祐，即神主。由文例知與疾病意無涉。

《前1.36.3》庚辰卜，大貞：來丁亥其 ⿰祐于大室，⿰祐西饗。

《前4.22.6》☑于☑ ⿰祐☑饗。

由「祐于太室」、「⿰祐西饗」對文，⿰當即勿字，用作否定詞，不也；與 ⿰字同。

8. ⿰ ⿰

字與屎字並觀，⿰由人跨下出，當為屎字，說文作⿰：「糞便也。」卜辭有「 屎田」，知殷人已懂得用糞便灌溉施肥。

《存2.166 》庚辰☑貞：翌癸未⿰西單田，受屮年。十三月。

《存1.177 》☑貞：令⿰☑ ⿰ 屮田。

9. ⿰

从人从重八。卜辭用為地名。見晚期甲文。

《京2455》☑卜，⿰☑王其田⿰，亡災。

⿰，从双持土，即墾字；耕種也。

10. ⿰

从一人聲，即千字。《說文》：「十百也，从十人聲」，卜辭習言二千、三千、五千，多合文作⿰、⿰、⿰。

《合301 》☑不其降⿰⿰牛、⿰人。

《前7.24.2》庚寅卜，韋貞：登人三⿰。

《金498 》☑貞：王登三⿰人。

11. ⿰

从人出笔盧，隸作旨、旨。 字見第一期卜辭，用為殷武丁時西邊附庸族稱。協辦王事，征伐外邦。

《續3.26.3》丙午卜賓貞：⿰弗其叶王事。

《簠人99》☑貞：⿰叶王事。

殷王曾登召其族眾，

《乙6031》☑勿登⿰☑。

⿰助殷征伐的外族有：

(1) ⿰

《乙5395》乙卯卜，爭貞：⿰戈⿰。

《乙5253》辛酉卜，⿰貞：⿰戈⿰。

(2) ⿰

《乙2874》壬戌卜，爭貞：⿰伐⿰，戈。

6

《乙5253》☑貞：[甲骨字]弗其伐[甲骨字]伯。

(3) 畫

《乙1054》庚寅卜，爭貞：[甲骨字]征畫。

(4) 羌

《金651 》☑貞：[甲骨字]獲羌。

捍衛殷西邊陲。

《丙5 》庚子卜，爭貞：西使[甲骨字]，禍叶。

西使[甲骨字]，其㞢禍。

12. [甲骨字]

從人，[符號]示腹。即今腹肚字。卜辭言「疾[甲骨字]」，即肚病。

《乙7797》☑貞：王疾[甲骨字]，唯妣己[甲骨字]。

[甲骨字]，有禍意。貞問殷王武丁疾肚，是否為妣己降災。妣己即小乙妻，武丁之母。

《乙6344》☑貞：钔疾[甲骨字]于父乙。

钔，即禦，祀也。此辭為第一期武丁卜辭，父乙即小乙。言祭祀先父，卜求去腹疾也。

《乙4071》乙巳卜，殼貞：㞢疾[甲骨字]，不其龍。

龍，讀如龔，和也，安也。

《乙687 》☑卜，賓☑疾[甲骨字]于南庚。

《乙5366》☑于祖辛钔疾[甲骨字]。

卜辭見殷王肚疾而求祐於先人祖辛、南庚。字又增手作「[甲骨字][甲骨字]」，由比較文例可證。

《乙4071》乙巳卜，殼貞：㞢[甲骨字][甲骨字]，不其龍。

《乙2340》☑貞：[甲骨字][甲骨字]，龍。

13. [甲骨字]

象婦人懷子之形，即孕字。《說文》：「裹子也。」

《佚584 》乙亥卜，臼貞：王曰㞢[甲骨字]，[甲骨字]。[甲骨字]曰：[甲骨字]。

[甲骨字]，讀為嘉。殷習生子曰嘉，卜辭貞問妃妾所懷是否為男嬰。

14. [甲骨字]

字與[甲骨字]同。象女大其腹，或示肚疾，或示懷子。辭簡未審其意所指。

《乙6691》丙申卜，殼貞：婦好[甲骨字]，弗致婦囚。

貞：婦[甲骨字]，其致婦囚。

囚，即死字初文。參[甲骨字]字。此辭貞問婦好患腹疾或懷孕，是否有生命危險。

15. [甲骨字]

象人持物之形，隸作氐，通作底，有致送、納貢之意。

7

《丙49》☐貞：呼龍以羌。

《文630 》☐貞：龍來以☐。

《前4.54.5》貞：鼂不其南以。

《前1.29.1》☐貞：以牛五十。

又用作「以」，有攜帶意。

《前5.20.5》戊寅卜，賓貞：王往以眾，黍于囧。

謂殷王率眾在囧地耕作。字復引申作聯合、攜同。

《京1230》丙辰卜，㱿貞：曰呂方以龠方𦎫呂，允☐。

𦎫，即敦；有攻伐、撲擊意。辭謂呂方聯同龠方來犯呂地。

16. 

从人从上，隸作元，始也、上也。示人之顛首。《易》：「元者，氣之始也。」字由[illegible]而[illegible]而元而[illegible]。卜辭元的用意有：

(1) 地名

《金544 》己未王卜在☐貞：田元，往來亡災。

《粹1571》☐[illegible] ☐王步☐在元。

《佚725 》癸巳☐王途☐元☐。

元為殷王田狩地名，見於晚期卜辭。

(2) 元示

元示，與下示對稱，即後之言大示、小示；大宗，小宗。

《前3.22.6》辛巳卜大貞：㞢自報甲元示三牛，下示二牛。十二月。

㞢，讀如祐。言大宗用祭三牛，小宗二牛。

《後上19.7》己未貞：叀元示又[illegible]歲。

元有始、大之意，引申為始祖。

《存1.713 》☐致㞢元臣☐允執☐。

《續5.19.1》☐亥卜貞：[illegible]其受元又。

元臣，即先世重臣。受元祐，即受先王大宗之佑護，元為元示之省。

17. 

从人从口，隸作兄，長也、先也。卜辭用為附庸名，曾封為伯，始見於第一期甲骨文。

《甲3510》丁酉卜，賓貞：令[illegible]取兄伯。

《前6.29.5》丁酉卜，[illegible]貞：兄執寇，[illegible]☐。

18. 

从人。）示大腿股脛之間，指事。或即脛字初文。

《遺899 》癸卯子卜，至小宰，用豕脛。

言小牢用豕脛以祭。

《合117 》☑寅卜，出貞：⌇其出疾。
☑貞：⌇亡疾。

卜問腿患是否無恙。

字又借用為地名。

《乙4017》貞：今殷取于⌇。王用。若。

復作為子名。

《乙5633》：☑子⌇☑。

19. ⌇

从人。卜辭有問「疾⌇」愈否，丶、／標示患病位置，在背部與腿節，乃復式指事。說文無字。卜辭用本義。

《庫283 》☑疾 ⌇，钾于妣己㞢妣庚。

20. ⌇

于省吾《甲骨文字釋林》頁一三二釋為𡰤字，唯⌇上不从口，與⌇、⌇等字實異。今仍隸作兄，即兒字，篆文作𦱠。為地名，乃殷王田狩地區。

《甲673 》癸丑卜，王其田于⌇。重乙擒。
《前8.7.2 》☑田⌇。湄日亡戈，不冓雨。
《續5.35.3》☑獲寨二百☑在⌇。

亦為殷邊出伐之據點。

《後下14.8》☑貞：重⌇術伐☑。

術 伐即征伐，出伐也。重兒征伐，即自兒地出兵攻伐之意。

復有用作祭奠之所。

《甲3534》☑牢㞢羌十，在⌇。
《乙6264》☑奠來五，在⌇。

字或與⌇、⌇同。⌇與⌇形近，而亦為殷王(1)田狩、(2)祭奠及(3)出伐之據點。

(1)《後上15.4》☑王其田⌇，⌇于河。
(2)《京3328》戊戌卜，行貞：王賓襪亡禍，在⌇。
(3)《文716 》☑王在自⌇彝。
《文726 》甲午卜，王在十二月在⌇卜。

21. ⌇

象人被長髮之形，即長字，字或持杖作⌇，又作⌇、⌇、⌇、⌇，為殷西外族。⌇嘗降於殷而為殷人戍邊，與呂、羌相接。

《集刊28》癸未卜，永貞：旬亡囗。七日己丑⌇、双、化呼告曰：呂方圍于我奠豐。七月。（董作賓漢城大學藏胛甲骨刻辭）

9

《菁2 》□王固曰：㞢[illegible]，其㞢來艱。迄至七日己巳允㞢來艱自西。[illegible]、[illegible]、
角告曰：[illegible]方出侵我示[illegible]田七十人□五。

《存1.600 》丙午卜，爭貞：[illegible]其[illegible]先。

其酋封為侯伯，受命於殷王。

《合180 》□貞：呼取[illegible]伯。

《庫1670》□[illegible]侯□。

《存1.1124》乙未卜□王令[illegible]□。

《遺293 》□貞：叀[illegible]令从[illegible]。

後長人叛殷，殷遂展開連串征伐。事見晚期卜辭。

《合28》庚戌卜，令从[illegible]伐[illegible]。

《掇2.310 》□貞：[illegible][illegible]。

[illegible] 又作[illegible]，即圍字。卜辭卜問圍攻長族的吉凶。

《合403 》□㞢[illegible]，王勿圍。

《人345 》□貞：雀弗其獲□圍[illegible]。

《粹1155》丁卯卜，戌，允出，弗伐[illegible]。

殷俘虜其族眾，用作祭祀的人牲。

《合104 》丙子卜，亘貞：王㞢祊于庚百[illegible]。
□貞：王㞢祊于庚百[illegible]，勿用。

謂殷王於庚日親自用長族百人祭祀宗廟。並兼併其族地，為殷邊屬土。

《前2.8.3 》癸巳卜在[illegible]貞：王逃于射，往來亡災。

《前2.8.5 》己亥卜在[illegible]貞：王□亞其从[illegible]伯伐南方，不[illegible]𢦏。在十月又□。

《續3.26.3》□貞：叀[illegible]呼往于[illegible]。

22. 

从長从支，隸作[illegible]。《說文》無字。卜辭用為地名，與[illegible]方同辭《人2146》，見於第四期卜辭。

《陳23》□在[illegible]。

23. 

象人而首具配飾。隸作先。武丁卜辭用為殷方國名，封為侯，受殷王賜田。

《前2.28.2》壬戌，卜爭貞：乞令[illegible]田于[illegible]侯。

[illegible]，釋作受，讀如授。授田，即賜田。其後該族與殷人亦時有衝突。卜辭言敦先，執先，伐先。敦，有攻擊意。

《簠雜48》□貞：余勿呼[illegible][illegible]，[illegible]□既。

《摭續142 》乙亥卜，執[illegible]。

《佚383 》辛未王令[illegible]伐[illegible]，咸𢦏。

24.  𗊶

　　從人首戴胄鎧。隸作冑。即冑字繁體。《說文》：「兜鍪也。從冂由聲。」乃殷武丁時方國，與殷抗衡，卒為殷王征服。其族眾淪為奴隸祭牲 <<乙 6686>>。

　　　　《存1.627 》囗卜，㱿貞：王伐𗊶，帝受我又。一月。
　　　　《佚23》辛巳卜，㱿貞：王囗重𤔲囗伐𗊶囗受囗。
　　　　《前6.18.6》囗呼𢦦𗊶。

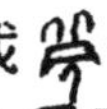

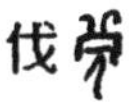

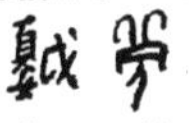

　　𢦦，讀如戕，從背後突襲也。此族與𡶫侯、𧰙、嫘、𐅂 <<前 6.6.2>> 同辭，位殷西南。

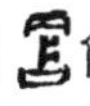

　　　　《前4.44.6 》囗貞：今囗從𡶫侯虎伐𗊶方，受业又。

晚期省作𗊶、𗊶。參冑字條。

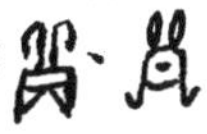

25.  𤎥

　　從人從火，隸作光。《說文》：「明也。」為殷王田狩區地名，又作𤎥，下增從土。與𠆢又作𡉭；𠃌又作𡉭例同。

　　　　《甲3593》囗戊王其田重𤎥，亡戈。
　　　　《天79》乙未卜，今丁王𡥈𤎥。擒。允獲二𡥈、一鷹、二十豕、二兔、百廿十囗𤎥囗。

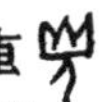

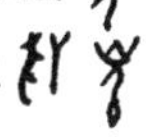

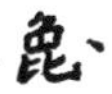

　　𡥈即獸字，通作狩。謂殷王於丁酉日狩獵，果捕獲獸類若干。

　　　　𤎥又作𤎥；從人從卩無別。此反映中國文字處於偏旁時結體保守性較弱，容易與相類形構混同。

26.  �

　　從人，或即兒字。《說文》：「孺子也。從儿，象小兒頭囟未合。」殷武丁時方國名，位處殷東，嘗為殷邊患。

　　　　《前7.40.2》甲午卜，亘貞：翌乙未昜日，王固曰业希。丙其业來艱。三日丙申允业來艱自東，畫告曰：𠃌囗。

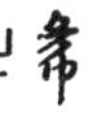

　　其酋稱伯。

　　　　《後下4.11》囗東畫告曰：𠃌伯囗。

　　殷王曾遣兵征伐之，

　　　　《佚11》丙午卜，王令臣㠱干𠃌。六月。

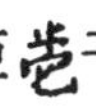

　　卒降服其族眾。

　　　　《京1341》囗貞：今𠃌來。

27.  囚　𡆥

　　從人在囗中，隸作囚。《說文》：「繫也。」井象棺槨之形，字當為死字初文，參𡆥字。卜辭亦用死意。

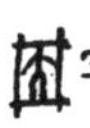

　　　　《前6.1.5 》囗貞：有疾羌，其囚。
　　　　《拾10.6》囗丑囗貞：王疾囗业囚。

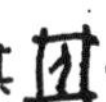

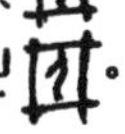

《綜圖23.4》庚子卜，耳貞：疾，不囚。

有疾而問其死否，文義相合。卜辭有問婦人懷孕有死否，顯見生子在殷代已意識有一定危險性。

《鹽雜69》☑貞：子母其肎，不囚。

字又作囨，增匕；示人臥葬。

《續5.4.3》丙子卜，寅貞：今吳囨我于有自，禍，告不囚。

囚與「有羌」、「禍」、「不吉」諸辭對稱。

《菁1》癸亥卜，殷貞：旬亡囚。王固曰：往。乃茲屮羌。六日戊子子弢囗。一月。

《寧3.122》☑貞：吳不其禍，告其囗。十一月。

《乙3405》丁卯卜，寅貞：孔不囚。王固曰：「吉。」

《乙4729》壬寅卜，殷貞：婦好冥，不其幼。王固曰：「孔不幼，其不吉☑若。茲迺囗。」

婦好，武丁后妃。冥，即娩、㝃字，有孕。幼，讀如嘉，生子曰嘉。

28. ⟨囚⟩

　　從人困於囗，隸作囚。唯用法與囗異。卜辭借為地名，屬殷王祖庚祖甲以降的田狩區。

《後上15.2》戊戌卜，行貞：王其田于囚。亡災。

《粹979》辛卯卜，貞：王其田囚，亡戈。

《掇1.403》丁丑卜，翊日戊王其徔于囚。亡戈。

戈，為烖本字，與災同。徔，隸作迏，字義與田同；獨見於田狩卜辭中。

29. ⟨尢 ⟩

　　從人負戈以行。隸作尢。《說文》：「尢尢，行兒。」卜辭用為外邦族名，始見第一期。

《合224》丁巳卜爭貞：呼取尢芻。

《續6.9.6》壬辰卜，方其辜，見尢。

辜，即敦；有攻伐意。「方其辜」，謂有外族來犯。

30. ⟨沈 ⟩

　　從水尢聲。隸作沈。《說文》：「陵上滈水也。」段注：「謂陵上雨積停潦也。」卜辭用為水名。始見第二期卜辭。

《前2.4.8》壬戌卜，行貞：今月亡囚。在沈。

《甲3916》丁丑卜，狄貞：其求年于沈，重祖丁祝用。

「亡囚」，即今言「無禍」。

31. 𠂤

　　从人負杖，或即與第二期貞人𠂤同，隸作疑。卜辭用為族名或人名，貢羌於殷。

　　　　《乙6883》☒貞：𠂤致羌☒。

32. 昃

　　从日尤聲。隸作昃。《說文》無字。晚期卜辭用為附庸族名，有稱「昃叔」《卜128》。

　　　　《摭續106》己卯貞在囚，昃來告𦬅。
　　𦬅，隸作芌，雜草叢生之意。

33. 及

　　又作及。从手追捕人，即及字。《說文》：「逮也。」有趕及，追及意。
　　　　《乙3281》☒貞：帝其及今十三月令雹。
　　　　《前7.16.4》丁未卜，㸃貞：及今二月雨。王固曰：吉，其雨。
　　　　《乙3090》戊子卜，㱿貞：帝及四月令雨。
　　　　《前3.19.2》乙酉卜，大貞：及茲二月业大雨。
　　諸辭卜問上帝是否會趕及在某月施雨降雹。
　　　　《遺462》己亥卜，爭貞：及龍方。
　　　　《前7.2.1》癸丑卜，爭貞：乘及昌方。
　　　　《甲807》☒戌，及厵方，戈。
　　　　《人2521》庚午貞：辛未韋召方暘日，允暘日弗及召方。
　　　　《京4387》己亥毳貞：三族王其令追召方，及于𢓸。
　　前辭均卜問征伐途中，能否追及某方。

34. 𢦚

　　乃𢦚二字合文；又作𤕦。隸為登人，即召集眾人之意。
　　　　《乙6370》乙巳卜，㱿貞：我其业令𢦚用王。
　　我今方國𢦚登人。「用王」乃倒文，即登人為殷王武丁所用。

35. 羌　羌　羌

　　从人，歧角象邊族部落首飾，隸作羌。《說文》：「西戎，羊種也。从羊儿，羊亦聲。南方蠻閩从虫，北方狄从犬，東方貉从豸，西方羌从羊。」早期卜辭稱羌人均作羌，及晚期稱方國的羌方則作羌、羌、羌。

　　羌族處殷西，自始即受殷人欺壓。早期卜辭多言圍羌、追羌、韋羌、獲羌、俎羌、彭羌，見羌人遭受殷民追捕用祭之實況。

13

《合65》☑辰卜，肬獲圍 [字] 。

《前5.27.1》癸未卜，寅貞：重卆往追 [字] 。

《人337 》☑卜，㱿貞：氘執 [字] 。王固曰：㞢☑。

《前4.50.6》己酉卜，㱿貞：屮獲 [字] 。

《前6.2.3 》己未俎于羲京： [字] 三人，卯十牛。中。

《乙5883》☑貞：翌甲戌勿酚 [字] 自報甲。

晚期卜辭習稱：來羌、用羌、伐羌、炗羌。羌人遭受屠殺，更是無日無之。

《乙6410》☑貞：重肬來 [字] 。用。

《丙42》壬寅卜，㱿貞：興方致 [字] 。用自報甲至下乙。

《丙38》丙子卜，㱿貞：今來 [字] ，率用。

《佚673 》壬辰卜，爭貞：我伐 [字] 。

《掇1.520 》☑戌卜㱿貞：吳戋 [字] 、龍。

《甲1948》☑戋 [字] 方。

及至羌地淪為殷王田狩地，反映出羌族卒遭同化而敗亡。

《人2865》戊辰卜在 [字] 貞：王田，衣逐，亡災。

《金182 》☑巳卜☑貞：「王其田 [字] ，亡戋。」擒鹿十又五。

36. [字][字]

　　从人，頸係繩索，頭戴囚飾。或羌字繁體。卜辭用為田狩地名，見第四、五期甲文。與[字]地同辭，相距一日路程。

　　　　《㰍219 》己未王卜在 [字] 貞：今日步于[字]。

　　　　　　　庚申王卜在[字]貞：今日步于[字]，亡災。

[字]與[字]地同辭，而[字]又與人方見於同辭，是知[字]地大致在殷東。

　　　　《㰍188 》癸酉王卜貞：「旬亡禍。」在十月。王征人方在[字]。

37. [字][字]

　　从二人緊密相隨，前人均隸作从，唯於殷文意似未盡恰，今釋讀為「比」字是，比，小篆作[字]，亦从二人。《說文》：「密也。」段注：「其本義謂相親密也。餘義：偕也，及也，次也，校也，例也，類也，頻也，擇善而從之也，阿黨也。」今以其義校諸甲骨文例，均能文順意通。

⑴ [字] [字]
　　比雨，即頻雨，雨連縣而下之意。

　　　　《前3.20.4》乙未卜今月祓舞，屮(佑)[字]雨。

　　　　《鐵70.3》☑往于河，亡其[字]雨。

⑵ [字][字]　[字][字]　[字][字]　[字][字]
　　比東、比南、比西、比北。比有及、次之意；言達至某方。

　　　　《林2.22.11 》此日王往于田[字]東。允獲豕三。十月。

　　　　《存1.753 》☑王往省[字]南。

《乙7826》丙辰卜，爭貞：王往省西。若。

《乙4932》☐王往省北。

省，有巡察意。卜辭貞問王往巡視疆土，遠達殷之北地云云。比字之下亦多接地名，如：京《天76》、《續5.3.2》、《丙13》；有往意。

(3) 某某

比有阿從、聯合意。

《續5.2.2》己卯卜，貞：令多子族犬侯寇周，協王事。五月。

辭謂殷派遣多子族聯同犬侯攻襲西南外邦周族。

38. 

象二人並列；二，示貫足以相從。隸作并。《說文》：「相從也。」卜辭為田狩地名，字又作、。

《甲774》己亥卜貞：王其田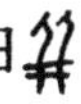。亡𢦏。

《乙3429》☐田于。

《後下34.3》辛丑貞：王令吳以子方奠于。

39. 

从水北聲，隸作沘。《說文》無字。卜辭為殷駐軍、田狩地名。地分東、南、北，曰：東沘、南沘、北沘。陳槃庵《春秋大事表・列國爵姓及存滅表譔異》頁一三七引《路史》：「今滑之白馬有鄁水，即邶水。」滑即今河南滑縣附近。

《餘12.2》☐貞：㞢(有)不若，在。

若，讀如諾。

《佚647》☐貞：我勿涉于東。

《續1.53.3》今春王黍于南☐于南。

《續3.30.5》庚申王卜在貞：其从☐北。

字又作，

《續1.46》☐𣪘貞：王往𠂤于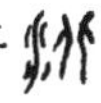。

𠂤乃師的初文。字復作

《存1.1967》丁酉卜，戊王其田从，亡𢦏。

作，由下二文例互較可證。

《存1.1796》☐七牛，大乙卌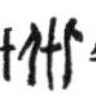牛。

《存1.241》☐卜亘貞☐在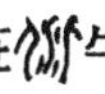牛。

東沘地接黃河。

《前6.63.6》☐虎☐方其涉河，東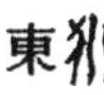其☐。

40. 

字或从北从尹，隸作 ⿰扌比 。《說文》無字。卜辭為祭祀地名，乃上帝降臨之奠所。

《寧1.516》☒卜，翌日，辛帝降，其入于 ⿰鄉 ☒。
卜問明天辛日上帝降臨否。

41. ⿰羊羊

从二人，上配冠飾，隸作 ⿰羊羊 ，與童僕字同，形構參甲骨 ⿱辛女 字。意亦與奴隸相類。
从二妾，象眾僕隨從侍候之形。字又作 ⿰羊羊 、作 ⿰羊羊 。

殷卜辭中見有用人為祭牲之習。⿰羊羊 亦屬人牲一類：即以眾奴僕為祭奠物。

《京4188》弜 ⿰羊羊 。茲用。

茲用，即祖妣鬼神受此享用。

《後下10.6》☒王歲其 ⿰羊羊 。在十一月。

殷王歲祭以 ⿰羊羊 。所祭殷先祖妣，有：祖甲、祖丁、父己、妣甲、妣庚等。

《掇2.231》⿰羊羊 ，祖甲，牢。

《人1798》⿰羊羊 祖丁。

《甲2141》⿰羊羊 ，父己，牢。

《南坊5.61》☒其又（佑）子麒 ⿰羊羊 ，兄癸牢。王受又。

《京4081》☒妣甲 ⿰羊羊 ，妣庚☒。

亦嘗令 ⿰羊羊 從事庶務。

《前5.41.5》☒貞：重 ⿰羊羊 令。八月。

辭意謂卜問眾侍妾是否受令。

42. ⿱日众

从日从三人。隸作眾。《說文》：「多也。」从日下人羣，泛指一般百姓。甲文又
省人作 ⿱日从 ，由文例「以 ⿱日众 」、「以 ⿱日从 」；「喪 ⿱日众 」、「喪 ⿱日从 」；「⿱日众 步」、「步……⿱日从 」對文可知。

眾為殷民一種，階級卑下，乃勞動力的主要來源，多從事農耕。

《瀆2.6.5》☒王大令 ⿱日从 人曰：劦田，其 ⿱宀貝 受年。十一月。

《前7.30.2》☒殼貞：王大令 ⿱日从 人曰：劦田☒受☒。

《甲3510》癸巳卜，賓貞：令 ⿱日从 人☒入☒敘方☒墾田。

墾田，讀如墾田，持犁翻土也。

《前4.30.2》☒貞：重小臣令 ⿱日从 黍。一月。

《前5.20.2》戊寅卜，賓貞：王往，以 ⿱日从 黍于⿴口。

《旅順博物館》☒卜貞：⿱日从 ☒耤☒喪。

黍，名詞當動詞用，種黍也。耤，耕也；象人犁土之形。眾與殷王宗廟祭祀有關，唯未
審是否有用為人牲。

《後上24.3》☒貞：⿱吅夂 告 ⿱日从 步于祊。八月。

《存3.377》丁未卜貞：重亞致 ⿱日从 人步。二月。

16

眾又屬殷所編列軍隊之一。卜辭有「登眾」；徵召眾人為部伍先行。

　　　《京1030》丁巳卜，爭貞：勿呼𝄞人先于𢧜。

　　　《林1.20.11》己巳卜貞：呼𝄞☑先于𢧜。

43. 𝄞

　　　從三人。字形不識。甲骨文用作人名，為殷小臣。字見於晚期卜辭。

　　　《前4.27.2》弜改其𝄞小臣𝄞令，王弗每。

每，讀如坶，作放牧解。

44. 𝄞

　　　隸作鬥，字又作𝄞。象二人披髮攖冠，雙手互擊兒。《說文》言兵杖在其後，誤
。卜辭用為殷地名，位處於黃河附近。

　　　《前2.9.3》乙巳卜，爭貞：㞢于河五牛，沈十牛。十月在𝄞。

　　　《乙7119》庚辰卜，賓貞：朕芻于𝄞。

乙編言「朕芻于鬥」，可知鬥地屬於殷王私田。

45. 𝄞

　　　從人持杖以殳人，象驅人以戌。字見第一期卜辭，隸作役，即役字。《說文》：「
戌也。」古文作𝄞從人。與卜辭字相合。

　　　《乙7310》甲子卜㱿貞：疾，𝄞不征。

　　　　　　　貞：疾，𝄞其征。

甲文連用「役征」，征，出也。卜辭貞問有疾，是否仍需出戌某地。

　　　《後下26.6》甲戌卜㱿貞：王不𝄞在☑。

此貞問王是否宜出戌某地。

　　　《前6.4.1》☑貞：𝄞，唯㞢不征。

　　　《乙3429》☑呼：從𝄞征。

　　　《前6.9.2》☑往☑𝄞。十二月。

役、征字連用，行戌而征，正是殷人備戰之證。

𝄞字又作𝄞、作𝄞，有驅趕意。

卜辭言「役牛」，即放牧牛羣於某地之意。

　　　《金495》己酉卜賓貞：𝄞牛于☑。

第二期卜辭以後，役字由𝄞而𝄞而𝄞，詞性由動詞轉用為名詞，屬地名。

　　　《甲214》☑在𝄞。

　　　《金544》乙巳王卜在溫貞：今日步于𝄞。亡災。

　　　《前2.16.6》癸酉卜在𝄞，永貞：王旬亡𡆥。王來征人方。

𝄞字屢出現於四、五期的征人方卜辭，借為殷地名，位於殷土東南，乃殷王東伐人方途
中一要塞地。殷王曾封侯役地以守邊，曰：「役侯」，其侯有名叶和喜。

17

《撫2.132 》戊戌貞：又（佑）殺　疾．伇侯叶鄙．

《南明786 》癸卯卜，黃貞：王旬亡畎．在正月，王來征人方在伇侯喜鄙．永

46. 伢

　　從人負子，隸作保，字由 🔲 而 🔲，而 伢，《說文》：「養也。」引申有安意、祐意．甲骨文辭多用引申意．

　　　　《乙7781》🔲貞：乙 伢 黍年．

　　　　《金618 》🔲貞：夐于西，弗 伢 ．

　　　　《乙3294》🔲貞：茲雲其降其雨．伢 ．

　　　　《林1.3.3 》🔲貞：雀有 🔲 ．

　　　　《合424 》🔲岁貞：寅尹 伢 我事．

保亦嘗用為地名；乃祭奠獻俘之所．

　　　　《文379 》戊戌卜，出貞：其出祊于 伢 ．

　　　　《京1110》🔲于 伢 🔲小牢．

　　　　《續1.40.6》乙丑卜𣪘貞：🔲于 伢 🔲呂方執．

字又作 伢，從人偏旁衍而為大，古文多見．

　　　　《甲1531》庚辰卜，狄貞：于 伢 大吉．

47. 毓

　　字又作 🔲，作 🔲，從人從倒子，象婦人產子之兒．隸作毓．《說文》：「🔲 養子使作善也．🔲 或從每．」卜辭多貞問婦某有孕生子之吉凶．

　　　　《鹽雜69》🔲貞：子母其 🔲，不死．

　　　　《陳102 》戊午卜爭🔲蚁冥幼🔲曰：🔲🔲婦蚁🔲．

冥幼，讀如娩嘉，孕而有子之意．字或作 🔲，象生子之正形．從人從大無別．

　　　　《乙3843》乙酉卜貞：🔲 ，禍．

48. 休

　　從人止息於木旁，即休字，說文：「息止也．」字又作 休、作 林、作 林．卜辭用為王巡地名．

　　　　《後上12.8》庚子卜，賓貞：王往 休．亡🔲．

　　　　《後上12.7》🔲貞：王往 休，亡災．

　　　　《林2.5.4 》🔲王往征 林．

49. 埶

　　象人持封暨立於河旁之形，隸作 埶．讀如蓺，《說文》：「藝也．」字有埋藏意

・字屬第五期卜辭，有言「⿰示」。

《前2.5.3 》庚寅王卜在 義 貞：余其㠯在茲二 兔酉。今秋其皇，其呼 示于商征，余受 。王占曰：吉。

卜辭謂王貞問師旅駐於二 兔酉 的吉凶。今秋已遭受外族攻擊，故宜令人瘞埋先人示主於商人征途，俾便吾人受先祖福祐免除災害。

50.

從人受殳。隸作役。《說文》無字。卜辭為人名。

《庫1506》玆叔曰 。

51.

字又作 、作 。隸作耤。從人持耒耕耨也。《說文》：「帝耤千畝也，古者使民如借，故謂之耤。從耒昔聲。」周禮有天子親往「耤田」之說，與卜辭合。

《後下28.16 》庚子卜貞：王其觀 重往。十二月。

《甲340 》己亥卜貞：王往觀 。征☑。

殷人耤田的人力來源，主要是用眾，

《旅順博物館》☑卜貞：眾☑ 喪。

和用師旅。

《人2141》戊寅卜在韋師，白人亡戈。戴其 。

「戴其耤」，言翼助耤田之意。殷王有令小臣統轄農事，曰「小耤臣」。

《前6.17.6》己亥卜貞：令吳小 臣。

殷民耤田之地甚夥，如：

(1) 北洮

《乙8151》☑呼 鄙北洮，不☑。

(2) 陸

《合220 》丙辰卜，爭貞：呼 于陸，受屮年。

(3) 名

《乙7808》己卯卜，㲋貞：㘇 于名。吉。

(4) 姐

《合222 》丁酉卜㲋貞：我受苗 在姐年。三月。

《乙3212》☑苗 于姐，受年。

苗耤，言姐地所耕耘之田屬苗圃。殷人卜問該地得享豐收。

(5) 生

《乙7396》☑申卜賓貞：呼 生。

卜辭又有「 」即「㘇耤」，天凍極而降㘇霜，此蓋指冬耕。

《乙3290》☑㘇耤，在名。受屮年。

52.

虎頭人身，隸作虎，字與篆文合。卜辭屬殷外邦之稱，曾遭殷人征討。

19

《合408 》☑伐〔虎方〕。

字又作〔字形〕。

《 19》☑貞：令望乘眾二〔字〕途〔字〕方。十一月。

虎方地處黃河、東〔字〕附近。或即春秋哀公四年的夷虎。周初中鼎：「隹壬令南宮伐反虎方之年。」

《前6.63.6》☑〔字〕☑方其涉河，東〔字〕其☑。

虎方活動範圍在殷西南，與〔字〕，長、〔字〕相接。

《續5.11.6》己丑卜，毃在〔字〕、〔字〕，唯☑。

〔字〕地與〔字〕相近《掇2.62》，〔字〕又與周方、羌、缶等見於同條卜辭，缶族發源於殷的西南，參見基方條。後來虎方淪為殷附庸，〔字〕而成為殷田地名。

《甲3017》〔字〕入百。

《七S121》☑涉狩☑于〔字〕。

《人281 》戊子卜，賓貞：令大征族墾田于〔字〕。

卜辭中，曾卜問眾人獲虎地之牛，顯見虎地屬草原，產牛。

《鄴3.34.9》☑貞：〔字〕牛，眾人得。

字復作〔字〕、作〔字〕，增从二虎。屬地名。

《後下3.8 》☑貞：旬亡禍。在〔字〕。

《人2329》☑貞：〔字〕賓。在〔字〕。

53. 〔字〕

从人張口伸舌，持殳以擊，隸作佼。《說文》無字。卜辭借為人名。僅一見。唯該骨片疑屬偽刻。

《庫1506》卸子曰〔字〕。

〔字〕子曰〔字〕。

54. 〔字〕

从倒口，从祝省，隸作兊。《說文》無字。卜辭用為殷武丁時將領名，曾戍守殷西沚地。

《乙5303》己未卜，毃：令〔字〕往沚。

55. 〔字〕

从尹从复。隸作覆。《說文》無字。乃殷王子名。

《京1659》己酉卜，王子〔字〕死，禍屮疾。

56. 〔字〕

从人。《說文》無字。晚期卜辭用作殷地名，與〔字〕、〔字〕二地各距一天路程。

《綴219 》己未王卜在🔲貞：今日步于🔲🔲。
　　　　庚申王卜在🔲貞：今日步于🔲，亡🔲。

57. 🔲
　　從人持戟。隸作戔。《說文》無字。晚期卜辭為殷王田獵地，有稱「🔲 麓」，盛
　　產鹿。
　　　　《後上15.7》🔲王田于🔲彔，往🔲茲钘。獲🔲六鹿🔲。

58. 🔲
　　象人手持長杖開鑿泥土之形。乚示崖邊形，∴示土塊飛揚。《說文》無字。晚期卜
　　辭用為貞卜地名。
　　　　《前64.4 》🔲王卜在 🔲 🔲在二月。

59. 🔲
　　從人持示，立於土上，象祭拜祈福祐之兒；即拜字古文。拜，《說文》古文作🔲，
　　從兩手持示，兩手即🔲之省。《說文》言「從兩手下」，因形近而譌示作下。卜辭拜字
　　用祈福本意，屬動詞。
　　　　《佚972 》貞：🔲岳。
　　　　　　貞：🔲河。
　　殷人拜祀河岳山川諸自然神，屬常祭。

60. 🔲
　　從水，老聲，隸作浝。《說文》無字。屬晚期卜辭中的地名或水名，與北洮 見於
　　同辭。
　　　　《續3.30.5》庚申王卜在🔲貞：🔲其從🔲北洮🔲。

61. 🔲
　　字與金文作🔲合，從人披長髮持酒器於釜上溫食。隸作醜。《說文》：「可惡
　　也，從鬼酉聲。」卜辭用為第四、五期之小臣名。
　　　　《林2.25.10 》辛卯王🔲小臣🔲🔲其亡執于東對🔲。

62. 🔲 🔲
　　象戈斬伐人之形，隸作伐。卜辭讀如茷，疾也。《淮南子・俶務篇》：「手若茷蒙
　　」注：「言其疾也。」《史記・司馬相如傳》：「茷蒙踴躍」集解：「飛揚也。」

21

《佚276 》壬戌卜，雨。今日小采允大雨征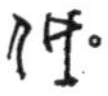。
卜辭卜有雨，驗詞謂小采日果有大雨驟出。
《乙6663》☐爭貞：翌庚辰其雨。雨㞢(有)。
「雨有伐」為驗辭，即謂次日庚辰，有豪雨驟降之意。

63. 

象人正面之形，即大字。《說文》：「天大地大人亦大焉。象人形。」卜辭習見文例有：

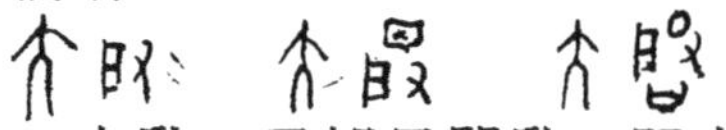

大啟，示旭日開啟；即大晴之意。卜辭中多與「不雨」對文。

《坎T1011 》己☐貞☐不雨。庚☐。
《乙32》☐湄日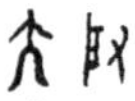，昃亦雨。
殷人嘗貞卜天氣變動，有由雨而晴而復雨。
《乙78》癸丑卜貞：旬甲寅　食雨自北。乙卯小食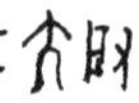。丙辰☐日雨自南。
甲文又描述降雪而晴，繼復起風之過程。
《佚388 》☐王☐甲申☐乙雨　雪☐寅☐卯風自北。

大水，即多水。水為農耕社會灌溉所需，卜辭亦見屢屢貞問一歲間有否降大水。

《後下3.4 》☐貞：其㞢(有)。
《金377 》癸丑卜貞：今　歲亡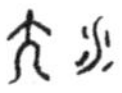。
而大水的出現，多繫諸時雨。
《通X3》☐日雨☐冬日雨☐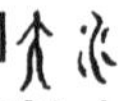☐不雨。
殷人以小牢祭土神求大水，見殷代有以土神掌管河川之風習。
《遺835 》辛酉☐钔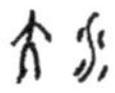于土，牢。
钔，即禦，祀也。

大方，即人方。均象人形，一正一側，無別。

《粹801 》☐伐☐鄙卄邑。庚寅雨自南☐。
卜辭謂殷人與大方相攻伐而緊接敘述南方有雨，顯見大方當處殷南，位置正與人方之位殷東南相合。此其一。

卜辭言大方均屬四、五期，與人方出現時間亦同，此其二。又，卜辭多見殷王親征大方，與大方互相討伐，足見大方之強頑與殷人的重視，一與殷末的人方同。此其三。

《南坊3.61》丁酉卜，王令。
《合87》辛酉卜，七月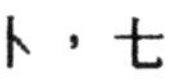不其來圍。
《粹1152》☐來告出伐我師。
由字形、地域、斷代、國力與及和殷王之關係看，大方與人方固當同屬一族。

大方又作👤🔱，見《合87》。

👤🔲

🔲，即祊。象宗廟藏神主之櫃室。大祊，即卜辭的大宗。卜辭言大宗多自報甲始。

《陳21》癸酉卜，爭貞：來甲申酓大🔲自報甲。五月。

酓，祭名。

👤🔸

征為徙字或體。徙，迻也；有遷移、出動意。大征多見於第四、五期卜辭。

《庫1284》乙巳王卜，👤🔸。

《寧3.124》乙未王令👤🔸。十一月。

島邦男《綜類》將「大征」混同於「大🔸」，誤。🔸，宜釋作團，與征出意有別。

👤🔹

又作👤🔹，即大星。卜辭中大星見於冬月雨後；或即火星。

《鹽雜120》☒冬月☒亦大星。

《乙6386》☒王固曰：☒雨☒卯☒夕🔹☒日大星。

《後下9.1》☒七日己巳夕🔹☒㞢新大星並火☒。

🔹，讀如霧。🔹，即🔹，有陰暗意。

🔲👤 　 田👤

大字用為殷地名。

《戩41.3》☒午卜，王☒馬，尤☒在👤☒二月。

《前2.28.1》☒卜貞☒田👤☒往來☒災。王☒曰：吉。

64. 👤

象人形而大其首，或作👤，亦隸作大。由大方又作👤方可證。卜辭用為人名。

《拾10.17》☒👤來，弗☒。

《後下18.7》☒貞：重亥☒👤令☒十三月。

《乙7436》☒👤☒疾☒。

65. 👤

从人。一示其首。隸為天，通作大。人、元、大、天諸字本同由人形派生。

《乙9067》弗疾朕👤？

23

天，本有頭頂之顛意。卜辭又言天庚、天戊，即大庚、大戊，《史記‧殷本紀》作太庚、太戊；為殷先王名。

　　《前4.16.4》☑天戊五牢。

　　《乙6690》辛丑卜乙巳歲于天庚。

歲祭於太庚；太庚為太甲子。太戊為太庚子，均屬大宗，故祭以大牢。

　　天字又作天。由卜辭的大甲、大示有作天十、天丁；可證。

　　《前4.7.6》辛亥卜貞：☑來甲☑翌甲寅用☑于天甲。十三月。

　　《前5.2.4》☑午卜貞：尋自報甲天示，其唯牛。小示重☑。

天復用為殷王田狩地名。或即文獻的夫，《水經注》之「扶柳」，今河北省新河縣以北。參錢穆《史記地名考》頁七二七。

　　《庫1584》丁亥卜貞：王戈于天，往來亡災。

　　《前2.27.8》丁卯卜貞：王田天，往來亡災。

地接於盂。

　　《前2.20.4》☑貞：王曰戈狅于天，狅至盂☑來亡災。在七月。

又用為殷附庸名。

　　《合166》天入二。在 庐。

　　《佚840》☑酉卜貞：天往來亡禍。允亡☑。

　　《綴304》戊申卜，天受年。

66.　天　天

　　象人屈首之形，隸作天。《說文》：「屈也。从大象形。」卜辭為殷田獵地名。

　　《前1.48.3》辛酉卜，眔貞：于天先罒。一月。

　　罒，又作麗，用網捕獸也。

67.　夾

　　从人雙手持物。或隸作夾字。晚期卜辭用為殷師戍守地名。

　　《前2.13.3》甲戌卜在夾貞：今夕自不戔。

　　《乙7402》乙未卜，至夾，钾。

　　「自不戔」即言「師不動」。钾，讀如禦，祀也。

68.　夨

　　象人正立而大其軀幹。隸亦作大。字又倒人為夨，為夨，疑為殷王所畜之外族俘虜名，卜辭稱「致夨」。

　　《鐵272.1》☑王貯致夨。一月。

　　廌為殷人拘執、捕逐，並用以祭祖。

　　《合150》☑呼執夨，又(佑)商。

　　《合129》癸卯卜，祤貞：呼豕、夨，又商。

24

69. 象虎頭人身，仰首站於土上，為虎字緐體。或省為 ，為 。卜辭為殷王武丁時子名。

　　《乙8035》辛卯卜爭貞：子 不隹令☒。
　　《後下25.5》☒辰☒旅貞：至丁巳子 至，在自 。

70. 从人。本義未詳。卜辭用為殷武丁時子名。

　　《鐵196.1》乙卯卜，亘貞：今日王至于羍。夕彭，子 㞢(佑)于父乙。
　　《南輔8》壬戌，子 示二屯。岳。

71. 从人具首飾，隸作美。《說文》：「甘也。从羊大。」卜辭為殷王子名。

　　《前1.29.2》丙寅卜貞：來丁亥子 見，以歲于示于祊于母庚于婦☒。
又用為西邊地名，曾受羌人侵擾。
　　《乙5327》庚戌卜貞：羌于 。

72. 从人，首戴飾物。《說文》無字。卜辭中乃殷祭祀地名。

　　《文722》☒貞：亡尤。在十二月在 卜。
　　《粹13》☒在 又(佑)于帝五臣，又大雨。

73. 象爬蟲之形，隸作吳。《方言》：「大也。」卜辭用為殷武丁時征西將領名，或族稱。曾攻伐羌人、龍方諸族。

　　《存1.46》☒戌卜，㪔貞： 弋羌、龍。
　　《鐵105.3》☒貞： 弗其弋羌、龍。
　　《拾5.5》☒貞， 弋羌、龍。十三月。
並助殷拘執寇盜，平定西邊治安。
　　《南明90》癸丑卜，賓貞：重 令執寇。
　　《金475》☒ 令執寇。七月。
為殷王親信，主宰大小王事。
　　《文621》乙未卜☒貞： 屮王事。不死。十二月。
　　《陳125》庚申卜，㪔貞： 屮王事。

凵，又作屮，即叶字，通作協。吳主宰王事，助殷王出令。復推為小臣，外掌耤耕及僕役。

　　《前6.17.6》己亥卜貞：令吳小耤臣。

　　《存2.476 》☑貞：叀吳呼小眾人臣

並納貢龜册，

　　《丙61》吳入二在斬。

　　《乙7127》吳入五十。

　　《存2.2 》吳入廿。

又助殷王主祭，奠于外地。

　　《後下34.3》辛丑貞，王令吳以子方奠于并。

後吳見用為祭地名。

　　《觀153 》☑貞：今丙辰夕至吳，卯于祊。

　　《京2146》☑屮至，自吳。

吳與果、吳形似而用法實異。島邦男《綜類》頁卅一混而不分。唯吳字只用作第五期帝乙卜辭時人名。

　　《人2283》乙巳貞：吳以南于父丁。

南，讀如毃，小豕也。卜辭用為祭牲。所祭父丁為文武丁。可見與第一、二期卜辭的吳絕非一人。

74. 企

　　从人立於地上，即立字，與位通；列也。

　　殷人重天文，有立中以驗風之制，為殷王平日政事之一。

　　《南明221 》庚寅卜，永貞：王叀中企，若。

　　《乙7741》壬申卜☑貞：我企中。

字作企、企 屮、企，中象列旗兒。立旗幟以觀察風向，或驗風之有否。

　　《存2.88》☑亡風。易日☑丙子其企中，亡風。八月。

　　《續4.4.5 》☑酉卜寅貞：翌丙子其☑子企中，允亡風。

「立中」多於一旬之首甲、乙、丙三日。

　　《前7.16.1》☑貞，來甲辰企中。

　　《存2.88》☑丙子其企中，亡風。八月。

　　《粹398 》辛亥貞：生夕乙亥酚 企中。

生夕或即金文之言「既生霸」。

　　殷王立中以觀氣象，字均寫作「企」、「企」。唯卜辭又有「企 中」語，中乃左右中之中。「企 中」乃「立中人」之省，與「企」測風之意不同。

　　《存2.803 》癸酉貞：方大出。立中于北土。

　　《人268 》庚申卜，王侯其立朕中人。

「立中人」、「立人」意與登人同；即征召入伍。殷軍制有左右中之編制，所登立之人多為奴役。卜辭又曰「立眾」。

　　《林2.11.16 》辛亥卜，爭貞：登眾人企大事于西奠☑月。

26

《合30》☑👤眾☑👤眾人☑。

立人之數有多達三百。

《京973》丙辰卜，求征，立人三百。

卜辭中又多問殷王武丁「立黍」吉否，即種植黍稷之儀式。示殷王親耕，一與民同。立黍以求豐年。王立黍有在年首一月初耕之際。

《丙74》庚戌卜㱿貞：王立黍，受年。

貞：王立黍，受年。一月。

《丙32》乙卯卜，㱿貞：王立黍。諾。

75. 👤

从人由口盧出。即去字，離也、往也。《說文》：「人相違也。从大凵聲。」卜辭多言「王去某于某」，即指王離開甲地而至乙地，如「王去寅于敦」《後上12.10》、「王去寅于甘」《前1.52.5》、「去白于冥」《乙4538》等是。

其中寅屬於殷人宗廟地，故為殷王經常親至之所。

《金722》☑貞：王其👤寅，弗告于祖乙，其有禍。

《京702》☑貞：王其👤寅，告于祖辛。

可知殷人有告廟之習。又，卜辭多貞問王去之吉凶。

《前7.9.3》王固曰：吉，其👤。

《粹1135》丙申卜，㱿貞：翌丁酉亡其👤。

《摭續166》☑翌癸卯王勿👤。

復有時雨驟降之際，卜問是否宜離去他往。

《文703》甲寅卜王曰貞：王其步自🔲，又👤自雨。在四月。

《甲764》☑亡👤自雨。

「㞢去」、「又去」的相反用語是「勿去」、「弜去」、「亡其去」、「不其去」，見卜辭語法的不固定。

76. 👤

从大从凵盧，亦隸作去，參👤字。乃殷王田狩地名。只見用於晚期甲骨文。

《前2.11.1》☑丁卯卜在👤貞：🔲告曰：🔲來敉。王重今日曐，亡災。擒。

77. 👤

从大，兩點示人之二腋，即亦字。《說文》：「人之臂亦也。」今作腋。唯卜辭亦字屬語詞，所用已非本義。

《前7.35.2》☑雨。七日壬申雹。辛巳雨，壬午👤雨。

言辛巳雨，次日亦雨。

《乙2691》☑旬，壬寅雨，甲辰👤雨。

卜辭多用作「亦雨」、「亦出」、「亦圍」、「亦有來艱」、「亦希」，「亦不吉

27

」。諸辭例的亦字，均有又、復之意。

78. 从大从、，示人腋；指事。隸作亦。第二期卜辭用為祭祀時貞卜地。
《文456 》己未卜，行貞：王賓歲二牛，亡尤。在十二月在✶卜。

79. 从大，仍隸作亦。諸點屬區別義。卜辭用為殷王武丁時人名。
《乙7751》甲寅卜，般：呼子✶酚缶于 ✶。
壬申卜，般：翌乙亥子✶其來。
其父為小乙，祖為祖丁。
《前6.19.5》癸卯卜，叶钔子✶于父乙☑月。
《佚704 》☑✶豐于祖丁父乙。
子亦又作 ✶ ✶。
《京2069》☑钔子✶☑八月。
子✶與祭祖丁同辭，可證與子✶屬同一人。
《京717 》☑寅卜王☑✶女☑✶祖丁。

80. 从大，隸作炎。《說文》：「火光上也，从重火。」甲文或叚為嚴重之嚴。唯卜辭
殘缺，尚未為的論。卜辭有言「炎冬」，即「嚴冬」。
《後9.4 》☑卜賓☑✶冬☑一牛☑(吉)。

81. 字从大，腋挾小人，隸作夾，持也。卜辭為殷武丁時方國名。位於殷西。
《粹27》☑貞：旬亡禍☑尢㞢來艱自西。㞢告曰：☑戈 ✶、✶、方、相二邑
。十三月。
《甲3536》☑貞：重大事✶令。七月。
《庫629 》☑✶圍☑。

82. 从大，挾二人，亦隸作夾。用為第五期卜辭帝乙、帝辛貞卜地名。
《文669 》丁丑卜，王在✶卜。
《文673 》戊寅卜，王在✶卜。
《佚792 》甲申卜，王在✶卜。

28

83. 從大，腋間夾持二倒人，有不順意。字讀為亦，借為叛逆字。卜辭有言「逆臣」。

《乙3108》丁亥卜，殼貞：呼卬從韋取逆臣。

卬，即奴字；辭謂殷人呼召奴僕從韋攻取逆臣，乃武丁時事。

84. 從人持二皿，隸作奭，又作 、作 、作 。《說文》：「奭 盛也。從大從皕」卜辭用為殷先臣名，能施雨降福，字作伊 、伊 、奉 、東 ，又作伊卩、奉卩，即文獻上的伊尹。董彥堂《甲骨文斷代研究例》頁九九言「伊尹亦作寅尹，王靜安先生謂古讀寅為伊，其說甚是。今以時期證之，作寅尹多在武丁之世，至武乙時則書伊尹。」

《南明422 》甲戌卜，其求雨于伊 。
《甲828 》乙丑貞：寧風于伊 。
《天36》丙寅卜，爭貞：虫〈佑〉于寅 二羌。

85. 從人。亦隸作奭，用意為匹配后妣入祀。卜辭習言祭祀先妣，「賓某奭某」，前者為配祀之先公先王，後者才是主祀對象妣某。

《後上2.3 》辛丑卜，行貞：王賓大甲， 妣辛，智亡尤。在八月。
《通175 》己卯卜，尤貞：王賓祖乙 妣己，翌亡尤。
《前1.5.8 》辛丑卜貞：王賓大甲 妣辛，肜日亡尤。
《續1.12.5》己卯卜貞：王賓中丁奭妣己，賣亡尤。

由辛日祭妣辛，己日祭妣己等可證后妣才屬此祭的主祀對象。奭祭先妣主要見於卜辭二、三、四期間。所祭率皆為大宗之后妣，以其王夫配祀。卜辭配祀之先公先妣有：

示壬 -- 妣庚
示癸 -- 妣甲
大乙 -- 妣丙
大丁 -- 妣戊
大甲 -- 妣辛
大庚 -- 妣壬
大戊 -- 妣壬
中丁 -- 妣己、妣癸
祖乙 -- 妣己、妣庚
祖辛 -- 妣庚、妣甲
羌甲 -- 妣庚

祖丁 ‧‧ 妣庚、辛、己、癸、戊

小乙 ‧‧ 妣庚

武丁 ‧‧ 妣辛、癸、戊

祖甲 ‧‧ 妣戊

康丁 ‧‧ 妣辛

諸配妃入祀均為大宗，唯獨羌甲據《史記》所載為祖辛之弟，屬庶子。許進雄氏《殷卜辭中五種祭祀的研究》頁三零亦論及，認為羌甲能為大宗，皆因「有子南庚即位」於後之故。是以羌甲在第二期卜辭被列為大宗，

　　　　《佚536》己丑卜，大貞：于五示告丁、祖乙、祖丁、羌甲、祖辛。

　　　　《佚878》己巳卜，行貞：翌庚午歲其伐于羌甲 🔶 妣庚。

與其配妣一同受祀。而第四期後羌甲則被摒除於大宗之外，**此與祀譜排列日趨嚴謹有關**

86. 🔶 🔶 🔶 🔶

　　　　隸作無，《說文》作 🔶；象人持牛尾而舞。為舞之本字。此與文獻中《呂氏春秋‧適音篇》記上古葛天氏之舞，「操牛尾，投足以歌」之文相合。殷有舞而求雨之習。

　　　　《人3085》☑王 🔶 ，允雨。

　　　　《丙66》☑貞：我 🔶 ，雨。

　　　　《存1.1041》壬申卜，多霄 🔶 ，不其比雨。

　　　　《甲3069》庚寅卜，辛卯求 🔶 㞢(佑)雨。

　　　　《卜134.反》乙未卜， 🔶 ，今夕比雨。

　　　　《甲969》丙子卜，今日 🔶 ，雨。

舞雨之對象為河、岳等自然神。

　　　　《前6.20.2》壬申卜般貞：🔶岳。

　　　　《粹51》☑卜，今日 🔶 河眔岳。

　　　　《乙6857》☑勿 🔶 河，亡其雨。

　　　　《人2260》☑ 🔶 岳，雨。

可見殷人的觀念，河、岳神負降雨之職責。無又增形符「雨」而為 🔶 ，為舞字繁體，象人舞而降雨兒。用作動詞。

　　　　《粹968》☑虖 🔶 二田：喪、盂，又(佑)大雨

喪、盂為殷二田地名，卜辭言虖舞祭而求大雨。

　　　　《人2370》乙酉卜， 🔶 。

　　　　　　　　乙酉卜，弜 🔶 ，及夕雨。

　　　　《粹847》☑于翊日酒 🔶 。

　　　　《粹1547》其 🔶 于🔶

無字又省作🔶；比較下列文例、文意均可互證。

(1)　　　《存1.1041》壬申卜，多霄🔶，不其比雨。

　　　　《前7.35.2》☑貞：勿呼多老🔶☑。丙午亦雨。

(2)　　　《合188》辛巳卜賓貞，呼𦥑，㞢(佑)比雨。
　　　《金638》☒呼𦥑，亡雨。
　　　☒呼𦥑，㞢雨。
是知無字由𦥑而𦥑，屬形構增繁；由𦥑而𦥑而𦥑而𦥑，乃形構的省化。

87.　𦥑
　　乃「無」字異體，仍隸作無。由下二𦥑、𦥑文例相較可知。
(1)　　　《乙2181》☒𦥑，奴𦥑于父乙。
　　　《乙7750》☒貞：㞢于妣甲，𦥑奴，卯宰。
字又作𦥑，从大，而下从林，即舞所持牛尾之譌誤；非象足形。卜辭自武丁始，字多用作專有名詞：地名或族稱。
　　　《乙6966》甲午卜，爭貞：歔致，往于𦥑。
　　　《遺610》丙寅卜貞：令逆从𦥑于𦥑。
武丁始封其酋為侯，曰：「無侯」。
　　　《合282》己酉卜，殼貞：呼𦥑𦥑侯。

88.　𦥑
　　象禾黍之形，枝葉繁盛，下从0象土形，與封作𦥑、見作𦥑、聖作𦥑字同。字由𦥑衍而為𦥑為𦥑為𦥑。卜辭用為人牲，或與𦥑字同。隸仍作無。殷人以「無族」俘虜，作為祭祀先祖妣的奴僕一種，卜辭多「奴𦥑」連稱，習與小牢一並供奉。
　　　《前1.34.6》☒祊于高妣己𦥑二羌，𦥑奴𦥑。
　　　《乙2491》☒貞：勿𦥑妣庚，奴：十𦥑，卅小宰。
　　　《乙6732》壬辰☒貞：呼子安祊，㞢母于父乙，𦥑牢，𦥑奴：三𦥑、五宰。
𦥑，作册書以祭告，下列獻祭之物。
　　　《乙6703》☒貞：㞢于妣庚十𦥑。
　　　《乙8139》☒㞢于妣庚一𦥑。
獻𦥑之數有一、二、三、五、十。卜辭所見獻𦥑之先公先妣有高妣己、妣庚、妣己、妣甲、妣癸、父乙。其中妣甲為祖辛妻，高妣己為祖丁妻。父乙即小乙，妣己、妣庚均為小乙之后妃。

89.　𦥑
　　从人雙手持𦥑，又作𦥑作𦥑作𦥑。卜辭言「王𦥑」則得吉，且得雨或不遭雨災。見𦥑與「無」字意相類，由互較下列諸組文例亦可證。
(1)　　　《人3085》☒王𦥑，尤雨。
　　　《京442》☒貞：王𦥑，重雨。
(2)　　　《金638》☒呼𦥑，亡雨。
　　　《遺156》☒貞：王𦥑，重吉，不毒雨。

（3）　　　　《乙5272》☑貞：呼 [字形] 于 [字形] 。

　　　　　《瀆3.26.2》☑貞：勿呼婦姘以 [字形] 先于 [字形] 。

字仍隸作無；參 [字形] 字。象人舞而求雨問吉之形，卜辭用本義。

　　　　《林2.4.15》乙酉卜，尤貞：王 [字形] ，冓吉。

　　　　《甲3515》戊戌卜，㞢貞：王 [字形] ，冓雨。

　　　　《鹽天82》乙丑卜，尤貞：王 [字形] ，冓吉，不冓雨。

　　　　《瀆4.14.7》丙寅卜，㱼貞：王往于夕 [字形] ，不冓雨。 [字形] ，冓吉。

冓，即遘，遇也。

　　[字形] 字又衍而為 [字形] 。

　　　　《瀆4.23.8》☑貞： [字形] 雨。二月。

無雨，即舞雨；舞祭以求雨之意。

90. [字形] [字形] [字形]

　　　象人雙手持物高置於頭上，隸作異。字由 [字形] 形衍生，乃戴的本字，示小心翼翼保護所持之物。本義為護，引申為受祐之意。占卜得鬼神護蔭，則能趨吉而無災。

　　　　《甲3915》甲子卜，狄貞：王 [字形] ，其田亡災。

「王異」，即「王受異」之省。言殷王受神護祐，此行田狩不會有災害。

　　　　《人2141》戊寅卜在韋師，自人亡戈， [字形] 其耤。

耤，謂耕作。上天戴護則能決定施雨之有無，以保障師旅屯田的農作收成。

　　　　《人1989》☑王 [字形] ☑田亡大雨。

　　　　《前6.56.7》☑申卜貞： [字形] ，唯其不雨。

殷人所關心的氣候、國運，乃上蒼降蔭所賜，有言「帝異」，即「帝護」

　　　　《庫134》☑雨。帝 [字形] 降茲邑。

　　　　《瀆4.21.7》庚戌☑爭貞：不雨，帝 [字形] 。

殷之安寧，亦須先王福祐，故卜辭屢問先王戴否。

　　　　《乙7705》丙子卜，賓貞：父乙 [字形] ，唯 [字形] 王。

91. [字形] [字形]

　　　隸為棄字。象人舉子示拋棄兒。古文作 [字形] 、篆文作 [字形] 。《說文》：「捐也。從廾推 [字形] ，棄也；從㐬。㐬，逆子也。」卜辭用為殷武丁將名，曾追剿呂方等西北外族。

　　　　《前7.2.1》癸丑卜，爭貞： [字形] 及呂方。

　　　　《金364》癸丑卜，敵貞： [字形] 及呂方。四月。

　　　　《前7.32.2》☑貞： [字形] 及寅、長。

　　　　《庫1679》☑貞： [字形] 及寅、長。

92. [字形]

　　　隸作倠。讀如艱，《說文》：「土艱治也。」字又作 [字形] ；有災難意。卜辭多言上帝

「降艱」，字作🔣、🔣、🔣、🔣，見於第一、二期卜辭。

《丙63》戊申卜，爭貞：帝其降我🔣，一月。

《存1.168》☑卜，爭☑上帝☑降☑🔣。

《存2.155》甲辰卜，永貞：西土其㞢降🔣。

《存2.156》辛卯卜，㲋貞：帝其🔣我。三月。

《鐵35.3》庚戌☑爭貞：☑雨，帝☑不我🔣。

復言「來艱」，字則增作🔣，出現於第二期以後的卜辭。

《庫1671》戊寅卜，即貞：今日亡來🔣。

《人1588》甲子卜，㒸貞：今日亡來🔣。十月。

《文573》☑貞：其又（有）來🔣自方。

來艱，即言來災。方，即方國，指外族來犯。

字作🔣、作🔣，與黃字（🔣）形構偶有譌同。卜辭有用黃羊、黃牛、黃豕祭，或求雨，或求降福祐。

《粹551》其用🔣牛。

《粹786》☑求雨。叀🔣羊用，又（佑）大雨。

《南明714》叀🔣牛。

《粹547》叀🔣豕，王受又=（有佑）。

《乙2791》☑🔣社。

93. 🔣

从人，从豕在跨下，隸作豢。《說文》無字，卜辭用為殷商西面藩屬名，或人稱。

《京182》☑貞：🔣至☑。

《掇2.60》☑🔣征☑。

字主要見於第四、五期卜辭。殷曾派遣豢攻伐外族，如🔣（又作🔣）、丙、🔣、羌等西方邊患。

《拾4.14》癸未☑令🔣伐🔣，入，亡不若。允戈。

《續5.30.12》丁酉卜，今🔣征🔣，戈。

《甲2277》辛丑卜，五月步🔣伐🔣。

《南南2.98》☑🔣伐丙，戈。

《前7.8.4》乙未卜貞：🔣獲🔣。十二月。允獲☑。

94. 🔣

从日从側人，示人影，即㫚字，見小徐本《說文》矢部。今作昃。《說文》：「🔣日在西方時側也。」日暮則影側。由日昃引申有近暮意。

《菁4》☑王固曰：㞢希。八日庚戌㞢各雲自東面母，🔣，亦㞢出虹自北，飲于河。

言庚戌日東方有雲，日暮有虹見於河之北。「虹飲于河」，可與文獻相互參證。傳說中的虹為二首蛟龍，出則不祥。《山海經·海外東經》郭注：「虹，蝃蝀也。」《釋名·

33

釋天》：「螮蝀，其見每於日在西而見於東，啜飲東方之水氣也。」

卜辭多貞問日昃時雨否。

《明703》王其省田‧ⵘ 不雨‧

《人3099》癸巳卜，王旬二月二日丙申ⵘ，雨自東‧

《合370》甲子卜，翌丙雨‧乙丑 ⵘ，雨自北‧

95. **七戈**

从人持戈，又作 **七戈**、作 **七戈**，隸作武。小篆省人形為止作 **止戈**，卜辭第一期多言「子武」，為武丁弟名。前人釋「子某」為武丁之子，似非是。

《京714》囗呼子 **七戈** 业于业祖丁‧

《鐵254.1》丁巳卜，賓貞：钌子 **七戈** 于父乙‧

囗賓：钌子 **七戈** 于兄丁‧

由同辭貞人賓的出現，知為第一期卜辭。父乙即小乙，兄丁當為武丁。

武字後叚為王狩獵地名。

《庫383》囗在 **七戈**‧

《南南2.111》囗往囗 **戈豕** 亡災‧止日王往逐 **戈豕** 囗‧

96. **戈戈**

从人从戈，唯兵鋒刃朝人，疑為斬伐之伐字。伐字都作 **戈**，此用為專有名詞，則誇飾人首及戈形，以示威武。卜辭用為人名，僅一見。該骨疑屬偽刻。

《庫1506》囗子曰 **戈戈**‧

戈戈子曰 **森**‧

97. **七戈冊**

从人持戈及盾甲，示戎裝以備戰。即戎字，卜辭用本義。《說文》：「**戎** 兵也，从戈甲。」甲，實盾載之 訛誤，卜辭或又作 **弓冊**，从弓。金文省人作 **戈**，再演變為小篆的 **戎** 字。

《乙8144》癸酉卜，殷貞：雀重今日 **七戈冊**‧

《乙5798》癸酉卜，殷貞：雀于翌甲戌 **七戈冊**‧

卜辭謂於甲日、癸日出戰，亦合殷周文獻所載用兵之例。

98. **並 並**

象二人並立於一‧一，齊一也‧或省一。隸作並。《說文》：「併也，从二立‧」有並行、附和之意。卜辭習言「邑並业（佑）」，「邑並彭」，「歲並彭」。

《前5.25.1》丙寅卜貞：翌丁卯邑 **並** 其业于祊，宰‧

邑，為殷地方單位。祊，宗廟。並佑，即齊佑。

34

《文362 》庚申卜出貞：今邑 𝌀 酚河。

《文257 》☐酉卜☐邑 𝌀 酚，人用。

「人用」，即用人牲以祭的倒文。

《佚878 》☐貞：妣庚歲 𝌀 酚。

《掇1.416 》丙午卜，中丁歲 𝌀 酒。

「歲並酚」，即歲祭並酚祭先祖仲丁的倒文。並有段作殷地名和附庸族稱。

《後下35.1》☐𡆥貞： 𝌀 亡㠱，不喪眾。

《庫1542》癸巳卜，兄貞： 𝌀 來歸，唯屮示。

《續1.43.1》☐于 𝌀 。

《乙3401》 𝌀 入十。

99. **競**

或又作 𝌀 《後下19.4》 ，从二兄。象二人繫手並立之形，隸為競。《說文》作 ，从二兄丰聲，競也。競，兄字均有長意。

卜辭借用為附庸族稱，務農耕。曾進貢殷室。

《卜1 》戊子卜，王貞：來 競 芻。一月。

《佚985 》☐來 競 芻。

競族亦嘗淪為人牲。

《後下19.4》戊子其 𝌀 ，重 競 用。十月。

100. **囚**

字隸作囚。象人臥於棺櫬之中，乃死字初文，與側身的 𝌀 同。此從丁山說；見李孝定《集釋》卷四頁一四五三。

《前6.1.5 》☐貞：有疒羌，其 囚 。

疒即疾字，問疾而卜其死否，文義相因。

《金679 》癸未卜貞：「 𝌀 子不 囚 ？」

《前5.38.3》癸未卜貞：「戠不 囚 ？」

戠，人名；卜辭貞問戠是否會不死。

101. **宋**

从人處宀室中。隸作宋。本義為居。小篆形構譌作宋。《說文》釋宋：「居也。」形構失而古義仍存。春秋魯定公名宋，蓋取其本義。定字从正，本象足止形，用為偏旁與「人」可通；如武字由 𝌀 而作 𝌀 。是知定與宋實同字，有居室之意。卜辭言「大宋」、「王宋」、「某先祖宋」，均指殷王住所。

《寧1.516 》☐卜，翌日辛帝降，其入于 𝌀 大宋在 宋 。

☐小乙宋。

《鄴3.40.4》☐宋歲☐王宋☐。

又有用為地名，與 [字] 相接。

《南明579》☒于[字]，重今羌甲日鼎（貞）☒。

《佚244》☒其田[字]于 [字]。

102. [字]

從人，跨下一橫，其義未詳，或即泰之本字。今俗作太。《說文》古文泰作[字]。字用為第四、五期卜辭中殷王部屬名。

《乙3334》☒今[字]往于晝。

103. [字] [字]

從人舉足登阜，即陟字。《說文》：「登也。」《爾雅釋詁》：「陞也。」唯卜辭殘缺，未明其用義。

《前6.55.5》☒貞：[字]，寇不☒。

《前6.30.6》☒[字]☒寇☒。

104. [字]

從人持弓及盾，有征伐意，與[字]字同；持戈持弓義互通。隸亦作戎字。卜辭言「呼戎」，即「呼戰」之意。

《存2.330》☒业（佑）余呼[字]。

字或省盾，作[字]。有連稱「戎伐」，即戎裝以備征伐。

《甲361》庚申☒又[字]☒[字]伐。

[字]，屬殷祭地。言求佑於[字]地。

105. [字]

疑為昆臾之合文。昆字上豐下削，因求合文而倒其形。字本意未詳，卜辭作為地名。習見於第二期卜辭。

《佚271》癸丑卜，行貞：王其步自 [字] 于[字]，亡災。

《甲2854》壬子卜，☒貞：今月☒七月在 [字]。

106. [字]

從人而大其首，隸作頁。《說文》作[字]，從百從儿。或釋為面貌之兒，形構亦通。晚期卜辭用為人名，乃殷王臣屬。

《佚581》☒申卜，狖令[字]比☒侯。

36

107. 從人，跨下出一小兒；象婦女生子之形。即毓字，今作育。與 [字形]、[字形]、[字形] 諸形同，參 [字] 字條。卜辭多貞問產子之吉凶。

《乙3843》乙酉卜貞：[字形]，禍？

于省吾《甲骨文字釋林》序言此字為對于人民身體蹂躪寫真，無據。

108. 從人子，隸作保。參 [字] 字；為 [字形] 之省。人負子示保護，引申有保祐意。卜辭保字有作動詞，唯用義仍待審。

《南明569》[字形]，用其 [字形]。

保又借為地名。

《甲1531》庚辰卜，狄貞：于 [字形]，大吉。

109. 象人持杖以殊人，隸為役，參 [字] 字。意與戍同，攻伐也。唯辭意殘闕仍待鐵證。

《乙64》丁酉卜貞：戊戌 [字形]。六月。

110. 從人井聲，隸作併，《說文》無字。卜辭用為外族名。

《前5.25.4》囗貞：呼見 [字形]。

文例與習見之「貞：呼見 [字形] 方」，「呼見羌方」等同。

111. 從人，大首而長鬚，隸為須字。《說文》：「頤下毛也。從頁彡。」金文作 [字形]。示老人。語義與老（[字形]）同。卜辭言派遣長者監守器皿。辭闕仍待審。

《撫續190》重老、[字形] 令監皿。

《寧1.500》重老、[字形] 令監皿。

112. 象人跨欄兒，即夸之本字。俗作跨，渡也。見於第四期卜辭，用為人名：「子夸」。

《乙8696》乙卯卜貞：子 [字形] 囗。

《乙8814》乙卯卜貞：子 [字形] 囗。

113. 象人奔走兒。金文走字作 ，奔字作 ，亦从 。篆文衍而為天。今仍當隸作大字，乃地名。卜辭 、 均用為田獵地名，未悉與 是否同地。

《乙768》☒貞：王往 ，戈。

114. 卜辭夨作 ，从日从人影，示日在西方，人影側也。此字从人影側，又从行省；行作 ，道也。字象人影投於道路上，義與夨同，當即仄之本字，傾側也。卜辭屬地名或族稱。

《佚1134》癸卯卜，令圍田 。

115. 隸作僕。从 从 ，非从 ；由另一 字从才从 可證。 即 ，乃辛字；疑示罪人或奴僕之 頭飾，如童、妾等字首均从 。卜辭用為人名。僅一見。唯該骨版所列族譜疑為偽刻。

《庫1506》武子曰 。
 子曰爵。

116. 从人戴面具、耳垂，或隸作醜字，疑未能定。卜辭用為武丁時殷西外族名。

《殷27》☒尤坣來艱自西， 告曰：☒ 、 、方、相四邑。十三月。

117. 从羽从夫，隸作猇。《說文》無字，或翌字省體。省劃或與翌日意別，字用為武丁時人名。

《前2.37.7》丁丑卜，爭貞：令 致子商臣于 。

118. 从人口册，有讀册書以告之意。隸作 。今作智字。《說文》作 从白亏知，識詞也。卜辭用本義，有「即智」連用，言祭日就食，舉册禱告之意。參册字條。

《金740》乙未卜貞：自武乙彡日衣升裸，其即 。五牢。征。王受有佑。
《前5.17.3》其即 于☒肜日丁酒彤衣，王受有佑。王固曰：吉。

119.

38

即尸字，象人膝跪拜服，乃臣奴之本形，或增手於上以抑之，作🖎 作🖎；作🖎。由下二組文例可以互證。

(1)　　《前8.12.1》丙申余卜，🖎 執🖎。
　　　　《續6.14.5》辛丑余卜，🖎 執🖎。
(2)　　《六中33》☑辰卜，翌☑🖎田☑啟🖎 ☑允雨。
　　　　《乙100 》戊午卜，曰：今日啟🖎，允☑啟。

是知🖎與🖎同，意為奴。《說文》釋作瑞信，乃秦漢後起義。殷人將奴僕用作人牲，祭祀先公先妣。卜辭習言「尸于某先王」。

　　　　《明1980》☑🖎于母丙。
　　　　《乙7280》☑酉卜，🖎于大丁。
　　　　《乙2145》☑🖎于祖辛。
　　　　《續3.48.3》癸未卜，般貞：漁，出🖎于娥☑月。

漁，用為動詞，則謂捕魚時用牲以祭；若視為名詞，則為人名「子漁」之省，言子漁以人祭出於娥。今以前釋說為合。

　　　　《合206 》☑貞：王🖎豕父乙賓。

言王以奴、豕賓祭於父乙。用人祭主要求佑，求雨。

　　　　《合78》癸未卜貞：旬甲申🖎人雨☑征雨大☑。

「尸人雨」，即「用尸人求雨」之省。

　　　　《六中33》☑辰卜，翌☑🖎田☑啟🖎 ☑允雨。

奴的來源除戰爭的俘虜外，亦有由外邦直接進貢，此與貢🖎甲於殷性質相類同。卜辭言「入尸」、「來尸」。

　　　　《京4223》重入☑🖎☑酚。
　　　　《甲512 》☑其多茲☑十🖎☑冊入。
　　　　《前8.4.5 》☑亥☑卜，丁來🖎，唯囚我。

尸或借為地名。

　　　　《庫589 》☑步于🖎。

120. 🖎

　　　　從午丁。為🖎之省。隸作祁，即禩字。《說文》：「祀也。」卜辭多連言「茲禩」，即「此祀」，為驗辭。言事實果如此祭祀貞卜之辭一般。

　　　　《粹760 》☑貞：不征雨。壬申茲🖎。
　　　　《後下18.13 》癸未卜☑茲月又（有）大雨。茲🖎。夕雨。
　　　　《存1.2369》戊申卜貞：王田盂往來亡災。王占曰：吉。茲🖎。獲鹿二。
　　　　《存1.2374》壬寅卜貞：王田宇。往來亡災。王占曰：吉。茲🖎。獲虎一犭
　　　　　　　　　　（狼）六。

若事情發生不與貞辭相合，史官便在驗辭中刻記：「不祁」，「不其祁」。

　　　　《乙4055》☑貞：禽。不其🖎。
　　　　《乙285 》☑貞：征。不🖎。

121. 匼 匼

　　从人藏於乚；乚，象岩穴，讀若隱，匿也。人側身跪坐，藏於隱匿之處，為「亡」之本字。卜辭言「出匼」、「征匼」，或指出逃之人。

　　　　《合109》癸酉卜，㱿貞：臣得。王固曰：其得，唯甲戌臣涉舟征匼弗告，旬屮五日丁亥執。十二月。

　　得，有追獲意。不告而出，當屬殷人奴隸。卜辭謂臣駕舟搜捕出亡者，十五日後終於擒獲。亡，又作亡人《後下16.11》。

　　商代犯人奴隸出逃甚夥，殷王屢派人搜捕，卜辭曰擒、曰埋、曰執、曰得。

　　　　《後下17.5》☒貞：擒，弗其致易匼。

　　　　《乙8859》☒限埋匼。

122. 卬

　　从人以手抑下，隸作卬。《說文》：「望也，从匕卪」卜辭用為方國名。卬方為殷西邊患，殷王武丁屢从沚𡧚地出討之。

　　　　《乙3787》☒貞：王重沚𡧚从伐卬方，帝受我又。

　　　　《丙24》☒貞：王从𡧚伐卬，帝受又。

　　又由𢼸地伐卬。

　　　　《乙7741》癸丑卜，㱿貞：王从𢼸伐卬。

　　更令婦好代王征伐，足見卬方在當日勢力之盛。

　　　　《粹1230》壬申卜，爭貞：令婦好从沚𡧚伐卬方，受屮☒。

　　殷人擒捕卬人，並嘗以其族女祭祀祖妣。

　　　　《乙3378》☒貞：☒钔卬于妣☒。

　　　　《明856》☒钔卬于妣庚。

　　「钔卬于妣某」，即用卬人祭祀妣某。字作卬，从卬大其腹，示卬族女也。字與卬、卬對比得之。

123. 夎

　　从人而歧其首。與《說文》家之古文夎字形合；象獸形，如野牛。卜辭叚作田獵地名。字或作夎。

　　　　《甲2591》戊寅卜，王貞：从夎☒。

124. 邑

　　从囗从人，即邑字。《說文》：「國也。」段注：「《白虎通》：夏曰夏邑，商曰商邑，周曰京師。」卜辭謂大邑、大邑商、天邑商；與《尚書》所引同。

　　　　《燚306》甲子貞：大邑受禾。

　　　　《佚987》丁未卜，在𣴎貞，王其入大邑商，亡㣵。

40

《掇182》壬戌卜貞：在 ⿰ 、天 ⿰ 商、公、宮、衣，茲月亡 ⿰ ．寧。

「亡 ⿰ 」、「亡 ⿰ 」，均指無禍。又殷商築都城曰「作邑」。

《乙3212》己亥卜，丙貞：王屮石在 庐 ，从東乍 ⿰ 于止 (此) 。

《丙86》庚午卜，丙貞：王勿乍 ⿰ 在口。茲帝若 (諾) 。

《鐵220.3》☒貞：王作 ⿰ ，帝若。

《京1604》壬寅卜，般貞：我作 ⿰ 。

殷人又作大邑於唐 (成湯) 土，定為「大邑商」，謂之「唐邑」《乙700》。

《金611》☒貞：作大 ⿰ 于唐土。

殷人所築城邑之數，超過三十，作為國中地方自治單位。

《乙696》☒呼从臣 沚屮 曾 卅 ⿰ 。

《戩43.1》☒彭、龍☒卅 ⿰ 。

其民曰邑人。

《外34》癸酉卜，王貞：自今癸酉至于乙酉 ⿰ 人其見方奴不？其見方執。一月。

前辭卜問邑人是否遭外邦方國所俘。驗辭則謂邑人確遭受外族所驅執。

《乙3093》☒ ⿰ 人 帐 。

殷城邑有沿河而建，稱「河邑」。

《金728》癸酉卜在杞 菓 、河邑，永貞：王旬亡 ⿰ 。唯來征人方。

當日的建築似乎並不太結實，都邑嘗受洪水之災，如卜辭見洹水泓漲而犯邑地。

《遺393》辛卯卜，大貞：洹弘，弗 辜 ⿰ 。七月。

是以，殷人祭河亦以邑為單位。

《文362》庚申卜，出貞：今 ⿰ 並酚河。

「邑並酚河」，謂各邑一起酚祭黃河之意。諸邑復定期來朝中央，以稟告地方施政。

《掇2.140》☒貞： ⿰ 來告。五月。

《寧3.25》癸亥卜，出貞：翌甲子 ⿰ 至。

並進獻龜甲骨版以供祭祀貞卜之用。

《續6.19.9》乙亥 ⿰ 示二屯。小 叙 。

《簠典44》丙寅 ⿰ 示七屯。 叙 。

《南誠7》戊寅小 ⿰ 示二屯。岳。

《天42》丁巳 ⿰ 示五屯。工 叙 。

《林1.18.4》己未 ⿰ 示四屯。岳、丙。

邑為殷土基層架構單位，與師旅並重。蓋一主內，一主外，故甲骨文多有「祐邑」之卜。

《乙7385》☒貞：行致，屮自 眔 屮 ⿰ 。

《乙4539》☒貞：啟，屮 ⿰ 。

125. ⿰ ⿰

　　从人跪地，張口向天，即祝字。有禱告意。　《說文》：「祭主贊詞者，从示从儿口。一曰从兌省。」段玉裁謂：「以人口交於神也。」卜辭習言「祝至于 某 先祖」、「

41

祝于某先祖」，有求祐之意。

《鐵127.1 》辛丑卜，䅃貞：▨于母庚。

《通Ⅹ6 》☑祖乙歲其▨于　祖丁、父甲在▨。

《南明560 》☑▨至于祖乙。

《京4080》☑▨至兄辛。

《佚911 》甲子卜，王自大乙▨至祖乙。

《粹148 》辛巳卜，其告水入于報甲，▨大乙二牛。王受又。

《人1813》☑▨重羊。

卜辭多合言「祀祝」，作「▨ ▨」。祀，祭也；謂祭祀時禱告鬼神也。

《人1885》弱祀▨于止（此），若（諾）。

《甲3915》癸卯卜，狄貞：从祀▨。

▨，又增意符「示」作▨、作▨、作▨，作▨。

《甲3916》☑貞：重祖丁▨·用。王受年。

《盦貞6 》庚子卜，喜貞：歲，重王▨。

《佚233 》庚子貞：其告☷于大乙六牛。重▨▨。

「▨ 祝」，謂獻▨以禱。

《粹519 》丙午貞：酚人，册▨。

辭謂卜問用人牲進行酚祭，並持典册以禱告鬼神。

126. ▨

从禾兄聲，隸作秔，《說文》無字。晚期卜辭用為殷王田狩地名。

《前2.32.5》戊午卜貞：王田于▨。往來亡災。兹卸，獲犰（狼）二。

127. ▨ ▨ ▨ ▨

从兄从丫，或增从丱；或从兀、从丫。丫，或示神主形；或即言之古文。隸作說，本義或與祝同。《說文》無字。晚期卜辭用為王田獵地名。

《甲2208》☑王其田▨，湄☑。

《後下26.8》重▨田，亡戋。

《寧1.372 》翊日壬，王其田▨，亡☑。

128. ▨

隸作況，《說文》無字。字又省點作▨，作▨，復同化諸點為偏旁「水」作▨。或屬水名。字从人而歧其首，與 丫、▨ 諸字相合，同作殷王田獵地；未審是否字。

《前2.27.7》戊寅☑田▨☑亡災☑犰（狼）。

《京5291》辛酉☑貞：翌日☑王其田☑ ▨ ☑來亡☑。

《金177 》☑卜，戊王其射▨☑。

42

《甲1551》☑其田 [字] ☑鹿☑王其射☑亡炎。

況地處於殷西邊鄙,與沚地相近。

《金501 》☑般貞:沚 [字] 不 [字] 舟册☑。

129. [字]

　　从 [字] 从 [字]。[字],與籀文匚合,受物器。隸作匠。《說文》無字。卜辭乃殷王田獵地
名。

　　《續3.27.3》☑貞:王田于 [字] ☑亡炎,在十月☑獲狟二。

　　《續3.22.3》☑卜貞:王☑ [字] 彔☑來亡炎,☑鹿四狟☑。

匠彔,即匠麓。

130. [字]

　　从从 [字] 合文。《說文》無字。卜辭用為殷王祭地,於此見求雨以祐豐年。

　　《粹534 》☑ [字] 奠酌,又☑。

　　《粹1548》☑于 [字] 又雨。

　　《粹1547》☑其 [字] 于 [字]。

131. [字]

　　从人从火,隸作光。《說文》作 [字]:「明也。」卜辭用為殷西邊附庸名,在此屢
次擒獲羌人。

　　《遺620 》甲辰卜,亘貞:今三月 [字] 呼來。王固曰:其呼來,乞至唯乙。旬
　　　　　　　屮二日乙卯允屮來自 [字] ,致羌芻五十。

　　《前3.33.5》☑ [字] 不其獲羌。

　　《綴129 》甲午卜,賓貞: [字] 其屮禍。二月。

字又作 [字] ,偏旁从人从卩無別;參 [字] 字條。

132. [字] [字]

　　从人,隸作鬼字。《說文》:「人所歸為鬼。从儿,由象鬼頭。从厶,鬼陰气賊害
,故从厶。」唯卜辭此字已無神鬼之意,且俱借用為殷方國名;始見武丁期卜辭。

　　《存2.846 》丁卯貞:王令 [字] 禽 [字] 于高。

　　《後下3.17》☑ [字] ☑協☑征☑。

　　《乙6684》己酉卜,賓貞: [字] 方易亡禍。五月。

後遭吞併而為殷地。

　　《合367 》庚子卜☑步 [字]。

　　《乙89》☑步 [字]。

卜辭言「多鬼」,亦與「多方」同。多鬼族眾臣服於殷,遣為守殷先公祐室衛士,稱「

43

亞多　鬼」。

《掇2.15》囗卜，爭囗亞多█囗。

殷人又以夢為不吉之兆，是以每因有夢而問卜吉否。多鬼守護殷先祖靈位，由多鬼之夢
，或與殷先祖顯靈告示有關，故卜辭多加以貞問其祥否。

《前4.18.3》囗貞：亞多█ █，亡疾。四月。

《庫1213》丁未卜，王貞：多█ █，亡來艱。

《後下3.18》庚辰卜貞：多█ █，不至禍。

133. █

　　　從人，人首持物，隸作異，為戴字之本形，參 █ 字條。《說文》：「分物得增益
曰戴。」段注：「引申之凡加於上皆曰戴。」卜辭為武丁時將領名，坐鎮殷西，屢獲羌
人。

《乙865》乙巳卜，賓貞：█ 獲羌。一月。

字或又作 █。唯辭殘待考。

《後下39.2》囗卜，█ 其囗。

134. █ █

　　　從人生聲，或隸作先。《說文》：「前進也。」卜辭用為殷將領名，與貞人狄同辭
《甲1768》，曾助王田獵。

《人2044》重 █ 犬，█ 從田 █，亡戈。擒。

《前4.26.2》囗 █ 獲。三月。

135. █

　　　從人膝跪，繫首飾，隸作羌，或讀為敬。卜辭用為殷先公「羌甲」之省，即《史記
・殷本紀》之沃甲。乃祖乙之子，南庚之父。

《甲891》囗求雨于 █。

《人2299》乙巳卜，尞五豕一羊于 █，雨。

《掇2.405》壬申卜，祓四土于 █。

136. █

　　　從人膝跪，首具配飾。字形與 █ 同。《說文》無字。卜辭為帝乙、帝辛時地名，疑
屬殷末開墾之田地名。

《前8.71》庚辰卜貞：█ █囗亡戜。

█田，即男字；用力於田也。

44

137.  𝄒

　　从倒口从人，示上令下，人跪以受命，即令字。《說文》：「發號也。」卜辭所見出令者為上帝、諸神及王。

　　　　《前1.50.1》☑貞：帝令雨正年。
　　　　《乙3121》☑貞，翌甲戌河不令雨。
　　　　《乙2452》☑翌癸卯帝不令風，夕𨿅。
　　　　《存2.342 》☑貞：翌甲寅王令狩。
　　　　《甲2491》☑其王令呼射鹿。
　　　　《後下42.6》☑王叀次令五族戍羌方☑。

　　卜辭有習言「三����」。三，非三字，中橫稍短，此應釋讀為「乞令」，言乞求於鬼神或先王，以令作某事；「乞令」與「受令」對文。

　　　　《戩12.9》戊午卜，爭貞：乞令伐呂，受㞢(有)又(佑)。

言「受有佑」，蓋承上文乞求於上蒼，討伐呂方一事，為神所保佑。

　　　　《乙1989》☑貞：王乞令彭河，叀。
　　　　《前2.28.2》壬戌卜，爭貞：乞令授田于先侯。十月。

138.  𐎌

　　象人理髮之形，即若字。《說文》：「擇菜也。從艸右。右，手也。」字讀為諾；應也，允也。卜辭多言「帝若」，「上下若」，「先王某若」，「王若」等。言所求事項為諸神先王所答允。卜辭言「示若」、「祀若」，意亦同。

　　　　《鐵61.4》丙子卜，爭貞：帝弗𐎌。
　　　　《佚116 》癸丑卜，殼貞：勿唯王征呂方，上下弗 𐎌，不我其受又(佑)。
　　　　《續4.35.4》☑㕚貞：王狩，唐(成湯)𐎌。
　　　　《丙38》翌乙酉㞢伐，自成(成湯)𐎌。
　　　　《乙2124》庚子卜，㕚貞：王 𐎌。
　　　　《京41》☑貞：示弗𐎌。
　　　　《合318 》☑黍，祀弗𐎌。
　　　　《乙6419》☑貞：祀㞢𐎌。

卜辭對貞，「若」，「㞢若」之否定用法為「弗若」，「不若」，「㞢不若」。

　　　　《乙7771》☑王弗𐎌。
　　　　《乙3343》☑貞：王不𐎌。
　　　　《乙5793》甲申卜，爭貞，王㞢不𐎌。

　　卜辭又多言「叀𐎌」，隸作「隹若」，即「惟若」，謂此貞問結果果然是如此。屬驗詞。

　　　　《乙2285》癸亥卜，殼貞：茲雨。隹𐎌。
　　　　《京476 》戊甲卜，㕚貞：茲雨。隹𐎌。

然而，神靈及先王所應者，自是有吉有凶，並非盡是吉兆。

　　　　《乙2856》王固曰：吉，隹𐎌。

45

《乙6880》王固曰：吉。[甲骨文]。

此言殷王卜占得吉，而事實果然如是。

《續4.35.6》辛未卜，賓貞：屮[甲骨文]。禍。

《庫544》☑其如[甲骨文]。禍。

言所求有應，唯所應卻為災禍。

若字有譌作[甲骨文]。

《乙5858》☑帝[甲骨文]☑王固曰：吉。

139. [甲骨文]

象人就皀而食之形，隸作即。《說文》：「即食也。从皀卪聲。」引申為獻食於神之意。

《後上24.2》☑[甲骨文]于岳。

《南明548》丁丑貞：求其[甲骨文]祊。

《粹3》☑靁眾報甲其[甲骨文]。

《鐵98.4》☑[甲骨文]屮于母☑娥，钟婦。

獻食之日，稱作「即日」。

《佚266》☑貞：其[甲骨文]日。

「即日」多在丁卯日，

《後下24.1》癸亥☑[甲骨文]日于丁卯。

《人2307》☑[甲骨文]日于丁卯。

獻食而為上所嘗用，則有所應，曰：「茲用」，有「果受此祭」之意。

《金28》☑[甲骨文]日，茲用。

《人3077》☑六妣☑[甲骨文]日☑用。

晚期卜辭又有「[甲骨文]並」之詞，隸作「即並」。並字若釋為名詞，則屬地名，言獻食於並地；若釋為副詞，則解作併，泛指諸神靈及先公先王，一同就食也。

《粹1052》辛未貞：王令[甲骨文]並。

《甲868》辛未貞：其令射[甲骨文]並。

即字又省作[甲骨文]。由文例「即日」可證。

《甲2806》☑貞：[甲骨文]日。

《甲2554》乙丑卜貞：于岳[甲骨文]。

字又作[甲骨文]，參[甲骨文]字條。

140. [甲骨文]

象二人圍皀而食，隸作卿，孳乳作鄉，即饗字。眾獻食於神曰鄉，意與即同。卜辭多言殷王親饗於神祇。

《存1.549》☑貞：呂出，王[甲骨文]。十一月。

《庫1658》重王自[甲骨文]。

46

《佚220　》☑王其🔣在宗。

《文293　》庚子，王🔣于祖辛。

《粹486　》叀王🔣，受又（佑）。

《人2386》☑王🔣，茲用。

獻食對象有為某一先公先妣，

《甲2797》壬子卜，允貞：翌癸丑其又妣癸🔣。

《佚266　》癸酉卜，允貞：翌甲午舁于父甲🔣。

亦有合食眾先王先臣者。

《合46》癸亥卜，彭貞：大乙、祖乙、祖丁眔🔣。

《甲2778》☑卜彭貞：其徙羍☑🔣父庚、父甲賓。

《甲752　》元殷，叀多尹🔣。

以及饗于四方以求佑。

《粹1252》戊其歆　☑于西方東🔣。

☑東方西🔣。

唯未審殷習是否有事於西方則東饗，有事於東方則西饗。

《綴106　》庚辰卜，🔣人其東🔣。

其北🔣。

卜辭四方之饗唯闕一南方，此或與殷代邊患均源自東西北三面有關。

141. 🔣

象人食終而背向，準備離開之形　。隸作既，終也；有饗畢意。段玉裁注《說文》：「引申之義為盡也，已也。」

《乙5278》丁丑卜，翌戊寅🔣雨。

「既雨」，即雨畢之意。

《乙4701》王固曰：叀🔣。三日戊子，允🔣，炎𢀛方。

《前7.24.1》☑🔣伐，大啟。

卜辭多問卜獻食之後天氣如何及吉否。

142. 🔣

從皀卪。與既字形似而實異。當釋為即字，獻食也。由文例可見🔣、🔣同為一字。

(1)《明688　》☑貞：于🔣日。二月。

《佚266　》☑貞：其🔣日。

(2)《海1.13》☑貞：告🔣屮于夒、于報甲。

《鐵98.4》☑🔣屮于母☑娥，钔婦。

(3)《存2.178　》戊辰卜，🔣報甲眔河，我羍衞。

《粹3　》☑夒眔報甲其🔣。

(4)《佚146　》癸巳貞：🔣賣于河于岳。

47

《寫19》☑ 🝔 🝔 報甲于唐。

(5)《佚583》乙巳，🝔 觀。

《人3076》戊寅卜，王 🝔 觀。

(6)《佚695》☑卜，王勿☑ 🝔 圍☑。

《掇2.29》☑ 🝔 圍☑ 迺☑ 戈。

(7)《丙64》王固曰：重 🝔。

《京4333》甲戌☑貞：重 🝔。

(8)《南明629》☑于 🝔 酚父己，翌日啓。彡日，王迺賓。

《存1.1856》☑ 🝔 ☑翌日㛑。肜日王弗每。

143. 🝔

象人跪坐，張口出氣，隸作兂，俗即欠字，《說文》：「張口气悟也。」卜辭似用為外族名。

《合215》☑貞：🝔 生眚出。

《丙30》🝔 來，不其來。

144. 🝔

从欠水，隸作次，象人有所慕而口生液。讀為涎。晚期卜辭用作殷將領名，與羌方，蜀地《存2.584》同辭。

《後下43.6》☑王重☑ 🝔 令☑五族☑戌羌方。

字又作 🝔，復為殷人入🝔、祭祀之所。

《存2.43》🝔 王入。

《明733》🝔 王入。

《摭續88》重七牛 🝔 用，王受☑。

「次王入」即「王入于次地」之倒文；「重七牛次用」即「重七牛用于次地」之意。

145. 🝔

从欠，从橫口。隸作吹。《說文》：「出气也。」晚期卜辭用為人名。

《乙1856》☑貞：🝔 若。

《甲2974》🝔 入。

《庫1506》🝔 先祖曰 🝔。

🝔 子曰武。

《庫1506》片的族譜疑屬偽刻。

146. 🝔

从午，从卩。又省作 🝔，隸作卲。即禦字，祀也。《爾雅釋言》，「禦，圉，禁

48

也。」《釋文》：「禦本作御。」有祭祀求攘除不祥之意。卜辭言「大禦」，泛指祀於大宗，多自報甲始，或直言禦于高祖王亥、祖乙、太甲等大宗。

《鄴3.48.10》辛未貞：大禦。

《京4099》☑卯貞：王大禦☑大示：沘卅牛。重茲禦用。

《前3.22.4》☑貞：禦王自報甲禦大示。十二月。

《後下6.12》乙亥卜，賓貞：作大禦自報甲。

《後上5.9》庚午貞：大禦于報甲。

《南明432》癸丑貞：甲寅酯大禦自報甲，卯六小宰，茲用。報甲不嚮雨，大乙不嚮雨，大丁嚮雨。

《摭續7》☑貞：陟大禦于高祖王亥以戉。

卜辭除禦祭先王先妣外，

《續1.10.7》☑貞：禦自唐、大甲、大丁、祖乙百羌百宰。

《掇2.453》☑㱿貞：禦于祖辛。

《鐵70.3》☑貞：禦于羌甲。

《續1.22.6》☑貞：屮禦于南庚。

《續1.28.4》☑貞：于父乙禦。

《乙3205》☑勿禦于母庚。

《續1.40.7》☑禦于母丙。

《乙5406》☑貞：禦于妣己。

亦有禦祀自然神祇。

《續1.38.2》☑禦卯于河☑羌。

《摭續91》壬辰卜，禦于土。

以求雨水豐年，

《鐵99.4》辛酉卜，☑☑禦水于☑。

《鐵14.3》辛酉☑禦大水于土，宰。

《庫1684》戊子卜貞：禦年于報甲。五月。

《存1.1758》☑其禦禦，又（佑）大雨。

卜辭辭例：「禦某于某」，前者屬求受佑的時人，後者屬受祭之先王神祇。是知殷代卜求祛除不祥而行禦祭的，有殷王、婦好、婦妌、婦嫀、婦𡚸子、子漁、子𡧍、子武、子𡩵、子寅、子𧗠、子𣐽、子陟、子昌、子雍、子㑞、子𤳳、雀、𠁂𨟻、𢀺、石、𤳳等。

《乙4720》禦王目于妣己。

《粹100》己巳卜，出貞：禦王于報甲。十二月。

《前1.38.2》☑禦婦好于父乙。

《遺371》甲寅卜，㱿貞：禦婦妌于母庚。

《鐵124.2》☑貞：禦子漁于父乙。

禦祭之物除牛羊豕等生畜外，

《粹20》癸巳貞：禦于父丁其五十小宰。

《乙5399》戊子卜，至巳禦父丁白豕。

《佚873》☑貞：禦重牛三百。

49

亦有用人祭，如羌、奴。

  《明908 》☑卜，賓☑𢁉于☑卅羌。

  《乙4521》癸未卜，𢁉余于祖庚：羊、豕、奴。

  《庫1641》☑𢁉于南庚三奴。

卯又作為人名；僅一見，唯疑是偽刻。

  《庫1506》𨸏子曰𢁉。

     𢁉叔曰𢁉。

     𢁉子曰𢁉。

字復用為方國名。《逸周書·世俘篇》：「命禦方來。」

  《外30 》己卯卜，王令𢁉方。

  《佚348 》☑巳卜，王貞，于中商呼𢁉方。

  《林1.7.1 》辛丑卜，爭貞，呼取𢁉。

卯字復增形符「示」作禦，與後起之禦字正合。

  《文312 》甲午卜，王☑其禦 于父甲亞。

  《鄴3.37.8》☑其禦 妣辛。

147. 𢾰

  從攴卯聲。隸作攺。《說文》無字，卜辭用為武丁將領名。

  《前6.6.3 》☑貞：重婦好呼𢾰伐☑。

148. 龡

  從今午聲，隸作𤲸。《說文》無字。乃殷人名。

  《粹1303》丙寅卜，令 𤲸 從元☑。

149. 奴

  以手執人，人膝跪從之，隸為奴字。從𠬞從又可通。古文奴亦從人。孫海波《甲骨文編》釋作及，實與辭意不合。殷有用人祭之習，奴隸為其主要來源之一。男曰奴，女曰妾，乃漢人習稱。《說文》：「男有罪曰奴，奴曰童，女曰妾。」唯殷代奴乃男女從僕之統稱，多言「㞢奴」、「冊奴」、「用奴」以祭上。用奴牲之數一次有多至十人。

  《乙6232》㞢奴于妣庚。

  《佚118 》☑酓奴一人。

     ☑酓奴二人。

  《乙8723》丁酉卜，來庚用十奴。

獨以女奴祭祀則曰：「奴女若干。」

  《前5.44.1》☑子卜，重羓卅牛三奴女☑。

  《合437 》☑貞：☑剢酓小宰㞢奴女一于母丙。

  《粹720 》戊辰卜，又奴：妣己一女、妣庚一女。

卜辭用奴祭而曰：「妣己一女，妣庚一女」，是知「奴」為僕役總稱，女奴仍曰「女」

，或「奴女」。

殷人祭祖用奴隸每與牛羊禾黍合祭。

　　《乙2491》☑貞：勿晢妣庚：奴、黍・卅小宰。

　　《乙5397》☑三奴屮二牛。

　　《乙4521》癸未卜，钔余于祖庚：羊、豕・奴。

卜辭習言「屮奴于某祖妣」，辭例亦有省「于」作「屮奴妣某」。

　　《丙44》屮奴妣庚黍。

　　　　　屮奴于妣庚。

　　　　　勿屮奴于妣庚。

　　《鄴3.42.1》丙辰卜，又奴高妣丙。

又有置奴於辭末，而為「屮于某祖妣奴」。

　　《乙7750》☑貞：屮于妣甲舞奴，卯宰。

　　《拾1.12》☑酉卜，屮祖甲用奴。

可見殷文法中受詞的用法是非常不固定的。

150. ⿰奴奴

從二奴。示眾奴也，隸作奴奴。《說文》無字。

　　《丙50》癸未卜，亘貞：王屮（有）⿰奴奴　。若。

較諸《人3044》：「己巳卜，王屮⿰奴奴，司以☑。」由辭例知奴奴的用意與奴同，乃殷人牲。

151. ⿰月奴

從奴從殷省，隸作殷奴。《說文》無字。卜辭用為殷地名。

　　《林1.24.5》☑在⿰月奴。

152. 卯卯

象二人跪形，隸作卯，字是⿰奴奴之省體，意亦為奴。由下列諸組文例見卯卯與奴奴字可通。

　　(1)《存2.582》壬☑貞：其至十宰，又二卯卯，妣庚用牛一。

　　　　《乙8710》丁酉卜，來庚用十奴奴、宰。

　　(2)《佚892》戊寅卜，又妣庚五卯卯、十牢，不用。

　　　　《南明94》丙辰卜，又奴奴十高妣丙。

　　(3)《乙2210》☑貞：卯卯其屮晢。

　　　　《合437》☑貞：☑蠱，晢小宰屮奴奴女一于母丙。

　　(4)《乙4998》☑貞：卯卯☑伐☑。

　　　　《乙4900》☑奴奴☑伐屮宰。

字又重疊作⿱奴奴奴，亦示眾奴。排比下二辭例可證。

《遺23》☑勿呼取 [甲骨文] 。

《乙3108》丁亥卜，㱿貞：呼 [甲骨文] 从韋取亦（逆）臣。

卜辭中除用卬隨牲祭祖外，亦嘗記載驅策卬眾從事勞役工作，協辦王事。

《乙5589》☑貞： [甲骨文] ☑王事。

《乙3108》丁亥卜，㱿貞，呼 [甲骨文] 从韋取亦臣。

153. [甲骨文] [甲骨文]

从手抑人，形與 [甲骨文] 同；亦隸作奴字。所从手左右向無別。卜辭言捕奴之法有：「狩奴」、「禽奴」、「圍奴」、「宷奴」、「韋奴」、「執奴」。

《合392 》己亥卜，不雨，狩 [甲骨文] [甲骨文] 。

《乙143 》庚戌卜，今曰狩，不其禽 [甲骨文] 。十一月。

《乙151 》戊申卜，方扣自南，其圍 [甲骨文] 。

《續3.45.8》壬申卜，今从宷 [甲骨文] 。六月。

《甲225 》☑唯☑不執 [甲骨文] 。九月。

殷人言「奴」與「執」異，使用上亦有分別。

《存2.268 》用 [甲骨文] 。用 [甲骨文] 。

卜辭分別用執用奴以祭。前者象人受枷鎖之刑，為殷之罪犯。後者示為人所抑壓者，又由狩之、禽之、圍之、宷之諸辭觀察，奴當是外族遭殷人擒服者。奴為俘虜，執為囚犯。執又多用作動詞。

《摭續293 》☑侯 [甲骨文] 執。

《乙5394》壬戌卜，舞侯☑余士呼見，尹☑舞侯 [甲骨文] 。

《合380 》☑涉三羌。即。獲 [甲骨文] 。

《南南1.59》癸酉卜，王貞：自今癸酉至于乙酉，邑人其見方 [甲骨文] 執，不其見方。一月。

卜辭言「某侯奴」、「某方奴」被拘繫，又言「涉三羌而獲奴」，是知奴源於外邦俘虜，為殷人從事賤役，或淪為祭牲。

《存2.341 》☑亥卜貞：☑死 [甲骨文] 。

《人3141》☑王☑今☑ [甲骨文] 。

154. [甲骨文]

从丁工聲，隸作卭。《說文》無字。卜辭用為殷人名，曰：子卭。見第三期康丁卜辭。

《甲2769》己丑卜，彭貞：其 [甲骨文] 祖丁㩸衣 [甲骨文] 。

《粹315 》☑ [甲骨文] 往 [甲骨文] 父庚。重 [甲骨文] 父己。

《甲2598》☑兄辛歲，重 [甲骨文] 各于日 [甲骨文] 。

《南明111 》庚辰，子 [甲骨文] 㞢 [甲骨文] 歲。

彭為第三期卜辭貞人。前辭所引的祖丁，父庚、父己、兄辛即武丁、祖庚、祖己、廩辛；是知子卭 為廩辛之弟。

52

155. 从人卪，象人立而他人跪其側。隸作㑬。《說文》無字。卜辭為武丁時人名，曰：
子㑬。見甲骨斷代第一期。

  《合276 》辛丑卜，爭貞：取子　。
字稍後復用為地名或族稱。

  《人450 》己卯卜貞：所从　　鼄。

156. 持杖驅役人，隸作段，即役字；戍役也。文獻有守邊意。參　字條。

  《佚923 》癸未卜，設貞旬亡禍。王固曰：㞢　。三日乙酉奠㞢（佑）　。
字又用為北方風之專名。

  《合261 》辛亥卜，丙貞：帝（禘）于北方，曰　；風曰：　米。

  《掇2.158 》☑北方曰　；風曰　。

157. 从卪而首繫物，垂手膝跪以待命，意亦為奴。首上一橫或象枷鎖。意與羌、童、妾
僕諸字所配首飾類同。卜辭用　為人牲。

  《人2307》己巳卜，來己卯彤王　。
「彤王奴」，即「彤祭殷王以奴」之省文。

  《合281 》庚午卜，我貞：呼　　。獲。

 　，从畢捕豕，即禽字；今作擒。卜辭卜問擒捕奴眾的結果。

158. 从手執人。人散髮跪以待命，疑亦為奴僕的奴字。或釋為妻，唯與　形稍異，爪
證亦不能明。卜辭用為名詞。

  《丙48》☑貞：今　歸。

159. 象人跪形，隸作孔。《說文》：「持也。象手有所丮據也。讀若戟。」卜辭用為附
庸族名，其酋曾封伯。

  《乙4279 》☑　伯☑。

  《乙7095》　入五。

  《乙5595》　入五。
字又與「夙」通用，示嚮明之時，見文例如下：

(1)《粹882 》☑ 🔣 受年。

　　《前6.16.3》☑ 🔣 受年。

(2)《後下20.13 》辛酉貞：🔣 弜 🔣 戠禾。

　　《摭續124 》弜 🔣 。

(3)《後下38.8》丙午卜，🔣 湡。

　　《後下2.2 》甲戌卜，🔣 ☑。

是知玊、夙用法全同。又，

　　《乙6470》王固曰：其夕雨，🔣 明。

此辭言夕雨而玊明。夕，玊對文，是知玊所指必為早上近明之時(夙)。夙明，即朝早天氣由雨而放晴。

　　《乙4729》壬寅卜，㱿貞：婦好冥，不其嘉。王固曰：🔣 ，不其嘉。嘉，不吉☑若，兹禍。

「玊不其嘉」，即言早産子不吉之意。

160. 🔣

　　從玊夕，隸作夙。俗作夙，早也。《說文》：「早敬也」。古文作 🔣 作 🔣 ，與甲文不　類，疑為宿字之誤。

　　《明710 》☑未啓，重餗，重🔣 。

此見殷代晨早節令是由啓而夙。卜辭夙字除用為夙夜意外，又作為晚期方國之名。

　　《合91》☑鬥 🔣 方，其叶王自。

　　《鄴3.44.5》癸戌 🔣 ，伐，戈，不摧☑。

字又與 🔣 通。由文例知 🔣 、🔣 、🔣 三字可以互用；玊增從夕從口無別。

(1)《乙7095》🔣 入五。

　　《前6.29.3》🔣 入☑。

(2)《後下2.2 》甲戌卜，🔣 。

　　《南坊4.155 》壬午卜，🔣 ，唯☑。

(3)《前6.16.3》☑🔣 受年。

　　《存1.179 》乙酉卜，🔣 受☑。

(4)《乙3405》☑貞：🔣 其死。

　　《陳107 》☑亥卜，☑ 🔣 征死。

161. 🔣

　　象人雙手捧戈以擊之狀，隸作玳。本義為擊伐，《說文》：「擊踝也，從玊戈，讀若踝。」唯形構未見足踝意，疑為誤入下文字音之譌，《說文》應釋為：「擊也。從玊戈，讀若踝。」卜辭中用玳字與殷相攻伐之方國有歔、基、先等。

　　《佚779 》☑貞：歔其 🔣 。

　　《前5.12.5》☑貞：基方不其 🔣 。

　　《續5.10.6》☑貞，余勿呼 🔣 先，🔣 。

54

𩏩，讀如敦，伐也。

162.

　　象人跪拜於示前，有所禱告之兒。隸作祝。《說文》：「祭主贊詞者。」卜辭言祝，大率求無咎，求生育，求病齒得愈，求天晴等事。

　　　　《存1.1507》辛巳卜，㒸貞：重王 𥝩 亡咎。
　　　　《乙2214》囝貞，呼婦囝幼，𥝩 囝母囝钔。
　　　　《丙11》囝貞：𥝩 以此疾齒鼎龍。
　　　　《卜2 》囝王固曰：茲唯庚雨，卜之(此)夕雨。庚子彭三 𩰊 雲睽其即，𥝩
　　　　　　　啟。

祝字或增土作 𥝩 （《佚972 》，《戩34.8》）；或增口作 𥝩 。

　　　　《佚573 》甲辰卜，𥝩 母庚。

163.

　　象人持中木種植之形，隸為埶。《說文》：「種也，从坴丮持亟種之，書曰：『我埶黍稷』」即今種藝字。于省吾氏就卜辭「王賓 埶 福亡戋」一辭例叚埶為禰，釋為親近之廟，見《殷契駢枝》頁三十九，不確。

　　由文例去看，卜辭賓祭有省略所祭先祖之例，且賓字後未必一定接所祭者，如賓月，賓日，賓酉等是。此其一。

　　　　《文419 》甲子卜，大貞：王賓月，亡禍。
　　　　《南明352 》丙子卜，即貞：王賓日，敥亡尤。
　　　　《合39》辛亥卜，尤貞：其賓。
　　　　《前4.23.8》丁亥卜貞：王賓酉，亡咎。

況且，若釋埶為禰；泛指親近之廟，則言「賓埶」，辭意已足，但卜辭卻見殷王「賓某先公遠祖埶福」之例。

　　　　《粹175 》囝巳卜，行貞：王賓大丁 埶 、福，亡禍。
　　　　《佚369 》癸巳卜，尤貞：王報甲 埶、福囝蕃雨。

是知埶字非單用於親廟。此其二。復由埶、福二字連用觀察，「埶」應該是殷王賓祭先祖的祭品。

　　　　《南明339 》甲戌卜，貞：王賓 埶、福 ，亡囝(禍)。
　　　　《存1.1570》甲申卜，行貞：王賓 埶、福 ，亡禍。
　　　　《粹510 》戊寅卜，即貞：王賓 埶、福 ，亡禍。五月。

是以，埶，當即藝字；指所種植之穀物，《詩小雅》言「埶我黍稷」。福，象奉尊酒所以祭。此言「王賓祭於神；所用祭品是黍稷類農作物和淨酒，以求無炎。」

　　埶，又用為動詞，有祭拜意。

　　　　《乙9091》囝 埶 祖乙，五牢。

卜辭復多言「王田埶」，字或用為地名，或即殷王「藝(種植)於田」之倒文。

　　　　《寧1.369 》丙午卜，戊王其田 埶，亡戋。

55

《甲1991》王其田 [字], 亡災。

《存2.816 》☒其田 [字], 不轟雨。

《粹984 》王其田 [字], 湄日亡戈。

164. [字] [字]

　　從人執食器皀，才聲。與「即」字相類。隸作 [字]。《說文》：「設飪也，從皀食，才聲，讀若載。」卜辭本義。

　　《甲2695》☒貞：其 [字]，今藝亡尤。

卜辭謂設飪以供神食用，冀求今年所種植的農作得免災害。

165. [字]

　　象人跪以受奉，或即「受」字別構。屬名詞。晚期卜辭借用為方國名；與馬方對文。馬方見於殷的西北。

　　《前4.46.1》☒ [字] 貞：允唯余受馬方又，弗其受 [字] 方又。二月。

166. [字]

　　從卪匕，即妣字。匕，示陰性，與 [字]、牝、豝等字同。卜辭從卪從女通用。即先妣之妣的初文。父之母曰妣，卜辭泛指先王之配偶。漢人習稱母死曰妣。字多見於第四期卜辭。

　　《南明419 》甲戌卜，叀羊卅于 [字]。

　　《後下22.10 》☒羊卅于 [字]。若。

　　《粹393 》叀 [字] 彫。

　　《乙7099》☒子☒ [字]。

167. [字] [字]

　　象足形，隸作止。《說文》：「止，下基也⋯⋯以止為足。」俗作趾。卜辭用本義，多言「疾止」，因足患疾而卜問吉凶。

　　《林2.9.7》☒貞：疾 [字]，唯虫 [字]。

　　《南輔17》☒钔疾 [字] 于父乙☒。

　　《庫92》☒貞：疾 [字]，钔于妣己。

又言「災止」，即害足。

　　《庫1670》☒長侯戈 [字]。

字叚借為停止之止，亦有屯駐之意。

　　《南上92》☒王其 [字] 雨。

　　《甲600 》壬午貞：癸未王令木方 [字]。

　　《人3131》戊寅卜，歸在 [字] [字]。

56

又借為代詞「此」；參 ㄓ 字。

《續1.41.2》☑ ㄓ日☑。

《粹1043》乙卯卜，㱿貞：今日王往于𦥑。ㄓ日大采雨，王不往。

《粹1043》卜辭上言今日王往某地，下接驗詞言止日大采雨，殷王暫不起行，是知「止日」，即「此日」，今言該日。

168. 𠂔

從倒止，隸作夊。《說文》：「從後至也，象人兩脛後有致之者。」卜辭用為人名。

《丙12》夊、𠚤入二在 𨒪。

《乙6690》☑𣂉石于安豕ㄓ十。夊。

169. 步

從二止，隸作步，《說文》：「行也。」《爾雅・釋名》：「徐行曰步。」殷王出巡必先卜問吉凶。

《前3.26.2》辛酉卜貞：王步亡𡿧。

《乙4693》丙午卜，㱿貞：翌丁未王步。

《陳81》☑貞，今☑寅王步，不雨。

歸納卜辭「王步于某」，「王步自某于某」，「王在某貞步于某」等辭例，見殷王巡視地域。前二辭例多見於第一、二期卜辭，末一辭例則僅見於第五期卜辭。

第一、二期卜辭殷王步經之地有：

(1) 𦥑

《前2.26.3》辛酉卜，爭貞：今日王步于𦥑。亡𡆥。

(2) 𣄤 ── 𨻻

《菁6》☑ㄓ來☑ㄓ來☑呼☑東鄙𢦏二邑。王步自 𣄤 于 𨻻 司。

《明992》☑亥☑㱿貞：今日步于 𨻻。

(3) 濕

《後上13.6》戊☑貞：翌丁☑王步于 濕。

(4) 亘

《合309》丙子卜，丙貞：翌丁丑王步于 亘。

(5) 良 ── 𡊎

《前2.21.3》☑卜，行貞：(王)其步自𡊎于 𡊎。

(6) 𡊎 ── 𢆷 ── 𦏳 ── 𡊎

《京3475》乙丑卜，行貞：王其步自𡊎于 𢆷，亡𡿧。在正月。

癸亥卜，行貞：王其步𦏳于 𡊎，亡𡿧。在正月。

(7) 杞

《後上13.1》庚辰卜，行貞：王其步自𣏞于☑亡𡿧。

(8) 𨒪 ── 𣄤 ── 𢦏 ── 𣎵

57

《後上12.12》辛丑卜，行貞：王🔣自🔣于🔣，亡災。

癸卯卜，行貞：王🔣自🔣于🔣，亡災。在八月在自🔣卜

己酉卜，行貞，王其🔣自🔣于🔣，亡災。

(9) 🔣 🔣

《文428》戊午卜，旅貞，王其🔣🔣，亡☑十二月。

《佚430》☑王其🔣🔣于🔣☑在正☑。

(10) 🔣 🔣

《佚271》癸丑卜，行貞，王其🔣自🔣于🔣，亡災。

(11) 🔣

《金25》☑卜，尤☑王其🔣☑🔣，亡☑。

(12) 🔣

《粹1332》乙卯卜，王曰貞：翌丙辰王其🔣自🔣。

「王曰」一辭多見於武丁卜辭。

(13) 🔣

《後上13.3》☑子卜，行☑王其🔣自☑于🔣，亡災。

(14) 🔣

《粹1307》☑旅☑〈王〉其步☑🔣☑。

(15) 🔣

《後下39.15》☑卜☑🔣自🔣☑亡災。

(16) 🔣 商

《後上13.7》辛☑貞☑🔣☑🔣☑商☑災。

(17) 🔣

《京3476》癸未卜，☑貞：王其🔣自🔣，亡災。

(18) 丙，🔣

《文703》甲寅卜，王曰貞：王其🔣自丙又🔣，自雨。在四月。

(19) 🔣

《寧1.346》辛未貞：今日告其🔣于父丁一牛。在🔣卜。

(20) 🔣

《合139》☑貞：王勿🔣于🔣。

(21) 🔣

《乙811》☑貞：于庚午🔣于🔣。

(22) 🔣

《掇2.19》☑王🔣于🔣。

(23) 🔣

《前2.21.4》☑貞：翌庚戌🔣于🔣。

(24) 🔣

《甲3764》☑翌☑🔣于🔣。

(25) 丁

《庫589》☑🔣于丁。

(26) 菓

　　《乙8680》□貞，今日勿步于菓。

(27) [glyph]

　　《後下22.18》□步于[glyph]。十一月。

(28) [glyph]

　　《佚852》□步于[glyph]□雨。

　　第五期帝乙、帝辛卜辭殷王所及之地有：

(1) 束郞—弓 [glyphs]

　　《粹1034》辛巳貞：王重癸未步自束郞。

　　《後下26.5》□步自束[glyph]于弓。

(2) [glyph]—東—[glyph]

　　《後下13.4》丙辰貞：王步于[glyph]。

　　　　　　　□貞：王步于東。

　　《攈讀164》丁巳貞：王步自[glyph]于東。若。

　　　　　　　乙丑貞：今日王步自東于[glyph]。

(3) 衣

　　《粹1041》己丑貞：王于庚寅步自[glyph]。

(4) [glyph]

　　《鄴3.43.4》戊申貞：王己步于[glyph]。

　　己為戊申次日己酉之省。

(5) [glyph]

　　《鄴3.40.3》辛酉貞：王步于[glyph]。

(6) 洪—[glyph]

　　《後上10.8》甲午卜，在[glyph]貞：王步于[glyph]，亡災。

(7) 菓—[glyph]—[glyph]—[glyph]

　　《前2.15.2》丙辰卜在菓貞：今日王步于[glyph]，亡災。

　　《攈219》丙辰王卜在□今日步于[glyph]□。

　　　　　　己未王卜在[glyph]貞：今日步于[glyph]□。

　　　　　　庚申王卜在[glyph]貞：今日步于[glyph]，亡災。

(8) 苗—[glyph]—[glyph]

　　《前2.8.4》庚辰卜在苗□王步于[glyph]□災。

　　《前2.8.3》辛巳卜在[glyph]貞：王步于[glyph]□災。

(9) [glyph]—滅—淮—[glyph]—稻—[glyph]

　　《攈216》癸未卜在[glyph]貞：王步于[glyph]，亡災。

　　　　　　乙酉卜在[glyph]，立貞：王步于淮，亡災。

　　　　　　丙戌卜在淮貞：王步于□亡災。

　　　　　　甲午卜在[glyph]師貞：今日王步于[glyph]，亡災。

　　《菁10.10》□未卜在[glyph]貞：王步于[glyph]，不遘□。

(10) [glyph]—稻—[glyph]—澅—[glyph]—[glyph]—[glyph]—溫—做—[glyph]—[glyph]—□—又

一 沚 杞

《庫1672》甲午王卜在[⿰]師貞：今日[⿰]（于）[⿰]，亡災，在十月二。唯
十祀肜。

己亥王卜在[⿰]師貞：今日[⿰]于[⿰]，亡災。

《綴218》庚子王卜在[⿰]師貞：今日[⿰]于[⿰]，亡災。在正月，獲犯十又一
。

辛丑王卜在[⿰]師貞：今日[⿰]于[⿰]，亡災。
壬寅王卜在[⿰]師貞：今日[⿰]于[⿰]，亡災。
癸卯王卜在[⿰]師貞：今日[⿰]于☒。
乙巳王卜在[⿰]貞：今日[⿰]于[⿰]，亡災。
丁丑王卜在[⿰]貞：今日[⿰]于[⿰]，亡災。二月。
戊寅王卜在[⿰]貞：今日[⿰]于[⿰]，亡災。
庚辰王卜在[⿰]貞：今日[⿰]于[⿰]，亡災。
辛巳王卜在[⿰]貞：今日[⿰]于[⿰]。亡災。

《前2.19.5》辛巳卜，在又貞：☒王步☒北☒災。

(11)高
　　《續3.31.10》未卜在高貞：王[⿰]于☒亡災。

(12)[⿰]—[⿰]
　　《前3.5.5》壬寅卜，在[⿰]貞：王[⿰]于[⿰]，亡災。

(13)[⿰]—[⿰]—[⿰]
　　《續3.30.6》庚寅卜在[⿰]貞：王[⿰]于[⿰]，亡災。
　　　　　　☒辰卜在[⿰]☒王[⿰]于☒亡災。

(14)商—亳—堆
　　《後上9.12》☒商貞：☒于亳，亡災。
　　　　　　甲寅王卜在亳貞：今日[⿰]堆，亡災。

(15)[⿰]—[⿰]—[⿰]
　　《前2.12.4》癸酉卜在[⿰]貞：王[⿰]☒[⿰]☒災。
　　　　　　☒亥卜在☒貞：王[⿰]☒[⿰]，亡災。

(16)堆[⿰][⿰][⿰][⿰]—攸
　　《前2.9.6》乙卯王卜在堆貞：今日[⿰]于[⿰]，亡☒。
　　　　　　☒王卜在☒貞：今日☒[⿰]☒。
　　《前2.19.6》辛酉王卜在[⿰]貞：今日[⿰]于[⿰]，亡災。
　　　　　　癸亥王卜在[⿰][⿰]于[⿰]，亡災。
　　《續3.307》己巳王卜在[⿰]貞：今日[⿰]于攸，亡災。在十月又二。

(17)商[⿰]—喪—[⿰][⿰]
　　《續3.28.5》丙午卜在商貞：今日[⿰]于[⿰]，亡災。
　　　　　　己酉卜在[⿰]貞：今日王[⿰]于喪，亡災。
　　　　　　☒戌卜在☒貞今日王☒于[⿰]，亡☒。

60

《金583》庚戌王卜在喪貞：今日🔲于🔲，亡災。
　　　　辛亥王卜在🔲貞：今日🔲于🔲，亡災。

(18) 壹－龤－杞－🔲－剌
《前2.8.7》丙戌卜在🔲貞：今囗王🔲于囗亡災。
　　　　庚寅卜在龤貞：王🔲于🔲，亡災。
　　　　甲午卜在🔲貞：王🔲于🔲，亡災。

(19) 兑－卯－🔲
《前2.10.4》囗在🔲囗🔲于囗亡災。
　　　　囗卜在🔲貞：囗王🔲囗🔲，亡災。

(20) 🔲－元－🔲
《粹1571》丙囗🔲囗往囗。
　　　　囗在元囗王🔲🔲囗。

(21) 長－丂
《前2.7.4》癸丑囗長囗🔲囗。
　　　　囗卜在丂囗🔲于囗亡災。

(22) 🔲
《明929》囗在🔲囗🔲于囗亡災。

(23) 🔲
《前2.7.5》囗在🔲囗王🔲于囗亡災。王獲狂。

(24) 禾
《前2.11.2》戊寅卜，在禾貞：囗🔲囗亡災。

(25) 🔲
《京1571》囗勿🔲囗在🔲。

170. 🔲　🔲
　　　象二止渡河之形。隸作涉。水行曰涉，《說文》：「徒行厲水也，从林从步。」自武丁始，殷人言涉，非盡指涉水徒行，亦泛指乘舟。卜辭謂「涉舟」《合109》是。殷王每喜涉水狩獵，從而拓展殷邊勢力範圍。
　　　《前4.1.1》甲申卜，般貞：王🔲獸（狩）。
　　　《存2.161》囗貞：牧🔲于東矢。
　　　《前5.29.1》辛卯卜，爭貞：翌甲午王🔲歸。
　　　《籃游34》囗王🔲瀕，射又鹿，禽。
由卜辭見殷人所涉經之河有：
(1) 河、洮
　　　《前6.63.6》囗貞：虎囗方其涉河、東洮，其囗
　　　《鐵60.2》囗辰，王其🔲河囗易日。
(2) 濮
　　　《續3.27.4》囗貞：🔲濮。
(3) 滴

61

《京4470》☒王其田，[字]滴至于[字]，亡[字]。

《人2139》乙末卜，王[字]滴。

(4) [字]

《林2.15.16》☒酉卜☒貞☒[字][字]☒于[字]。

涉又重水作[字]，

《合83》☒卜，[字]☒王☒[字]自東。四月。

復重止作[字]。

《寧2.45》☒貞：于祊[字][字]。

171. [字]

从止一。一，地也。象人足蹈於地上之形，有所往也。隸作之。之，用為代詞：「此」。字又通作[字]。卜辭有「[字]夕」，即「此夕」。

《文68》旬[字][字]。[字]日[字]。[字]夕[字][字]。在休。八月。

《乙3212》☒王[字]在[字]北東，作邑于[字]。

《鐵168.3》☒自殷在[字]，呼自，在[字]莫。

《金544》辛巳王卜在[字]貞：今日步于[字]，亡災。

「之」字分別為前述諸地：[字]地之東北、[字]及[字]之代稱。卜辭習稱「之日」、「之夕」，猶言「是日」、「是夕」之意。多見用於驗詞中。

《乙3414》貞：今日壬申其雨。[字]日允雨

《誠127》貞：今夕雨。[字]允不雨。

《甲3113》[字]夕風。

172. [字]

从水之聲，隸作沚。《說文》：「小渚曰沚。」晚期卜辭用為地名；或屬水名。

《掇2.106》己☒[字]貞：☒亡☒。

173. [字]

字从止，上附數水點，隸作沚。卜辭為殷西附庸大族，助殷守邊，自武丁始即歸順殷朝。

《林2.5.6》☒貞：今沚、[字]歸。六月。

《庫1511》辛卯卜，永貞：今十三月沚、[字]至。

卜辭有言「臣沚」，嘗受殷王册封，賞賜三十邑。

《乙696》呼从臣[字][字][字]卅邑。

其地處殷西，與[字]相鄰接。族中有邑有田，邑在東鄙靠殷邊地，田畝則集中西面。曾與呂方、土方、卬方、羌方、[字]、召方，猶等族相互攻伐。

《菁2》癸巳卜，[字]貞：☒丁酉允[字]來艱自西。[字]、[字]告曰：土方圍于我東鄙，[字]二邑；呂方亦侵我西鄙田。

62

《乙3787》囗貞：王重○○从伐印方，帝受我又。

《京4395》癸酉貞：王从○、○伐召方。

《鐵18.1》囗○其戋羞。

《前6.60.6》癸卯卜，賓貞：重苗呼令○巻羌方。七月。

《粹1164》己丑卜貞：鄙以○、○伐猶。受又。

沚亦為殷初外族東侵殷邊土之目標。

《前7.19.1》囗方其來于○。

《佚51》囗貞：呂方弗辇○。

《甲3510》囗其圍在○。

復作為殷王田狩地。

《存2.166》戊子卜，賓貞：王囗逐雞于○，亡災。

《寧2.52》囗貞：我在○，亡其虵。

族地有以耕種為業。

《前4.33.7》己卯卜，○不受年。

174. ○

　　从止从凵，凵示笘盧、居所。隸作出。《說文》：「進也。」段注：「凡言外出，為內入之反。」卜辭習言「王出」，兼有「出巡」、「出狩」，及「出伐」之意。

《乙97768》囗貞：王○。

《粹1009》庚戌卜，辛丑王○狩

《天73》囗貞：王往出田。

卜辭中言「王出」的時間有白天、有晚上，亦有泛指在春秋二季。

《乙4081》囗貞，今日王○。

《乙7767》囗貞：王夕○。

《存2.336》囗貞：今春王勿出。

《綴20》乙亥卜，爭貞：今秋王囗出田。若。

王出的月份有在一月《合349》、二月《人1637》、三月《乙1789》、五月《庫983》、六月《佚478》、七月《讀4.41.10》等。

　卜辭引述「王出」所及之地有：○、○、○、甘、○ 等。諸地多位於殷西。

《佚558》囗貞：王其往○从西，告于祖丁。

《存1.616》囗貞：王往○于○。

《佚538》囗貞囗往○于○。

《寧2.1》囗王往○囗○。

《後上12.4》囗王往○于甘。

《簠游13》囗貞：王往○于○。

《後下13.14》壬寅卜貞：翌癸卯王亦東麓○，囗彖。

卜辭亦多貞問某方國的出現，是否有侵犯殷邊域的可能。

《存1.545》囗卜，睽貞：呂方其出。

63

《菁2 》己巳允屮來艱自西，{古}双角告曰：呂方{出}，侵我示{桑} 田十人五。

卜辭中的「出日」、「入日」，即「日出」、「日入」的對文，合稱「出入日」。殷人舉行祭祀，每在日出、日入之時。

《南明124 》☑出日莫。

《合178 》戊戌卜，丙，呼雀{舟} 于{出}日、于入日，宰。

《佚86》辛未又于{出}日，茲不用。

《粹17》☑出、入日歲三牛。

出字亦引申作釋放意。卜辭卜「出羌」，即問釋放奴役羌人的吉凶。

《粹1300》己丑卜，貞，今{出}羌，亡禍。

《續6.12.2》己丑卜，今出羌。屮唯圍。七月。

出而後復圍之。可見「出羌」即言釋羌。

出又寫作 {呂} ，从ㄩ、从ㅂ無別。由下列對文可證。

(1)　　《明341 》☑其大 {出}

　　　　《前5.30.1》☑其大 {呂} 。

(2)　　《存2.803 》癸酉貞：方大 {出} ，立中于北土。

　　　　《粹366 》☑方 {出} 从北土，弗戋北土。

(3)　　《鐵234.1 》甲午卜，{設}貞：呂{出} ☑唯☑。

　　　　《續3.3.1 》☑{設}貞：呂方 {出} ，帝☑。

175. {各} {各}

从倒止返於ㅂ中，隸作各。有降臨、來到意，後衍為格致字。卜辭多言「各雲」而有風雨，即「來雲」。

《粹838 》☑大采 {各} 雲☑征大風自西，荆☑。

《甲256 》☑旬☑ {各} 雲☑雨霾。

《菁4 》☑王固曰：屮希。八日庚戌屮☑ {各} 雲自東面母戾亦☑屮出虹自北，飲于河。

「各雲」，「出虹」，主詞設置於動詞之後，乃「雲各」，「虹出」之倒文。

各，又倒形作 {各} ， {各} 。核諸下列二組文例可證各、{各}是同文異構。

(1)　　《乙8459》☑貞：{沚} {各} 化，亡禍，叶王☑。

　　　　《乙3369》☑{沚} {各} ☑亡☑。

(2)　　《合374 》乙酉☑雨☑ {各} 。

　　　　《庫1285》☑卜☑貞：又☑大☑ {各} 雨。

字亦从内作 {各} ，可見偏旁的冂、ㅂ、冈通用。

《乙2031》☑辰卜，{設}貞：{沚} {各} ☑弗其受又。

《佚546 》☑王固曰：今夕{各}雨。

176. {洛}

从水各聲，隸作洛。地名，或屬水名。僅一見。《說文》：「洛水出左馮翊歸德、

64

北夷眄中，東南入渭。」據字形屬第五期卜辭，乃殷王出征時的駐軍地名。

《存2.974》癸丑☑在 〔字〕師貞：☑𤇲。王☑吉。

177. 〔字〕　〔字〕

从内止，隸作 宮 ，作宄；形構與《說文》古文退同，唯文義不可通。字仍當視為
「各」字倒文。由來臨之本義引申有獲得之意。卜辭中與獲字對文。《合205》的驗詞
謂沒有捕捉到 𧰧 牛，反而獲得野豬兩隻。

《合205》☑貞：王其逐𧰧，獲。弗 〔字〕 𧰧，獲豕二。
《人2357》☑貞：王其 〔字〕 禾，襟于河。

字復重疊偏旁作 〔字〕 ，意均無別。

《後下23.1》☑王其从言 〔字〕 𧰧。

178. 〔字〕

从倒各，从文，隸作敆。《說文》無字，卜辭僅一見。或有追捕意，與敦伐字連用
。

《合268》☑勿衣 〔字〕 𤾩自☑。

衣，通作殷，有大意。卜問是否大大地追捕、攻伐敵人師旅。

179. 〔字〕

从宀正聲，隸作定。《說文》：「安也。」甲文用為殷王田狩地名，與上 〔字〕 一地
相接。字見第五期卜辭。

《前2.4.5》癸丑卜，在 〔字〕 貞：王旬亡𤇲。在六月。王迖于上 〔字〕 。

180. 〔字〕

从囗止。囗，即圍，象城郭。从止朝囗，象人攻城之形，隸作正。讀為征伐之征。
《孟子·盡心》：「征者，上伐下也。」

《鐵118.2》☑貞：叀王征呂方。

武丁卜辭有言「自征」，即殷王親征。

《柏25》己卯卜，㱿貞：呂方出，王自征。上下若，受我☑。

第五期征人方卜辭，王在逆旅占卜，故多言「來征」。即言來此地進行征伐意。

《綴189》癸亥王卜貞：旬亡𤇲。在正月。王來征人方在攸。

「國之大事，在祀與戎。」是以卜辭屢言「又正」，即「佑征」，大底師出征伐，必須
事先占卜吉凶，以求鬼神相祐。

《粹596》☑叀牛，又征。
　　　　☑叀小宰，又征。
《甲2037》☑叀乙卯酌，又征。

65

「正」與「各」字意相近。由此朝口、曰，引申均有降臨之意。卜辭謂「屮正雨」，即有雨降臨。或以正借為足，「正雨」即「足雨」，祈求上帝降足夠之雨，意亦通。

　　《合229 》辛未卜，𡧧貞：黍年，屮正雨。

　　《乙3184》己亥卜，爭☑在娥☑正雨。

　　《前1.50》☑帝令雨，正年。

卜辭中的「正月」，即「一月」。「正日」或相當該月的首日；或言「征伐之日」。語間仍未能明審。

　　《遺855 》☑貞：𢎾 正日。八月。

　　《明2067》乙亥☑屮兄戊☑正日。

181.

　　從土從止，隸作坣。今作往。《說文》：「之也，从彳坣聲。」參 字。形構上下顛例，甲文習見。吾人由文例互較亦見 、 同字。

(1)　　《合124 》庚子卜，貞：呼侯 出自方。

　　《存1.616 》☑貞：王 出于 。

182.

　　從口從二止，隸作 ，讀為圍。有環繞、包圍意。《說文》：「守也。」卜辭習言「圍獸」、「圍方」。是知圍字用於田狩、征伐卜辭。

　　《鐵181.3 》己酉卜貞：雀往 豕，弗其擒☑。十月。

　　《柏33》☑呂弗亦 羌。

　　《存1.550 》戊寅卜，賓貞：今秋呂方其 于 。

字增繁作 、作 。由文例互較亦得證。

(1)　　《甲638 》☑重今日辛 ，擒。

　　《鐵80.1》丙子卜， ，擒。

(2)　　《前7.17.1》☑來自西☑ 呂方 我☑ 亦弋 ☑。

　　《 26》☑允屮來艱自西， 弋☑告曰：呂方 于我奠☑。

183.

　　從口從二止，隸為韋。《說文》：「相背也。从舛口聲。」卜辭用為武丁時子名。亦用作族稱。

　　《後下18.2》癸丑卜☑子韋。

韋族地近瀧《 地四》，來貢於殷商。

　　《庫562 》☑申，重☑韋示☑。

亦為晚期卜辭中的殷邊重鎮，與 地相鄰，殷人曾於此出伐方國「異」。

　　《人2141》戊寅卜在韋師，自人☑弋異，其嘖☑。

　　《綴185 》丁亥卜在 師卜貞：韋自貴妹☑。

184. 𤔲

　　从韋。《說文》無字。卜辭用為人名或族稱，乃殷附庸將領。或即「韋」的繁體，由同伐「異」族卜辭可證。

　　(1)　　　《甲2258》☑貞：重𤔲今☑異、長。
　　　　　　　《人2141》戊寅卜，在 𠧧 師，自人☑戈異，其𤔲☑。

185. 𣥖 𣥖

　　从止，象足脛形，隸作趾。《說文》作跂：「足多指也。」卜辭用為殷武丁西邊將領，與重臣「雀」同辭，曾助殷人伐羌。

　　　　　　　《合205 》丁丑卜，賓貞：𣥖獲羌。九月。
　　　　　　　《存1.717 》丁酉卜，呼雀、𣥖 𢦏，執。

186. 𣥐

　　从止。《說文》無字。始見第一期甲骨文，用為殷附庸將領名或族稱，與亞侯見於同辭。

　　　　　　　《鄴1.43.9》乙酉貞：王令 𣥐 途亞侯又。
　　𣥐助殷人在 𦬣、卓 地耕種。
　　　　　　　《乙3331》☑貞：𣥐 芻于茲 𦬣 。
　　　　　　　　　　　☑𣥐 芻于 卓 。
　　並進貢於殷。
　　　　　　　《存2.56》☑ 𣥐 示三屯。賓。

187. 先

　　从止从儿，隸作先。毛公鼎先字亦作 先 。《說文》：「前進也。」是以，先有往意。卜辭與出、至連用。

　　　　　　　《合272 》☑呼我人先于 𣥠 。
　　　　　　　《前5.12.3》甲申卜，殷貞：呼婦好先登人于龐。
　　　　　　　《丙27》☑王固曰：𣦣 其出。重庚其 𣥠 ，𣦣至。
　　卜辭中的「先 𣥐 」，當即「先妣」之省。
　　　　　　　《乙8728 》乙卯卜貞：𦥔 先 𣥐 牛。
　　𦥔，隸作聑。即聑字繁體，安也，敬也。言虔敬地用牛祭祀先妣。
　　字又作 𣥠 ：由文例可證。
　　(1)　　　《陳132 》☑貞：呼 𣥠 取羊，不☑鼄。
　　　　　　　《甲2123》乙未卜貞：呼先 取寇于☑。

188. 𡳿 𡳿 𡳿 𡳿 𡳿 𡳿

　　从止於土上。隸作坒（往）。卜辭用往來義，習作：往田、往芻、往伐、往徝（省）、往狩、往逐、往出、往埋、往觀、往追、往來、往于某地等詞。

　　　　《戩40.7》辛巳卜，王𡳿田，亡𢦔。

　　　　《佚19》戊辰卜，賓貞：登人呼𡳿伐𠃬方。

　　　　《乙2352》☑貞：王往獸（狩）。

　　　　《前3.22.5》☑貞，☑王其𡳿逐鹿，獲。

　　　　《後上12.4》☑王𡳿出于甘。

　　　　《乙5408》戊午卜，爭貞：重王自𡳿鹿（埋）。十二月。

　　往字的用法大致可分為兩類：一見於狩獵卜辭；一用作攻伐卜辭。復參 字。

189. 𠂤 𡌰 𡌰 𡌰 𡌰

　　从止及人，隸作此，由追及引申有降臨意。《說文》：「止也。」卜辭屢貞問上帝先祖會否降祐殷王。

　　　　《乙5910》☑貞：唯妣己𡌰王禍。

　　　　《乙4525》☑貞：不唯帝𡌰王☑。

　　　　《乙3350》乙巳卜貞：又（有）𡌰。

　　　　《粹380》王其又母戊一俟☑𡌰。受又。

　　又言「此雨」即求「降雨」

　　　　《南明424》☑其求年于沈，𡌰又雨。

　　　　《甲575》☑三豚，𡌰雨。

190. 𡳿 𡳿 𡳿 𡳿 𡳿

　　从止，隸作𡳿。《說文》無字。卜辭用為殷西地名。殷軍旅嘗屯駐此地。

　　　　《人3131》戊寅卜，歸在𡳿。

　　殷王曾於此徵召牛隻。

　　　　《前1.52.4》☑貞：登牛于𡳿。

　　其西與「龍方」、「喪」地相接。

　　　　《卜590》癸丑卜貞：𡳿往追龍，从𡳿西及。

　　　　《遺679》辛巳卜，𡳿☑王其迍于喪，亡𢦔。

　　喪地距商都城五日路程。見《續3.6.5》。

191. 𢓇 𢓇

　　从豕止，隸作逐。从止从辵通。《說文》：「追也。从辵豕省聲。」逐字主要見於殷王狩獵卜辭。所逐獲的鳥獸類，有：豕、𧱵、兕、麇、鹿、麔、雉、虎等。

　　　　《甲3339》辛未卜，亘貞：往𢓇豕，獲。

　　　　《遺920》☑亥卜，㱿貞：其逐𧱵，獲。

《乙6728》丙申卜，㱿貞：我其逐𠃌‧獲‧

《丙81》丙申卜，爭貞：王其𡥀禽，彗☒‧

《前3.32.2》☒𡥀鹿，獲‧

《乙3334》丙辰卜，㱿：王其𡥀麇‧獲‧

《存2.116》戊子卜，賓貞：王逐𩿨于沚‧亡災‧之日王往逐𩿨于沚‧允亡災‧獲雞八‧

《京1465》己卯卜，王逐虎☒‧

192. 𡥀　𢔭

　　從止，它亦聲，隸作 𡥀 ；害也‧晚期卜辭增彳偏旁‧由害蟲之出現，引申有降災意‧卜辭多貞問「㞢（有）𡥀」、「亡𡥀」‧即言是否有禍‧

　　《乙7183》壬寅卜，㱿貞：王禍，唯父乙𡥀‧

　　《鐵251.3》☒母丙𡥀婦妌‧

　　《甲2032》甲寅卜，賓貞：王唯㞢𡥀‧六月‧

　　《林2.28.16》庚子卜，王貞：余亡𡥀‧

　　《乙3864》☒貞：㞢疾骨，唯𡥀‧

　　辭例除見貞問先公鬼神是否會降災於時王貴族外，亦有問農作物、問風雨、問子是否無恙‧

　　《甲403》辛亥貞，我禾亡𡥀‧

　　《乙3054》☒貞：唯☒𡥀雲‧

　　《鄴3.39.1》辛酉卜，唯娒𡥀雨‧

　　《乙8711》癸丑卜貞：子亡𡥀‧

193. 𢔭　𢔭　𢔭　𢔭

　　從止，矢亦聲，隸作 𢔭 ‧《說文》無字‧矢射由彼至此，有疾行意‧字義與𢔭（前）可相對照‧卜辭習言「𢔭步」、「𢔭來」‧字若釋為動詞，則通作疾；若釋為名詞，則屬人名‧卜辭殘簡，唯似作人名為是‧

　　《前6.36》☒貞：勿☒𢔭步‧

　　《存2.195》☒貞，勿登㞢示㝴疾，𢔭來歸‧

194. 𢔭

　　從止狋，隸作 𢔭 ‧乃𢔭字的繁體，參 𢔭 字‧

　　《遺571》壬午☒㱿貞：王重易伯𢔭从☒‧

　　字用為易伯名‧乃殷王附庸‧

195. 𣎵　𣎵

从倒止，从木或又从禾；通用。隸作朶，與《說文》古文困字同，或又隸作朶。卜
辭用為祭地名，種禾黍。與沃地相鄰。《史記·高祖功臣侯年表》中有條侯，其地望在
今河北景縣。參錢穆《史記地名考》頁七二九。

《合244 》☑貝：禘于 〔圖〕。

《後上10.8》甲午卜在 沃 貞：王步于 〔圖〕 。亡災。

《甲990 》☑芻☑ 〔圖〕 。

196. 〔圖〕

从倒止，从 〔圖〕 、〔圖〕，象卜骨之初文。唯从止則義未能明。隸作 〔圖〕 ，意仍為骨版。
辭例言「今 〔圖〕 巫九 〔圖〕」。殷人貞問，有一事三卜以決疑之習。由甲文多見右中左同條卜
辭之例可互參。今師旅在外，決勝於頃刻間，故三卜其事，以示審慎。一卜用三版，三
卜即當用九版骨或甲。「今 〔圖〕 巫九 〔圖〕」、即言今次以骨卜問鬼神，要用上骨版九塊。

《甲2416》丁卯王卜貞：今 〔圖〕 巫九 〔圖〕 ，余其从多田于多伯征盂方伯壴。重衣
，翌日步，亡又自上下于 〔圖〕 示，余受有佑，不 〔圖〕 戋☑。

《甲3659》☑今 〔圖〕 巫九 〔圖〕 作，余彭，朕求☑伐人方上下于 〔圖〕 示，受余又☑

197. 〔圖〕 〔圖〕

从凡屮聲，隸作湔。《說文》：「湔水出蜀郡躲厚王壘山東南入江。」殷武丁時方
國名，地處殷西。其族眾以農耕為業。

《合220 》丙申卜，〔圖〕貞：呼見 〔圖〕 圍芻，弗其擒☑。

《合104 》☑呼 〔圖〕 屮芻。

殷王嘗令 〔圖〕 、吳討伐之。

《粹31》壬辰卜，〔圖〕貞：〔圖〕戋 〔圖〕 方。

《存2.470 》己未卜，〔圖〕貞：吳克 〔圖〕 。

湔方降，族人淪為殷奴。

《乙7863》☑日 〔圖〕 奴☑。

198. 〔圖〕

从址从豆，隸作登，參 〔圖〕 字。有奉獻意。卜辭言「登卣」，即卣涷時登獻牲口。

《摭1.385 》☑ 〔圖〕 卣，重豚。

《寧1.342 》☑ 〔圖〕 卣，重☑。

199. 〔圖〕

从三止从山，象眾人登山。隸為 〔圖〕 。《說文》無字。晚期卜辭用作地名。殷王曾占

70

卜於此。

《粹1326》庚午卜，王在 〔字〕 卜。

200. 〔字〕

从三止羽聲，隸作羿。《說文》無字。卜辭用為方國名，

《粹1555 》☑勿伐 〔字〕 。

《存2.315 》☑登人三千伐 〔字〕 。

後淪為殷附庸，拼種為業。

《林1.29.22 》☑卜，重呼 〔字〕 。

《乙8638》☑辰卜，〔字〕 受禾。

201. 〔字〕

从中从止，中示戰盾。隸作 〔字〕。《說文》無字。第一、二期卜辭中用為附庸部族名
。

《佚156 》☑在 〔字〕 ☑令 〔字〕 ☑友。三月。

：重殷商，令 〔字〕 鳴友。十三月。

後叛而為方國，為患殷邊。

《前5.5.7 》甲子☑王曰貞：翌☑成湯、后祖乙☑ 〔字〕 方其☑。

人平定，遂淪為殷用牲祭祀之所。

《京4184》☑丑，茲用，在 〔字〕。

202. 〔字〕

从止余聲，隸作途，即途字，經也，過也。从止、从走通。于省吾《駢三》頁23借
為屠殺之屠；不確。由《前6.26.5》一辭可證。

《前6.26.5》☑貞：呼 〔字〕 〔字〕 子姞來。

☑貞：勿呼 〔字〕 〔字〕 子姞來。

辭意當謂：呼召 〔字〕 途經子姞而來殷京。于氏所引諸辭，如：

《鄴3.43.9》乙酉貞：王令 〔字〕 〔字〕 亞侯。又(佑)。

《後19 》☑貞：令望乘 〔字〕 下 〔字〕 〔字〕 象方。十一月。

《前7.32.1》癸酉卜，賓貞：令 〔字〕 〔字〕 擒。八月。

以上的 〔字〕字均可以「途經」意釋之，文順意通，實無需輾轉以叚借詮解字意。

《乙6419》☑貞，翌庚申我伐，易日。庚申明雇，王來 〔字〕 首，雨。

即謂：殷王來，途經首地，有雨。

且若強以屠釋途，言屠戮某人一見足矣，何以卜辭屢見稱「途子畫」之辭，而又勞
師動眾若此。

《卜16》☑貞，重吳令 〔字〕 子畫。

《寧1.494 》庚子貞：王 〔字〕 〔字〕 子畫。

71

《掇1.433 》☐𠕈令，叀子晝。
《存2.461 》☐貞，☐自☐子晝。

203.
从止叀聲。隸作。《說文》無字。卜辭用為殷田狩地，主要見於第四期卜辭。
《佚987 》☐卜貞：☐于☐亡災。
《存1.2368》丁酉王卜貞：田，往來亡災。王占曰：吉。
《前2.40.5》丁丑卜貞：王送于，往來亡災。

204.
从止，隸作复，即復字，屢次也。《說文》：「往來也。」卜辭習言「往復」、「征復」、「來復」、「入復」、「循(巡)復」；示來去、往返意。
《前5.13.5》乙酉卜，爭貞，往从臬執𢀛方。二月。
《金569 》☐貞：勿呼征，㞢行从𢓊。
《合283 》甲寅卜，爭貞：曰雀來。
《掇2.201 》☐貞：勿入。若。二月。
《庫1565》☐貞：侯循不其。

205.
从山复聲，隸作。《說文》無字。卜辭用為殷地名。
《甲2947》☐于，𢦔。

206.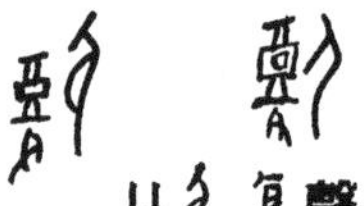
从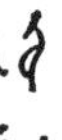复聲，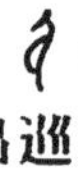示人腹；或从人。隸作腹字。《說文》：「厚也。」卜辭用本義，王腹不安，故不出巡。
《續5.6.1 》癸酉卜，爭貞：王不安，亡征。

207.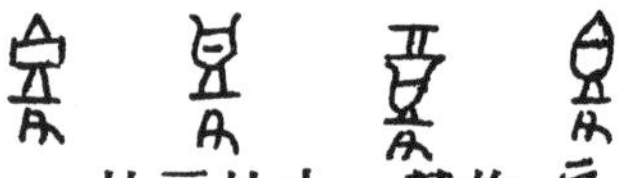
从豆从止，隸作，即字。从止从意同，均表人。參字。《說文》作：「禮器也，从廾持肉于豆上，讀若鐙同。」卜辭用意亦為舉豆以祭。
《存1.1785》弜酌河，其。
《後下26.7》丙申卜，伐，不用。
伐，殺人牲以祭。伐，即獻伐之意。
《甲2123》甲午卜貞：。翌于甲寅酌。
《續2.1.5 》丁未卜，爭貞：勿先以歲在涂。

208.

从戈从止。隸作武，即武字。《說文》：「楚莊王曰：夫武定功戢兵，故止戈為武。」卜辭用作殷地名或外族名，種芻；亦為田狩地。

《合165》☑貞：致十芻。

《乙7746》☑貞：☑犮田☑，其來告☑。

☑為殷武丁時西南族名，與望乘、興方、基方諸族同辭。武丁後已淪為殷田狩地。

209.

从止子聲，隸作迻。或即游字。《說文》：「旌旗之流也。从㫃汓聲。」古文作☑。乃殷武丁時期方國，後助殷守邊。

《合165》☑呼取☑方。

《後下14.14》己亥卜，永貞：☑循（巡）。

210.

从秝（或从林），从止，从止過林，象人越逕野地。隸作歷字。《說文》：「過也，从止厤聲。」卜辭歷字用林地意言「歷异」、「歷酚」、「歷狩」。「歷异」與「征异」相類：殷王於田狩之野地舉祭，與在外祭祀之意正同。

《後下11.4》☑其☑异。

弜☑异。

《京4025》弜征异。

《人264》戊☑☑狩☑三日庚辰☑☑罘崔☑獲象☑二豕☑。

殷人於林地狩獵，有以燒田（焚）方式驅逐野獸。

《前1.33.1》☑貞：☑☑焚。

211.

从不止，隸作歪。《說文》無字。用為殷附庸宋伯名。晚期卜辭作為殷田狩地名，與兹同辭。

《佚106》己卯卜，王貞，鼓其取宋伯☑，敦禍，叶朕事。

宋伯☑从鼓。二月。

《摭續181》☑卜，在☑☑逨于兹，往來亡災。

212.

从止水聲。隸作沝。《說文》無字。或與沚字同。卜辭乃地名，始見於第一期。

《薑地34》☑貞：使人于☑。

73

213.　从羽从二止，隸作𦎧。《說文》無字。或與 [甲骨字] 字同。卜辭用為殷祭祀地。位處高阜。

　　　　《文709》戊辰卜，王曰貞：其告，其降。在 [甲骨字] 阜卜。

214.　象足趾之形，隸作肶、作趾。《說文》作跂：「足多指也。」卜辭用本義，曾貞問趾疾安否。

　　　　《乙1187》☒貞：疾 [甲骨字]，龍。

　龍，讀如寵，有安和意。卜辭貞問趾疾是否無恙。

215.　象手形，即又字。卜辭用作：(1) 有、(2) 又、(3) 祐(祐)、(4) 右諸義。

　　(1)《粹692》☒自今辛至于來辛 [甲骨字] 大雨。
　　　　　謂這一旬的辛日至下一旬的辛日，其間有大雨。
　　(2)《後下41.12》丙戌卜，丁亥王 [甲骨字](阱)，擒。允擒三百 [甲骨字] 四十八。
　　(3)《文338》丁巳卜，行貞：其 [甲骨字] 于小丁，牛。
　　(4)《粹597》丁酉貞：王作三自：[甲骨字]、中、左。

216.　从手从ㄱ，隸作厷，指事。《說文》：「臂上也。」或體作肱。卜辭用本義，貞問疾肱否，並用祭求祐於先祖。

　　　　《乙7488》☒貞：㞢疾 [甲骨字]，致小☒卟于☒。
　　　　《乙3062》☒卟 [甲骨字] 于祖辛。

　卜辭又言「王獲厷」，或即「王獲肱疾」之省文。

　　　　《存1.1235》甲子卜，賓貞：王獲 [甲骨字]。
　　　　《後下20.17》☒貞：王不其獲 [甲骨字]。

　字又省ㄱ作 [甲骨字]。形與「又」同。

　　　　《乙5587》☒貞：疾 [甲骨字]，龍。

　龍，讀如寵，安也。卜問手肘病患處無患否。

　　　　《合211》☒王 [甲骨字]，唯㞢𡥈。

217.　从又，象爪形，隸作叉。《說文》：「手足甲也。」段注：「叉爪古今字。」卜辭屬殷地名，與 [甲骨字]、[甲骨字]、沚相鄰。位於殷西面。

《前2.19.3》☑王卜在又貞：☑于 🌱 亡𢦏。在二月。

《金544 》庚辰王卜在⟋貞：今日步于又，亡𢦏。

辛巳王卜在又貞：今日步于沚，亡𢦏。

218. ⟨浸⟩

從水從入從又。隸作浸，《說文》無字，用為殷地名。卜辭貞問王在浸地夜宿是否吉祥。

《甲2123》丁未卜貞：王夕浸，唯㞢吉。

219. ⟨叴⟩

從手從凵。或即叴字，讀如協。卜辭屬殷地名。

《續2.25.1》☑貞：呼見于 叴 。二月。

220. ⟨宔⟩

從宀又，隸作宔。《說文》無字。卜辭用為動詞，習稱「宔伐」，字當為樸字省文，參闑字條。讀如撲，金文作戠 ；由後襲擊也。虢季子白盤：「搏伐厰狁。」宗周鐘：「戠伐乑都。」《詩經》：「薄伐玁狁。」卜辭所見殷師旅戠伐的對象，主要是𢀛方，土方等西邊大族。

《金525 》己丑卜，㱿貞：今🙵來，曰：🙵宔伐𢀛方。在十月。

《前6.30.1 》 ☑貞：☑王宔 伐土方。受☑。

《卜80》☑ 宔 伐西土。

221. ⟨芻⟩

以手擇艸，象收割之形，隸作芻。《說文》：「刈艸也。」卜辭謂「取芻」、「往芻」。復見殷王武丁親自躬耕，曰：「朕芻于某地」，以示親民。

《乙7119》庚辰卜，賓貞：朕芻于鬥。

貞：朕芻于丘刺。

卜辭言殷人耕種地有：

1. 名 （雍）

《乙2635》☑勿令取雍芻。

2. 𡊅 （𡊅）

《合166 》乙巳卜，㞢貞：弓芻于𡊅 。

3. 𣪘 （𣪘）

《乙5026》☑貞：呼取𣪘芻。

75

4. 丫 （生）

　　《乙1052》☒呼取生䅿。

5. ⿰ （尤）

　　《合224 》丁巳卜，爭貞：呼取尤䅿。

6. 吉 （工）

　　《金567 》庚子卜，亘貞：呼取工䅿，致☒。

7. ⿰ （逆）

　　《前4.53.2》甲戌卜，⿰貞：角取逆䅿。

8. ⿰ （犯）

　　《合59》庚申卜，呼取犯䅿。

9. ⿰（鬥）、⿰ ⿰（丘剌）

　　《乙7119》庚辰卜，賓貞：朕䅿于鬥。
　　　　　　　　貞：朕䅿于丘剌。

10. ⿴ （⿰）

　　《續1.29.1》甲午卜，爭貞：往䅿⿰。得。

11. ⿱ （益）

　　《菁3 》甲寅尤⿰來艱，又告曰：往䅿自益，十人⿰二。

12. ⿰ （教）

　　《甲206 》戊戌卜，雀䅿于教。

13. 中 （盾）

　　《乙3331》☒⿰䅿于盾。

14. ⿱ （敦）

　　《前4.35.1》☒貞：于敦大䅿。

殷民已過渡至農業社會，是以非常重視農作收成，屢見卜問䅿時是否會有雨。

　　《乙3800》☒貞：作䅿，雨。不其☒。

　　《乙4581》甲辰貞：☒䅿☒丙☒出雨。

䅿字與黍、年連用。「䅿黍」，用作動詞。

　　《南坊3.17》勿呼婦妍往䅿黍。

　　《屯南794 》其䅿黍。

　　《屯南345 》于生月出䅿，受年？吉。

殷䅿收割期在秋際，是以見殷王在七月「觀䅿」。

　　《乙7137》☒貞：雍䅿于秋。

　　《佚570 》乙☒貞：☒大☒比☒受☒觀䅿☒。七月。

觀䅿，即考察農作收成。而外邦來貢䅿穀每在一月、三月之間。

　　《遺620 》甲辰卜，亘貞，今三月光呼來。王固曰：其呼來乞至唯乙。旬⿰二
　　　　　　　日乙卯尤⿰來自光，致羌䅿五十。

　　《卜1 》戊子卜，王貞：來 ⿰ 䅿。一月。

卜辭有言在丘地種植「冬䅿」。唯屬孤證。

　　《粹918 》☒取冬䅿于丘。

䅿除由殷人種植外，亦有來自外邦附庸如 ⿰， ⿰， 吳 等侯伯的進貢。卜辭習稱：

76

「致某地芻」，或：「來某地芻」。

《庫1794》☑之曰祉至，告曰：⿰ 來致羌芻。

《乙7299》庚午卜，賓貞：戔致 ⿰ 芻。

殷人用芻為祭奠之物，與牛，牲等同祭。

《乙528 》☑般貞：父乙大芻于王。

《存1.773 》☑午卜，☑奠芻☑。

《人737 》☑亘貞：襓，曰：女、芻☑。

芻字除釋作芻草之外，亦有用作芻豢之芻。《孟子正義》引《說文》擢字：「牛馬曰芻；犬豕曰豢。」《國語·楚語》：「芻豢幾何？」韋昭注：「草食曰芻，穀食曰豢。」大率指吃草的牲畜而言。卜辭言外邦致貢芻而接稱貢物為佳鳥若干，可見殷文亦用芻豢意。

《丙373 》己丑卜，般貞：即致芻，其五百佳六？

222. ⿰

从手持肉。後增示旁以明獻於鬼神。隸作祭。《說文》：「祀也。」其用意：(1). 武丁時方國名；(2) 祭祀時祭名，用肉祭。為晚殷五種固定祭祀之一。

(1)《南誠30》☑貞：雀戋 ⿰ 方。

《乙5317》壬辰卜，般貞：雀弗其戋 ⿰ 。三月。

(2)《明145 》乙卯卜，即貞：王賓報乙，⿰. 亡禍。

《續1.50.5》癸未王卜貞：旬亡𡆥。王占曰：大吉。在十月。甲申 ⿰ 陽甲、 ⿰ 羌甲、 ⿰ 箋甲。

223. ⿰

从手肉。隸作祭。與 ⿰ 字同，但形構稍異：肉無小點而與手同向，為專有名詞。卜辭見用作第四期以後的地名。

《後上11.5》癸未卜在 ⿰ 貞：王旬亡𡆥。

224. ⿰

从手持｜。｜，或為治杖或示書寫的筆，卜辭伊尹字作 ⿰ 作 ⿰ 可證。並參君、父、事等形構。後｜衍而為丿。是尹的本字。《說文》：「治也。從又丿，握事者也。」尹即治人的官吏，卜辭言「多尹」，即「眾吏」。尹的工作有：

(1) 為王使節，往來諸邦。

《後上22.5》☑呼多 ⿰ 往 ⿰ 。

(2) 管理農耕。

《人2363》癸亥貞：王令多 ⿰ ⿰ (墾)田于西，受禾。

《丙71》☑令 ⿰ 作大田。

(3) 助祭。

《甲752 》[甲骨文]不[甲骨文]，車多[甲骨文] [甲骨文]。

《拾3.4 》癸亥貞，三 [甲骨文] 即于西。

（4）傳王令、行征伐。

《通V3 》戊子卜，[甲骨文]貞：王曰：余其曰：多[甲骨文] 其令二侯：上兹[甲骨文][甲骨文]侯其[甲骨文]周。

（5）創制宮室。

《戩25.13 》甲午貞：其令多 [甲骨文] 作王寢。

（6）整理來貢甲骨。

《甲3006》 [甲骨文]入。

多尹中有稱作戠尹者，作 [甲骨文]、[甲骨文]。戠，屬戈戟類武器，由辭例見為征戰的武官，協辦王事。

《前5.8.1 》[甲骨文]呼多[甲骨文] [甲骨文] 自于入孜。

《林1.26.16 》十[甲骨文]卜貞，呼[甲骨文] [甲骨文] [甲骨文]擒。

復有先臣曰：寅尹，或即文獻中的伊尹。唯仍無確證。

《合302 》己未卜，爭貞：[甲骨文]王。

又，有方國曰：「尹方」，見於二、三期以後卜辭。

《前4.41.1》[甲骨文] [甲骨文] 方至。

《金209 》[甲骨文]王其呼甲 [甲骨文] 方（圍）于[甲骨文]。

比核「多尹」辭例，見尹字又增意符作 [甲骨文] 。

225. [甲骨文]

從丑持高，高亦聲，隸作 [甲骨文] 。《說文》無字。卜辭用為田狩地名。與堆地相鄰。約處殷東南方。

《前2.9.6 》乙卯王卜在 堆貞：今日步于 [甲骨文]，亡[甲骨文]。

卜辭中有築高台曰：「[甲骨文] 京」，以便殷人觀察獸踪，亦便駐軍監視外族出沒情況。

《佚990 》之日王往于田從[甲骨文]京，尤獲[甲骨文]二雉十。十月。

《續318 》[甲骨文]在自 [甲骨文] 。

[甲骨文]地亦屢用為殷王祭祀之所。

《續2.9.9 》[甲骨文]亘豆[甲骨文] 示，不又。十三月。

亘，人名。[甲骨文]，或即登字省。不又，即不祐。

《外444 》[甲骨文]貞：[甲骨文] 示矢土。

226. [甲骨文]

從又屮聲，隸作收。《說文》無字。卜辭用為殷北附庸，其族習以務農為業，只見於第一期卜辭，曾遭受土方侵擾。

《菁6 》王固曰：屮[甲骨文]。其屮來艱。乞（迄）至九日辛卯允屮來艱自北。[甲骨文]敏妸告曰：土方侵我田十人。

78

227. 

从又。形構與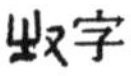字相似，或為之倒文，亦隸作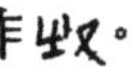。唯據斷代分期，字屬第四、五期卜辭，與的年代稍異。為晚殷附庸名，殷王封其酋為伯。其地與長相接。

《前2.11.5》戊申卜在貞：王田，衣逐亡災。

《前2.8.5 》己亥卜在長貞，王☒亞其从伯伐☒方，不。在十月又☒

長，約處殷西北。

228. 

从手从口，隸作扣。有止奔意。《說文》：「牽馬也，从手口聲。」

《海1.4 》☒獲豕五，于東。十二月。

卜辭有「扣取」連用，止而捕之，意相連貫。唯詞意殘簡，仍待深考。

《粹1522》甲子卜，賓貞：☒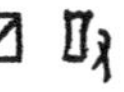取☒。

229. 

从攴擊戶，隸作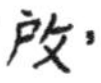，本有擊伐意。字又省丨作，作。

《乙811 》丁卯卜，㱿貞：我自亡，。

《合212 》☒貞：允其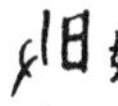妹。

《後下35.2》☒卯卜，貞：吉。☒二日☒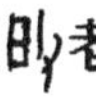老。

《前8.6.4 》卜，貞：☒☒又。

字亦借為人名。唯此骨片疑屬偽刻。

《庫1506》叔曰：。

230. 

从又聲，隸作。《說文》無字。卜辭用為殷田狩地。見於四、五期卜辭。

《合392 》庚子卜，狩，不冓☒。

231. 

从又，丵亦聲。象以手植樹之形。隸作對，《說文》：「譍無方也。」字與金文形構同。李孝定先生《甲骨文字集釋》卷三頁769 釋與封()同意。卜辭言「東對」、「西對」，當即指東、西封界。

《林2.25.10 》辛卯王☒小臣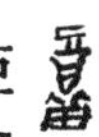☒其亡執　于東。王占曰：吉。

《前4.36.4》☒其于西☒。

232. 

即又字繁體，讀作祐。為文飾，以別於左中右之右解。卜辭有貲求意。

《乙3394》丁丑卜，賓貞：父乙允 🔥 多子。

233.

象園圃，屮示植物。隸作甫，即今圃字。《說文》：「所以種菜曰圃。」卜辭用為動詞，有圃種意。

《合220 》丙申卜，㞢貞，呼見 🔆🔆 芻，弗其 隻 。

234.

从手於厈下，隸作反。《說文》無字。用為殷晚期卜辭地名。

《濟6.1.7 》癸巳王卜貞：旬亡𢆉。在 反 。

235.

从屮从火从又。或即燒田逐獸的焚字省，參 🔆 字條。復增手，示追捕獵物。唯屬孤證，仍待細考。

《南明586 》丁卯卜，其 🔆 。重丁亥于父甲。茲用。

此辭謂丁卯日問卜往焚田吉否，廿日後的丁亥日返，以獵物祭祀父甲。

236.

从口又聲，隸作囿。《說文》：「下取物縮藏之」非本義。字讀為祐。从口、曰，示福祐在其中。殷人卜求「降囿」，即降祐。

《乙5408》乙酉卜，爭貞，唯父乙降囿。

《乙8526》癸未卜，囿在我。用𠃧祖乙豆，叶。

卜辭習見鬼神「降禍」、「降艱」、「降歆(摧)」、「降疾」，都是不祥之事，唯「降囿」一詞屬大吉。

237.

从屮从且从又。隸作蒩。或即蔽字省。甲骨文用為地名。殷人吞併蔽方，其地盡屬殷，地名仍曰：蔽，或省曰：蒩。卜辭僅一見。

《明2260》□在 蒩 。

238.

从辛从殳。隸作殷。辛、言在偏旁時有通用的現象，如競作 🔆 、作 🔆 是。于省吾《甲骨文字釋林》頁103 釋作設，可從。《說文》：「施陳也。」卜辭泛指祭祀時陳設的祭物。

80

《丙16》☑王其唯戊㞢𢎚 ‧ 不吉 ‧

《合481 》乙巳夕㞢𢎚 于西 ‧

《乙3334》☑五日甲子允酚，㞢𢎚 于東 ‧

《林1.26.6》壬午卜，大貞：𢎚 六人 ‧

《林2.1.1 》壬辰卜貞：𢎚 司室 ‧

「司室」即祀室，謂在祀室陳牲以祭 ‧

239. 𣪠 𣪡

从攴癸聲，隸作𣪠、作𣪡 ‧ 《說文》無字 ‧ 屬第四、五期卜辭中殷王田獵地名；與
目地同辭 ‧

《菁10 》壬子王卜貞：田 𣪠 ，往來亡災 ‧ 王占曰：吉 ‧

《京4468》王其田 𣪠 至于目北，亡戈 ‧

240. 𣪊

从攴卯聲 ‧ 隸作𣪊 ‧ 《說文》無字 ‧ 乃晚期卜辭中駐軍地名 ‧

《文710 》☑酉卜，王☑夕在𠂤 𣪊 卜 ‧

𠂤，今作師 ‧ 言殷王在𣪊 地師旅占卜 ‧

241. 𠬝 𠬝

从又 ‧ 《說文》無字，或亦隸作扣 ‧ 卜辭用為殷附庸名，曾入獻龜甲貢物 ‧

《庫1931》𠬝入 ‧

《乙6570》𠬝入一 ‧

242. 𦥑

从爪持口，隸作𦥑 ‧ 《說文》無字 ‧ 是第一期卜辭中殷西北的地名，嘗受呂方、土
方所侵擾 ‧

《續3.10.1》辛丑卜，爭貞：曰呂方凡盟于土☑其韋𦥑，尤其韋 ‧ 四月 ‧

韋，讀如敦，有攻擊意 ‧

243. 𠬞

从雙手，隸作𠬞 ‧ 卜辭用為登字省體 ‧ 參𤱏 字；有徵召意 ‧ 習言「𠬞人」、「𠬞
眾」，以協辦王事，討伐方國 ‧

《後上31.6》丁酉卜，㱿貞：今春王𠬞人五千征土方 ‧ 受㞢又 ‧ 三月 ‧

《前7.3.2 》己酉卜，爭貞：𠬞眾人呼从𢝔，叶王事 ‧ 五月 ‧

卜辭見殷王親自徵召民力，亦有令將領代勞 ‧

《柏27》乙酉卜，賓貞：呼擒 丨丨 于 丨。吉。

《鐵94.2》☑卜般☑令 吳 ☑ 丨丨 ☑于☑。

登召對象，有地方民眾，

《續5.24.1》☑貞，呼丨丨在 丨 人。

《乙5906》☑貞：丨丨 雀人，呼宅☑ 雀 ☑。

有駐邊軍隊，

《前6.55.7》☑卜亘貞：呼丨丨 丨 自。

《乙7806》☑貞：呼☑ 丨丨 貯自。

亦有附庸方國部屬。

《卜198》☑貞：重虎从長丨丨，凵☑。

《乙4208》☑丨丨多殿☑。

《佚378》甲午卜，亘貞：丨丨馬，呼 丨 ☑。

馬即馬方。殷復屢徵召地方附庸的牛、羊諸牲，以為祭品、軍餉。

《鐵26.2》☑貞：呼吳丨丨牛。

《前1.52.4》☑貞：丨丨牛于 丨。

《乙3328》☑亥卜，殷貞：王其呼丨丨，尹伯出牛允征。

《後下33.3》☑貞：令般又丨丨☑牛。

《佚158》☑殷貞：☑克丨丨百豕羊。

又增點別義作 丨丨 ，用為人名。唯疑屬偽刻。

《庫1506》 丨丨 子曰：丨丨 。

丨丨 子曰：邙。

244. 丨丨

从二又，示相互合力，引申有聯合意。隸作友。《說文》：「同志為友，相交友也。」卜辭用為殷西附庸名。始見於第一期甲文。

《菁2》☑己巳允凵來艱自西，長、丨丨、角告曰：呂方出，侵我示 丨 田七
十五人。

《漢城大學藏》癸未卜，永貞：旬亡禍。七日己丑長、丨丨、化呼告曰：呂方圍
于我奠豐。七月。

《說文》古文友作 丨丨 ，與卜辭中的 丨丨 字同，唯其辭義殘缺，未敢臆定。然由「某叶
王事」辭例觀察， 丨丨 疑用為殷武丁時附庸部族名。字與 丨 或同。

《前7.1.4》☑ 貞：翌☑令吳☑子方☑ 丨丨 叶王事。

245. 丨 丨

从目从二又。隸作 丨 。《說文》無字。屬第一期卜辭中附庸將領，助殷務農、徵眾
，協辦王事。

《前7.3.2》甲子卜，ꀂ貞：令 丨 墾田于☑。

己酉卜，爭貞：登眾人，呼从 丨 叶王事。五月。

《前2.28.2》壬戌卜，爭貞：乞令 [甲骨文] 田于先侯。十月。

復進貢卜骨。

《拾8.5 》囝 [甲骨文] 入二。

後併為殷地。殷王曾駐兵於此。

《寧2.29》囝屮寇在 [甲骨文] 。

《文225 》辛卯卜，王在自 [甲骨文] 卜。

246. [甲骨文]

　　從双持口，隸作共。《說文》：「同也。」《釋詁》：「具也。」卜辭用為殷婦名，乃殷王妃妾，有孕。

　　　　《人459 》囝婦 [甲骨文] 囝其妼囝。

妼，即嘉；生子曰嘉。

247. [甲骨文]

　　從二又奉皀進食，隸作登，有「進」意。皀、豆二字在偏旁通用：登字作 [甲骨文] ，亦作 [甲骨文] ，見於同條卜辭。

　　(1)《庫310 》辛巳卜貞： [甲骨文] 婦好三千， [甲骨文] 旅萬，呼伐囝。

　　(2)《後下8.3 》囝卜囝貞：翌庚囝 [甲骨文] 囝豕囝。

　　　　《前 5.2.2》囝子卜貞：囝 [甲骨文] 豚囝。

字有用本義。卜辭謂進獻牛、羊、羌人諸牲以祭祖，

　　　　《乙6723》囝貞：其 [甲骨文] 牛，唯又于唐。

　　　　《天51》囝 [甲骨文] 羊三百。

　　　　《續1.2.1 》囝貞： [甲骨文] 王亥羌。

　　　　《丙30》囝 [甲骨文] 父乙十羌。

卜辭復言「登人」征伐，作「徵召羣眾」解。

　　　　《續1.10.3》囝貞， [甲骨文] 人三千，呼伐呂方，受屮又。

　　　　《佚19》戊辰卜，賓貞： [甲骨文] 人，呼往伐呂方。

登人又省作「 [甲骨文] 人」。殷曾召集弓箭手三百以備戰，曰「登射」。

　　　　《乙751 》囝 [甲骨文] 射三百。

[甲骨文] 又訛手為止，作 [甲骨文] ，復疊作 [甲骨文] 。字用為名詞，或屬官名，與工官同辭。

　　　　《卜664 》囝貞：囝 [甲骨文] 囝敝 囝呂囝。

　　　　《甲1167》庚寅卜，爭貞：令 [甲骨文] 眾狄工圍，屮擒。

248. [甲骨文]

　　從双持豆以祭祖，隸作舁。字有獻祭意。《說文》作 [甲骨文] ：「禮器也。从廾持肉在豆上，讀若鐙同。」卜辭多見用舁載禾黍稻米以獻祭。

　　　　《京4025》癸未卜，其征 [甲骨文] 禾于羌甲。

《掇1.438 》丙子卜，其[字]禾丁宗。

《外52》囗貞：囗其[字]米于祖乙。

《甲2799》癸巳卜，允貞：翌甲午[字]于父甲。饗。

字增形符「示」作[字]，由下二文例對比可證。

(1)　　《戩25.10 》囗其[字]新邑二升一卣。王囗。

　　　《粹910 》囗其[字]新邑、二牛，用。

字復合「米」、「來」作[字]、作[字]　　，示獻穀物之形。

(1)　　《遺646 》丁丑卜，其[字]囗。

　　　《粹909 》癸巳貞：乙未王其[字]米。

(2)　　《續1.26.3》甲申卜貞：王賓[字]　祖甲，亡尤。

　　　《庫1021》庚辰卜，即貞：王賓兄庚[字]眔歲，亡尤。

249. [字]

　　從丨從二手相引接，隸作爰。《說文》：「引也，從[字]從于。」卜辭引申有援助意。

　　　《卜30》囗貞：呼[字]龍。

龍，方國名。卜問援助龍方宜否。

　　　《乙3789》庚辰卜，爭貞：[字] 南單。

　　　《南明224 》丁酉卜，王族[字]多子族立于召。

　　　《前4.25.4》囗卯卜，王囗令夫[字]囗。

250. [字] [字]

　　從手持丨，又增口作[字]。與[字]、[字]；[字]、[字] 諸字相對比可知。為尹字的繁體。《說文》：「治也。」卜辭中有屬名詞，用為殷附庸方國名。其酋稱伯。

　　　《乙3328》囗亥卜，殻貞：王其呼登[字] 伯出牛，允征。

尹地近河水，故增水作[字]；或屬水名。

　　　《鹽地9 》癸卯囗在[字] 囗王旬亡畎 。

　　　字又有作動詞：「治理」解，與[字]、[字] 意同。

　　　《合283 》囗貞，雀[字][字]。

　　　《前4.10.4》囗今丙囗[字][字]。

[字] [字] 都是殷地名。

251. [字] [字]

　　從雙手持丨，亦為尹字，治也。卜辭作治理解。

　　　《前2.26.3》乙亥卜，行貞：王其[字]于河，亡災。

　　　《甲1967》囗翌日乙，王其[字]盂。

　　　《前4.28.2》囗[字] 史囗。

尹又用為官名。卜辭見名詞當動詞用，封尹。殷王曾封賜若干方伯為尹。

84

《寧1.442》壬戌卜，王其 [字] 二方伯。

《掇1.397》☑王其 [字] 二方伯于自辟。

字亦作為晚期卜辭地名。

《京3476》癸未卜貞：王其步自 [字] ，亡災 。

《佚137 》☑巳卜，在 [字] 圉☑。

252. [字] [字]

從雙爿，隸作牂。從手，從雙同。《說文》：「扶也。」有扶立意。卜辭言設置新宗入祭廟，以配祀先王。

《後上7.5》丙子卜， [字] 兄丁于父乙宗。

《續1.38.3》☑貞：于南方 [字] 河宗。十月。

字又叚為戕，《說文》：「傷也」。說見葉玉森《前釋》卷四。卜辭習言「戕邑」、「戕人」，有勦伐意。

《戩37.13》☑貞：我 [字] 自茲邑。若。

《前6.31.5》☑貞： [字] 七人。

《遺458 》癸亥卜，賓貞：勿 [字] 七人，屮征晚。

253. [字] [字]

從雙持杖。隸作 [字] 。《說文》無字。卜辭用為武丁時西方附庸，其地種植禾黍，並產馬。

《乙6519》☑貞： [字] 受年。二月。

《續5.4.5 》☑辰卜，屮貞：呼取馬于 [字] 致。三月。

[字] 助殷征伐的外族有：羌、龍、亘、戲、周、戈、 [字] 等方國。

《庫1794》☑貞：☑従至，告曰： [字] 來致羌。

《前4.50.6》已酉卜，般貞： [字] 獲羌。

《卜590 》癸丑卜貞： [字] 往追龍，從 [字] 西及。

《庫1001》己卯貞：令 [字] 以眾伐龍，戈。

《人2146》☑戍従 [字] 、戲方伐。

《綜圖22.4》甲申卜貞： [字] 及亘方。

《掇2.82》☑重 [字] 令周☑。

《乙2503》☑卜，屮貞： [字] 化定受屮又。旬屮☑日戊子執戈 [字] 方。

《粹1535》己巳貞：並 [字] 伐 [字] 方，受又。

唯其地亦曾遭強大的舌方侵擾。

《前7.17.1》☑來自西☑舌方圍我☑ [字] 亦戈 [字] ☑。

《續3.1.3 》己卯卜，般貞，舌方不至于 [字] 。

[字] 効忠於殷，深為殷朝所信用。卜辭有卜問 [字] 之吉凶，可見殷人對其族的關切

《乙8260》☑貞： [字] 亡疾。

85

254. 𫞩 𫞩

从雙手，隸作君。《說文》：「尊也。从尹口。口以發號。」古文作𫞩。卜辭用為第一期的年輕貞人，隨爭、般、賓等貞人共卜。

《粹1424》癸未卜，爭、𫞩貞：旬亡禍。

《盦貞30》☑卯卜，般、𫞩貞：☑亡禍。

《林1.26.10》癸亥卜，賓、𫞩貞：旬☑。

此與文獻共卜之例可互證。《尚書‧洛誥》：「公既定宅，伻來來，視予卜休，恒吉。我二人共貞。」《洪範》：「三人占，則從二人之言。」《白虎通‧蓍龜篇》：「或曰：天子占卜九人。」唯近世學者以不見貞人𫞩刻錄於爭、賓諸貞人之前的例子，遂懷疑𫞩並非貞人名。唐蘭復提出「𫞩貞」即「再貞」之說《天釋1.2.3》。然而，根據我們的觀察，（一）、卜辭已有合貞之例，如冉、爭二人同貞一事。

《前2.37.7》丁丑卜，𫞩、爭貞：令大致子羽臣商𡡅于☑。

（二）、卜辭「𫞩貞」的辭例，其字體有屬第一期的，亦有見於第二期稍後的。唯並不見於三至五期的卜辭。可見𫞩在第一期從事卜官，時必甚年輕。當二人合卜時，自宜書列其名於前輩貞人：般、爭、賓等之後，方合禮數。

（三）、古音君屬文部，再屬之部字。二者在形構上、音韻上並無混同的痕述。釋𫞩為再，在結體上亦似有未安。

（四）、由文辭觀察，卜旬卜辭一版中重卜「貞：旬亡禍」之例多見，均屬分書。但卜旬卜辭特冠以「𫞩貞」之例卻罕有，可見「貞」上的一字仍宜以貞人名的常例視之較合。

（五）、且由𫞩字下所隨之詞性觀察，㞢（侑）、求、用等祭儀之前一字多屬主祭者之通例。更可證𫞩當釋為人名。

《前7.32.4》☑戌卜貞：翌乙亥𫞩㞢于祖，宰㞢一☑。

《卜653》癸☑爭貞：𫞩㞢祊于☑。

《佚32》甲申卜，亘貞：𫞩求于大甲。

《龜29》☑𫞩用于大甲。

255. 𣘹

象双持杵舂禾。隸作秦，籀文作𧗠，篆文作𧗠。《說文》：「秦伯益之後所封國，地宜禾，从禾舂省。一曰：秦，禾名。」卜辭用為地名。

《後下378》戊戌卜，賓貞：呼取☑秦。

乃殷人設置宗廟的祭葬地方，曰「秦宗」。

《甲571》弜秦宗于妣庚。

《戩44.8》弜秦☑于小乙。

《南坊5.58》☑未卜☑又冊于妣庚，禦秦宗。

256. 𫞩

从双舌聲，隸作括。卜辭用為殷西戍兵地名，與土方相接。

《京4265》王其呼眾戍 🔲 ，受人，重🔲土人眾🔲人，又🔲。

257.

从臼持木(或中)植於土上。隸作🔲，或釋作封字。為殷四、五期卜辭中王田狩地，盛產野豬。

《粹991 》王其田 🔲 豕，禽。

《甲672 》🔲翊日戊，王其射 🔲 豕。

《人2004》🔲卜，今日王其田 🔲 豕🔲。

258.

象雙手持鳥形器，形與爵相似，即彝字，吉金、《說文》均指「宗廟常器」。唯甲骨文用為西方風之專稱。

《合261 》🔲貞：禘于西方，曰 🔲 風。

《京520 》西方曰🔲，風曰🔲。

字亦用作動詞，有舉尊祭祀之意。

《佚714 》癸丑🔲从乙，王🔲 🔲 于祖乙。

《續1.12.6》🔲 🔲 在仲丁宗。在三月。

《甲3932》🔲 🔲 在祖辛。

《周禮春官》言六彝：「雞彝、鳥彝、黃彝、虎彝、蜼彝、斝彝，以待祼將之禮。」字或由祭儀衍申為文獻中祭祀常器之專有名詞。

259.

从雙手爭物，隸作爭。《說文》：「引也。从受丿。」卜辭用為第一期史官貞人名。屢見於骨臼，甲尾或甲沿，作為記錄外邦來貢龜甲數量的負責人。相信殷人祭祀後，貯藏甲骨的工作，亦為這些史官統籌。

《戩35.8》乙未婦杸示屯。🔲。

《粹1505》🔲利示六屯。🔲。

《乙7036》子商入一。🔲。

《乙962 》殷入十。🔲。

260.

象人頭之側面，隸作百。《說文》：「頭也。」古文首行而百廢。卜辭用本義，問卜殷王或貴族「疾首」有🔲否，意謂某頭部不適，遂卜問是否無恙。

《庫564 》🔲貞：子🔲疾 🔲。

《前6.17.7》🔲旬🔲禍。中日🔲，王疾 🔲。旬亡🔲。

87

《後下7.13》甲辰卜，出貞：王疾 [字形] ，亡征。

辭謂殷王頭部有疾，卜問是否適宜出巡。

261. [字形]

亦「首」字，頭上增三豎以別義。字在第一期。卜辭中用為地名；與 [字形] 形純指頭部異。

《乙3401》甲戌卜，㦉貞：翌乙亥王途 [字形] ，亡禍。

字或作 [字形] 。

《乙8013》☑七月在 [字形] 。

《戩40.1》☑寅卜，王其呼圍 [字形] ，其 [字形]，王受又。

262. [字形] [字形]

从首人身，有尾，象猴類。隸作夒，《說文》：「貪獸也。一曰母猴。似人。从頁。巳止夂，其手足。」卜辭用本義，有言殷人「扣夒」，意或：「捕捉夒猴。」夒復作為外邦貢品。

《乙8815》壬寅卜貞：四子扣 [字形] 。

《乙4718》己巳卜，雀致 [字形] 。

致，有納貢意。

263. [字形]

象目之形，隸作目。《說文》：「人眼也，象形。」段注：「引申為指目，條目之目。」卜辭稱患眼病為「疾目」，遂問吉凶於先祖妣以求祐。

《佚524》癸巳卜，㦉貞：子漁疾 [字形]，奠告于父乙。

《合165》☑貞：王其疾 [字形] 。

《乙4720》☑祭王 [字形] 于妣己。

祭，讀如禦，祀求祐也。目亦引申為注目、監視意。

《前4.32.6》☑貞：呼 [字形] 舌方。

《乙584》☑ [字形] 于河。

字復作為人名：「子目」。由卜問子目孕否，可見卜辭中「子某」並不專指男性。

《存1.724》☑子 [字形] 妫。

《乙7845》☑貞：子 [字形] 亦育☑。

字又用為族名：處 [字形] 地之南，納貢於殷，後遭殷人吞併，成為殷王田狩地。

《京183》☑ [字形] 入。

《合302》☑貞：呼雀圍 [字形] 。

《京4468》☑王其田 [字形] 至于 [字形] 北，亡戈。

卜辭有省「眔」為「皿」，與目字相混。

《乙5405》庚戌卜，出☑祭于妣辛 [字形] 父丁☑。

[字形] 為 [字形] 字的譌省；及也。

88

264. 〔字形〕

　　從丨從目，象目注於一綫，隸作省。與〔字形〕字同。《說文》：「視也。」字有察問意。殷王有〔字形〕，或出巡，多省問於先祖以求吉。

　　　　《掇1.549》庚戌卜，王〔字形〕，〔字形〕大乙。
　　　　　　　　庚戌卜，王〔字形〕，〔字形〕祖乙。
　　　　　　　　庚戌卜，王〔字形〕，〔字形〕大甲。

〔字形〕，有災害意。亦有因獲奴而省視其吉凶。

　　　　《六清2》甲戌子卜，我獲奴，〔字形〕禍。

265. 〔字形〕

　　從目從口，隸作〔字形〕。《說文》無字。乃第一期卜辭中的祭祀地名。

　　　　《續1.50.4》☑求年于〔字形〕。
　　　　《乙4915》☑勿袞帝于〔字形〕。
　　　　《乙5317》☑坐于〔字形〕卅人。

字又用作人名：「子〔字形〕」，為殷王武丁之妃妾，蓋上古婦人不冠本姓，而以所出地為名，此於卜辭中亦可考見。

　　　　《庫1535》壬戌卜，賓貞：王固卜曰：子〔字形〕其唯丁冥，其唯不其幼。

丁冥，即丁日娩子。幼，即嘉，古人生子曰嘉生女曰不嘉。

　　　　《乙6909》☑卜，敨貞：子〔字形〕冥，不其幼。
　　　　《乙7430》辛酉卜，亘貞：子〔字形〕☑疾。

由上述辭例，復可見卜辭中所言「子某」並不盡是男子之稱謂。

266. 〔字形〕

　　從勹從目，隸作旬。《說文》作旬：「徧也，十日為旬。從勹日。」古文作〔字形〕，疑亘、日俱為目之譌誤。旬，均也，遍也。卜辭有徧祭諸先祖之意。

　　　　《前3.22.4》☑貞：卻王自報甲〔字形〕大示。十二月。
　　　　《佚561》丁巳卜，賓貞：〔字形〕坐（侑）于大示。
　　　　《通X4》庚寅卜，☑其〔字形〕又羌甲、南庚、叀甲☑小辛。

旬大示，即遍祭大宗之意。

267. 〔字形〕

　　從目又，隸作取。《說文》作取：「挶目也。」段注：「挶，揯也。」字在第一期卜辭即用為殷的附庸部屬，進貢牛畜。殷人亦為之問疾。可見其族與殷人關係密切。

　　　　《明2343》☑午卜，爭貞：〔字形〕致牛☑。
　　　　《後下27.2》☑貞：〔字形〕其坐疾。

268. 　图

　　　字或作 囧，作 图，从 宀 从 口 从 ⌒ 均泛指某物；从目，象正面形。隸作面。《說文》：「顏前也」甲文「面母」連用，辭間不可解；　疑有「迎着」之意。

　　　　《菁4 》王固曰：坐希。八日庚戌坐☑各雲自東。图 母戾亦☑坐出虹自北，
　　　　　　　飲于河。

269. 　粱

　　　從目下淚，隸作眔。《說文》：「目相及也。從目隸省，讀若與隸同也。」隸，及也，和也。字作為連詞。

　　　　《續1.39.8》丁丑卜，殼貞：于己亥酚高妣己 眔 妣庚。
　　　　《乙3297》癸未卜貞：于妣己 眔 妣庚。
　　　　《甲680 》其又（佑）兄丙 眔 子癸。
　　　　《前6.51.7》☑貞：今多子族 眔 犬侯寇周。叶（協）王事。
　　　眔字主要用於連接兩個名詞，間亦有省合二名詞的用法，如：
　　　　《南明634 》眔 二父酚。
　　　或連接三個以上名詞：
　　　　《合46》癸亥卜，彭貞：大乙、祖乙、祖丁 眔 鄉（饗）
　　　辭謂諸先祖一併受饗之意。
　　　字又作 眔 。
　　　　《乙8687》重西 眔 南不 每 。
　　　每 ，即每，讀如坶；有放牧意。

270. 　省

　　　即省字，審視也。字與 省 同，由比較下二組辭例可知：
　（1）　　《續57》☑貞：庚申☑王 省 出。
　　　　　《粹610 》壬戌卜，今日王 省 。
　（2）　　《續5.6.2》☑子卜，☑余若 省 。
　　　　　《乙7375》☑王 省 ，不若。
　　　卜辭中屢稱引殷王親往省視田地，並問卜該地是否降雨，以便農耕。顯見殷人上下對於農耕的重視。卜辭所見王巡視之殷田在：孟褱、燹、宮、兌、向、湅、弋等地。
　　　　《粹929 》☑貞：王其 省 孟田，湄日不雨。
　　　　《人2046》弜 省 褱田，其雨。
　　　　《存2.817 》重戊 省 褱田，亡戈。不雨。
　　　　《寧1.381 》☑其 省 田，重宮。
　　　　《人2070》王重田 省 ，征于 兌 。弗每。
　　　　《甲1651》☑貞：重向田 省 ，亡災。

90

《粹989 》重𣎥田 ⿰ ，不遘雨。

《粹971 》☒寅卜，壬王重弋田 ⿰ ，亡戈。

「向田省」、「𣎥田省」、「弋田省」，即「省向田」、「省𣎥田」、「省弋田」之倒文。遘，遇也。

卜辭習言「田省以眾」，可見殷王省田，復有率眾開墾之意。

《京4573》☒田 ⿰ 以眾。

《京4572》☒眾以 ⿰ ☒。

卜辭又言省視邊鄙，其中以巡察南鄙為主，是知殷人已經積極拓展南方勢力。

《佚532 》丁亥卜，殼貞， ⿰ 至于鄙。

《乙7308》王 ⿰ 從西。

《前5.6.2 》己巳卜貞：令吳 ⿰ 在南鄙。十月。

《前4.11.5 》庚寅卜貞：重寅人令 ⿰ 在南鄙。十一月。

《存1.66》乙亥卜貞：令多馬亞旅䵼䊺， ⿰ 陝鄙，至于 侯。從 水、從無侯。九月。

貞：勿 ⿰ 在南鄙。

由《存1.66》見殷王令附庸邦族多馬，省視南方陝地邊鄙，至于 水，與 侯、無侯地相接，可知卜辭記載「省鄙」的活動，顯然兼具向外邦顯示實力的意義，其政治意味是非常濃厚的。

271. ⿱

从雨目，隸作𩂣，《說文》無字。乃殷武丁時西北方國名，與呂方、羌、沚、𠧒相鄰接。

《南南1.63》庚寅卜，殼貞：勿 ⿱ 人三千，呼望呂。

《合集7345》☒丑卜，𠧒貞： ⿱ 三千伐。

☒卜，賓貞：羌舟取王 。

《籃人70》☒呼鳴从𠧒使 ⿱ 。

該族的族勢並不強，殷武丁時經過多次征伐，已將此方降服。族眾亦淪為俘虜。

《人160 》☒未卜，賓貞：呼取 ⿱ ☒。

𩂣方族眾分為多支、統稱為多𩂣。

《後下42.9》壬午卜，自貞：王令多 ⿱ 钔方干☒。

《鐵118.2》☒卜，爭貞：☒致多 ⿱ 。

其中，擅長馭馬的一支，稱馬𩂣。

《粹1155》重戌，馬 ⿱ 呼，允。王受有佑。

殷人平定𩂣方後，曾令殷將領鳴出仕𩂣，以統轄其族。

《京2220》☒呼鳴从𠧒使 ⿱ 。

𩂣人入貢，除龜甲外，主要貢品是牛羊牲口與族中女子。

《明2053》☒ ⿱ 入一。

《前3.23.3》☒貞： ⿱ 牛百。

《存2.352 》丙午卜，爭貞， ⿱ 羊于吳。

《庫293 》沚、🔲 囟女人🔲。

其族習以畜牧為業，長於求雨舞等祭祀儀式。是以卜辭屢見殷人命令多雪舞，以求降雨止旱。

《鄴1.40.5》壬申卜，多🔲舞，不其比雨。

《前6.7.2 》🔲多🔲🔲屮比雨。

除納貢外，殷人且徵召其族人出征異族。

《南南1.63》庚寅卜，㱿貞：勿🔲人三千，呼望呂。

《佚982 》庚寅卜，𠂤貞：🔲三千人伐🔲。

武丁以後，其族悉被同化，追隨殷人征伐，後來內徙於殷地，雪亦由族號轉而為殷地名。

《遺263 》辛卯卜在🔲貞：王今夕亡戜。

其地本位於殷西，殷人還徙其部族至殷南土，似乎已有利用歸順附庸的力量武力殖民，加強向南拓展之意。

《甲2907》庚午卜貞：王，🔲亡禍。在南土。

《甲2902》己未卜，唯🔲方其克🔲在南土。

「王🔲」，即「王干🔲」之省。雪在第一期卜辭以後便轉用作地名。後來帝辛遠征東南之人方，亦曾屯兵於此。

《綴189 》🔲卜貞：🔲在三🔲來征人🔲在🔲。

《續3.29.6》甲午卜，在🔲貞：🔲從東。叀今日弗每。在十月。茲卸。王征🔲唯十𢀳。

272. 🔲

象鹿首，隸作声。《說文》無字。主要見用於第一期卜辭，屬地名，靠近滴地。

《乙7336》丁亥卜，㞢貞：🔲伐于滴。

殷人曾在此地祭祀、屯兵、種植及徵收外邦貢物。

《鹽典96》己卯俎牝在🔲。

《乙5854》🔲貞：叀茲🔲。

《乙718 》🔲㱿貞：王往于🔲𠂤。

《乙3331》🔲貞：🔲芻于茲🔲。

《丙62》吳入二，在🔲。

273. 🔲 🔲 🔲

从鹿首从口，隸作唐。《說文》無字。卜辭用為殷屯兵地名。與🔲地相鄰接，字見於四、五期卜辭。與声或為同字異構，从口、口口均屬形構偏旁的增累，無意。

《前1.52.5》貞：于🔲。

《摭續162 》🔲子貞：令🔲𠂤在🔲。

《京2231》🔲🔲🔲宅🔲益🔲。

274. 𦋍

　　从目上从ᵒᵒ，象眉毛形，即眉字。《說文》：「目上毛也。」字為第一期卜辭中的祭祀地名。

　　　　《乙7546》☑止（侑）于 𦋍 。

　　　　《濱4.29.1》☑㲉貞：婦好使人于 𦋍 。

殷有地名、族名用作人名之習。武丁卜辭有「子眉」。

　　　　《京2082》☑子卜，㲉☑子 𦋍 ☑。

字又為湄字省間。讀如彌。「彌日」，即「終日」。由下二文例可證。

　(1)　　《戩17.7》今日 𦋍 ☑不雨。

　　　　《存1.1737》今日王其田，𦋍日 不雨。

275. 𣲳　𣲳

　　从水眉聲，隸作湄。《說文》：「水艸交為湄。」楊樹達《卜辭求義》頁四四謂湄「或叚為彌，終也。」湄日即彌日；一整天的意思。字多見用於第三期以後的田獵卜辭。

　　　　《甲615 》王往田，𣲳日不冓大風。

　　　　《粹929 》今日辛，王其田。𣲳 日亡災，不雨。

　　　　《南南1.160 》辛巳卜，翊曰壬王重田省，𣲳 日亡戋。

字又增口作 𣲳，

　　　　《林2.26.12 》戊辰卜貞：今日王田𣲳。𣲳日不遘雨。

復省作 𦋍；參眉字條。

276. 𦣞

　　从丷从目，象羊首正面之形，隸作𦣞。讀若未。《說文》：「目不正也。」凡从𦣞的字均有否定之意，如：「𥄕，目不明也」，「𦣞，火不明也」，「𥇡，勞目無精也」。卜辭多「勿𦣞」、「不𦣞」、「弜𦣞」二否定詞連用，有「不可不」，「不得不」的意思。

　　　　《乙7431》☑貞：勿𦣞止于父乙。

　　　　《合165 》甲午卜，爭貞：翌乙未勿 𦣞 用羌。

　　　　《乙6692》壬寅卜，㲉貞：子商不 𦣞 戋基方。

及至第三期卜辭後，字又作 𦣞、𦣞。

　　　　《拾2.3 》丙子卜，白貞：王勿 𦣞止祖。

　　　　《乙9074》壬申卜☑用一卜弜 𦣞 ，辛卯☑至。

277. 𦣞

　　从𦣞从口。隸作𦣞。《說文》無字。字見於晚期卜辭。葉玉森《前釋》二卷十八頁

93

：「卜辭每見『不曾𢦔』，疑即許書訓目不明之瞢。卜辭假作蒙。」由上下文詞現察，卜辭先貞問「余受祐」否，繼言「不曾𢦔」，其後允辭則謂：「吉」、「弘吉」，是知葉說可从。「不曾𢦔」，即「不蒙受災害」之意。

《甲2416》丁卯王卜貞：☐余受又佑，不曾𢦔。骨告于兹大邑商亡徙。在畎。王占曰：弘吉，在十月遘大丁羽。

《續6.7.6》☐十祀☐卣日☐不曾𢦔☐曰：吉。

278. 

象橫目形，隸作皿。《說文》無字。卜辭僅一見，用為第三期卜辭田狩地名。

《海2.24》辛酉卜，允貞：王其往于☐亡災。在八月。王田于皿。

279. 

象蟲形，隸作蜀。《說文》：「葵中蠶也。」卜辭用為殷武丁時西南部族，與畫、缶等地相接。蜀地盛產農作。

《乙5280》蜀受年。王固曰：蜀其受年。

武丁時嘗派遣師旅討伐蜀，並祈求先公鬼神降災蜀部族。未幾，卒平定之。

《後下27.7》☐寅卜，殻☐王登人☐蜀。

《鄴1.40.4》☐老蜀☐。

武丁以後，蜀已併為殷邊地名。

《前8.14.3》癸酉卜，𠂤貞：至蜀，亡禍。

《庫993》癸巳卜貞：旬☐在蜀。

晚期卜辭中用為地名，字復增口作 、 、 。

《寧1.473》☐貞：唯亡禍在蜀。二月。

《金349》辛巳貞：☐以畫于蜀，乃奠。

280. 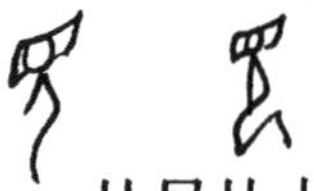

从目从人，隸从見，《說文》：「視也。」卜辭用本義，有監視、朝見、審察意。

《續1.13.5》☐貞：登人五千，呼見𢀛方。

《庫1572》☐貞：呼往見于河，㞢來。

《合301》己未卜，殻貞：缶其來見王。一月。

《甲3336》壬辰卜，内，翌癸巳雨。癸巳見，允雨。

281. 

从宀見，或从𥅽省聲，隸作寛，《說文》無字。或即湄字異構。卜辭多言「寛日」，例與「湄日」同。唯詞間用意仍未能定。

《鐵44.3》☐寛日☐。

282. 　瞢　瞢　瞢

　　從眉，從人或女。隸作偦，媚。為眉字繁體，讀如彌，終也。

　　　　《合252 》☑瞢冥（娩），不其妁。

「媚娩」，言婦人終於分娩成功，唯所生並非男嬰，故接言「不嘉」。此見殷人已有重男
輕女之思想。

　　　　《乙519 》己卯卜，賓貞：瞢 雨，我不其受又佑。

「媚雨」，即「湄日雨」，言終日下雨不停。卜辭有言「子偦」，即「子眉」；人名。

(1)　　　《存1.1069》☑貞：子 瞢 ☑。

　　　　《京2087》☑子卜，賓☑子瞢☑。

字復用為地名，通作 瞢 ；乃殷西北田狩地名，有種芻。其地嘗為呂方侵擾，始見第一期
卜辭。

　　　　《卜749 》☑卜貞：☑茲☑瞢 ☑田☑。

　　　　《乙7137》☑貞：雍芻于 瞢 。

　　　　《存2.297 》☑唐告曰：呂方☑于 瞢 亦戋☑。

283. 　瞢　瞢

　　　　從眉，或即偦字，與 瞢 字同，从い、从△△無別；具示目上眉形。乃殷西北地名，
　與曾遭呂方圍困的「重」地相鄰接，見《存1.550 》。其地望與 瞢 亦相當，是知同屬
　一字。

　　　　《摭續164 》丁巳貞：王步自瞢于 肅 。

　　　　《前2.21.4》貞：翌庚戌步于 瞢 。

　　　　《後上13.4》丙辰貞：王步于 瞢 。

284. 　瞯　瞯　瞯

　　　　從見皿，隸作瞯，即監字，視察也。《說文》：「臨下也。」殷令老者「監盤」，
　此或指監察鑄製器皿言。辭間仍待考。

　　　　《寧1.500 》重老瞯令瞯凡。

　　字又用作祭祀地名。

　　　　　《佚932 》☑于瞯烄。

　　烄，即烄；焚人以祭祖。

285. 　老

　　　　象人披髮扶杖。卜辭中字與疾病字相連，當隸作老。《說文》：「考也。七十曰老
　。從人毛匕。言須髮變白也。」

　　　　《卜654 》☑叶既☑用于☑ 老 ☑疾☑。

95

卜辭有言：「多老舞」。多老，示長者。眾老為殷主祭者，有進行舞祭。

《前7.35.2》癸卯卜，𡆥貞，呼多🔲🔲

貞，勿呼多🔲舞🔲。

286. 🔲🔲🔲

从网目。目，或作察首，示獸。隸作 🔲，小網也。以網捕獸也。田狩卜辭作動詞用。

《粹1003》🔲貞：🔲🔲鹿，擒。

🔲，地名，謂用網狩捕 🔲 地鹿，卜問有否擒獲。

《鄴1.29.6》🔲王固曰业🔲 🔲 豕🔲。

《文824 》🔲貞：不唯我业🔲。

287. 🔲

从目矢，隸作𥆏。讀如𣃌。金文作 🔲 。以矢射目，有中的、專一意。卜辭用為殷地名，曾屯兵。

《寧3.73》丙子卜，侯其辜🔲。

《文472 》癸巳卜，行貞，王賓𣃌。亡尤，在自 🔲 卜。

《說文》誤作𥆏：「目不正也。从目失聲。」段玉裁注已疑失為矢之譌。字又重矢作🔲

《林1.25.9》，🔲《卜2》。

288. 🔲

从攴麓亦聲，示狩捕於山麓，隸作🔲。即麓字緐體。《說文》：「林屬於山為麓。」卜辭言「南麓」、「𨙻麓」，均屬山林狩獵地。

《甲703 》重行南🔲，擒🔲豚。

《粹955 》重𨙻🔲獲，又大鹿。亡𢦏。

字又借為族名。卜辭有「🔲伯」。

《寧1.380 》从🔲伯，重貞：征。王擒。

289. 🔲 🔲

从目从木，隸作相，《說文》：「省視也。」乃殷西城邑名。始見武丁卜辭。

《叕27》🔲尤业來艱自西，🔲告曰：🔲𢦏🔲、🔲、屮、🔲二邑。十三月。

《掇1.130 》🔲🔲🔲亡禍。

卜辭有作🔲，亦隸相字。屬族稱，又用為婦稱，曾進貢於殷。字屬第一期甲文，與🔲字或同。

96

《乙4695》☑貞：𨑔 亡☑。

《佚999 》甲辰婦𨑔 示二屯。岳。

290. 𡇋

象突目形，即臣字。《說文》：「事君者，象屈服之形。」商周史料中，有小臣一職。《楚辭・天問》：「成湯來巡，有莘爰極，何乞彼小臣而吉妃是得。」王逸注：「小臣謂伊尹也。」《墨子・尚同》：「昔者堯有舜，舜有禹，禹有皋陶，湯有小臣。」《叔尸鐏》亦謂：「伊少臣隹補」，少臣當即小臣。伊尹輔成湯而稱小臣，是知古所謂小臣當非一般卑下臣子可比。殷末吉金中，有許多因王賜小臣而鑄製之器皿，如：《小臣邑斝》、《小臣𤔲卣》、《小臣舌鼎》、《小臣𦰩尊》。由卜辭中小臣職掌之廣，更可引證小臣在殷王室內朝中屬於一龐大集團。

甲骨卜辭中的小臣，主要分布在第三、第五期。屬於第一期的有：𡇋《菁1 》；屬於第二期有：𡇋《前7.7.2 》；屬於第二、三期間有：𡇋《南南2.29》；屬於第三期有：𡇋、𡇋《南明760 》，𡇋《甲624 》，𡇋《甲2830》，𡇋《粹1161》，𡇋《甲1267》，𡇋《甲3913》，𡇋《甲278 》，𡇋《甲914 》；屬於第五期的有：𡇋《林2.25.10 》，𡇋《前2.2.6 》，𡇋《前4.27.3》，𡇋《續3.32.4》。待考者有：𡇋《粹1275》，𡇋《前4.27.2》，𡇋《庫1634》。

卜辭中小臣職掌主分七目：

(1) 掌卜事，整理來貢甲骨及刻寫卜辭。

《甲2622》☑戌卜，彭貞：其又𡇋于沈眔報甲。在十月又二。小𡇋。

《乙2897》小𡇋入二。

《前7.7.2 》☑乞自岳廿屯。小𡇋中示。𡇋。

《存1.84》☑廿屯。小𡇋。

(2) 掌中室祭祀。

《甲624 》丁巳卜，重小𡇋剌以匄（祈）于中室。

丁巳卜，重小𡇋𡇋以匄于中室。茲用。

(3) 掌馭王出入車馬。

《菁1 》甲午王往逐𡇋，小𡇋中車馬，砐馭。

(4) 掌耕作。

《前4.30.2》☑貞：重小𡇋令眾黍。一月。

黍，名詞當動詞用，言植黍。

(5) 掌助王田獵設阱。

《甲1033》癸巳卜貞：其令小𡇋𡇋（阱）☑。

《掇1.343 》☑小𡇋擒☑。

(6) 掌出仕，以宣示王令。

《甲2830》庚午卜，王貞：其呼小𡇋剌从在𡇋。

(7) 掌征伐。

《甲1267》重小𡇋𡇋翌日克，又戈𡇋。

《粹1152》☑來告大方出伐我自，重馬小[甲骨]☑。

《前4.31.3》☑呼多臣伐呂方。

291. [甲骨]

　　从二臣，隸作[甲骨]。《說文》無字。卜辭用為外邦族名，**屬入貢甲骨**。始見第一期甲文。

　　　　《存1.62》癸卯婦井示四屯。殼自[甲骨]乞。

　　　　《乙7770》[甲骨]入百。

292. [甲骨]　[甲骨]

　　从人立於土上，豎目遠眺，有監視、注目之意。即望字。《說文》古文省月作[甲骨]，與卜辭形同。

　　　　《戩12.7》☑貞：呼[甲骨]呂方。

　　　　《南南1.63》庚寅卜，殼貞：勿雷人三千，呼[甲骨]呂。

　　字由監察外邦的活動，衍而為固定的殷邊官名，卜辭言望乘，望[甲骨]，望戉，均是軍隊中指揮征伐之先導，而以望為號者。今言「先軍」。

　　　　《丙11》辛酉卜，殼貞：今春王从[甲骨]乘伐下[甲骨]，受屮又。

　　　　《綴19》☑貞，今[甲骨]乘眔下[甲骨]途虎方。十一月。

　　　　《後上31.9》辛丑卜，賓貞：今多[甲骨]从[甲骨]乘伐下[甲骨]，受屮又。

　　　　《合260》☑貞：令[甲骨][甲骨]歸。

　　　　《佚726》☑貞：登人，重王自[甲骨]戉。

　　晚期卜辭，望字又作為地名。

　　　　《續3.31.4》癸酉卜，在[甲骨]貞：王旬亡[甲骨]。在十月。

293. [甲骨]

　　从重臣，从子。隸作[甲骨]，《說文》無字。乃殷西外邦地名，與羌人相接，產芻，以飼牛馬。

　　　　《乙7299》庚午卜，賓貞：[甲骨]致[甲骨]芻。

　　　　《乙8722》甲辰貞：羌、[甲骨]不歺。

　　字又參下列[甲骨]字條。

294. [甲骨]

　　从臣殳，隸作殴，讀如役。卜辭用為外族及武丁時期的殷地名。

　　　　《撫95》庚午☑王取[甲骨]☑。

　　　　《前7.29.3》丙午卜，殼貞：王[甲骨]曰：[甲骨]其屮(戈)。

　　「取殴」，即攻取殴地之意。「王殴」，乃「王于殴」之省簡。

295. 从亞丁。隸作嬰。亞，《說文》：「乖也，从二臣相違，讀若誑。」二目相向，左右而視，當即嬰字初文，《說文》：「目邪也。从目从大。大，人也。」卜辭屬祭祀地名。

　　　　《簠雜138 》☑奠于嬰。

296. 从二臣二囟。囟，象子首，籀文子作𤱿，可證。此即野字繁體，屬同文異構。用為殷王田狩地名。

　　　　《續3.24.5》☑田于嬰，往☑獲豕一。

297. 从臣矢，疑與𣎆字同，隸為映。或即《說文》瞚字：「開闔目數搖也。从目寅聲。」卜辭中屬殷地名。

　　　　《後下24.6》☑自嬰☑。一月。

298. 从水从見从攴，隸作漖。《說文》無字。卜辭中屬殷水名。殷人曾在此卜，求免災禍。

　　　　《文667 》☑亡災，在漖。

299. 以手執耳，隸作取。《說文》：「捕取也。从又从耳，《周禮》：『獲者取左耳』《司馬法》曰：『載獻聝』聝者，耳也。」由戰罷獻耳以誌功，知取字本有進獻意。卜辭言所取的有牛、羊、豕、犬、虎、馬、芻等牲口。

　　　　《遺152 》戊寅卜，亘貞：取牛，不齒。
　　　　《粹1283》☑呼取羊，弗婟（艱）。
　　　　《遺279 》貞：車𢀛令取豕，貯。十三月。
　　　　《乙5329》壬戌卜，㱿貞：取犬，呼網鷹于襄。
　　　　《續5.6.9 》癸酉卜，㞢貞：呼㸲取虎于殺鄙。
　　　　《合224 》丁巳卜，爭貞：呼取尤芻。
　　　　《續5.4.5 》☑辰卜，㞢貞：呼取馬于㳄致。三月。

取諸牲的目的是獻祭於鬼神河岳，以佑無咎無疾，國泰豐年。

99

《文250》乙亥卜，王貞：我 [字] 唐（湯）翼。

《粹57》庚申卜，殷貞： [字] 河」㞢从雨。

《粹29》己亥貞： [字] 岳，雨。

取又或叚為娶，卜辭每言「娶婦」，皆問卜於先祖。

《庫1020》囗貞：唯祖乙，取婦。

唯大甲， [字] 婦。

《合276》辛卯卜，爭呼 [字] 奠女子。

取字復作捕取解。有用於戰爭卜辭。

《乙3108》丁亥卜，殷貞，呼印从韋 [字] 逆臣。

《南南1.80》囗貞：呼 [字] 鵩伯。

《合180》囗貞：呼 [字] 長伯。

《摭續147》貞，勿令曰殷 [字] 囗于彭、龍。

300. [字]

象兩手持耳，亦取字，與 [字] 字同；讀若驪。卜辭言「大取風」，即大驪風；暴風也。

《後下33.6》壬寅卜，癸雨，大 [字] 風。

《後下36.1》囗丑卜貞：夕，庚寅大 [字] 風。

301. [字]

象耳形，隸作耳。《說文》，「主聽者也。」卜辭用本義。殷王患「耳疾」、「耳鳴」均問卜求吉。

《遺271》囗貞：疾 [字]，唯㞢告。

《乙5405》庚戌卜，朕 [字] 鳴，㞢㞢于祖庚羊百，㞢用囗。

卜辭言進獻「耳若干對」以祭先人，足見古籍中所謂獻馘之禮已行於殷。《說文》：「馘，軍戰斷耳也」《周禮》，「獲者，取左耳。」《詩·大雅·皇矣》：「攸馘安安。」傳曰：「馘獲也，不服者殺而獻其左耳曰馘。」

《粹508》癸酉摭示十屯 [字]。

《後下15.10》丁丑邑示四屯 [字]。

示，獻也。屯有一雙意。

302. [字] [字] [字]

以耳就口，示專注而聽。隸作聑，即《說文》聶字，「聑語也，從口耳。」聶：「附耳私小語也」郭沫若《卜辭通纂》一三七頁釋作聽；意亦可通。

《戩45.10》丁卯卜，王 [字]，唯㞢告。

《合197》王 [字]，唯㞢告。

《乙5317》王 [字] 女告。

100

聑又作地名。

《甲3536》☒貞，勿伐在 〔glyph〕 。

字又增从人作 〔glyph〕 。

《合261 》☒屮 〔glyph〕 。

辭乃「屮于聑」之省文。

303. 〔glyph〕 〔glyph〕

从丮大其耳，即聞字。《說文》：「知聲也。从耳門聲。」古文从昏作〔glyph〕，段注，「往曰聽，來曰聞。」董彥堂《殷曆譜》下編卷三頁二十三：「聞原為報告奏事之專字。从𠂤或〔glyph〕，為耳字，从〔glyph〕 為報告。跽而以手掩口之狀，以∴象口中液，或省之。掩口者，恐口液噴出，侮慢尊長，所以示敬也。」卜辭言「來聞」、「有聞」，即奏告者以某事來報。

《前7.31.2》王固曰，其屮來 〔glyph〕 。其唯甲不☒。

《南南1.43》己丑卜，爭貞，屮疾齒父乙。唯屮 〔glyph〕 在沘。

《甲1289》☒月有食，聞。☒八月。

卜辭言月食而有聞。可推知該次月食並不見於殷地，而是由外地傳聞得知。由此可反映諸部族已普遍有固定觀察天文氣象的官員。

《續1.13.5》☒貞，呂方亡 〔glyph〕 。

此言不見外族呂方敵踪，乃「亡聞呂方」之倒文。

《續5.10.7》☒貞， 〔glyph〕 屮言。

又因炆（行人祭）而聞上天有雨將降。

《續5.14.2》☒貞，炆， 〔glyph〕 屮从雨。

字或又省首作 〔glyph〕 。

《京1599》戊子卜，叶☒亦 〔glyph〕 。叶固曰，☒ 〔glyph〕 。

304. 〔glyph〕

从二耳从卩，隸作 〔glyph〕，即《說文》聑字，「安也，从二耳。」段注，「二耳之在人首，帖妥之至者也，凡帖妥當作此字。」甲骨文或已有虔敬意。卜辭言專注、安穩地獻牛祭祀先妣。

《乙8814》乙卯貞， 〔glyph〕 先妣，牛。

305. 〔glyph〕 〔glyph〕

从二耳，或从各。《說文》無字。字屬第一期卜辭地名。

《前2.4.2 》☒貞，弗其擒。十月在 〔glyph〕 。

《金733 》癸卯卜，史貞，旬亡禍。六　　月☒ 〔glyph〕 。

101

306. 〔字形〕

从水耳聲，隸作洱。《說文》無字。卜辭用為殷河名。

《合248 》囗犬于〔字形〕。

卜辭言用犬祭於洱水。

307. 〔字形〕

从耳从〔字形〕。〔字形〕象戈類兵器。以兵斷耳，即《說文》馘字：「軍戰斷耳也，《春秋傳》曰：以為俘馘。从耳或聲。」或體作聝，从首。卜辭用為動詞，「〔字形〕伐」連言，乃同義疊詞。

《後下19.3》壬子卜，王令雀〔字形〕伐異。

《後下26.11 》囗〔字形〕伐異。

異，外族名。

308. 〔字形〕

象鼻形，隸作自，從也；已也。甲骨文少用自為鼻意。

《乙6385》貞：有疾自，不惟有〔字形〕？

卜辭習言「自某至于某」，字有從、由之意，屬介詞。

《後上20.6》囗卜貞：王賓自武丁至于武乙 ， 衣亡尤。

《摭續164 》乙丑貞：今日王步自〔字形〕于〔字形〕。

又，自字復作代名詞，自已，親自。多為貞人對殷王之代稱。

《京1598》貞，其自卜。

《乙5323》貞：重王自往西。

309. 〔字形〕

从犬从自。偏旁从自从白無別，《說文》白：「亦自字」，是知此字即《說文》的狛：「如狼，善驅羊，从犬白聲。讀若檗。」卜辭用本義。殷人習以犬，羊及奴隸祭祀先人。

《前5.47.4》囗貞：卯〔字形〕于母庚。

《寧1.46》囗巳〔字形〕歲，重牡。

《明2354》辛亥卜，賓貞：勿取〔字形〕〔字形〕奴。

取，言用牡。〔字形〕，即逮，及也。

310. 〔字形〕

从木从自，隸作臬。《說文》：「射埻旳也」段注：「引伸為凡標準法度之偁。」第一期卜辭臬字用為邊地名，處殷的西北。與呂方同辭。

《前5.13.5》乙酉卜，爭貞：往复从〔字形〕執呂方。二月。

311. 從水枲聲，隸作溰；或即枲地之水名，與盂方相接。多見用於第四、五期卜辭。于省吾《甲骨文字釋林》頁一三九認為相當後世的涅水，在今山東省東南。唯與同辭的呂方所出沒的地望（殷西北）卻不合，其地仍有待商榷。

　　《續3.27.4》☑貞：涉溰。

　　《前2.4.7》癸未卜，在溰貞：王旬亡畎。

　　《後下18.6》☑在溰貞：旬亡畎。☑弘吉在三月。甲申祭小甲，唯王來征盂方伯☑。

312. 從自從矢，隸作臮。《說文》無字。字屬晚期卜辭中的祭祀地名，處殷之南；與外族基方相近。

　　《南坊4.158》辛卯☑雲自南☑臮。

　　《前2.18.6》壬申卜貞：呼☑御在臮☑在基☑。

313. 從水臮聲，字見於晚期卜辭；或即臮地水名。

　　《前2.19.2》戊申貞：于溰☑方。

314. 從水從自皿，隸作溫。《說文》無字。屬第五期卜辭中的地名，與攸地相接。

　　《粹218》乙巳王卜在溫貞：今日步于攸，亡災。

315. 從自丙聲，隸作昺。《說文》無字。卜辭用為殷地名。

　　《後下22.16》☑重往昺。

316. 從自重聲，隸作曡。《說文》無字。乃殷耕地名。

　　《佚910》☑弜芻于曡。

317.

103

从自从公聲，隸作臰。或即《說文》𠌶字。卜辭用為殷武丁時婦姓；亦用為外邦族名。

《續6.9.4》戊申，婦𠌶十二屯。永。

318. 𠙵

象張口之形，隸作口。《說文》：「人所以言食也。」卜辭用本義，屬因王患口疾而求佑於先祖。

《合123》☑貞：疾𠙵，卻于妣甲。

口或用為人名，卜辭有「小臣口」。小臣屬官名。

《南明760》重小臣𠙵。

《甲624》丁巳卜，重小臣𠙵以勾于中室。

字或為「曰」字省譌。卜辭「王曰」為習用語。

《後上11.15》☑貞：王𠙵：送于夫，征往來亡災。

319. 𠙸

从口含一，隸作甘。《說文》：「美也。」卜辭有用為祭祀地名。

《南明126》庚戌卜，丙酻十宰于𠙸。

《後下12.4》☑王往出于𠙸。

320. 𠙼

从口，一，或示口所出之聲音；亦當視為文飾，與口、甘等字別也。隸作曰，說也，云也，乃可能之詞。篆文作𠮦。《說文》：「詞也。乀象口气出也。」《釋詁》：「粵、于、爰，曰也。」卜辭多言「王曰」，用於貞詞中，標示行文間轉引的說話。

《菁征20》☑貞：王𠙼：㳘、呂方其出，不澑。

《存1.1475》☑午卜，王貞：𠙼：雨。吉告，尤雨。

《人2370》己卯貞：𠙼：㞢。

321. 𠱾 𠱾

从口从屮，不从牛。甲骨文牛均作𠃒，象牛頭，不从橫畫。字隸作告，示也。《說文》：「牛觸人，角著橫木，所以告人也。从口从牛。」《廣雅·釋詁》：「告，語也。」卜辭有示警，報告意。

《前1.12.5》☑貞：告疾于祖丁。

《後下29.3》☑貞：于唐告呂方。

《明2332》丁酉卜，賓：翌庚子㞢告麥。

《南明468》貞，來告秋其用自報甲。

告或叚作祰，祭也。《禮記·曾子問》：「諸侯適天子必告于祖。」

《續1.45.3》☐告于祊。四月。
《存2.180 》☐貞，告于王亥，五牛。
《存1.310 》☐貞，告于高妣己。
《南明514 》☐告于報甲，三牛。甲午酌。

322. 
从口，Y、𠀀象舌的擺動。亦求與叶字形區別，故成歧舌狀，隸作舌。《說文》：「在口，所以言別味者也。」卜辭用本義，習言「疾舌」，即「舌有病。」
《佚98》辛亥卜，宕貞，王疾㞢舌，唯此。
卜辭又言「舌某先公先妣」、「舌河」，皆用為引申義，禱告也。
《合148》 ☐貞，王舌父乙。
《前1.29.3》庚辰卜，宕貞，舌母庚。
《鐵94.4》貞，王勿舌河，弗其☐。

323. 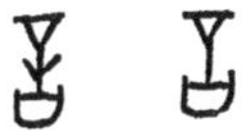
从一舌，隸作言。《說文》：「直言曰言。」卜辭鮮作言解，用法與舌字同。文例「疾言」即「疾舌」；字用舌本義。「言于河」即「舌祭於河」，舌用作禱告意。
《掇1.335 》☐貞，言其㞢疾。
《文904 》☐疾言于祖☐。
《粹47》丙子卜，㱿貞，呼言酌河，𡿪三𤉲三羊，卯五牛。
《粹48》丙子卜，㱿貞，呼言于河，𡿪☐𤉲三羊☐五牛。
第二期卜辭有「王㐫言」，或倒文作「㐫言王」。㐫，讀如總，遍也。總言，即集體禱告於众先公先王之意。
《文879 》乙巳卜，旅貞：今夕王㐫言。
《海2.40》甲午卜，[glyph]貞：今夕㐫言王。

324. 
从口貫丨，隸作古，或釋作叶。由文例見以後者為習用。卜辭多言「叶王事」。叶，即協字古文；助也。同力也。
《甲3338》己丑卜，爭貞：吳叶王事。
《佚1 》☐貞：行叶王事。
《乙8209》乙巳卜，㱿貞：[glyph]、疋、化叶王事。
《續5.29.17 》☐貞：召叶王事。
《續5.2.2 》己卯卜，[glyph]貞：令多子族从犬侯寇周，叶王事。五月。
卜辭中協助殷王政事之附庸將領，有：吳、行、[glyph]、疋、化、召、卯、[glyph]、[glyph]、省、陕、[glyph]、長、旃、直、羽、鳴、多子族、犬候等。
殷王親自貞卜要求諸侯將領協辦政事，則稱「叶朕事」、「叶我事」。

《佚15》甲戌卜，王余令角歸出朕事。

《乙1781》☑蚰凵我事。

叶，又用為小臣名。

　　《菁1　》☑甲午王往逐豕。小臣出車馬破。

　　《合178　》出致五。

字又與凵同，參凵字條。

325. ⼊【器形字】

　　象容器，隸作缶。篆文作⼈。《說文》：「瓦器所以盛酒漿，象形」俗作瓵。卜辭
用為武丁時西南外族，與蜀，蚰地相接。

　　《粹1175》丁卯卜，㱿貞：王⽐缶于蜀。

　　《寧3.138　》☑出今☑缶自☑。

其族嘗進犯殷邊，敗殷將領雀。

　　《鐵1.2　》☑卜，㱿貞：缶其戈雀。

殷王遂派遣大軍如子商、雀、多臣、⽝等伐缶部落，卒敗缶。

　　《乙6692》辛丑卜，㱿貞：今日子商其擒基方、缶。戈。五月。

　　《丙1》　癸亥卜，㱿貞：翌乙丑多臣戈缶。

　　　　　　庚申卜，王貞：雀弗其獲缶。

　　《六清112　》⽝追☑缶戈。

武丁並親率兵追討缶人，復挫敗缶族於蜀地。

　　《後下9.7　>丁卯卜，㱿貞：王⽐缶于蜀。二月。

　　《合集6874》☑追缶。

　　《合集6876》獲缶。

在殷王積極勦滅底下，缶族族眾終降服。武丁以後，不復見為殷邊患。

　　《合301　》己未卜，㱿貞：缶其來見王。一月。

　　《乙155　》庚申卜，今缶冢彝。

　　《存1.78》己丑㐅自缶五屯，㱿示三屯。岳。

326. 吉【吉字】

　　即吉凶之吉字，善也。《歔簋》吉字作【器形】，上從斧鉞。以兵戈防守穴居之地，引申
有平安意。

　　《乙3427》王固曰：吉。亡禍。

　　《佚894　》己未卜，王貞：三屮卒于祖乙。王吉茲卜。

卜辭有一套標示吉凶休咎的專門用語，如：「吉」、「大吉」、「弘吉」、「亡災」、
「亡戈」、「弗悔」等，與《周易》習見的吉、大吉、亨、利貞、無咎、無悔、悔、凶
等相類同。

106

《誠297 》大吉。茲用。

《掇2.235 》弘吉。

《外421 》大吉，用。

327. 凷

　　從口。于省吾《甲骨文字釋林》釋由，似誤。╽似舌狀，唯釋舌字亦不可解。今以文字重畫╽與單畫丨可通，如克作㞢又作㞢，故仍隸定為叶字是，與屮、由 字同；協助也。卜辭屢貞問齒疾或腳患是否能得神助而無咎。

《合203 》☑貞：重疾齒，不唯屮凷。

《乙3823》王自癸巳禍，唯屮凷。

《乙2307》☑貞：子商㞢，屮凷。

㞢，從止矢，言足趾受箭所傷。

《掇1.208 》☑疾，亡凷。

《乙7457》王固曰：不唯帝㞢，唯凷。

字又為田獵地名，或增水作沿；與黃河相接。

《甲3003》庚戌卜，佶，重翌步射 㞢 于 凷。

《佚9 》庚午卜，王叀河，从于沿凷。

328. 劦

　　從三力，從口。隸作劦。讀如協，合力也；齊同也。卜辭用為五種固定祭祀之一。劦祭在祭叀之後舉行，示大合祭。又稱「劦日」祭。字又省作劦 作劦；或增示作礻劦。

《後下34.1》貞：翌甲劦自報甲，衣亡㞢。七月。

《明135 》乙亥卜，涿貞：王賓報乙劦，亡尤。

《前1.8.8 》☑巳卜，旅貞：王賓仲丁劦，不雨。

《京4013》☑劦日于祖丁。

《前1.1.6 》壬申卜貞：王賓示壬劦日亡尤。

《續1.9.9 》癸巳王卜貞：旬亡𤴙。王占曰：大吉。在九月。甲午祭大甲、劦
　　　　　　　報甲。

《寧1.166 》☑卜，其劦大乙五牛，王受☑。

《甲1207》☑礻劦大乙。

《甲1640》癸丑卜，其又亳土，重礻劦。

字復參丿、㇆字條。五常祭分三祀組周而復始地順序舉行：　翌；祭、叀、劦；肜。

《南明 629》　于既肜父丁，翌日、劦、肜日，王迺賓。

329. 呂　吾

　　從工口，隸作吾、或呂。《說文》無字。卜辭用為殷武丁時西北強族，相當文獻中的鬼方《周易》、鬼戎《竹書紀年》、吉金文中的甕方《盂鼎》、魖䚇《梁伯戈》。呂方、鬼方屬於同族異稱，由下列刻辭、文獻、曆法、地望都可以互證。

107

(一)用刻辭、文獻互證。

現存記載呂方的卜辭多達四百八、九十片，全都是屬於武丁時期。而只有一片據貞人「出」推論是第二期祖庚卜辭的。貞人「出」的年代上限亦與武丁貞人集團相銜接。日人島邦男《殷墟卜辭研究》二編二章頁三八二曾列舉屬於呂方的第三、四期卜辭各一片：《續5.31.6》，《乙113》，唯復查原拓，均殘字片語，實難推斷為第三、四期物。呂方卜辭集中於武丁一代，卜辭或言觀望敵蹤，或述攻伐吉凶，或稱封賜以誘敵酋，或道擒執以示武功。單是卜問「伐呂方」此行能否獲勝的，便已有兩百餘條，遭受呂方蹂躪的殷地，所見亦不下數十處。由呂方涉地的廣闊和殷民屢卜的關切，足見殷、呂有着長期的接觸。殷人對於呂方為患的焦慮，亦鮮見於其他外族。這和文獻中，稱述武丁時外族以西邊鬼方為禍最烈，《易·既濟》爻辭引武丁討伐，「三年克之」一事正可以互見。

(二)由曆法證。

根據殷曆考訂武丁伐呂方的時間，亦合三年之數。武丁時曆法屬於月終置閏，一年共有十三月。

(1)《新綴334》癸巳卜，爭貞，「旬亡禍？」四日丙申允㞢來艱自西。㞢告曰：「呂方㦰 🐱、𠂤方、相四邑。」十三月。

這條卜辭是十三月癸巳日卜。董作賓《殷曆譜·閏譜》推算武丁的曆譜，在十三月中有癸巳日的只有武丁十五年丁卯朔和廿九年乙亥朔兩個月。然而，若以十五年丁卯朔來推算，則卜辭中癸巳四天後的丙申日已經過渡到十六年的一月，不再屬於十五年十三月中的日子，這顯然和《新綴334》一辭不合。故此這條卜辭凡能放於武丁二十九年十三月乙亥朔日癸巳十九日。當時，呂方的勢力正盛，接連摧毀了殷西邊的四個城邑。

(2)《前5.13.5》乙酉卜，爭貞：往復從臬執呂方。一月。

由《殷曆譜》所排列推算，武丁三十年的一月乙巳朔，和三十一年的一月己亥朔中，都沒有乙酉日，唯獨在武丁三十二年一月癸亥朔的乙酉二十三日可以和《前5.13.5》一辭的干支相吻合。卜問由臬地往返執拿呂方，顯見在武丁三十二年呂方已經戰敗，且屢遭受殷人拘捕，族勢顯然一蹶不振了。

(3)《金527》己丑卜，㱿貞：「今㦰來，曰：㦰寇伐呂方？」七月。

七月己丑日卜，考武丁三十年的七月壬寅朔，三十一年的七月丙申朔，均沒有己丑日。武丁曆譜中唯有三十二年七月庚申朔的己丑三十日，可與《金527》相合。是知，呂方在武丁三十二年終，已經無力與殷相抗衡。

由以上殷曆的合算，自武丁二十九年底呂方始來侵擾，殷西邊地備受威脅，武丁遂有積極攘夷的行動。二族用兵一直延續至三十一年，殷人始全面摧毀呂方軍力，拘擄其族眾。三十二年，殷王復命將領乘勝追討。由上述干支定點，可以考訂出武丁征伐呂方的時間，是自武丁二十九年底開始，至三十二年結束，前後需時三年。反觀文獻中引述武丁討伐鬼方一族，用兵亦恰當三年之事。《易·既濟》爻辭：「高宗伐鬼方，三年克之。」《易·未濟》爻辭：「震

，用伐鬼方，三年有賞于大國。」《竹書紀年》引武丁三十二年「伐鬼方」。

(三)由卜辭地望證。

殷民族的活動範圍是在現今陝西、河南省境內的黃河流域，而呂方大致出沒於殷西。《庫502》：「☒呂方于西。」《鐵133.2》：「☒呂☒還☒隹西。」隹，通作于，說見唐蘭《天壤閣甲骨文字考釋》頁四十九。《綴26》：「癸未卜，殼貞，旬亡☒希。其坐來艱。乞至☒允坐艱自西。長弋告曰：呂方圍于我奠。」卜辭謂呂方位於殷西，與文獻的鬼方相同。《竹書紀年》載王季伐西落鬼戎。；《後漢書·西羌傳》稱武丁征戎鬼方，都點出鬼方的大致方向。

《菁2》丁酉允坐來艱自西。沚馘告曰：土方圍于我東鄙，弋二邑；呂方亦侵我西鄙田。

《菁6》九日辛卯允坐來艱自北。收敂笑告曰：土方侵我田十人。

《菁6》一辭謂北方有災難，是由收地傳來的消息，故知收地應位於殷都的北面；土方來艱於收、沚二地，其族的活動範圍當處殷的西北。沚為殷西附庸，《菁2》言土方進犯沚地的東鄙，可見沚地在土方以西，而呂方同時侵沚的西邊，是知呂族當更在諸方之西。

《菁5》☒四日庚甲亦坐來艱自北。子昝告曰：昔甲辰方圍于收，俘人十坐五人。五日戊申方亦圍，俘人十坐六人。六月在☒。

卜辭屢言收人在北方告艱，謂土方侵我田。收地常為土方入侵目標，《菁5》述子昝來麔告某方圍攻收，「方」當是土方的省稱。由子昝所言：庚申前四日丁巳的時候，收人已曾派人到殷都示警，麔告在甲辰日已遭受土方的攻擊，俘人十五；現今庚申日收地復再次來告，謂在戊申日又被土方俘人十六。由甲辰至丁巳日總共十四天；戊申至庚申合計共十三天；則由收地南奔至殷都安陽告急的行程，需時十三、四天。《詩·六月》：「我服既成，于三十里。」箋：「日行三十里，可以舍息。」《周禮·遺人》：「三十里有宿，宿有路室。」今按平均日行三十里計算，收地南距殷都約四百里。土方勢力既在收地稍西，當即現今的山西北部，寧武附近。呂方地望更在土方之西，約今之陝西北部，綏遠以南；相當於古文獻的「圖水流域」。

「圖水流域」正是文獻中鬼方盤踞的地方，《竹書紀年》武乙三十五年述周王季伐「鬼戎」而俘「翟王」；《春秋》、《世本》皆謂：狄族，隗姓；鬼方，隗姓。可知鬼、狄本是同源。狄族本發源於圖、洛附近。《史記·匈奴傳》：「晉文公攘戎狄于河西圖、洛之間，號曰：赤狄、白狄。」圖水出漢代上郡白土縣西，東入黃河，今總稱無定河，位於陝西北部；洛水即陝西以北的洛河。

此外，由羌族與卜辭中的呂方《柏33》和文獻中的鬼方《竹書》同辭；刻鑄有「鬼方」的彝皿都出土於陝西省內；及由語音看，呂字從工聲，與鬼字同屬見母合口字，都可以作為呂方，鬼方同族異名的佐證。

呂方慓悍善戰，盤踞於陝西北部，入侵殷邊不下數十次，並聯同土方、屬方、敎

方等犯境。

《菁2 》丁酉允㞢來艱自西。沚、甙告曰：「土方圍于我東鄙，𢦏二邑；𢀛方亦侵我西鄙田。」

《京1230》丙亥卜，㱿貞：「曰：𢀛方以羌方𦎫𢀛。」

《存1.35.1》☑𢀛☑其以敹方☑。

武丁一面賞册、燕饗其族酋，一面命令諸附庸分兵翦除𢀛方的盟族，以圖孤立其勢力。

《存2.293 》☑沚甙爯册𢀛☑其𦎫衣。

《存1.54.9》☑貞：「𢀛出，王饗。」十一月。

《庫310 》登婦好三千，登旅一萬，呼伐羌。

《庫1599》沚甙伐土方。

自武丁二十九年始，殷人頻頻貞問與𢀛方成敗吉凶，顯見殷、𢀛間戰事已經掀起。卜辭中，記錄殷人召集族眾出擊「伐𢀛方」的共一百七十七次；言「征𢀛方」的有十九次；「圍𢀛方」的有五次。經過三年漫長的勦伐，殷王登人多達二萬人次，出動無數殷西附庸協助，才徹底把𢀛方一族平服。

330. 

象獸革形，隸作克。《說文》：「肩也。」《爾雅・釋言》，「克，能也。」《尚書・洪範》馬注：「克，勝也。」卜辭有戰勝、克服意。

《存2.470 》己未卜，㱿貞：吳克湔。

《掇2.164 》癸卯卜，其克，𢦏周。

《人260 》癸未卜，丙貞：克，亡禍。

湔，周，均為外族名。周族約在殷的西南方。

331. 

从殳克聲，隸作[illegible]。即勊字；今作剋、作尅。卜辭為殷地名。

《南明492 》丙辰貞：唯岳𡆥在[illegible]。

岳，自然神。𡆥，有降災意。

332. 

象二器相合之形，隸作合。《爾雅・釋詁》，「對也，同也。」《詩》箋：「聚也。」卜辭簡殘，或齊同意。其用意仍待深考。

《佚817 》☑合令☑來☑。

《菁7 》戊戌卜，㱿貞：王曰：侯虎往，余不無，其合致乃事歸。

333. 

从合从日，或从戶。隸作倉，《說文》：「穀藏也。」晚期卜辭用為殷地名，與向地

同辭。

　　　　《鄴3.42.4》戊申貞：王己步于 [甲骨文] 。
　　　　《甲3630》☑辰卜，又來 [甲骨文] 于向。

334. [甲骨文] [甲骨文]

　　從二器相合，亦隸作合字。參宫字。上象蓋，下象窐盧。卜辭用為地名和人名。
　　　　《文702 》☑午卜，王在 [甲骨文] 卜。
　　　　《乙5783》乙亥卜，賓貞：[甲骨文]擒，大卸于祖乙。

335. [甲骨文] [甲骨文]

　　從口從斧戉，隸作[甲骨文]。《說文》無字。卜辭用為殷人名：「子[甲骨文]」。
　　　　《乙7096》☑子 [甲骨文] 禍，凡虫疾。

336. [甲骨文]

　　從口從[甲骨文]。《說文》無字。乃殷小臣名。
　　　　《甲3913》乙酉小臣 [甲骨文] 覬。

337. [甲骨文]

　　從叩於口上，隸作[甲骨文]。《說文》無字。用為第一期卜辭中的史官名，負責抎籌貢品
。

　　　　《粹1503》癸亥貯乞自雩十屯。[甲骨文]。
　　　　《簠典49》☑戌婦[甲骨文]示三屯。[甲骨文]。
　　　　《戩45.2》婦[甲骨文]示十。[甲骨文]。

338. [甲骨文] [甲骨文] [甲骨文]

　　從口。《說文》無字。乃殷地名，產農作。字始見第一期甲文。
　　　　《後下10.14 》庚辰卜，賓貞：☑令去門眾[甲骨文]眾商[甲骨文]。
　　　　《佚156 》☑在 [甲骨文] ，令 [甲骨文] 友。三月。

339. [甲骨文]

　　從多從口，隸作[甲骨文]，《說文》無字。屬第二期卜辭的地名及人名：「子[甲骨文]」。
　　　　《佚84》☑貞：[甲骨文]☑。
　　　　《庫328 》☑卜，出貞：☑子[甲骨文]☑。

111

340.

从口从王从匕，隸作𡘋。《說文》無字。字用為殷地名。

《合258》甲午☑于 𡘋 ☑。

341.

𠔃示吹管，象樂器形。隸作龠，《說文》：「樂之竹管，三孔，以和眾聲也。」卜辭為樂祭名，多「彡龠」連用。董彥堂《殷曆譜》下編卷二：「祖甲時彡祭前一日之祭曰彡夕，後一日之祭曰彡龠。彡祭用鼓，龠即管簫，皆用樂以祭也。」

《戩2.9》戊辰卜，行貞：王賓大丁彡𠤷，𣪠亡尤。在十月。

《存2.62》☑戌卜，王貞：王其賓中丁肜𠤷，亡尤。

《人1557》乙酉卜，即貞：王賓𠤷，亡禍。

《掇2.122》乙卯卜，出貞：王賓𠤷，不冓雨。

《禮記·王制》、《詩經小雅·天保》之禴祭，均為龠之後起字。

342.

从𠔃，象三孔竹管。从倒口以吹。仍隸作龠。與《說文》龠字合。卜辭用為第一期地名。

《續5.22.2》庚子卜，爭貞：今忌取珏于 𠔽 。

343.

从二口从又，隸作𠭯。字與籀文𣪬（𠭟）相近，《說文》：「亂也，讀若穰。」叚借作穰，使亂而治也。

《乙7336》丁亥卜，𡧩貞：庇 𠭯 于滴。

卜辭言卜求滴水，使鹿地得治。

344.

从木，隸作喿。《說文》：「鳥羣鳴也，从品在木上。」俗作噪。卜辭用意仍待考。

《掇2.82》☑卯貞：☑木 喿 ☑。

345.

从三口相連，隸作嵒。《說文》：「多言也。从品相連。讀與戢同。」卜辭用為地名或族稱，貢甲骨於殷。

《前7.7.2》☑乞自嵒廿屯。小臣中示。兹。

《粹1493》辛丑乞自 ⊕ 廿☐。

《簠地30》☐乞自 ⊕ 廿☐。

字又增「人」符作 ⊕。

《讀5.25.6》己酉 ⊕ 示十屯。☒。

《前7.25.2》☐ ⊕ 示犬。

卜辭辭例言「乞自岙若干」則字用為地名；言「岙示若干」則指岙族人來貢；故增从人
。

346. 品　品

从三口，隸作品，有眾多之意。《說文》：「眾庶也。」《廣雅‧釋詁》：「品，
齊也。」卜辭用為殷祭法，乃齊祀列祖之意。

《金124》癸丑卜，王曰貞：翌甲寅乞彫 ⊕ 自上甲衣至后，余一人亡禍。茲一 ⊕
祀在九月。轟示癸，壹豕。

衣，讀如殷，大也。「自上甲衣自后」，此言「大祭殷先祖，由上甲開始，以迄其後的
每一君主。」

《甲3588》癸丑卜，彝在 ⊕ 在 ⊕ 門邑，乙卯彫品屯自祖乙至后。

《前5.35.4》辛酉卜，貞：王賓 ⊕，亡尤。

卜辭言「品祀」，復習言「品司」，即「品祠」。乃一一遍祀諸祖之意。《說文》：「
春祭曰祠，品物少，多文辭也。仲春之月祠，不用犧牲，用吉璧及皮幣。」

《簠人8》丁酉卜，兄貞，其品司在茲。八月。

貞：其品司于王出。

347. 區

从品在乚中，隸作區，藏匿也。《說文》：「踦區，藏隱也。从品在匸中。品，眾
也。」

《乙6404》☐貞，王其狩區。

《寧1.340》☐ ⊕ 區其征。在 ⊕ 卜。

狩，捕也。 ⊕ 區，即納區，示躲藏於隱蔽的人，或與亡同，指亡惡之逃犯。卜辭與征出
對言。

348. 女　母

象婦人斂衽跪坐之形，隸作女。《說文》：「婦人也。」有增兩點作母以與女別意
，通作母字。唯卜辭二字形構實混同。殷人生子曰嘉，生女則言不嘉，顯然已有重男輕
女之封建陋習。

《乙7731》甲申卜☐婦好冥幼。王固曰：其唯丁冥幼，☐三旬虫一日甲寅冥，
不幼，唯女。

113

殷王對諸先妣，統稱「多母」。殷王屢祭母求祐。

《七T14》己酉卜，韋貞：屮（佑）于多𤔇。

《甲92》甲辰卜，翌乙巳𡚽廿𤔇。

《文271》癸酉卜，行貞：翌甲戌外丙𤔇妣甲歲重牛。

《乙6404》☑貞：𡚽于王亥𤔇豕。

卜辭有「東母」、「西母」、「中母」、「小母」，均為先妣之專稱。或因殷先妣宗廟有東西中之別，故分言東母、西母、中母，以求祐，唯辭間仍待考。又，先王之庶妃妾稱為「小母」。

《粹1251》☑祠𤔇大室。

《續1.53.2》己酉卜，㱿貞，𡚽于東𤔇九牛。

《後上28.5》壬申卜貞：屮于東𤔇、西𤔇。若。

《乙4507》辛丑卜，其卯中𤔇己。

卯於中母名己者。中母，或即「仲母」。

《乙8816》辛丑卜，中𤔇卯小宰。

《乙8865》其十用小𤔇羽。

卜辭稱女奴曰「奴女」，用為人牲祭祀先妣。或省作「女」。

《合437》貞：☑㰌彡☑小宰屮奴女一于母丙。

《粹720》戊辰卜，又奴：妣己一𤔇，妣庚一𤔇。

上述《合437》同辭中的女、母二字均寫作𤔇，形構並無分別。

349.

從女，隸作妟。《說文》：「安也。」疑即晏字，卜辭用為殷武丁時附庸族名。其婦來貢，稱「婦妟」。

《前6.28.1》☑妟來。

《南誠6》己巳妟示一屯。㱿。

《㳄229》戊戌婦妟示一屯。岳。

350.

從女，首配髮飾，隸作妻。參㛀字。《說文》：「婦與己齊者也。從女從屮從又。又，持事妻職也。屮聲。」卜辭省又，作為武丁期的婦姓。

《人91》壬戌婦妻示三屯。賓。

《天72》庚寅婦妻示三屯。叙。

《佚997》庚寅婦妻示三屯。小叙。

351.

從辛女，辛示僕首配飾。隸作妾。《說文》：「有罪女子，給事之得接於君者。從

114

辛女。」卜辭中此字用法與奴女同，作為人牲。參[圖]字。

  《乙2729》屮[圖]于妣己。

  《鐵206.2》屮于王亥：[圖]。

  《佚99》☑貞：來庚戌屮于示壬：[圖]，妣庚：牝、牡、豝。

或增人旁作[圖]、作[圖]，隸作[圖]。亦用為祭牲。

  《後上23.4》丁巳卜，其[圖]于河：牢、沈、[圖]。

  《粹380》王其又母戊：一[圖]。

  《存2.765》甲申貞，其[圖]。

或與奴字合文作[圖]，亦女奴意。

  《合303》貞，屮伐[圖]媚。

妾復有引申為妃妾意。參[圖]字。

  《粹1239》丁亥卜，亘貞：子商[圖][圖]冥，不其㚸。

[圖]，乃子商妾名。

352. [圖][圖][圖]

  从屮母，母亦聲，隸作每。篆文作[圖]，象女束髮跪坐兒。 讀如坶，牧也。養牲於野田謂之牧。卜辭每字亦作放牧解，曰：「田其每」。

  《甲1221》[圖]田。王其[圖]。

  《寧1.367》辛眔壬，王从往于田，其[圖]。

  《粹923》[圖]獸(狩)其[圖]。

  《南明682》丁酉卜，馬其先，弗[圖]。

  《後上30.6》辛王从省田其[圖]。

字有作名詞用，與妾字通，為人牲。

  《存2.744》戊申卜，其焚三[圖]。

焚字，有焚人祭天之意。

353. [圖][圖]

  从女。《說文》無字。卜辭用為殷武丁時方國名。武丁時代外患主要來自西面，又貞人般卜問征伐的方國絕多是殷西邊患。由《遺1015》，「☑眔☑[圖]☑。」可知殷人在這一役征伐的方國不只[圖]方一族。根據呂方聯合土方、[圖]方、[圖]方犯殷的例子，這個足以令殷王親自徵召數千人征伐的[圖]方，恐怕亦是殷西強頑。相信其勢力與同時期的呂方、土方也是不惶多讓的。

  卜辭有「[圖]子」之尊稱。

  《京1162》貞，[圖]子壱我。

  《南坊3.84》貞：[圖]子壱☑。

對[圖]族酋稱子，子或是殷王封賜此方族長之爵位。春秋稱外邦首長為子，有寓託春秋褒貶意，以譏刺子族稱王。唯卜辭似未嘗有春秋義法，故仍以殷王封爵釋之為宜。殷人利

用爵祿賞賜，冀望安撫近邊的𡿨方，其用意與武丁册封�方、土方相同。《京1162》謂「𡿨子㞢我」，正顯示出殷朝畏懼此方壯大，故時刻防備其來侵。及後殷王多次親征，登人動輒數千，始徹底平定𡿨方。此可概見殷人對於征討𡿨方一事之關注。

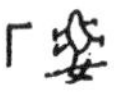

《合集6641》己未卜，殷貞：「王登人三千，呼伐𡿨方。�。」
《合集6639》己未卜，殷貞：「王登人二千，呼伐𡿨方。𢚯。」
《前6.28.8》☒呼伐𡿨。

354. 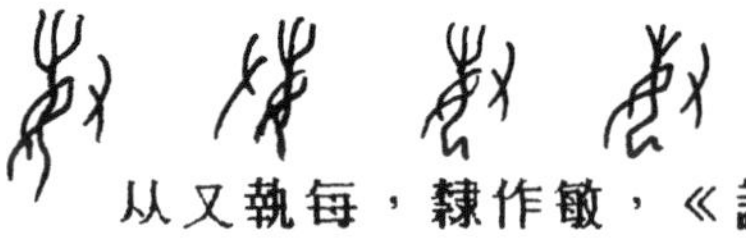 𣄤 𡗢 𣄤 𣄤

　　從又執每，隸作敏，《說文》：「疾也。從攴每聲。」或隸作妻，與 𡗢 字形構同。卜辭用法有二：(一)、為武丁時北方附庸部族名，與𡿨地、土方相連。

《菁6 》王固曰：㞢希。其㞢來艱，乞至九日辛卯允㞢來艱自北。𡿨、𣄤、姪告曰：土方侵我田十人。

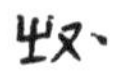

後併為殷王祭祀之所。

《合470 》戊午卜，至𣄤，衩父戊☒。

(二)、用作女奴，為殷人牲，與妾字作 𣄤 用意同，均為𠦪字衍申。

《後下23.9》☒𣄤執。
《乙1916》㞢于示壬：𣄤，妣庚，𡨄。重☒。
《佚181 》丁丑卜，賓貞，子雍其衩王于衼𣄤二，妣己：𡚥羊三，曲羌。

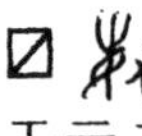

355.  𡜊

　　從女，其髮飾分乂。《說文》無字。卜辭借用為殷地名。

《金477 》貞：在𡜊，王其先轟𢦔。五月。

356.  𡜊

　　從女從率，隸作婷。《說文》無字。卜辭用為婦姓。見於三、四期卜辭。

《乙8695》己巳貞：婦𡜊 長亡禍。
《乙8862》辛酉卜貞：𡜊 亡疾。

357.  𡚥 𡚥

　　從人膝跪，雙手反縛，結髮，象奴僕罪犯受刑之兒，隸作奚字。讀如婢，女隸也。《周禮・春官》注：「女奴也。」卜辭用為人牲，與仮(奴)、妾等字同。

《續1.19.3》☒祖辛𡚥衩☒。
《寧1.186 》辛丑卜，𡚥衩祖乙。

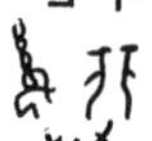

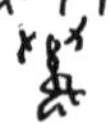

116

358. 字从妾。《說文》無字。卜辭用為殷地名。

《粹1578》在 [字] 卜。

359. 从女，《說文》無字。屬於晚期卜辭中的婦姓。殷卜問其疾無恙否。

《乙8713》癸巳卜貞，婦 [字] 亡疾。

360. 从女从戎，隸作娍，《說文》：「帝高辛之妃，偰母號也。」字見晚期卜辭，為殷王婦姓。王嘗卜問其孕吉否，當是殷王寵妃。

《前2.11.3》☑辰王卜，在兮☑ [字][字] 姁。☑占曰：吉。在三月。

361. 从女入聲，隸作妠。或即妌（ [字] ）之省畫。殷婦姓，見於第一期甲文。

《明2339》丙戌婦 [字] 示☑亘自 [字] 乞。

362. 从女弁聲，隸作妶。篆文作 [字] ：「弱長兒。」為殷武丁時北方附庸族稱，卜辭見其族婦來貢，稱「婦妶」，見殷人有以族為姓之習。

《菁6》王固曰：虫希。其虫來艱。乞至九月辛卯允虫來艱自北：収、敏、 [字]
告曰：土方侵我田十人。

《存1.65》乙丑婦 [字] 示一屯。小叡。中。

《後下27.10》甲子婦 [字] 示二屯。小叡。中。

《南坊4.140》☑卜☑ [字] ☑禍。

363. 从女己聲。隸作妀，《說文》：「女字也。」意即女姓。古文字正反無別，字又可隸作妃。《說文》：「匹也。」引申為凡配耦之稱。卜辭為婦姓；或用為殷西地名，與龍族地望相約。嘗受雷雨之災。

《拾3.7》貞：钔雷 [字] 于龍☑。

《前4.24.1》辛丑卜，設貞：雷 [字] ，不死。

117

364. 　𡥀　　𡥀

　　从爪从女，有抑壓意。隸作妥。《釋詁》：「安止也。」武丁卜辭用為殷附庸族名，廔致貢品於殷。

　　　　《乙5303》☑貞：𡥀致羊。

　　　　《乙2903》☑卜，殼貞：𡥀致，虫取。

　　第四期卜辭中又作為婦姓。

　　　　《粹1240》乙巳卜貞：婦𡥀子亡若。

　　亦用為小臣名，殷子名。

　　　　《粹1275》重小臣𡥀作自魚。

　　　　《乙4074》子𡥀禍凡。

365. 　𡥀

　　从女力聲，隸作妿。郭沫若《粹編》考釋頁一六零謂「乃娩省，讀為嘉，此言婦有孕將分娩，卜其吉凶也。」郭說可從。卜辭習言「冥妿」，叚借為「娩嘉」。生子曰「妿」，生女則稱「不妿」、「不其妿」、「不吉」，顯見殷社會已有重男輕女之觀念。

　　　　《佚556》壬戌卜，賓貞，婦好冥妿。

　　　　《乙7731》甲寅冥，不妿唯女。

　　　　《乙4729》甲寅冥，不吉。空唯女。

　　「冥妿」，又作「孕妿」；此可作為冥讀如娩之旁證。

　　　　《佚584》乙亥卜，㫃貞：王曰：虫孕妿。㫃曰：妿。

366. 　妌

　　从女井聲，隸作妌，《說文》：「靜也。」卜辭中用為殷武丁時婦姓。

　　　　《續1.53.1》壬午卜，爭貞：婦妌冥妿。二月。

　　　　《粹1234》☑妌虫(有)子。

　　婦妌為殷王妃妾，勤於務農。

　　　　《合56》☑丑卜貞：婦妌田蓆。

　　　　《前2.45.1》☑貞：呼婦妌田于八。

　　　　《戩25.1》貞：婦妌黍蓆。

　　卜辭見廔次卜問婦妌能否受黍年，並祈其豐收。關切之情，溢於詞表。

　　　　《粹879》甲寅卜，吉貞：婦妌受黍年。

　　　　《續4.28.4》甲☑韋貞：婦妌受黍年。

　　婦妌雄才，殷王嘗卜問宜否令婦妌伐龍方，見其或已過問軍政。

　　　　《續4.26.3》貞：勿呼婦妌伐龍方。

　　　　《京1987》☑亘☑妌☑征☑。

　　並參予掌管國中祭祀。其地位足與婦好相當。

《鐵10.1》貞，翌辛亥呼婦妌俎于殸京。

婦妌不見於武丁以後卜辭。

367. 好

从女从子，隸作好，《說文》：「媄也。」，色好也。卜辭用為殷武丁婦姓。由近年地下出土的婦好墓看，規模宏大，陪葬甚豐，其人或當為武丁正室。

《合405 》戊辰卜，殻貞：婦好冥，不其嘉。五月。

《鐵127.1 》庚子卜，殻貞，婦好㞢（有）子。三月。

婦好亦掌軍政大權，征伐諸方外族，顯見殷初女權並不低落。

《乙2948》辛未卜，爭貞，婦好其从沚𢦔伐卬方。王自東𣎆伐戎，陷（阱）于婦好立。

《庫237 》貞，☐王勿☐婦好☐伐土方。

《庫310 》辛巳卜貞：登婦好三千，登旅萬，呼伐☐。

《前5.12.3》甲申卜，殻貞，呼婦好先登人于龐。

婦好復代殷王主燎祭，可概見其地位之尊貴。

《鐵45.1》貞，勿呼婦好往燎。

《乙6453》☐婦好☐燎一牛。

368. 毓 毓 毓

从女从倒子，象產子之形。∵示羊水也。隸作毓；即育字。《說文》：「養子使作善也。」王國維《戩考》頁八，「引申為先後之後，又引申為繼體君之后。」卜辭習言「多后」，即諸繼位君主之意。自殷先公報甲以下諸王統稱「多后」，包括大、小宗。

《甲2905》癸亥卜，出貞：求年自報甲至于多毓。九月。

《前3.27.7》癸未王卜貞：酌彡曰自上甲，至于多毓，衣亡𡆥自𡆥。在四月。唯王二祀。

卜辭又泛指諸先王配妃為「后妣」，或單稱「后妣某」。

《庫1717》☐自毓妣酌，又（佑）征。

《佚878 》貞：于毓妣。

《粹397 》貞：𠭰致羌☐高妣己、妣庚于毓妣己。

《遺363 》庚寅卜，王貞，翌辛卯其又毓妣辛。

殷王世系復因先公先王有祖乙、祖丁之稱謂，故後來之君主名乙、丁者，增稱「后祖乙」、「后祖丁」，以明其先後出。

《金363 》☐自毓祖丁，王受又。

毓，有用作地名。

《京3895》其求年在毓。王受年。

《南明587》在 [甲骨文] 。

369. [甲骨文] [甲骨文]

　　从女木聲。隸作妹。《說文》無字。卜辭用為殷武丁時外族婦姓。

　　《戩35.8》乙未婦 [甲骨文] 示屯。爭。

　　亦為殷附庸族名，殷王曾於此進行「示冊」之祭。與 [甲骨文] 地相鄰。

　　《前2.39.2》癸亥卜，在☒師貞，王在 [甲骨文] 、 [甲骨文] 其煉，往征，王☒。

　　《續1.5.1 》癸酉王卜貞：旬亡 [甲骨文] 。王占曰：吉。在十月又一。甲戌 [甲骨文] 示冊
　　　　　其 [甲骨文] 。唯王三祀。

　　示冊，為舉行諸常祭以前的一個禱神儀式，多見於晚期卜辭。

370. [甲骨文] [甲骨文]

　　从女枼聲，郭沫若《卜通》頁八十九：「枼，葉之初文也。象木之枝頭著葉。」隸
作媒。《說文》：「嬻也。」《方言》：「狎也。」卜辭用為武丁時婦姓，有孕。

　　《續4.28.4》甲子卜，殼貞，婦 [甲骨文] 冥， [甲骨文] 。四月。

　　《前3.33.8》☒貞：婦 [甲骨文] 㞢(有)子。

371. [甲骨文] [甲骨文] [甲骨文]

　　从女桑聲。桑，篆文作 [甲骨文] ：「 [甲骨文] 所食草木也。」字隸作嫦。《說文》無字。乃第五
期卜辭殷田狩地名。處殷之東南，與杞地相接。

　　《後上13.1》戊寅卜，行貞，王其田自 [甲骨文] 于杞。亡災。

　　《粹189 》癸未王卜貞：旬亡 [甲骨文] 。在二月。王來征人方在 [甲骨文] 。

372. [甲骨文]

　　从人負手反縛而膝跪。从口，示上審問下跪者，隸作訊。即訊字。《說文》：「問
也。」偏旁从言、从口同。《詩小雅·出車》：「執訊獲醜。」卜辭習言「王訊」，用
為動詞。

　　《遺811 》☒巳卜，爭貞，王 [甲骨文] 。

　　《鐵72.4》戊申卜貞，王其 [甲骨文] 。

373. [甲骨文] [甲骨文]

　　从女口，隸作如。《說文》：「隨從也。」卜辭用為殷婦姓。亦為殷附庸族名。

　　《甲92》☒ [甲骨文] ☒又(有)冥(娩)☒二月。

120

《乙8898》婦🔣子疾，不征。

《乙8898》辛酉卜，🔣禍，出。

字又重口作㛰。

《乙8877》癸亥卜，婦🔣亡禍。

《乙8896》癸丑卜，婦🔣在老。

374. 🔣

從女自聲，隸作姐。《說文》無字。乃殷武丁時耤地名。

《合222 》丁酉卜，㱿貞：我受黍，耤在🔣年。三月。

《乙4636》庚子卜，丙勿于🔣。

《乙7236》貞：🔣受年。

375. 🔣

從女才聲。隸作妡。《說文》無字。卜辭乃指才族女之姓，被殷用作人牲。「炆妡」以求雨。

《乙3449》貞：今丙戌炆🔣，屮從雨。

《乙1228》重🔣炆，屮雨。

炆，象焚人以祭天。

376. 🔣

從女辛聲，隸作婞，《說文》無字。在武丁卜辭中為婦姓，亦用作人牲。「炆婞」以求雨。

《前6.27.1》甲申卜，賓貞，炆🔣☒。

《佚1000》貞，炆🔣，屮雨。

377. 🔣

從女羊聲，隸作妦。《說文》無字。卜辭為殷附庸婦姓，納貢於殷。始見第一期甲骨文。有卜問其孕否，顯見與殷室關係密切。

《乙3130》婦🔣來。

《存2.67》婦🔣示十屯☒。賓。

《乙3321》戊☒卜丙貞，婦🔣妨。

378. 𡥀

　　从女牛聲，隸作牰。《說文》無字。卜辭乃附庸婦姓。雖屬孤證，由「婦某來」與
妌字文例可比照得之。

　　　　《合243 》貞：☒𡥀其來。

379. 㜎

　　从女丨劃聲，隸作㜎。《說文》無字。卜辭借為殷外族婦姓，或與妌同族，用作人
牲。曾祭於妣辛。

　　　　《乙4677》妣癸：㜎 ，妣辛：㜎。
妣癸、妣辛，乃武丁妃妾。

380. 𡢃　𡢃

　　从女黽聲，隸作𡢃。《說文》無字。殷外族婦姓，淪為人牲，曾用以祭妣癸。

　　　　《乙4677》妣癸：㜎 ，妣辛：㜎。

381. 㜈

　　从女龔 聲，隸作㜈 。《說文》無字。乃外族婦姓。復淪作殷人牲，用以祭獻妣
甲。

　　　　《庫1716》其梌妣癸：㜈，妣甲：㜈 。重☒。

382. 㜆

　　从女虎聲，隸作㜆，《說文》無字。屬於殷祭祀地名。

　　　　《粹850 》☒其求年于㜆，重今日酭，又雨。
字又增木作㜆。

　　　　《南明461 》其求年于㜆 貞。

383. 𡥀　𡥀

　　从女止聲，隸作𡥀。《說文》無字。卜辭用為地名或族稱。

　　　　《鐵188.4》貞：于𡥀。

384. 𡥀

　　从女各聲，隸作𡥀。為各字的繁文，來也、降也。卜辭習言「各雲」。

　　　　《前7.26.3》☒𡥀雲自北。西單電☒。

385. 𡥞

从女正聲，隸作妌。《說文》無字。卜辭用為殷武丁時子名。

《續4.32.1》囗艱，乞至囗屮來艱。𡥞囗子𡥞囗屮囗徙曰：囗。

386. 𡥞

从女貝从眾聲，隸作嬪。《說文》無字。卜辭用為殷婦姓。

《甲211》丁丑卜，婦𡥞乂。八月。

乂，為𤔔𡥞之省文。即嬪字，合祭之專名。

387. 𡥞

从女哭聲，隸作㛆。《說文》無字。乃附庸女姓，用作殷人牲，祭於妣癸。

《庫1716》其祼妣癸：𡥞，妣甲：孊。重囗。

388. 帚

从女帚，隸作婦。《曲禮》：「士之妃曰婦。」《說文》：「从女持帚灑埽也。」卜辭又多省女作帚。此用為附庸女姓。

《卜723》囗帚冥（娩）囗幼（嘉）。

字又用作婦女之泛稱。卜辭有言「王婦」。

《存1.1014》囗王帚囗。

389. 奻

从二女，隸作奻。《說文》：「訟也。」爭也。卜辭用為武丁附庸婦姓。

《合94》辛未卜，㱿貞：婦奻冥幼。王固曰：唯庚冥幼。三月庚戌冥幼。

《乙3527》婦奻來。

390. 姬 姬

从每𦣞聲，隸作姬。《說文》：「黃帝居姬水，因水為姓。」金文姬作𦣞。卜辭字與「婢」連用，均指賤役女子，用作人牲。

《粹386》其又姬于妣辛。

《京5080》甲申卜貞：王賓祖辛睗妣甲：姬婢二人。

123

391. 

从妾卑聲，隸作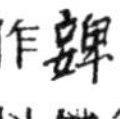，即婢字。《說文》：「女之卑者也，从女卑，卑亦聲。」卜辭用為獻祭的人牲。以僕役為祭物。

《寧1.231 》叀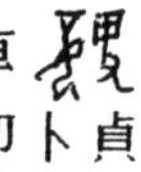，王受又。

《京5080》己卯卜貞：王賓祖乙奭妣己：姬二人，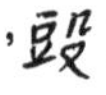二人，卯二牢。亡尤

392. 

从女缶聲，隸作。《說文》無字。卜辭為殷武丁子名。

《前6.26.5》貞，呼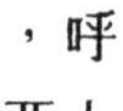途子來。

《續4.15.1》己酉卜，賓貞，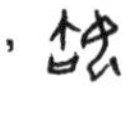禍凡，㞢疾。

393. 

从女豊聲，隸作，《說文》無字。武丁卜辭中用作附庸族名及婦姓。

《外7 》壬子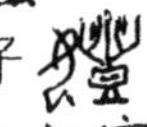示一屯。 。

《林2.1.18》自寅己未婦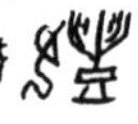示☐屯。。

394. 

从女咼聲，隸作媧。《說文》：「古之神聖女，化萬物者也。」卜辭用為武丁時婦姓。其人當屬武丁妃妾，有孕

《陳102 》戊午卜，爭☐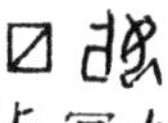冥㓜☐曰：育☐婦冥㓜。

《乙6373》貞：婦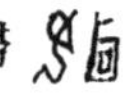冥㓜。

395.  

从女疾省聲，隸作嫉，與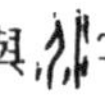字同；从女从人通用。字仍釋作疾。从女，或強調女子有疾也。

《鄴1.38.6》貞：巫，不ㄓ(禦)。

巫嫉，即巫女有疾。

396. 

从女柬聲，隸作媡。《說文》：「謹也。」卜辭用為武丁婦姓，有孕。

《拾9.4 》☐午卜，般☐婦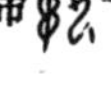子不囚(死)。

《京2014》貞：婦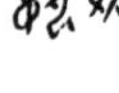㓜。

397. 

从女午聲，隸作奸。《說文》無字。或讀與卸同。卜辭為武丁婦姓。

《乙1866》乙亥卜，賓貞：☐于☐。

《乙162 》☐卜☐貞：☐妏。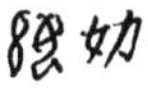。三月。

398. 

从女率聲。隸作。《說文》無字。乃殷婦姓。

《佚732 》☐婦☐弗☐。

399. 

从女廾聲，隸作娸。《說文》無字。字用作武丁婦姓。

《存1.1043》丁丑卜，爭貞：婦冥幼☐。

400.  

从手抑女，與字同。隸作妥，安也。卜辭中用為殷婦姓。

《粹1240》乙巳卜貞：婦子亡若。

401. 

从女聲。玨，即珏。字隸作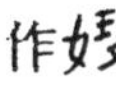《說文》無字。卜辭用為地名或婦姓。

《乙8896》旬尤。又

402.  

从女生亦聲，隸作姓。《說文》：「人所生也。因生以為姓。」字用為殷婦姓。

《前6.28.3》甲☐冥。

《前6.49.3》貞，旬亡禍。旬☐火，婦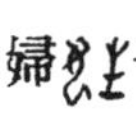子囚(死)☐。

卜辭貞問其孕否，又卜問其子是否吉兆，其人當為殷王妃妾。

403. 　從女至聲，隸作姪。《說文》：「女子謂兄弟之子也。」卜辭為殷婦姓，有子。

　　《續4.28.2》☑旬壬☑婦𡥂幼。七月。

　　《前1.25.3》己亥卜，王，余弗其子婦𡥂子。

404. 　從女𠅃聲，隸作姄，《說文》無字。卜辭借用為武丁婦姓。

　　《乙2244》丁酉卜，爭貞：呼𡣪疾克。

　　疾克，即疾愈安好之意。

405. 　從女食聲，隸作娘，或與姄同。亦為武丁婦姓，有孕。

　　《後下34.4》☑婦𩚏冥，不其幼。

　　《前4.1.6 》戊辰卜，爭貞，勿𦤊婦𩚏子子。

406. 　從女水聲，隸作㳷。《說文》無字。乃武丁時婦姓，有孕。

　　《福35》辛未，婦㳷示☑。

　　《粹1483》戊寅，婦㳷示二屯。☑。

　　《拾9.2 》貞：㳷冥，不其幼（嘉）。

　　殷習生子曰嘉，生女曰不嘉。

407. 　從女彡聲，隸作妙。《說文》無字。卜辭中用作殷婦姓。

　　《合457 》丁亥卜，妙屮疾。今二月弗灾。

　　《文743 》婦妙☑。

408. 　從女𠄢聲，𠄢或即五字，隸作妸。《說文》無字。乃殷晚期卜辭田狩地名。

　　《佚943 》☑王貞：勿往在妸，虎獲。

　　《前6.26.6》☑今☑狩☑妸。

409. 　從女，家聲，隸作嫁。《說文》無字。殷武丁婦姓，有子。

126

《乙3431》己丑卜，賓貞：🔣 㞢子。

410. 🔣

从女艮聲，隸作娘。武丁時婦姓，曾來貢於殷。

《坎T04》婦🔣 示七屯。亘。

411. 🔣

从女弋聲，隸作㚤。《說文》：「婦官也。」卜辭用為婦姓。

《續4.27.8》婦🔣 ☒。

412. 🔣

从女取聲，隸作娵。《說文》無字。武丁時婦姓。

《菁7》甲辰卜，爭貞：☒🔣 冥（娩）☒。

413. 🔣

从女秦聲，隸作嬻。乃秦族女，故以秦為姓，為周附庸。武丁時，西南的周族以秦女致貢於殷。

《乙7312》丁巳卜，㝃貞：周致🔣。

414. 🔣

从女从屮，屮示兒首。隸作奼。乃㛮（🔣）字之譌，生子也。卜辭由婦好奼而曰：嘉，曰：吉，可證。

《粹1233》貞：今五月☒好 🔣 ☒其奼。

此辭「好」，當即「婦好」之闕文。

《續3.36.7》☒固曰：吉。🔣 ☒。

415. 🔣

从女酉聲，隸作娺。《說文》無字。當屬殷婦姓。

《存1.823》☒🔣 禍凡，㞢疾。

416. 🔣

从女在口中，當即囡字，示女囡也。字與🔣 同，卜辭用為地名。

《存1.449》省🔣。

省字作🔣，有巡察意。

417. ![字形]

從女亥聲，隸作姟。《說文》無字。卜辭用為殷婦姓，有卜問其孕否。

《甲3737》☑ ![字形] ☑其幼。

418. ![字形]

從女奉聲，隸作婊。《說文》無字。乃殷婦姓。

《六中119》☑丑卜，☑婦 ![字形] ☑。

419. ![字形]

從女，奇聲，隸作婍。《說文》無字。卜辭中用作婦姓。

《人1854》☑其至，后 ![字形] 又（佑）征。

420. ![字形]

從人從每，隸作侮，本意或即毓（育）字。屬殷祭地名。

《甲2025》貞：于 ![字形] 用，王受又（佑）。

421. ![字形]

從女午聲，隸作妤。《說文》無字。本義與㚰（![字形]）字同；卜辭用為殷婦姓，有子。

《合287》婦 ![字形] 子曰：咼。

422. ![字形] ![字形] ![字形]

從女從又持中，隸作 ![字形]，或增水旁作 ![字形]。《說文》無字。用為四、五期卜辭地名，殷王曾屯兵於此。地與喪地相接。

《前2.3.5》癸未卜，☑ ![字形] 貞，王☑亡尤。

《續3.29.2》癸未王卜在 ![字形] 貞：旬亡尤。王占曰：吉。在十月唯王遘西喪

423. ![字形]

從女隹聲，隸作姓。《說文》無字。卜辭用為婦姓，殷王親問其孕否。

《後下25.16》丁酉王卜貞：☑ ![字形] 育，亡☑。

424. 

隸作子，象形。由□、□、□、□、□等字可知子象幼子初裸之形。卜辭有「母子」連稱。

《合276》辛卯卜，爭：呼取奠母子。

子有「大子」、「中子」、「小子」之別。

《甲1531》庚辰卜，狄貞：于□子（大子），大吉。

《京3023》癸亥卜，中子又，往來唯若。

《存2.262》戊午卜，□貞，酌小子，印。

或言「上子」、「下子」；相當於兩周的大宗，小宗。

《後下8.6》☒貞，上子不我其受又（佑）。

《乙4754》☒貞：致下子。

卜辭言「致下子」，即貢獻某物於下子的省文。

諸子統稱「多子」。

《乙3083》勿呼多子逐鹿。

《前2.28.6》☒卜貞：今四月多子步畫。

卜辭中專稱「子某」的，除配以天干紀數，如子丁，子己，子庚、子癸等外，還有：子□（子商）、子漁（子□）、子□、子□、子□、子□、子美、子不、子目（子□）、子亦、子□（子□）、子□、子□、子□、子雍、子凡、子畫（子□）、子安（子□、子□、子□、子□、子□、子□）、子洋、子□、子□、子□（子□）、子□、子宋、子□、子□等多以地望為名。諸子多見於武丁卜辭，一般指武丁之子弟輩；或有作為爵位之稱謂。子羣助殷王征伐、祭祀，顯見在殷室中有一定的勢力。

425. 

从矢，射子。隸作㹞。或即《說文》𥎦，示弓弩發於身而中於遠也。篆文作射。卜辭又作□，示發於身也。字用為動詞，引申有災害意。

卜辭言上帝「㹞邑」，即降災害於某邑。

《乙700》貞：帝弗□唐邑。

《柏28》辛卯卜，㱿☒帝□茲邑。

426. 

象張口喚子之形，隸作吇。《說文》無字。卜辭用本義，有祈求生子之意。

《粹397》貞：□☒高妣己、妣庚于后妣己。

《卜380》☒申卜，□貞：告王□于祖乙☒。

《文600》☒酉卜，㱿☒□☒冥（娩）☒。

427. 別

　　从子力聲，隸作㘝。即幼字；有㝩孕生子意。从子，从女同。卜辭問婦某生子否。

　　　　《乙1424》庚戌卜，我貞：婦敁別。

　　　　《乙789 》庚辰☑貞：☑㘝☑育☑㘝。

428. 㝬

　　从爪持子，隸作孚。即俘字，字又从雙手作㝬。《說文》：「軍所獲也。」卜辭用本義，屬名詞，謂以俘虜作為人牲。

　　　　《乙6694》☑貞，我用㴬㝬。

　　用，即用牲祭。㴬 為方國名，謂問用㴬 方俘虜作祭牲宜否。

　　　　《合359 》☑克㝬二人☑又☑女㣌王，永从用☑女其☑女。

429. 㝮

　　从雙持子獻於口盧上。隸作㝮；或棄字異體。屬殷地名。辭殘間仍等審。

　　　　《乙8893》☑㝮自育☑。

430. 孫

　　从幺子，隸作孫。《說文》：「子之子曰孫。系，續也。」卜辭與「多子」相連，疑用本義。唯辭殘間，仍待進一步考釋。

　　　　《後下14.7》☑多子☑孫☑田☑。

431. 㣈

　　从入从攴以擊子。隸作㣈。《說文》無字。或即教字異體。屬殷地名。

　　　　《前5.8.1 》☑呼多寅尹自于 㣈。

432. 㜽 㜽

　　象小子形，乃子字異體。〣象頭髮，形與卜辭地支所用的子（㜽 ）相當。古文子作㜽。由下列二組文例可得知㜽與㜽字同。

　　　(1) 《乙3426》貞：告㜽亡禍。

　　　　《鐵13.2》癸丑卜，內貞：㜽亡禍。

　　　(2) 《乙6803》☑𢀓貞：㜽冥☑王固☑唯丁冥。

　　　　《合113 》☑㜽冥。

433. 㑹

从倒子，∴象產子之羊水。隸作𠫓；實為毓字之省，讀為后。參 字。卜辭有「后祖丁」。

《合41》丙午卜，尤貞，翌丁未其又歲饗 祖丁。

434. 二

从二橫，示短橫在長橫之上，指事。即上字。與《說文》古文上形構同，高也。史籍中所記殷先公報甲，卜辭寫作上甲（ ），又省作 。

甲文已有「上帝」的稱謂，能降災難於人。

《存1.168》☒卜，爭☒二帝☒降☒艱。

《甲1164》重五鼓☒二帝若，王☒又（佑）。

435. 一

隸作下，示短橫在長橫之下，指事。《說文》：「底也，从反上為下。」卜辭有「上示」、「下示」之列，相當於典籍中的「大宗」與「小宗」。

《前7.32.4》☒戌卜貞，𡥀見百牛 ，用自二示。

，即《說文》𥉌字初文，以血獻祭也。从于省吾說。《山海經‧中山經》：「刉一牝羊，獻血。」

《合457》丁亥卜，𡉚歲于一示：父丙 戊。

，及也。即言父丙和父戊。

《撫續64》丁未貞：其大钘王自報甲，血用白犬九，二示 牛。在父丁宗卜。

436. 三

為「上下」二字合文。上天下地，泛指神鬼。卜辭習言「上下若」，即卜問天神地祇均尤保祐之否。

《佚116》癸丑卜，殷貞：勿唯王征 方，三弗若，不我其受又（佑）。

《乙2594》貞：王 ☒不若，又于三。

，有用兵殺伐之意。

437. 丁丁

即示字。象宗廟神主之形。篆文作示，古文作丌。《說文》：「天垂象見吉凶，所以示人也，从上。三垂，日月星也，觀乎天文，以察時變。示，神事也。」卜辭有「大示」、「小示」之別，相當周室之「大宗」、「小宗」。繼子為大宗，別子為小宗。一示即一宗。

《存1.333》甲午卜，𡧍貞：大于三宰。二月。

《掇2.131》丁丑貞：又 伐自報甲大于：五羌三牢。

131

《後上28.8》乙未貞：其秡自報甲十示又二：牛，小示：羊。

此辭言示祀以牛，小示祀羊，與《周禮》所言大祭以牛，小祭以羊豕同；顯見此示，當泛指大示，與小示別。大示，即「上示」，又稱「元示」；小示，即「下示」。由卜辭元示、下示對文可知。

《前3.22.6》辛巳卜，大貞，屮(侑)自報甲元示三牛，下示二牛。十二月。

《陳28》甲子卜，爭貞，來乙亥告 ⊠ 其西于六元示。

示又叚作致，送也。卜辭習言外邦附庸「示若于屯」甲骨於殷，以表示臣服朝貢之意。如：

《林1.18.2》婦井示五屯。亙。

《外459》癸卯婦井示三屯。般自三區。

卜辭中來致貢的有，婦井《明2332》，婦𡡾《戩48.4》，婦𡥔《續5.16.3》，婦𡡉《人1091》，婦𣌻《戩35.8》，婦𡘜《佚997》、婦𡧈《存1.65》，婦𤰔《粹1483》、婦娘《丙1.57》、婦𡥅《戩45.2》、婦𣂷《存2.67》、婦豊(婦𥟪)《續5.11.7；外7》，婦杷《後下33.10》，婦喜《南坊2.1》，婦囷《外11》，婦寶《存2.63》，婦龐《簠典42》，婦相《佚999》，婦丙(婦丙、婦𥰵)《丙87》；《乙1541》；《乙7133》，𥄎《簠典44》，小邑《南誠7》，雩《存2.46》，貯《遺328》，稱《林1.18.14》，𣂪《前6.22.4》，𣎓《續5.25.6》，小臣中《前7.7.2》，小臣從《南南2.29》，𤰔《粹508》，晝《粹1498》，𢀡《粹1504》，子𣏟《南輔8》，漁《林2.18.6》，𤲃《粹1495》，奠《外9》，事《誠426》，𣪊《存2.54》，羌立《卜68》，田《甲2983》，陟《續6.10.10》，保《文649》，畾《佚996》，雷《卜85》，𢀡《存2.56》，直《京87》，𥄎《六中152》，𦣞《京251》，𡥘《文813》，犬《京102》，𥦹《存1.113》，宮《甲3647》等族地和人。

示字又作示，𥘅，祘；與《說文》古文同。祐从示，又从祘；可證。

《寧1.218》戊戌卜，其示于妣己，王賓。

《金28》癸亥卜，其示于大乙，酚。

《甲489》⊠用于𥘅。不用。

「用于示」，即用牲祭於示之意。

438. 示左

从示左亦聲，隸作祏。與祈求福祐的祐字意同。从广从𠂆無別。

《續1.41.5》康午卜，王于母庚祏子𡥀。

《乙8814》⊠祏妣庚：豕。

439. 祐 祐 祐 祐

从示右亦聲，即祐字。字或从雙手。《說文》：「助也」接受福祐也。卜辭又省作右。合文作祐，即「有祐」。

《京4283》王賓，又祐。

《京4063》⊠貞：王賓父己，歲祐。

《合175 》☒貞：呼 🔥 雨。

440. 🔥

從手持貝於示前，象人獻貨貝祭祀之兒。隸作𣪊，《說文》無字。卜辭作本義，習言「𣪊示」，用為祭儀一種，字多見於晚期卜辭。

《通592 》甲午王卜貞，作余彰朕 🔥 彰。余步從侯喜征人方，上下 🔥 示，受有祐，不 🔥 𢦏禍，告于大邑商。

441. 🔥 🔥 🔥 🔥 🔥 🔥 🔥

從手持束木於示前，象焚木以祭。隸作𣪊。字與 🔥 同。參 🔥 字。卜辭用為祭告方式，常與其他祀典如祭、🔥 、彡、翌、歲連用。

《京3249》甲申卜貞，王賓小甲，祭 🔥 亡尤。

《庫1187》甲子卜，大貞：王賓，🔥 🔥 亡尤。

《戩2.9 》戊辰卜，旅貞：王賓太丁，彡 🔥 🔥 亡尤。在十月。

《明273 》乙丑☒貞：王賓唐，翌 🔥 亡尤。

《存1.1545》戊寅卜，行貞，王賓，歲 🔥 亡尤。

𣪊字與 🔥 、🔥 、🔥 同字，吾人由下列文例互較亦可互證。

(1)《佚395 》丁未卜，行貞：王賓，🔥 亡尤。在自 🔥 卜。

《文472 》癸巳卜，行貞：王賓，🔥 亡尤。在自目卜。

(2)《前1.36.3》庚辰卜，大貞：來丁亥其 🔥 祊于大室。

《卜29》☒出貞：來春王其 🔥 祊。

字又作 🔥 ，從宀；隸作𡧘。為動詞，與「卯」並用，乃殺牲方法，或指用柴焚牲以祭。下接祭品若干。

《林1.10.9》庚辰☒貞：翌日彰☒ 🔥 卅☒卯四宰。

442. 🔥 🔥 🔥 🔥 🔥

象雙手持酒尊，獻於示前。奠酒以祭也。或省手，省示。隸作福。《說文》：「祐也。」《禮記·少儀》：「為人祭曰致福。」卜辭用為祭儀。

《金46》己丑卜，𢀛貞：福告于大室。

《前4.2.8 》庚申卜，𢿎貞：王福于妣庚，重告河。

《京3270》乙亥卜，☒貞：王賓小乙，彡 🔥 亡禍。

《戩18.13 》癸未卜，行貞：王賓，夕福亡禍。

《南明339 》甲戌卜，大貞：王賓大乙，彡 🔥 夕亡禍。

《甲378 》己卯卜，🔥 三匚，至 🔥 甲十示。

字又增從广或宀，作 🔥 、作 🔥 、作 🔥 ，用作名詞，乃殷祭地名。

《續6.12.5》☒癸，其用于 🔥 。

133

443. 　　　

　　　从雙手持升，獻於示前。升為量酒器，十合為升。字隸作祟。卜辭用為祭儀，與祭之獻肉，福之獻酒，設之獻貝，敕之焚木相類。

　　　《卜263 》貞：王賓羌甲，祟 亡尤。

　　　《前1.16.7》貞：王賓小辛，祟 亡尤。

444. 　　　

　　　隸作帝。象花蒂形。說始於鄭樵《六書略》、吳大澂《說文古籀補》，唯形殊似未恰；字或从束，冖象架形，口象束薪形，示禘祭鬼神，从一象天；據葉玉森《殷契鉤沈》釋帝字。其說可從。《說文》：「王天下之號。」卜辭借為天神之總稱；又作「上帝」。帝管轄一切天上人間事物，力能呼風喚雨降吉凶，為殷人對自然神祕力量崇拜的總根源。

　　　《乙2452》翌癸卯帝不令風。夕雈 （霧）。

　　　《合115 》丙子卜，殼：翌丁丑帝其令雨。

　　　《金496 》貞，方戈圍，唯帝令作我禍。三月。

　　　《林1.25.13 》囗丑卜貞：不雨。帝唯茣（顆）我。

　　　《乙 700》貞，帝弗祇唐邑。

　　　《乙7456》貞：唯帝壹我年。二月。

　　　《乙5408》甲辰卜，爭貞：我伐馬方，帝受我又（佑）。一月。

　　　卜辭中有四方神祇，而諸氏族方國均有「帝」在上天管治看顧，亦為殷人祭拜對象，顯見殷代已有祭祀多神的觀念。

　　　《存1.595 》袞于土方帝。

　　　《乙2639》貞：方帝一羌、二犬，卯一牛。

　　　《佚508 》今丁酉夕袞土方帝。

　　　《合261 》貞：帝于東方曰：析；風曰：劦帝。

　　　　　　貞：帝于西方，曰：彝；風囗。

　　　　　　辛亥卜，丙貞，帝于南方，曰：長囗。

　　　　　　辛亥卜，丙貞，帝于北方，曰：勹；風曰：役帝。

四方風稱謂不同，四方帝名亦各異，曰：柯、彝、長、勹。風即風神，又稱「帝風」，為上帝使臣，與「帝雲」等協助帝管治人間大自然氣候，合稱「帝五臣」。

　　　《佚227 》辛未卜，帝風不用雨。

　　　《前4.17.5》貞：帝風三羊三豕三犬。

　　　《甲779 》囗于帝臣又（佑）雨。

　　　《粹13》囗又（佑）于帝五臣，又（佑）大雨。

　　　《續2.4.10》貞：袞于帝雲。

帝字又用為動詞，段作禘，《說文》：「諦祭也。」

　　　《遺846 》丙辰卜，㕣貞：帝于岳。

　　　《乙5707》囗帝于河。

岳，河，均屬自然神。

　　《後上19.1》貞：𥄕于王亥。

　　《乙4549》癸未卜，𥄕下乙。

第三期卜辭以後，殷王多以「帝」代「王」的稱號，如帝甲、文武帝，可見殷人主喜好誇耀權力，上比於天的心態。

445. ⊟

　　即日字，象形。與夕相對。引申一天謂一日。《說文》：「太陽之精不虧。」卜辭習稱「今日」、「來日」。今日，即當天；來日，示未來的若干日。

　　《明735》丙辰卜，尢貞，今⊟至于翌丁巳雨

　　《人1791》于來⊟己彭妣己。

卜辭有推測日夕並食的記載。

　　《佚379》癸酉貞：⊟夕又（有）食，唯若。

「又食」，即「有蝕」。

446. ⌀ ⌀

　　從日，四周圍以雲氣，即《說文》暈字：「光也。」段玉裁注，「當作日光氣也。鄭司農云：『煇，謂日光炁也。』按日光氣謂日光捲結之氣。《釋名》曰：『暈，捲也。』氣在外捲結之也。日月皆然。孟康曰：『暈，日旁氣也。』」卜辭用本義。

　　《合115》辛未卜，㱿：翌壬申帝不令雨。壬申⌀。

　　《乙5323》乙酉⌀。旬癸巳𠣬。甲午雨。

𠣬，有天陰意。

447. 昜

　　從日從丁，隸作昜。《說文》：「開也。從日一勿。一曰飛揚；一曰長也；一曰彊者眾兒。」卜辭用為武丁時外族名，位處於殷西，殷嘗封其族酋為伯。後併為殷地。

　　《遺571》壬午□㱿貞，王重昜伯𤎩从。

　　《遺758》甲戌卜，賓貞：在昜牧獲羌。

448. 昌 昌 昌

　　從二日，隸作昌。《說文》：「美言也，從日從曰。一曰日光也。《詩》曰：東方昌矣。」段注：「引申之為凡光盛之偁。」籀文作昌。卜辭用引申義，明也，晴也。

　　《金381》于翌日昌，大雨。

　　《粹700》□昌，不雨。

昌又借用作祭地名。

　　《庫268》貞：煑于昌十□。

《後下39.14 》☐于昌，亡戈。

449. 〔字形〕

從日，從水紋，象洪水泛濫，歛蓋旭日。隸作昔。《說文》：「乾肉也。」卜辭已有往昔，過去之意。

《菁5 》☐四日庚申亦屮來艱自北。子〇告曰，昔甲辰方圍于〇，俘人十屮五☐。

《乙1968》庚申卜，敵貞：昔祖丁不黍，唯南。

450. 〔字形〕

從三日，隸作晶。《說文》：「精光也。」或即星之本字。篆文星作〇，從晶生聲。卜辭殘闕，辭意仍待深考。

《佚506 》貞：王☐曰先☐大〇☐好。

451. 〔字形〕

象月闕形，隸作月。《說文》：「大陰之精。」字亦借用為夕，暮也，日冥月生也。五期卜辭月、夕字均混用，唯由上下文分別之。

《戩14.4》癸卯卜貞：月亡禍。生月雨。

《菁8 》貞：翌辛丑不其啟。王固曰：今夕其雨。翌辛丑雨。之夕允雨。辛丑啟。

《佚349 》貞，生一月不其多雨。

生，即姓；通作晴。生一月即一月天晴。

卜辭多言「卜夕」，貞問該晚吉凶。由與「翌日」同辭可知字宜讀為夕。

《乙174 》庚午卜夕，辛未从子。

《京2967》丙申卜夕，翌日从子。

卜辭又記載某夕時「月有食」。

《丙56》癸未卜，爭貞：翌甲申昜日。之夕月屮食。甲〇（霧），不雨。

《金594 》☐己未夕〇，庚申月屮食。☐。

〇，即〇字，讀為〇，蔽也。夕〇，謂晚上天氣陰蔽。

452. 〔字形〕

從日月，示日月並出，亮也，日晝也。隸作明，《說文》古文：「照也。」字又從囧，與篆文同。卜辭與昃字對文。

《〇15》戊☐又。王固☐唯祊吉，其☐未允☐允屮設，明☐雲☐昃，亦設。屮出虹自北☐于河。在十二月。

《乙6419》翌其明雨。

136

《丙44》乙卯尢酚，㊦雽。

雽，讀如霧。明雽，即謂是日白晝有霧。

453. ㅂ)

　　从夕从口，隸作名。《說文》：「自命也。从口夕。夕者，冥也。冥不相見，故以口自名。」卜辭為耕地名。

　　《乙7808》己卯卜，般貞，筥耤于ㅂ)。吉，不溝。

　　《乙3290》☑筥耤在ㅂ)。受屮年。

　　《拾13.4》☑ㅂ)入。十一月。

454. ㅂ　凸

　　从ㅇ置阱穴中，ㅇ象肉餌，用以捕獸，或即陷字初文。

　　《合77》丁巳卜，自自丁至于辛酉虎凸，尢不。十一月。

　　《金727》丙寅☑ 虎 不凸 執。

　　《乙7422》貞：來乙亥屮凸于父乙用。

此謂設阱捕獸，以為祭祀父乙之祭品。

455. 屮

　　象屮冒出，隸作生。《說文》：「進也。象艸木生出土上。」孫海波《甲骨文編》釋作之，誤。卜辭之字作屮。卜辭習言「求生」，即祈求生育；「受生」即受祐而生。祭祀對象均殷先母妣。

　　《拾1.10》庚辰貞：其祿屮于妣庚、妣丙、在祖乙宗卜。

　　《粹396》辛巳貞：其祿屮于妣庚、妣丙：牡、羊、白豕。

　　《外141》丁酉卜，賓貞：婦好屮受屮。

　　《鄴1.31.7》貞：二月冥（娩），不其屮。

卜辭又多言「生月」，即「牲月」之叚。牲，雨止無雲也。从夕生聲，亦作晴、作暒。意亦通。觀察「生月」時卜辭多卜問該月有雨否，是知生當借為晴字；謂某月天晴，會否有雨。

　　《掇2.1》丙午卜，𣪠貞：屮 十月雨。其唯雨。

　　《金474》貞，屮 十二月雨。

　　《佚349》貞：屮 一月不其多雨。

　　《乙3331》貞：屮 三月雨。

　　《合442》☑亘貞：屮 月多雨。

　　《庫998》月至屮月，又大雨。

　　《戩14.4》癸卯卜貞，月亡禍。屮月雨。

「生月」的月字作ⅅ、又作ⅅ，是月、夕同字的一證。

137

456.

　　隸作星。象眾星形，生聲。《說文》：「萬物之精，上為列星，从晶生聲。」卜辭有「鳥星」、「大星」、「火星」的稱謂，是知殷人對節氣天文已具一定認識。此為殷代已踏入農業社會的一旁證。

　　　　《乙6664》丙申卜，㱿貞：來乙巳酚下乙。王固曰：酚，唯屮希，其屮設。乙巳酚，明雨，伐。既雨，咸伐亦雨。改卯鳥屰。

　　　　《乙6386》☑卯☑夕霧☑日☑大屰。

「星」，又叚為生育的「生」。

　　　　《柏12》貞：翌戊申女其屰。

457.

　　即蜃字，屬蛤類之大者。象形。古人用蜃殼助耕。《淮南子‧氾論篇》：「古者剡耜而耕，摩蜃而耨。」金文農字作 ，亦可為辰字本義一佐證。卜辭多借用作地支，隸作辰。《說文》：「震也，三月陽氣動，雷電振，民農時也，物皆生。」字又借為 ，早昧爽也。經傳省作晨。

　　　　《　47》乙未卜， 貞：丙入馬其罩。

　　　　《前7.30.1》庚辰卜，大貞：雨不正辰，不獲年。

或借為振，救也，起也。

　　　　《粹1207》己亥貞：我多臣不辰。

「多臣不辰」，即多臣不來救援之意。

458.

　　从辵，辰聲，或省从止。隸作辴，即《說文》踠字：「動也。」引申有警意。《說文》：「辰，震也。」王襄、郭沫若等釋作辱，文意亦可通。唯形構稍失。卜辭習旁「自不辴」，即「師不動」，謂王師弗受震驚也。

　　　　《京4406》乙巳貞：今夕自不 。

　　　　《續3.29.5》癸未卜，在 貞：今夕自不 。茲㞢。

　　　　《續3.1.3》乙丑卜，㱿貞：茲邑亡 。

卜問「茲邑無辴」，即此邑安然無示警之意。

459.

　　从林辰亦聲，隸作檒；相當古文農字。篆文作 。示雙手持蜃殼，在田中耕耨。卜辭習言「農酚」、「農歲」，酚、歲均祭名，行祭於農時，以祈豐收。

　　　　《遺848》☑巳卜，旅貞：父丁歲，重 酚。

　　　　《佚924》丙午卜，即貞：翌丁未祊 歲，其又（佑）伐。

前辭的父丁、祊，均屬前置賓詞，乃歲、酚之祭祀對象。

　　　　《前5.48.1》己酉卜，即貞：告于母辛，重 。

字又作🐎，辰在林中，用為地名。卜辭言捕鹿於農地中。

《乙5329》壬戌卜，𣪘貞：呼多�豕网麋于🐎。八月。

网，即網。字或省林為艸，作🦌《乙282》。

460. 🦌

从林，辱亦聲。隸作蓐。即薅字之繁文，參蓐字條；隸作薅，借為蔣，拔去田艸也。卜辭言「田薅」，或即用本意；或視為地名。辭殘亦待考。

《前5.48.2》☑田🦌☑。

461. 📦

从辰在鬲中，辰亦聲。隸作䰜。《說文》無字。卜辭用為武丁時方國名，位於殷西北，曾臣屬於𢀛方的附庸部族。

《京1230》丙辰卜，𣪘貞：曰：𢀛方致📦方𩤸𢀛，允☑。

謂𢀛方率領📦方攻伐𢀛地。

462. ☁

隸作雲。形構與《說文》古文雲同：「山川气也。从雨从云，象回轉之形。」古文又作☁，象雲氣捲舒之形。卜辭用本義，有言「兹雲㞢降其雨」，乃祭此雲以求下雨。雨由雲降，見殷人已有天水循環的觀念。

《乙3294》貞，兹云其㞢降其雨。

《掇2.445》☑亘貞：兹云征雨。

征，出也。征雨與降雨同意。

《人3081》☑复云，不雨。

格，來也，至也。卜辭言『格雲』。

《合81》格云，不其雨。

《鐵172.3》☑東。云自南，雨。

463. ☽

似虫屈曲，即旬字。《周禮》注，「均也。」《說文》：「徧也。十日為旬。从勹日。」段注：「日之數十。自甲至癸而一徧。」卜辭習言「卜旬」，多在癸日卜問下一旬十天內是否有禍，並求先公先王賜予福佑。

《甲2122》癸酉卜，𡧊貞：旬亡禍。二月。

《金334》癸未王卜貞：旬亡𠙴。在三月。王占曰：大吉。甲申彡上甲。

《人2470》癸卯貞：旬又希。王亡禍。

《乙8496》癸未卜貞：旬。十月。

《粹747》己酉卜，自今旬雨。三月辛亥雨。

《乙5327》☑丁酉雨，至于甲寅⌒⌣八日。九月。

由丁酉日至甲寅日，首尾共十八天。此屬驗辭，謂九月時雨連續下了十八天之多。

464. 𠕇　𠕇

象水點自天降下，即雨字。篆文作雨。《說文》：「水從雲下也。一象天，冂象雲，水霝其間也。」古文作𠕇。

《掇1.384》其求禾于滴，又（佑）大𠕇。

《合268》丙寅卜，爭貞：今十一月帝令𠕇。

《掇240》癸卯卜，今日𠕇。

　　　　其自東來𠕇。

　　　　其自南來𠕇。

　　　　其自西來𠕇。

　　　　其自北來𠕇。

《林1.23.11》壬午卜，貞：今日不𠕇。茲卻。

卜辭除言「大雨」外，又有「㞢雨」。㞢，《廣雅·釋詁》：「極也。」借為劇烈的烈。烈雨，即今言豪雨。

《京419》貞：其亦㞢𠕇。

又，「雨疾」，即「疾雨」的倒文，謂雨勢大而急。

《佚565》貞，今夕其𠕇疾。

465. 𠕇

從雨，即霝字。《說文》：「雨零也。從雨〇〇〇，象形。《詩》曰：霝雨其濛。」雨零，即落雨也。卜辭言「霝雨」。

《掇2.1》丙午卜，韋貞：生十月不其唯𠕇雨。

《丙57》癸未卜，賓貞：茲𠕇唯降禍。

《續4.4.5》☑亘貞：翌丁亥暘日。丙戌𠕇☑。

466. 𠕇

從雨，隸作霝。乃霝字省；或即雷字，形構與《說文》古文雷同：「陰陽薄動生物者也。」卜辭習言「霝改」，即於改地有雷雨，問卜是否無災。

《後下16.11》辛丑卜，毃貞：𠕇改，不凶（死）。

《續5.34.4》庚寅卜，賓貞：𠕇改，亡不若。

467. 𠕇

從雨辛聲。隸作霎。《說文》無字。卜辭或用為殷地名。

《金739》辛酉卜，𠕇弗𡌱。弜㞢。

韋，即敦，有攻擊意。卜問此地是否會不遭受到攻擊。

《人360》貞：[甲骨文]其戈[甲骨文]。

[甲骨文]，用作否定詞，卜問此地是否有戈禍。

468. [甲骨文] [甲骨文]

從雨，[甲骨文]、[甲骨文]諸偏旁象雨霰，隸作雪。即雪字。《說文》：「凝雨悅物者也。」字又譌從雙手作[甲骨文]。卜辭習言「妹雪」，即「昧雪」，入暮降雪也。

《金189》其桒于[甲骨文]。又大雨。

《京3115》甲辰卜，[甲骨文]。

《前3.19.5》辛卯卜貞，今日征[甲骨文]。

妹征[甲骨文]。

《續4.20.12》辛丑卜貞：今夕[甲骨文]。

469. [甲骨文] [甲骨文]

從雨于聲，隸作雩。《說文》：「夏祭樂於赤帝，以祈甘雨也。從雨方聲。雩，舞羽也。」段注：「求雨之祭也。」卜辭用為外邦族名；字始見第一期甲文。

《存2.48》甲申乞自[甲骨文]十屯。敔。

《粹1503》癸亥貯乞自[甲骨文]十屯。咠。

《佚161》己卯[甲骨文]示三屯。岳。

乞，即乞，求也；示，借為致，有貢獻意。屯，為龜版數的單位詞。二版為一屯。

470. [甲骨文]

從雨兒聲，隸作霓。即《說文》霓字：「屈虹，青、赤或白色。陰氣也。從雨兒聲」段玉裁引趙注《孟子》：「霓，虹也。」卜辭問雨後有虹否！

《甲2840》貞：茲雨，不唯[甲骨文]。

貞：茲雨，唯[甲骨文]。

471. [甲骨文]

從雨從龜；或「霝龜」二字合文。隸作霾。卜辭用為外邦貢龜之一種，較罕見。

《存2.57》貞：☑來王☑唯來五☑尤至致龜：[甲骨文]八，[甲骨文]五百十。四月。

《續4.28.5》☑婦井乞[甲骨文]自☑。

殷以之作為占卜之用。

《粹1550》☑卜，習[甲骨文]一卜五☑。

472. [甲骨文]

141

从雨，下从火。隸作霙。《說文》無字。卜辭借用為殷祭地名。

《甲885》于 [甲骨文] 癸年，又雨。

473. [甲骨文]

从雨各聲，隸作露。《說文》：「雨露也。」今落習行而露廢，即降雨也。

《文677》☑卜☑在自 [甲骨文]。

卜辭殘缺，辭意或謂在屯兵地有雨；或用為名詞，與卜辭文例「在自某」互較，字乃殷駐軍地名。

474. [甲骨文]

从雨林聲，隸作霖，《說文》：「凡雨三日已往為霖。」已往，即以上也。《爾雅·釋天》：「久雨謂之淫，淫謂之霖。」卜辭殘間，用法仍待考。

《前4.9.8》☑貞：☑ [甲骨文] ☑豕☑。

475. [甲骨文] [甲骨文]

字以 [甲骨文] 為基本形構，°°，‥為飾文或示雨點。[甲骨文]即申，《說文》：「神也。七月陰氣成體自申束。从臼自持也。」古文作 [甲骨文]，象閃電激燿之形。字當隸作電，雷光也。《說文》：「陰陽激燿也。从雨从申。」古文作 [甲骨文]。《說文》虹字下：「申，電也。」于省吾《駢三》頁二言 [甲骨文] 為「靁之初文」，唯卜辭雷字作 [甲骨文]，顯非是；且卜辭多習言「[甲骨文] 來」，而雷狀聲音，不可見來去，釋雷亦不能解。此仍當隸作電字是。

《丙61》王固曰：帝唯今二月令 [甲骨文]。其唯丙不吉。☑。

《前3.19.3》乙☑雨。七日壬申 [甲骨文]。辛巳雨。壬午亦雨。

《乙7313》壬戌 [甲骨文]，不雨。

卜辭多卜問某日閃電後是否有雨。

476. [甲骨文]

即畸字。《說文》或體作 [甲骨文]：「耕治之田也。从田 [甲骨文]，象耕田溝詰詘也。」段注：「犂其田而治之，其田曰畸。」今作疇。卜辭用為耕地意。

《乙3290》☑ [甲骨文] 弗其受屮年。

☑ [甲骨文] 耤在名，受屮年。

耤，耕也。「疇耤」，即「耤疇」之倒文。名，殷地名。

《南明200》貞：☑ [甲骨文] ☑ [甲骨文] [甲骨文] ☑亡禍。三日☑。

《遺840》☑卜貞：☑告 [甲骨文] 于河。

意謂為耕地向自然神河求佑。字又增水旁作 [甲骨文]；或區地名。

《前2.28.4》☑田于 [甲骨文]，☑。

字復借為禱。《說文》：「告事求福也。」《廣雅·釋天》：「祭也。」卜辭有言「禱日」，即請福於鬼神之日。

《續6.21.5》己丑卜，出貞，🐚日其乂十祏：牢。

乂，即艾，報也。

477. 〔圖形〕 〔圖形〕 〔圖形〕

　　　隸作土，象土塊形。《說文》：「地之吐生萬物者也。」殷有四方土的觀念。

《摭2.405》壬申卜，森四土于羌（甲）宗。

《乙3287》甲午卜，征貞：東土受年。

《乙3409》甲午卜，賓貞：西土受年。

《京530》癸卯卜，大貞：南土受年。

《乙4423》☑北土受年。

　　　土有土神，能祐豐收，是以殷有「敻土」之祭。

《前1.24.3》貞：敻于土：三小牢，卯二牛，沈十牛。

沈，即沈牛以祭。

《乙4732》甲辰卜，爭，翌乙巳敻于土：牛。

土又省〇為丨，作⊥。

《粹907》東⊥受年。

南⊥受年。

西⊥受年。

北⊥受年。

　　　武丁卜辭中有方國曰土方，位於今山西省北部，其活動範圍，大致在殷的西北以至北面，與舌方和殷地的𢦏、征相接。參舌方條。

《菁2》☑丁酉允出來艱自西，征、𠦪告曰：土方圍于我東鄙，戈二邑；舌方亦侵我西鄙田。

《菁6》辛卯允出來艱自北，𢦏敏妌告曰：土方侵我田十人。

土方嘗與舌方結盟，聯兵入寇，侵擾殷北邊田地。殷王本施行懷柔政策，封冊土方，但終不能服其族眾。

《粹1098》☑戌☑𣪊貞：☑𠦪冊 土 ☑王从☑。

武丁遂親率兵自征𠦪地出討土方，並命婦好、三族圍勦之。

《後下31.6》丁酉卜，𣪊貞：今春王登人五千征土方，受出又。三月。

《殳74》☑登人三千，呼伐土方。

《戩12.12》丁巳卜，𣪊貞：王重征𠦪从伐土方。

《庫237》貞：王勿☑婦好☑伐土方。

《甲948》☑戌卜，爭貞：今三族☑征𠦪☑土☑受☑。

卜辭中，復見殷求神靈降災禍於土方，見殷人對土方為患的關注。

《卜86》癸巳卜，爭貞：告土方于報甲。四月。

《天61》貞，告土方于唐。

土方屢遭殷兵追討，卒為殷西附庸將領𢦏所擒服。

143

《䵼12.13 》甲寅卜☑貞：⌐其獲圍⌐方。

殷平定土方之亂後，為防止該部族復叛，殷王遂常親巡其地。卜辭屢言「省土方」，即「巡土方」之地。自武丁以後，土方不復為殷患。

《京1255》戊辰卜，殼貞：王徃⌐方。

《人885 》庚申卜，爭貞：王徃⌐方。

478.

從雙手持土，有用力於土，開墾荒田之意。隸作𡑙。卜辭用作動詞，習言「𡑙田」，即墾田。

《前2.37.6》戊辰卜，賓貞：令徣𡑙田于羌。

《人2363》癸亥貞：王令多尹𡑙田于西，受禾。

乙丑貞：王令𡑙田于京。

殷王命令諸臣子分往各地墾田，欲藉此拓展殷土。由《人2363》言墾田而求受禾，可以反證該字之意。

479.

從屮植於土上，示疆界，隸作垟，即古文封字。《說文》：「爵諸侯之土也。從之，從土，從寸。寸，守其制度也。公侯百里，伯七十里，子五十里。」段注：「引申為凡畛域之偁。」卜辭用本義。

《䵼33.4》☑巳卜，矣☑弜羊，啟。☑垟又（有）禍。

480.

象山嶽形，隸作山。《說文》：「宣也。謂能宣散氣，生萬物也。有石而高；象形。」卜辭「山旱」連言。甲骨中屢見烄祭山岳以求降雨，是知殷人相信山岳有主掌時雨的能力。

《佚67 》貞：允唯旱山令。

《鄴3.38.4》庚午卜，其桒于山。

《乙9067》壬午卜，𫝏，桒山。日南雨。

殷有合祭羣山，亦有專祀「某山」之習。

《掇2.159 》甲申卜，敦十山。

《掇1.376 》辛☑貞：☑烄于十山。

《鄴3.40.10 》丁丑卜，又于五山，在☑陮二月卜。

《後下23.10 》☑二山，又大雨。

《甲3643》癸巳貞：其烄丰山，雨。

《存2.133 》壬午卜，桒雨，烄山。

144

481. 〔火字形〕

象火焰燃燒之貌。隸作火。《說文》：「燬也。南方之行炎而上。」形構與山字多混。唯以上下文意別之；亦有增點以示區別。

《後下9.1》七日己巳夕㪥☒有新大星並火☒。

《寧1.484》☒卯卜，火不征。

《南坊4.51》貞：雨火。

雨，名詞作動詞用；謂卜求降雨以熄滅某大火。

482. 〔丘字形〕

象二土突出，隸作丘。篆文誤作〔丘〕，古文從土作〔坔〕。《說文》：「土之高也。從北從一。一地也。一曰四方高，中央下為丘。象形。」卜辭多言「丘某」，即某地之丘。

《乙6684》己酉卜，賓貞：勿衣呼從丘侕。

《續4.26.1》辛丑卜，𣪊貞：婦妌呼黍丘商。

丘地有種植禾黍。「呼黍丘商」，即命人在商丘之地種植。

《前1.24.3》貞：蔑于丘剝。

《南明395》癸未卜，行貞：今月亡禍。在正月，在丘疇卜。

《前5.8.2》貞：呼丘〔〕☒。

《乙7119》貞：朕芻于丘剝。

殷時或有由小臣掌管山林，稱「小丘臣」。

《佚533》小丘臣。

483. 〔岳字形〕

示羣山相連。丫、丰，或指山岳中樹木；或示諸山隱約，山外有山之貌。隸作岳。即《說文》嶽字：「東岱、南霍、西華、北恆、中大室，王者之所以巡狩所至。」古文象高山連緜之形作〔嶽〕。卜辭中岳為自然神之一，與土、河、沈水和先祖夒並受殷人祭祀。

《乙7779》癸未卜，爭貞：袞于土，燎于岳。

《粹51》☒卜，今日舞河眔岳。

《前7.5.2》戊午卜，賓貞：酚，燎年于岳、河、夒。

《後上20.10》岳眔沈酚，王受有佑。

岳神力能降施福災、瘵疾，佈雨與佑豐年。

《乙5271》庚戌卜，爭貞：岳不我老。

《鐵148》☒午卜，☒貞：王疾，唯岳☒。

《佚40》庚午卜，燎雨于岳。

《乙6881》辛巳卜，亘貞，祀岳求來歲受年。

《甲2029》辛亥卜，㞢貞，求年于岳，袞三小牢，卯三牛。二月。

岳，又用作為早期殷史官名，管理外邦來貢龜版。始見第一期甲骨文。

145

《南輔8 》壬戌，子 [字] 示二屯。[字] 。

《存1.78》己丑乞自缶五屯。徝示三屯。[字] 。

《存2.63》壬子，婦寶示三屯。[字] 。

484. [字] [字] [字]

　　從火燒林，隸作焚。《說文》：「燒田也。」卜辭用本義，見殷人已懂得焚林逐獸而獵之法。

　　　　《合194 》翌癸卯其 [字] 。囗禽。癸卯允 [字] ，獲囗豕十一，豕十五，虎，兔廿。

　　　　《乙6738 》翌戊子 [字] 于西。

　　　　《佚983 》囗亦 [字] 向三。

　　向即鄙，謂邊鄙地。

485. [字]

　　從草[字]從火，隸作 [字] ，即《說文》 [字] 字：「灼[字]不兆也。從[字]火。《春秋》傳曰：『卜戰[字] [字] 不兆。』讀若焦。」卜辭習言「今 [字] 」，字借為 [字] ，即四季春秋之秋也。

　　　　《人2529》丁丑貞：今 [字] 王其大史囗。

　　　　《後下33.1》囗今 [字] 王其從囗。

486. [字] [字] [字]

　　從山從[字]。即[字]山二字合文。卜辭用為山名。殷王嘗於此徵召人民入伍。字或省山作[字]、[字]。

　　　　《續5.24.1》貞：呼登在 [字] 人。

　　即「在[字]登人」之倒文。

　　　　《南明748 》囗致子往于 [字] 。

　　　　《合139 》貞：王往于 [字] 京。

487. [字]

　　從目山合文。隸作[字]。《說文》無字。卜辭屬殷山名。乃殷民拜祭求雨的自然神。

　　　　《存2.133 》壬午卜，求雨，叀 [字] 。

　　　　《庫1130》癸巳卜，叀 [字] 。

488. [字]

146

從山兮聲，隸作岭。《說文》無字。乃山名，或處於殷西。

《戩34.5》貞：在 ⿱ ，羌其夙。

489. ⿱

從大置於火上，隸作赤，即炆字。焚人以祭，與 ⿱ 字同。《說文》：「交木然也。」

《鄴3.364 》☒寅貞：☒射，從 ⿱ ☒。

《乙2908》戊午卜，殼貞：我狩 ⿱ ，擒。此日狩，允擒，獲虎一、鹿四十，犭（狼）百六十四，麑百五十九。 ⿱ ⿱ 业友三 ⿱ 。

⿱ ，為殷部屬名。武丁狩獵得諸獸，遂令 ⿱ 祭以謝天， 祭為三人牲。「雈炆业友三炆」，前一炆為動詞，即用火焚人祭；後一炆屬名詞。

490. ⿱

從山夲聲。《說文》無字。卜辭乃殷地名。

《摭續265 》甲寅貞：☒于 ⿱ 。

491. ⿱ ⿱

從火吉省聲。隸作烣。《說文》無字。由卜辭文例，「重某令作諸事」的「某」屬名詞。此字當為人名或族稱。

《後下37.4》貞：重 ⿱ 令從寇周。

492. ⿱ ⿱

從示從山，隸作衃，《說文》無字。卜辭用為山名。祭於此以求降雨，此山當屬自然神。

《京3866》☒其敎 ⿱ ，又（佑）大雨。

493. ⿱

從止從山，隸作屲，《說文》無字。卜辭借為殷山名，屬自然神。嘗與衃山並祭，以求大雨豐年。

《粹1539》其敎 ⿱ 。

《前4.42.6》衃 ⿱ ，重小宰，又（佑）雨。

494. ⿱

從一從山，隸作屲。《說文》無字。卜辭乃殷山名。屬自然神。

《前4.42.6》西界👁，重小宰，又大雨。

495. 屵

从小从山。隸作屵。《說文》無字。卜辭屬殷地名。
　　《前4.42.6》其求年西、屵，于屵盤豚。
盤，血祭。謂獻豚血以祭二山，以求豐收。

496. 嫪 嫪

从山好聲，或从丘，隸作嫪。《說文》無字。乃山名。屬自然神。
　　《庫1107》癸未卜，桒嫪雨。
　　《前7.1.1 》辛酉卜，亘貞，我嫪☒。

497. 虍山

从山从爿，虎首。《說文》無字。晚期卜辭中用為屯兵地；或亦山名。
　　《前2.16.2》☒在虍山師貞：祖甲祝☒。

498. 岅

从手持不於山上，隸作岅。《說文》無字。乃殷地名；或屬山名。
　　《前6.19.3》貞：☒畀于岅。

499. 峳

从山豕聲，隸作峳。《說文》無字。卜辭用為地名，或亦山名，屬自然神。
　　《後下29.8》丙寅卜，王☒峳求雨☒。
卜辭問卜於峳地以求降雨。

500. 岅

从山斤聲。隸作岅。《說文》無字。卜辭用為山名；屬自然神。
　　《佚708 》夔岅。
卜辭乃「夔于岅」之省文。

501. 峹

从山余聲。隸作峹。或作山名，屬自然神。
　　《文37.5》☒峹☒一豕。

148

502. 从宀从山，隸作宙。《說文》無字。卜辭用為殷地名。

　　　　《南誠2》自 ⟨字⟩。

503. 从三火，示焚燒。隸作焱。《說文》：「火華也。」卜辭習言「焱羌」，即焚羌人以祭。

　　　　《乙8852》妣庚用 ⟨字⟩ 羌。
　　　　《乙8691》妣庚，重 ⟨字⟩ 用羌。
　　用，即獻用意。

504. 从山吳聲，隸作峨。《說文》無字。卜辭用為山名；屬自然神。與岳並稱。

　　　　《戩21.8》丙燮岳、⟨字⟩ ☒。
　　言丙日祭諸山神。

505. 从山从側人。隸作㐰。乃山名，屬自然神。

　　　　《粹417》于 ⟨字⟩ 桼。

506. 从山妻聲，隸作嵯。《說文》無字。卜辭用為山名，屬自然神。

　　　　《粹417》于 ⟨字⟩ 桼。

507. 从山从子。隸作孟。《說文》無字。或亦屬山名。

　　　　《南坊1.33》☒ ⟨字⟩ ☒亡炎。

508. 象手持火杖之形，即燮 字《說文》，「大熟也。从又持炎辛。辛者物熟味也。」段作燮，和也。卜辭習言「夕 燮」，即貞問該晚詳和無事否之意。

　　　　《簠雜116》癸亥卜，史貞；旬亡禍。一日豕。甲子夕 ⟨字⟩，大骨至于☒。

149

509. 〔圖〕 〔圖〕

　　从火戉聲，或增从手。隸作烕。《說文》無字。卜辭屬殷人名。

　　　　《後下18.9》貞，〔圖〕不因。

　　　　《後下16.4》貞：〔圖〕其因。

　　因，即死字。此卜問烕的安危。

510. 〔圖〕

　　从火从屮，隸作灶。《說文》無字。字見第三、四期卜辭，用為外族盂方伯的專名。

　　　　《後上　18.6》〔圖〕貞：旬亡〔圖〕。〔圖〕弘吉在三月。甲申祭小甲。〔圖〕唯王來征盂
　　　　　　方伯〔圖〕〔圖〕。

　　　　《甲2416》丁卯王卜貞：〔圖〕。余其从多田于多伯征盂方伯　〔圖〕，重衣翌日步亡
　　　　　　尤。自上下于〔圖〕示，余受有佑。

511. 〔圖〕

　　　　从二火，示眾火熊熊；即炎字。《說文》：「火光上也。」字相當於焱字，卜辭
　　言炎某方族之人，乃焚外族人牲以祭之意。

　　　　《後上13.5》丙申卜，〔圖〕〔圖〕人〔圖〕在〔圖〕。若。

512. 〔圖〕 〔圖〕 〔圖〕 〔圖〕

　　从山，《說文》無字。用為晚期卜辭中殷王田狩地名。

　　　　《前3.26.1》丁巳卜貞：王田〔圖〕，往來亡災。

　　　　《後上11.7》〔圖〕卜，在〔圖〕〔圖〕田衣〔圖〕亡災。

　　　　《寧1.392》丁亥卜，翌日戊王重〔圖〕田〔圖〕茲用。王擒豕卅又七。

　　　　《人2928》戊申王卜貞：田〔圖〕，往來亡災。王占曰：吉。

513. 〔圖〕 〔圖〕 〔圖〕

　　　　即阜字。篆文作〔圖〕，《說文》：「大陸也。山無石者，象形。」
　　卜辭用本義，有「阜山」二文連用。

　　　　《佚67》貞：允唯〔圖〕山令〔圖〕。

　　又有稱王陟降「某阜」。

　　　　《文709　》戊辰卜，王曰貞：其告，其陟在〔圖〕〔圖〕卜。

　　　　《菁1　》癸酉卜，殼貞：旬亡禍。〔圖〕五日丁丑王賓仲丁祀，降在〔圖〕〔圖〕。十月。

514. 　

　　从𨸏从步，象人拾級而上。即陟字。《說文》：「登也。」與降為相反詞。卜辭用引申義，有「上獻」之意。

　　　　《前7.32.4》☑來芻　于西示。

　　　　《粹167》癸酉卜，賓貞：　歲于　。

　　　　《南明472》貞：大酌，其　于高祖王亥。

515. 　

　　从𨸏从二止，示人自上而下，會意；即降字。《說文》：「下也。从𨸏夆聲。」《爾雅‧釋詁》：「落也。」卜辭習言上天鬼神「降禍」、「降艱」、「降疾」、「降雨」。

　　　　《乙3294》貞：茲雲其　其雨。

　　　　《佚36》貞：卯，帝弗其　禍。十月。

　　　　《丙63》戊申卜，爭貞：帝其　我艱。一月。

　　　　《林2.21.8》貞：亡　疾。

516. 　

　　从人自山𨸏下降，隸作隂；亦即降字。比較下二文例可證　、　是同文異構。

(1)　　《綴28》☑固曰：途，若。茲鬼　在军𨸏。

　　　　《寧1.516》☑卜，翌日辛帝　，其入于　大宓。在宬。

517. 　　

　　从𨸏从倒人，或从倒子。象人自𨸏上墜下，即《說文》墜字：「從高隊也。」卜辭用本義。

　　　　《菁1》癸巳卜，般貞，旬亡禍。王固曰：乃茲。亦㞢希。若偁。甲午王往逐　。小臣叶車馬，破馭王車。子　亦　。

　　謂殷王田獵，由小臣叶駕馭馬車，不慎撞石翻車，陪臣子　與殷王均跌出車外。

　　　　《粹1580》☑旬亡禍。九日　，辛☑㞢災，王　。☑。

518. 　

　　从𨸏及聲，隸作陂，即𨸏字。《廣雅‧釋訓》：「盛也，高也。」卜辭用義仍待考。

　　　　《乙407》己未卜，王　征二人。

151

519. 𡸫

从𨸏敏聲，隸作𨸏。《說文》無字。或用為武丁時地名。辭殘仍待考。

《餘15.2》丁未卜，爭貞：𡸫 禍囗。

520. 𨸏

从𨸏孜聲，隸作𨸏。《說文》無字。卜辭用為地名。

《前5.42.5》囗多射圍，从𨸏。八月。

521. 𨸏

从𨸏坴聲，隸作陸，即《說文》陸字。篆文作𨸏，籀文作𨸏，「高平地。」卜辭言「某陸」，亦用高地意。

《鹽游37》王步于 𨸏陸。

522. 𨸏

从𨸏，或从耳聲。隸作阯。屬地名。

《佚838 》貞：𩆨止于 𨸏。

523. 𨸏

从𨸏奠聲。隸作𨸏。字即奠的繁體；獻酒以祭地。《說文》：「酒器也。从酉，廾以奉之。《周禮·六尊》：「犧尊、象尊、著尊、壺尊、大尊、山尊，以待祭祀、賓客之禮。」卜辭用本義，乃祭儀。

《前5.4.4 》癸丑囗貞，翌囗 𨸏 新囗直示。

《後下7.5 》囗 𨸏 羌囗囗一卣，卯牢又一牛。

《戩26.3》辛亥卜貞：其衣，翌其从 𨸏 于室。

524. 𨸏 𨸏 𨸏

从𨸏矢聲，隸作陕。《說文》無字。卜辭用作附庸族名。甲骨文中見納貢於殷，又曾遭殷王遣軍鎮壓。其族見第一期至三期卜辭。與 𡧛 族相近，見《存1.66》。

《續6.18.10 》乙巳 𨸏 示屯二。岳。

《南坊3.4 》𨸏 入十。

《乙3822》庚申卜，殻貞：𨸏 弗其協王事。

《鐵249.1 》貞：呼白取 𨸏 于囗。

《存1.66》乙亥卜貞：令多馬亞 𨸏 𨸏 省辪 鄙，至于 𡧛 侯。九月。

525. 𠂤⊗

从𠂤隹聲，隸作陮。《說文》：「陮隗，高也。」段注：「陮隗，猶崔巍。」卜辭借為耕地名。殷人嘗於此地祭五山。

《合220 》丙辰卜，爭貞：呼耤于 [字]，受业年。

《鄴3.40.10 》丁丑卜，又（佑）于五山，在 [字] 。二月卜。

526. 𠂤[字]

从𠂤莘聲，隸作陣。字或省艸。即《說文》限字：「水阜也。」卜辭為田狩地名。

《外65》[字]田 [字] 。其雨。

《寧1.397 》☑ [字] 鹿其南牧擒。

527. [字]

从𠂤心聲，隸作阷。《說文》無字。乃殷耕地名。

《續2.28.3》其征，求年于 [字] 。

《粹851 》其求年于 [字] 。

求年，即言冀求禾黍豐收。

528. [字]

从𠂤貝聲，隸作陨。《說文》無字。乃殷王田狩地名。始見第一期卜辭。

《七X11 》戊辰卜，旅貞：王其田于 [字] ，亡災。

《存1.1968》王重今日壬射 [字] 鹿，擒。

《林2.22.7》丁酉卜貞：王田 [字] ，往來亡災。王占曰：吉。

由下二文例知與阷字混同；从𠂤从 [字] 形構亦近。

《京3871》☑求 [字] ☑。

《粹837 》☑其求年于 [字] 。

529. [字]

从𠂤羑聲，隸作陔，《說文》無字。晚期卜辭用為殷田狩地名；與 [字]、[字] 地相近。

《摭續175 》丙申卜，在 [字] 貞：王今日逐于 [字] ，亡災。

《菁10.10 》☑未卜，在 [字] 貞：王步于 [字] ，不遘雨。

[字]，即稻字，位殷東南地。

530. [字]

从𠂤粵聲，隸作陶。《說文》無字。乃第二期卜辭中的殷王田狩地。

《後上14.4》辛丑卜，行貞，王其田于 [字] ，亡災。

《明396 》戊寅卜，旅貞：王其田于 𭅊 ，亡𡿧。在七月。

531. 𭅊

从㫃从西聲，隸作㢔。《說文》無字。第二期卜辭中用為田狩地。

《人1459》辛丑𡿧㞢貞：𡿧其田于 𭅊 。亡𡿧。

532. 𣲤 𣳫

象流水形，𣲤示水邊高地或水中礁石，隸作水。《說文》：「象眾水並流，中有微陽之氣。」殷人屢卜問今歲有水否，顯示殷人對水的需求甚殷。唯洪水亦構成殷人生活的威脅。

《金377 》癸丑卜貞：今歲亡大 𣲤 。

《存2.154 》乙卯卜貞：今春泉來 𣳫 次。

次，即涎字，水多而溢出也。

《乙1577》尞于㞢 𣳫 ，重犬。

字或重形作 𣳫 、作 𣳫 。

《寧1.483 》壬子卜，又(侑) 𣳫 。

533. 𣲘

象水形。用法與水字亦同。由下二文例可證。

《寧1.482 》丙子貞：不 𣲘 。

《前2.4.3 》丙戌卜貞，弜自在先，不 𣲘 。

羅振玉增訂《殷墟書契考釋》頁九：「象有畔岸而水在中，疑是川字。」《說文》：「毌穿，通流水也。」

《前8.12.4》己亥子卜貞：在 𣲘 人歸。

字或作 𣲘 ，見《前4.12.2》。

534. 𣲘

从二水，隸作㳅。征戰卜辭用為地名。

《庫267 》甲戌𡿧貞：執自 𣲘 𡿧。

《人2327》于 𣲘 伐。

535. 巛

从川，中丨形示高地。隸作州，篆文作 𻄩，古文作巛。《說文》：「水中可居者曰州。」卜辭借為地名。始見第一期甲骨。

《粹262 》乙酉卜，賓貞：州臣㞢往自 𡩜 得。

154

《南輔24》貞：∭ 臣得。

536. ∫∭
　　象魚游水中，隸作漁。卜辭用作殷水名。
　　《前4.13.5》☑∫∭ 其來水☑五月。
　　字形與用作人名的 [字形]、動詞捕魚的 [字形] 稍異。

537. [字形] [字形]
　　从川，即 ⠀ 字，今作災。《說文》：「害也。从一雝川，《春秋》傳曰：『川雝為澤，凶。』」《玉篇》：「天反時為 [字形]。」字見於第三期以後的卜辭，習見卜問殷王田狩「無 [字形]」否，即「無恙」、「無禍」。
　　　　《京4529》乙丑卜，阶貞：王其田，往來亡 [字形]。
　　　　《甲1942》丁卯卜貞，翌日戊王其田，亡 [字形]。
　　　　《人2507》乙未卜貞，王其田，亡 [字形]。

538. [字形]
　　人水酉聲。隸作酒。卜辭屬地名。殷在酒地卜求盂田豐收，二地當鄰接。
　　　　《人1932》在 [字形]，盂田受禾。

539. [字形] [字形] [字形]
　　从水亘聲，隸作洹。卜辭有分書作「亘水」。《說文》：「洹水在齊魯間。」段注：「⠀⠀齊，當依《水經注》所引《說文》、《字林》作晉。⋯⋯今洹水自山西長子縣流入經林縣東北，流經安陽縣北，⋯⋯入衛河。⋯⋯許當云：在晉衛之間」。卜辭用為河名。
　　　　《遺393》辛卯卜，大貞：[字形]弘，弗拿邑。七月。
　　　　《續4.28.4》☑殻貞：[字形] 其作，茲邑禍。
　　　　《甲903》戊子貞：其[字形]于亘水泉又三牢俎牢。
　　弘，示眾多；「洹弘」、「洹作」，皆言洹水氾濫。復有「東洹」、「西洹」之分。
　　　　《粹1061》☑東 [字形] 弗☑王☑。
　　　　《庫1019》癸亥☑貞：其☑西 [字形]。

540. [字形]
　　从水黃聲，隸作潢。《說文》無字。晚期卜辭用為殷地名。
　　　　《前2.6.1》己亥卜，在 [字形] 貞，王今夕亡𡥈。

155

《前2.5.7》戊午卜，在 [字] 貞，王其墾大家，重馱眾騽亡災，擒。

541. [字]

从水。字形未審。晚期卜辭用作屯兵地名。與沘相接。沘水在今河南滑縣附近。

《鐵3.29.5》癸未卜，在 [字] 貞，今夕自不艮，茲卸。

《通XI s》癸卯卜，在 [字] 、東沘貞，王旬亡畎。

542. [字]

从水。字形不識。用作殷駐兵地名，處殷東南。與人方同辭。字見於第五期卜辭。

《南明786》癸巳卜，黃貞，王旬亡畎。在十月又二。唯征人方，在 [字] 。

《前2.16.3》甲午卜，在 [字] 師貞：今日王步于稻，亡災。

《庫1672》庚寅王卜在 [字] 師貞：[字]林方，亡災。

543. [字]

从水，㚅聲，隸作㳠。《說文》無字。晚期卜辭用為殷王巡地名。

《文680》丙戌卜，王在 [字] 。

544. [字]

从水。《說文》無字。卜辭屬地名。殷人曾問卜於此。

《文676》在 [字] 卜。

545. [字]

从水。字形不悉。屬殷地名，與澄地相近。澄與鼓地同辭。 鼓處殷東南方。

《後上15.14》☒澄師☒[字]亡☒。

546. [字]

从水，栗聲，隸作㵖。《說文》無字。晚期卜辭用為附庸方伯名。

《鄴3.36.9》☒膚伯[字] 其征呼覺。

547. [字]

从水。或即涂字。乃殷地名。見於晚期卜辭。

《續3.30.6》☒辰卜在 [字] ☒王步☒亡災。

156

548. 𝍖

从水羌聲，隸作浇。《說文》無字。卜辭用為殷田狩地名。

《前2.21.1》☑卜貞：☑迷于𝍖　☑來亡災。

549. 𝌆

从水可聲，隸作河。《說文》：「河水，出敦煌塞外昆侖山，發原注海。」卜辭已釋為黃河之專有名詞。

《合23》癸巳卜，㪿貞：今自殷涉于𝌆東☑。

《鐵60.2》☑辰王其涉𝌆☑暘日。

殷人嘗於河祭祖問吉凶。

《卜371》☑申卜，賓貞：其酚祊于𝌆☑來辛丑☑。

《佚888》辛巳卜貞：王亥、報甲即于𝌆。

《甲717》癸亥卜，𝌆其即宗十。

即，就食也。有獻食意。

河並作為自然神之一，與岳及殷先王夔、契等並受祭奠。

《前7.5.2》戊午卜，賓貞：酚，求年于岳、𝌆夔。

《甲3610》☑契、𝌆、岳☑。

《乙2587》庚寅卜，爭貞：我其杞于𝌆。

《前1.32.2》戊午卜，爭貞：今來辛酉呼酚𝌆。

《金717》丙子卜，爭貞，袞于𝌆沈五牛。

《合301》癸卯卜，骰屮于𝌆三羌，卯三牛，袞三牛。

殷人認為河神力能降災，

《乙5265》壬寅卜，骰貞：𝌆老王。

《金598》壬午卜，賓貞，𝌆希我。

降雨，

《乙920》庚申卜，永貞：𝌆老雨。

《乙3121》貞：翌甲戌𝌆不令雨。

《乙6857》貞：勿舞𝌆，亡其雨。

及佑豐年。

《庫407》𝌆弗老我年。

《粹11》庚寅卜，唯𝌆老禾。

《鐵216.1》辛酉卜，賓貞：求年于𝌆。

殷人屢屢告災於河，以求避免戰爭和自然的災害。

《遺177》貞，于河告呂方。

《後上6.5》甲申于𝌆告方來。

《遺840》☑卜貞：告電。于𝌆。

《後上20.4》☑卜，即☑翌辛亥☑報甲歲，告☑河，衣（殷）亡老。八月。

157

550. 沈方

　　从水尢聲，隸作沈。《說文》：「陵上滈水也。」段注：「謂陸上雨積停潦也。」卜辭亦為水名。屬自然神，能施雨、佑禾，亦與岳並祭。

　　　　《南明424》其求年于沈。此又雨。
　　　　《南明455》其求年于沈。重今辛亥酚受年。
　　　　《甲2491》己巳卜，彭貞：钔于沈：羌三十人。在十月又二卜。
　　　　《後上20.10》岳眔沈酚。王受有佑。

551. 〜 巛

　　象洪水汜濫，示災害意，與增从才聲的 巛、巛 字形同，即巛。今作災。《說文》：「害也。」字見於第一至三期卜辭。晚期卜辭則作𤈦。習稱「無巛」、「其有巛」，即卜問「無災」、「其有災」。

　　　　《戩44.2》丁巳卜，賓貞：子𤔲其㞢巛。
　　　　《海2.24》辛酉卜，尢貞：王其往于田，亡巛。
　　　　《粹930》戊寅卜，行貞：王其往于田，亡巛。在十二月。

552. 茻 茻

　　从二屮。隸作茻。《說文》無字。乃武丁時方國名，其族擅射。屢犯殷地，武丁嘗親征茻方，但失利而返。地或處殷西。

　　　　《合集6647》乙亥卜，爭貞：「王往于茻」。
　　　　　　　　　　戊戌卜，爭貞：「茻方射，㞢我禍。」五月。
　　可惜其族勢未能持久，武丁以後卜辭再不復見茻方，顯見茻方已為殷人吞併，不再成為殷患。

553. 𣏾

　　从屮，:: 示枝葉茂盛兒。或即榮字省文。金文作𣏾。卜辭用為武丁時西面附庸外族，曾入貢於殷，後淪為殷祭祀人牲。其地與召方相近。

　　　　《人530》𣏾入四十。
　　　　《粹654》弜烄𣏾。
　　　　《鄴3.45.13》乙亥貞：烄于𣏾囗雨。
　　烄，示焚人以祭。
　　　　《存2.804》乙巳貞：令𣏾𣏾召方。

554. 囿

　　从囗中有屮，象園圃。隸作囿，即囿字。《說文》：「苑有垣也。从囗有聲，一

158

曰所以養禽獸曰圉。」籀文作 。卜辭用本義。

　　《前4.53.4》乙未卜貞，禾在龍 。來丁受业年。二月。

555.

　　　　从舍聲，隸作荅。《說文》無字。卜辭用為殷地名。

　　　　《佚995 》☑卜貞，王彔 ，往來亡災。王 。

556.

　　　　从乃聲，隸作艿。《說文》：「草也。」《玉篇》：「舊艸不芟，新艸又生曰艿
。」《廣韻》：「陳根草不除，新草又生相因仍，所謂燒火艿。」字或有茂盛意。

　　　　《撫讀106 》己卯貞：在囚，晏來告 。王弜黍。

辭謂囚地的晏來報告，云其地雜草未除，新草又生，故殷王不往植黍。

557.

　　　　从艸从人，隸作芡。《說文》誤作芃：「遠荒也。从艸九聲。《詩》曰：『至于芃
野。』」段注：「芃之言究也；窮也。」卜辭為方國名，其地與商近，曾淪為殷耕地。
字又重林作。

　　　　《乙8502》乙丑王夢方。

　　　　《後下19.10 》☑☑瀸☑。

558.

　　　　从艸幺聲隸作茲。《說文》無字。武丁時婦姓。

　　　　《乙6716》庚辰卜，爭，婦來。

559.

　　　　从日在艸中，或从林，隸作莫，今作暮。《說文》：「日且冥也。从日在中。」
卜辭習言「莫歲」、「莫彡」，為日將冥時祭祀之專用語詞，與「朝彡」屬對辭。

　　　　《粹263 》☑卜，祖丁歲二牢。王受☑。

　　　　《粹393 》歲妣庚。王受☑。

　　　　《粹317 》其又父己，重彡。王受有佑。

　　　　《人1887》十人又五，王受又。

字又作。

　　　　《存1.1937》重 彡。

560. （甲骨文字形）

從日在茻中，隸作朝暮之莫字。日落艸中、林中無別。卜辭用本義，用法與晚祀專有名詞的（甲骨文字形）稍異。《說文》：「日且冥也。」

《戩10.11》乙酉卜貞：王其田。（甲骨文字形）亡（甲骨文字形）。

《粹682》（甲骨文字形）于日中，遄往，不雨。

《粹695》其（甲骨文字形），不其轟雨。

轟，即遘；遇也。

561. （甲骨文字形）

從日在茻中，焦省聲，隸作（甲骨文字形）。字與朝字見於同辭異構；又同屬上古音宵部字。（甲骨文字形）當是朝字的異體。由下二文例亦可互見。

《庫1025》癸丑卜，行貞，翌甲寅后祖乙歲，朝彡。茲用。

貞：（甲骨文字形）彡。

卜辭又用為附庸族名。其酋稱伯。

《金413》辛亥卜，出貞，令（甲骨文字形）伯☒。

《遺905》貞：勿往從（甲骨文字形）。九月。

《明1913》☒寅卜，王☒在（甲骨文字形）。

562. （甲骨文字形）

象旭日剛昇出艸莽之中，與殘月並照輝映，隸作朝字。《說文》作（篆文字形）：「旦也。從倝舟聲。」

《庫1025》癸丑卜，行貞：翌甲寅后祖乙歲，（甲骨文字形）彡。茲用。

《佚292》丙寅卜，狄貞：盂田其徑椒，（甲骨文字形）又（有）雨。

字又作為地名，與虤地見於同辭。

《後下3.8》貞：旬亡禍。在（甲骨文字形）。

貞：旬亡禍。在虤。

563. （甲骨文字形）

從日在二禾中。隸作（甲骨文字形），即莫字；從禾從中通用。由下二文例比較可互證。卜辭習言「（甲骨文字形）歲」，即「莫歲」；日冥時祭也。

《粹300》丙寅卜，行貞：翌丁卯（甲骨文字形）歲：宰。在三月。在（甲骨文字形）卜。

《粹263》☒卜，祖丁（甲骨文字形）歲：二牢。王受☒。

564. （甲骨文字形）

象木枝幹之形，即木字。卜辭借為殷附庸名。始見第一期甲骨。

《卜598》貞：重（甲骨文字形）令圃。一月。

《甲600 》壬午貞，癸未王令 ✳ 方止。

《甲1167》☒卜，爭☒令 ✳ 眾☒圍，重擒。

後併為殷地，用為殷王祭祀，出巡與田狩之所。

《南南1.50》貞：夆于 ✳ ：三豕、三羊。

《甲3689》丁卯王卜在 ✳ 貞：其逐从師西，往來亡災。

《遺121 》戊午卜貞：王田 ✳ ，往來亡災。王占曰：吉。茲卻。獲豕十，虎一，狼☒。

字復為夆(✳)字之省，由下二文例比較得之。

《南明619 》癸酉卜， ✳ 于父丁卅牛。

《京906 》庚戌卜，夆于大甲三豕。

565. ✳

从木口，隸作杏。卜辭用為神名。

《甲571 》丙子卜，漏 ✳ 一牢。

《遺637 》丁未卜，其又 ✳ 于父丁，漏(福)一牢。

《南坊5.60》歲，其即 ✳ 。

即，獻食；後多接神祇之名。

杏亦借用為婦姓。

《林2.18.1》婦 ✳ ☒三屯。

566. ✳

从父杏聲，隸作䜊。《說文》無字。字見第一及四期卜辭，為侯名。

《續5.5.2 》☒寅卜，㚒貞：呼侯 ✳ 祈。十一月。

《甲3483》乙巳卜， ✳ ，龍侯 ✳ 。

567. ✳ ✳ ✳ ✳

从凵盧上有植物形，象枝葉上生茂盛兒。✳ 、 ✳ ，比照戈字的 ✳ ，从才得聲，是知 ✳ ，當隸作杏；讀為載。《爾雅‧釋天》：「夏曰歲，商曰祀，周曰年，唐虞曰載。」《釋名》：「天載生物也。」卜辭習言「今杏」，即「今載」，現今所謂「今年」。前人有釋為春或秋字，唯卜辭卜問「今杏」事情的月份包括三、四、五、十一、十二、十三諸月。如：

《後上31.6》丁酉卜，殼貞，今 ✳ 王登人五千征土方，受 ✳ 又。三月。

《鐵151.2》丙戌卜，今 ✳ 方其大出。五月。

《存1.627 》壬寅卜，爭貞：今 ✳ 王伐㠱方，受 ✳ 又。十三月 。

由三月算到十三月，或由十一月算到五月，都長達八、九個月。若言殷代春天或秋天時限可以涵蓋如斯廣闊，實難令人置信。是以宜釋作「今載」為合。且甲骨文春字作 ✳ ，秋字作 ✳ ；與此字不混。

161

568. 從木。《說文》無字。早期卜辭為田狩地名。

　　《前6.43.5》☑卜，寅☑阱，在 。

　　《合116》☑卜，王獲☑在 ☑豕，允☑獲十。

　　《後上15.1》庚寅卜，允貞：其田于 ，亡災。在一月。

　　《合121》☑雀步于 。

雀為殷西將領，是以 或亦在殷的西面。字復繁作 ，從山。參 字條。

569.

　　字形未悉。卜辭屬田狩地名。多見於晚期卜辭；或即 字繁文。與大邑商、 、 諸地相近。 又與殷西南的興方，多 ，暨乘、 等地同辭。

　　《佚987》丁未卜，在 貞：王其入大邑商，亡 。

　　《綴218》丁丑王卜，在 貞：今日步于 ，亡災。在二月。

　　《續3.30.7》甲☑在 ☑ ☑陸☑亡災。

　　《粹983》乙卯卜貞：王其田 ，亡 。

字又作為子名。

　　《乙3401》貞：鈢子 于父乙。

　　《合128》貞：子 不囚。

570.

　　字形不識。晚期卜辭用作殷地名，殷王曾於此屯兵。

　　《後上15.12》癸卯王卜貞：旬亡𢥌。在 師。

571.

　　字形不識。卜辭用為殷地名。

　　《佚228》☑在 。

572.

　　從爪採木，隸作采。《說文》：「捋取也。」《爾雅‧釋詁》：「采，事也。」卜辭用為節令名稱，有「大采」、「小采」之別。卜辭中的時節，由日「啟」而「大采」而日「昃」而「小采」，可推知大、小采分別為朝、夕間的時令。董作賓《殷曆譜》上編卷一頁四：「紀時之法，曰明、曰大采、曰大食、曰中日、曰昃、曰小食、曰小采。一日之間分七段。夜則總稱之曰夕也。……大采略當于期，小采略當于暮也。」

　　《粹1043》乙卯卜，殷貞：今日王往于 。此日大 雨，王不往。

162

《遺767》雨☒霧☒〔字〕雨。

《乙75》☒啟，大〔字〕☒允啟。

《合78》癸亥卜貞：旬乙丑夕雨。丁卯明雨☒小〔字〕日雨☒風，己明啟。

《合79》丁未卜，翌日戾雨，小〔字〕雨東。

573. 〔字〕

從木又，隸作杈。相當於《說文》抴：「械也。從木手，手亦聲。」《廣雅》：「抴謂之桔。」卜辭借為外族名。

《鄴3.46.15》☒卜，王其省〔字〕于林伯妣☒往來亡戋。

《七S81》☒執〔字〕☒。

執杈，即拘捕杈人。

574. 〔字〕

從木從攴，隸作枚。《說文》：「榦也。從木攴，可為杖也。《詩》曰：施于條枚。」由下二文例比較此疑亦杈字。從又從攴通用。卜辭為外族名。

《金477》貞：勿執〔字〕☒。

《七S81》☒執〔字〕☒。

卜辭習言「枚舟」，或指枚族之舟；或讀如「微舟」，間舟而行也。

《粹1060》癸巳卜，复〔字〕舟。

《戩4.7》弜从〔字〕舟。

575. 〔字〕

從木從人，隸作休。《說文》：「息止也。」，參〔字〕字。卜辭用為地名。

《林2.21.3》丙子卜，宮于〔字〕。

《文735》貞：女往。在正月，在自〔字〕。

「在自休」，即「在休自」（在休地之師）的倒文。

576. 〔字〕

從木角聲，隸作桷。《說文》：「榱也。從木角聲。椽方曰桷。《春秋》傳曰：刻桓宮之桷。」段注：「桷之言棱角也。」卜辭為殷地名。

《佚430》☒王其步☒于〔字〕☒在正☒。

577. 〔字〕

從木，或從冬聲。隸作柊。《說文》無字。晚期卜辭用為殷屯兵地名。

《前2.10.3》癸未王卜，在〔字〕、〔字〕師貞：旬亡畎。

578. ▨ ▨

　　從木在□中，隸作囷。《說文》：「故廬也。」段注：「囷之本義為止。」卜辭一
作動詞用，止也。「取河其囷」，即卜求河止雨於某地也。

　　　　《粹61》乙酉貞：取河其▨于☒雨。

一作名詞，屬子名。

　　　　《合390》子▨亡徇。

徇，為省字繁體，巡察也。

579. ▨

　　從木。或隸作枭。晚期卜辭乃殷臣名。

　　　　《佚11》丙午卜，王令枭耂臣于☲侯倪。六月。

580. ▨

　　從木己聲，隸作杞。《說文》：「枸杞也。」武丁時為殷的附庸，嘗封侯。王國維
《殷卜辭地名考》：「今河南杞縣。」。第二期祖甲卜辭中已用為殷田狩地，與 ▨ 相
近。

　　　　《後下37.5》丁酉卜，敝貞：杞侯藝，弗其禍，㞢疾。
　　　　《後下13.1》己卯卜，行貞：王其田，亡災。在 杞。
　　　　《前2.8.7》壬辰卜，在杞貞：今日王步于 ▨ 。亡災。

581. ▨

　　從木卯聲，隸作柳，《說文》：「少楊也。」卜辭見為殷帝辛時的田狩地，與品地
相近。位殷南。

　　　　《續3.31.6》☒在品貞，☒柳，往來☒茲獲☒鹿四十八，犭(狼)一。

582. ▨

　　從木丙聲，隸作柄。《說文》：「柯也。」卜辭為地名。

　　　　《丙83》丁巳卜，勿弃多寇于柄。

583. ▨

　　從木，巳亦聲。巳，象小子形。隸作杞；或即杍，乃李字古文，《說文》：「李果
也。」卜辭借用為武丁時婦姓。

　　　　《存2.65》婦杍示㞢七屯。賓。

《後下33.10》婦🔲示七屯又一《·賓。

584. 🔲
　　从木，字形未審。乃武丁時地名。
　　　　《前7.37.2》辛巳卜，賓貞，🔲于🔲。

585. 🔲　🔲　🔲
　　从木余聲，隸作梌。即《說文》楡字：「楡白，枌。」為第二期以後卜辭中的田獵地名。或即文獻中的徐。《尚書·費誓》序：「魯侯伯禽宅曲阜，徐、夷並興東郊不開。」《左傳》定公四年引殷民六族，有徐氏。《史記·齊世家》有徐州，在今山東曲阜以南。
　　　　《續3.27.1》壬寅卜，兄貞：王往🔲，🔲在六🔲。
　　　　《人2928》乙巳王卜貞，田🔲，往來亡災。王占曰：吉。
　　　　《金742》🔲王卜貞：田🔲，往🔲災。王占曰：吉。茲卻。獲鳥二百十二🔲。
　　　　《人2082》于🔲亡戈。
　　　　《甲907》于🔲亡戈。
　　字又叚為瘉，病甚也。
　　　　《前7.28.1》🔲大貞：作🔲小🔲亡🔲。

586. 🔲
　　从重木，隸作林。《說文》：「平土有叢木曰林。」卜辭借為殷地名。
　　　　《人2308》己丑貞：于🔲夕彭。
　　復為帝辛時方國名，地接🔲。大約位置在殷的東南。
　　　　《前2.16.4》庚寅卜，在🔲師貞：王🔲林方，亡災。

587. 🔲
　　从水林聲，隸作淋；或即林地之水名。《說文》：「🔲以水沃也。」晚期卜辭用為地名。
　　　　《續3.29.3》癸卯卜，在🔲🔲旬亡🔲。

588. 🔲
　　从林庚聲，隸作🔲。《說文》無字。乃第五期卜辭中殷屯兵地名。與🔲方、上🔲相接。上🔲在殷東。
　　　　《金493》乙卯王卜，在🔲師貞：余其🔲🔲。重十月戊申戈。王占曰：吉。
　　　　在八月。

《後下18.9》☒卜，在 [甲骨文] 貞：☒戴方，余从☒。王占曰：大吉。

《通596 》癸卯卜，在 [甲骨文] 貞：王旬亡畎。在六月。王迮于上 [甲骨文] 。

589. [甲骨文] [甲骨文] [甲骨文] [甲骨文]

　　从林正聲，即楚字，金文亦作 [甲骨文] ，篆文誤从疋。《說文》：「叢木。一名荊也。
从林，正聲。」卜辭為殷祭祀地名。字从林、从屮、从木均可通用。

　　《粹154 》于 [甲骨文] ，又（侑）雨。

　　《粹73》☒岳于 [甲骨文] 。

即言於楚地祭祀岳神。

　　《粹1315》甲申卜，舞 [甲骨文] ，高。

即於楚地舉行舞祭以求雨。郭沫若《粹考》頁一七一从孫詒讓釋楚為胥，誤。

590. [甲骨文] [甲骨文]

　　从林白聲，隸作枱。《說文》無字。比較辭例，「重某田，無災」之某為地名。如

　　《人2049》翌日戊王其田，重 [甲骨文] 田，弗每（牧）。

　　《甲793 》☒王其田重盂，湄亡☒。

　　《甲3593》戊王其田重光，亡𢦔。

是知枱當為殷田狩地名。

　　《甲653 》重 [甲骨文] ☒田，亡𢦔。

　　《佚264 》☒ [甲骨文] ☒擒。

591. [甲骨文]

　　从林从攵，隸作枚，或即散字。第三期卜辭見用為田狩地。

　　《佚292 》丙寅卜，狄貞，盂田其徃 [甲骨文] ☒又雨。

592. [甲骨文]

　　从大在林中，隸作林。《說文》無字。字與 [甲骨文] 或同。屬前期卜辭中地名。

　　《合302 》戊午卜，賓貞：呼雀徃于 [甲骨文] 。

　　《合244 》貞：呼 [甲骨文] 徃于 [甲骨文] 。

593. [甲骨文] [甲骨文]

　　从林巳聲，隸作杞。《說文》無字。卜辭為外族名，納貢於殷。其族女子稱婦 [甲骨文] 。

　　《乙4532》不唯 [甲骨文] 禍。

　　《丙6 》婦 [甲骨文] 來。

166

594. 〔甲骨文字形〕

从林屯聲；或增日，隸作萅 即春字；篆文作 萅 。《說文》：「推也。從日艸屯，屯亦聲。」卜辭習言「今春」，最早見卜於十月。

《外452 》戊寅卜，爭貞：今 萅 眾虫工。十月。

又見卜於十三月。此大致為殷時候春天的上下限。

《虀人52》☑ 萅 令殷☑商。十三月。

殷人春天播種，故有王黍、受年之卜。

《續1.53.3》丁酉卜，爭貞：今 萅 王勿黍。

☑今 萅 王黍于南。☑于南 。

《粹881 》貞：來 萅 不其受年。

春字又用為地名，殷王曾駐師於此，與滲地相鄰。滲位於殷東南。

《續3.30.4》甲申卜，殼貞，在 萅 祖，田薹☑。

《庫1672》己亥王卜，在 萅 師貞：今日步于滲。亡災。

595. 〔甲骨文字形〕

从林从人，隸作焚。與艾字通用，參 艾 。篆文从九作芃，《說文》：「遠荒也。」卜辭用為方國名，地接近西邊召方和淆。

《人2894》丁亥卜，☑珏呼 焚 、召執。在四月卜。

《後下19.10 》☑ 焚 ☑淆☑。

596. 〔甲骨文字形〕

从林，从二人，其形一正一側。《說文》無字。卜辭中用為殷地名。或與艾字同。

《前6.53.5》貞：今往 焚 。

597. 〔甲骨文字形〕

从木，果 象枝幹上果實。隸作果，《說文》：「木實也。從木。象果形在木之上。」郭沫若《卜通》頁八十九釋作葉之初文，無據。卜辭用為地名。

《金369 》甲申貞：王于丁亥步 果 。

《粹72》☑卜，又于五山。在 果 ☑月卜。

《佚392 》弜从于 果 自。

字亦為武丁時人名，與象並稱。

《乙960 》丙寅卜，哉貞：呼象同 果 ☑。

復為婦姓。

《前4.41.5》丙午卜，亘貞：婦果娩嘉。三月。

字又假為祼，灌祭也。殷人獻尸求神時有灌以鬱鬯。

《後下7.10》☑申卜，旅 果 ，其祼兄辛。

167

《乙5303》貞：亘不✦，唯埶。

此卜問亘祭祀時用人牲而不用灌祭是否適宜。

598. ✦ ✦ ✦

从木，上附✦✦；象枝葉形。隸作葉。《說文》：「艸木之葉也。」羅振玉《增訂殷墟書契考釋》頁三十五釋為桑，形構亦近似。第一期卜辭用為外邦地名。

《合249》辛巳卜，㱿貞：呼雀✦✦。

第三期以後併為殷王田狩地。與澧相近，處殷西南。

《前4.41.4》辛未☑允貞：王其往田☑✦☑災。

《林2.20.9》☑在✦貞：☑澧，衣☑亡災。

《後下16.13》貞：呼取殷，狩✦。

599. ✦

从甘。上象植物。《說文》無字。殷武丁時用為子名。

《海2.1》☑卜，賓貞：子✦不囚。

《林1.8.17》貞，今乙丑呼子✦㞢于父乙。

600. ✦

从葉从又。隸作✦。《說文》無字。卜辭為附庸致送於殷的貢物。字意仍未詳。

《存2.489》癸亥☑王省☑致✦。

601. ✦ ✦ ✦

从木从眾口。自羅振玉以降諸家皆隸作㗬，于省吾《駢三》頁二十四釋作喪字；今从于說。金文作✦。篆文作✦，誨為从亡聲：「亡也。从哭亡，亡亦聲。」卜辭習言「喪眾」、「喪人」，指亡佚、喪失師眾之意。

《失487》貞：我其✦眾人。

《林2.18.20》貞：✦其✦人。

《後下35.1》☑㞢貞：並亡災，不✦眾。

眾之喪失逃佚，或在戰爭，或在農耕時。可知眾人實為殷貴族所控制的勞動集團。

《人2142》其呼戍御羌方于義，☑戋羌方，不✦眾。

《旅順博物館》☑卜貞：眾☑糒☑✦☑。

殷農地有靠近洀，自洀地喪人可推知。

《前6.2.5》☑于洀☑✦人。三月。

晚期卜辭，喪又用作地名。為殷王田狩地。

《續3.45.3》呼轟逐鹿于✦。獲☑。

《粹978》辛巳卜貞：王其田✦，亡戋。

168

地與盂、舊、[甲骨字]、周方相近。周方位殷西南。

《甲505 》其自盂☒[甲骨字]。

《粹968 》唐霽二田：[甲骨字]、盂，又大雨。

《甲1369》乃鞛[甲骨字]、舊☒其受又年。

《金583 》庚戌王卜，在[甲骨字]貞：今日步于[甲骨字]。亡災。

《庫989 》☒周☒[甲骨字]☒。

復用為人名。唯此版家譜疑為偽刻。

《庫1506》[甲骨字]子曰[甲骨字]。

[甲骨字]子曰[甲骨字]。

602. [甲骨字] [甲骨字] [甲骨字]

从目从雙手持木。《說文》無字。字見第三、四期卜辭，為殷田狩地名。

《佚277 》辛丑卜，彭貞：翌日壬王異其田[甲骨字]，湄日亡災。

《甲1252》☒卜，狋☒[甲骨字]☒亡災。

603. [甲骨字]

象禾形，隸作禾。《說文》：「嘉穀也。以二月始生，八月而孰，得之中和，故謂之禾。禾，木也。木王而生，金王而死。从木，象其穗。」殷人習言彭祭以祓求禾黍。

《南明459 》辛巳貞：彭秦[甲骨字]于示壬。

《甲690 》乙亥貞，來甲申彭[甲骨字]，秦于兮。[甲骨字]。

求禾的對象有殷先公先王：[甲骨字]、夒、契；高祖、大宗、報甲、示壬，大乙、父丁、兮、先臣伊尹；自然神有[甲骨字]、河、岳等。

《人2361》壬申貞：秦[甲骨字]于夒，[甲骨字]三牛，卯三牛。

《南明448 》☒其秦[甲骨字]于契，[甲骨字]小宰，卯☒。

《寧1.121》☒占，希[甲骨字]于[甲骨字]。

《摭續2 》辛未貞：秦[甲骨字]于高祖，[甲骨字]十五牛。

《人2366》庚午貞：于大示秦[甲骨字]，雨。

《南明457 》丁未貞：秦[甲骨字]自報甲六示，牛；小示[甲骨字]羊。

《甲392 》己卯　貞：秦[甲骨字]于示壬三牢。

《遺668 》☒秦[甲骨字]大乙。

《人2366》庚午貞：秦[甲骨字]于父丁。

《拾2.9 》☒秦[甲骨字]于兮。

《掇2.404 》乙巳貞：其秦[甲骨字]于伊。

《掇1.384 》☒秦[甲骨字]于[甲骨字]，又大雨。

《後上22.3》壬申貞：秦[甲骨字]于河。

《南明457 》丁未貞：秦[甲骨字]于岳，[甲骨字]三小宰，卯三牛。

卜辭又多言「受禾」，意與「受季（年）」相當，求穀熟也。

　　　《粹899 》甲子貞，大邑受🌾。

　　　《佚956 》癸卯貞：東受🌾。

此卜問東土受禾否。

　　禾可用作地名。見晚期卜辭。

　　　《前2.11.2》戊寅卜，在🌾貞：☑步☑亡災。

　　　《京3974》丁巳卜，于🌾，夕酚俎。

禾字又或用為動詞，種植也。卜辭稱「🌾 🌾」，即「禾稷」，種之以稷也。稷，篆文
作🌾。古文作🌾，《說文》：「齋也，五穀之長。」段注：「北方謂之高粱，通謂之
秫。」

　　　《存1.1767》齓方用，🌾 從稷。

　　　《摭續137 》盂田🌾稷，其卯。吉🌾。

「盂田禾稷」即謂盂地田種植稷秫，遂卜問吉凶。

604. 🌲

　　　從𝔐，象山岳兒；從木。當為岳字省。由下二同條卜辭的岳字異構可證：

　　　《前4.53.4》丁亥卜☑🌲 ⅄ 屮從雨。

　　　　　　　　貞：☑ 🌲 ⅄ 屮從雨。

卜辭言「不其🌲」，當即「其求于岳」的對貞。字又作為子名，及殷田狩地名。

　　　《乙8282》子🌲 。

　　　《前2.11.5》☑在🌲☑逐☑災。

605. 🌾 🌾

　　　從又持禾，示禾黍收割，隸作秉。篆文作🌾 。《說文》：「禾束也。」《詩毛傳
》：「把也。」卜辭用收割義。

　　　《續6.23.10 》☑戌卜，賓貞，☑疾，王🌾秉。

　　　《後下10.14 》庚辰卜，賓貞，☑今☑門黍🌾 黍商秉。

秉字又用為地名。

　　　《存1.194 》☑得四年☑在秉。十二月。

606. 🌾 · 🌾

　　　從禾從匚，隸作匧。即《說文》困字；「廩之圜者。從禾在囗中。圜謂之困，方謂
之京。」字乃第四期卜辭中將領，處於殷西。

　　　《續3.43.2》己未卜，叶貞：匧獲羌。

　　　《乙55》丁丑卜，今日令 匧🌾。

　　　《人3224》☑今🌾追方。

170

607. 𥝆

　　从禾从勹，隸作利。《說文》：「銛也。从刀从和省。和然後利。」古文从勿作𥝆
　　・卜辭利字多與「無災」、「弗晦」對貞，見有吉祥意。

　　　　《存1.2036》☑亡𢦏・𥝆。
　　　　《誠445　》☑亡災・𥝆。
　　　　《菁征38》壬申卜，在攸貞：又牧，自告啟。王其呼伐，从㝵伐。弗晦。𥝆。
　　　　《前2.3.1　》其伐先・𥝆。
　　　　　　　　　　不𥝆。
　　　　《遺675　》𥝆擒。
　　　　　　　　弗𥝆。

　　字又借為黎，《釋名》：「土青曰黎。」段注《說文》：「古以為黧黑字。」王襄《菁
考・典禮》頁七引《字林》：「黧，黃黑也。」卜辭言𥝆馬，即黃黑色馬；或青馬。

　　　　《佚970　》重𥝆馬眔大騂亡災。弘吉。

　　在第一期卜辭中，利字復用為附庸部族名。

　　　　《粹1505》𥝆示六屯・爭。
　　　　《林1.8.4　》𥝆示三屯屮一イ・賓。

　　地與長族近，處於殷西北方。

　　　　《粹1588》圍長、先、𥝆・

　　後叛殷，遭殷王屢次征伐。

　　　　《寧3.76》丁卯卜貞：王伐𥝆。
　　　　《明1687》貞：二伐𥝆・
　　　　《卜731　》貞：三伐𥝆・

　　及至第三期卜辭，利族已為殷併為王田狩地。

　　　　《甲3914》庚午卜，狄貞：王其田于𥝆，亡災。

608. 𥝆

　　象手執勹割禾，示犁田耕種，隸作犁；即篆文黎字。《說文》：「耕也。从牛黎
聲。」殷人以馬助耕，卜辭貞問用右馬或左馬助耕。

　　　　《後下5.15》庚戌卜，王曰貞：其𥝆左馬。
　　　　　　　　　　庚戌卜，王曰貞：其𥝆右馬。

609. 𥝆

　　从手持勹於土上割禾，乃犁字繁文，參𥝆・卜辭言「納馬」助犁耕，字見第三期
卜辭。

　　　　《觀237　》乙未卜，㫃貞：辰入馬其𥝆。

610. 穋 穋

　　　從禾從人而大其目，隸作稷；即《說文》稷字：「䄍也。五穀之長。」即今言高粱
・古文作稷・卜辭言「禾稷」，禾用為動詞，即播種以稷。

　　　　《摭續137 》盂田禾穋，其卯，吉穋・
　　　　《存1.1767》庶方用・禾征穋・

征，出也；引申有生長意・

611. 秉

　　　從禾從口，隸作秉。《說文》無字・郭沫若《粹考》頁一一三釋作稈：「從禾加束
以示莖之所在，指事字也。字在此則讀為旱，『其旱乃雩』，『則旱乃雩』，正文從字
順。」《說文》：「稈，禾莖也。」卜辭秉字多與「燎大雨」、「祐大雨」同文，用作
動詞・郭氏說可從・

　　　　《粹780 》囗戌秉 于盂囗燎大雨・
　　　　《粹845 》翌日庚其秉，乃霽卯，至來庚又大雨・

612. 剌

　　　從刀秉，象割禾稈・隸作剌・《說文》無字・殷小臣名・
　　　　《甲624 》丁巳卜，重小臣剌以匄于中室・

613. 采

　　　從手持朴擊打禾穗，示收成打穀・隸作采・《說文》：「禾成秀，人所收者也。從
爪禾。」俗作穗・卜辭習言祭「征采」，即求佑生長禾穗・

　　　　《前6.12.3》貞：王賓敫征采 囗亡尤・

614. 瑤 瑤 瑤

　　　從玉從禾，從目；或增止・隸作瑤，《說文》無字・乃晚期卜辭殷王田狩地名・
　　　　《前2.38.4》壬辰卜貞：王田于瑤，往來亡災・

615. 秜

　　　從禾尼聲，隸作秜，篆文作秜・《說文》：「稻今年落，來年自生謂之秜。從禾
尼聲。」卜辭言「苗秜」，即種植秜稻；苗或用為人稱・

　　　　《乙3212》丁酉卜，爭貞：呼苗秜于姐，受中年・

616. 秦 秦

从禾子，隸作季。《說文》：「少偁也。从子稚省，稚亦聲。」卜辭字見於一、二、三期，為殷先公名，能降災於時王。《楚辭·天問》：「該秉季德，厥父是臧。」該即王亥，《殷本紀》作振。該父名季，與卜辭合；相當《殷本紀》的冥。

《人794》貞：屮于 [甲骨文]。

《粹74》貞：屮犬于 [甲骨文]。

《前5.40.3》辛酉卜，㱿貞：[甲骨文] 希王。

《乙2893》[甲骨文] 弗壱王。

屮，佑也。希、壱，均有災禍之意。

617. [甲骨文]

从禾人，即年字。篆文作 [甲骨文]：「穀孰也。从禾千聲。《春秋》傳曰：大有年。」卜辭用本義，習言「求年」，即冀求農作物得以豐收。冀求的對象有自然神和先王：河《續1.37.1》、岳《前1.50.1》、夒《佚886》、[甲骨文](契)《摭續116》、王亥《戩1.3》、報甲《續1.3.1》、示壬《京526》、大甲《後下27.6》、祖乙《乙3094》、祊《佚126》、苗土《簠歲18》、高祖《遺393》、沈《庫1715》、大乙《戩2.8》、祖丁《甲1275》、后祖丁、《通VI11》、方《南明425》、[甲骨文]《甲885》、滳《庫133》——等。殷人農作的範圍，以商為中心，又稱中商。種植穀物廣被四土。

《粹907》己巳王卜貞：囗歲商受囗王占曰：吉。

　　　　東土受 [甲骨文]。
　　　　南土受 [甲骨文]。
　　　　西土受 [甲骨文]。
　　　　北土受 [甲骨文]。

我們由卜辭祈求某地「受年」可以窺見農業地望的大概。將來結合農業、田狩、征伐諸卜辭中地望的研究，可以得出一整體殷代地名考。

1. [甲骨文]

　　《天24》囗㱿囗勿 [甲骨文] 不雨，帝受我 [甲骨文]。二月。

2. [甲骨文]

　　《前6.30.3》囗褒于 [甲骨文]，乃禘囗受 [甲骨文]。

3. 奠、䢅

　　《遺163》囗卜，吉貞，我在囗奠，从䢅受 [甲骨文]。

4. [甲骨文]

　　《後下40.14》乙卯囗貞：呼囗田于 [甲骨文]，受 [甲骨文]。

5. [甲骨文]

　　《菁9.7》囗卜，㱿囗在昚囗田 [甲骨文]，受 [甲骨文]。

6. [甲骨文]

　　《乙3212》苗耤于 [甲骨文]，受年。

7. [甲骨文]

　　《續2.28.6》囗賓貞：呼黍于 [甲骨文]，妞受 [甲骨文]。

8. 井

《粹880 》貞：婦姘不其受年。

9. 商

《卜493 》癸卯卜，爭貞：今歲商受年。

10. 中商

商，又名中商；與東南西北四土對稱。由同版卜辭文例可見。

《前8.10.3》丁丑囗貞：商受年。

戊寅卜，王貞：受中商年。

11. [illegible]

《乙7811》囗寅卜，爭貞：今歲不其受年。在[illegible]。十二月。

12. 舟

《簠歲4 》乙巳卜，㕣貞：羽受年。

13. 䑋、[illegible]

二地與婠𨜔同版卜辭。

《乙7009》丁未卜，㱿貞：[illegible]受年。

䑋受年。

婠受年。

14. [illegible]

《庫308 》貞：[illegible]受年。

15. 宮

《佚734 》戊午卜，宮受年。

16. 啚

《乙7672》庚辰卜，亘貞：啚受年。

17. 犬

《粹883 》辛酉囗貞：犬受年。十月。

犬，或即犬族之省稱。

18. 孚

《乙5670》貞：孚受年。

19. 陮

與𦎫𨜔同條卜辭。

《乙4631》乙卯卜，賓貞：陮受年。

20. 羊、[illegible]

《乙6753》丁亥卜，亘貞：羊受年

丁亥卜，亘貞：[illegible]受年。

羊又作[illegible]，見《摭續108 》。

21. 苗

《遺940 》苗弗其受年。

22. 夫

《綴304 》戊申卜，夫受年。

23. 龐

《佚578 》龐不其受年。

24. 亞

　　　　《丙10》甲午卜，隻 貞：亞受 年。

　　亞，或指置宗廟地；或屬地名。

25. 蜀

　　　　《乙5280》貞：蜀不其受 年。

26. （字）

　　與蜀見於同版卜辭。

　　　　《乙6422》辛巳卜，爭貞：（字） 不其受 年。

27. 轟

　　與蜀，（字） 同版卜辭。

　　　　《合248 》癸丑卜，殼貞：轟受年。二月。

28. （字）、長

　　　　《乙4658》（字） 不其受 年。

　　　　　　　　長不其受 年。

　　（字）又與 （字） 同版卜辭，見《乙6519》。

29. 晝

　　　　《乙1966》貞：晝受 年。

30. 夙

　　　　《前6.16.3》☑夙受 年。

　　夙，或言早；或亦屬地名。辭間仍待審。

31. 永

　　　　《掇1.47.6》☑永受 年。

32. 萬

　　　　《前3.30.5》☑寅卜，萬受 年。

33. （字）

　　　　《前3.1.2 》庚子卜，（字）受 年。九月。

34. （字）

　　　　《京541 》 （字） 受 年。

35. 王戈

　　　　《乙4718》癸亥卜，王戈受 年。

36. 名

　　　　《乙3290》☑疇耤在名，受屮 年。

37. 黍

　　　　《乙2734》貞：我登人在黍，不（字），受屮 年。

38. 龍、（字）

　　　　《前4.53.4》乙未卜貞：禾在龍圃、（字）受屮 年。二月。

39. 沚

　　　　《前4.33.7》己卯☑沚不☑受屮 年。

40. 濕

　　　　《甲1516》☑濕☑又 年。

175

41. 柒、箋

    《甲1369》55耤 柒、箋，其受又耒。

卜辭言「受年」的月份有，一、二、三、四；七、八、九、十、十一、十二、十三月。
如：

    《佚550 》丙午卜，爭貞：我受秊。一月。
    《鹽歲9 》甲子卜，來歲受秊。八月。

八月占卜，言來歲受年，可推知殷人農作物多在七、八月始播，明年二、三月收成。
農作大致分稻年（秊）、廩年（秊）、黍年（秊）三種。

    《遺456 》癸巳卜，般貞：我受稻秊。三月。
    《合407 》貞：我受廩秊。

618. 黍 黍 來 係

    象植物形，有增从水，隸作黍。篆文作 黍 ，《說文》：「禾屬而黏者也。以大暑
而種、故謂之黍。从禾雨省聲。孔子曰：『黍可為酒』故从禾入水也。」卜辭習言求「
黍年」，即種黍得豐收。殷人種植黍之地望有：

1. 井
    《後上31.10 》甲寅卜，㕧貞：婦妌受黍年。

2. 苗
    《乙6519》甲戌卜，賓貞：苗受 黍 年。

3. 魯
    《乙7781》丁巳卜，般貞：黍 田年魯。

4. 龐
    《續5.34.5》庚辰卜，爭貞：黍 于龐。

5. 韋
    《續2.28.6》☑賓貞：呼黍 于 韋 ，俎受☑。

6. 泰
    《遺938 》☑ 黍 于 泰 ，受年。

7. 龍
    《前4.53.4》乙未卜貞：黍 在龍囿、黍受㞢年。二月。

8. 𡆥
    《乙7750》貞：勿𡆥 黍 受㞢年。

9. 冉、𤕘
    《前4.33.7》庚辰卜貞：冉、𤕘 黍 不在茲。

10. 南兆
    《續1.53.3》☑今春王黍 于南☑于南兆。

11. 囧
    《前5.20.2》戊寅卜，賓貞：王往，致眾黍 于囧。

12. 妞

176

《陳113》庚戌卜，囗貞：王呼⚘在𡥄，受㞢年。

13. 丘商

　　即商之丘。

　　　　《戩25.12》辛丑卜，𣪊貞：婦妌呼⚘丘商。

14. 𤓰

　　　　《戩25.1》貞：婦妌𤓰𤓰。

殷種黍於北面，與今日黍普遍種植於黃河以北性質是相同的。卜辭中言種黍的方向，只一條。

　　　　《天55》貞：呼⚘于北，受年。

　　卜辭卜問某地受黍年的月份為：一、二、三、四、十二、十三。如：

　　　　《丙8》丙辰卜，𣪊貞：我弗其受𥝱年。四月。

第一期卜辭又習言「王立黍」。立黍，即植黍的儀式，示武丁勤政親耕。

　　　　《丙74》庚戌卜，𣪊貞：王立𥝱，受年。

　　　　《丙34》乙卯卜，𣪊貞：王立𥝱，若。

而耕作的基本成員為眾。

　　　　《前5.20.2》戊寅卜，賓貞：王往致眾，𥝱于囗。

　　　　《前4.30.2》貞：叀小臣令眾𥝱。一月。

黍收成則用以獻諸先公先王，作為祭品。卜辭習言「奠黍」，占卜月份只兩見，俱在十二月。

　　　　《庫1061》癸未卜，奠𥝱于二示。

　　　　《合64》辛丑卜，于一月辛酉酻𥝱奠。十二月。

「二示」，即大小二宗；泛指殷王先世。

619. 𥝱

　　象禾穗兒，相當《說文》秒字：「禾芒也。从禾少聲。」晚期卜辭作為殷婦名，有孕。

　　　　《戩19》丁未卜貞：婦𥝱㚯。四月。

620. 來

　　象麥莠之形，即來字。《說文》：「周所受瑞麥。來麰也。二麥一鋒，象其芒束之形。天所來也。故為行來之來。」《周頌》：「詒我來麰。」卜辭習用為往來、未來、來貢之來。

　　　　《林1.20.11》貞，生十三月婦好不其來。

　　　　《丙74》貞：畫來牛。

　　　　《誠349》于來日庚酻王受又。

　　　　《前7.27.2》戊辰卜，爭貞：來乙亥不雨。

字又作為地名。位殷東南。

177

《甲242 》己未卜，今日不雨。在 ⟨字⟩。

復為殷田狩地，與商、⟨字⟩、⟨字⟩諸地相近。

《京4476》貞：王其田 ⟨字⟩，亡災。

《前2.11.7》貞：商至于 ⟨字⟩。十月。在 ⟨字⟩。

《後上12.12 》己酉卜，行貞：王其步自 ⟨字⟩ 于 ⟨字⟩，亡災。

621. ⟨字⟩ ⟨字⟩

從禾來置於口中，隸作 ⟨字⟩。《說文》無字。卜辭用為殷地名，與喪、⟨字⟩ 地相接。字見晚期卜辭。喪與西南周方同辭。

《金583 》庚戌王卜，在喪貞：今日步于 ⟨字⟩。亡災。

辛亥王卜，在 ⟨字⟩ 貞：今日步于 ⟨字⟩，亡災。

字又作 ⟨字⟩，與龍圃並稱，卜求其地受年，宜屬於殷農地。

《前4.53.4》乙未卜貞：黍在龍圃、⟨字⟩，受业年。二月。

622. ⟨字⟩

從攴。《說文》無字，乃殷地名。見晚期卜辭。

《續3.31.8》☐在 ⟨字⟩ 貞：☐㹜。

623. ⟨字⟩

從又持來，隸作敉。《說文》無字。屬晚期卜辭中的殷地名。

《林2.18.12 》癸巳王卜，在 ⟨字⟩ 貞：旬亡㹜。王占曰：吉。

624. ⟨字⟩

從來丙聲，隸作 ⟨字⟩。《說文》無字。卜辭用為殷地名。

《前2.7.3 》☐卜，在 ⟨字⟩☐貞：王田衣逐，亡☐。

625. ⟨字⟩

從來從甘，隸作 ⟨字⟩。或即香字，乃殷子名。

《南明115 》貞：☐子 ⟨字⟩于⟨字⟩。

626. ⟨字⟩ ⟨字⟩ ⟨字⟩

從來從夕，隸作麥。《說文》：「芒穀。秋種厚薶，故謂之麥。麥，金也。金王而生，水王而死。從來，有穗者也。從夂。」卜辭多用穀麥本義。董作賓《殷曆譜》下編卷四頁六：「今黃河流域，種麥在冬至以前，收麥在夏至以前。⋯⋯余曾依殷代曆法考

其時之氣侯，與今無異。其種麥時期自當與現時相應。冬至常在殷曆十二月之下半或一月之下半，故種麥在其十一月至十二月。」

《前4.40.7》庚子卜，實，翌辛丑屮告🔯。

第二期後有用為田狩地名，與🔯地相連。

《遺404》辛酉卜，旅貞，王其田于🔯，往來亡災。在十月。

《南南2.252》丙戌王卜，在🔯貞，田🔯，往來亡災。

《佚518》壬午王田于🔯彔，獲商戠🔯。王賜宰封寢，小䉙祝。在五月。唯王六祀。肜日。

627. 🔯🔯

从水麥聲，隸作潩。或即麥地水名，見於晚期卜辭。殷王曾巡狩於此。與🔯、🔯二地相接。約處殷東南。

《續3.28.6》☒卜，在🔯☒田🔯，☒亡災。

《綴218》庚子王卜在🔯師貞，今日步于🔯，亡災。在正月。獲狼十又一

628. 🔯🔯🔯🔯

象手持杖打麥穗之形，示收成。隸作嫠。即釐字。卜辭多連用🔯🔯，即「馭嫠」。董作賓《安陽發掘報告》第四册訓「馭釐」意為進福。《說文》釐：「家福也。」段注：「家居獲祐也。《易》曰：積善之家，必有餘慶。」卜辭又有作延釐（🔯🔯），亦有降福意。

《合52》庚戌卜，尤貞，妣辛歲，其馭🔯。

《粹1003》馭🔯，其雨。

《前2.28.4》戊申卜貞：王田于洒𡐛，往來亡災。茲钔。獲𤉲一狼四。其延🔯。

629. 🔯🔯🔯🔯🔯

象堆木柴於火上燃燒，諸點示火燄上騰以告於神祇，屬祭儀一類。隸作燎。《說文》：「柴祭天也。从眘眘，古文慎字，祭天所以慎也。」文獻有作燎。《呂氏春秋·季冬紀》高注：「燎者，積聚柴薪，置璧與牲於上而燎之，升其煙氣。」

卜辭燎告的對象十分廣泛，有自然神如上帝、帝雲、河、岳、土；殷先公先王及妣考，如契、夒、王亥、報甲、示壬、祖乙、太甲、丁、高妣己；功臣如伊尹；四方神等。入周以後，燎才成為祭天地之專祭。

《乙4915》勿🔯帝于屮𡇬。

《續2.4.11》貞，🔯于帝雲。

《外57》乙酉貞：又🔯于報甲、大乙、大丁、大甲☒。

《合272》癸未卜，骰，🔯寅尹一豕一羊，卯三牛，冊五十牛。

179

《存1.442》辛巳卜，賓貞：⿱米于東。

卜辭言⿱米祭主要單用⿱米字，亦有連用作彭⿱米、征⿱米、食⿱米、既⿱米、登⿱米。

《佚407》己未貞：庚申彭，⿱米于☒小宰，俎大牢。雨。

《庫1138》壬子卜，征⿱米羊，卯三☒。

《合139 反》☒食⿱米☒。

《京4275》☒既⿱米于☒茲☒。

《掇1.385》登〈字〉，重豚。

⿱米祭用物有犬、豕、羊、牛、鬯、南。

《續1.53.1》癸未卜，賓貞：⿱米犬，卯三豕三羊。

《戩25.8》☒⿱米四羊四豕，卯四牛四☒。

《綴5》丙午卜，賓貞：⿱米鬯。

《前4.54.4》貞：⿱米十燎牛屮五，鬯。

《存2.275》☒⿱米二豕二羊☒二南☒。

卜辭言行⿱米祭的地方，有：

1. 〈字〉

    《粹70》貞：于〈字〉⿱米。八月。

2. 〈字〉

    《前6.7.5》辛酉卜，王⿱米于〈字〉。

3. 〈字〉

    《粹71》辛卯卜，⿱米于〈字〉。

4. 〈字〉

    《前4.7.8》癸未卜貞：⿱米于〈字〉十小宰，卯牛年。十月。用。

5. 〈字〉、〈字〉

    《合293》壬子卜，賓勿⿱米于〈字〉。

    《佚234》辛丑卜，⿱米〈字〉☒三牢。

6. 〈字〉

    《人2299》乙巳卜，⿱米五豕一羊于〈字〉。雨。

7. 〈字〉

    《續1.51.3》☒殼貞：⿱米于〈字〉。三豕。

8. 〈字〉京

    《存1.441》于〈字〉京⿱米。

9. 昌

    《庫268》貞，⿱米于昌。

10. 而

    《鹽人26》⿱米于而。

11. 〈字〉

    《乙8177》貞：⿱米于〈字〉。

12. 中田

    《乙4471》⿱米中田。

13. 木

180

《南南1.50》貞：〔燎〕于木：三牡三羊。

14. 〔滴〕

《掇1.385》王其又于〔滴〕，在右□，〔燎〕又雨。

15. 〔門〕、〔罙〕

《金189》弜〔燎〕于〔門〕，亡雨。

其〔燎〕于〔罙〕，又大雨。

16. 喪

《粹470》其〔燎〕于喪。重大牢。

17. 宮

《戩11.9》其〔燎〕于宮田，亡□。

18. 〔字〕

《庫1130》癸巳卜，〔燎〕〔字〕。

《存2.132》壬午卜，求雨，〔燎〕〔字〕。

19. 〔字〕

《佚708》〔燎〕〔字〕。

20. 丰山

《甲3642》癸巳貞：其〔燎〕丰山雨。

卜辭言燎祭於某山某河，主要是求雨。見殷人認為山河等自然神是管轄人間的降雨。卜辭有合燎十山之例。

《掇1.376》辛□貞：□〔燎〕于十山。

21. 洹

《甲903》戊子貞：其〔燎〕于洹泉□三牢，俎牢。

22. 〔字〕

《粹363》于〔字〕〔燎〕。

23. 〔字〕

《鹽雜138》于〔字〕〔燎〕。

24. 兮

《甲690》乙亥貞，來甲申酚禾，求于兮〔燎〕。

25. 〔字〕

《南明419》甲戌卜，〔燎〕羊廿于〔字〕。

26. 〔字〕

《乙200》甲□〔燎〕于〔字〕。

630. 〔字〕

從燆祭於宀下。隸作寮。或即燆字繁文。卜辭多「自寮」連用，言在師旅中舉行燆祭，以卜問征戰吉凶。

《京3316》丁未卜，行貞，王寶，敦亡尤。在自〔寮〕卜。

卜辭中燆告的對象有先妣妹。

《掇185》丁亥卜在〔寮〕師貞，韋自〔燆〕妹□。

181

631. 　【甲骨文字形】

　　从即从夏，隸作𦥑。或增从水。《說文》無字。晚期卜辭屬殷地名，殷王曾於此狩獵，與㴂、𣊠地近。㴂在殷東南。

　　《綴218》庚子王卜，在㴂師貞：今日步于【字】，亡災。在正月。獲狼十又一。

　　辛丑王卜在【字】師貞：今日步于𣊠亡災。

632. 　【甲骨文字形】

　　象捆木柴兒，焚木以告天。為尞的省文，亦夏字。乃祭祀方式。

　　《前1.30.5(+)2.25.6》☑凡母辛歲于𠨵家，致【字】。十月。

　　字形又𤾁作【字】。「夏示」，即焚木祭宗廟。

　　《甲430》【字】示。

　　《遺402》癸酉卜，其【字】三示。

633. 　【甲骨文字形】

　　从手持捆木以祭。隸作敤。與𣀇字同。卜辭為祭儀，焚木以祭。敤祭的對象主要是山嶽，以求降雨。

　　《京3866》其【字】五，又大雨。

　　《粹1539》其【字】【字】。

　　字又作【字】。

　　《人1943》其【字】【字】，又宗雨。

634. 　【甲骨文字形】

　　象植物生長茂盛兒，隸作㞋。乃撰字省體。《說文》：「首至手也。」古文作【字】。俗體作拜。叚為拔，稽首以祭；謂雙手持禾黍拜祭，以求豐年足雨。一般學者釋此字作求，於文意亦合，但㞋作【字】，求作【字】。二字形構稍異。

　　卜辭用借義，多言「拔年」、「拔禾」、「拔田」、「拔雨」於某先公先王。

　　《南明631》癸酉卜，于父甲【字】田。

　　《佚986》☑未卜，【字】雨自報甲、大乙、大丁、大甲、大庚、大戊、仲丁、祖乙、祖辛、祖丁十示，率【字】。

　　《後下7.8》貞，于河【字】年。

　　《摭1.384》☑【字】禾于㴇，又大雨。

　　卜辭又連稱「酚拔」，謂酚祭時用拔的儀式。

　　《人2984》丙辰卜，于庚申酚【字】用在商。

　　拔畢，稱「既拔」。

《甲2608》既★，王其田 ★。

635. ★ ★

雙手持農作以祭，屬祭儀一種。隸作捧。叚為拔，有省作★。見★字條。卜辭屢言「拔舞」以求雨。

《粹744 》丙辰卜貞：今日★舞，㞢从雨。
《坊T01004》庚申卜，旅貞：王賓父丁，★亡尤。在十一月。
《庫1803》貞：勿★岳。
《佚172 》壬子卜，即貞：祭其彡，★其在父丁。七月。
《京4020》☑卜，大☑既★祖丁，★十牛。
《掇2.405 》壬申卜，★四土于★。

636. ★ ★

象雙手拔木於土上，隸作捧，與★字同。叚為拔。《詩·甘棠》：「勿翦勿拜」。卜辭有言「拔木」。

《鄴2.38.7》☑午卜，舌貞：☑★木。

637. ★

从阜★聲，隸作陸。《說文》無字。晚期卜辭中用作殷王田狩地名。

《前2.24.6》☑貞：王逐于★☑亡災。

638. ★ ★

从馬★聲，隸作驛。《說文》無字。或為殷附庸族名；亦為田狩地。

《甲2033》貞：弜田★，其雨。
貞：重★先田，亡災。

639. ★

象豕形，隸作希。《說文》：「脩豪獸，一曰河內名豕也。从彑，下象毛足。讀若弟。」籀文作★，古文作★。希、祟古同屬實韻，可通叚。卜辭希多借用作祟，有降災意。《說文》：「祟，神禍也。从示从出。」

《前5.40.5》辛酉卜，㱿貞：季★王。
《乙7602》于王亥★我。
《粹401 》于高祖★，又匄。

《前5.18.1》癸丑卜，出貞：旬屮 ![字] ，其自西屮來艱。

《前6.17.7》旬亡 ![字] ，王疾首。中日 ![字] 禍囗。

《庫1595》癸未卜，爭貞：旬亡禍。王固曰：屮 ![字] 。三日乙酉夕 ![字] 。丙戌允屮

　　來入齒。十三月。

字增繁作 ![字] 。

《鐵151.1 》丙戌卜，賓貞：子商其 ![字] ，禍。

《拾10.3》貞：疾目，不 ![字] 。

復作 ![字] ，由下二文例可互證。

《明2282》囗王弗其 ![字] ，翌日告在囗。

《京1149》王弗 ![字] 囗。

640. ![字] ![字]

亦希字，為希字繁體。卜辭叚作祟，降災禍也。

《明716A》囗旬又(有) ![字] ，王曰：圉。

《後下24.13 》丙子卜，今日 ![字] 召方執。

641. ![字]

象猴人立之形。隸作夒。《說文》：「貪獸也。一曰母猴，似人。从頁，己止夕，其手足。」卜辭稱高祖夒，與河、岳、報甲合祭以求豐年。其祀序又在報甲之先，是知當為殷先公名。又，夒屬豪韻，考諸殷先公唯帝嚳字从告亦聲，屬號韻；可通叚。卜辭的高祖夒當即《殷本紀》的帝嚳。

《前7.5.2 》戊午卜，賓貞：酌，桼年于岳、河、 ![字] 。

《粹1 》重高祖 ![字] 祝，用。王受又。

《粹3 》囗 ![字] 暨報甲

642. ![字] ![字]

从夒反手持戌於背，示暗襲意。隸作戛，衍為戕；即《說文》撲字：「挨也。」卜辭有背後突襲的意思。

《存1.570 》丙子卜，㕚貞：呼 ![字] 呂。

《掇2.117 》壬申卜，㲋貞，登人呼 ![字] 呂。

字又用為農作地名。

《讀1.51.5》壬辰卜，其桼年于 ![字] 。叀，又羌。茲用。

《粹15》其桼雨于 ![字] ，叀九窜。

《存1.196 》乙未卜貞，于 ![字] 告秋。

《卜532 》貞： ![字] 雨。

卜辭復有「 ![字] 伯」，見第一期甲文。

《人1 》辛酉卜，賓貞：叀于 ![字] 伯一牛。二月。

184

643.　𣪊　𣪊　𣪊

　　　从眉从戈，隸作蔑。《說文》：「勞目無精也。从苜，人勞則蔑然。从戍。」字段作無、作莫，有缺乏的意思。《詩·板》傳：「蔑，無也。」《廣雅》：「蔑，無也。」卜辭屢言「蔑雨」，即「無雨」。

　　　　《前6.7.6》己未卜，賓貞：𣪊雨，唯壱。

　　　　《後下37》戊寅卜，爭貞：雨，其𣪊。

　　字又作人名，與伊尹並稱受祭，當亦為殷初功臣。

　　　　《前1.52.3》己亥卜，殷貞：虫伐于寅尹，亦虫于𣪊。

　　伐，砍人以祭，為祭祀專名。

　　　　《甲883》其又(佑)𣪊眔伊尹。

　　　　《前6.7.7》己卯卜，余尞于𣪊：三牛。九征。

644.　𐀤

　　　象牛首曁角之形，即牛字。《說文》：「像角頭三封尾之形。」稍誤。殷人登牛以祭鬼神。

　　　　《京4183》☒亞五牛，在𣪊。

　　　　《乙8406》丙子卜，尞牛于祖庚。

　　卜辭書牛數：用一牛作𐀤，二牛作𐀤，三牛作𐀤，四牛作𐀤。殷習記牲數附於牛角，與羊字同。

　　　　《乙7284》貞：尞于河，致牛。

　　　　《乙5317》☒呼雀用牛。

　　　　《乙3216》翌癸丑虫祖辛牛。

　　甲文中有黃牛、黎牛之別。

　　　　《續2.18.8》貞：禘于東，阱，禍犬，戔三宰，卯黃牛。

　　　　《粹301》丙戌卜，行貞：翌丁亥父丁歲，其黎牛。

　　島邦男《殷墟卜辭綜類》頁二一二所收的牛、牛諸形，均是牛字的異體。由下列文例可作互證。

　　　(1)《續1.53.1》甲申卜，賓貞：戔于東三豕三羊，禍犬，卯黃牛。

　　　　《續2.18.8》貞：禘于東，阱，禍犬，戔三宰，卯黃牛。

　　　　《人1918》重黃牛。

　　　(2)《乙7120》重幽牛虫黃牛。

　　　　《明820》幽牛。

　　　　《粹550》重幽牛。

645.　𐀤

　　　从倒人，隸作屰。《說文》：「不順也。」武丁時西面有方國名「晚屰」。

《庫1288》☑ 宜、虢☑。

宜地與虢見於同條卜辭。虢復與㠯亦連用，是知宜、虢都是殷西地名。

《甲3588》癸丑卜，彞在宜、在虢門祝。乙卯酚，品彞自祖乙至毓☑。

《人2146》戌从㠯、虢方戌。

武丁曾親自率軍伐彼方，卜辭三見，大敗之。其後吞併該族而為殷西邊田獵地。

《京71》庚申卜，殻貞，伐虢屮，㦬。

《佚631 》☑伐虢屮，㦬。

《拾4.17》貞：王伐虢☑㦬。

《鹽游102 》乙卯卜，韋貞：呼田于屮。

646. 主

从卜、主，隸作主。讀為宔。《說文》：「宗廟宔祐。」《榖梁》文公二年傳「為僖公主」注：「主，蓋神之所馮依。」俗稱木主，狀正方，穿中央。天子長尺二寸，諸侯長一尺。卜辭例僅一見，名詞當動詞用：求神主護佑。

《佚909 》貞：主于祖辛。

647. 屰

从倒人，或即屰字。唯孤證難徵。用為殷地名。

《六束69》貞：呼从在屰。

648. 逆

从步止，隸作逆。《說文》：「迎也。」卜辭作抗拒、迎擊之意。

《鄴3.44.10 》己巳貞：王逆執，又（有）若（諾）。

此辭卜問殷王迎擊執囚之亂的吉凶。

字又用作名詞，屬方族名，地種農芻。卜辭中有見來貢。

《丙43》逆入十。

《前4.53.2》甲戌卜，屰貞，角取逆芻。

549. 屰

从倒人，隸作屰字。一作方族名，或即虢屰之省稱。

《乙6948》貞，呼取屰。

《鄴3.38.2》戌屰，弗雉王眾。

字又讀如逆，卜辭言「屰河」即「逆河」。東行為順，西行為逆。逆河，或即曲逆黃河之方向。殷京處洹水之濱，當備受河患。

《南坊1.13》貞：令屰河。

「令屰河」，疑是昔日殷王室商討攻治水患的實錄。唯仍屬孤證。

186

650. 〔甲骨文字形〕　　〔甲骨文字形〕

　　隸作牢、窂。从宀，象山谷，圈谷以畜養牛羊。字可與泉作〔字形〕，象谷中流水相對照。《說文》牢：「閑養牛馬圈也。」

　　卜辭从牛，从羊無別。由下辭同文異構可見。

　　　　《金466》辛未其出于血室五大牢。七月。
　　　　　　　辛未其出于血室十大窂。七月。

　　牢、窂均有大小之異。大牢即太牢，祭用牛；小牢即少牢，祭用羊豕。《儀禮》注：「凡牲一為特，二為牢。」卜辭有「牢又一牛」，可證用二牲為牢。此與甲骨二〈為一屯相類同。

　　　　《存1.2334》其牢又一牛。茲用。

　　殷人用牢祭，主要是為求雨、求年。

　　　　《粹26》甲辰卜，乙巳其燮于岳大牢小雨。
　　　　《後下23.6》辛卯貞：其燎禾于河二〔字形〕囗。

　　祭牲用牢之數，一般是用一牢，簡稱「牢」；或用二、三牢。亦偶有多達五十、五百牢，但各僅一見。

　　　　《粹20》癸巳貞：酌于父丁，其五十小〔字形〕。
　　　　《乙9098》五百〔字形〕。

651. 〔甲骨文字形〕

　　从牛丄。丄，示男性生殖器，郭沫若說。象公牛。隸作牡，从士，畜父也。《說文》作牡，誤。甲文中牡牝連用。

　　　　《乙4590》貞：勿出牝，重牡。
　　　　《續2.15.2》囗貞：囗生于高妣囗牡牝。

　　牡字多見於第二期以後的卜辭，用以歲祭祖妣。

　　　　《前5.47.5》囗酉卜，大貞：母辛歲牡。
　　　　《人1547》貞：父丁歲牡。

　　卜辭引牡牛之色有白、黧黑。

　　　　《誠152》囗王囗乙丑其又伐，歲于祖乙白牡。王在卜。
　　　　《戬42.4》己丑卜，王曰貞：黧牡。

　　用公牛牲之數有作「牡若干」或「若干牡」。

　　　　《拾1.4》出于報甲七牡。

　　有合文，如五牡作〔字形〕，三牡作〔字形〕。係數於牛角。

　　　　《掇1.202》貞：囗于土出囗燮九囗出羊囗卯囗〔字形〕囗。
　　　　《京1122》囗卜囗〔字形〕。

652. 〔甲骨文字形〕

187

从牛幺，隶作牦。《說文》無字。幺，小也；象子初生之形。牦，即幼牛，會意。殷用為祭牲。

《戩3.7》丁酉卜，即貞：后祖乙呂 牦。四月。

呂，即宮，合祭也。

653. 牝

从牛从匕，隶作牝。《說文》：「畜母也。」比照麀，牝鹿；妣，歿母；妣，老婦之祭，和甲文的 豕、麀 等字例，可知匕示女性符號，或即妣之省。卜辭見用牝祭祀祖、妣。字與公牛的 牡 屬對文。

《佚99》貞：來庚戌业于示壬妾，妣庚牝、羊、豕。

《通43》甲戌卜，旅貞：翌乙亥后祖乙歲牝。七月。

辭例見有「黧牝」，即黑色母牛。

《京3436》☒黧牝。八月。

牝字又有分寫作 丿牛。

《庫1097》弜丿牛。茲用。

《南明525》其用丿牛十又五。

654. 牝牡

从牛匕士，隶作牝牡。為牝、牡二字合文，示牛公母各一。

《前1.33.7》甲申卜，钔婦 豕、牝己二 牝牡。

655. 羴

从羊牛，隶作羴。卜辭用為祭牲，疑即《說文》犉字：「黃牛黑脣也。从牛辜聲。《詩》曰：九十其犉。」

《戩24.5》父甲歲 羴，茲用。

《前1.12.7》丙申卜貞：康祖丁祊其牢、羴，茲用。

656. 沖

从水从牛，又倒牛作 沖。隶作沖。《說文》無字。象投牛於水中以祭；與卯祭、俎祭對文。卜辭中作為祭河的用牲方法。

《掇1.550》辛未貞：蓁禾于河，叀三牢，沖 三牛，俎牢。

《後上25.3》己亥卜，賓貞：王至于今水，叀于河三小牢，沖 三牛。

《前2.9.3》乙巳卜，爭貞：叀于河五牛，沖 十牛。十月在門。

《存2.182》貞：叀于土三小牢，卯二牛，沖 十牛。

657.

隸作 牲。从牛陷埋於阬中，有阱意，與 凵、兕、鹿、麤、山、羌 字同；亦用牲方法。與 沉 相類。然而一埋於土，一投於水。比較以下二文例可證。

《前1.32.5》☑ 叀于河一牢， 二牢。

《合339 》丙寅卜貞， 叀于河三牢， 三牢、俎一牢。

牲 多用於祭河。

《後下23.10 》戊☑ 于河二牢。三月。

《南輔20》戊午卜，王 叀于瀧三牢， 三牢。

658.

从攴牛，隸作牧。《爾雅·釋地》：「郊外謂之牧。」卜辭有捕捉意。

《遺758 》甲戌卜，賓貞：在易， 獲羌。

牧又用作人名或族稱。

《乙7191》 入十，在敦。

659.

象羊首屈角。隸作羊。羊除用作祭祀的牲口外，復有用為婦名。

《續6.24.9》婦 示十屯。

及地名，屬農作地。

《乙6753》丁亥卜，亘貞： 受年。

受年，即祈求該地農作物得豐收。

660.

从羊，隸作 芈 。《說文》：「羊鳴也。从羊，象氣上出，與牟同意。」卜辭用為方國名，

《甲262 》戊戌卜，又伐 。

後併為殷地。

《南明493 》癸巳☑于 。

661.

从羊，或 亦 作 。隸作洋。意或與羊同。卜辭洋牛連用，為祭品。示眾羊。

《甲827 》丁丑卜，王其卯 牛于☑。

《鄴3.42.9》☑ 莫 、牛，大乙☑牛。重☑。

洋又與豕連用。

《鐵86.3》☑辰卜，般貞：蕭 叀十豕、 ，卯☑。

叀、卯均用牲之法。「叀若于牲」、「卯若于牲」為卜辭常例，是知 當即羊字繁體

189

字又用為殷武丁時人名。稱：「子洋」。

《存1.1070》☒實貞：子 𦎫 。

《拾9.1 》貞：子 𦎫 不因。

662. 𦎫

从三羊，隸作羴。《說文》：「羊臭也。」卜辭為地名或族稱，處殷西；與沚同辭

《前1.31.5》欠弗戈 𦎫 。

《鐵18.1》沚其戈 𦎫 。

663. 𦎫攴

从羴从攴，隸作𦎫攴。《說文》無字，卜辭用為殷人名。字見第四期卜辭。

《庫1506》喪子曰 𦎫攴 。

𦎫攴 子曰收。

《濟5.1.4 》戊寅卜，自貞，陝弗其致㞢示 𦎫攴 。二月。

664. 羒

从羊从士，隸作羒；即公羊。相當《說文》羝字。殷人用為祭品。有與公畜的牡 牲連用。牡牲主要用以祭先公先王。

《甲387 》壬子卜，甲寅侑大甲羒，卯牛三。

《人2300》乙巳貞：酌，桒妣丙牡、羒☒。

《乙2854》辛未卜，卯于祖☒ 羒、豭。

665. 羘

从羊从匕，隸作羘，即母羊。相當《說文》牂字。為殷祭牲。有與豕連用。

《乙8852》甲戌卜，又妣庚羘。

《粹396 》貞：☒桒生于☒庚、妣丙☒豕、羘。

牝牲多用以祭母妣為主。

666. 洋

从羊，投羊於水中以祭，隸作洋。與沈牛的浵字相當。屬動詞，乃用牲方法。

《佚521 》☒洋三牢。

667.

從水宰亦聲，隸作濘。二牲為宰，投羊以祭曰洋；置宰於水曰濘。為用祭之法，

《合452》貞，𡊄于河宰🖐 卯二牛。

668.

設阱陷羊於坑中，隸作𦍧。字參見𦍧。亦為用牲之法。

《甲823》

669.

從羊從攴，持杖驅羊，示行牧，隸作𤥻。《說文》：「夏羊牡曰𤥻。」字又可隸作𤘗，與《說文》養字古文略同。

卜辭有用作附庸族名，其酋稱伯。

《續5.7.9》癸酉卜，古貞：呼𨑃取 🖐 于𤥻 鄙。

《戩33.15》癸巳卜，令𤥻 𨑃。

《遺901》貞：☑往于𤥻。

《乙409》戊午卜，𧪻，令𤥻 伯☑。

字又從手作𤘗，其地產農作。

《乙5026》貞：呼取𤘗芻。

𤥻人曾淪為人牲，並作為殷祭祀先祖之用。

《庫1620》戊子卜，出貞，𤥻高十人。八月。

《前4.34.3》貞：勿𤥻用。一月。

《甲1131》乙亥卜，賓貞：二𤥻屮☑用自☑。

《誣2》辛未貞：于大甲告𤥻。

670.

從勹束羊首，勹象繩索。隸作𢌿。《說文》無字。卜辭為方國名，與召方、呂方同條卜辭，其活動範圍大致在殷西。

《鄴1.40.2》癸巳☑于一月伐 𢌿眔 召方，受又。

《存1.351》☑呂☑其致 𢌿 方。

武丁時 𢌿 方已為殷人平定，其酋長被用為祭牲。

《後下33.9》丁卯，賓貞：☑𢌿伯𡥉用于祊。

其族歸順殷朝，屢次來貢。且復助殷人耕作，與奴眾無異。

《乙4512》𢌿入五。

《甲3510》癸巳卜，賓貞：今眾人☑入☑𢌿方☑「墾」（墾）田。

《天3510》辛卯☑今眾☑𢌿☑十月。

殷人復取𢌿方族眾為人祭犧牲。

《京4381》☑𢌿方其用。王受☑。

𢌿方在殷人壓逼下，亦受制於呂方，成為呂方致送貢品予殷的對象。

《存1.351》☒昌☒其致𢼒方。

𢼒方力弱，一直到第三期卜辭，𢼒人仍然是殷的附庸，承受着殷人無情的驅策。

《前8.6.1》癸未卜，𰈚令𢼒人☒屮及𠬶。

字又增从又，作𰈚。

《鐵252.1》丙申卜貞：𰈚 其屮災。

671. 𤜮 𤜮

象獸張口修身拳尾。隸作犬，象形。卜辭中與羊豕等同用為祭品。

《乙3429》乙亥卜，𣪊貞，今日𤜮三羊三𤞤三犬。

《金639》甲午卜，今日𤜮于寅𩵋二犬二𤞤。

《乙1577》𤜮于屮水，重犬。

《前6.21.3》戊戌☒禘寅𩵋二犬。

《前4.17.5》貞：帝于𩁹三羊三𤞅三犬。

《人2298》癸亥貞：今日帝于巫豕一犬一。

𤜮、柴祭。帝，禘祭；為盛祭。《周禮》：「五歲一禘」。巫祝主之，稱巫禘。

犬又可作為捕獸之用。

《粹924》其从犬，曰：擒，又(有)狼。茲用。

卜辭復用為殷附庸名。總稱「多犬」，地種農作。

《粹883》辛酉☒貞：犬受年。十月。

曾助殷西伐異、長、周等族，其酋稱犬侯。

《續2.24.1》貞，多犬及異、長。

及，從後而前，有追趕意。

《續5.2.2》己卯卜，𠂤貞，令多子族从犬侯寇周。

並助殷王獵，編置行伍之中。

《乙5329》壬戌卜，𣪊貞：呼多犬網麑于𡦦。八月。

《粹932》戊辰卜，在灃，犬中告鹿。王其射。亡𢦒。擒。

672. 𤝈

从犬从廾，隸作𤝈。《說文》無字。雙手獻犬以上祭，與尊彝字類同。卜辭多見殷王在師旅途中祭奠，獻犬以問吉凶。

《續2.16.1》庚午卜，大貞：王其𤝈，亡尤。九月。

《文716》王在自稻𤝈。

673. 𤟇

从二犬，从二手持丿，象農具；由耤作𤟇可參。示人持農耤器具驅犬以耕。《說文》無字。甲文用為田獵地名，距黃河不遠。始見於武丁卜辭。

《卜669》貞：自𤟇☒于河。

《粹973》戊子卜貞：王其田 [甲骨文]，亡戈。
《人2165》在 [甲骨文] 卜。

674. [甲骨文]

象犬陷埋於凵阱中，隸作㐜。《說文》無字。卜辭用為埋牲祭祀之法。由殷墟發掘若干犬骨埋坑可證。

《續2.18.8》貞：禘于東， [甲骨文] ，囚豕，奧三宰，卯黃牛。
《前7.3.3》辛巳卜，爭貞： [甲骨文] 三犬，奧五羊，卯四牛。一月。

675. [甲骨文]

从犬冎亦聲，隸作猾。為田、 [甲骨文] 的繁體。讀為災禍的禍字。見於第四期以後卜辭。《說文》：「害也。神不福也。从示冎聲。」

《前3.27.7》癸未王卜貞，彡，肜日自 報甲至于多后，衣亡咎自 [甲骨文] 。在四月。唯王二祀。
《前8.7.1》庚辰卜貞，男 [甲骨文] 亡 [甲骨文] 。

男，用力於田。卜辭貞問墾田於 [甲骨文] 是否無禍。

676. [甲骨文]

从犬往亦聲，隸作狂。見於第三期甲文，卜辭用為往字繁體，增从犬；如冎之作猾同。由下二文例「王往田」亦可互證。

《後上14.8》王 [甲骨文] 田，湄日不轟大風。
《人2026》于壬王迺往田，湄日囗。

677. [甲骨文]

从犬从匕，隸作牝，即牝犬。卜辭為人名。

《後下5.10》囗重 [甲骨文] 呼从侯囗。

678. [甲骨文]

从犬彡，即尨字，《說文》：「犬之多毛者。《詩》曰：無使尨也吠。」卜辭用本義。

《佚946》囗一 [甲骨文] 。

復用為人名或附庸族稱。

《前4.52.3》貞：令 [甲骨文] 囗。

193

679. 𤞤

　　從犬 田， 田 為甾之古文，隸作狁；即猶字。卜辭用為外族名。
　　　　《粹1164》己丑卜貞，畐以沚㢟伐𤞤，受又。
　　　　《後下42.4》癸亥卜，今夕𤞤臺，𢦏。
　　字又作𤞤。猶族與畐、雀、寧、𣏟、沚等殷西將領互有征伐。畐族位於殷西南方，是知猶族的大致方向。
　　　　《前7.12.1》癸巳卜，爭貞，畐𢦏𤞤。八月。
　　　　《拾4.13》貞：𤞤不其☒于雀。
　　　　《乙7751》乙未卜，爭貞：我𢦏𤞤。在寧。
　　　　《合集6942》☒般貞：𤞤伐𣏟，其𢦏。
　　　　《合集6937》乙酉卜，貞，畐从沚伐𤞤。
　　猶族勢不大，嘗侵擾殷邊地　。
　　　　《佚779》貞：𤞤其𢦏☒。
　　　　《合集6942》☒般貞：𤞤伐𣏟。其𢦏。
　　殷王親率眾伐猶，
　　　　《遺481》乙未卜，般貞，勿隹王自征𤞤。
　　　　《前7.18.2》乙丑卜王貞，余伐𤞤。
　　並敗之於寧地。
　　　　《乙7751》乙未卜，爭貞：我𢦏𤞤。在寧。
　　復呼令殷西將領雀、㝬、多子、𤞤、沚、畐先後伐猶，大敗之，復擒其族眾。
　　　　《林2.15.11》庚寅卜，般貞：呼雀伐𤞤。
　　　　《合集6931》庚寅卜，般貞：呼㝬伐𤞤。
　　　　《合集6933》☒貞：☒多子呼伐𤞤。
　　　　《合集6934》己卯卜貞：重𤞤伐𤞤。
　　　　《合集6937》乙酉卜貞，呼畐从沚伐𤞤。
　　　　《前7.12.1》癸巳卜爭貞，畐𢦏𤞤。八月。
　　　　《掇1.117》☒畐禽𤞤。
　　　　《合集6943》丁未☒貞：余獲𤞤。六月。
　　猶遂淪為殷邊地，不復振。
　　　　《乙6671》☒𤞤不其𢦏。

680. 豕

　　即豕字。象形。短尾下垂，突肚。為殷王田獵物及祭牲。
　　　　《甲3339》辛未卜，亘貞，往逐豕，獲。
　　　　《合205》貞，王其逐豕獲。弗𡉈豕，獲屮二。
　　　　《掇2.34》丁巳卜，又尞于父丁百犬百豕，卯百牛。
　　　　《遺899》癸卯子卜，至小宰，用豕。
　　殷人祭小牢用豕，大牢用牛，與文獻相合。
　　　　牝豕除合文作𧱐外，有寫作「母豕」。

《乙6404》貞：賣于王亥，母 [字]。

681. [字]
　　　從豕，ミ象豕身鬣毛，隸作彘；相當《說文》豪字：「[字] 豕，鬣如筆管者，出南郡。從[字]高聲。」或隸作豬字亦通。《說文》：「豕而三毛叢居者，從豕者聲。」卜辭為牲品。
　　　《鐵62.1》壬辰卜，王貞，令侯取 [字] 。貯涉。
　　　《金124 》癸丑卜，王曰貞：翌甲寅乙酉[字]自上甲，衣至后，余一人亡禍。茲一品祀，在九月。轟示癸，[字]。
　　　《佚883 》癸未貞：重今乙酉又父歲于祖乙五 [字] 。茲用。
牝彘曰「母彘」。
　　　《粹120 》☑巳貞：其又三祊：母 [字] 。

682. [字]
　　　從豕，二足為口所圍，隸作豕。《說文》：「豕絆足行豕豕也。從豕繫二足。」卜辭或用為繫豕從祭。唯屬孤證。
　　　《文748 》貞，呼取 [字] 。

683. [字]
　　　從豕，、示生殖器，即牡豕。隸作豝，相當《說文》豭字。字多見於早期卜辭，用本義；牡豕又作[字]，多出現於三、四期卜辭之後。
　　　《合272 》癸未卜，殼，賣寅尹一 [字] 一羊，卯三牛。沉五十牛。
卜辭有白豭，與牡豝連用。
　　　《拾1.10》辛巳貞，其來生于牝庚、牝丙：牡、豝、白 [字] 。

684. [字]
　　　從肉豕，隸作豚。《說文》：「小豕也。從又持肉以給祠祀也。」古文作豚。卜辭均用為祭品，小豬。
　　　《粹27》丁酉卜，王其沉岳。賣，重豕十眾 [字] 十。又(佑)大雨。
　　　《寧1.112 》重 [字] 五，又雨。
　　　《前2.23.6》五十 [字] 。
卜辭有白豚。
　　　《誠263 》又☑白 [字] 。

195

685. 𢦐

从豕，隸作剢。一貫其腹，明該豕非家畜，乃由田獵而獲得者。有用戈戟捕獲，曰「戈剢」；有用矢射而獲，曰「矢剢」。字相當《說文》彘字：「豕也。从彑、从二匕，矢聲。」

《寧2.37》癸巳卜，爭貞：乂白𢦐 于妣癸，不又。王固曰：吉。勿又。

《乙2381》貞：叀三羊三犬三 𢦐 。

《乙766 》丙戌卜，乂于父丁，叀𢦐 。

《粹221 》壬寅卜，桒其伐歸。叀北𣎯用，廿示一牛，二示羊，致四戈 𢦐 。

《乙8804》祝亞：矢𢦐 。

字又作𢦐 作𢦐 ，明以矢射豕，見殷捕豕之法。隸作豩。有用作名詞或動詞。

《後上18.5》癸卯卜，賓貞：井方于唐宗：𢦐 。

《前4.51.4》戊寅卜貞：媺矢 𢦐 。

《乙5377》庚午卜，賓貞：田，𢦐罔。

字亦為附庸族名。

《乙4484》𢦐 入十。

復淪為殷祭祖的人牲奚役。

《乙189 》囗父乙：三奚𢦐 。

686. 𧱧

从豕，二象豕身上紋飾，有區別義。仍隸作豕。晚期卜辭用為人名或族稱。

《前8.8.3 》庚辰令𧱧，唯來彘以龜二。若令。

《後下40.13 》貞：呼𧱧囗。

687. 𧲛

象豕形，十象豕身上斑紋，亦用以別義。乃豕類一種，如𧱷、𧳆 等屬。

《鐵142.2 》囗叀于東母囗 𧲛 三豕三囗。

《京4203》癸卯貞：其又囗六 𧲛 囗。

688. 𧲛

从豕士，隸作𧱝。牡豕也。參 𢦐 字。卜辭用為殷祭牲。與牡、牝連用。

《明2259》戊申卜，用𧱝。

《粹396 》辛巳貞：其桒生于妣庚，妣丙：牡、牝、白𧱝。

689. 𢇛𢇛

从豕匕，隸作𢇛。乃牝豕合文。相當《說文》𢇛字。字與牝、牝、𡮑、嘼、南連用。為祭品。

《佚99》貞：來庚戌业于示壬：妾，妣庚：牝、羊、🔣。

《粹396 》貞：☑𡥈生于☑庚，妣丙☑🔣　🔣。

《前1.9.7 》其🔣、💢于祖乙。

《乙2833》貞：🔣、南于父乙。

《合59》庚申卜，呼取🔣、猻。

690. 🔣　🔣

　　从犬亡聲，隸作犹。即《說文》狼字，亡良古音同部：「似犬，銳頭白頰，高前廣後。」學者有以犹从亡讀無，以無讀同狐。唯所論過於轉折，今不取。且黃河流域多見狼蹤，自古皆然，而狐屬較南方之獸類，是知卜辭與鹿虎等獵物同辭的犹字宜讀為狼。甲骨文有「白狼」。

　　　　《乙2908》戊午卜，般貞：我狩🔣，擒。之日狩☑擒，獲虎一、鹿四十，🔣
　　　　　　百五十九。

　　　　《後下41.13 》戊王其射閂🔣。湄日亡戈。擒。

　　　　《存1.2374》壬寅卜，貞，王田🔣，往來亡災。王占曰：吉。茲钶。獲虎一、
　　　　　　🔣六。

　　　　《粹956 》☑王卜貞：☑🔣，往☑亡災。獲鹿☑二，白🔣 一。

擒獲狼的地方有：🔣《乙2908》、閂《後下41.13 》、舊《前2.26.1》、🔣《前2.17.3》、雞《佚547 》、 🔣《存1.2374》、 🔣 《綴附3 》、 🔣《人2928》、🔣《遺121 》、木《遺121 》、喪《前2.41.8》、奚（或即雞字省）《前2.42.3》、🔣《前2.27.5》、旅《前2.29.1》、 🔣《續3.24.4》、 🔣《前2.43.3》、 🔣《前2.29.4》、 🔣《續3.27.3》、 🔣《前2.27.7》、 泆榘《京5301》、 🔣《前2.32.5》、 🔣《前2.44.3》、柳《續3.31.6》、 🔣《續3.30.2》等地。

691. 🔣　🔣

　　从豕从口，隸作啄。為豪豕一類。《說文》無字。

　　　　《南南2.207 》王其从🔣彖，告🔣于☑在盂☑。

　　　　《乙7445》貞：𠬪三羊☑犬、三🔣。

　　　　《乙4733》☑𠬪于土，重羊业🔣。

字又用為殷附庸將領名。

　　　　《乙8712》甲申卜，令宅🔣，征。

　　　　《摭續133 》王其从🔣沘于止（此）。擒彖。

692. 🔣

　　象豕形，大其尾。亦為豕字，屬專有名詞。見第一期卜辭。用為祭地名。

　　　　《七T3》丙午卜，般，卯于🔣：十牛。

　　　　卯，殺牲以祭。

693. 象人奉有孕之豕以祭。或隸作𢆰。《說文》無字。

《前6.47.8》☑其业𢆰 ☑東。

694. 从豕，丨丨象欄棚，隸作𠁁。相當《說文》㝅字：「以穀圈養豕也。从豕㝅聲。」

《乙4543》☑卜，亡𠁁，𢦏二豕二牡。

695. 从圍从㹠，隸作圂。《說文》無字。此示殷人田獵捕獲野豕，復置於圈豢以畜之，字別於飼家畜的𠁁。

《乙811 》貞：呼作𢦏于圂。

《前4.16.7》貞：于圂。

696. 从豕从子，隸作豯，即《說文》㝅字：「小豚也。」卜辭或用本義。

《遺279 》貞：重𤮻令取豯，宁。十三月。

697. 从三豕，隸作𣕐。《說文》無字。卜辭為地名。

《人268 》丁卯卜，令執致人，田于𣕐。十一月。

698. 从豕。隸作豙。《說文》：「从意也。」卜辭為武丁時人名。

《乙7674》辛卯卜，爭貞：豙獲☑。

699. 从水从豕，隸作㴲。卜辭中在徵召軍隊時有稱：「呼㴲」，或示師旅出征誓，投豕於水中以祭。唯辭殘缺未足徵。

《庫402 》貞：登人☑呼㴲☑田。

字或重豕作𣲖；見《京2839》。

700. 𢆰

198

从豕从倒止，隸作 ⿰ 。《說文》無字。卜辭用為武丁地名，處殷西北，與呂方同辭。

《佚21》乙丑卜，㲯貞：曰：呂方其至于 ⿰ 土，其⿱凵⊿。

《合302 》庚申卜，㲯貞：呼王族征，从 ⿰ 。

701.

象形，即馬字。《說文》：「象馬頭髦尾四足之形。」卜辭中的馬有白、黑之別，曰：「白馬」、「驪馬」。

《乙5305》貞， 呼取白 馬 致。

《佚203 》重驪 馬 。

《佚970 》重新 馬 㞢大驛，亡災。

卜辭亦用為方名，曰：「馬方」，與羌、呂方及黃河相接近。羌族中有謂「多馬羌」，或即羌族中與馬方有關連的一支。

《陳116 》丁亥卜賓貞：重翌呼多 馬 羌。

《粹1554》貞：令多 馬 羌。

馬方位於殷西，涉黃河向東入侵殷邊。

《前4.46.4》丁未卜，爭，告曰： 馬 方⊿河東來。

《卜592 》⊿ 馬 ⊿涉⊿。

殷人一面籲求上帝祐，一面積極圍勦，卒擒服馬方。

《乙5408》甲亥卜，爭貞，我伐 馬 方。帝受我祐。一月。

《京1681》⊿未卜，賓貞， 馬 方其圍。

《林1.17.11 》⊿擒 馬 ⊿。

《乙4718》己巳卜，雀取 馬 ，致⊿。

馬方遂淪為殷附庸，助殷征伐他族。

《寧1.506 》重三族 馬 令。

《合集7480》貞：勿令多 馬 ⊿。

《佚378 》甲午卜亘貞：登 馬 呼伐⊿。

有為殷隊伍先行，曰：「先馬」。後成為殷專有官名。

《京3817》从先 馬 。其雨⊿。

《粹1154》戊申卜， 馬 其先，王兌从⊿。

《京4471》翊日辛，王其田， 馬 先，⊿不雨。

馬方受殷軍編制，分左右中三組，一組百人。

《前3.31.2》丙申卜貞，旫 馬 左、右、中人三百。六月。

又其族有曾任小臣之官，得殷王寵幸。

《粹1152》⊿來告大方出伐我自，重 馬 小臣令⊿。

702.

从馬，畜置山谷中，隸作寫，與牢、宰字義相類。卜辭用本義。

《寧1.521 》王圍馬在茲 [字] ☑母戊，王受☑。

703. [字]

从馬牢，示用馬祭。隸作騂。卜辭言祭祀以大牢用馬，曰：「大騂」；祭以小牢用馬，曰：「小騂」。

《佚970 》重駕 [字] 大 [字] ，亡災。

《福29》重小 [字] 用。

704. [字] [字]

从馬士，隸作馬士；即牡馬。相當《說文》騭字。卜辭有用為祭牲。

《福29》重丁 [字] 用。

《通733 》乙未卜， [字] 貞，自貯入炊，」 [字] 其犨，不 [字] 吉。

705. [字]

从馬从驪省，隸作驦。相當《說文》驪字：「馬深黑色。」卜辭用為祭牲。

《佚970 》重 [字] [字] 大騂，亡災。

706. [字]

从馬爻聲，隸作駁。《說文》：「馬色不純。」卜辭用為雜色馬。

《甲298 》重并 [字] 。

《殷71》庚戌卜貞：王☑于麌、 [字] 、 [字] ☑。

707. [字]

从馬麗聲，隸作驪。《說文》：「馬深黑色。」段注：「《魯頌》傳曰：純黑曰驪。按引申為凡黑之偁，亦叚黎黧為之。」

《通730 》重 [字] [字] 驪，亡災。

708. [字]

从馬習聲，隸作騽。《說文》：「馬豪骭也。」言脛足高大的馬種。卜辭用本義。

《通730 》重 [字] [字] 小騽，亡災。

戊午卜，在滴貞：王其墾 ，大馬重駃 [字] 騽 [字] ，亡災。擒。

709. [字]

200

从馬从高从老，隸作驘馬。李孝定先生《集釋》引唐蘭《殷墟文字記》頁十七釋為驕。《說文》：「馬高六尺為驕。」卜辭屬名詞，與駱連用。

《通730》重驘馬采小駱亡災。

710.

从馬犬聲，隸作駃。《說文》無字，或即驖字：「馬蒼黑襍毛。」卜辭為馬名。

《通730》戊午卜，在滴貞，王其遲，大馬重駃采駱，亡災。擒。

711.

从馬史聲，隸作駛，或即《說文》駃字：「駃騠，馬父贏子也。」段注：「謂馬父之騠也。」

《通733》乙未卜，零貞，囗又駛其辇，不舞。

712.

从馬从匕，隸作牝馬。《爾雅釋獸》：「牡曰騭，牝曰騍。」辭殘用意仍未審。唯與《通730》「小駱」比觀，駱屬馬名，此「小牝」當用為小母馬之意。

《續5.26.8》囗小駁囗子白囗不白。

713.

从馬从辇卉植於壘石中。卜辭為地名；或即飼馬地，相當《說文》騶字：「廐御也。」

《前2.15.1》庚子卜，在貞，王田囗。

714.

象獸而大其角，隸作兕。篆文作兕，古文作兕。《說文》：「如野牛，青色。其皮堅厚可制鎧。象形。」段注：「野牛，即今水牛；與黃牛別。」卜辭為殷王田獵對象。殷王用逐、射、焚諸法獲兕。

《通XI3》貞，翌辛巳王勿往逐兕，弗其獲。

《後下38.5》王西射兕兕。

《合194》翌癸卯其焚，擒。癸卯允焚，獲兕十一，豕五十、虎、兔廿一。由《合194》可見殷人有用焚林逐獸，然後加以圍捕的原始田狩方法。

殷人捕獲野牛的地方有，葉《合116》、屰《前4.47.6》、棥《遺121》、宰《遺121》、木《遺121》、鹽《續3.24.5》、重《粹940》、麥《佚518》、采《前2.13.4》、料《文724》、徐《外54》、喪《京4487》、商《續3.

201

28.5》、潢《前3.5.7》、去《前2.11.1》、橐《撥2.399》、⿰《甲3939》、北麓《南坊3.70》、東麓《後下13.14》等地。

另外，殷附庸亦有以兕牛來貢。

《七T1》癸未卜，亘貞：畫來我⿰。

殷人用兕祭祖。

《甲3914》戊午卜，狄貞，唯⿰于大乙。

《拾3.11》貞：⿰⿰于祖☑。

兕有白兕、騂兕之別。騂，讀如熾，赤也。騂兕，即棕色野牛。

《甲3939》在九月。唯王☑祀，肜日。王田狌于⿰，獲白⿰。

《佚518》壬午王田于麥麓，獲商騂⿰。王賜宰封寢。小斨祝。在五月。唯王六祀。肜日。

715. ⿰

从兕从井。隸作⿰。《說文》無字。乃象陷兕牛於阱中。為卜辭中捕獸法之一，與焚狩，田射，逐擒等方式不同。

《人2123》☑卜，其⿰，重☑擒。

716. ⿰ ⿰

即象字，象形。《說文》：「南越大獸，長鼻牙，三年一乳。象耳牙四足尾之形。」殷商時黃河流域仍有象的蹤迹。兩周以後因氣候的轉變，南移而絕迹中原。卜辭用本義。

《前3.31.3》☑獲⿰。

《後下5.11》貞：☑其來☑⿰☑。

象或在殷西附近出沒，見與羌人同辭。

《合122》☑⿰不其來☑羌。

有用為殷人祭祖之牲。

《乙7645》丁酉卜，爭貞：契⿰。

即用象祭殷祖契也。字又用為人名，與⿰侯同辭。

《乙7342》貞：重⿰令从⿰侯歸。

717. ⿰ ⿰

以手牽象鼻，引象而行，隸作為。金文作⿰。字多見於第一期甲文，用引申義：「作為」、「引為」解，卜辭習言「為賓」。賓，敬也；禮敬先祖，賓事所祭之尸也。參《詩經·絲衣》序。即作為主祭者之意。

《合132》王⿰我賓祖辛，又王。

《乙3664》貞：⿰賓。

「為賓」有倒用作「賓為」。見同條對貞卜辭。

《南明143 》丁卯卜，瞉貞：我勿 🖿 賓。

乙丑🖿貞：我重賓 🖿。

《乙2524》癸酉卜，爭貞：重賓 🖿。

卜辭有「取為」，似是同意疊詞。唯屬孤證殘辭，仍待考。

《乙2307》🖿取 🖿 🖿。

718. 🖿 🖿

　　示獸四足垂尾之形，角向外彎，與羊首的 🖿 字相類。象羊。唯其身修長，當為大羊專稱，相當《說文》羱字：「羬羊百斤左右為羱。」卜辭有連稱「羱羊」。公羱曰：「羱牡」：均為殷人的祭牲。

《合173 反》重乙亥 🖿 羊。

《續1.51.4》貞：业于 🖿 ：十 🖿 牡。

字又用作為邊地名。

《乙7137》貞：雍芻于 🖿 。

《乙6705》貞：方勿于 🖿 。

719. 🖿

　　象牛首身尾之形。長其體，示大牛也。相當《說文》特字。卜辭有「黃特」，為殷祭牲。

《合268 反》炛東：黃 🖿 。

牝特合文作 🖿，大母牛也。

《乙1943》其郇 🖿，不🖿。

特字又作人名，稱「子特」。

《金738 》🖿于子 🖿 郇婦 🖿 子。

720. 🖿

　　从矢射特牛，為殷人捕獵野牛之法，與用箭射豕的 🖿（ 🖿 ）字相類。隸作 🖿。《說文》無字。有引申為射襲意。

《前6.46.5》戊申🖿 🖿 戋東🖿 自西从于此，執🖿。

「 🖿 戋東」，即攻佔戋族的東面。

721. 🖿

　　象野牛形，具角鬐尾，即累字。與 🖿 字同。

《寧1.470 》癸巳貞：旬亡禍。王茲 🖿 。

「王茲累」，當即「王獲此累」之省文，屬驗辭。

722. 𝍏 𝍎

　　象獸，首大身短而豎小尾，即兔字。卜辭用為武丁時方國名。繁體作 𝍏，从石。其族處殷的西南，與 🀄、林、羌、𐤠 等屬於同條卜辭。🀄 地見於𢆶方出沒範圍，而𢆶方位於殷的西南，是知兔方的大致方向。

　　　　《前7.2.4》己卯卜，爭貞：今春令 𝍏 田，从 𐤠 至于 🀄，獲羌。

　　　　《合244》貞：呼 𝍏 往于林。

　　兔方曾與殷邊附庸 𐤠 交戰。

　　　　《合集6662》☒爭貞：曰：𐤠 㞢 𝍏 方。允☒弗其伐。

　　卜辭見殷王親自討伐，敗 𝍏 方。𝍏 方降為附庸。

　　　　《合集6661》壬午卜，王取 𝍏 方。

　　　　《乙7828》☒王令 𝍏 ☒。

　　武丁曾令兔人往圍羌族，活捉羌人，並納貢於殷朝。

　　　　《人941》庚子卜，賓貞：𝍏 獲羌。

　　　　《明2343》☒般貞：𝍏 來羌。

　　　　《乙2688》𝍏 致四十。

723. 𝍐 𝍑 𝍒

　　象獸，短尾而巨首長鼻，即象字，與 𝍑 同。唯屬第三期以後卜辭寫法，與金文作 𝍒 字相近。殷王田獵獲象的地方，有：𝍓 《前3.18.1》、喪《前3.18.1》、梌《續3.24.2》、𝍔 《庫1536》等地。

　　　　《續3.24.2》壬午卜貞：王田梌，往來亡災。獲鳥百四十八，𝍐 二。

　　殷人有用大象祭祖。

　　　　《甲2769》己丑卜，彭貞：其 𝍑 祖丁，𝍕，衣IP。

724. 𝍖

　　从兔由口穴突出。隸作 𝍗。讀如 𝍘，疾也；赴也。俗作 趨。《一切經音義》引《廣雅》：「趨，行也。」卜辭亦有出行意。

　　　　《乙7490》王逐麃，不其 𝍖。

　　字有作人名，稱「子 𝍖」。

　　　　《庫1165》壬寅㞢子 𝍖。

　　又作地名。殷王曾狩獵於此。

　　　　《七S90》辛巳卜，☒甲申重☒于 𝍖。

　　　　《乙6374》王田 𝍖 麃。

725. 𝍙

象持殳逐兔，殳亦聲。隸作𣪊，《說文》無字。字讀如殳。《說文》：「以杖殊人」；有擊打意。

《合132 》戊午卜，爭☑其 🔣 茲邑。

《菁1 》癸巳卜，𣪊貞：旬亡禍。王固曰：乃茲，亦㞢希。若偁。甲午王往逐，小臣叶車馬硪，🔣 王車，子🔣亦墮。

董作賓先生《殷曆譜》下編卷九頁三十七釋作馭：「同御，此假為禦，當也。」唯馬形之特徵為頸項上鬃毛及𢑡尾，與 🔣 形曁短尾異。董說仍待商榷。

726. 🔣 🔣

隸作豸，象形。《說文》：「獸長脊行豸豸然，欲有所司殺形。」卜辭作為祭牲。

《甲3914》戊午卜，狄貞：🔣 、豕于大丁。

即用豸與豕牛上祭於先公大丁之意。

727. 🔣

从兔在囗中，隸作圐。或為畜兔圈地。《說文》無字。卜辭僅一見。

《存2.522 》 🔣

728. 🔣

从豕内聲，隸作𤢒。《說文》無字。卜辭借用為人名。

《續5.31.2》貞：重 🔣 令☑。

729. 🔣

象獸形，似豸而垂尾。字乃「小豸」合文，為第四期卜辭中殷王婦名。

《柏10》己未卜，𡆥貞：婦 🔣 ☑歲☑母庚。

《庫1606》癸未卜，婦 🔣 㞢妣己：南、豕。

《前8.12.3》戊辰卜，王貞：婦 🔣 冥余子。

殷王卜貞其婦冥余子，即問娩孕有朕子否。其子有曰「子🔣」。

《前6.50.2》☑丑卜，王☑子🔣 ☑㞢疾。

《合390 》子🔣 亡㞢。

730. 🔣

象獸形，露利齒，具爪垂尾，屬虎；八示角。相當《說文》虦字：「虎之有角者也。从虎广」《廣韻》：「似虎有角，能行水中。」卜辭用為田狩地名，始見於第一期甲文。

《續3.40.1》貞：王勿往狩，从 🔣 。

205

《卜410》☑擒 [字]。允擒，獲鹿八十八，　一、豕卅又二。

禽麂，即擒於麂地，省介詞「于」。謂殷王狩獵於麂地，而果有所獲。

《粹1580》☑旬亡禍。九日 [字]。辛☑虫災，王墜。

卜辭乃謂該旬第九日在麂地卜問吉凶。

731. [字]

象獸巨首張牙豎尾，即虎字。《說文》：「山獸之君。从虍从儿。」卜辭用為方國名，與 [字] 字同。位殷西南。

《殷19》貞：令望乘眾下 [字] 途 [字] 方。十一月。

732. [字]

即虎字，具虎文利齒，象形。卜辭用為武丁時附庸 [字] 侯名。

《前4.44.6》貞：今☑从 [字] 侯 [字] 伐 [字] 方，受虫又。

《菁7》戊戌卜，殼貞：王曰：侯 [字] 往。☑。

《遺647》戊戌卜， [字] 勿禘于 [字]。

《甲3017》 [字] 入百。

字又借為副詞，讀如劇，疾也。用力之甚也。

《續2.28.5》☑王大令眾人，曰：脅田其 [字] ，受年。

謂殷王令眾用力於田，辛勤耕作母有殆惰，則上天自會賜降豐年。

卜辭復有用虎字本義者，字或大其首，作 [字]。見於各期卜辭。

《續4.7.2》壬午卜，賓貞：獲 [字]。

《遺121》壬子卜貞：田宇，往來亡災。王占曰：吉。茲卟，獲豕一、 [字] 一、
狼　七。

卜辭見殷人獲虎地有：宇《遺121》、木《遺121》、 [字]《佚943》、澧《卜643》。

733. [字]　[字]

从虎，首有角，或即《說文》麂字；參 [字]。卜辭用本義，字多見於第三期以後的卜辭。

《掇2.77》乙未卜，其 [字] [字] 于父甲　。

此言用角虎祭先王父甲。

《乙8519》辛卯卜，自，自今辛卯至于乙未 [字] 陷。

《合387》甲☑ [字] 于☑ [字] [字]。

[字]，用網捕虎，屬動詞。

734. [字]

206

从戈捕虎，與執杖的啟、設阱的 ![字] 同為捕虎方法，隸作 ![字] 。當為「戈虎」二字合文。持戈戟以捕虎也。

《存1.743 》☑王往 ![字] ☑ ![字] ，允亡炎。

《卜643 》☑遘虎☑ ![字] ☑。

735. ![字]

从虎，屮示角。或即虓字。《說文》：「虎之有角者也。」與 ![字] 字同。卜辭屬孤證，見第一期甲文。

《續5.7.9 》癸酉卜，㞢貞：呼泥取 ![字] 于殺鄙。

泥，屬殷西邊族。卜辭言「取虓」，即獵獲角虎於殺地的邊鄙。

736. ![字]

从虎从匕。匕，即牝省，隸作虎。牝虎也。卜辭見殷王獻虎於鬼神，以求免禍。

《佚664 》貞：王禍，其 ![字] 。

《乙7310》㞢疾齒，唯蠱 ![字] 。

737. ![字]

从虎田聲，隸作 ![字] 。《說文》無字。乃殷田狩地名，有鹿、豕等野獸。

《甲393 》重 ![字] 田，亡戈。

《甲621 》弜射 ![字] 鹿，其晦。

《後下36.8》重 ![字] 豕，射亡戈。

738. ![字]

从虎宁聲，隸作虎宁。《說文》無字。乃殷王田狩地。卜辭言西射於虎宁地，位置當處殷西，地有象牛。

《寧1.389 》王其射 ![字] 象，擒。亡戈。

《後下38.5》王西射 ![字] 象。

739. ![字]

从水虎聲，隸作 ![字] 。《說文》無字。卜辭中屬殷地名，與 ![字] 相近。 ![字] 在殷東南。

《前2.5.5 》壬寅卜，在 ![字] 貞：王步于 ![字] ，亡炎。

740. ![字]

象攴扑擊虎，隸作啟。或即《說文》虢字。卜辭言「虢禽」，用字之本義。

《人1845》☑卜，王其 [甲骨文]，擒☑。

[甲骨文]，為𤞤的異文。即擒字。

741. [甲骨文] [甲骨文] [甲骨文] [甲骨文]

　　从虎从口，或譌从火；字或增从二虎，示設陷擒虎。相當《說文》[甲骨文]字：「兩虎爭聲也。从㹜从曰。讀若愁。」卜辭用為田狩地名。

　　《存1.1969》戊子卜貞：王其田 [甲骨文]，亡𢦏。

　　《佚904 》辛卯卜，王叀 [甲骨文] 鹿逐，亡𢦏。

　　《粹968 》[甲骨文] [甲骨文] 二田：喪、盂，又大雨。

　　《甲675 》豚眔羊，[甲骨文] 用。

　　即在𧇽地用豚與羊以祭的意思。

　　《存2.817 》叀戊省 [甲骨文] 田，亡𢦏。不雨。

742. [甲骨文]

　　隸作盧，象爐具。《廣雅·釋器》：「䰟缶也。」卜辭習言「盧日」，讀如「戲日」。即「麾日」，言行軍點將之日。麾，《說文》：「三軍之偏也。」

　　《鄴3.36.9》☑ [甲骨文] 日（𠬝 其征，呼饗。

　　《甲886 》庚申卜，[甲骨文] 。翌酌甲子。

　　《粹109 》☑ [甲骨文] ，肜屯自報甲。

　　「國之大事，在祀與戎」，殷人行軍之日，必先祭獻宗廟鬼神，以佑吉祥。盧，又用為方國名，乃𧇽方之省。

　　《存1.1947》☑ [甲骨文] 方☑。

743. [甲骨文] [甲骨文]

　　从虎省，且聲。或增又。隸作𧇽。《說文》：「乂爪也。从又盧聲。」段注：「用手自高取下也。」字多見第四期以後，屬方國名。與𢆶方見於同條卜辭。

　　《甲807 》戊，及 [甲骨文] 方，𢦏。

　　《人2147》☑𢦏圍 [甲骨文] 方。

　　《鄴3.43.4》𢆶方叀 [甲骨文] 方作☑。

　　字又增从艸，作 [甲骨文] ；與𣏾地相近。

　　《後上18.9》☑卜，在 𣏾 貞：☑ [甲骨文] 方，余从☑。王占曰：大吉。

　　《金493 》乙卯王卜在 𣏾 師貞，余其章 [甲骨文] 。叀十月戊申𢦏。王占曰：吉。

　　　　　　在八月。

　　後降於殷，轉而為殷地。

　　《甲3588》癸丑卜，犅在𡧛在 [甲骨文] 門祝。乙卯酌，品屯自祖乙至后。

　　《明1494》☑王，翌乙丑☑一月。在 [甲骨文] 。

　　字復用為人名，曾任殷小臣之官。

《南明760 》叀小臣 。

<<春秋>>襄公十年有䣜地，三傳作柤。<<說文>>：『沛國縣，从邑虘聲。今酇縣。』段注：『今河南歸德府永城縣縣西南有故酇縣城。』地接淮河，為古淮夷出沒地。金文有稱𢧢淮夷〈彔卣〉、𢧢東夷〈小臣謎簋〉。

744. 

从水虘聲，隸作滮。水名。《說文》：「滮水出北地、直路西，東入洛。」俗稱沮水。段注：「今沮水出陝西鄜卅中部縣西北子午山，東流經駱駝岡，翟道山南。」卜辭殘簡，仍待考定。

《乙152 》乙巳卜，巫叶☐ ☐。

745. 

从皿虘聲。隸作盧，屬晚期卜辭方國名。或即𢧢字異體；與𢧢方同。

《鄴3.43.7》叀 伯 呼 伯、羊方 、 方、 方。

746. 

从木虎首，或即虘省。隸作樝。《說文》：「樝，果似棃而酢。」俗作柤棃。卜辭主見於第四期。用為田狩地名。殷王亦曾屯兵於此。

《京3648》庚午卜，王在自 卜。

《鄴3.49.13 》☐卜在 ☐田，衣逐☐災。

747. 

象獸形，兔首，豎尾，足稍長，當即㲋字，《說文》：「㲋獸也，似兔，青色而大，象形。 頭與兔同，足與鹿同。」卜辭用本義。

《林2.26.3》戊寅卜，爭貞：☐豕四 十㞢☐。

《合194 》翌癸卯其焚，擒。癸卯允焚。獲 十一、豕五十、虎☐ 廿一。

748. 

象獸形，似鹿而無角。卜辭多與鹿麑等同辭，當為麑字，鹿子也。即今言小鹿。段玉裁引《國語》注：「鹿子曰麑；麋子曰 。」與《說文》麌、麛諸字相類。

《天79》乙未卜，今日王狩光，擒。允獲二虎、一麑、十二豕、二 ☐。

《乙2908》戊午卜，㱿貞，我狩 ，擒。之日狩，允擒，獲虎一、鹿四十、 百六十四、 百五十九☐。

《續3.16.10 》戊申王卜貞，田 ，往☐王占曰：吉。在九月。茲卬。獲鹿二、 三。

卜辭獲麑之地有： 《合261 》、 京《佚990 》、 《通624 》、 《前2.35.1》、 《前2.27.1》、 《人2928》等地。

749. 從手持杖驅�，隸作殷。《說文》無字。乃武丁時殷西將　領名。

《零76》貞：今日� 不其至。

《卜664》貞：囗登囗 � 囗　。

《甲3510》丁酉卜，賓貞：重戌，征令從�。王。

750. 從�禾聲，隸作穅。《說文》：「臿也。從鹿囷省聲。」卜辭用為人名或附庸族名。見於第一期甲文。

《天62》乙酉卜，爭貞：穅 告曰：方叶，今春凡受屮又。

751. 從�省，文聲，隸作麐。即《說文》麐字：「牝麒也。從鹿吝聲。」晚期卜辭屬田狩地名。

《叕71》庚戌卜貞：王徃于麐，駁endash。

752. 從水從鹿從文聲。隸作瀂。或即麐地水名。殷師曾駐兵於此，見晚期卜辭。

《南明834》囗在瀂師囗在三月。

753. 從鹿。川示眉形，亦聲。當為《說文》麋字初文：「鹿屬。從鹿米聲。麋，冬至解角。」卜辭用本義。

《丙81》丙申卜，爭貞：王其逐麋，冓。

《鐵194.4》囗戌卜，賓貞：雀擒麋。

殷人擒麋的方法，有用射、用陷阱、用網、用圍。

《甲2695》貞：其令馬亞射麋。

《前4.4.2》壬申卜，殼貞：苗擒麋。丙子阱，允擒二百屮九。一月。

《人455》囗麋省囗。

《林2.14.10》囗我弗其圍麋。

狩麋的地方，有：宮《人2089》、瀧《京4467》、澧《粹935》、狞《續4.5.5》、endash麓《鄴1.40.7》、洗《前2.32.4》、喪《續3.17.3》、柳《續3.31.6》、endash麓《後上15.7》、屮《前6.65.6》、束《粹976》、敝《拾6.11》。

210

754. 設阱捕獸，象麋陷埋於阱中，隸作 麋，《說文》無字。與 出、犬、鹿、廬 等字相類，屬殷人捕獸注，與網，射等異。

　　《後下41.12》丙戌卜，丁亥王 麋，擒。允擒三百又四十八。

　　《乙7750》壬戌卜，爭貞：重王自往 麋。

又作為武丁時子名。

　　《前7.40.1》庚戌卜，賓貞，子 麋 囗。

755. 象鹿陷阱中，隸作 鹿。《說文》無字。田狩卜辭中用為殷人捕鹿方法之一。

　　《前6.41.4》貞：今囗 鹿。

756. 从鷹投於阱穴中，隸作 鷹。有捕鷹意。字見第一期卜辭。

　　《乙2948》辛未卜，爭貞：婦好其从沚 𢦚 伐卬方，王自東 𢦚 伐戋。鷹 于婦好立。

757. 从水麋聲，隸作 濼。《說文》無字。乃第一期卜辭水名，地與周族見於同條卜辭，或在殷西南。

　　《乙7461》囗賓貞：囗周擒犬囗征 濼。

758. 設阱陷麋，隸作 麋。《說文》無字。字與 麋 同。卜辭言「子麋」，字作 麋、亦作 麋；可證。卜辭有用為捕牲之法。

　　《掇1.445》貞，于戊 麋，擒。

　　《甲698》囗王其 麋 于囗。

字增水作 濼，用作動詞，或示設阱擒麋於水旁。

　　《掇1.447》重馬呼 濼。

此類一個形構包涵許多結體和語言的符號，實為圖畫文字過渡到獨體字一形一音一意的遺迹。

復用為武丁時人名，任小臣之職。

　　《戩44.2》丁巳卜，賓貞，子 麋 其出災。

　　《甲1033》癸巳卜貞：其小臣 麋。

759. 【甲骨文字形】

即鹿字。象頭角四足之形。卜辭用本義，鹿行動敏捷，故殷人捕鹿方法，以矢射為主。

《存1.1968》王重今日壬射【字】【字】，擒。

《前3.32.6》呼射【字】，獲。

並輔之以網羅。

《粹1003》貞：罟【字】鹿。擒。

《人2111》其网【字】。

狩鹿地方，有：狽《寧1.397》、喪《柏22》、狩《佚149》、【字】《拾6.3》、【字】《存1.1968》、【字】《金401》、【字】《甲621》、【字】《寧3.230》、【字】《續3.44.3》、晝《粹953》、生《粹951》、木《明20》、盂《掇2.217》、玨《前2.35.1》、【字】《前2.35.1》、【字】《前2.35.1》、舊《前2.26.1》、【字】《人2928》、殷龐《後下15.7》、麗《前2.16.1》、【字】《前2.23.2》、【字】《金463》、【字】《前2.26.5》、【字】《林1.7.13》、【字】《前4.48.4》。

卜辭有「白鹿」屬罕有獵物，產於【字】地。

《前2.29.3》壬申卜貞：王田【字】，往來亡災。獲白【字】一，狼三。

760. 【甲骨文字形】

从鹿从丄，即牡鹿。隸作麈。相當《說文》麒字。見武丁卜辭，屬祭地名。

《前7.17.4》☒永貞：翌丁酉☒俎于【字】☒固曰：其出☒。

761. 【甲骨文字形】 【甲骨文字形】

从止，示人逐鹿，隸作麊。《說文》無字。或增偏旁行，象人圍捕鹿於衢道。字畫味甚濃。

《拾6.8》王先狩，迺饗。擒，有【字】。

《明570》☒【字】。十月在【字】。

762. 【甲骨文字形】【甲骨文字形】

从二鹿，隸作麗麗。示眾鹿，或即《說文》麤字：「行超遠也。」卜辭為地名。

《前8.10.1》丁亥子卜貞，我☒田【字】【字】人☒人三。

763. 【甲骨文字形】

从見鹿會意，隸作覷。《說文》無字。卜辭有「覷麇」連用，或示殷人出狩，發現鹿蹤，細審其形，知為麇，故言覷麇。覷字為一圖畫發展至文字所遺留的過渡痕迹。

《鄴1.40.7》丁酉卜貞：翌日己亥王其射【字】麗，【字】麇，其以【字】，王弗每（牧）。

212

764.

　　象形，似鹿一角。即廌字，《說文》：「解廌獸也。似牛一角。古者決訟，令觸不直者。」字見田狩卜辭，用本義。

　　　　《合116》丁亥卜，王，我重卅廌逐，允逐獲十。一月。

殷人用網捕廌。

　　　　《乙5329》壬戌卜，般貞：呼多犬網 于礬。

狩獵廌的地域有：夷《續3.45.3》、《乙7490》、《乙3208》、《乙3214》、《前4.47.6》、光《天79》、《乙6374》、《乙5329》、《乙8075》。

765.

　　似鹿而將口，首具二角，或示鹿之壯大者。象形。與 同，亦隸作鹿字。

　　　　《前3.32.5》王其往逐 ，獲。

　　　　《前3.32.3》癸巳卜，王逐 。

由卜辭見鹿羣曾出沒於 《京1470》、《庫527》諸地。

766.

　　象獸形，具爪、張口、豎短尾，與廌、隹見於同條卜辭，或即兔字，與 形同。《說文》：「似兔青色而大。」卜辭用本義。

　　　　《遺422》壬子卜， 獲鷹，獲三 、隹五十。

767.

　　象犀形，鼻上有角。即犀字。《說文》：「微外牛，一角在鼻，一角在頂，似豕。从牛尾聲。」卜辭用本義，見殷商時代黃河流域仍有犀牛的痕迹。殷人嘗用矢射獵之。

　　　　《後上30.13》射 ，獲。

　　　　《佚155》☒ ☒允獲六 。

768.

　　从廌，癸聲，隸作 。《說文》無字。卜辭用為田狩地名。

　　　　《合261》王其往逐竟于 ，不其獲。

769.

　　即隹字，短尾鳥。《說文》：「鳥之短尾總名也。象形。」與長尾的鳥（ ）形稍異。卜辭有用本義。

213

《濱3.24.2》壬午卜貞，王田梌，往來亡災。獲 [甲骨文] 百四十八，象二。

有用為殷西將領名，見於晚期卜辭。

《甲2326》車 [甲骨文] 伐羌。

然隹字主要借用為語詞：惟，乃發聲之詞。

《前2.15.3》癸巳卜貞，王旬亡畎。在二月。在齊師。 [甲骨文] 王來征人方。

《六雙17》囗午卜，彀貞：坐疾， [甲骨文] 寅尹壱。

或借為唯。《廣雅·釋詁》三：「唯，獨也」。《古書虛字集釋》：「唯，猶其也。」《經傳釋詞》：「其，猶將也。」

《乙4524》己卯卜，彀貞：雨。王固曰：雨 [甲骨文] 壬。壬午允雨。

卜辭言武丁時卜占得壬日將有雨。驗辭謂果然於壬午日降雨。

《存附1 》王固曰： [甲骨文] 其出，其唯丁。丁不出，其坐疾。

此言殷王占得 [甲骨文] 將出，唯獨於丁日出外為吉宜，苟丁日不出，則有災疾降臨云云。

字或亦借為唯，有聽从、果然之意。《說文》：「諾也。」

《寧1.473 》貞： [甲骨文] 亡禍。在蜀。二月。

《戩45.4》己丑卜， [甲骨文] 貞： [甲骨文] 其又（有）禍。

《合211 》王坐疾。 [甲骨文] 禍。

《合211 》屬驗辭，謂殷王有疾，果然應了卜兆之言有禍。

770. [甲骨文]

從隹下增爪，亦隹字。讀如唯。由下二組文例對比可證。

(1)　　《前3.24.6》貞：不 [甲骨文] 囗。

　　　《前1.3.6 》不 [甲骨文] 妣甲。

(2)　　《六雙24》囗雨， [甲骨文] 囗。

　　　《人164 》貞：茲雨， [甲骨文] 年禍。

771. [甲骨文]

從手持隹，隸作隻。《說文》：「鳥一枚也。從又持隹。持一隹曰隻，持二隹曰雙。」殷文用作獲字，屬動詞，獵所獲也。卜辭有獲獸，有獲外族及奴隸。

《乙4051》貞：多子 [甲骨文] 鹿。

《乙865 》乙巳卜，賓貞：果 [甲骨文] 羌。一月。

《乙8722》癸巳卜， [甲骨文] 奴。

在晚期卜辭，隻又用為地名。

《文398 》貞：亡尤。在 [甲骨文] 卜。

《粹1332》乙卯卜，王曰貞：翌丙辰王其步自 [甲骨文] 。

772. [甲骨文]

從又隹，隸作飲。唯形構屬左右式，亦即隻字異文。卜辭用作名詞。示捕獲的隹鳥

214

，用以祭祖。

《乙6723》貞：其登牛、[甲骨文] 于唐。

登，有獻祭意。唐，即成湯。

773. [甲骨文]

象雙手持隹，獻奠於上。隸作隽，即彝字，字形與金文同。《說文》：「宗廟常器也。从糸。糸綦也。収持之。米，器中實也。从彑，象形，此與爵相似。《周禮》六彝：「雞彝、鳥彝、黃彝、虎彝、蜼彝、斝彝，以待祼將之禮。」卜辭借用為武丁時人名。

《續2.16.4》甲辰卜，賓貞：[甲骨文] 其疾☒。

774. [甲骨文]

从手持殳捕隹，隸作毀；讀如摧毀的摧。《說文》：「折也。」朱駿聲《說文通訓定聲》引《詩·北門》傳：「沮也。」《楚辭》注：「挫也。」卜辭多言「帝降毀」，即上帝降臨災難，要令我等室家摧兇覆滅之意。

《續5.2.1》貞：☒帝唯降 [甲骨文] 。

《林2.26.13》今秋其屮降 [甲骨文] 。

《乙2652》☒固曰：其屮降大 [甲骨文] 。

辭例又言「寧毀」，即求鬼神止息摧毀的災害。

《粹607》貞：寧 [甲骨文] 于契。

《甲1148》☒申卜貞：方帝寧 [甲骨文] 。九月。

字又用為武丁時附庸名，屢納貢於殷。

《京6》[甲骨文] 入十。

《存2.54》丙申 [甲骨文] 示二屯。岳。

《乙6966》甲午卜，爭貞：[甲骨文] 致，往于無。

775. [甲骨文]

从隹，∷ 象水。隸作淮。示投隹於水中。為殷祭祀方式之一，與沴、洋等字沈牲口於水相類。

《前1.3.5》乙丑卜貞：王賓大乙，[甲骨文] 亡尤。

《佚912》庚寅☒旅貞：翌辛卯其 [甲骨文] 于祊。

776. [甲骨文]　[甲骨文]

从口从隹；或从鳥。隸作唯、或鳴。《說文》鳴：「鳥聲也。」卜辭為附庸族名，始見第一期甲文。與萑同辭。

《明682》辛酉卜，睏貞：在祥，萑☒。

　　　　　　　　貞：在祥，[字] 囗。

　　《甲3112》甲寅卜，呼[字]翟獲。丙辰鳳獲五。

　[字]，《說文》：「覆鳥，令不得飛走也。从网隹。讀若到。」此見殷王嘗令鳴族助狩也。

777. [字]

　　　　从隹囗；囗，示盧穴。隸作售。卜辭用為地名。

　　　　《京3922》囗小食囗告高囗告入[字]，廼唯大乙囗。

　「告入售」，謂祈某先祖降臨售地。卜辭又言于某妣「售此」。此，甲文作[字]，由彼而此，故有來臨意。謂下臨售地。

　　　　《合265 》辛亥，己妣 [字] 此。

　　　　　　　　辛亥庚妣 [字] 此。

　此辭的亥省作[字]，妣倒文作[字]。己妣，即妣己；庚妣，即妣庚。

778. [字] [字] [字]

　　　　从隹从囗，或繁作[字]。[字]為[字]省。隸作雝，即今雍字。《說文》：「雝，雝渠。」作為鳥名。文獻多用作鳥鳴聲，如《詩·蓼蕭》：「和鳴雝雝」、《詩·邶有苦葉》：「雝雝鳴雁」是。卜辭用為田狩地名。有稱「雍麓。」《左傳》廿四年杜注：「雍國在山陽縣西。」《後漢郡國志》：「河南郡山陽邑有雍城。」王國維《殷虛卜辭地名考》：「今懷慶府修武縣西。」即今河南省沁陽縣東北地。

　　　　《林2.4.19》其田[字] 麓，弗每，亡災。

　　　　《乙7137》貞，[字] 芻于秋。

　芻，《說文》：「刈艸也。象包束艸之形。」此言雍芻，可見雍地曾播種農作。

　卜辭中又用為人名，稱「子雍」。

　　　　《前4.29.4》囗辰卜貞，子[字] 不作艱，不囚(死)。

779. [字] [字]

　　　　从水雍聲，隸作灉。《說文》：「河灉水也。在宋。」《爾雅》「水自河出為灉。」《尚書·禹貢》：「濟、河惟兗州：九河既道，雷夏既澤，灉、沮會同。」屈萬里《尚書釋義》：「雷夏，澤名；在今山東濮縣東南。」卜辭用為田狩地名。

　　　　《前2.36.4》辛酉卜貞：王田[字]，往來亡災。

　　　　《金463 》囗田[字]，往來囗獲鹿二。

　　　　《福9 》丁酉卜貞：王逐于[字]，往來亡災。

　字又省囗作[字]。

　　　　《前2.24.5》己亥卜貞：王逐于[字]，往來亡災。

780. [字]

　　　　　　　　　　　　　　216

从隹止棲於臼上。隸作雟。字與舊（◇）同。見於晚期卜辭，為地名，位於殷的東面，與人方見於同辭；近滅地。

《前2.5.1》癸未王卜貞：旬◻畎。在十月又二◻征人方，在 ◇。

《金574》癸未卜，在 ◇ 貞：王步于滅，亡災。

殷王曾在此地屯兵，備祭以佑征戰。

《佚441》◻令◻◻ ◇ 自。

《存1.1860》重 ◇ ◻二牛用，俎大牢。又（佑）征。

781. ◇

从雈鳥棲息於臼巢上，隸作舊。《說文》：「鴟舊，舊，留也。从雈臼聲。」卜辭用為田狩地名，見於晚期甲文。

《人2062》◻喪、 ◇ 田，不受又（佑）。

《南明454》其翌年于沈，重 ◇ 冊用。

《前2.26.1》戊午王卜，在 ◇ 貞：田 ◇ ，往來亡災◻邙，獲鹿、狼◻。

喪，地名。 ◇ 為殷東地名，與人方同辭。是知舊或亦為殷東邊田狩地，與 ◇ 字屬同文。

782. ◇

象隹而有冠，叩聲。隸作雚。《說文》：「雚雀也。从雈吅聲。《詩》曰：雚鳴于垤。」卜辭用為祭地名。見第二期以後的甲骨。

《粹434》癸亥卜，酌 ◇ 其◻。

《南明545》◻卜，王其遘 ◇ ，又大乙◻又。

遘，遇也，往也。言往雚地。雚又讀如觀，有諦視，瞻望意。卜辭言王往觀于某地某師旅，或出觀某祭，均是。

《文708》壬寅卜，旅貞：王其往 ◇ 于◇，亡災。

《庫1672》壬辰王卜在 ◇ 貞：其至于 ◇ 。 ◇ 俎師，往來亡災。

《後下6.8》征 ◇ 歲。

字復借為祼，祭名。《論語‧八佾》：「子曰：禘自既灌而往者，吾不欲觀之矣。」何晏《集解》：「灌者，酌鬱鬯灌於太祖，以降神也。」《尚書‧洛誥》孔疏：「祼者，灌也。王以圭瓚酌鬱鬯之酒以獻尸，尸受祭而灌於地。」卜辭習見「示冊」之禮後舉行灌祭。

《佚583》◻乙巳既 ◇ ◻。

《前4.43.4》癸卯卜貞，旬亡畎。在六月。乙巳示冊其 ◇ 。

783. ◇

即雚字，象有角鳥。《說文》：「鴟屬。从隹从丫，有毛角，所鳴其民有禍。」卜辭見與雚字同；參 ◇ 字，由下二組文例亦可互證。

(1)　　　《甲2388》乙未卜，又歲于祖乙牡卅宰。唯 [字] 歲。
　　　　　《後下6.8》祉 [字] 歲。

(2)　　　《乙2728》乙未卜，爭貞，來辛亥酚 [字]，祊于祖辛。
　　　　　《粹434 》癸亥卜，酚 [字]，其囚。
唯字多見於第一期卜辭；屬地名。
　　　　　《合56》囚丑囚貞：婦姘田 [字]。
　　　　　《林2.13.12 》囚　貞：婦姘年 [字]。
　　　　　《通X5》庚午卜，賓貞：翌乙亥 [字] 其圍，受 [字] 又。
或用為人名，稱「母雀」。
　　　　　《前6.4.4 》己未卜，钶子傻于母 [字]。
復有讀如觀察的觀。卜辭言殷王出觀敵蹤，或往觀民耕。
　　　　　《外1 》囚子卜，賓貞：呂方出，王 [字]。五月。
　　　　　《甲3420》己亥卜貞：王往 [字] 耤，祉囚。
　　　　　《文366 》貞：王 [字] 河。若。
亦有用為本義，殷人以雀鳥祭。
　　　　　《撫續93》癸未卜，其用七 [字] 囚。

784. [字]

　　　從隹冂聲，隸作雈。于省吾《甲骨文字釋林》頁一零九釋為霧。冂霧雙聲，乃古今
字；可從。《說文》：「地气發，天不應曰霧。」《釋名》：「冒也。氣蒙冒覆地之物
也。」
　　　　　《遺166 》辛丑卜，賓，翌壬寅改。壬寅 [字]。
改：即啟，指天亮放晴。霧氣多出現於晨早無風雨的時候。
　　　　　《合377 》辛丑卜，自，自今至于乙巳日雨，乙 [字] 不雨。
　　　　　《乙2452》翌癸卯帝不令風，夕 [字]。
　　　　　《丙56》囚未卜，爭貞：翌甲申易日。夕月㞢食。甲 [字]，不雨。
易日：即「暘日」，言放晴。卜辭貞辭中祈求明天上蒼賜與天晴，驗辭則稱是時有霧而
不降雨。
　　　　　《續6.11.3》乙未卜，王，翌丁酉酚，伐。易日丁明，[字]。大食囚。
　　　　　《續5.10.3》辛丑卜，爭，翌壬寅易日。壬寅 [字]。

785. [字]

　　　從入隹，示納獲隹鳥，隸作雀。相當於翟字，《說文》：「覆鳥。令不得飛走也。
」引申有網羅，捕獲意。卜辭言「雀奴」，即捕獲奴隸。
　　　　　《乙307 》丙辰卜，丁巳其 [字] 奴。允 [字]。

786. [字]

218

象弋射獲隹鳥。隸作雉。《說文》：「徼射飛鳥也。从隹弋聲。」卜辭用本義。

《存1.705》☒☐貞：呼多射 ⟨glyph⟩ ，獲。

787. ⟨glyph⟩

从隹，屮象隹冠，隸作崔。即《說文》鷰字：「鷰鷶，燕也。从隹。山，象其冠也。鷶聲。一曰：蜀王望帝婬其相妻，慙，亡去，為子鷶鳥。」卜辭用為殷農地名。

《前3.1.2》庚子卜，⟨glyph⟩ 受年。

788. ⟨glyph⟩ ⟨glyph⟩

从隹斗聲，隸作雓。《說文》無字。卜辭中用為隹鳥一種。

《鐵36.3》☒往，出狩☐叚取 ⟨glyph⟩ ☒。

字又借用為地名。

《金584》癸亥王卜貞：旬亡⟨glyph⟩。在十月又一。王征人方。在 ⟨glyph⟩。

《前2.19.6》辛酉王卜，在嫀貞：今日步于 ⟨glyph⟩ ，亡災。

癸亥王卜，在 ⟨glyph⟩ ☒步于 ⟨glyph⟩。亡災。

雓地與嫀、⟨glyph⟩同辭，二地大約位於殷的西南，是知雓亦當處於殷西南或南面。殷王曾沿此地征伐東南的人方。

789. ⟨glyph⟩

从止隹，隸作雈。《說文》無字。卜辭用為殷附庸　族名。其酋封侯。

《前5.9.3》壬寅卜，⟨glyph⟩侯弗戋睽。

《乙5906》貞：登 ⟨glyph⟩ 人，呼宅☒ ⟨glyph⟩ ☒。

790. ⟨glyph⟩

从隹止，隸作進。即進字，《說文》：「登也。」卜辭為祭地名。

《京4001》甲戌卜，⟨glyph⟩ 奠于祖乙。

791. ⟨glyph⟩

从隹。〈，示隹腹；指事。或即《說文》䧹字：「鳥肥大䧹䧹然也。」卜辭用為附庸名。

《乙4960》 ⟨glyph⟩ 入二。

792. ⟨glyph⟩ ⟨glyph⟩

即鳳字，象形。《說文》：「神鳥也。天老曰：鳳之像也，麐前鹿後蛇頸魚尾龍文

219

龜背燕頷，雞喙，五色備舉，出於東方君子之國，翶翔四海之外，過崑崙，飲砥柱，濯羽弱水，暮宿風穴，見則天下大安寧。从鳥凡聲。」古音有併冬部字入侵部，故凡、風、鳳三字屬同部；同屬凡聲。卜辭多借用為風字。《說文》：「八風也。東方曰明庶風，東南曰清明風，南方曰景風，西南曰涼風，西方曰閶闔風，西北曰不周風，北方曰廣莫風，東北曰融風。从虫凡聲。風動蟲生，故蟲八日而匕。」

　　　　《甲3442》辛酉卜，🔣貞：今日不🔣。

　　　　《遺453 》王固曰：其雨，屮🔣。

風亦有大、小之別。

　　　　《甲615 》王往田，湄日不轟大🔣。

　　　　《拾7.9 》其遘小🔣。

「轟風」，即遇風也。巨風成災，卜辭多求先祖鬼神「寧風」。寧，止息也。

　　　　《人1994》癸未其寧🔣于方，又雨。

　　　　《掇1.549 》丙辰卜，于土寧🔣。

風由上帝所降施，卜辭言「帝風」，即「帝令風」的省略。

　　　　《合195 》貞：翌癸卯帝其令🔣。

　　　　《乙2452》翌　癸卯帝不令🔣，夕𦇧(霧)。

對於不同方向的風，卜辭亦有不同的專有名字。

　　　　《掇2.158 》東方曰：析，🔣曰：劦。

　　　　　　　　　　南方曰：🔣，🔣曰：長。

　　　　　　　　　　西方曰：🔣，🔣曰：彝。

　　　　　　　　　　北方曰：🔣，🔣曰：𠂤。

卜辭鳳又用為殷附庸名。

　　　　《京5 》🔣入百。

　　　　《甲3112》甲寅卜，呼鳴🔣，獲。丙辰🔣獲五。

793.　🔣　🔣

　　　从雨从風，示風雨交加之兒。隸作🔣。或即風字異構。卜辭與雨字對貞。

　　　　《乙5697》貞：雨不🔣。

　　　　《存1.1458》戊寅卜，不🔣。

794.　🔣

　　　从風兄聲，隸作颭。兄，京同屬古音陽部，即《說文》飆字：「北風謂之飆。」《爾雅》：「北風謂之涼風。」卜辭用本義，稱「大颭」，謂巨大的北風。

　　　　《甲3918》癸亥卜，狄貞：今日亡大🔣。

795.　🔣

　　　从雨从三隹。隸从霍，用為第四期卜辭中王巡地名。

220

《菁9.5》癸亥王卜，在 [字] 貞：旬亡畎。

796. [字] [字]

从手擒隹，投於鼎鬲中，有進食於祖之意。隸作 [字] 。《說文》無字，卜辭用為武丁時附庸族徽名或人名，助王董理國事。

　　《乙8165》丁未卜，般貞：[字] 从自 [字] ☑叶王事，致☑。

　　《粹1224》重 [字] 令田。

　　《後下36.6》☑令 [字] 因 [字] 右。

797. [字] [字]

象置隹鳥於園圃中，以圃引誘野隹。隸作 [字] 。為捕鳥法之一，相當《說文》[字] 字：「率鳥者，繫生鳥以來之，名曰 [字] 。讀若誘。」卜辭用為武丁部屬名。

　　《乙2111》貞：令 [字] ☑離。

　　《乙2908》戊午卜，般貞：我狩 [字] ，擒。之日狩，允擒，獲虎一、鹿四十、狼百六十四、兔百五十九。[字] 焚屮友三焚☑。

798. [字]

从隹戶聲。隸作雇。《說文》：「九雇，農桑候鳥，扈民不婬者也。从隹戶聲。春雇鳻盾，夏雇竊玄，秋雇竊藍，冬雇竊黃，棘雇竊丹，行雇唶唶，宵雇嘖嘖，桑雇竊脂，老雇鴳也。」卜辭用為附庸地名，位於殷東征人方的路綫上。字見第二期以後的卜辭。殷封其族酋為伯，後合併為殷地。

　　《外141》貞：呼取 [字] 伯。

　　《後上12.12》辛丑卜，行貞，王步自 [字] 于 [字] ，亡災。

　　《前2.6.6》癸亥卜，黃貞，王旬亡畎。在九月。征人方。在 [字] 。

799. [字]

象雙手持隹，獻祭於宗廟，隸作 [字] 。《說文》無字。為祭祀儀式之一，用於肜、[字] 、酻等祭典中。

　　《文536》辛酉卜，爭貞：取肜 [字] 。

　　《寧1.199》☑[字]日，重 [字] 祝用。

　　《通163》癸卯子卜貞，酻 [字] 祖乙：二牛。

其間獻用祭品有象、虎、鷹、奴隸人牲及貨貝。

　　《拾3.11》貞，[字] 象于祖☑。

　　《掇2.77》乙未卜，其 [字] 虎于父甲廌。

　　《天82》貞：子寶獲鷹，[字] 于☑。

　　《丙54》屮奴妣己 [字] 。

　　《零23》丙戌卜，☑貞：巫曰：[字] 貝于婦，用。若。一月。

221

800. 从隹米聲。米或即茻字繁體。隸作雜。《說文》無字。用為隹鳥一種。武丁時已見產於沚地。

《存2.166》戊子卜，賓貞，王逐 雜 于沚。亡災。此日王往逐 雜 于沚，允亡災。獲 雜 八。

《京1479》☑于沚☑王往☑ 雜 ☑獲☑。

卜辭只言「逐 雜 」，不言他辭習稱用網捕鳥的「畢」、「禽」，是知 雜 當為大隹，不善飛。

801. 从止从雜 ，隸作遳。示追捕雜 鳥。加「止」偏旁，名詞當動詞用。

《存1.1916》辛未貞：王其 遳 于并。

并，田狩地名，與殷西將領吳見於同辭。

802. 从隹舁聲，隸作雗。《說文》無字。舁，並舉也。雗字本當有舉隹意，引申為推選、起用。卜辭多言「大雗」奴和執，即起用眾奴僕囚犯，或從事生產，或協助征伐。

《存2.95》☑奴大 雗 ☑。

《粹1160》☑戌 雗 ☑執以☑。

《人2362》丁酉貞，秋不 雗 ☑。

803. 从二隹从舁，為雗 字繁體。讀如聚。卜辭言「雗眾」，即聚眾。

《粹369》己丑卜，其 雗 眾，告于父丁：一牛。

804. 从至从隹，隸作雉，為至的本字。《說文》：「鳥飛從高下至地也。」所收篆文省隹形而釋文仍保存本義。《論語》：「鳳鳥不至。」乃用至字本意。字復引申為到也、來也。卜辭稱召集眾人為「雉眾」，或從事征戰；或農耕收割。

《前5.6.1》中不 雉 眾，王占曰：弘吉。

其 雉 眾，吉。

左不 雉 眾，王占曰：弘吉。

左、中、右，乃殷師旅分三軍編制之省稱。

《前2.18.2》丙辰卜，在 刱 貞：重大又先☑禽美，刱犀，不 雉 眾。

有省稱「至眾」。

222

《鐵233.1 》貞：多射不至眾

805. 〔字形〕

从隹矢聲，隸作雉。《說文》：「有十四種：盧諸雉、〔字〕雉、卜雉、繄雉、秩秩海雉、翟山雉、輪雉、卓雉、伊雒而南曰翬、江淮而南曰搖、南方曰壽、東方曰甾、北方曰稀、西方曰蹲。」卜辭用本義，鳥名。見〔字〕地。

《天76》☑之日王往于田，从〔字〕京。允獲麑二、〔字〕十。十月。

《合354 》庚戌卜，〔字〕獲。網〔字〕，獲五十。

卜辭又言炎某方而雉其眾人；雉，借為夷，不治也。《左傳》昭公十七年正義引服虔注：「雉者，夷也；夷，平也。」《左傳》襄公廿六年杜注：「夷，傷也。」

《人2146》重〔字〕用舟☑于此☑〔字〕虘方，不〔字〕眾。

《甲1909》貞：弜用☑重☑行叶〔字〕羌人于此，不〔字〕人。

《鄴3.44.5》癸戌，夙伐，〔字〕。不〔字〕人。

《掇2.168 》☑擒，〔字〕。不〔字〕眾。

806. 〔字形〕

从隹从矢，己象矢上韋束，隸作〔字〕。相當於雉鳥一類，形構與《說文》古文雉作〔字〕相近。字見第四、五期卜辭。為殷王田獵鳥類，產於〔字〕《掇2.216 》、喪《續3.18.1》、〔字〕《前2.34.6》、〔字〕《前2.11.6》、〔字〕《前2.30.4》諸地。

《庫1536》壬戌王卜貞：田〔字〕，往來亡災。王占曰：吉。獲麑五、象一、〔字〕六。

807. 〔字形〕

从隹工聲，隸作鴻。《說文》：「鳥肥大鴻鴻然也。」段注：「《詩》傳云：大曰鴻，小曰雁。當作此鴻字，謂雁之肥大者也。」甲文用為地名，見晚期卜辭。與亳，〔字〕二地相鄰接。亳，今安徽亳縣，乃帝辛征東南人方中途一點。

《後下9.12》甲寅王卜，在亳貞：今日☑〔字〕亡災。

《前2.9.6 》乙卯王卜，在〔字〕貞：今日步于〔字〕，亡☑。

808. 〔字形〕

从隹匕，鳥母也，隸作雌。即《說文》雌字。卜辭用為王巡地名。與其地同辭。

《續3.30.6》庚寅卜，在其貞：王步于〔字〕，亡災。

箕，又作基，約在殷西南。

223

809. 𦫽

　　从三隹，隸作雥。三體字形多上豐下削，如驫、羴、鱻、焱類是，此殷人制字特色。《說文》：「雥鳥也。」卜辭見殷人用鳥雥祭祀祖妣以求佑。

　　　　《續1.7.6》重唐𦫽，王受又。

　　唐，即文獻中殷先祖成湯。卜辭又寫作「成」。

810. 雀　雀　雀

　　从小隹。隸作雀。《說文》：「依人小鳥也。」段注：「今俗云麻雀者是也，其色褐，其鳴節節足足。」卜辭用為人名，乃武丁將領，其地望處於殷西，協辦王事，並屢助殷征伐外族，擴張領土無數，為武丁時一大功臣。

　　　　《合249》辛巳卜，敵貞：呼雀伐𢦔。

　　　　《掇1.252》癸巳卜，敵貞：雀伐望戉。

　　　　《林2.15.11》庚寅卜，敵貞：呼雀伐猶。

　　　　《後下19.3》壬子卜：王令雀戔伐異。

　　　　《粹1167》乙巳卜，囗介眔雀伐羌。

　　　　《甲183》壬囗卜，令雀伐𠵈侯。

　　　　《南誠30》囗貞，雀戔祭方。

　　　　《存2.494》囗雀戔𢗳邑。

　　　　《合249》辛巳卜，敵貞：呼雀韋𡿺。

　　　　　　　　辛巳卜，敵貞：呼雀韋亘。

　　　　《京1324》貞：雀弗其執亘。

　　　　《六中91》囗雀弗其執缶。

　　　　《續5.34.1》囗庚午雀執寇。

　　　　《人345》貞：雀弗其獲圍長。

　　　　《乙6692》壬寅卜，敵貞，奠雀重啇，擒基方。

　　　　《鄴1.32.6》辛丑卜，勿呼雀紡，雀取𪊁。

　　　　《庫987》囗雀亡圍屮。

　　　　《合302》貞：呼雀圍目。

助王狩獵，

　　　　《天80》己未卜，雀獲虎，弗獲。一月在㳰。

　　　　《鐵194.4》壬戌卜，賓貞：雀擒𡩋。

主管耕作農事，

　　　　《林2.22.12》囗卜貞：囗雀男囗受囗。

　　　　《鹽游118》壬戌卜，王貞：其令雀田于囗。

　　　　《鐵191.2》囗雀田𠚕。十一月。

　　　　《通新15》戊戌卜，雀芻于教。

為殷主祭山川四土。

　　　　《乙5329》勿呼雀禘于西。

　　　　《乙3357》呼雀彭于河五十囗。

224

《乙5317》己丑卜，爭貞：亦呼 [甲骨文] 圍 [甲骨文] 于雲：大。

並入貢甲骨無數。

《乙4734》[甲骨文] 入百五十。

《乙3300》[甲骨文] 入二百五十。

雀字又用為地名，乃雀之封地。

《乙8935》癸丑卜，賓貞：于 [甲骨文] 辇。

《乙4510》呼人入于 [甲骨文]。

雀死後，殷人念之，乃設置其神主於亞室中，與殷先祖並祀，稱為亞雀。

《乙3478》乙巳卜貞：于翌丙告人于亞 [甲骨文]。

《前8.13.2》辛巳卜貞：夢亞 [甲骨文] 改余人，若。

811. [甲骨文]

從隹，或雀字之省。卜辭用為地名。

《撝續180》☑其☑于 [甲骨文] ☑祈。

812. [甲骨文]

即鳥字，象形。《說文》：「長尾禽緫名也。」卜辭用為星名，作「鳥星」，見於早上雨晴之後。或即《漢書·天文志》：「天暒而見景星」之景星。雨止無雲，夜除星見也。

《乙6664》丙申卜，㱿貞：來乙巳酚下乙，王固曰：酚，唯屮祱，其屮設。乙巳酚，明雨。伐既雨，咸伐亦雨。改卯 [甲骨文] 星。

字又用為農地名。

《京2495》☑取叶友于 [甲骨文]。

《乙1052》呼取生芻 [甲骨文]。

《佚157》☑ [甲骨文] 受☑年。

813. [甲骨文]

亦鳥字，象形。卜辭用為地名。

《鐵43.3》☑卜，☑使人于 [甲骨文]。

或為鳴字省。

《海1.1》☑之日，夕屮雞 [甲骨文]。

《存1.15》貞：不其 [甲骨文]。

814. [甲骨文]

從鳥，有冠長尾，即雞字。《說文》：「知時畜也。」卜辭用本義，為家畜。

《海1.1》☑之日，夕屮 [甲骨文] 鳴。

225

字又用為人名，見第一期卜辭。與羽同辭。《國語》有「雞丘」，在今河北永年縣西南。說見郭沫若《卜辭通纂》六四三片考釋。

《前7.23.1》乙丑卜，🐦貞：今羽眾🦌 致寅尹从🐚蜀叶事。七月。

815. 🐦

从雞从口，即鳴字。《說文》：「鳥聲也。」甲文用為武丁時人名。

《存1.616》丙子卜，殼貞：勿呼🐦从戈使🐚。三月。

816. 🐦

从鳥口，亦鳴字。凡出聲皆曰鳴。晚期卜辭用為人名；或屬殷王將須。

《後下6.13》辛未卜，🐦 獲井鳥。

817. 🦅

从鳥，矞聲。矞或商之省。隸作鷸，即《說文》鷸字：「雉屬，鷸鳥也。」卜辭用為星名，見於三月。

《前7.26.3》☒ 雲自北，西單電☒ 🦅星。三月。

818. 🦅

雙手持鳥，隸作鳥。或即彝字；與🐦同。為武丁時人名。

《續2.16.4》甲辰卜，賓貞：🦅 其疾☒。

僅一見，重見於隹字下。

819. 🐦

从鳥。木象首羽。即雀字，讀如爵。《說文》：「禮器也。象雀之形。中有鬯酒。又，持之也。所以飲器。」用為殷人名，見倪家譜。唯該版疑屬偽刻。

《庫1506》🐦 子曰：🐦。
🐦 子曰：🐦。

820. 🐦

即燕字，象形。《說文》：「燕燕玄鳥也。籲口，布翅，枝尾。象形。」卜辭多叚為宴享的宴。通作讌字。

《南南2.76》壬子卜，吏貞，王🐦 重吉。🐦。八月。

《陳6》貞：重🐦吉。

821. 亦燕字，象形。卜辭用本義，為殷人獵物，與豕，兔同辭。

《存1.746》☑擒。飲🐦十，豕一，兔一。

《海2.50》☑獲🐦五十。

822. 从日从攴从燕，燕亦聲，隸作燅。示白日以手持杖捕燕。《說文》無字。字屬動詞，通作按，下也，有抑制意。

《鄴3.43.7》重🐦伯🐦呼🐦叙方、盧方、🐦方。

823. 象燕形，枝尾。隸作燕。讀如安，有安然無恙之意。

《乙5307》貞：祖丁🐦🐦。

卜辭祈求先人祖丁保佑其腿疾無恙。殷若干文字距離草創未遠，動詞多為實有的名詞借用。如一象形的燕字，可叚用為宴、為按、為安等動詞，足見漢字初期的一字多義，主要是由於語音叚借衍生而成的。

824. 即魚字，象形。《說文》：「水蟲也。魚尾與燕尾相似。」卜辭用本義。殷人有用魚祭以求避疾。

《庫1212》丙戌卜貞，疾，用🐟。

《遺760》丁卯卜，王☑大獲🐟。

字又用作為動詞，讀如漁。《說文》：「搏魚也。」即捕魚。

《乙7015》王🐟。

《乙6751》辛卯卜，殼貞：王往征🐟，若。

《掇2.195》貞：今日其雨。十一月。在苗🐟。

825. 从魚在凵中。凵，象容器，用以網魚。隸作魯，與魚字同，捕魚也；由下二文例可證。

《前4.55.7》貞：今☑其雨。在苗🐟。

《後上31.2》貞：其雨。在苗🐟。

字又借為鮮，取也。

《佚693》☑卜，王唯征商。尤🐟。

227

《佚531 》乙丑卜，賓貞：婦妌于黍年。

或用為地名，地產農作。

《餘11.2》☐受黍年。

或用作女子名。當為殷王妃妾。

《甲3000》妨，允妨。征囚。

826. 

从八，魚。隸作。《說文》無字。其本義仍是魚，八，或示水紋；或為文飾，以示區別義，字用為專有名詞：人名或地名。字見第一、二期卜辭。

《續3.8.2 》貞：弗其获吕方☐。

《海2.45》丁未卜☐貞：作酌☐翌辛☐☐八月。

《丙45》王固曰：酌，唯㞢希，亡☐。

《遺393 》己巳卜，大貞：翌辛未益酌。

此卜問主酌祭，祭法用盛皿水的益宜否。

827. 

从魚自聲，隸作鮨，魚名，即《說文》鮨字：「海魚也。」卜辭習言「黨鮨」，作為祭品。

《乙8317》庚申卜，賓貞：勿唯。

《前5.39.7》癸丑卜貞，黨、羊，唯牛。

《天24》☐殸☐報甲☐黨☐不雨。帝☐受我年。二月。

828. 

象人手持魚桿吊魚之皃，隸作魰。意即《說文》漁字。卜辭為地名，見第二期甲文

《京3512》壬辰卜，出貞：今夕亡禍。十月。在。

829. 

从魚在水中，隸作漁。《說文》：「捕魚也。」卜辭借為武丁子名。

《續1.29.1》貞：翌乙未呼子㞢于父乙：宰。

《後上28.11 》貞：叀子奠于大丁。

830. 

亦漁字象形。甲文作動詞用，謂捕魚。卜辭多言「王漁」。字畫味極濃，此為文字早期由繪圖過渡為結體方塊的痕迹。古人仰觀俯察，近取諸身，遠取諸物，繪圖以表事

．圖畫結體由複雜因習用而趨於簡化綫條，漸因與語言發生關後，分別用一單個圖形代表語言中一個個獨立聲音單位，繼而圖形約定俗成為筆劃大致統一之結體文字。

《前6.50.7》☒王 🐟🐟🐟。十月。

831. 🐟

象雙手持網捕魚，隸作 🐟 。《說文》無字。卜辭用本義。為一圖畫文字，見於第一期卜辭。

《續6.10.9》重 🐟。

卜辭謂於滴水捕魚。

832. 🐟

从魚从大，隸作魤。由形構言，或即《說文》魟字：「鯠魚出東萊。」；由字義言，或相當鱷，俗作鯨，海大魚也。卜辭僅一見，字形未能盡明；借用為附庸名，其酋封為伯。

《南明472》乙酉貞：王其令羽以从 🐟 伯☒叶王事。

833. 🐟

从魚屮聲。屮，讀如有。字或作 🐟 ，增鉤繩以吊之。隸作鮕。即《說文》鮪字：「鮥也。《周禮》：春獻王鮪。」段注：「郭氏《山海經》傳曰：鮪即鱣也，似鱣而長鼻，體無鱗甲。按即今之鱘魚也。」卜辭用本義，魚名。

《前7.8.4》乙未卜貞：豕獲 🐟 。十二月。允獲十六，致羌六。

字又用為殷駐軍地名或族稱。

《後下21.11》癸酉卜，賓貞：呼雍 阱 自 🐟 。

《鐵186.3》☒未卜貞：三卜，執 🐟 。

834. 🐟

从刀剖魚，隸作魝。即《說文》鮨字：「魚肉醬也，出蜀中。」殷人剖魚肉，以饗先祖鬼神。

《前4.22.2》貞：不其 🐟 。

☒寅卜，賓☒翌丁卯 🐟 饗多☒。

835. 🐟

从魚、女，隸作嬔。或為魟族之女，卜辭問其孕娩嘉否，當屬殷王妃妾。見於第一期甲骨文。

《明387》丙午卜，爭貞：寅尹𥝩人， 🐟 不囚。在𥝩家屮子。

229

836. 【龍字形】

象蟲而冠首，即龍字。《說文》：「鱗蟲之長，能幽能明，能細能巨，能短能長。春分而登天，秋分而潛淵。从肉，**童**，肉飛之形；童省聲。」《廣雅・釋魚》：「有鱗曰蛟龍，有翼曰應龍，有角曰**龍**龍，無角曰**虵**龍。」卜辭為方國名，位於殷西北，與羌人鄰接，其活動範圍在**灆**《戩49.5》、彭《摭續147》、**宋**《人343》等地。**宋**位於殷西，和喪地相靠，喪距商地約五天路程。

《遺679》辛巳卜，**宋**☑王其**逐**于喪，亡**戈**。

《續3.28.5》丙午卜在商貞：今日步于**宋**，亡災。己酉卜在**宋**貞：今日王步于喪，亡災。☑戌卜在喪貞：今日王步于**灆**，亡災。

殷王嘗封其酋長為伯。

《合集7850》**龍**伯出。

一度曾控制羌族，入侵殷西田獵地，宮和**冊**。

《合135》☑**龍**其執羌。

《遺407》☑**龍**田于宮。

《合集7850》貞：**冊**亡禍。

不其**龍**伯出。

殷人懼龍方來犯，遂問卜求降災於龍。

《文628》丁未卜☑**龍**方☑降艱。

除了消極冀求祖先蔭佑外，武丁亦曾主動出擊龍方。

《乙3797》王車**龍**方伐。

《丙2》貞：王車**龍**方伐。

並分別派遣后妃婦**妌**、婦好、大將吳、**止**和附庸部族召方等率眾殲滅龍方部落。

《續4.26.3》貞：勿呼婦**妌**伐**龍**方。

《合集6826》貞：勿呼伐**龍**。

婦好來☑。

《掇1.520》☑戌卜殷貞：吳**戈**羌、**龍**。

《庫1001》己卯貞：令**止**以眾伐**龍**，**戈**。

《合集6827》辛酉卜，**吉**貞：召**戈龍**伯，**買**。

奪龍城邑數十，

《摭續147》貞：勿令自殷取☑于彭、**龍**。

《戩43.1》☑卅邑☑彭、**龍**。

止曾大敗龍方逐之於**宋**西。

《人343》癸丑卜，貞：**止**往追**龍**，从**宋**西及。

此役以後，龍方顯然臣服於殷朝，且為殷西附庸，受殷援助，並代問卜吉凶。

《京1839》貞：**龍**其业禍。

《卜30》貞：呼爰**龍**。

其族復派遣婦女來貢，履行附庸義務。

《粹1488》婦**龍**示。**四**。

230

並納貢所獲羌人俘虜，作為殷的祭品。

《丙49》貞：呼 [甲骨文] 致羌。

《文630》貞：[甲骨文] 來致☑。

殷甚至以龍方女為陪祭，或作為諸侯部族間授受的貢品。龍方一族顯然名存實亡。

《遺899》壬寅子卜：用豕至小宰、[甲骨文] 女。

《乙4507》辛丑子卜貞：用小牢、[甲骨文] 母。

《合289》戊亥卜，㳄貞：彫 畀 豕。至豕、[甲骨文] 母。

《簠雜66》己卯卜，王貞：雀受 [甲骨文] 女。

而龍方地域亦淪為殷西耕地，部族盡為殷同化，再不復振。

《前4.53.4》乙未卜，貞：禾在 [甲骨文] 圃，[甲骨文] 受㞢年。二月。

《佚219》☑ [甲骨文] 田有雨。

837. [甲骨文]

　　　從雙手持龍。隸作 [甲骨文] 。《說文》：「愨也。」即恭謹皃。卜辭用作地名。為殷田狩、耕作地。始見第一期甲文。

《遺163》☑㞢貞：我在☑莫，從 [甲骨文] ☑受年。

《庫652》呼田☑ [甲骨文] ☑山。

《佚670》☑至 [甲骨文] ☑。

《前2.13.6》辛未卜，在 [甲骨文] 貞：王今夕亡㕢。

838. [甲骨文]

　　　從广龍聲，隸作龐。《說文》：「高屋也。」卜辭用為地名，見第一期甲骨文。殷王曾於此地徵召軍隊。

《前7.30.4》乙酉卜，爭貞：呼婦好先登人于 [甲骨文] 。

《粹1229》乙酉卜，殼貞：勿呼婦好先于 [甲骨文] 登人。

並駐軍於此。

《寧3.74》己卯卜貞，曰：吳自在 [甲骨文] 。

《粹1214》貞：余于 [甲骨文] 自。八月。

龐地嘗種植農作。

《佚578》☑ [甲骨文] 不其受年。

其地婦女稱「婦龐」，見有納貢卜骨於殷。

《簠典42》己亥，婦 [甲骨文] 示二屯。賓。

839. [甲骨文]

　　　從广龏，隸作龏。即龐字繁體。卜辭中屬地名，始見於第一期。生産農作物。

《續5.34.5》庚辰卜，爭貞：黍于 [甲骨文] 。

《金200》乙巳貞：令多射于 [甲骨文] 。

231

840. 為「龍女」二字合文。即龍族婦女，淪為殷王賞賜有功大臣之奴僕。

《鹽雜66》己卯卜，王貞：雀受 [甲骨文字]。

841. 从手持龍，當為 [甲骨文字] 字省。參見 [甲骨文字]，从手从攴無別。卜辭或用為地名。

《甲240》丙申卜，戠㞢用 [甲骨文字] 大祐。

842. 从水龍聲，隸作灉，《說文》：「雨灉灉也。」《廣韻》：「雨滴皃也。」卜辭為地名，見第一期。

《鹽地4》癸巳卜，爭貞：旬亡禍。甲午 [甲骨文字]，乙未脮羍 [甲骨文字]。在 [甲骨文字]。

《乙4524》☑不雨。在 [甲骨文字]。

卜辭問於灉地是否有雨，當亦屬水名。

843. 从龍丙聲，隸作 [甲骨文字]。《說文》無字。卜辭作為名詞，與羊隻並辭，同用為貢品。或為龍方部族名丙者。屬祭牲。

《乙5303》貞：奴致羊。

☑奴致 [甲骨文字]。

844. 象形，乃龍字省。《廣雅》：「有角曰䖡龍，無角曰𧑡龍。」按䖡即蚪，𧑡即蝘；有角者雄，無角者雌。卜辭有貞問殷王有否災害，如謂「疾目」、「疾足」、「疾齒」時龍否。唐蘭先生釋為 [甲骨文字]《天壤》釋文頁四十；于省吾先生釋寵《甲骨文字釋林》頁二一七；嚴一萍先生釋瘨《殷契徵醫》頁四十一，均未為的論。字當讀如龢，和也。卜問該疾安否之意。見《廣雅·釋詁三》。

《粹365》辛亥☑告 [甲骨文字] 于父丁：一牛。

《乙3399》貞：王咼，[甲骨文字]。

貞：王咼，不其 [甲骨文字]。

咼，讀如禍，有災也。

《乙4071》乙巳卜，㱿貞：㞢疾腹，不其 [甲骨文字]。

《乙1187》貞：疾趾，[甲骨文字]。

《遺340》貞：㞢疾止，不其 [甲骨文字]。

232

《乙960》貞：㞢疾目，不其 ℰ 。

《丙11》貞：祝致此疾齒，鼎 ℱ 。

「鼎龍」，即「鼎離」。即「當和」，謂快無恙也。鼎、當雙聲。《漢書‧匡衡傳》：

「無說詩，匡鼎來。」服虔訓為當。應劭注：「方也。」

字又用為農地名。

《人2363》于 ℰ 墾田。

845.

象龍而歧角，或即虯字。殷人名，主司祭奠。字見一期至三期卜辭。

《海2.9》己巳☒貞：ℰ 不即乍，其亦牽自報甲，其告于礿。十一月。

846.

象龍蛇類，有足而無角。或即蛟字。郭樸《山海經》傳：「似蛇，四腳、細頭，能

吞人。」卜辭用本義。有作為祭牲。

《掇2.203》☒獲狼十，寇☒豚一， ℰ 一，象☒雉 十一。

《鄴3.38.7》癸酉卜，祐母己，重 ℰ 。

847.

象虫臥而曲尾。隸作虫。《說文》：「一名蝮，博三寸，首大如擘指。」今即虺字

。或釋作它，《說文》：「虫也。從虫而長，象冤曲垂尾形。」亦通。卜辭借用為外族

名，與羌同辭，淪為人牲。

《南明468》丙寅卜貞：重呼以羌眔 ℰ 于 示，用。

《甲806》甲戌貞：令霝以在 ℰ 希☒得。

848.

亦虫字，為 ℰ 字簡省。卜辭或用為族名，其族女有為殷王寵幸而孕子。

《卜631》丁亥卯貞：☒↑育☒甲重☒。

849.

從二虫，隸作蚰。今作昆。《說文》：「蟲之總名也。」卜辭本義。上古艸居患昆

蟲，故常貞問無疌否。

233

《乙4683》庚戌卜，設貞：⿰⿱⿱⿱壱我。五月。

庚戌卜，設貞，⿰⿱⿱不我壱。

字借為地名。殷人曾於此地祭祀、狩獵。

《乙5272》貞：召河⿱于⿰，⿱雨。

《乙3214》丁未卜，王其逐在⿰。麀獲。允獲七。二月。

850. 𝔖

象人膝跪，以求佑。即巳字，用為動詞，為祀字省：「祭無巳也。」

《南坊3.34》貞：𝔖河。

《陳42》☒𝔖于父乙，一牛。

《佚679 》☒𝔖受年。

見於⿱、彫、賓諸祭名下。

《佚876 》貞：⿱𝔖☒豕。

《金3 》甲午卜，⿱　貞：𝔖中，彫征。在十月二。

此言祭祀於中軍，為此行征伐舉行彫祭。

《佚119 》辛卯卜，設貞：我勿𝔖賓，不若。

字又用為婦名，見第一期。

《乙7127》婦𝔖示十。爭。

851. 𝔷

象人膝跪，長口求佑，當亦巳字；與𝔖同。𝔷𝔖見於同條卜辭，由下二文例相同可證。

《佚119 》☒𝔷賓☒。

辛卯卜，設貞：我勿𝔷賓，不若。

字讀如祭祀之祀。

《菁1 》癸酉卜，設貞：旬亡禍。王二曰：勻。王固曰：朕⿱⿰，⿱夢。五日
丁丑王賓仲丁，𝔷降在⿰阜。十月。

852. 𝔘

亦巳字之異構，即祀字。殷人跪祀以求雨，或求免災。

《乙404 》丁亥卜，舞𝔘☒今夕雨。

《乙2285》貞：𝔘，亦不致艱。

853.　象嬰兒皃。曲身示初生，尚不能以足走動。隸作子。卜辭「羊子」連言，即初生幼羊，用祭以求雨。見第三期卜辭。

　　　　《乙9072》丁酉卜，□，叀山：羊子、豕土，雨。
　　　　《佚450　》□叀雨：羊子。

854.　从手捕虫，隸作玗。或即《說文》峻字：「馺也。」卜辭或用為地名。

　　　　《前6.51.4》勿令□从□。

855.　从三虫於土上，隸作𧉞。《說文》無字。卜辭用為附庸族稱。

　　　　《京4379》从□呼王其每。

　　　每，讀如坶，牧也。

　　　　《前6.67.5》□卜，□告□。
　　　　《丙78》乙丑卜，賓貞：□致斯。

856.　从目从二虫，隸作𧎬。《說文》無字。字本為外族名，後併為殷田狩地。

　　　　《鐵5.3　》□申卜貞：□禍□坐疾。旬坐二日□未□尢禍□。
　　　　《金723　》□取□□弗其□來□。
　　　　《甲3340》□王往逐在□豕，尢□九。

857.　从水巳聲。隸作汜。《說文》：「水別復出也。《詩》曰：江有汜，窮瀆也。」卜辭殘缺，或用為水名。

　　　　《明1671》□茲□□。

858. 從巳在林中，隸作楚。或即《說文》楚字：「叢木。一名荊也。」卜辭用為婦名。

　　　　《明2364》辛卯婦楚 囗。

859. 象人膝跪於示前，從示巳亦聲，隸作祀。《說文》：「祭無巳也。」卜辭祭祀對象以山川河岳，鬼神先世為主。

　　　　《乙2587》庚寅卜，爭貞：我其祀于河。

　　　　《乙6881》辛巳卜，亘貞：祀岳求來歲受年。

　　　　《乙6419》貞：祀业若。

第五期卜辭又習用「唯王幾祀」，殷末遍祀先祖一次，需時相當一週歲，遂習用祀為年。幾祀即王在位幾年之意。

　　　　《前3.27.7》癸未王卜貞：彤肜日自上甲至于多后，衣亡老，自戕。在四月。

唯王二祀。

860. 從示巳，巳亦聲，象人　跪於示前，張口以禱。亦祀字，祭也。字與祀同。

　　　　《續5.20.3》貞：翌乙巳其祀亡老。

　　　　《佚869》勿夕祀。

861. 從手持杖以扑它，∴象它負傷，流血四溢。隸作攺。從它聲，讀如施。有宰殺意。《左傳》昭公十四年「施生戮死」注：「行罪也。」《晉語》：「秦人殺冀芮而施之。」注，「陳尸曰施。」即宰牲陳尸以獻鬼神。卜辭謂「攺羌」、「攺執」、「攺牛」、「攺豕」，當用戮殺本義。

　　　　《乙6746》戊辰卜，爭貞：攺羌自妣庚。

　　　　《鐵176.1》甲子卜，敲貞：勿攺羌百。十三月。

　　　　《續45》囗　執羌囗 攺业國 囗。

　　　　《乙3407》九唯鬼㮣周攺。

　　　　《明1164》己亥卜，賓，攺卅牛。

　　　　《乙4543》甲子卜，攺 二犬二羽于入乙。

236

862.

象人持械擊九於宀中；九，示蟲屈曲之形，《莊子·至樂篇》：「黃軦生乎九猷。」李注：「蟲名。」字。隸作寇。《說文》無字。卜辭連言「寇寇」，示宮室受蟲蟻災異所侵，遂求神辟除之，于省吾氏有〈釋寇〉一文，謂象驅鬼。九、鬼聲近通用。見《甲骨文字釋林》頁四十八。然甲文本有鬼字作鬼。吾人考釋古文，當先就本義求其文例是否通達，苟能辭順意明，當不叚外求叚借或引申諸義。如此，方合乎用字之本末原則。不然，輕言文字叚借，表面上看多能左右逢源，事實上舍本逐末，處處不能落實，與字根大相逕庭。此當為釋文者戒。

《前6.16.1》庚辰卜，大貞，來丁亥寇出執，歲羌卅，卯十牛。十月。

863.

即萬字，象形，毒蟲也。俗作蠆。《廣雅》：「蠆，蝎也。」卜辭用為地名，始見第一期，屬耕地。

《前5.312.3》☑卜，賓貞，叀其往。

《前3.30.5》☑寅卜，受年。

卜辭有「萬人」，或指萬地的族眾，或借為紀數，《風俗通》：「十千謂之萬」。

《存2.582》☑巳卜貞，☑人☑歸。

《庫310》辛巳卜貞：登婦好三千，登旅，呼伐。

由登召婦好部屬三千人，與登萬對文。可知萬已用為十千之數。卜辭又有「三萬」合文。

《粹1171》癸卯卜，獲☑其，不☑。

字後期又省作。

《寧3.94》癸未卜，王☑三俎。甲申☑自報甲至☑余一人。

864.

亦萬字，象蝎子。參字。卜辭為田狩地名，始見第一期甲文。

《餘13.1》☑午卜，般貞：☑逐鷹于☑。執。

《乙3208》壬寅卜，王其逐在鷹。獲。允獲五。

865.

从水萬聲，隸作灡。《說文》無字。卜辭中屬水名，殷王曾於此問雨。始見第一期，屬殷田狩地。

《乙8075》呼子商从出鷹。

《人2099》叀田，亡𢦏。

即「田于溝」的倒文。

　　字晚期作 [圖]；與 [圖] 又作 [圖] 同。

　　《前2.11.5》戊戌卜在 [圖]，今日不征雨。

866. [圖]

　　象蚰蛛形。隸作 [圖]。今作蛛。卜辭習作「[圖] [圖] [圖]」，見卜兆旁，陳邦福《殷契辨疑》頁十一釋作「不悟殊」：『音叚猶之「不乖殊」也，又卜辭「不 [圖] [圖]」多與「宏吉」、「上吉」連文，正卜之曰吉事不乖殊也。』[圖]，卜辭又叚為殊，死也；有誅殺意。甲骨文殊、死同辭。《漢書・高帝紀》：「其赦天下殊死。」注：「斬刑也。」

　　《乙4948》☑我 [圖] 五十。

　　《甲1165》☑六日壬☑夕死☑ [圖] 。

　　《京2496》☑即，不其 [圖] 。

867. [圖]

　　从黽田聲，隸作 [圖]。或即《說文》[圖] 字：「水蟲，似斯易，長丈所，皮可為鼓。」卜辭為田狩地名，與 [圖] 同辭。[圖] 即前字繁体，位殷西。

　　《寧1.384》王其田在 [圖] 。

　　《遺575》貞：呼弋人 [圖] 、 [圖] 。

868. [圖]

　　从黽有二角，即《說文》[圖] 字：「[圖] 鼀，頭有兩角，出遼東。」字讀如破，繫也。

　　《後下33.11》☑吉，不 [圖] 其衛☑。

869. [圖]

　　象蝦蟆，無尾，後足下垂，示其跳躍兒。即《說文》黽字：「[圖] 鼀也。从它，象形。」段注：「今南人所謂水雞，亦曰田雞。鼀拾皆其鳴聲也。」卜辭殘缺、未審或仍用其本義。

　　《前4.56.2》☑ [圖] 。

　　《掇2.409》☑丑☑ [圖] ☑。

870. [圖] [圖] [圖]

　　即黽字。《說文》：「黽，舊也。外骨內肉者也。从它頭，與它頭同。天地之性廣肩無雄，黽鼀之類以它為雄。象足甲尾之形。」甲骨中黽的形搆有如下：

　　[圖]《南南2.118》、 [圖]《卜192》、 [圖]《庫1961》、 [圖]《金355》、 [圖]

《前7.5.2》、▨《南明495》、▨《南明497》、▨《南明498》、▨《乙2948》、▨《前6.51.1》、▨《佚959》、▨《前8.8.3》、▨《存2.64》、▨《乙6670》、▨《庫624》、▨《佚744》；

金文作▨《龜父丙鼎》、▨《叔龜敦》；

古文作▨《說文古文》、▨《習鼎》；

篆文作▨。

　　龍鳳龜麟，謂之四靈。龜能通靈知吉凶，自殷商以降普遍已為大眾所接受。殷人用龜占卜，是先鑽、灼而後卜問。《尚書‧大誥》：「寧王遺我大寶龜，紹天明。」《左傳》昭公五年：「龜兆告吉。」昭公十九年：「請龜以卜。」僖公十三年：「龜，象也。」定公九年：「龜焦。」《詩‧綿》：「爰始爰謀，爰契我龜。」《荀子‧王制》：「相陰陽，占祲兆，鑽龜陳卦，主攘擇五卜，知其吉凶、妖祥。」文獻與卜辭中所示「用龜」以通神人之意均同。

　　　　《佚959》丙午卜，▨其用▨。

　　　　《明715》▨習▨卜，又來▨其用。王▨。

龜亦用作動詞，有卜求意。

　　　　《乙5269》己巳卜，賓貞：▨得妊。王固曰：得。庚午夕▨。辛未允得。

古時占卜之法，有三人同卜而取決於多數，《尚書‧金縢》：「乃卜三龜，一習吉。」《尚書‧洪範》：「立時人作卜筮，三人占則從二人之言。」《左傳》哀公九年晉趙鞅卜救鄭，遇水適火，占諸史趙、史墨、史龜。殆亦所謂三人占。甲文亦見左中右三卜之習。卜問吉凶既盛於殷代，龜甲需求量自然相當大。對於納龜之來源。參諸刻辭大致有：一為令師眾於河岸捕捉，甲文有▨、▨字，疑即產龜水名、地名。

　　　　《前8.8.3》庚辰令犬，唯來▨以▨二。若，令。

　　　　《福2》貞：▨自取▨。

　　　　《前6.65.5》业于▨。

一為外邦納貢。

　　　　《乙6670》业來自南，致▨。

　　　　《南輔1》貞：▨不其致▨。

　　　　《庫624》丁未卜：爭▨▨不其致▨。

　　　　《前4.54.6》▨西▨▨▨一月。

比對《詩‧泮水》：「憬彼淮夷，來獻其琛。元龜象齒，大賂南金。」外夷獻龜情景，更是恍如目前。

　　字又用為族稱，見第一期卜辭。

　　　　《粹1495》壬申▨示三屯。岳。

龜復增繁作▨，用為附庸而伯名。

　　　　《乙2948》貞：王重而伯▨从伐▨方。

871. ▨

　　象雙手捕龜以獻祭兒，隸作▨。《說文》無字。卜辭習言「▨示」，即用龜祭祀。配祀有羌人和牲牢。

239

《南明497》貞：來丁丑又歲于伊，⊙示。

《南明495》乙卯貞：乒伐⊙示：五羌，三牢。

《南明496》于⊙示又（佑）。

872. ⊙

　　從龜從殳，象捕龜以納貢。隸作敠。《說文》無字。卜辭為田狩地名；或因盛產龜以為名。始見第一期。

　　　《乙2908》戊午卜，殼貞：我狩⊙，擒。之日狩。允擒，獲虎一，鹿四十，狼百六十四，麂百五十九☐。

　　晚期卜辭字作⊙。

　　　《南明498》辛未貞：王令以乓于⊙。

873. ⊙

　　從龜置於盤皿上，祭獻於天以求祐、求雨。隸作盧。《說文》無字。

　　　《佚314》癸亥卜，狄貞：重⊙至，王受有祐。

　　　《佚650》☐重⊙至，又（佑）大雨。

　　　《後上19.6》其又長子，重⊙至，王受又。

　　　《南明534》重⊙祝。

　　奉龜以求祐長子，顯見殷商已有嫡庶的長幼觀念。卜辭又分言「鼎龜」，言用鼎彝獻龜於先人。

　　　《前7.5.2》乙卯卜，賓貞，鼎⊙。翌日。十三月。

874. ⊙

　　從龜益聲，隸作龝；或謚為《說文》龝字：「　龜名。從龜冬聲。」卜辭用為龜一類；與⊙同列，唯獲數甚多，可推知此類龜屬普遍，並不珍貴。

　　　《存2.57》☐貞：擒☐來于☐唯來五☐允至致龜：⊙八、⊙五百十。三月

875. ⊙

　　從龜、從雨，或從霝省。隸作霝。《說文》無字。或相當《爾雅·釋魚》中神龜、靈龜一類。《史記·龜策列傳》更分為八：「能得名龜者，財物歸之，家必有大富至千萬。一曰北斗龜；二曰南辰龜；三曰五星龜；四曰八風龜；五曰二十八宿龜；六曰日月龜；七曰九州龜；八曰玉龜。凡八名龜。龜圖名有文在腹下，文云云者，此某龜也。」卜辭與⊙見於同辭，屬外來貢物。唯該辭言獲⊙八，與獲益龜五百十隻之數相比，當反映⊙為大而甚珍貴之龜類。

　　　《存2.57》☐允至致龜：⊙八，益龜五百十。三月。

240

876. 〔圖〕

从水黽亦聲。隸作漁。《說文》無字。卜辭用為殷地名。與 〔圖〕 地同辭。位於殷西，曾在此擒獲羌人。殷人亦嘗禘祭於此地以求雨。漁 當屬水名。

《前7.2.4》己卯卜，爭貞：今春令虎田，从 〔圖〕 至于 〔圖〕，獲羌。

《遺647》☑戌卜，虎勿禘于 〔圖〕 雨。

877. 〔圖〕 〔圖〕

象黽而有角。ㄑ 或示背毛。隸作鼈。《抱朴子‧對俗篇》：「玉策記曰：千歲之龜，五色具焉。其額上兩骨起似角。解人之言，浮於蓮葉之上。」《述異記》卷上：「龜千年生毛。」唐蘭氏《殷墟文字記》頁六引《萬象名義》廿五鼈部有 鼈 字：「奇械反虹也，龍無角也。」字讀為 穫，即《說文》穫 字；今作秋：「禾穀熟也。」卜辭習言「帝秋」，即禘祭以求穀黍秋收豐年。

《卜592》貞，帝 〔圖〕 于 〔圖〕、于土。

《南明467》壬子貞：〔圖〕 米，帝 〔圖〕。

言「告秋」，即祈求上蒼先祖祐穀熟。

《佚525》甲申卜，賓貞：告 〔圖〕 于河。

《存1.196》乙未卜，賓貞：于報甲告 〔圖〕，舟。

又有卜求「寧秋」、「秋至」、「來秋」，均問禾穀熟否。

《甲3642》貞：其寧 〔圖〕，來辛卯酚。

《文687》庚申卜，出貞：今歲 〔圖〕 不至茲商。二月。

《甲3353》戊戌卜，殸貞，河杞六來 〔圖〕。

字由穀熟收割之時，引而為固定四季時令之一。

《合255》貞：雍芻于 〔圖〕。

《存1.550》戊寅卜，賓貞：今 〔圖〕 呂 方其圍于 〔圖〕。

《人1988》乙亥卜，今 〔圖〕 多雨。

「今秋」字復从火作 〔圖〕，時為七月。

《乙8818》庚申卜，今 〔圖〕 亡 〔圖〕 止。七月。

由 鼈 而 穫 而 穫 而 穫 而秋，見秋字的演變過程。

878. 〔圖〕

象黽而無角，亦屬黽一類。《說文》無字。卜辭用本義，為祭牲。

《粹1536》重癸用 〔圖〕。

879. 〔圖〕

即米字。諸點象聚米之形。一為梗秔，示嘉穀中之仁。《說文》：「粟實也。象禾

黍之形。」卜辭用本義。殷王令眾耕種收割稻米。

  《佚85》貞：令☒𤔲米☒眾。

並用米獻祭先祖，習稱「異米」。

  《後下29.15》：癸未貞：乙☒王其異米。

  《外52》貞：☒其異米于祖乙。

  《甲903 》己巳貞：王其異南囧米，重乙亥。

880. 米

  象米字。卜辭用為殷先王「小甲」合文。殷世系的祀序，小甲在太甲、太庚之後，祖乙之前。

  《粹112 》乙未酚𤔲品報甲十、報乙三，報丙三，報丁三，示壬、示癸三，大
     乙十，大丁十，大甲十，大庚七，米三☒三，祖乙☒。

  《文777 》☒賓米☒亡禍。

881. 卣

  象容酒器，盛酒以祭神。隸作卣。讀若調。《爾雅》：「中尊也。」《說文》作卣。段玉裁引鄭注《周禮》：「凡彝為上尊，卣為中尊，罍為下尊。中尊謂獻象之屬。」卜辭除用為本義外，

  《六清103 》☒百日山☒一卣。四日☒丁巳☒正☒。

更用為附庸族名，始見第一期卜辭。與龍方同辭，位於殷西。

  《誠468 》☒戌卜，敄☒龍、卣☒。

  《甲2221》☒戈卣。吉。

  《合85》庚辰貞：卣从索秦，亡禍。

     ☒卣母往，其又禍。

882. 卣　卣

  象卣置水盤中，用以温酒。隸作卣。與卣字同。卜辭卣之前有數詞。卣，多用以盛鬯酒獻神。《說文》鬯：「以秬釀鬱艸，芬芳攸服，以降神也。」《周書·雒誥》：「秬鬯二卣。」《詩·江漢》：「秬鬯一卣。」《毛傳》：「卣，器也。」用法與卜辭同。

  《外10》鬯五卣，佑征。

  《戩25.10 》其獻新鬯二升一卣。王☒。

  《前1.18.4》丁酉卜貞：王賓文武丁，伐十人，卯六牢，鬯六卣。亡尤。

883. 桌

  从卣木。卣、卣甲骨文形構相同；唯一屬穀實，一為酒器，宜加以區別。字隸作桌

，从鹵，草木實也。《說文》：「木也。从木，其實下垂。徐巡說：木至西方戰栗也。」今作栗。段注引《論語》：「周人以栗，曰使民戰栗字」。卜辭讀如慄，懼也。感也。　《合58》丙午卜，勿 ，不囚。
囚，用為死意。

884. 

从木从三鹵，隸作  。亦栗字。《說文》古文作  ，从二鹵，从西；乃甲骨文从三鹵之譌。卜辭用為地名。與𠬝同辭。位殷西。

《前2.19.3》☐王卜，在𠬝貞：☐于 。亡災。在二月。

885. 

从手取二鹵。隸作 。《說文》無字。卜辭用本義，收割穀實也。鹵，相當於  字，今寫作粟，《說文》：「嘉穀實也。」段注：「嘉穀謂禾黍也。大雅曰：『誕降嘉穀，惟秬惟秠，惟穈惟芑。』秬秠謂黍，穈芑謂禾。古者民食莫重於禾黍，故謂之嘉穀。穀者，百穀之總名；嘉者，美也。」

《南坊3.17》貞：勿呼婦姘往  黍。

《後上18.11 》☐卜在☐貞：王☐  禾☐往來☐。

886. 

从鹵从口，均象穀實，隸作  ，亦為粟字。卜辭連言「取 」，即  字分書；收割禾黍農作也。

《庫220 》乙卯卜，王貞：令西取  。一月。

887. 

从雙手持剪器收割穀實，字與  相類。《說文》無字。卜辭作為附庸族名。入貢於殷。

《後下28.1》  入。

888. 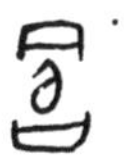

从合以藏鹵，示倉稟。隸作  。《說文》無字。卜辭為殷附庸侯名，位殷西南，見第二期。

《通V2》戊子卜，貞：王曰：余其曰：多尹其令二侯：上絲𠬝 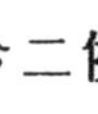 侯其☐周。

889. 

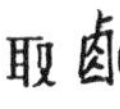

象穀實形，四點示禾黍之仁。與卤字同。卜辭 ⊕口 與 ◌口 同。始見第一期卜辭。用本義，為殷人收割及外邦進貢之物。

《京2966》壬戌☑令♀☑取⊕ ☑二月。

《文804 》☑致 ⊘ 。

890. ⊕ ⊗ ⊘ ⅍ ⎊

本象穀實形，與 ⊘ 同。即卤字。卜辭借為方向詞，代表西面，《說文》古文西作卤，籀文作卤，仍見字形譌變之迹。復因與巢字形（峀）相近，而誤西字本義為鳥棲之巢。篆文增鳥形作 𥥍 ，附會曰：「日在西方而鳥西，故因以為東西之西。」漢或體字更易為形聲字作棲。今列舉西字字形演變如下：

⊕ ——> ⊗ ——> 卤 ——> 卤 ——> 𥥍 ——> 棲

卜辭中已有四方，西與東南北同辭，用為方向詞。

《粹957 》其逐 ⿱ 麋自⊗、東、北，亡弋。

《人3132》其圍 ⊘ 北。

《乙8687》重⊘眔南不每（牧）。

殷言西土、西方，當泛指黃河以西地，為殷農地。

《寧1.599 》☑于河⊘ 。

《遺437 》丁卯卜貞：⊘其雨。

《後上38.3》乙巳卜，㱿貞：⊘土受年。三月。

《佚956 》⊘方受禾。

《庫220 》乙卯卜，王貞：今⊘取卤。一月。

891. ⊕口

从卤，即卤口字。與◌口同；示收成的穀實。字見晚期卜辭，或用為地名。

《佚836 》戊戌卜貞：曰：弜其从 ⊕口 ，亡☑。

892. ⿱ ⿱ ⿱

置穀實於凵中，隸作廼；即廼字。《說文》从乃省西聲：「廼，往也。讀若仍。」卜辭釋為赴、往意，與往對文。

《鄴1.40.3》于翌日壬辛王 廼 田，亡弋。

《甲532 》于來辛王 廼 田 ⿰ 。亡弋。

《人2018》☑ 廼 田雞☑。

《人2026》于壬王 廼 ☑往田。湄日☑。

又用為副詞，乃，有復意。

《甲3638》☑午不雨，于癸廼雨。

《南明634 》于父己、父庚即㱿，廼酚。

《人3014》庚辰卜，王 祝父辛：羊、豕，廼酚父乙。

244

言祝禱罷祖先後，復乃舉行酚祭。字又用為田狩地名。

《甲1603》丁酉卜，狄貞：王田于 🔥 ，立擒。

《零74》☒子卜，般貞：王往觀 🔥 。三月。

893. ⊗

即囟字，讀如總，聚束也、會合也。第二期卜辭有「王囟言」，又倒作「囟言王」。言，舌祭；或指集體舌祭諸先公先王意。

《文879》乙巳卜，旅貞：今夕王⊗言。

《明1035》丁卯卜，旅貞：今夕⊗言王。

又，束轡驅眾馬馳逐謂之總，《儀禮·聘禮》：「總乘馬。」注：「總，八轡牽之。」《離騷》：「總余轡乎扶桑。」注：「結也。」卜辭亦有驅馬之意。

《後下38.5》王⊗射號豕。

「囟射」，策馬射逐之意；字或與西字混，於詞意亦通。

894.

从水囟聲，或从囟聲，隸作溕。《說文》無字。為晚期卜辭地名。與 地近。

《卜109》癸酉王卜，在 貞：旬亡憂。王占曰：☒。

《前2.18.3》☒在 師貞：☒于 ：亡災。

895.

从迺从大，隸作迺犬。《說文》無字。屬晚期卜辭地名；或即溕之譌。

《後上10.7》癸未卜，在 貞：王旬亡憂。在五月。

896.

从爪持穀實，卜辭有運輸糧餉意。隸作舀。《說文》無字。字或與得字作 形近相混。

《合380》丙寅卜，又涉三羌，其 至自奴。

☒寅卜，☒羌，其 涉河奴。

897.

即彗字，象帚竹。復增意符為雪，示下雪兒。今即雪字。《說文》：「凝雨 說物者，从雨彗聲。」段注改為「冰雨」。此字宜為「从雨彗，會意」。雨而可彗帚者，雪也。凡水下於雲；為寒氣結諸雨中者為霰，俗謂大雪拉；水未出雲而濕氣結諸雲中者為雪。卜辭言有雪多在二、三月間。亦有早在十二月，晚至五月，均屬特例。雪與霓見於同辭。

245

《後下25.9》己酉卜貞：亞苁里（佑）𣏗．三月。

《丙62》王固曰：帝唯二月令𩅕。其唯丙不吉，𣏗。唯庚其☒。

雪亦有自中日降。中日即一日之中午。

《前6.17.7》旬亡希。王疾首。中日　。

字又用為殷西附庸名，有耕地，屬第一期甲文。

《前7.43.1》乙巳卜，亘貞：𣏗不其受年。

《粹863　》于𣏗受年。

《金522　》辛丑卜，賓貞：重𣏗令致弋人伐呂方。戈。十三月。

898. 𣏗

象雪霰，亦彗字。與𣏗同。卜辭為附庸名，與𩆵族並見於晚期卜辭。

《南門472　》乙酉貞：王其令𣏗以☒从𩆵伯☒叶王事。

899. 習　習

从彗，隸作習，《說文》：「數飛也。」小鳥透過實踐而學習飛行，故字有重複意。《左傳》襄公十三年傳：「不習則增修德而改卜。」注：「卜不吉。」卜辭亦言「習卜」，重卜以求吉也。

《佚220　》癸未卜，習一卜。

《粹1550》☒卜，習龜一卜。

《明715　》☒習龜卜，又（佑）來𧲲其用。

𧲲，乃「執虎」合文，拘獲虎族人，用以祭祖。

900. 𣏗

即彗字，乃𣏗之省。卜辭為地名。

《續4.17.7》☒亥卜☒☒今夕☒禍。在𣏗。

901. 𦏡　𦏡

即羽字。象羽翼形，後增立聲。隸作翊。《說文》：「飛兒。从羽立聲。」讀如翼，多叚為昱字，明日也。《爾雅·釋言》：「翊，明也。」《尚書》言翊日皆訓明日。字形由甲文的𦏡而𦏡而𦏡而金文的𦏡（小盂鼎）而篆文的𦏡。翊，卜辭除稱述來日，下一日外，更有泛指二、三日之後。

《粹605　》乙酉卜，賓貞：𦏡丁亥不其啟日。

《存1.614　》癸巳卜，賓貞：𦏡丙申用寇。

有指五、六日後。

《合307　》乙未卜，爭貞，𦏡庚子王步。

《掇2.136》戊戌卜貞，𦏡甲辰彰河。

246

復有特例，翌言五十二日、六十日後事者。

《人341 》丁卯卜，賓貞：𠂤己未令多射𤑔☑。

《前7.4.1 》乙亥卜，賓貞：𠂤乙亥酚𢆶暘日。乙亥酚，允暘日。

晚期卜辭中，翌作日𦍒作𦥑。

《掇1.415 》癸酉貞：日𦍒乙亥，舉于大乙。

《後上20.1》甲辰卜貞：𦥑乙王其俎于𦎫。衣不遘雨。

翌又用為祭名，持羽而舞祭，與舞字持牛尾舞祭相類。或即春秋時獻羽而舞之俏，見《左傳》隱公五年。翌祀屬殷五常祀典之首，次交𥁄進行祭、𠀐、合三祀，次肜祀。

《存2.606 》丁酉卜，行貞：翌戊戌日𦍒于大戊，亡𡆥。在四月。

《南明 629》 于既酚父丁，翌日、合日、肜日，王酒寡。

《金743 》癸未卜🀄貞：王旬亡𡆥。在十月。甲申🄰 小甲。

《存 1856》 ☑饗☑翌日、合、肜日，王弗每。

---

902. 𦍒

從羽從夫，隸作𦍒。字或從立，與翌形混同。卜辭中為武丁將領名。

《前2.37.7》丁丑卜，爭貞，令 𦍒致子商臣于 𡉚。

《前6.51.2》庚午卜，爭貞：令 𦍒從，轟☑。

---

903. 𧢲

象牛角形，即角字。卜辭為武丁附庸名，位殷西。其酋曾封侯。角族女嘗入貢為殷王侍妾。

《菁2 》己巳允𡉚來艱自西。𢼸𠬪𧢲告曰：𥇃方出，侵我示𤳉 田七十人五。

《佚15》甲戌卜，王余令 𧢲婦叶朕事。

《存2.102 》甲戌☑侯𧢲☑。

《乙3507》☑其致𧢲女。

---

904. 𣪘

從手持杖擊角，隸作𣪘。《說文》無字。卜辭用為武丁時附庸名，或人稱。

《綴160 》庚子卜，賓貞：其令𣪘又☑商，告于☑。

---

905. 𧢲𠂤 𧢲

從手分角，當即解字省。篆文手譌作刀。《說文》：「判也，從刀判牛角。」卜辭為武丁時附庸族名。其地望位殷西，與鳴地相接，對殷人順逆無常。

《丙65》辛酉卜，賓貞：𢾭、正、化戈 𧢲。

《乙7150》☑卜，賓貞，𧢲戈𢾭、正、化。

《合118 》☑正、化戈𧢲眔𠂤。

906. 

象人雙手持牛角，有分意，即解字。《說文》：「判也。」卜辭一見，屬武丁期。參  字，當為族稱。

《後下21.5》☒般☒  ☒。

907. 

从馬从角。隸作 ，為馬一類。字見第二期卜辭，屬田狩地名。

《後上11.2》乙未卜，行貞：王其田，亡災。在二月。在  卜。

908. 

从女从角从禾，其意未審，用為殷駐軍地名。唯屬孤證。由師字作  觀察，此辭屬晚期卜辭。

《前2.10.5》☒在  師。

909. 

即錢貝之貝字，《說文》：「海介蟲也。居陸名猋，在水名蜬，象形。古者貨貝而寶龜，周而有泉，至秦廢貝行錢。」《詩・小雅》，「既見君子，錫我百朋」箋，「古者貨貝，五貝為朋。」《周易》：「十朋之龜。」《漢書・食貨志》：「王莽貝貨五品。大貝、壯貝、幺貝、小貝皆二枚為一朋。」是知龜、貝均為古代貨幣，其中貝尤為通行，計算單位為朋。卜辭文例亦然。

《丙57》甲申卜，賓貞：雩祊，亡 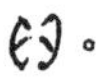。

《後下8.5 》庚戌☒貞：易多女㞢  朋。

《南坊3.81》☒圉不  ，易 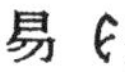 二朋。一月。

易，讀如賜。

有用為祭品。

《零23》丙戌卜貞：巫曰：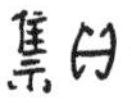 于婦。用。若。一月。

又用為附庸族名，入貢於殷。《漢書・地理志》清河郡有貝丘縣，即今山東省平縣附近。

《甲3938》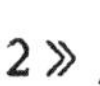 入十。

或借為 ，通作敗。

《前5.10.2》貞，土方☒不 。

910.

从貝藏於 盧中，貝亦聲。隸作 。讀為敗，清毀也。《爾雅・釋言》：「敗，覆

也。」《禮記・孔子閒居》：「四方有敗。」注：「謂禍烖也。」

《前7.36.1》☐曰，呂方其至于 [illegible] 土，亡𡿧。

《乙8171》貞：卬方不其𡿧。

《人924 反》☐方其往，其𡿧。

卜辭𡿧字均接某方來犯之後，皆作敗字解。

911. 

从手取貝，隸作㝵。即獲得之得字。《說文》譌貝為見，譌手為寸。《左傳》定公九年：「凡獲器用焉曰得。」

《前5.29.3》☐固曰：吉，其得。唯甲☐。

《續1.29.1》甲午卜，爭貞：往芻雩。得。

雩為外族，「往芻雩」，即往奪芻於雩族。卜辭云有所得。

《庫269》貞：其得 [illegible]

《鐵3.3》貞：吳得，㞢牛。

《合123》☐卜，爭貞：擒，得舟。

《乙5269》己巳卜，賓貞：鼄得妊。王固曰：得。

「鼄得妊」即「妊得鼄」之倒文。

《鄴3.34.9》貞：虎牛眾人得。

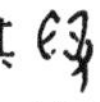

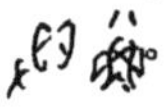

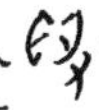

即「眾人得虎牛」倒文；乃前置賓語。

912. 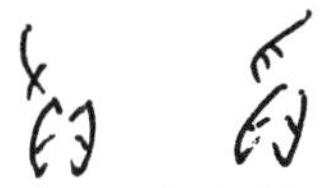

从手獲貝，亦得字。與得同；捕獲也。卜辭「得獲」連文，見《掇1.101》。

《續5.21.1》丙辰卜貞：弗其得羌。

《遺465》☐得四年☐在 [illegible]。十二月。

《合380》丙寅卜，其又涉三羌，其得奴。

913. 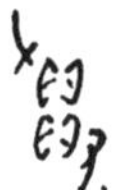

从二得。象上位者賜貝朋於下，即今授字，予也，手付之令其受也。卜辭授受同辭。上者授，下者受。見第一期。字从一貝，二貝無別，如敗，籀文作 [illegible]，是。

《菁7》己亥卜，㱿貞：王曰：侯虎，余其授女(汝)事，[illegible]受☐。

914. 

从手取貝於合中。《說文》無字。卜辭用為地名或方國名。見於第一期。

《乙7385》壬辰卜，亘貞：弗其致𢸁、老。

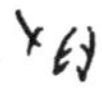

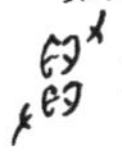

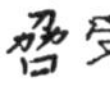

915. 𡉘

　　从攴貝，貝亦聲。即敗字。《說文》：「毀也。」甲文僅一見，屬前期卜辭。

　　　　《前3.27.5》貞：亡𡉘。

916. ⼌𡉘　　（𡉘）

　　从貝在束中。⼌ゝ（）象束袋形，為𡉘字省，見《前6.32.8》。即賴字，利也。卜辭用為附庸方國進貢的成束貨貝，與貢骨、貢甲連用。

　　　　《南明419》壬辰，中乞骨乞「𡉘。

　　字又用為人名。見武丁卜辭。

　　　　《續5.22.5》丁亥乞自雪十屯。𡉘示。𠂤。

　　　　《前4.28.3》貞：呼𡉘眔𠂤入卻事。

　　　　《續5.19.5》囗卜囗貞：今十三月𡉘至。

　　　　《佚930》囗⼌𡉘射鹿囗。

917. 宁

　　从貝在宁中，貝或混同為倒心。隸作貯，《說文》：「積也。」吉金文作宝。字見第一期卜辭，為武丁附庸部族，曾助殷征伐。

　　　　《乙7806》貞：呼登宁自。

　　　　《人3145》今宁从侯告。

　　並屢次入貢。

　　　　《乙7336》宁入卅。

　　　　《乙5254》宁入十。

918. 𡧘

　　从宁貝，亦即貯，積存也。參宁字條。屬殷附庸名，見於晚期卜辭。編列為殷軍隊行伍中。

　　　　《摭續141》自𡧘其呼取笑。

919. 寶　　寶

　　从宀从貝珏，即寶字，珍也。缶聲為後來附加聲符，字或省貝作寶。卜辭用為婦名。始見於第一期甲骨。

　　　　《存2.63》壬子，婦寶示三屯。岳。

920. 𡧘

　　从宀从女从貝，隸作㝔。《說文》無字。卜辭用為子名。

《讀5.12.7》☑致子 [甲骨文] 巫。

921. [甲骨文]

　　从羌从貝从一。卜辭為地名，與商同辭。見第一期甲文。
　　　　《前7.19.4》乙亥卜，骰貞：呼商比 [甲骨文] 。

922. [甲骨文]

　　从犬貝聲，隸作狽。獸名。卜辭殘簡待考。
　　　　《京4408》☑ [甲骨文] 。犬告曰又大。
　　　　《粹1552》☑ [甲骨文] ☑ [甲骨文] ☑每（牧）。

923. [甲骨文]

　　从网取貝，即買字，《說文》：「市也。孟子曰：登壟斷而网市利。」引申有獲得
、佔取意。字或作 [甲骨文] 。
　　　　《乙5329》戊寅☑丙呼雀 [甲骨文] 。

924. [甲骨文]

　　象人心，即心字，篆文作 [篆文] 。《說文》：「在身之中，象形。古尚書說土藏，博士說
以為火藏。」卜辭不用本義，借為探尋之探字，遠取也，與殷王來、征、从、涉、持等
行動詞句連用。
　　　　《前4.30.2》貞：王 [甲骨文] ，亡來。自一月。
　　　　《陳78》壬午卜貞：王 [甲骨文] 亡艱。
　　　　《乙5323》丙戌卜，爭貞，王屮 [甲骨文] 征。
　　　　《乙6377》貞：涉狩☑ [甲骨文] ☑。

925. [甲骨文]

　　从心在口上，心亦聲，隸作嘖，讀如探，有查察、巡視意。為 [甲骨文] 字繁體，增口示筟
盧，有出意。
　　　　《乙4584》貞：王屮 [甲骨文] ，允亡。
　　　　《林2.10.7》辛酉子卜貞，祔 [甲骨文] 我。

251

926.

从倒口，从心，隸作𢗉，或作叱，《說文》無字。卜辭用為附庸族名，助殷索取貢物，見第一期甲骨文。

《福2》貞， 自取龜。

《續5.22.2》庚子卜，爭貞：令 取王于龠。

《金675》戊辰卜，㱿貞， 㞢往家，呼☑。

927.

从心，从木或从屮，隸作枕。《廣韻》侵部：「枕，木名，其心黃。」卜辭用為地名。

《後上9.6》 貞，㞢于 。

928.

从水心聲，隸作沁。水名。《說文》：「沁水出上黨穀遠羊頭山，東南入河。」段注，「今山西沁州沁源縣城南。」《水經沁水注》：「即涅水也。」

《甲270》☑未☑魚☑ 。

929.

从人而歧首，隸作兕，乃殷先祖名。卜辭祀序在報甲之前，與河、岳、土神並祀。或即契；《說文》作偰：「高辛氏之子，為堯司徒，殷之先也。」《史記·司馬相如傳》、《漢書·古今人表》又作禼。《說文》窺字下：「禼，偰字也。」董作賓《甲骨文斷代研究例》：「卜辭祭兕用 ，同於炎、土、王亥諸先祖，疑即契。《漢書古今人表》契作禼，《說文解字》：禼，蟲也。段注云：殷玄王以為名。按禼上所從之ⵁ與兕首之ⵁ形近易訛；又或因契、兕、禼聲母均作ts-，音同相假。」

《存2.176》己巳卜，亘貞：㞢于 。

《粹68》丁巳貞：庚申㞢于 ：二小宰，俎大牢。

《金399》丙寅貞，又于 ，㞢小宰，卯牛一。茲用。不雨。

《乙5272》戊申卜，㱿貞：方禘㞢于土、 ，☑卯☑報甲。

《甲3610》☑ 、河、岳。

930.

即入字。《說文》：「內也。象從上俱下也。」不出謂之入。卜辭有「入日」、「出日」之祭對文；示日落與日出。

《合178》戊戌卜，丙呼雀㦰于出日、于入日：牢。

《佚407》丁巳卜，又入日。

《粹17》☑出入日歲三牛。

又言「月入」，即「月不出」，與「日入」屬同版卜辭，見《佚247 》。

《甲2232》月 ∧，不雨。

卜辭習言有禍，驗詞則接言「允有來入齒」，當即有齒患之意，為「允有來齞入齒」之省，示某物侵入口齒中，轉生病痛。

《庫1595》癸未卜，爭貞，旬亡禍。王固曰，㞢希。三日乙酉夕🜚。丙戌允㞢來 ∧ 齒。十三月。

字又用為進入之入。卜辭屢貞問「殷王入某地」吉否。

《續3.14.7》丁酉卜，般貞：來乙巳王入于🔲。

又多言「某外族部落入」。入，納也，進也。來朝入貢。如，雀《合452 》、風《京5 》、隹《合248 》、貯《乙7336》、直《乙7378》（或作喜《乙4579》）、夫《丙62》、吳《乙6669》、奠《乙3423》、殷《乙962 》、庚《合255 》（或作唐《乙1188》）、𦫳《丙30》、小臣《乙2497》、𧆛《乙7686》、周《乙5452》、畫《乙1906》、孔《乙5595》（或作🦴《續4.12.5》）、🦴《乙4056》、台《丙12》、易《丙6 》、並《乙3405》、𠆣《乙4525》、婦好《乙7782》、亙《乙2204》、苗《乙1335 》、𤈦《乙4527》、子商《乙7036》、𣪊《乙3427》、敎《乙4512》、衣《乙7200 》、𣪊《乙7040》、𡈼《丙43》、牧《乙7191》、𡇒《拾8.5 》、𪊨《南坊3.2 》、陝《南坊3.4 》、賴《京3 》、立《乙5049》、虎《甲3017》、𣲖《人530反 》、文《乙6820》、𦜩《乙4605》、狄《乙4484》、🐚《掇2.124反 》、豕《丙54》、𤘗《乙7195》、𡇒《乙3960》、家《林1.14.12 》、雷《明2053》、🦴《乙6570》、心《甲3938》、出《甲967 》、𦣞《存2.38》、彔《合400 》、🦴《存2.41》、𦣞《甲3006》、叶《陳137 》、𣏾《甲2974》、明《拾13.4 》、宁𥎊《南坊3.19》、越《拾13.12 》、視《後下28.1》、旧《甲3113 》、𩾏𩾏《佚720 》等部族。

貢品有甲骨、俘虜、器具、武備、獸類諸物品。

《乙4734》雀 ∧ 百五十。

《合248 》隹 ∧ 龜五百。

《丙62》夫 ∧ 二，在 𦫳。殷。

《金609 》辛🔲 ∧ 射于 🦴。

入貢之地有：

𦫳《合166 》、高《乙1906》、🦴《丙12》、🦴《乙7191》、曰《乙4627》、�章《存2.6 》、🦴《金609 》、🦴《粹1220》、龔《金200 》、🦴《乙6298》。

字復用為地名，見第二期以後卜辭。同辭貞人有行《南明359 》、出《南誠78》。

《南明215 》🔲亡不若。在 ∧。二月。

《京3008》癸酉卜貞，旬。在 ∧。

《存2.757 》于 ∧ 自奠，用。王受又。

931. $\widehat{\delta}$　$\widehat{\wedge}$

即衣字。象形，所以蔽體者也。《說文》：「上曰衣，下曰裳。」卜辭讀如殷。作

253

樂之盛偁殷，《易豫象傳》：「先王以作樂崇德，殷薦之上帝，以配祖考。」引申作盛也，大也，眾也，正也。卜辭衣多用作合祭之專名，言合祭諸先祖以祈降福佑。詳王國維《殷禮徵文》。

《金124》癸丑卜，王曰貞，翌甲寅乙彫🜏自上甲，🜏至后，余一人亡禍。茲一品祀，在九月。🜏示癸，壹𤝡。

《存2.618》☒行☒酉翌于祖辛，🜏亡🜏。在四月。

《乙7119》翌乙未勿🜏夐。

又習言「衣逐」，即率眾大肆追捕狩獵。見田狩卜辭。

《前2.11.3》壬申卜，在🜏貞：王田🜏，🜏逐亡災。

《甲3914》壬申卜，狄貞：王其田，🜏亡災。吉。

「衣逐」之地有：高—🜏—🜏《前2.11.3》、🜏—🜏—木《前2.15.1》、玨—🜏《前2.11.5》、🜏《京5296》、🜏《後上11.7》、🜏《人2864》、🜏《前2.31.6》、🜏—🜏《掇2.42.7》、🜏《明1132》、𥼚—洗《前2.32.3》、🜏—🜏《前2.43.1》、喪《前2.41.5》、🜏—澅《林2.20.9》、雞《前2.28.5》、🜏《前2.7.3》。

字又用為地名，見第四、五期卜辭。與🜏、天邑商、公、宮同辭。

《粹1041》己丑貞，王于庚寅步自🜏。

《鄴3.42.6》☒酉貞：王步☒于🜏。

《掇182》乙丑卜貞：在🜏、天邑商、公、宮、🜏，茲月亡🜏。寧。在九月。

932. 🜏 🜏 🜏 🜏

象衣裳之形，即衣字。乂，為衣上文飾，無義。字與🜏同。由文例「🜏夐」，又作「🜏夐」；「🜏入」《林2.6.2》，又作「🜏入」可證。卜辭均讀如殷，有盛大意。參🜏字。

《乙3222》貞：勿🜏夐于河。

《丙33》甲辰卜，𢿑貞：王勿🜏入于🜏入。

字由殷本義為作樂之盛，引申為安也。

《合269》貞，婦嬽冥，妫。唯🜏。

又作為地名。

《乙811》貞：于庚午步于🜏。

933. 🜏

象🜏形，尾下垂。或隸作🜏字。甲文中用為邊地名，處殷西。始見於第一期卜辭。

《前7.25.1》☒🜏册🜏呂☒橐🜏。王从受𡥀又。

《陳120》癸卯卜貞：呼☒呼往西，至于🜏。

254

934. 🔆

　　亦衣字，與 🔆 同。由下二文例可互證。

　　　　《庫550 》勿呼宅 🔆。

　　　　《拾14.11 》貞：呼宅 🔆 。

　　卜辭用為殷西地名，始見第一期。

　　　　《乙7233》貞，🔆 亡禍，在 🔆。

935. 🔆

　　从人衣聲，隸作依。《說文》：「倚也。」《廣雅》：「恃也。」卜辭用為武丁附庸部落名，助殷征伐。

　　　　《前7.2.3 》己亥卜，爭貞：勿呼 🔆 韋囗。

　　韋，讀如敦，有攻擊意。

936. 🔆

　　从衣，即毛裘之裘字。《說文》：「皮衣也。」卜辭用為部族名。

　　　　《京1972》囗 🔆 往囗。

937. 🔆

　　从衣从聿省。聿，所以書也。象記事於布帛上。隸作䘳。《說文》無字。殷史官著述史事，除於問卜時刻於甲骨外，亦嘗於事後書之於竹帛。

　　　　《佚880 》己丑卜，其又歲。于翌日 🔆 ：「又歲于大乙。」

　　此言己丑日卜，將有歲祭，于次日乃書：「有歲于大乙」，以記其事。

　　　　《南明617 》丙午卜，百𠬝。🔆 ：告于父丁：三牛。

　　此言丙午日卜𠬝神以眾物，屬泛偁；後遂另書於布帛以記錄具體事情：「告於父丁三牛。」

938. 🔆

　　从衣聿，隸作䘳。為 🔆 字之正體，書寫也。

　　　　《粹140 》于翌日 🔆，乃求又（祐）大乙。王受又。

939. 🔆

　　从衣从又，隸作祝。《說文》無字。或讚為卒。《說文》：「隸人給事者為卒。古以染衣題識，故从衣一。」卜辭用為附庸部族名。

　　　　《乙7200》🔆 入五十。

940.  　从刀衣，隸作初。《說文》：「始也。裁衣之始也。」卜辭殘缺，用意未詳。
　　　《京4901》☑衪 ⟨glyph⟩。

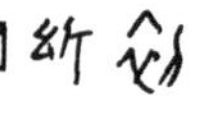

941. 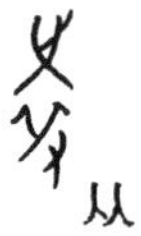  　从止从衪。止，當為衣領之譌。隸作袳。《說文》無字。卜辭為殷附庸名；與衪應
　為一字。
　　　《寧1.501 》☑來，迺今 ⟨glyph⟩ 往于☑。

942.  　从衣从二火，隸作褮。王國維疑為褮之初文。《說文》褮：「鬼衣也。」段注：「
　猶魂衣，明器之屬也。」卜辭用為駐軍地名，見於第二期甲文。
　　　《遺948 》己卯卜，王在自 ⟨glyph⟩ 卜。
　　　《前6.34.4》甲寅卜，旅貞：今夕亡禍。在二月。在自 ⟨glyph⟩ 卜。

943. 　象倒口形，一，示口中氣及時而出，即今字。引申有當下、現在之意。金文作 ⟨glyph⟩
　《矢盨》，篆文作 ⟨glyph⟩。《說文》：「是時也。从亼�；�，古文及。」段注，「目前為
　今，目前以上皆古。」卜辭習言「今載」、「今春」、「今秋」、「今歲」、「今日」
　、「今夕」，用法與現今同。
　　　《掇2.6 》辛亥卜，丙貞：⟨glyph⟩一月帝不其今雨。
　　　《合282 》辛酉卜，散貞：自⟨glyph⟩至于乙又其雨。

944.   　象矛戟之器，長幹矢鋒，示王者之威武。隸作余，我也。卜辭借用為殷王自稱。卜
　辭又習言「王余」疊稱。殷文主詞用余；賓詞多用朕。
　　　《前7.18.2》乙丑卜，王貞：⟨glyph⟩伐猶。
　　　《林2.28.16 》庚子卜，王貞：⟨glyph⟩亡壱。
　　　《佚15》甲戌卜，王⟨glyph⟩令角婦叶朕事。
　　　《乙3558》丙辰卜貞：⟨glyph⟩用卜。
　賓詞自稱偶亦用余，唯屬特例。
　　　《京1151》☑祖辛壱⟨glyph⟩。
　　　《京1146》羌甲壱⟨glyph⟩。

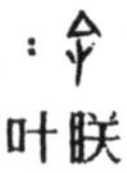

945.  　⟨glyph⟩

256

从水余聲，隸作涂。《說文》：「涂水出益州，牧靡、南山，西北入繩。」《水經注·若水篇》：「若水又東涂水。」注：「水出建寧郡之收靡縣、南山縣。」卜辭亦為水名，始見第一期，

《讀2.1.5》丁未卜，爭貞：勿復先致歲改。在 ⿰火中。

946. 𠅟 𠅞

象宗廟之形，為祭獻之所，即亯字。《說文》：「獻也，从高省，曰象熟物形。《孝經》曰：祭則鬼亯之。」段注，「毛詩之例，獻於神曰亯，神食其所亯曰饗。」篆文作享。卜辭引申為祭獻意。

《後上21.6》癸卯貞：酻大俎于殷，亯伐。

《庫1002》于 宜 門乩亯 飲。王弗每（牧）。

亯伐，斬人牲以饗鬼神。乩，通作夙。

《京1619》丁酉卜，王囗亞人亯。

字又用為地名，始見第一期。晚期作為殷王田獵地。

《後上12.9》乙卯卜，殷貞：今日王勿往于亯。

《菁10.15》戊申王卜貞：田亯，往來亡災。王占曰：吉。

復用為子名。

《外262》貞：虫于子亯。

947. 𠅟𠅟

从二亯，或為亯字繁體，見於第四、五期卜辭。用為田狩及祭祀地名，近水。

《後上13.11》壬申卜貞：王田 𠅟，往來亡災。

《京5295》辛卯卜貞：王田于 𠅟，往來亡災。

《甲3402》貞：于 𠅟 酻祊囗。

《後下35.9》貞：不九，涉。一月。在 𠅟。

948. 𠅟丙

从亯丙聲，隸作亯，《說文》無字。見於第一期卜辭，屬農耕地名，與東南春地同辭。

《讀3.30.4》甲申卜，殷貞：在春俎，田 亯 囗。

《後下27.18》囗 亯 受年。

949. 𠅟京

从亯从京，象重屋形。隸作亯。《說文》無字。見晚期卜辭。字用為田狩地，又屬宗廟祭地名，有稱「亯 亞」。亞即亞室。

《前5.9.9》丁未卜貞，王逝 亯，往來亡災。

《粹363》于 亯 賁。

《遺8 》乙酉卜貞：于 🔲 蒸。

《鄴3.4.1 》丁卯卜，蒸于 🔲 亞。🔲其步十牛。

又用為子名。

《粹410 》己未卜，其又于子 🔲 。

950. 🔲

　　从高、羊，隸作 🔲 。《說文》：「熟也。从高羊，讀若純。一曰鬻也。」卜辭用為田狩地名，位殷西，盛產禾黍。始見於第一期。

《前7.19.2》◻五日丁未在 🔲 執羌◻。

《前2.16.1》戊申王卜貞：田 🔲 ，往來亡災。王占曰：吉。

《乙4631》乙卯卜，賓貞， 🔲 受年。

《前4.35.1》貞：于 🔲 大氦。

又用為動詞，讀如 🔲 ；即敦字。有興師責問之意。辭例下多連言某方國「災否」；己方「受祐否」、「吉否」。《說文》：「敦，怒也；詆也。」《詩·閟宮》：「敦商之旅」箋：「治也。」《詩·常武》：「鋪敦淮濆。」《後漢書·班固傳》：「號師矢敦」注：「猶迫逼也。」《韋彪傳》：「重以禮敦勸。」注：「猶逼也。」吉金文敦與戰伐字連用，《宗周鐘》：「王 🔲 伐其至」《不娶簋》：「女戎大 🔲 戟。」此見文獻「敦」字有怒斥，追逼，討伐之意，與卜辭同。

《庫1094》乙亥卜貞：今日乙亥王 🔲 🔲，戈。

《佚51》貞：呂方弗 🔲 沚。

《拾4.12》丁未卜，侯 🔲 周。八月。

《合249 》辛巳卜，㱿貞：呼雀 🔲 🔲 。

951. 🔲

　　从囗上有二城垣，即《說文》 🔲 字：「度也。民所度居也。从回，象城 🔲 之重，兩亭相對也。或但从囗。」段注，「今作郭。」字重見《說文》墉字的古文。卜辭除用為城郭義外，

《合121 》辛卯卜，㱿貞，基方作 🔲 ，其 🔲 。

《南上4.7 》乙亥子，祐征于我 🔲 。

有用為人名或族稱。

《前4.10.7》癸酉卜貞： 🔲 其屮(有)疾。

《人949 》貞：乞令 🔲 眔◻。

《前2.21.4》貞：彗眔 🔲 弗其致，屮取。

彗為殷西附庸，是知同辭相對的郭亦是族名。亦有作為節令時限之名，稱「郭兮」。于省吾《駢枝》頁十四：「讀作廓曦，謂晨光開廓曦明也。」郭沫若《粹考》頁九十釋為庸：「金文毛公鼎以為昏庸字，召伯虎簋以為附庸字，……疑假為肜，用為明晨或晨刻

258

之意。」諸家均釋「郭兮」為晨光初現時。卜辭中言一天的節令有：

《小屯南地42》旦 —→ 食月 —→ 中日 —→ 戾

《小屯南地624 》旦 —→ 食日 —→ 中日 ————————→ 郭兮

《寧1.8 》郭 —→ 啓

《粹715 》郭兮 ———————————————————————————→ 昏

《小屯南地2666》食日 — 莫 —→ 𦰩 —→ 夕

《小屯南地2383》莫 —→ 夕

歸納諸辭，得殷時一日的節令稱謂粗略如次：

郭兮 —→ 啓(明) —→ 旦(朝)(大采) —→ 食日(大食) —→ 中日 —→ 昏 —→

戾 —→ 小食 —→ 莫(小采) —→ 𦰩 —→ 夕

952.

從口，四周築有小牆。即亯字。卜辭多省作郭(𩫏)。由辭例「出𩫏」、「従𩫏」亦有用𩫏，知其義實同。唯𩫏只作本義，城郭解。

《前8.10.1》己丑子卜貞：子商呼出𩫏。

953.

從亯從手持甲盾，隸作𩫏𠬛。《說文》無字。卜辭用為第四、五期地名，與苗、𠂤地相接。

《前2.8.4 》庚辰卜，在苗☑王步于𩫏𠬛☑災。

《前2.8.3》辛巳卜在𩫏𠬛貞：王步于𠂤 ☑災。

苗為族稱，位殷西北，與呂方相接，後遭併為殷地。 𠂤，或即𠭛，亦與呂方同辭。是知𩫏𠬛地當亦處殷西北附近。

《佚13》貞：苗弗其𠤎呂方。

《鐵55.2》甲戌卜，𠱠☑呂方其𩫏𠭛、𥯑。

954.

從艸𩫏聲，隸作𦾺。卜辭用為地名。

《乙7797》貞，于𦾺 ☑若。

955.

從𩫏，或從隹，隸作𩫏隹。《說文》無字。卜辭中屬地名。殷人曾問卜於此，字見晚期卜辭。

《寧1.14》甲午卜，于𩫏隹。

259

956. 𠅘

　　　　象高台，釋作京；或釋亭。《說文》：「京，人所為，絕高丘也。从高省。｜象高形。」卜辭言「阯京」、「殷京」，「𣥲京」，乃指阯地、殷地、𣥲地之高台，用作祭神地，祈求豐年吉祥。

　　　　　　《人1929》其菶☒阯𠅘。

　　　　　　《餘12.1》貞：翌辛亥呼婦姘俎于殷𠅘。

　　　　　　《拾2.16》于𣥲𠅘烎。

　　　　　　《人2512》貞：于𠅘其莫牢。

　　　又言「䰟京」，乃殷王田狩休憩之行宮高台。《詩‧鄘風‧定之方中》：「景山與京。」屈萬里《詩經釋義》：「京，高丘也。」

　　　　　　《天76》☒此日王往于田，从䰟𠅘，允獲麀二，雉十。十月。

　　　京又用作專有名詞：屬耕地名。

　　　　　　《人2363》乙丑貞：王令墾田于𠅘。

957. 𣥲

　　　　為「𣥲京」二字合文。　殷人嘗於𣥲地高台舉行祭祀。

　　　　　　《拾2.16》于𣥲京烎。

　　　　　　《後下28.9》貞：勿在𣥲眼。

958. 屰

　　　　為「屰京」二字合文。卜辭用為地名。殷人曾於此地囚禁犯人，並舉行人祭。

　　　　　　《佚936》貞：烎☒屰。

　　　　　　《前6.1.8》征于屰圉。

　　　烎，象焚人，見殷人有用火燒人牲祭祖之習。圉，即執；象受枷鎖囚困之犯人。

959. 𣚖

　　　　从京。或屬二體合文。《說文》無字。卜辭中屬殷地名。

　　　　　　《後下21.17》于𣚖。

　　　字又省作𣚖，見《乙539》。

960. 𣥲

　　　　字當為「𣥲京」二字之省。屬殷地。

　　　　　　《合139》貞：王勿往于𣥲京。

　　　二字又合文作𣥲。

　　　　　　《遺211》癸巳貞：旬亡禍。在𣥲。

　　　或增偏旁「山」作𣥲、作𣥲。

《合139》貞：王往于 〔字〕 。
《前6.2.1》庚辰卜，亘貞：〔字〕 囗于 〔字〕 。

961. 〔字〕

從木從京省，隸作椋。《說文》無字。屬殷地名。
《人2373》丁丑卜，在 〔字〕 ，今日雨。允小雨。

962. 〔字〕

從 〔字〕 從京省，或即 〔字〕 字合文之譌寫。乃殷地名。
《後下39.5》在 〔字〕 。

963. 〔字〕 〔字〕

從肉從高省；或不省。隸作骨，或作膈。卜辭用為地名，始見第一期甲骨文。
《陳72》囗勿囗 〔字〕 囗十三月。
《前2.15.1》戊囗卜在 〔字〕 貞：今夕亡𡆥。

964. 〔字〕

為京字省。象高台。參 〔字〕 字。由字例偏旁可證 〔字〕 、 〔字〕 通用。
卜辭 〔字〕 省作 〔字〕 ； 〔字〕 省作 〔字〕 ， 〔字〕 省作 〔字〕 ，可證京字可省刻作 〔字〕 。
由下二組文例比較，亦證 〔字〕 、 〔字〕 屬同一字：
(1)　《外437》囗 〔字〕 囗夒。
　　《前6.1.5》貞：于 〔字〕 夒。
(2)　《卜53》囗戊卜貞：令犬征田于 〔字〕 。
　　《存1.1857》囗寅卜囗令犬征田 〔字〕 。

965. 〔字〕 〔字〕

從京省，隸作亳。《說文》：「京兆杜陵亭也。」字見於第一至五期卜辭，用為祭祀地名，習稱「亳土」。
《京3950》戊子卜，其又歲于 〔字〕 土：三小牢。
其地位於殷帝辛征人方路綫上，約處於殷東南方，在商、堆二地之間。
《金584》癸丑王卜貞：旬亡𡆥。在十月又一。王征人方。在 〔字〕 。
《後上9.12》囗商貞：囗于 〔字〕 ，亡災。
　　　　　甲寅王卜在 〔字〕 貞：今日囗堆亡災。

966. 〔字〕

261

从京省，隸作高。《說文》：「崇也。象臺觀高之形。」卜辭用為田狩地名。

《乙1906》畫入二。在〔高〕。

《前2.12.3》戊寅卜在〔高〕貞：王田，衣逐亡災。

《前2.32.7》丁巳卜貞：王田〔高〕，往來亡災。王占曰：吉。

殷人又尊稱重要的先祖先妣為「高祖」、「高妣」，據卜辭引錄殷人稱「高祖」的只有
夒、王亥、上甲、祖乙四帝。四帝配妃則對稱「高妣某」。

967. 〔蒿〕 〔蒿〕

从林高聲。隸作蒿。《說文》：「菣也。从艸高聲。」段注：「籀文作〔蒿〕。」《詩
經·鹿鳴》：「食野之蒿。」文獻用為草名；卜辭殘間，有言「蒿田」，或借為菁，肥
也；澤也。施肥以增地力也。

《掇2.24》☒酉卜，王曰貞：其〔蒿〕田☒。

《甲3940》戊戌王〔蒿〕☒文武丁祊☒王來征。

字屬動詞，見第五期卜辭。殷人重農，由早期的逐水土遷移、焚田以至蒿田，可見殷人
對於土地地力的注重和農耕方法的改進。李孝定先生《甲骨文字集釋》頁二二七釋蒿為
地名，不確。

968. 〔嫯〕

从女。上或从京。《說文》無字。卜辭僅一見，屬地名。

《明642》在〔嫯〕。

969. 〔黽〕

象黽之側形，隸作黽。卜辭用作祭祀地名。始見第一期卜辭。

《金717》☒奠于〔黽〕：十牛祖☒。

《合293》壬子卜，賓，勿奠于〔黽〕。

970. 〔黽〕

隸作黽。示黽側形。象形。卜辭用本義，言大黽與宰並祭。

《佚887》宰坐(又)大〔黽〕于祖乙，其告☒。

971. 〔亩〕 〔亩〕

隸作亩，即廩本字。示藏穀米之所。《說文》：「穀所振入也。宗廟粢盛，蒼黃亩
而取之，故謂之亩。从入从回，象屋形。中有戶牖。」字為殷西南耕地名，又稱「南亩
」，與蜀同辭，處於北沁附近。

《乙8151》☒呼耤〔亩〕、北沁，不☒。

262

《後下38.1》貞：重多子族令从 🔣、蜀，叶王事。

《京2120》貞：勿省。在南 🔣。

《前5.6.2 》己巳卜貞：令吳省。在南 🔣。十月。

972. 🔣 🔣

从亩从口，隸作啚。《說文》：「嗇也。从口从亩。亩，受也。」前期卜辭用為耕地名。

《佚532 》丁亥卜，般貞：省至于 🔣。

《乙7672》庚辰卜，亘貞：🔣 受年。

又用為附庸族稱，處殷西南。

《前7.12.1》癸巳卜，爭貞：🔣 弋猶。八月。

《 粹1164》己丑卜貞：🔣 以伐猶。受又。

晚期卜辭有用作邊鄙的鄙字，曰：「某鄙」。

《外227 》戊寅卜，方至不。此日屮曰：方在雀 🔣。

973. 🔣 🔣

从口、从亩。隸作啚。卜辭見用為邊鄙字。

《菁2 》土方圍于我東 🔣 ，弋二邑。吕方亦侵我西 🔣 田。

卜辭有稱「殺鄙」《濵5.7.9 》、🔣 鄙《乙629 》、喜鄙《南明786 》、商鄙《金728 》，均泛指諸邑的邊地。

974. 🔣 🔣

从來从亩，隸作稟。卜辭借用為附庸族稱，曾助殷王狩獵。

《鐵242.2 》庚戌卜，王呼 🔣 射虎于☒獲☒。

《掇1.94》☒辰☒ 🔣 弗其獲☒在☒。

《合393 》丙戌卜，🔣 自从舟。

975. 🔣 🔣

从稟从乚。《說文》無字。卜辭用為人名，見於第四期文武丁卜辭。

《前8.6.1 》癸未卜，🔣貞：🔣 弗疾，屮疾禍。凡。

《乙100 》戊午卜，翌己未令 🔣 即。

976. 🔣

从二禾从亩。隸作穡 。即《說文》嗇字：「愛濇也。」種曰稼，收曰穡；今作穡。始見第一期卜辭，為田狩地名。

263

《乙7490》王其逐鷹于 ☒。

《乙6235》貞：翌庚申王令獲鷹于 。

卜辭又言「彭三 雲」《卜2 》，于省吾釋即營，讀為色。詳《甲骨文字釋林》頁八〈釋雲〉，見殷人有祭祀三色祥雲之習。

977.

　　從卣而大其首。《說文》無字。卜辭僅一見，稱「 伯」。當為卣族方伯的尊稱。其地或與 相鄰。

　　《後上10.16 》☒ 伯☒自上下于 ，余☒一月。在 。

978.

　　即亯字異體。卜辭用為巡狩地名。

　　《南南1.170 》☒ 於于 。

979.

　　從木從亯。隸作槁。或即稾字；從木、從禾可通。卜辭用為田狩地名。

　　《粹1276》重 麓先擒。

980.

　　從京，隸作高。與 形稍異。卜辭用為人名。殷王曾為其問疾之吉凶。

　　《乙7817》貞： 其㞢疾。

981.

　　從宀，隸作向。《說文》：「北出牖也。從宀從口。」為殷王巡狩地名，與盂、商、上 三地相近。

　　《鄴1.33.1》辛卯卜貞：王其田 ，亡戈。

　　《粹1067》先于盂歸，酒從 。

　　《甲1225》☒其☒商于往☒ 。

　　《通596 》癸亥卜，在 貞：王旬亡𡆥，在六月。王㞢于上 。

郭沫若《卜辭通纂》第六四零片引《詩經・小雅・十月之交》：「作都于向」，認為向地在今河南省濟源縣南。屬沁陽田獵區。

982.

　　從宀呂，隸作宮。卜辭用為殷王田狩地名；與喪、盂、 、大邑商、公、衣諸地

264

相連。

> 《金452》辛亥卜貞：王田🔲，往來亡災。弘吉。
>
> 《綴182》壬戌卜貞：在 🔲 、天邑商、公、🔲、衣，茲月亡哉•寧。
>
> 《屯南549》于衷亡哉？于盂亡哉？于🔲亡哉？

983. 🔲

　　从宀从示，即宗字。《說文》：「尊，祖廟也。」段注：「《禮記》：別子為祖，
繼別為宗，繼禰者為小宗。……示，謂神也；宀，謂屋也。」卜辭用本義，有「大宗」
、「小宗」之習稱。

> 《佚131》🔲亥卜，在大🔲又升，伐羌十小宰自上甲。
>
> 　　　　　己丑卜，在小🔲，又升，歲自大乙。

單言「宗」，即為諸祖廟之泛稱。

> 《人1901》于🔲彜黍。茲用。

卜辭又專稱祭祀某先王之宗主，曰：「某宗」。

> 《粹527》丁卯卜，其酚，蔡于父丁🔲。
>
> 《後上7.11》甲申卜，即貞：其又于兄壬，于母辛🔲。

984. 🔲

　　从宀，帚聲，隸作寑。即《說文》🔲字：「臥也。从宀𠬶聲。」籀文省作 🔲
。段注：「李善引《論語》鄭注，『寢，臥息也。』臥必於室，故其字从 🔲；引申為官
室之偁。」卜辭習稱「王寑」、「新寑」、「東寑」、「西寑」，均為殷王居所。

> 《戩25.13》甲午貞，其令多尹作王🔲。
>
> 《前4.15.1》癸巳卜，賓🔲重今二月宅東🔲。
>
> 《京4614》辛丑卜🔲于西🔲。
>
> 　　　　　于東🔲。
>
> 《綴15》🔲三婦宅新🔲，衣宅。十月。

985. 🔲

　　从宀从至，至亦聲。隸作室。《說文》：「實也。室屋皆从至，所止也。」卜辭習
言「大室」、「文室」、「中室」、「后室」、「盟室」、「南室」、「西室」；皆殷
人祭祀卜問之所。

> 《鐵50.1》貞：酚祊于盟室，亡尤。
>
> 《金46》己丑卜，㕥貞：其襚，告于大🔲。
>
> 《甲2684》丁丑卜，彭貞：于文🔲。

986. 🔲

从豕在宀中。隸作家。《說文》：「居也，从宀豭省聲。」卜辭並無居室之義，字實與同，即賓迎之賓字，敬也；禮敬先祖鬼神也。

《明387 》丙午卜，爭貞：寅尹祝不囚。在祊 屮子。

《合132 》貞：屮 祖乙，佑王。

字復重豕作 ，

《乙6390》甲午卜， 亡禍。

後期卜辭中，又用為田狩地名。

《粹960 》辛巳卜貞，王其田，亡𢦏。在 。

987. 

从宀从隹而大其腹。隸作寉。《說文》無字。屬殷田狩地名，與地相接。

《人264 》戊☐𤼷狩☐三日庚辰☐ 罙☐獲豕☐二豕。

988. 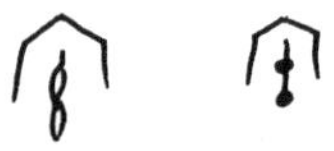

从宀午聲，隸作宇。《說文》無字。屬殷田狩地名。由貞人出、旅，知宇地見於第二至五期卜辭。

《七X11 》戊午卜，旅貞：王其于，亡災。

《存1.2374》壬寅貞：王田，往來亡災。王占曰：吉。茲印。獲虎一、犾(狼)六。

989. 

从宀从木，隸作宋。《說文》：「居也。」瀧川資言《史記會注考證》頁五九九：「宋，今河南歸德府商邱縣。」卜辭用為田狩地名。

《南無500 》于。亡𢦏。

《前2.13.4》辛巳卜☐于☐獲 豕。

又用為族稱。卜辭有謂「宋伯」。

《佚106 》己卯卜，王貞：鼓其取伯 。鼓禍，叶朕事。

復用為人名，卜辭言「子宋」。

《人3014》乙巳卜，屮子 。

《京2094》乙巳卜，祊，王屮子。

990. 

从宀，隸作寧；即安寧字。《說文》作寍：「安也。从宀，心在皿上。人之飲食器所以安人。」卜辭習用本義，與「亡㱙」連用，屬對文。

《前3.25.4》丁丑卜貞：王今夕 。

《粹1206》乙酉卜貞：今夕自亡㱙。 。

字又嘗借為晚期卜辭中的田狩地名。

《後上11.1》☒在 [字] ☒迭于☒往來亡災。

991. [字]

从宀从耳，隸作宜。《說文》無字。卜辭用為殷人祭祀地名。

《粹28》☒固曰：途若。茲鬼降在[字]阜。

《丙44》貞：翌乙卯酚我宫，伐于[字]。

前辭言鬼降臨宜阜，知宜地屬高地，乃迎鬼神之所。後辭言因酚祭殷宫殿而用人牲伐祭於宜地。地當距殷宫室不遠。

992. [字]

从宀从取。隸作宧。字或即宜之繁體。卜辭用為迎神地名。與 [字] 地相接。

《寧1.516》☒卜，翌日辛帝降，其入于[字]。大宊。在[字]。

《寧1.340》☒宧區其征。在[字]卜。

993. [字]

从宀从耳口，隸作宿。字當亦宜的繁體。增从口、手與字義無別。由文例「宜阜」、「酚……于宜」兼用宜、宿字可證，卜辭用為迎鬼神先祖之莫所，與[字]地相接。

《菁1》王固曰：朕坐希。坐夢。五日丁丑王賓仲丁，祀降在[字]阜。十月。

《甲3588》癸丑卜，彝在[字]、在[字]門祝。乙卯酚品，[字]自祖乙至后。

《佚220》王其饗，在[字]。

994. [字]

从宀从耳从二口。隸作宿，卜辭用為地名。字或亦宜字繁文。唯辭例殘缺，待考。

《佚994》☒三日丙申☒在[字]。

995. [字]

从人持戌於宀下，隸作寇。《說文》：「暴也。从攴从完。」字引申有疾亂意，示游蕩不羈之部族，殷人每追討之。

《南明90》癸丑卜，賓貞：重吳令執[字]。

《鐵116.4》貞：呼追[字]，及。

卜辭習稱「多寇」，主要見於第一期。武丁曾招降寇眾，助伐西北外族吕方。

《粹1074》辛酉卜，爭貞：勿呼致多[字]伐吕方，弗其受坐又。

《前6.30.5》貞：呼[字]伐吕。

267

亦用之為祭牲。

《京1255》癸丑卜，般貞：五百[字] 用。旬壬戌⽣用 [字] 百。三月。

996. [字]

从手持杖械於宀下，隸作宧；乃寇字省。从人从手通用。字均同屬第一期。由下二文例可互證寇宧屬同一字。

《乙5288》貞：　衛致 [字] 。

《乙749 》☒寅卜，永貞：衛致 [字] ，率用。

997. [字]　　[字]

从人處於宀中。⠿或用為區別意的文飾，或示專有名詞；未詳所指。隸作完。《說文》：「全也」。卜辭用為早期殷王田狩地名。

《人2054》重 [字] 田亡戋，不雨。

《乙6408》王从 [字] 。

998. [字]

从人在宀下，由辭意知一用為寇字之省；有謂「多 [字] 」、「執 [字] 」。

《丙83》丁巳卜，兽多 [字] 于 [字] 。

《京1404》其執 [字] 。

一可用為完字省，屬地名；謂「田 [字] 」。

《佚249 》重 [字] 田。湄亡戋。

999. [字]

从以在宀中。隸作宧。《說文》無字。武丁卜辭用為人名。與賴同辭。

《前4.28.3》貞：呼賴采 [字] 入钔事。

1000. [字]　　[字]

字从宀。《說文》無字。卜辭用為殷人名或附庸族名，辭殘不可釋。

《摭續185 》☒酉卜，重 [字] 令☒。

1001. [字]

从宀乇聲。隸作宅。《說文》：「人所託居也。从宀乇聲。」卜辭用寄居本義，

《前4.15.1》癸巳卜，賓☒⽣今二月 [字] 東寢。

早期卜辭亦有用為婦名。

《南南2.22》戊戌婦![字]示二屯。朕。

1002. ![字] ![字]

　　　　从人坐於宀中。隸作安。《說文》：「靜也。」卜辭有用為安寧意。

　　　　　　《庫1735》貞：![字]行。

　　　字又用為武丁時人名，稱：「子安」。

　　　　　　《佚122 》辛卯卜，賓貞：钔子![字]于![字]。

　　　　　　《乙3471》子![字]亡![字]。

　　　復用為祭祀地名。

　　　　　　《乙3305》貞：王![字]祐。在![字]勿![字]。

　　　![字]，讀如探，有出意。

1003. ![字] ![字]

　　　　字與![字]、![字]形同，从人、刀、女通用。隸作安，卜辭用為安寧、無恙意。

　　　　　　《人881 》貞：![字]行。

　　　　　　《續5.6.1 》癸酉卜，爭貞：王腹不![字]，亡征。

　　　又用為武丁時人名，「子安」。

　　　　　　《乙2090》己未卜，亘貞，子![字]亡![字]。

　　　復在晚期卜辭中，用作巡狩地名。

　　　　　　《摭68》壬戌卜貞：王其田![字]，亡戋。

　　　　　　《京4581》丁酉卜，翌日戊王其逐于![字]，亡戋。

1004. ![字] ![字]

　　　　字从安从止、為安字繁體。卜辭「子安」作![字]![字]、![字]![字]，復增作![字]![字]。

　　　　　　《乙5979》父乙害子![字]。

　　　卜辭謂父乙降災子安。父乙為武丁之父小乙。

　　　　　　《卜288 》貞，钔子![字]于兄丁，![字]羊，酉小十宰。今日酉。

　　　卜辭求祐子安於殷先人「兄丁」，乃武丁。是知子安乃武丁之弟輩。前人盡釋第一期卜
　　辭稱「子某」為武丁之子實不確，子當為王子族的通稱。

　　　　　![字]又用為安寧、安好之意。

　　　　　　《乙7572》貞：婦![字]![字]。

　　　　　　《丙32》甲辰卜，敲貞：王![字]翌。

1005. ![字] ![字]

　　　　从安止，字亦隸作安；用法與![字]、![字]、![字]諸形全同。一作人名；一作寧靜意。

　　　　　　《乙6732》壬辰![字]貞：呼子![字]钔，![字]母于父乙。![字]宰，酉奴三![字]五宰。

乙巳卜，設貞：呼【字】㞢于㞢祖：宰。

《乙7262》□弗【字】父乙。

1006. 【字】

从安从口，隸作㚖。《說文》無字。或亦安字異體。卜辭用為人名：「子㚖」。見第一期卜辭。未悉與「子安」是否同屬一人。字又从女作【字】、或增止【字】、作【字】。

《乙2964》勿呼子【字】襪□。

《京2083》貞，子【字】不其獲□。

《鐵78.4》□翌癸亥□子【字】□婦□。

《後下37.5》貞：子【字】不征，㞢疾。

晚期卜辭復用為地名。

《金477》辛卯卜貞：在【字】其先轟車。

1007. 【字】

从宀从木从丁，隸作宋。或為宋字繁體。卜辭用為地名。

《前2.5.2》在【字】。

《佚148》壬□丙貞：□衛其□來圍我于茲【字】。

字又作【字】；从丁、从女通用。

《鹽典102》丁亥卜，寽其覃【字】。五月。

竟為殷西外族寽所侵擾。

1008. 【字】

从宀从女从𤰔，隸作嫜，讀如寧。卜辭用作婦名。

《粹1238》□婦【字】□妁。

字或省示作【字】。

《合287》壬辰子卜貞：婦【字】子曰哉。

1009. 【字】【字】【字】【字】

从丁从女从止均屬繁體，字之基本結體是【字】，即賓字。《說文》：「所敬也。」古文作【字】。卜辭用為賓迎，禮敬鬼神意。

《前7.20.2》乙亥卜，賓貞，王【字】，歲亡壱。

《合212》貞：王【字】羌甲日。

1010. 【字】

从豕在宀中，形構不可釋，疑丁當為人上一橫之　譌合。人上一橫，示人之貴者，

270

如元、夫、兀等字例是。迎人入宀之中，當一室之賓，由《菁典42》、《庫1597》字作 [字形]，从人可證。字當即《說文》賓字：「所敬也。」用為恭謹迎神意。

字又增止作 [字形]。

《陳34》☑卜，旅貞：翌丁酉小丁歲　。王其 [字形]。

《續1.9.5》☑卜貞：☑ [字形] 大丁☑亡尤。

《粹125》癸亥卜，大貞：王 [字形] 示癸日亡尤。

復倒丁形作 [字形]、作 [字形]。由下二文例「賓饗」可證。

《佚266》戊寅卜，宁貞：王 [字形] 饗。

《甲2799》丁未卜，尤貞：祊于小乙 [字形] 妣庚，其 [字形] 饗。

賓又作為第一期貞人名。

《戩35.6》婦井示七屯。[字形]。

1011. [字形]

从宀从辛，隸作宰。《說文》：「辠人在屋下執事者。从宀，从辛。辛，辠也。」卜辭用為地名。

《粹1196》其 [字形] 扵 在 [字形]。

1012. [字形]

从宀、辛，隸作宰。字與 [字形] 同。第五期卜辭用為人名。

《佚518》壬午王田于麥麓，獲商戠豕。王賜 [字形] 封寢，小軸祝。在五月。唯王六祀。肜日。

1013. [字形]

从宀吳聲。隸作宎。《說文》無字。晚期卜辭用為地名。

《佚915》乙丑寢 [字形]，易☑在 [字形]。

1014. [字形]

从雙手持戌於岩穴中；从玉畠，示寶器。隸作 [字形]。讀如金文戣伐的戣字，見《宗周鐘》。又作 [字形]《兮白吉父盤》、作 [字形]《散氏盤》。相當於《說文》的撲字：「挨也。」挨，擊背也。示深入敵後加以痛擊。卜辭習言「撲周」，謂襲取西南旳周氏族。

《續5.2.2》己卯卜，[字形] 貞：令多子放从犬侯 [字形] 周。叶王事。五月。

《前7.31.4》貞，令 [字形] 从 [字形] 侯 [字形] 周。

字或省作 [字形]，見《菁文33》。

271

1015. 　韖

　　隸作齊。篆文作 榖 。《說文》：「禾麥吐穗，上平也。象形。」卜辭用為地名，
處殷東南。或即今山東省臨淄縣附近。殷王曾駐軍於此以伐人方。

　　《前2.15.3》癸巳卜貞：王旬亡𢧜。在二月。在 韖 師。唯王來征人方。

1016. 　斅

　　从攴从二个。或隸作斅。卜辭用為殷西附庸族名。

　　《乙7594》貞，甲用 斅 來羌。

前辭貞問甲日用斅族來獻的羌人作祭品吉否。

1017. 　内

　　隸作丙，或隸作内，象盧穴。《說文》：「入也。」卜辭用為人名。如婦丙、子丙
，見第一期卜辭。

　　《丙87》婦内示四。

　　《前3.24.3》☒子内一牛。

又用為地名。

　　《粹1227》貞：勿刾婦好于内。

1018. 　兩

　　从二丙，隸作兩。《說文》無字。卜辭用為族名，其族酋稱伯。位於殷西，與羌人
見於同辭。

　　《陳130》☒今兩 ☒致羌☒。

其地產禾黍，殷人曾往侵擾。

　　《鐵91.3》辛酉卜，我伐兩 。

　　《續1.29》甲午卜，爭貞：往芻兩 ，得。

其族亦曾攻擊殷之義、雘等邊地。

　　《巴10》壬寅卜，兩 戋義。

　　《盦典102》丁亥卜，兩 其辜雘。五月。

1019. 　內

　　从內口；口即祊，示神主。隸作內。《說文》：「言之訥也。」卜辭借為納，入也
。乃請迎祖妣來享祭之專有動詞。

　　《遺393》甲申卜，出貞：翌☒子弓其业于妣辛，內歲其☒。

　　《粹146》若(諾)，內祖乙弓，王受又(佑)。

1020. 𝌀 𠙹

从内从二口。或即內字繁體；婦𠙹又作婦𠙹，可證。仍隸作丙。卜辭用為外邦族名
。

《續5.15.9》貞：呼衛从𠙹北。

《存2.101 》取𠙹☒。

又用為婦名，見第一期卜辭。

《乙2684》婦 𠙹 示百。般。

復用為殷駐軍地名。

《文718 》貞：亡尤。在自 𠙹 卜。

地與商、⚘地相距不遠。商，今河南省商邱縣。

《南坊4.231 》☒商☒𠙹☒。

《乙47》庚辰卜，焚，从⚘、𠙹虎。

言由⚘、𠙹地焚林以捕虎。

1021. 𠙺

从水从内，隸作汭。《說文》：「水相入兒。」《漢書•地理志》：「右扶風汧縣
有芮水。」卜辭用為地名，見晚期甲骨。

《前7.3.9 》壬申卜貞：亞夕雀叶，𠙺亡禍。

1022. 𠙻

从水从内从𠬞。《說文》無字。晚期卜辭用為地名。

《乙3478》貞：⚘☒于𠙻。

1023. 𠙼

从攴从丙；丙亦聲。隸作更。象人持械挖穴兒。《說文》：「改也。」字屬動詞，
與阱連用，見於田狩卜辭，有挖土佈阱獵獸之意。

《乙7690》戊午卜，𠙼☒阱，弗其擒。

《前6.64.8》壬戌卜，王𠙼☒虎。

1024. 商

隸作商。《說文》：「從外知內也。從冏章省聲。」古文作 商 。第五期卜辭中借
為賞，賜有功也。

《佚518 》壬午王田于麥麓，獲商 觟𢉃。王賜宰封寢，小旌祝。在五月。唯
王六祀。肜日。

觟，讀如熾，赤也。觟𢉃，即言棕色野牛。

273

1025. 〔甲骨字形〕

象爐具，隸作盧，字與 〔甲骨字形〕 同。見於晚期卜辭。盧字和羊豕等用牲、歲祭連用，當為烹煮祭牲之器。熟祭與一般生祭有別。

《乙1062》丙辰貞：☑ 〔甲骨字形〕 羊歲☑。

《乙975 》 〔甲骨字形〕 豕用。

《乙5384》己亥卜，屮歲于大庚，用 〔甲骨字形〕 三十豕。

1026. 〔甲骨字形〕 〔甲骨字形〕 〔甲骨字形〕 〔甲骨字形〕 〔甲骨字形〕

象容器，隸作商。《說文》：「從外知內也。从内章省聲。」卜辭用為地名，產農作。羅振玉《殷虛書契考釋》序、王國維《觀堂集林》卷十二〈說商〉都以為是殷首都，即今河南安陽小屯村甲骨出土處。林泰輔〈甲骨地名考〉、胡厚宣《商史論叢》〈殷代之農業〉均承此說。及董作賓研究帝辛征人方卜辭，始論定商乃現今河南省商邱縣，是當日東征人方的起點。《大陸雜誌》六卷一期。

《卜493 》癸卯卜，爭貞：今歲 〔甲骨字形〕 受年。

晚期又稱「大邑商」，為殷先祖主廟所在。卜辭習言「告商」《存1.2223》。

《通592 》甲午王卜貞：乍余酌，朕羍酌。余步从侯喜征人方。上下〔字〕示受有佑，不遘戈。占告于大邑 〔甲骨字形〕 ，亡徍。在欨。王占曰：吉。在九月。遘上甲。書唯十祀。

《前2.5.3 》庚寅王卜在 〔甲骨字形〕 貞：余其自在茲上 〔字〕 。今秋其羍其呼 〔字〕 示于 〔甲骨字形〕 征。余受有佑。王占曰：吉。

《卜402 》钉于父乙，至于 〔甲骨字形〕 。酌。

《人2984》丙辰卜，于庚申酌。癸用在 〔甲骨字形〕 。

地與人方《通592 》、盂方《甲2416》、 〔字〕 《通別2.1 》、亳《後上9.12》、〔字〕、公、宮、衣《綴182 》、 〔字〕 《續3.28.5》、 〔字〕 《前2.11.7》、 〔字〕 《前2.5.3 》同辭。

《續3.28.5》丙午卜，在 〔甲骨字形〕 貞：今日步于 〔字〕 ，亡災。

1027. 〔甲骨字形〕 〔甲骨字形〕 〔甲骨字形〕

从水商聲，隸作滴，乃商地水名。卜辭《存2.150 》分作「丙 〔字〕 」可證。地與挈、氿相靠，屬殷農作、田狩、捕漁地。

《綴1.384 》☑蓺禾于〔字〕，又（佑）大雨。

《甲623 》☑于 〔字〕 ☑南氿北。

《續3.44.3》王涉 〔字〕 ，射。又（有）鹿，擒。

《續6.10.9》重 〔字〕 〔字〕。

《京4470》王其田，涉 〔字〕 至于 〔字〕 。亡戈。

1028. 〔甲骨字形〕

274

从子从商，當為「子商」合文。子商，《　粹1239》作 🝰，《金548》作 🝰；可證。卜辭稱「王子商」，知其為王族一員，乃武丁時人。

《外114》丁未卜，王 🝰 其貯，不其受年。

1029. 🝰　🝰

為商字繁體。卜辭習稱「子商」，乃小乙之子，武丁兄弟輩。

《續1.28.5》貞：子 🝰 㞢冊于父乙，呼酚。

《合276》庚子卜，殼貞：令子 🝰 先涉羌于河。

子商與子 🝰 同辭。卜問二人無恙否。

《庫1511》☒卜，亘貞：子 🝰、子 🝰 其囚。

卜辭又卜問其妾 🝰 生子吉否。

《粹1239》丁亥卜，亘貞，子 🝰 妾 🝰 冥，不其如。

《金548》☒寅卜，賓☒子 🝰 妾 🝰 冥☒月。

曾助武丁殲滅基方。為殷初功臣。

《乙6692》壬寅卜，殼貞：自今至于甲辰，子 🝰 戋基方。

1030. 🝰

字或為商字之譌誤。卜辭僅一見，用為地名。

《庫167》☒戌卜☒重今夕入 🝰。

1031. 🝰

字形未審。卜辭用為人名，只見於倪家譜。唯此辭疑為偽刻。

《庫1506》 🝰 子曰：🝰。

1032. 🝰

當為商字之異構。參 🝰 字。

《乙6432》辛酉，來 🝰。

卜辭當為「辛酉日卜問未來的某日殷王入商否」一事之省。由下二辭例可互證。

《前2.1.3》辛卯卜，殼貞：來辛丑王入于 🝰。

《京1585》乙未卜，殼貞：來乙巳王入于 🝰。

1033. 🝰

屬商字之繁體。卜辭言「子商」，又作「子 🝰 」，可證與商屬同字。

《續6.18.3》☒六日☒申，子 🝰 ☒。

1034. ⊟

　　字為 [甲骨字] 之省譌，即冥字。讀為娩。《說文》：「生子免身也。」卜辭習用分娩本義。言求生育於先世；參 [甲骨字] 字條。

　　　　《掇2.188》己卯貞：卹 ⊟ 于二示。

　　二示，即殷先王世系的大宗、小宗。

1035. [甲骨字]

　　從冖從雙手。冖示山谷，由泉字作 [甲骨字]，牢字作 [甲骨字] 的偏旁可證。以手堵掩谷口，示禁出入。隸作冥。朱駿聲《說文通訓定聲》引《月賦》注：「冥，昧谷也。」卜辭用為地名，務農耕。

　　　　《續3.14.7》丁酉卜，般貞：來乙巳王入于 [甲骨字]。

　　　　《庫308》貞：[甲骨字] 受年。

1036. [甲骨字]　　　[甲骨字]

　　隸作冥，形構與 [甲骨字] 同，增口示別義。唐蘭《天壤閣甲骨釋文》頁六十：「冥之本義當如幎，象兩手以巾覆物。」卜辭習言：「冥 幼」，主要見於第一期卜辭，郭沫若讀為「娩嘉」。娩，《說文》：「生子免身也。」娩而有孕，生子曰「嘉」；生女曰「不嘉」。見殷人已有重男輕女之父系社會觀念。

　　　　《乙7731》甲申☑婦好 [甲骨字] 幼。王固曰：其唯丁 [甲骨字] 幼，其唯庚 [甲骨字]。弘吉。

　　　　　三旬㞢一日甲寅 [甲骨字]，不幼。唯女。

殷人卜問娩嘉與否的，有：婦好《合405》、婦姘《續1.53.1》、婦嫘《乙1676》、婦荠《存1.1043》、婦娟《乙6373》、婦婡《拾9.3》、婦妹《拾9.2》、卿《菁7》、[甲骨字]《後上9.1》、妨《乙7430》、婦妓〈合94〉、媚《合268》、婦 [甲骨字]《存1.1041》、婦 [甲骨字]《後下34.4》、婦妹《佚445》、姓《前6.28.3》、娥《續5.7.5》、如《合376》、子 [甲骨字]《合231》、小臣《掇2.478》和子商之妾 [甲骨字]《粹1239》。其中值得注意是對子 [甲骨字] 和小臣言娩嘉，可見殷人言「子某」和「小臣」是男女通稱的。

1037. [甲骨字]　　[甲骨字]　　[甲骨字]

　　從冖示山谷；從丅，示水出。隸作泉。《說文》：「水原也。象水流出，成川形。」卜辭用本義。

　　　　《存2.154》乙卯卜貞：今春 [甲骨字] 來水次。

　　　　《甲903》戊子貞：其叀于洹 [甲骨字] ☑三宰。㞢宰。

1038. [甲骨字]

　　從泉，秦聲，隸作 [甲骨字]，《說文》無字。殷用為地名。見晚期卜辭。殷王曾於此屯

276

兵。

《前2.15.6》☒在 [甲骨文] 師。

《外93》☒巳卜，在 [甲骨文] ☒王旬亡畎。

1040. [甲骨文]

從泉竞聲，隸作麋泉。《說文》無字。卜辭用為人名，稱「子麋泉」，與「兄癸」
並祭。

《南坊5.61》其又子 [甲骨文] ：羴，兄癸：牢。王受又。

前辭言求佑於子麋泉，用眾奴祭；復求佑於兄癸，用牛祭，見子麋泉 的地位甚崇高。

1041. [甲骨文]

從泉，五聲，隸作 泉。《說文》無字。字見於第二期卜辭，有貞人旅《金21》。
用為人名。

《前6.52.1》癸巳卜貞：令 [甲骨文] 擒子 吕 歸。六月。

1042. [甲骨文]

從泉，兒聲，隸作 泉。卜辭用為附庸族稱或人名。屢次入貢。

《乙4056》[甲骨文] 入卅。

《乙3404》[甲骨文] 入☒。

1043. [甲骨文]

隸作戶。《說文》：「護也。半門曰戶。象形。」古文作 戾。卜辭用本義。殷人有
於宗廟之戶用人牲祭祀。

《庫977 》于宗 [甲骨文] [甲骨文] 王羌。

並有奠祭鬼神於三戶之習。唯其意未詳。

《後下36.3》☒岳于三 [甲骨文] 。

《鄴3.41.6》己巳卜，其啓 宼西 [甲骨文] ，祝于妣辛。

開啓某地西邊戶以祈神問吉凶，文例又見《南明677 》，此或屬殷人風尚。

277

1044. 启

　　从戶从口，隸作启，開也。通《說文》啟字：「教也。从攴启聲。《論語》曰：不憤不啟。」卜辭殘缺，唯启用為動詞，如「⿱ 启雀」《乙7674》、「⿰ ⿱ 启雀」《乙4693》、「⿱ 启王」《乙6826》，此當釋啟蒙、教導之意為是。

　　　　《乙6826》貞：⿱ 启王⿴ 我禍。

　　字又借為啟，晴也。參⿰ 字。

　　　　《鄴3.35.1》乙丑貞：⿴庚午启⿴雨。

1045. 眉

　　从戶上懸人首，隸作眉。《說文》無字。卜辭用為第一期地名。

　　　　《佚524》丁亥卜，殸貞：⿱ 吉，⿱于⿰。

1046. 鴈

　　从戶从鳥，隸作鴈。與《說文》雇字之籀文同：「農桑候鳥。」卜辭用為外族名，其酋稱伯，後為殷所滅。

　　　　《外141》貞：呼取⿱伯。

1047. 敀 啓 启 啟

　　从又从戶，隸作敀。或增从日。即《說文》啓：「雨而晝晴也。从日啟省聲。」段注，「啓之言闓也。晴者，雨而夜除星見也，雨而晝除見日則謂之啓。」卜辭中通作啟，有放晴意；與雨、風、霧、雪等惡劣天氣對辭。

　　　　《菁8》貞：翌辛丑不其敀。王固曰：今夕其雨。

　　　　《粹628》甲子卜，⿴翌乙⿴敀⿴乙⿴風。

　　　　《遺166》辛丑卜，賓，翌壬寅敀。壬寅雇(霧)。

　　　　《南明418》戊戌貞，雪戴，唯其亡⿱敀。

　　殷時天氣有由雨轉霧而晴，亦由卜辭得見。

　　　　《乙156》癸卯貞：旬甲辰雨。乙巳雇。丙午敀。

　　字繁作⿰，見於晚期卜辭。

　　　　《甲1803》⿴雨，⿰⿴。

　　敀，又用作启，開也；始也。始耕曰「田敀」，一歲之始曰「歲敀」，凡祭之始曰「敀又(佑)」。

　　　　《鐵234.3》丁卯卜，翌⿴⿰田敀。允敀。

　　　　《粹639》⿴午卜，乙未又歲敀。

　　　　《乙8970》辛巳卜，敀又升妣庚豕。

　　殷人言開始出發起程亦曰啟。

　　　　《寧1.36.7》王重乙往于田，丙迺敀，亡戈。

　　敀又用為地名，見第一期卜辭。

《庫1593》戊申卜，永貞：望乘㞢保。在攸。
復借用為人名，曰「子攸」。見於晚期卜辭。
《乙8728》乙卯卜貞：子攸亡疾。
《甲3113》攸入。

1048. 

从二戶，隸作門。《說文》：「聞也。从二戶。象形。」卜辭言「宗門」，義當與「宗戶」同。殷人每在宗廟門前舉行祭祀。
《甲896》王于宗門逆羌。
《後9.4》辛丑卜貞：𠂤致羌。王于門[illegible]。
《林2.21.5》貞：自祊門。二月。
字又用為殷王田狩地名。
《甲1808》弜田門〼每(牧)。
《後下41.13》戊王其射門狼。湄日亡𢦔。擒。
與[illegible]、商二地同辭，地產農作。殷人曾連續往此三地收割。
《後下10.14》庚辰卜，賓貞：〼令去門眔[illegible]眔商𢦏。

1049. 

从口从門，門亦聲。隸作問。《說文》：「訊也。」段注：「引申為禮之聘問。」卜辭殘缺，用義仍待考。
《後下9.10》〼問〼若(諾)。
《明813》貞：問。

1050. 

从火於門中，隸作閄。《說文》無字。卜辭用為祭祀地名。
《金189》弜𡦹于閄，亡雨。

1051. 口

即丁，象形。今作釘；字由○而●而т而个，乃豎看與側看其形體之別。卜辭有用作「武丁」之省文。
《佚536》己丑卜，大貞：于五示告：口，祖乙，祖丁，羌甲，祖辛。
大為第二期貞人，此辭問卜於五示，包括：丁、祖乙、祖丁、羌甲、祖辛；丁當為小乙子武丁的省略。
《粹249》貞：令𠂤伐東土，告于祖乙、于口。八月。
告，有禱告意。此辭乃「告于祖乙、告于武丁」之省。
字復象方檻正形，示藏宗廟主之處。側形則作コ、冂，讀如祊。即《說文》鬃字

：「門內祭，先祖所旁皇也。从示彭聲。」或體从方作祊。卜辭習言「祊宗」、「祊示」和「某先王祊」。

《粹1265》貞：不唯囗示壱盎。十月。

《前5.8.5 》己卯卜貞：彈人征于囗宗熹。

《前7.34.2》乙酉卜，賓貞，翌丁亥䄗于囗。十一月。

《續1.25.8》丙午卜貞：武丁囗其牢。

此辭謂用牢祭祀武丁的宗廟主，卜辭中見守祊之人曰「祊人」。如伊尹祊人、𥝤祊人，單祊人等。祊人有以女子擔任。由其有孕可知。

《佚675 》貞：屮囗囗人㚸囗屮疾。

《明387 》丙午卜，爭貞：寅尹囗人嬪不囚，在囗家屮子。

此辭見嬪的職責為祊人，守寅尹宗廟，有孕。

卜辭或言「㷊祊」、「歲祊」、「屮祊」，皆指對先祖宗廟之特祭。

《前1.46.5》貞：㷊于囗：五牛。

《林1.20.3》丙申卜貞：翌丁酉用，子𦳢 歲于囗。

《文341 》庚辰卜，爭貞：嫠 屮于囗：牢。

1052. 吕

从二口，隸作吕。《說文》段注引：『《潛夫論》曰：『宛西三十里有　』，今南陽府治附郭南陽縣是也。」卜辭用為殷西農作地名，曾受吕方侵擾。

《合172 》貞：吕不其受年。

《京1230》丙辰卜，般貞：曰：吕方致 豦 方圍吕，尤囗。

圍，即敦，有攻伐意。

《粹984 》于吕，王迺田。亡𢦏。

1053. 㕣　宮

从二口相連，即宮字。《說文》：「室也。」卜辭用為地名。殷人曾於此舉行酒祭及耕種。其地與宇、萬二地同辭。

《丙44》貞：翌乙亥酒 㕣 ，伐于宇。

伐，斬人牲以祭。

《佚739 》戊午卜，宮受年。

1054. 吅

从二口，或即《說文》吅字：「驚嘑也。从二口。」卜辭用為地名，始見於第一期。

《乙5823》貞：藝，允往于吅，其囗。

280

1055. 𣇺　晶

　　隸作晶，《說文》：「精光也。」字象星光閃耀，即星字之原始結體，參生字。卜辭有言「新星」。

　　　　《後下9.1》☒七日己巳夕𤈡☒止新大晶並火☒。

　　　　《前7.14.1》辛未止設新晶。

1056. 𡧫

　　从吅从亥，隸作𡧫。《說文》無字。卜辭用為祭祀地名，始見第一期卜辭。

　　　　《前1.51.2》宴于𡧫東。

　　　　《前1.51.3》貞：于𡧫東宴。

　　字在第二期卜辭增繁作𡧫，與保地同辭。

　　　　《文379》戊戌卜，出貞：止祓于保，于𡧫室，酚。

1057. 田　田

　　即田字，象田疇界劃之形。卜辭有二義：一為本義田地，用作名詞為主，亦有少數用作動詞耕種意；一為田狩意，全用作動詞。

　　卜辭中言田的耕作地有，𡈽《前4.10.3》、䏌《人281》、京、𐀝《人2363》、林《甲377》、𥝩《後下40.14》、西單田《存2.166》、𪊽《菁9.7》、魯《乙7781》、𥎮《甲2608》。

　　　　《後下40.14》乙卯☒貞：呼田于𥝩，受年。一月。

　　　　《人2363》癸亥貞：王令多尹墾用于西，受禾。

　　殷王田狩地有：𥄎《乙6374》、𣈱《卜391》、回　麥《後上15.2》、𨸏𡸫《明396》、𤰔《人1459》、朱《後上15.1》、𨸏宇《七X11》、剢《後上14.3》、𨸏《庫1033》、谷《京3455》、目《海2.24》、𥝩《前2.27.4》、宇《後上14.2》、𤰖《後下39.14》、并《甲774》、𩊌《外433》、𦥑《人249》、𨷼《金370》、盂《存1.1972》、向《擬濱134》、𩵋《粹986》、𠬤頁《寧1.372》、安《京4436》、興《擬74》、雞《粹976》、𥏫《後上14.12》、畫《甲3639》、𤎩《後上13.10》、𡇥《前6.30.7》、𡎸《甲1163》、𦍋《甲673》、德《甲892》、敝《京4454》、洮《存1.1967》、印《人1965》、𥝩《佚807》、唇牛《粹931》、公《京4472》、𣏗《人2004》、䁲《粹1564》、光《甲3593》、𧱉《人2049》、𡲦《京4462》、宮《甲573》、𥝩《甲2073》、獸《甲1656》、𦊙《寧1.384》、𦰩《佚277》、麥《南南2252》、𡰥《前2.34.6》、商《濱3.28.5》。殷田獵動詞主要是：田、逐、阱、射、獸(狩)、逐、獲、擒、𦉪、焚涉等。

　　吾人由下列田狩卜辭中引錄的干支時間，可以推斷地與地間的距離。透過這些地望繫聯，和若干定點的配合，選取二點間最短的距離，得以譜出殷代田獵地理的正確位置。

　　(1)《後上15.2》：囚　(10日)　麥。

　　(2)《七X11》：𨸏　(10日)　宇。

281

(3)《後上14.2》：宁一藝。

(4)《後下39.14》：𢼸一藝。

(5)《京4470》：滴一𤔔。

(6)《存1.1972》：盂一𤔔。

(7)《鄴1.33.1》：狩—(3日)—𤔔—(3日)—向—(1日)—喪。

(8)《粹983》：盂—(1日)—向—(3日)—𥅀。

(9)《粹977》：宁—(6日)—向。

(10)《戩10.11》：向—(23日)—莫。

(11)《人2503》：𢼸—(3日)—徙—(1日)—宜—(6日)—喪。

(12)《後上13.13》：喪—(3日)—狩—(3日)—宁。

(13)《粹960》：凡—(3日)—家。

(14)《粹975》：向—(1日)—喪—(3日)—向—(3日)—盂—(3日)—喪—(1日)—向—(3日)—喪。

(15)《摭1.460》：盂—(6日)—宁—(3日)—盂—(1日)—向—(3日)—喪—(3日)—向。

(16)《人2506》：喪—(1日)—阮—(3日)—宜。

(17)《摭68》：喪—(1日)—安。

(18)《粹978》：徐—(3日)—喪。

(19)《粹973》：喪—(1日)—𦫼—(3日)—喪—(1日)—向。

(20)《人2503》：喪—(1日)—向。

(21)《粹979》：盂—(3日)—徐—(3日)—狩—(3日)—囚。

(22)《明142》：囚—(4日)—安。

(23)《寧1.374》：徐—(4日)—囚。

(24)《人2493》：盂—(3日)—宁。

(25)《翻174》：盂—(1日)—向—(3日)—𢼸—(3日)—盂。

(26)《存1.1969》：向—(3日)—喪—(3日)—𥅀。

(27)《京4468》：殷—(3日)—盂。
　　　　　　　殷—目。

(28)《後上15.4》：𤔔—河。

(29)《後上14.11》：徙—𦫼。

(30)《甲1650》：𡊁—(1日)—盂。

(31)《粹974》：喪—盂。

(32)《摭續121》：狩—(1日)—𡊁。

(33)《陳88》：狩　馮。

(34)《摭1.401》：徙—(1日)—𦫼。

(35)《甲573》：喪—𤔔。

(36)《人2054》：𡊁—𥅀。

(37)《金371》：𥅀—𤔔。
　　　　　　　𥅀—(1日)—𤔔。

(38)《甲653》：宁—𣂉—𥅀。

282

(39)《人2049》：▯ － ▯。

(40)《戩11.3》：目 － ▯。

(41)《前2.30.6》：▯ － (13日) － ▯。

(42)《天78》：宮 － (2日) － 喪 － (1日) － 宮。

(43)《前2.43.5》：▯ － (3日) － ▯。

(44)《存1.2374》：军 － (5日) － ▯ － (1日) － ▯。

(45)《金453》：▯ － (3日) － 喪 － (1日) － ▯ － (5日) － 喪 － (1日) － ▯。

(46)《菁10.15》：▯ － (6日) － ▯ － (3日) － 喪 － (1日) － ▯。

(47)《庫1536》：▯ － (3日) － ▯ － (3日) － ▯。

(48)《後上13.11》：▯ － (5日) － ▯。

(49)《續3.18.3》：▯ － (6日) － 鷄 － (3日) － ▯ － (1日) － ▯。

(50)《前2.34.3》：▯ － (1日) － 桼 － (3日) － 宮 ▯。

(51)《甲3350》：桼 － (3日) － ▯ － (1日) － 桼 － (3日) － ▯ － (1日) － 桼。

(52)《南明790》：盂 － (3日) － ▯。

(53)《續3.18.6》：盂 － (1日) － 喪 － (3日) － ▯。

(54)《遺122》：喪 － (1日) － ▯ － (3日) － 桼 － (1日) － 喪。

(55)《續3.17.9》：▯ － (3日) － ▯ － (1日) － ▯。

(56)《續3.18.2》：▯ － (3日) － ▯ － (1日) － ▯。

(57)《天77》：▯ － (1日) － 喪。

(58)《前2.35.1》：▯ － (3日) － ▯ － (3日) － ▯。

(59)《人2928》：▯ － (3日) － 桼 － (3日) － ▯ － (3日) － ▯。

(60)《前2.34.4》：▯ － (6日) － ▯ － (2日) － ▯ ▯ －。

(61)《前2.30.5》：▯ － 宮。

(62)《京5287》：▯ － (2日) － 宮。

(63)《遺121》：▯ － (4日) － 军 － (3日) － ▯ － (3日) － 木 － (3日) － ▯。

(64)《前2.42.4》：▯ － (7日) － ▯ － (3日) － 喪。

(65)《金549》：▯ － (10日) － 囚 － (1日) － 淮 － (19日) － 桼 － (7日) － ▯ －
(4日) － ▯。

(66)《前2.36.2》：▯ － (18日) － 淮。

(67)《前2.31.2》：▯ － (4日) － 狩 － (6日) － 军。

(68)《明1》：洛 － (6日) － ▯。

(69)《前2.29.7》：向 － ▯。

(70)《金580》：奚 － (3日) － 桼 － (1日) － ▯。

(71)《前2.41.2》：▯ － ▯ － 喪 － 宮 ▯。

(72)《簠游90》：木 － (3日) － ▯。

(73)《前2.42.3》：奚 － (15日) － ▯ － (1日) － ▯ － (3日) － ▯。

(74)《前2.27.8》：喪 ▯ － ▯ － (15日) － 天。

(75)《前2.41.6》：喪 － (3日) － ▯。

(76)《綴附3》：桼 － (1日) － ▯ (6日) － ▯。

(77)《綴214》：桼 － (3日) － 鷄 ▯ － 桼 － (5日) － 高。

(78)《前2.44.7》：栐－(4日)－㹠。
(79)《佚434》：喪－(3日)－宮－(1日)－㘉。
(80)《讀3.16.7》：喪－(10日)－韋。
(81)《前2.31.3》：宮－(3日)－韋－(3日)－㚔。
(82)《金452》：宮－(1日)－淮－(5日)－高。
(83)《前2.43.7》：殷－(10日)－宮。
(84)《前2.35.6》：喪－(1日)－淮。
(85)《前2.36.4》：淮－(1日)－㚔。
(86)《前2.16.1》：韋－(4日)－㘉。
(87)《前2.38.4》：王黍－(6日)－㝅。
(88)《前2.36.6》：鷄－喪。
(89)《前2.27.6》：㚔－(7日)－㱿。
(90)《前2.27.7》：㱿－(7日)－㳦。
(91)《金512》：㙺－(2日)－㝅。
(92)《屯南3156》：㫃－(1日)－㝅。
(93)《屯南660》：TT㫃－(2日)－粅－(1日)－㚔－韋－(4日)－喪。

1058. ᴁ

　　從雙手持田，隸作異。字或作㝅；從宀。卜辭用為殷西北方國，與角、長、㝅諸地同辭。其族勢弱小，屢受殷人侵擾。殷王曾派遣雀、㹖、多犬，棄等大將討伐異方。

　　　　《後下19.3》壬子卜，王令雀㘞伐異。十月。

　　　　《讀2.24.1》☑貞，犬及㝅，長。

　　　　《前7.32.1》☑貞：棄及㝅，長。

異遂淪為殷人附庸，不復見於武丁以後的卜辭。

1059. 𣑯　𣑲　𣑳

　　從田從二來，或從二禾、三禾，象禾黍茂盛之兒。禾熟則豐收，故有收割意。隸作嗇。即嗇字，《說文》作穡：「穀可收曰穡。」段注：「斂之曰穡。古多叚嗇為穡。」卜辭亦用收割義。

　　　　《後下7.2》貞：今其雨，不唯嗇。

　　　　《明479》辛子卜，☑嗇禾。

1060. 齊

　　從田，上禾苗盛開兒，禾盛則斂。隸作齊，即《說文》䅥字：「穫刈也；一曰撮也。」段注：「穫刈謂穫而芟之也。」卜辭多貞問收割吉凶否。

　　　　《乙3426》壬戌卜，賓貞：齊亡禍。

　　　　《鐵214.1》☑齊于商。

1061. ⧈

　　从田上置一矛干類械具，或示田疇界限。隸作畬，《說文》：「二歲治田也。从田余聲。易曰：不菑畬田。」即耕熟地，與開荒的「菑」對文。段注，「初耕反艸，一歲為然，二歲則用力漸舒疾。畬之言舒也。」《爾雅‧釋地》：「田，一歲曰菑，二歲曰新田，三歲曰畬。」卜辭或用為本義，或用作地名。

　　　　《合138》☑弗其受⧈年。

　　　　《合409》貞：我受⧈年☑

1062. 苗

　　从艸苗植於田中，隸作苗。字與苗同。卜辭用為地名，始見第一期甲骨文。

　　　　《簠歲17》丙子卜，賓貞：烝年于苗。

　　　　《前4.17.3》貞：勿烝年于苗土。

　　烝，即祙字，持禾黍以祭。

1063. 苗

　　从屮生於田中，即苗字。从艸从屮義通。李孝定先生《集釋》引為圃字。今當釋為苗字是。《說文》：「艸生於田者。」卜辭有二義，一用為武丁時處守西北方的將領名，助殷王征伐與狩獵，和沚、羌方、呂方同辭。

　　　　《前6.60.6》癸卯卜，賓貞：叀苗呼令沚黄羌方。七月。

　　　　《佚13》貞：苗弗其菉呂方。

　　　　《粹1269》貞：苗其业疾。

　　　　《前4.4.2》壬申卜，般貞，苗擒。丙子阱，允擒二百业九☑。

　　　　《戬41.11》☑卜，令苗☑塞擒。

由貞人般、賓；方國呂方及字體斷代均可證苗屬於第一期卜辭武丁時人。唯細檢苗助殷王團狩卜辭中，見有貞人自之出現；於此，亦可反證貞人自屬於第一期卜辭時人，從而提供自組卜辭屬於第一期的基準點。

　　　　《鐵193.1》辛巳卜，自貞，苗往☑麂、犬、鹿☑不其☑。

　　苗字復用為地名，殷人曾於此漁獵與耕種。

　　　　《掇2.195》貞：今日其雨。十一月。在苗魚。

　　魚，即漁，用為動詞。

　　　　《乙6519》甲戌卜，賓貞：苗受黍年。

285

1064. 甴　甴

　　從田。或亦苗字。卜辭用為外族名。位殷 斷 地之東北。

　　　《人3113》壬午卜：Ⅴ 甴。在 斷 東北獲。

　　　《佚96》丙申卜，今夕其圍甴。

　　　《庫987 》雀亡圍 甴。

　　雀，乃武丁時殷西將領名。

1065. ∀

　　從雙手持苗以獻上，隸作専。卜辭用為祭祀地名。

　　　《餘2.17》☑Ⅴ☑十牛☑于 専 ☑。

1066. 甶

　　從田。或曾字省，乃殷地名；與周方、羌、屮、缶、 弩 諸族見於同條卜辭。

　　　《京1271》☑甶于☑眔周。

　　　《掇2.62》乙未☑貞：王事☑南。右☑中從☑ 弩 。左☑從甶。

　　弩 復見與𢀕方同辭，乃殷西族名。

　　　《合集6667》☑卜，爭貞：呼伐衣于陳王。十一月。☑貞：今望乘眔 弩 途𢀕方。十一月。

1067. 周　周

　　象田疇界畫，中附四點以別於田、甲諸字。隸作周。《說文》：「密也。從用口」，古文作 周 。卜辭用為方國名，位於殷西南，與 屮《合集6821》、甶《京1271》、𨾏侯《前7.31.4》、𢀕《讀3.28.3》、鬼《乙3408》、嬪《乙7312》見於同條卜辭。周民族在武丁時期仍未見壯大，屢遭殷人侵凌，卻未有任何抗拒的迹象。

　　　《鐵26.1》☑貞：申弗戈周。十二月。

　　　《掇2.164 》癸卯卜，其克戈周。

　武丁曾親征周人，藉以誇示其武功，

　　　《合集6657》丙亥卜，賓貞：王重周方征。

　復命令多子族、大侯、𨾏侯等殷西附庸隨王寇周，以張聲勢，卒大敗周人。事見《合集6812、6814、6816、6824》諸辭。周人降服，遂成為殷西附庸，納貢於殷，貢品除龜甲外，主要是牛，羊牲畜和秦地女奴。

　　　《乙5432》周入十。

　　　《合集4884》今周乞牛。

　　　《南明137 》☑周☑羊。

　　　《乙7312》丁巳卜，爭貞：周致嬪。

　周族女子亦有進獻為殷王妃妾。

　　　《乙8894》☑貞：婦周☑。

《鄴1.46.15》☒婦囷☒屮☒。

又，周人擅祀禱，曾致送司職祭祀的巫人予殷。並協助殷王田狩，成為殷西邊順民。

　　《乙7801》☒貞：囷致巫。

　　《乙5329》己未卜，丙貞：周叶擒。

　　《乙5347》庚午卜，賓貞：周狩麗。

周人的盡忠效命，深受殷王信賴，遂賜爵為侯，且代貞問其族吉凶。

　　《甲436　》☒囷侯今生月亡禍。

　　《合181　》囷方弗其屮禍。

　　《鐵36.1》丁卯卜，貞：囷其屮禍。

周方世代助殷守衛西陲，受賜為殷朝的牧師，西伯長，三公等高位，並屢獲圭瓚秬鬯等賞賜；迄商末帝辛時始坐大，成為殷西邊患。事見古本《竹書紀年》、《帝王世紀》和《殷本紀》等古文獻中。

1068. 𡩒

　　从宀周聲，隸作宙。《說文》無字，卜辭用為地名，見晚期甲文。

　　《人1997》☒于𡩒，又雨。

1069. 畀 畟 畀 囟 𠚪 畀

　　象鼎盧器，隸作盧，《說文》：「飯器也。」今作鑪。卜辭習言「盧豕」以祭祖，參諸殷人「焚羌」、「炆人」等焚人以祭先祖之習，推知「盧豕」即用盧承豕以獻鬼神，當為熟牲之祭。

　　《佚383　》壬辰卜，屮母癸：畀豕。

用𥫱盧上獻煮熟的祭物，除豕外，還有羌、執囚等人牲。

　　《前6.6.4》貞，勿用畀，致羌。

　　《存2.320》己巳卜，王貞：中其執，畀 妣壬。六月，允執。

字復用為盧具諸祭品泛稱。卜辭言「狩盧」，乃謂追捕用作熟祭之牲口。

　　《粹934　》辛卯貞：从狩囟，涉。

1070. 畎

　　从田从允聲，隸作畎。即《說文》畖字：「農夫也。」段注：「教田之官。」始見第一期卜辭。習見辭例有：「征畎」、「𡌦畎」、「亞畎」。字當用為名詞；或外族族稱。

　　《後下8.1》丙寅卜，賓貞：子顗𦰩畎四方。十月。

𦰩即𦵒，災害也。卜辭言子顗求四方鬼神災禍於畎族。

　　《遺458》癸亥卜，賓貞，☒戈人屮征畎。

287

1071. 田ㄨ

　　从力田，隸从男。《說文》：「丈夫也。从田力。言男子力於田也。」卜辭用為動詞：用力於田，示耕種意。

　　　　《林2.22.12》☒卜貞：☒雀 ㄏ田 ☒受☒。

　　　　《前8.7.1》庚辰卜貞，田 ㄑ ☒亡畎。

1072. 田攴　　畋

　　从田从攴，隸作畋，示人持杖以戍守田野。卜辭殘缺，或用為動詞。

　　　　《乙428》乙未☒女☒畋　長☒。

　　長為地名，畋長，即戍牧長地。

1073. 田田

　　从二田，丨示田間溝界。隸作疇，篆文作 田号 。《說文》：「耕治之田也。从田号。象耕田溝詰詘也。」或體省作 号 。卜辭用本義。

　　　　《南明395》壬午卜，行貞：夕亡禍。在正月。在岳 田田卜。

1074. 曾

　　从田。或即曾字異體。第二期卜辭用為地名。殷王曾於此駐軍行祭。

　　　　《通VII8》辛巳卜，行貞，王賓父丁歲牢，彰亡尤。在自 曾。

　　卜辭習見「在自某」例，某皆用為殷行軍地名。

1075. 辛曾

　　从辛，从曾省。《說文》無字。卜辭用為第一期人名或族稱，受殷命從事耕作。

　　　　《存2.60》壬戌卜，爭貞：呼 田田 阱黍。

1076. 曾

　　从口，或隸作曾。《說文》：「詞之舒也。」卜辭用為祭祀地名，稱「九 曾」。始見第一期甲文。

　　　　《甗25.11》戊午卜，殼貞：勿呼卲羌于九 曾，弗其☒。

1077. 畕

　　字形未悉。殷晚期卜辭用為田狩地名。與 畕 地同辭。

　　　　《前2.8.7》癸巳卜，在 畕 貞：王逐 畕，往來亡災。于自北。

288

1078. 畕

从二田，隸作畕。《說文》：「比田也。」段注：「比田者，兩田密近也。」卜辭用為地名。

　　　《庫492 》☑于畕田。

1079. 畐

象容水酒之器，即畐字。《說文》：「滿也。从高省，象高厚之形。」乃福祉之福本字。《說文》：「備也。」卜辭「福祐」連文。

　　　《京4241》弜畐又。

1080. 席

象簟席形，即席之本字；與《說文》古文通。《說文》：「藉也。禮：天子諸侯席有黼繡純飾。从巾，庶省聲。」古文席从石省作席。字由席可引申有棲止意。唯卜辭殘間，未全審其用意。

　　　《甲1066》丁酉卜貞：征宗，亡席。
「亡席」或指獻祭先人無止息閒斷之意。

1081. 宿

从人臥息於席上，示停息。即宿之本字，與古文宿形同；見宿。卜辭或用本義，唯辭文殘缺，仍有待新證。

　　　《甲3536》甲午卜，爭貞：王宿自，不☑亡☑三月。
「王宿自」，即殷王駐軍不前意。

1082. 宿

从宀，示人席息於居室中，即宿字。《說文》：「止也。从宀佰聲。」古文作佰。卜辭用本義，止息也。

　　　《寧1.384 》于多宿，亡戈。

1083. 宿

从人膝坐於簟席上，示止息。或亦宿字。从卩从人無別。參宿字條。

　　　《乙7193》☑宿，唯出老。

289

1084. 𤔬

　　从雙手量席。示與席齊長。唐蘭《天壤閣甲骨》釋文四十二釋為尋字古文。《小爾雅》：「尋，舒兩肱也。」卜辭用為地名。

　　　　《乙3290》其于𤔬屮。

　　　　《佚122》辛卯卜，賓貞：邲子安于𤔬。

復用為動詞。《小爾雅·廣詁》：「尋，用也。」《方言》：「撏，取也。」卜辭言「尋舟」、「尋夐」，均作取用意。

　　　　《後上15.8》☑丑卜，行貞：王其𤔬舟于滴，亡災。

　　　　《天42》壬戌卜，賓貞：𤔬夐于岳。

1085. 𪘁　𪘁　𪘁

　　即齒字。《說文》：「口齗骨也。象口齒之形，止聲。」卜辭用為本義，習言「疾齒」。即有齒患。

　　　　《續5.5.4》壬戌卜，亘貞：屮疾齒，唯屮壱。

　　　　《庫1957》貞，疾齒，告于祊。

　　　　《前4.4.2》甲子卜，㱙貞，王疾齒，唯☑。

卜辭又稱「來齒」，據辭例觀察，「無來齒」則稱曰「吉」，「有來齒」則視為「艱」、「不吉」、「有希」。來齒，即生齒，齒出則人感不適，故言有患不安。可見長牙亦為殷王貞問的疾患大事一宗。

　　　　《乙3380》王固曰：吉，亡來齒。

　　　　《續4.32.3》☑艱。其屮來齒。

　　　　《庫1595》癸未卜，爭貞：旬亡禍。王固曰：屮希。三日乙酉夕𪛊。丙戌允屮來入齒。十三月。

　　　　《合268》王固曰：不吉，其致齒。

1086. 𪘁

　　从齒从虫，示蛀齒，即《說文》齲字。篆文作齲：「齒蠹也。从牙禹聲。」或體从齒作齲，卜辭問卜求神治齒患。

　　　　《合232》勿于甲邲（禦）婦妌齒。

甲，即甲日。

1087. 𤴐　𤴐　𤴐　𤴐　𤴐　𤴐　𤴐　𤴐　𤴐　𤴐

　　象卜骨，用以占吉凶，隸作咼，今作咼。《說文》：「剔人肉置其骨也。象形。頭隆骨也。」卜辭叚為禍字，《說文》：「害也，神不福也。」

　　　　《七T16》貞：王咼，其雨疾。

　　　　《佚36》貞：卯☑帝弗其降咼。十月。

　　　　《乙4742》甲申卜，爭貞：茲雨，唯我咼。

290

《丙81》丙申卜，爭貞：王疾，不唯 囗 。

《六元211》甲寅卜，吏貞：王賓夕亡 囗 。

1088. 囗　囗

象卜骨，卜見兆裂紋以問疑也。从占聲，亦有省作 囗 ，與囚形近。隸作固，即占字。《說文》：「視兆問也，从卜从口。」卜辭用本義。卜辭主要分前辭，貞辭、固辭和驗辭四部份。固辭乃見卜兆而問事宜否之辭。殷王占問的內容除吉凶禍福外，還有出入、孕子、受年，疾病、天氣、征戰、祭祀等大小事誼。

《鐵247.2》癸丑卜，殻貞：旬亡禍。王固曰：虫希。五日子 囗 囗，囗，即死字。

《寧2.29》王固曰，虫希，其虫來艱。

《乙7770》王固曰：唯今夕不雨。翌甲申雨。

1089. 囗

象卜骨，中刻卜兆。隸作外。《說文》：「卜以問疑也。从口卜。」段注：「俗作乩。」由卜兆推測事情吉凶，字與占實同，卜辭習言「王外曰」，有作 囗 、作 囗 ，可證。字見第五期卜辭。

《合328》癸酉王卜貞：旬亡 。王　　曰：弘吉。在三月。甲申 囗 小甲，囗大甲。

《前2.35.1》壬辰王卜貞：田囗，往來亡災。王囗曰：吉。在十月。茲卸，獲鹿六。

1090. 囗

讀如方，即祊字；乃放置宗廟主之處。《說文》 囗 字：「門內祭，先祖所旁皇也。从示彭聲。」或體作祊。卜辭泛指藏神主之廟。祭於廟門之旁謂祊，祭於宗廟之內謂示。世系近者祭於門內，遠者祭於門外，卜辭「囗 示」連用。

《乙2101》貞：其入虫囗、示。若。

由合文 囗 亦可見 囗 示二字意義及其彼此關係。

《拾1.6》貞：勿囗虫自上甲囗 囗 。

卜辭亦有求佑宗廟於鬼神。

《乙8310》庚戌卜，殻貞：于河虫囗。

《後上6.7》庚子卜，殻貞：王虫囗 于高妣己、妣庚、母囗。

單言 囗 ，乃泛稱諸神主；連言「某 囗 」，則為該祖先神主之獨稱。

《南明478》癸巳貞：于乙未酚高祖亥 囗 ，卯于上甲。

高祖亥 囗 ，即殷先祖王亥廟主。

1091. ⊐

　　　與 ⊐ 同，亦衻字。唯 ⊐、⊐ 形構乃單筆、復筆之別。⊐多屬廟主的泛稱，而 ⊐ 則用為專有名詞，乃殷先報乙（⊐）、報丙（⊓）、報丁（⊐）之省稱，合謂三⊐。三⊐與二示（示壬、示癸）對言，《甲388》言三⊐至河亶甲（戔甲）共十示。由河亶甲上推十世，亦可見三⊐當為 ⊐、⊓、⊐ 之合文總稱。

　　　　　《粹118 》☑祝三⊐，重羊。
　　　　　《遺628 》丙申卜，又三⊐二示。
　　　　　《甲388 》己卯卜，奠三⊐至戔甲十示。

是知甲文衻正視之形則為報甲（⊞）之口，側觀乃象報乙等之 ⊐。

1092. 🐑⊐

　　　從羊置於⊐中，示用羊祭奠廟主。《說文》無字。唯卜辭殘閒，仍待深考。
　　　　　《庫273 》癸酉卜，王 🐑⊐，唯入于商。

1093. ⊐⊥

　　　隸作 衻。《說文》無字。象置予衻中。卜辭從 ⊐ 乃⊐之繁體，示專有名詞，或從余聲。卜辭用為地名，乃外族出沒的邊地。
　　　　　《菁10.8》壬午卜，殼貞：曰：方出于 ⊐⊥。允其出。十一月。

1094. ⌐

　　　象崖岸形，即《說文》厂字：「山石之厓巖，人可居。象形。」卜辭用本義，習言求雨於某地之厓岸，如「岳⌐」、「洋⌐」是。
　　　　　《前4.53.4》丁亥卜☑岳⌐业从雨。
　　　　　《南門439 》☑未貞：☑洋⌐雨。
殷王亦嘗在某崖石前祭禱作福問吉凶。
　　　　　《乙3212》己亥卜，丙貞：王业⌐。在 ⨯北東作祝于止（此）。

1095. 祏

　　　從示從厂，或從石省，隸作祏。《說文》：「宗廟主也。《周禮》有郊宗石室。從示石，石亦聲。」即宗廟中藏主石室，後世稱之神龕。卜辭多用為動詞，示祭祀先世神主，後接先公先妣名。
　　　　　《鐵121.2 》☑亥卜，殼貞：祏 南庚。
　　　　　《庫106 》貞：祏 大甲于祖。
　　　　　《遺864 》☑ 祏 大甲业十羌。
　　　　　《戩8.2 》☑ 祏 妣庚。
亦有用為名詞，泛指諸先公先王神主。

292

《掇1.434》叀鄉(饗)。

1096. 

从厂口。隸作石。《說文》：「山石也。在厂之下，口象形。」字與厂字通，崖也。卜辭習見「㞢」、「又」，與「㞢」、「又」文例正同。

《掇1.385》王其又于。在又又雨。

是知石當與厂字通用。作石崖解。卜辭中石亦為殷人祭祀對象，見石在殷人眼中也代表大自然一種神祕不可知的力量。

《林1.25.12》貞：㞢一封☒。

《乙6690》壬寅卜，钔于父戊。

《乙146》癸卯卜，今日又。七月。

然細審詞意，若讀石為祏，作為藏宗廟主之石室解，其意亦通。

1097. 

隸作司，即祠本字。《說文》：「春祭曰祠，品物少，多文辭也。从示司聲。仲春之月祠，不用犧牲，用圭璧及皮幣。」前人釋為后字，非。蓋卜辭后字皆作。祠通作祀，卜辭習言「祠室」，即祀室。乃殷人祭祀廟堂。

《前4.27.8》壬辰卜貞：設室。

晚殷帝王遍祀先公先王祖妣，需時約一載，第五期卜辭有借用祠為年之意。

《前2.14.4》癸未卜，在上貞：王旬亡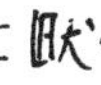。在九月。王廿。

1098. 

从宀石聲，隸作宕。《說文》：「過也。一曰洞屋。从宀碭省聲。汝南項有宕鄉。」段注：「今河南陳州府項城縣是其地。」卜辭用為田狩地名，與家《前1.30.7》、《拾5.11》、《寧1.396》諸地同條。

《後上15.3》☒田于，其用茲卜。

1099. 

从石我聲，隸作硪。《說文》：「石巖也。」段注：「玉篇作礒。」卜辭用石崖本義，殷王武丁曾出狩，駕車不慎觸岩而覆，使得人仰馬翻。

《菁1》癸巳卜，㱿貞，旬亡禍。王固曰：乃茲，亦㞢。若偁。甲午王往逐彖，小臣叶車，馬馭，王，子亦墮。

1100. 

从女司聲，隸作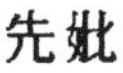。《說文》無字。卜辭用為殷先妣名，見於晚期卜辭。《林2.25

.3》謂文丁呼奠姛於癸宗，是知姛當為文丁妃妾妣癸之名。

《林2.25.3》☐奠[illegible]其☐文武帝呼奠[illegible]于癸宗，若，王弗每。

《明308》☐卜貞：丁卯☐文武帝☐奠[illegible]☐。

唯《佚466》稱「祐姛」的一條卜辭中，卻出現第三期貞人[illegible]，是否姛當推前為康丁先妣稱謂，抑貞人[illegible]當下移至第五期時代，仍待進一步考定。

《佚466》☐卜，[illegible]貞：☐又[illegible]。

1101. 

从二厂。厂、石通，或即磊本字。《說文》：「眾石皃，从三石。」卜辭用為祭奠地名，

《金507》貞：長人于[illegible]奠。

1102. 

从厂从肙，隸作磑。《說文》：「磑也。从石豈聲。古者公輸班作磑。」今謂石磨。卜辭借用為人名。

《佚211》辛未卜，王令[illegible]示[illegible]。

1103. 

从厂从十，或與《說文》厂字籀文作[illegible]相類。隸作厈。卜辭用為祭祀地名。

《前8.8.4》甲寅卜，厈宰。用。

《乙5327》己酉卜，叀牛于厈☐。

即用牛祭於厈地之省文。

1104. 

从厂从又，隸作反。晚期卜辭用為殷王田獵區地名，與上[illegible]同辭。

《前2.4.1》癸巳卜，在反貞：王旬[illegible]。在五月。王逃上[illegible]。

逃，有踐過之意，屬田狩卜辭用語。[illegible]，从五聲。《一統志》：「今山東泗水縣、東南有郚城。」

1105. 

从厂从戊聲，隸作[illegible]，《說文》無字。晚期卜辭為殷王田狩地名。

《後上14.12》☐王其田于[illegible]，亡𢦔。

1106. 

從厂從耳聲，隸作砰。《說文》無字。卜辭用為祭地名。

《合255》其屮 [字] ，得。

1107. [字]

從厂從舌，舌亦聲，隸作砧，乃舌字的繁體。卜辭有為殷王所患舌疾，卜問吉凶。

《甲3080》貞：王 [字] 疾，唯屮吉。

1108. [字]

從厂從人而首戴面具，《說文》無字。卜辭用為地名。

《乙4121》囝于 [字] 。

1109. [字]

從厂，字形未審。卜辭用為祭祀地名。

《人2327》于 [字] 㝵伐。

伐，殺人以祭。

1110. [字]

字形不識，屬第五期卜辭田狩地名。

《甲3939》在九月，唯王囝祀，肜日。王田于囝于 [字] 囝獲白豕。

1111. [字]

從厂從止，隸作砒。《說文》無字。卜辭有為「砒方」祈福，字當為殷附庸方國名。唯屬孤證。

《人3099》囝貞：旬甲子祝 [字] 方。六月。

1112. [字]

從厂從攴。隸作砇，示以杖擊石崖。《說文》無字。卜辭用為田狩地名，產燕。

《存1.746》囝往逐 [字] 燕，弗其擒。

1113. [字]

即殸字，與《說文》磬字籀文同：「石樂也。從石 [字] 聲，象縣虞之形。攴所以擊之也。古者毋句氏作磬。」卜辭用為田狩地名，又嘗於此地設壇以祭，習曰：「磬京」。字始見武丁卜辭。

295

《前2.44.1》戊申卜貞：王田 [字]，不遘雨。茲卻。

《掇2.111 》貞：其俎于 [字] 京，不☒。

《前4.10.5》☒于 [字] 京：羌卅，卯牛。

1114. [字]

从𣪊方聲，隸作䢀 。《說文》無字。卜辭用為田狩地名，見於晚期甲文。方聲上古音屬陽部（aŋ ）；𣪊聲上古音入耕部（eŋ ），二部字可旁轉相通。是知 [字] 字或為𣪊字加聲符之繁體。

《前2.44.3》☒卜貞：王田于 [字] ☒亡災。茲卻，獲犹（狼）☒。

1115. [字] [字] [字]

从聲，隸作䢀 、作䢀 。偏旁由方而亥，乃形構相近而同化。《說文》無字。殷用為田狩地名，盛產鹿。字見晚期卜辭。

《拾6.3 》王其射 [字] 鹿，亡𢦏。擒。

地又稱「䢀 麓」，見《外434 》。其位置近盂，殷王曾由安陽涉滴至此地。

《佚442 》王其田盂，至 [字] 。亡𢦏。

《京4470》王其田，涉滴至于 [字] ，亡𢦏。

1116. [字]

从𠭥从耳，或隸作聝。《說文》：「音也。」卜辭用為地名或人稱。唯屬孤證，仍待考。

《後上7.10》☒申卜， [字] 果（祼），其禷兄辛。

1117. [字]

象回轉之形，隸作亘。卜辭用為殷武丁方國名，位殷西，與雀、 [字] 、長等同辭。其族勢弱小，屢受殷人壓逼。卜辭中記述討伐亘方的將領有： [字] 、雀、弜、犬和𠂤。

《乙5303》戊午卜，𣪊貞：雀追亘，㞢獲。

《粹1165》☒戌卜，賓貞：弜執亘。

《合302 》☒貞：犬追亘，㞢及。

《合集6950》☒𠂤擒亘。

殷人復求先王降災亘方。

《合272 》☒兄丁𡆥亘。

未幾，殷吞併亘方為西邊附庸，亘方歲歲來貢。

《乙6698》☒貞：亘其㞢禍？三月。

《乙2204》亘入二。

《乙3451》亘入十。

296

後復淪為殷地。

《後上9.2》庚寅卜貞：于巳。十月。

《後上31.1》乙亥☒貞：其☒奠衣☒于ᗡ，不冓雨。十一月。

武丁期有貞人名亘，或即亘方降服後，其族人受殷朝委命為統理龜甲的官吏。

《粹1499》☒畫示三屯。己。

《粹1494》☒龜一屯。己。

《鹽典41》癸巳婦并示一屯。己。

1118.

从宀亘聲，隸作宣。《說文》：「天子宣室也。」段注：「蓋為大室，如壁大謂之瑄也。」卜辭用為祭地名，有稱「南宣」。

《寧1.319》丁巳卜，于南宣召。

召，即省，今隸作咎；乃殷一合祭之名。

1119.

从止亘聲，隸作亘。《說文》作𧺆：「𧺆田，易居也。」謂休而不耕之田。晚期卜辭用為地名，與地相鄰。即燊，與殷東南的杞同辭。

《前2.8.7》丙戌卜，在言貞：今日王步于，亡災。

1120.

即黹字，象衣繡花紋。《說文》：「針綫所縫衣也。从𦆫丵省。象刺文也。」吉金文作。字始見武丁卜辭，用為農耕地名。

《乙7009》丁未卜，般貞：☒受年。

《前2.21.2》癸未卜，賓貞：王往于☒。

1121.

隸作行，象衢道形。今言十字街頭。《說文》：「人之步趨也。」卜辭用為殷附庸外族。由貞人爭《前4.11.2》知其族始見於第一期。

《戩137》貞：行叶王事。

其南麓為殷田狩地。

《甲703》重行南麓擒☒豚。

在第二期的祖庚祖甲卜辭中，見有貞人行，當屬行族歸附殷室而掌管卜甲者。

卜辭行字又用作動詞，有趨赴意。

《乙947》己丑王不行自雀。

此謂殷王不由雀族地起行。

1122. 彶

从止出於彳間。彳，示衢道，字有冒出、趨往意。《說文》引為徙字或體：「迻也。」又，《說文》另有延字，形義與此亦同：「安步延延也。从又从止。」當屬一字。《爾雅·釋詁》：「延，進也。」卜辭用為緜延漸出之意。甲文習言「彶雨」。

《掇2.149》癸卯卜，彶 雨。允雨。

由驗辭謂允雨，即果然有雨，可知此辭所卜求「彶雨」，是指降雨緜續不斷之意。卜辭又習稱「彶風」、「彶改」，乃卜問當時氣候是否持續有風和是否繼續放晴。

《粹841》貞：今日其 彶 風。

《甲2125》貞：今日 彶 改。四月。

彶有出意，與往、步、延、田等字合用為同義疊詞。

《乙6751》辛卯卜，㱿貞：王往 彶 魚，若。

《誠231》☑旅☑申其 彶 步，亡災。

《前2.20.4》☑貞：王曰延彶，至于夫。彶 至盂☑來亡災。在七月。

彶字引申有巡視意，殷王巡察四方曰：「大彶」。

《庫1240》癸酉卜，王大彶。

《卜53》 ☑戌卜貞：☑令犬彶 田于京。

字又通作延，是以有緜續，相接之意，卜辭習言「彶歲」，即緊接着要以歲祭祭祀某先公之意。

《前1.1.7》壬戌☑貞：示壬翌歲，翌癸亥其 彶 于示癸。

《掇1.419》戊戌卜，祖丁史，其 彶 妣辛，妣癸，王☑。

《掇10》☑午卜，祖丁史，其 彶 祖己。

《佚176》乙丑卜貞：壬賓武乙，歲彶 至上甲，卯亡尤。

1123. 徛

从彳从二止，隸作徛。《說文》無字。或即彶字繁體。卜辭用為人名，任殷尹一職。唯屬孤證。尹，見於《詩經·崧高》、《尚書·顧命》，為百官之長，位極高。

《後下43.2》☑申呼尹 徛 ☑。

1124. 𢓊

从彳从步，止形相背，隸作徛，與 徛 字或同。卜辭或用為羌族人名，曾屢次進貢於殷。見第一期卜辭。

《續6.9.3》戊戌羌 𢓊 示十屯。㱿。

《盦典47》丙寅羌 𢓊 示一屯。岳。

字或釋為徙的異體，有出獻意。言羌人獻於殷宗廟龜版若干。意亦通。

1125. 徝

298

从彳从口，隸作徉，當為彶字的緐體。有延瀆意。

《甲476》丙子卜，雨亡徉。丁丑改。允改。

此卜辭謂不再下雨，故接言次日果然天晴。

1126. 𧾷

从行止，隸作衏；當為彶字緐體。卜辭用為人名：「子彶」，或為武丁族子。

《合139 反》☑今子衏涉。

字又見第二期卜辭，用為動詞：「彶雨」。卜問降雨是否持瀆延解。參彶字。

《甲2211》☑卜，狄☑衏雨。

1127. 衏

从行步，隸作衏。《說文》無字。武丁卜辭中用為殷西方國名。地望與𪲵《文580》、河《續1.36.1》相靠接，曾經圍攻殷邊城邑。

《佚148》☑丙貞，☑衏其☑來圍我于兹𠂤。

殷人祈求先祖賜福祐，以平定衏人之亂，並藉詞先王顯靈，俾便殷民上下一心拒敵。

《金526》乙未卜，獻貞；大甲呼王奉衏。十月。

《續5.3.1》申卜，獻貞；大丁呼王奉衏。

武丁積極圍勦衏族，卒大敗之於𪲵地，虜其族眾無數。衏族遂亡，不復見於武丁以後的卜辭。

《遺1205》辛未卜，般貞；王戔衏。受祐。

《前6.22.8》辛丑☑丙貞，我戔衏于𪲵。

《明37》☑酉卜，般貞；我戔衏于𪲵。一月。

《合集6892》甲亥卜，般貞；今我其執衏。不其戔于𪲵。

字又用為彶字緐體，習稱「彶雨」。

《文120》己巳卜，叶，王其衏雨。

1128. 衏

从前在行中，隸衏。《說文》無字。卜辭用為武丁時人名，稱「子衏」。

《後下11.10》钔子衏于父乙。

父乙，當即小乙。

1129. 衛

从行从眾止，示眾戍守衛於衢道，隸作衛。《說文》，「宿衛也。」卜辭用本義。

《後下11.9》甲申卜，呼衛。

《續5.14.5》丁酉卜，作，衛田。九月。

字又用作武官名，乃殷王近身侍衛武官。又稱「王衛」。《左傳》文公七年服注，「衛

299

，從兵也。」

《鄴1.32.6》癸亥卜，王🔣祝于祖辛。

1130. 🔣　🔣

从衛而人在其中，為衛字繁體，與🔣　同。卜辭用為外邦地名，為歸人出沒的邊地。

《庫1231》庚子卜，呼圍歸人于🔣，邟。
《佚383 》壬寅呼圍伐🔣，戋☒。
　　　　壬寅卜，王令圍伐☒于🔣。

1131. 🔣　🔣　🔣　🔣　🔣

从行，亦即衛字，與🔣　同。从方，示己方國族眾，意與囗同；从止，示率眾戍守之。卜辭用為本義；作駐守護衛意。

《前4.31.5》癸丑卜，㱿貞：自往🔣，亡禍。

字又作名詞：武官，主征伐，隨殷王出征。又名「王衛」，乃殷王近身待衛。

《續5.15.9》貞：呼🔣从🔣北。

復稱「多射衛」、「射衛」，掌弓矢。字作🔣、作🔣、作🔣；通用。

《甲1167》癸酉卜，爭貞：令多射🔣。
《續3.47.1》己丑卜，賓貞：令射🔣。

1132. 🔣　🔣

从目來圭視察所圍土地。从方，即囗，謂己之屬土。乃還字，即古睘字。說見唐蘭《天壤閣甲骨》釋文頁四十九。《說文》：「復也。」卜辭用為復來本義。

《後上29.2》貞：吕方🔣，勿告于祖乙。
《南明79》☒卜，㱿貞：吕方🔣，率伐不(否)。王告于祖乙，其征勻。七月

1133. 🔣

从目注視於道路上，有巡視意。字从丨，示目光集中。隸作循。卜辭用本義。多言殷王循察某方屬土。

《續3.10.1》癸巳卜，㱿貞：今春王🔣土方，受虫☒。

又疊用作「循伐」、「出循」，意即巡代，出巡。

《林1.27.11 》庚申卜，㱿貞：今春王🔣伐土方。
《丙21》王重出🔣。
《簠游12》貞：庚申勿🔣出。

300

1134. 𢍰 𢍰

　　隸作迍，或作迲。字从辵屯聲，或从辵戈亦聲；示持武器巡察屯駐之意。字見第四、五期卜辭。羅振玉釋為踐，楊樹達釋為過，見李孝定《甲骨文字集釋》頁五零九。據卜辭辭例觀察，迲字下所巡越地望都是殷田狩地區，如，向、喪、囚、安、𥏪 盂、栟、𠭯 、𩏼 、𥏼 、宮、谷、𥏼 、漁、𥏼 、射、𥏼 、𥏼 、上𥏼 等地。

　　　　《前2.20.5》甲午卜，翌日乙王其 迲 于向，亡戈。

　　　　《前2.23.2》己丑卜貞：王 迲 于𥏼 ，往來亡災。在九月。茲卻，獲鹿一。

　　是知迲字屬田狩卜辭所用之動詞。字釋踐、釋過意均可通。

1135. 𢖬

　　从辵，禱省聲，隸作遃 。《說文》無字。示禱祝求福於逆旅中，卜辭中字復與肜、又諸祭祀名稱連用。

　　　　《甲3652》☑亥卜，重祖丁肜日 遃 ，又征。

　　　　《後上7.12》叀兄癸，重又 遃 ，王受又。

　　　　《甲524 》重乙巳肜 遃 。

1136. 彳人 彳人

　　从彳人，隸作永，或反書作𠂂；字同。諸點或示人汗，後譌為水紋，小篆作 𣲖 ，《說文》釋作水長也。卜辭用為人名。見第一期甲骨。

　　　　《乙7040》壬寅卜，㞢貞：𠂂執 𥏼 。

　　　　《合284 》貞，轟𥏼 𠂂獲。允獲一鷹。

　　永為殷臣，除助殷王武丁殺敵、田狩外，還受命開墾荒地。

　　　　《前2.37.6》戊辰卜，賓貞：令𠂂 墾田于 𥏼 。

　　及晚期卜辭字用為地名。

　　　　《綴218 》壬寅王卜，在 𥏼 師貞：今日步于𠂂，亡災。

　　字又作 𥏼 、𥏼 、𥏼 、𥏼 ，多叚借為歌誦的詠字。田獵卜辭習言「永王」，即「詠王」。多見於驗詞中。

　　　　《庫1542》癸巳卜，兄貞：丁辛吉。𥏼 于並。

　　　　《綴1.401 》重𥏼 田，湄日亡戈。擒。𥏼 王。

　　　　《人2049》重𥏼 田，弗每(牧)亡戈。𥏼 王擒。

1137. 彳永 彳永

　　从永从克，隸作𨔙 。或省永作𠂂。《說文》無字。甲文用為殷西附庸族稱。始見武丁卜辭。

　　　　《甲3430》☑辰卜，賓貞：王今日往于 𥏼 。

　　　　《後下14.17 》☑令 𥏼 往于 𥏼 。

由前一辭觀察，[字] 可視作地名或族名。唯比較二辭，則此當屬族稱為是。字與殷西地[字]《甲2124》、苗《甲3510》同辭。

1138. [字]

　　從彳尼，隸作征。《說文》有迡字，乃遲字或體：「徐行也。」征、迡字通，後復由迡形近譌變為迣。卜辭用為武丁時殷西附庸族稱；與[字]族同辭並列，見《存1.66》，《掇1.97》，李孝定先生《集釋》頁五三七：「當為人名。」以稍誤。
　　　　《庫1794》止（此）日[字] 至，告[字] 來致羌芻。
　　　　《掇1.97》貞：[字] 眔[字] 致，屮取。
　　　　《佚571 》貞：[字] 往來亡禍。
　　　　《續5.7.9 》癸酉卜，宙貞：呼[字] 取虎于殺鄙。
　　　　《後上30.11 》貞：呼[字] 逐豕。獲。
　　字繁體作[字]。由下二文例可互證，從彳、從行通用。
　　　　《乙2992》[字] 致。
　　　　《卜190 》[字] 致。

1139. [字]

　　從彳辟聲，隸作避，見金祥恆先生《甲骨文續編》卷二頁二十三。《說文》：「回也。」卜辭用為族稱，與殷西南的蜀見於同辭。
　　　　《掇2.78》王于[字] 使人于美。于止（此）及伐𤔲。王受又佑。
　　　　《前7.38.2》囗令[字] 致，王族从蜀叶王事。六月。
　　由王于其地及王令之二辭合觀，可見避字當為族名。字復用為動詞，示離開。
　　　　《前5.30.1》其[字] 于此。若。

1140. [字]

　　從火從行，而人在其中。《說文》無字。卜辭用為殷侵略地名，僅一見。
　　　　《續5.26.3》囗殷圍[字]。二月。

1141. [字]

　　從彳大，隸作伏。《說文》無字。卜辭用為人名或族稱。辭殘仍待考。
　　　　《存1.2011》囗 [字] 往于囗戈。

1142. [字]

　　從彳大，上覆倒止，隸作㣆。或與㣆字同。卜辭用為人名或附庸族稱。辭殘未敢臆測。

302

《存2.497》貞：勿令 [字]。

字繁从行，作 [字]。

《庫38》丁丑卜，囗 [字] 登囗。

卜辭習言「某登」，當為徵集其族眾部屬，助殷王征戰或役事。

1143. [字]

从術从鬲。《說文》無字。卜辭用為祭地名。

《粹1543》从 [字] 牢，王其每(牧)。

1144. [字]

从彳，或从羌，隸作 [字]。《說文》無字。卜辭用為人名或族稱，僅一見。

《南明618》 [字] 步。

1145. [字]　[字]　[字]

从彳卸聲，隸作御，即禦字。《說文》：「祀也。」《爾雅・釋言》：「禦，禁也。」乃禦止災疾之祭。參 [字] 字。卜辭中見御祭有用人牲，如召方、羌方和殷囚役；祀地有 [字]、[字]、義和潯。

《南地38》丙子貞，令從卸召方幸。

《粹1125》壬申卜，[字] 召于 [字]。

《前2.18.6》壬申卜貞：呼囗 [字] 在 [字] 囗在 [字]。

《人2142》其呼伐 [字] 羌方于義：祖妣。戈羌方，不喪眾。

于潯褅，呼 [字] 羌方于此。戈。

1146. [字]

从彳从倒人，屰亦聲。屰，不順也。隸作 [字]。《說文》無字。卜辭用為人名。

《後下11.16》貞：[字] 其囚(死)。

1147. [字]

从彳从止从牛，隸作 [字]。《說文》無字。晚期卜辭用為王巡地名。

《後上10.4》癸未卜，在 [字] 貞：王旬亡 [字]

1148. [字]

从辵屰亦聲，隸作逆。《說文》：「迎也。關東曰逆，關西曰迎。」卜辭亦用為逢迎意；甲文習言「逆伐」，即由背面突襲之意。

303

《續1.36.5》辛未卜，㱿貞：王勿[illegible]伐𢀛方，上下弗若，不我其受又。八月

《後上16.11 》辛丑卜，㱿貞：𢀛方其來，王勿[illegible]伐。

1149. [illegible]

从彳牧，隸作[illegible]，與[illegible]字同。參[illegible]。以杖驅牛，與达、逐、[illegible]等字或同；具有追逐意。由辭例歸納有二義：一是狩捕，用於田狩卜辭。

《存2.476 》壬辰卜貞，商[illegible]。

《寧1.397 》[illegible]鹿其南[illegible]，擒，

⧄其北[illegible]，擒。

一是侵伐，用於征戰卜辭中。

《虛征38》壬申卜，在攸貞：又[illegible]。[illegible]告：啓。王呼伐，从[illegible]伐⧄。

啓，始也，此指開始作戰。

1150. [illegible]

从辵牧聲，隸作[illegible]。《說文》無字。卜辭用為武丁、祖庚時人名，助殷册封外族及進行祭祀。

《後下12.14 》⧄亥卜，賓貞：[illegible][illegible]册⧄登人，[illegible]⧄。

《南明531 》⧄卜，[illegible]用，以羌于父丁。

1151. [illegible]

从行[illegible]聲，隸作[illegible]。《說文》無字。見第一期卜辭，用為地名。

《明682 》辛酉卜，[illegible]貞：在[illegible]雚。

1152. [illegible]

从彳[illegible]聲，隸作[illegible]，即徉字。當與[illegible]字同。《說文》無字。徉字字書始見於《玉篇》：「自得」。卜辭用為祭祀地名，始見第一期甲文。

《庫475 》⧄申勿呼婦好往于[illegible]。

《前1.48.2》⧄令知于[illegible]。

1153. [illegible]

从辵[illegible]聲，隸作[illegible]。即達字。與徉通。从彳从辵互用在甲骨文中屢見，字見於晚期卜辭，用為族名或人名。僅一見，

《金118 》己卯貞：[illegible]來羌，其用于父⧄。

卜辭「羌」字作 𦎧，屬晚期寫法。來字前習用名詞，如「 𦥑 來致羌」《庫1794》，「
𦥑 來羌」《京1287》，「邑來告」《掇2.140 》、「𦥑 來馬」《乙5305》等是。由某
來獻羌，字似屬附庸外族稱謂，約處殷西。

1154. 𢓊

　　　　從彳羌聲，隸作㣤。《說文》無字。晚期卜辭用為附庸外族名，來貢人牲，甲骨
文僅一見。
　　　　　　《南明561 》于祖乙升， 𢓊 來羌。
羌字作 𦎧，只見用於第四五期甲文。

1155. 𢔶

　　　　從辵至聲，隸作遅，即迣字。《說文》：「近也。」《廣韻》六脂：「迣，走貌
。」卜辭有用迫近意，「迣至」、「迣往」連用。
　　　　　　《前5.30.1》虤其 𢔶 至于攸，若。王占曰：大吉。
　　　　　　《甲3919》丁丑卜，狄貞：王其田， 𢔶 往☑。

1156. 𢕚

　　　　從爪執子於彳間，隸作𢕚，即俘字。《說文》：「軍所獲也。《春秋》傳曰：以為
俘馘。」卜辭用為動詞：俘虜。
　　　　　　《菁5 》☑四日庚申亦㞢來艱自北。子 𡙇 告曰：昔甲辰方圍于 𣶒， 𢕚 人
　　　　　　十㞢五人。五日戊申方亦圍， 𢕚 人十㞢六人。六月在☑。

1157. 𢓊

　　　　從彳從王從執。執，示執物以獻。《說文》無字。卜辭用為動詞，上接名詞如：子
豪、子宓 等殷王子名，下接牡、酉等祭品。字當屬祭獻類意。唯辭間未敢定論。
　　　　　　《前7.14.2》☑子，子豪 𢓊 五酉☑。
　　　　　　《續2.23.3》☑子宓 𢓊 牡☑。

1158. 𢓊

　　　　從彳用聲，隸作徧。《說文》無字。卜辭用為外族名。
　　　　　　《合332 》辛來卜，王一月韋𢓊，受又(佑)。
　　　　　　《人3132》丙申卜，其圍 𢓊。丁酉。
字復增止作 𢔶，隸作遹。
　　　　　　《京3136》己亥☑韋𢔶，受又。

305

𤭢，即敦，有攻伐意。

1159. 𧗠 𧗠

從彳從水口，隸作徉，或省彳作杏。《說文》無字。卜辭用為晚期田狩地名，與 𧗠 地相連。

《人2505》辛巳卜貞：王其田徉，亡𢦏。

《後上14.11》王田徉于 𧗠 ，亡𢦏。擒。

《粹176》叀徉田，亡𢦏。

其逐徉霖自西東北，亡𢦏。

卜辭謂「其田某」、「田某」、「某田」、「叀某田」，意均指「田於某地」，顯見殷代詞性和詞序的不固定。又由殷人自東西北三面圍逐徉地獸，可推測其地或為水名。南靠水邊，疑位於殷的南面。

1160. 𢔌

從彳，從手持貝，隸作得。《說文》：「行有所𢔌也。」段注引《左傳》：「凡獲器用曰得。」有取獲意。卜辭用本義，與𢔌字同，參𢔌。由下二文例互較亦可證。

《粹2.141》貞：弗其𢔌。三月。

《乙5269》貞：吳弗其𢔌。

字又用作人名或附庸族稱，見第一期甲文。

《粹2.63》囗卜，爭囗令𢔌囗糴囗十二月。

《前5.29.4》貞：叀𢔌令囗。

1161. 𨑒 𨑒

從辵合聲，隸作迨，或作佮。《說文》：「遝也。」行相及之意。始見第二期卜辭。字用為邊地名，殷王曾駐軍於此。其地有與孟方同辭，見《林2.25.6》。

《鄴1.33.8》丙申卜，行貞：王賓伐十人，亡尤。在𠂤迨卜。

1162. 𠘧 𠘧

從彳川聲，隸作𠘧。《說文》無字。晚期卜辭用為族名，居殷東，已屬農業部族。曾為殷人侵襲。

《前8.5.5》囗戊子卜貞：囗東克𠘧囗芻。

又用作婦名，屬殷王妃妾，有孕。亦見於晚期甲骨。

《乙4504》戊子卜貞：婦𠘧又（有）子。

由前辭的地支子字作𠙽，貞字作𠧪及與貞人𠘧同辭《存2.585》，知屬第四期的寫法。復用為貞人名。

《存2.585》庚辰，⟨甲骨字⟩卜，芻、骨入。

1163. ⟨甲骨字⟩

　　從彳馭，隸作御。《說文》：「使馬也。」卜辭用為附庸族稱，助殷監管囚役。始見第一期甲文。

　　　　《後下12.10》丁未卜，爭貞：令執𡥿苗，呼⟨甲骨字⟩弋執囗。

1164. ⟨甲骨字⟩

　　從行，從雙手持杖，示行軍正面攻伐。與逆伐意稍異。字又作⟨甲骨字⟩《明1500》。《說文》無字。卜辭用本義，「⟨甲骨字⟩伐」連用，與𢀛、⟨甲骨字⟩等外族同辭。又參⟨甲骨字⟩字。

　　　　《六中14》囗⟨甲骨字⟩囗。

　　　　《佚935》囗師⟨甲骨字⟩伐⟨甲骨字⟩，帝囗。

　　　　　　翌甲子伐⟨甲骨字⟩。

　　師，卜辭習稱「某師」，示某地軍隊，絕不稱「師某」，可見⟨甲骨字⟩字當與其下伐字連讀；又由同版對貞省作「甲子伐⟨甲骨字⟩」，更可證「⟨甲骨字⟩伐」是同義復詞。

1165. ⟨甲骨字⟩

　　從行弋，隸作衛。《說文》無字。字當與⟨甲骨字⟩同，示持械於衢道作戰。卜辭習言「衛伐」，見第一期甲文。

　　　　《乙6310》癸卯卜，般貞：呼雀　　伐亘，弋。十二月。

1166. ⟨甲骨字⟩

　　從彳束聲，隸作徠。《說文》無字。甲骨文用為子名，見武丁卜辭。

　　　　《甲3510》辛卯卜，賓貞：以子徠往，不囚。六月。

1167. ⟨甲骨字⟩

　　從彳它，隸作徖，為它字的繁體，《說文》曰：「古艸居患它，故相問無它」。引而有禍患之意。卜辭習稱「無徖」，即無恙；卜問安好之意，與「吉」，「弘吉」、「大吉」對貞。字見第四、五期卜辭。

　　　　《通別2.1》丁未卜，在⟨甲骨字⟩貞：王其入大邑商，亡徖。

　　卜辭中亦見徖、恙、它通用。《戩釋13》王國維已指出「又恙」、「亡它」同在一辭中，可證恙、它同字。

1168. ⟨甲骨字⟩　⟨甲骨字⟩

307

从彳京聲，隸作倞。或增止作𣥠。《說文》無字，卜辭用為地名，與田獵區的 🔲 地同辭。

《前2.6.7》☑卜，在 🔲 ☑。

《鄴1.40.7》丁酉卜貞，翌日己亥王其射 🔲 麓 🔲 鹿，其以 🔲 ，王弗每（牧）。

1169. 🔲

从彳丨聲，隸作彳丨。《說文》無字。卜辭用為地名，僅一見。

《粹1220》甲子貞：大邑又入：在 🔲 。

1170. 🔲 🔲

从彳从手持來，象來獻禾黍之形，隸作徠；或省作 🔲 。《說文》無字。卜辭用為貢物，習稱「致 🔲 」，乃動詞當名詞用。

《佚127》☑致 🔲 卜，

《存2.489》癸亥☑王觀☑致 🔲 。

1171. 🔲

从彳聿聲，隸作律。《說文》聿：「手之建巧也。从又持巾。」卜辭作為殷王田狩地名，與田獵動詞「遘」連用。見晚期甲文。

《人2033》☑日戊王弜遘 🔲 其☑亡𢦏。弗每（牧）。

1172. 🔲

从彳从狄从正，隸作徰。《說文》無字。晚期卜辭用為子名，僅一見。

《後下26.2》☑子 🔲 令☑王弗每。

1173. 🔲

从彳衣聲，隸从衣，或即《說文》依字：「倚也。」卜辭用為地名，與 🔲 地同辭

《後下42.8》在 🔲 墺。
在 🔲 墺。

1174. 🔲

从行从吉省，隸作徆。《說文》無字。卜辭用為地名。僅一見。

《粹1322》☑ 🔲 至☑。

至，辭例有由此到彼之意，如：《佚442 》：「王其田盂至斆，亡𢦔。」《京4470》：「王其田涉滴至于斆，亡𢦔。」故「至」上一字當屬名詞，用為地名。

1175. 彷

从彳。《說文》無字。卜辭用為殷西附庸族稱，助殷人狩獵，與伲族見於同版。當屬武丁時期卜辭。

《簠游132 》貞：䢃獲。
伲獲。

1176. 𢓊

从彳。字形未審，卜辭用為族稱或人名，納貢於殷。甲文僅一見。

《乙4605》𢓊入十。

1177. 戈

隸作戈，象長戟之形。《說文》：「平頭戟。从弋。一，衡之象形。」橫一示戈刃之橫出，兼刺與句擊。卜辭用為殷附庸族名，始見第一期甲文。位於殷西，與𢀛相鄰，善射，習稱「戈人」，屢助殷人征戰。

《金522 》辛丑卜，賓貞，叀彗令致戈人伐𢀜方。𢦔。十三月。

《叕26》癸未卜，𣪊貞：旬亡囚𢀛，其㞢來艱。三囚允㞢來艱自西，𢀛、戈囚告曰：𢀜方圍于我奠。

《鄴3.46.4》叀戈人射。

《粹1165》囚戌卜，賓貞：弋執亘。

《前7.12.1》囚戈𢍰亘。𢦔。

𢍰，以畢擒豕，有擒獲意。卜辭貞問用戈人制服外族亘方的吉凶。

其族勢頗盛，族中分四支，合稱「四戈」；分處族地四方，曰：東戈、南戈、西戈、北戈《甲622 》。

《前6.38.3》丙寅卜，𠦪于四戈。

其地亦產禾稻，後淪為殷地。

《乙4718》癸亥卜，王，戈受年。十二月。

卜辭為「王貞戈受年」之省文，乃殷王親自為戈族地卜問豐年。由《鐵28.3》：「貞：戈受囚。」可證。

晚期卜辭戈字用為田狩地名，其族顯已為殷人所吞併。

《粹971 》囚寅卜，壬王叀戈田，省亡𢦔。

1178. 戓 戓

从戈口，隸作戓。《說文》無字。字見於晚期卜辭。在第一、二期甲骨字則作戓

。卜辭作為殷西邊附庸名，與沚族連用。多為殷王出兵西面及封冊外邦的據點。

《京4395》癸酉貞：王从沚、口伐召方，囗又，在大乙宗。

《粹1164》己亥卜貞：口以沚、口伐猶。受又。

《掇1.450》貞：王从沚、口冊召方。受又。

《外85》庚午卜，令口歸。若。

由《外85》謂卜令口歸。可見字當非用作地名，而屬族號。

1179. 盯

　　从戈从囗，象繫盾於戈柲上，隸作戔。即《說文》戰字：「盾也。从戈早聲。」此戰具應兼戈、盾攻防之效。《說文》未盡釋其義。李孝定《甲骨文字集釋》卷十二頁三七五七引丁山說釋為肇：「象从戈破戶之形。」然而戶字甲文作日作日，並無作囗者。其說稍誤。卜辭有用兵器本義。始見第一期甲文。

《存1.32》囗亥卜，告貞：盯于唐（成湯）。

《甲2053》其盯祊。用。

《甲3518》貞：盯祊。用百羊百九十九牛。十月。

《旅順博物館藏甲》囗卜貞：盯祊；帝十牢。

征伐為國之大事，殷人戰罷，有獻兵戈於祖廟之習。祊，即宗廟藏主。

　　字又用為敦衛的敦，今作扞。

《合152》甲辰卜，設貞，口我妹。

《合253》貞：口口射三百。

卜辭貞問敦衛口地以射士三百宜否。

　　甲骨文中言敦衛的殷土，除：口、妹外，還有口《乙7436》、口《京1353》口《乙6735》等地。

《前3.31.2》丙申卜，貞：盯馬左右中人三百。六月。

馬，本屬武丁時西北方國，後為殷吞併為屬土。此辭言盯衛馬地用人三百，而編隸於左右中三軍。顯見殷人軍制以百人為單位。

1180. 盾

　　从戈囗，隸作戔，其形正視為盾，側看為盯。參盯字。即《說文》戰字：「盾也。」卜辭用為敦衛字。

《鐵18.1》沚其盾壘。

《明2337》辛未卜，設貞，王盾衛受又。

復用為外族名。處於東方。始見第一期卜辭。

《合282》甲戌卜，設貞：我馬及盾。

《續5.28.3》囗未卜，賓貞：呼見盾囗。

《前6.26.1》庚戌卜，王貞：弜其獲，圍盾在東。一月。

後降為殷邊附庸，助殷王狩獵。

《甲3398》甲午卜囗貞：令盾執寨。十二月。

字或作 ⦻，仍屬族稱。與 ⦻ 地同辭。

《乙407》丁未卜，自今 ⦻ 呼苗，曰，來。二月。

《甲38》☒ ⦻ 弗☒戈，在 ⦻。

1181. ⦻

从二戋，示眾戰。隸作 ⦻ 。《說文》無字。　卜辭用為農作地名，始見第一期甲文。

《乙6422》辛巳卜，爭貞： ⦻ 不其受年。

《合166》乙巳卜，㱠貞：弓卨于 ⦻ 。

《粹1448》癸酉卜貞：旬亡禍。在 ⦻ 。

其地與殷西的召方， ⦻ 等外族同辭。

《寧1.427》丁未貞，王征召方。在 ⦻ 卜。九月。

《京2714》☒ ⦻ ☒于 ⦻ 。

1182. ⦻

从二戈从日。象句兵。《說文》無字。卜辭用為殷王巡地名，僅一見於第二期甲文

《文708》☒寅卜，旅貞，王其往觀于 ⦻ 。亡災。

1183. ⦻　⦻　⦻　⦻　⦻

人戈回，隸作 ⦻ ，字與 ⦻ 同，即《說文》戰字。見於晚期卜辭，用為附庸族稱，助殷征伐。與 ⦻ 地、周族同辭。

《合392》庚子卜，狩 ⦻ ，不轟 ⦻ 。

《鐵26.1》貞： ⦻ 弗戈周。十二月。

《卜606》辛亥卜貞： ⦻ 其取方。八月。

其酋因功封為侯。

《林2.31.6》☒侯 ⦻ ☒來。

由早期卜辭的 ⦻ 在殷東方與殷周旋，及至晚期其族降殷，移至殷的南地。吾人由形構斷代與史事排比，可概見此族所遭受的同化命運。

1184. ⦻

象干盾形。卜辭用為地名。唯骨片殘闕，字義仍待考。

《續5.19.1》☒亥卜貞： ⦻ 其受☒又。

1185. ⦻

从戈砍斷人首，隸作伐。《說文》：「擊也。一曰敗也。」復謂其形為「从人持戈」則稍誤。卜辭用本義，擊殺、攻襲也。下多緊接受詞，方國名。

《乙4598》登人呼伐羌。

《乙5408》甲辰卜，爭貞：我伐馬方。帝受我又。一月。

又有用為砍殺人牲的祭名，或為武舞之祭。《山海經・海外西經》：「夫樂之野，夏后氏於此舞九伐」。《禮記・樂記》：「夾振之而四伐」。伐祭主要用人牲，間亦配備若干畜牲。

《合162》癸亥卜，㱿貞：尞上甲三牛，㞢伐十羌十豭。

《後上21.13》甲辰貞：來甲寅又伐上甲：羌五，卯牛一。

伐復用為名詞，指殺人祭。

《後上21.11》貞：九伐，卯九牛。

《乙8462》貞：上甲，叀王祊用五伐十小宰。用。

字有省體作，由下同版同文卜辭可互證。

《丙1》庚申卜，王貞：余伐不。

庚申卜，王貞：余不。

1186. 

从人負戈，隸作戍。《說文》：「守邊也。从人持戈。」卜辭戍為名詞，戍卒。字多用於征伐卜辭。

《甲807》戍及㱿方，𢦏

《粹1155》丁卯卜，戍允出，弗伐長。

及，有追及意。長，外族名。此卜問攻伐長族的吉凶。

《京4830》戍圍☐。

《京4371》戍以伐，又𢦏。

復用於田狩卜辭，言令戍眾捕獸。

《鄴2.38.3》叀王以戍罝，擒。

《京4489》叀戍射，擒。

戍卒由「眾」組成，分隸於五族。

《鄴3.46.7》王其呼眾戍皆，受人。㞢啚土人眔戍人又𢦏。

《人2129》戍𩀵，其雉王眾。

「雉王眾」，即「集王眾」。

《鄴3.39.10》☐丑卜，五族戍弗雉王眾。

「五族戍」，或屬殷多子族之別稱。戍字亦用作動詞，有出巡、鎮守意。

《掇1.385》王其戍，雩盂，又雨。

1187. 

从戈砍斬羌人。亦即伐字。卜辭用為砍伐羌人之專有祭名。

《人3053》庚寅卜貞：叀丁酉酌☐。

1188. 伐

　　从戈擊二人。隸作伐。《說文》：「絕也。从人持戈，一曰田器古文，讀若咸，一曰讀若詩：攘攘女手。」卜辭用為附庸族稱或人名，與野 地同辭。始見第一期甲文。

　　　　《乙7299》庚午卜，賓貞：伐□致野蜀。
　　　　《合184 》貞：伐其致野蜀。
　　　　《南明204 》庚寅卜，賓貞：伐里擒。
　　　　《甲868 》辛未貞：重伐令即並。
　　並，地名。即血，祭奠於並地之意。
　　　　由諸辭的納貢助狩助祭，可見伐族為殷的忠誠附庸。

1189. 戠　戠

　　从言戈，示發號出兵也。《說文》古文信作何，可證字从言省，隸作戠，从言从音通用不別。《說文通訓定聲》頁一四三：「兵也。从戈意省聲。」征伐卜辭中多見在大軍出發前，殷王賓祭先祖，求此行征戰無禍。

　　　　《粹211 》戊寅卜，旅貞：王賓大戊，戠亡禍。
　　　　《粹513 》壬戌卜，大貞：王賓，戠亡禍。九月。
　　　　《佚390 》庚辰卜，王貞：翌辛巳又戠于祖辛：牝。
　　　　《前5.38.3》癸未卜貞：戠不因。
　　卜辭習言「日戠」、「日又戠」、「戠日」，即「是日用兵」、「是日有出兵」、「戎兵之日」之意。

　　　　《佚384 》壬子卜貞：日戠于甲寅。
　　　　《甲755 》乙巳貞：酚其召小乙，茲用。曰又戠。夕告于上甲。九牛。
　　　　《前4.4.4 》弱祀戠日。
　　又卜問「戠夕」，即求「晚上發兵」之吉凶。

　　　　《粹460 》弱戠夕，其酚牝牛。
　　字有用為人名：子戠。

　　　　《合287 》壬辰子卜貞：婦妌子曰：戠。
　　　　《佚194 》甲午卜，又升于子戠：十犬，卯牛一。
　　字又借為糦，赤也。《尚書·禹貢》：「厥土赤戠墳。」卜辭多言「戠牛」，即棕色牛。李孝定《甲骨文字集釋》頁三七八六引商承祚段戠為埴，由土黃而引申有黃色意。唯辭間仍待深考。

　　　　《乙6715》我勿致戠牛。
　　　　《前1.21.4》其戠牛，茲用。
　　《佚518 》有言擒獲「戠豕」，亦指野牛之毛色意。

313

1190. 𢦏 𢦏

　　从戈才聲，隸作𢦏。《說文》：「傷也。」用作災禍字，多見於第三期以後卜辭，習稱「亡𢦏」。乃𢦏字之後起字。災字形的演變，大致由 ⿊⿊ 而 ⫻ 而 𢦏 而 𢦏 而 𢦏 而篆文的 𢦏 。

　　　　《合24》壬午卜，狄貞：王其田，往來亡𢦏。
　　　　《佚988 》辛酉貞：王往田，亡𢦏。
　　又用為殷西方國名：「𢦏方」、見第一期。詳𢦏字。

　　　　《乙4701》王固曰：重既。三日戊子允既，災𢦏方。
　　　　《乙2503》☒卜,㕣貞，㠯、化、正受㞢又。三旬㞢三日戊子執災𢦏方。

1191. 𢦏 𢦏

　　从戈才聲，即𢦏字。《說文》：「傷也。」與𢦏字同。卜辭用為災害字。有災習稱「㞢𢦏」、「又𢦏」。

　　　　《續6.25.5》重甲戌伐，又𢦏。
　　　　《外281 》其㞢𢦏。
　　言無災則曰「亡𢦏」、「弗𢦏」。
　　　　《寫306 》辛丑卜，壬寅弗𢦏。
　　　　《庫1081》弜今戍其每，弗𢦏。
　　　　《粹1561》☒重𢦏犬𢦏从。亡𢦏。擒。
　　復用為第一期卜辭方國名。《金文編》𢦏字：「孳乳為𢦏，經典作戴。」《說文》：「𢦏，故國，在陳留。」段注：「陳留志云：古戴國，今河南衛輝府考城縣，縣東南五里有考城故城，漢之甾縣，古之𢦏國也。」𢦏方族勢弱小。武丁曾派遣將領㠯、化、正合圍之，驅執其族人為奴役。

　　　　《乙4701》☒王固曰：重既。三日戊子允既。災𢦏方。
　　　　《乙2503 》☒卜,㕣貞：㠯、化、正受㞢又。三旬㞢三日戊子執災𢦏方。
　　　　《合集6649》☒貞，㠯、正、化弗其災。王固曰：吉，災。之日允災𢦏方。得隹。十三月。
　　𢦏方遂淪為殷屬地，族眾盡為殷人同化，不復見於武丁以後的卜辭。
　　　　《存1.2011》☒往于𢦏。

1192. 𢦏 𢦏 𢦏

　　从戈，才亦聲，才象戈戟之纓飾。當屬𢦏字異體。今作災。字見於晚期卜辭，亦用為災害意。

　　　　《庫1095》丙子卜，于丁丑𢦏。
　　　　《粹366 》☒方出从北土，弗𢦏北土。
　　「又𢦏」、「弗𢦏」文例與𢦏字同。𢦏字復與韋、克、伐、征等戰爭用字連稱，下接賓語：方國，此更加顯見其意即災禍字。
　　　　《後下42.4 》癸亥卜，今夕韋猶，𢦏。

《掇2.164 》癸卯卜，其克⿰丨木周。

《後上43.9》☒八日辛亥允⿰丨木伐二千六百五十人在汸。

《甲2907》辛未，奠大乙，執☒其征☒⿰丨木先宁。

1193. 

从爻，𢦏聲。隸作⿰⿱屮爻戈。《說文》無字。甲文用為西邊地名或族稱，與⿰氵龜地相接。僅一見，在第一期卜辭中。

《前7.2.4 》己卯卜，爭貞：今春令虎田，从⿰⿱屮爻戈至于⿰氵龜，獲羌。

1194. 

从戈冒，隸作⿰冒戈。《說文》無字。卜辭用為武丁期殷西附庸族名。與沚族相鄰，屢受𢀛方、土方侵擾。

《菁2 》癸巳卜，㱿貞：旬亡𡆥。王固曰：㞢希。其㞢來艱，乞至五日丁酉允㞢來艱，乞至五日丁酉允㞢來艱自西：沚、⿰冒戈告曰：土方圍于我東鄙，𢦏二邑；𢀛方亦侵我西鄙田。

由沚、⿰冒戈來告內容，可知⿰冒戈族地頗大，有邑有田。

《金531 》丁巳卜，韋貞：𢀛方其𦎫⿰冒戈。十一月。

卜辭習稱「⿰冒戈來」、「⿰冒戈告」，並由𢀛方敦伐⿰冒戈地，顯見字用為族稱；前人釋⿰冒戈為人名，非是。

⿰冒戈族助殷守邊，並隨殷師征伐卬方、土方等鄰族。

《乙3787》貞：王叀沚、⿰冒戈从伐卬方，帝受我又。

《鐵12.12 》丁巳卜，㱿貞，王叀沚、⿰冒戈从伐土方。

《甲948 》☒戌卜，爭貞：令三族☒沚、⿰冒戈☒土☒受☒。

其地靠近邊域，與諸族相接，殷王武丁亟欲吞併西邊強族𢀛方、土方，故多番在此地發令出兵。卜辭習稱「稱冊」而接言征伐，繼謂「我受又」、「帝諾」。「稱冊」一辭，前人釋為封策外邦，於用意似不合。《說文》釋爯，并舉也。冊，符命也；此指諸侯受命於王者也。⿰冒戈爯冊，即殷王在⿰冒戈地發號軍令也。

《續3.10.2》乙卯卜，爭貞，沚、⿰冒戈爯冊，王从伐土方，受㞢又。

《乙7739》☒卜，㱿貞：⿰冒戈爯冊，呼从伐卬☒。

⿰冒戈酋因功封為伯。

《天90》☒貞：伯⿰冒戈執。三月。

1195. 

从二戈，示威武之皃。隸作戔。《說文》：「賊也。」卜辭用為附庸族名，其酋封侯。始見第一期甲文。

《乙6735》戔來卅。

《乙4645》貞：呼从戔侯。

《京8177》庚戌卜，爭貞：今 㦴 歸，㞢 示十屯。

戉復用為動詞，有動干戈戡伐之意。

《林2.5.14》貞：勿呼 㦴 呂 方囗。

《前6.38.4》囗登人三千，呼 㦴 囗。

1196. 㦵

　　象大斧形，即戉字，篆文作 㦵 ，今作鉞。甲文借用為歲。一年曰一歲。《說文》：「木星也。越歷二十八宿，宣徧陰陽。十二月一次，從步戌聲。」卜辭習稱今年為「今歲」，下年為「來歲」。

《乙7811》囗寅卜，爭貞：今 㦵 不其受年。在 㴎 。十二月。

《金277 》癸丑卜貞：今 㦵 亡大水。

《鄴3.39.5》戊寅貞：來 㦵 大邑受禾。在六月卜。

卜辭又曾預卜數年以後的吉凶。

《甲2961》癸丑卜貞：二 㦵 其㞢禍。

《金571 》貞其于十 㦵 酒㞢征。

字形有繁作 㦵 ，從步聲，與篆文 歲 合。唯辭文殘闕，其用意仍未審。

1197. 㦵

　　從戌月聲，隸作 胘 ，仍為戉字，乃斧戉之後起增聲符字，文字演變由㦵而 㦵 ，與鳳字由 鳳 而增凡聲作 鳳 ，疑字由 疑 而增牛聲作 疑 例正同。卜辭用為動詞；示用兵。

《庫1637》囗卜，殼貞：侯告舟册，王 㦵 。

己巳卜，殼貞：王重易伯羨 㦵 。

《粹1325》己巳卜，爭貞，侯告舟册，王衣 㦵 。

舟册，即舉符命，發號出兵也。「衣胘」，即「大戉」，言大動干戈之意。

1198. 㦴

　　從又持戉，隸作 㦴 。《說文》無字。卜辭用為婦名。

《金738 》釛婦 㦴 子于子廘。

1199. 㦵 㦵

　　象斧戉形，甲文借用為歲字；祭名。《說文》：「木星也……十二月一次。從步戌聲。」卜辭習言「王賓歲」，「王賓某祖妣歲」。

《戩17.9》囗酉卜貞：王賓 㦵 ，不冓大雨。

《南明353 》丁卯卜，行貞：王賓父丁 㦵 ，牢。㞢祖丁 㦵 ，牢。亡尤。

《明19》庚午卜，旅貞，王賓妣庚 㦵 ，亡尤。在九月。

316

或倒文作「某先祖歲王其賓」、「歲其賓」。見殷文詞序主賓格可顛倒。

《存2.600 》壬午卜，旅貞：季 阡 ，王其賓。

《續2.2.5 》戊辰卜，允貞： 阡 其賓，又。

或省言「歲于某先祖」、「某先祖歲」。

《粹163 》甲午貞：其又 阡 于高祖乙：三牢。

《鄴3.39.7》丁丑卜，伊尹 阡 三牢。茲用。

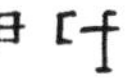

殷人每月均舉行歲祭，例：

一月《庫1195》、二月《文275 》、三月《甗2.11》、四月《粹509 》、五月《甲2124》、六月《明130 》、七月《南坊2.84》、八月《庫1190》、九月《林1.12.13 》、十月《續1.20.1》、十一月《京3329》、十二月《文456 》、十三月《明73 》。見歲祭為年中常祭。

卜辭有言「夕歲」，「莫歲」，或即指歲祭在晚上舉行。

《後上19.9》丙戌卜，行貞：王賓父丁，夕 阡 。叙亡尤。

《粹264 》☒卯卜，祖丁莫 阡 ，二牢。

歲祭目的有求雨，求征戰、求俘祭牲：羌人。

《南輔53》于甲申又升， 阡 上甲，又雨。

《佚924 》丙午卜，即貞：翌丁末祊饗 阡 其又伐。

《明130 》☒未卜，旅貞：祖乙 阡 其又羌。在六☒。

1200. 𢦔 𢦔 𢦔

从手持戈，隸作戒。《說文》：「警也。」甲文屬於祭祀卜辭，用為祴，象持戈以舞祭。《說文》：「祴，宗廟奏祴樂。」

《粹814 》甲申卜，中貞：重 𢦔 祐雨。九月。

《遺363 》庚寅卜，允貞：重藝 𢦔 ，襪于妣辛。

1201. �

从戈从囗以綑束。示止兵。即《說文》戢字：「藏兵也。从戈咠聲。《詩》曰：載戢干戈。」卜辭用為族稱或地名。

《乙4692》丁未卜，其圍 𢦔 。翌庚戌。

1202. 𢦔 𢦔

象戈盾形，或隸作戎。參 𢦔 字。相當《說文》的 戔 卜辭殘缺，二見「令戎子」；或用為人名。

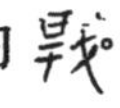

《續5.28.7》甲申☒貞：令☒ 𢦔 子☒。

《鹽人53》☒大貞：令 𢦔 子叀☒。

大，貞人名。見第二、三期卜辭。

317

1203. 𢦏

　　从戈从力从子。《說文》無字。甲文僅一見，由貞人亙知屬第一期卜辭。字用為附庸或地名。

　　　　　《前6.55.7》囗卜，亙貞：呼登 𢦏 自。

　　「呼登 𢦏 自」，即命令徵召 𢦏 地軍伍。

1204. 戉

　　象斧鉞形，與戉戌本義。卜辭即地支的戌字。

　　　　　《合238 》翌戌 戉 不雨。

　　戌字有譌用為年歲的歲。由比較下二文例可見。

　　(1)　　　《京3904》癸卯卜，今 戉 受禾。

　　　　　《卜493 》癸卯卜，爭貞：今 戉 商受年。

　　又譌用為我字，由比較文例亦得證。

　　(1)　　　《前1.52.1》貞：寅尹若 戉。

　　　　　《南明57》貞：呂方出，唯寅尹若 戉。

　　(2)　　　《鄴3.37.7》唯 戉 㞢作禍。

　　　　　《前1.27.4》唯 戉 㞢作禍。

1205. 戌

　　从戌从丨。仍隸作戌。从丨示專有名詞。卜辭用為地名，稱「戌䴲」。

　　　　　《瀆6.13.7》囗干囗土于囗 戌　䴲囗若。

　　　　　《摭瀆1 》辛亥卜，翌日壬王其從在 戌。犬 㿿 弗每，亡戋。

1206. 減

　　从水戌聲。隸作減。《說文》無字。晚期卜辭用為水名，與淮水相近。在殷東南。

　　　　　《金574 》癸未卜在 艮 貞：王步于 減。亡災。

　　　　　　　　　乙酉卜，在 減 貞：王步于淮。亡災。

　　陳夢家《卜辭綜述》頁三零九：「即今澮水。」《戰國策‧楚策》有 瀊，字當由減而瀊而澮。

1207. 成

　　从戌丁聲，隸作成。即殷先公成湯，又寫作唐，復稱大乙。《史記‧殷本紀》：「主癸卒，子天乙立，是為成湯。」成湯又有省稱湯，《說文》唐古文作 昜；與湯字形近。由卜辭大宗世系此皆置於報甲之下，大丁、大甲之上，可知成、唐、大乙同屬一人稱謂。

318

《丙38》翌乙酉屮伐于五示：上甲、咸、大丁、大甲、祖乙。

《鐵214.4》☑上甲、唐、大丁、大甲☑。

《佚986》☑未卜，桒雨，自上甲、大乙、大丁、大甲、大庚、大戊、仲丁、祖乙、祖辛、祖丁十示：率𥙪。

1208. 咸

从戌口，隸作咸。《說文》：「皆也，悉也。」卜辭用為先世人名。

《七P109》貞：屮于咸：五伐，卯五宰。

《丙36》甲辰卜，殼貞：下乙賓于咸。

　　　貞：下乙不賓于咸。

　　　貞：大甲賓于咸。

　　　貞：大甲不賓于咸。

　　　貞：咸賓于帝。

　　　貞：咸不賓于帝。

據《丙36》第一期卜辭所卜，由下乙、太甲諸先王賓迎咸，復由咸賓迎上帝。可見咸為殷王與神的中間人，能降祐時王。

《丙38》貞：咸尤佑王。

　　　貞，咸弗佑王。

咸，卜辭又稱「咸戊」，即巫咸之倒文；巫、戊音通。《史記・殷本紀》稱譽太戊時的「巫咸治王家有成。」巫咸能通人鬼，管理殷王室有功，故遂為後世殷人求祐的對象。

《前1.43.5》貞：屮于咸戊。

《南坊1.1》貞：咸戊不老。

《綴6》丁未卜，㞢屮咸戊、巫戊，呼☑。

「咸戊」、「巫戊」，即「巫戊」、「巫咸」的倒文。

李孝定《甲骨文字集釋》頁三七二引陳邦懷所舉《尚書・酒誥》：「自成湯咸至於帝乙成王畏相」以為咸與先王並舉，復引《前1.4.3》辭：「屮于咸屮于大丁屮于大甲屮于且乙」《後下18.9》辭：「貞：咸大甲☑」謂可互相發明。然而，細審《尚書・酒誥》篇所言咸，實非人名，屈萬里氏《尚書釋義》注：「咸，徧也。」文意謂自成湯以迄帝乙的每一位帝王，舉凡足以成就王業的，都能尊敬輔相之臣。又所引二辭：《前1.4.3》的咸字从丁，實為成，乃指成湯；《後下18.9》所列雖為咸字，但辭例孤證殘缺，仍宜以上文《丙36》例比核觀之，相當「太甲賓迎於咸」之意。

字復用為地名，曰：「咸麓」。

《合200》貞：奱于咸麓。

或用為動詞，皆也。

《甲3710》貞：我咸戋。

「我咸戋」，即我方——受禍害之意。

1209. 斿 斿

319

从戌柬亦聲，象以斧戌戡擊柬綑之物。隸作 。《說文》無字。卜辭用為屠牲以祭之意。祭祀對象有先公先王，有先世臣子，如伊尹，有自然神如山河，有四方。

《乙7161》貞， 王亥十牛。

《粹158 》勿 于大甲。

《丙68》☐申卜，爭，翌戊戌 于寅 。

《乙5265》己丑卜，𣪘貞， 于丘商。三月。

《乙4733》貞： 于南。

貞： 于西北。

于東。

祭有在日出入之時進行。

《合178 》戊戌卜，丙呼雀 于出日，于入日：宰。

1210. 

从戌或从女。隸作 。《說文》無字。卜辭用為地名，或族稱。

《乙5317》貞： 涉于 。

1211. 

从𠂤𢦏聲。隸作 。《說文》無字。晚期卜辭用為地名，與 、 二地相接。

《綴218 》丁丑王卜在 貞：今日步于 ，亡災。在二月。

戊寅王卜在 貞：今日于步于 ，亡災。

1212. 

象戉形，隸作戉。《說文》：「斧也，从戈乚聲。」字或越字省，與金文越作戉同。第一期卜辭用為殷西附庸，屢助殷人用兵。

《叕31》壬辰卜，𣪘貞： 𢦏湔方。

《南門162 》貞： 弗其伐𠙵方。

《鐵12.13 》甲寅卜☐貞： 其獲圍土方。

《簠游133 》☐卜，𣪘貞： 獲羌。

前人釋戉為人名；似非是。由《柏1 》：「貞：呼取 。」卜辭習言殷襲取某地某族，而無用作取某人者，可知戉當屬族稱。

1213. 

象戈形武器，隸作我。卜辭已借為余的自稱。《說文》：「施身自謂也。或說：我，頃頓也。从戈禾。禾，古文垂字。」

《佚550 》丙午卜，爭貞， 受年。一月。

《乙5408》甲辰卜，爭貞，𢎨伐馬方。帝受𢎨又。一月。

《存2.156 》辛卯卜，㱿貞：帝其黧𢎨。三月。

《林1.2.8 》貞：父甲不𢎨壱。

殷王自稱我，又稱「王我」。

《合116 》丙戌卜，王𢎨其逐麞，獲。允獲十。

我字又用為地名或族稱。其地位殷西，與亘族相近。始見第一期甲骨。

《乙2306》𢎨來十。般。

《乙3527》𢎨來卅。

《人706 》貞：在𢎨。

《鐵76.2》庚午子卜貞：囗征在𢎨。

《合249 》辛巳卜，㱿貞，雀得亘、𢎨。

1214. 娥

從女我聲，隸作娥。《說文》：「帝堯之女，舜妻娥皇字也。從女我聲。秦晉謂好曰娙娥。」《方言》：「娥，好也。」卜辭用為先世人名，能降禎祥。始見於第一期甲文。

《乙3429》貞，娥壱王。

《續3.48.3》癸未卜，㱿貞：子漁屮卟于娥。

卜辭又見「求雨娥」、「求年娥」之詞。

《存2.132 》甲子卜，賓貞：于岳求雨娥。

《林1.21.14 》囗卯卜，㱿貞：求年娥于河。

《佚153 》貞，于祊求年娥。

娥，借為峨，多也。《詩·棫樸》傳：「峨，盛壯也。」凡從我字有盛大意，山盛曰峨，馬高大曰䮣，語盛曰議，飢甚曰䖣。由下列諸辭互較，娥、我與匄(無)對文，亦見娥字有用為豐盛，眾多意。

《人1542》庚子卜貞：求雨娥。

《文367 》貞，求雨我于岳。

《合347 》貞：求雨匄于河。

1215. 䂳

從且我聲。隸作䂳。《說文》無字。卜辭為地名與謝地相近。

《菁6 》囗東鄙，戈二邑。王步自䂳于謝司囗。

《庫1228》貞：勿征䂳。

1216. 義

從豙我聲。隸作義。《說文》無字。見於晚期卜辭，用為田狩地名。

《前2.7.5 》囗在義囗王步于囗亡災。王囗獲犾(狼)。

321

1217. 𦍋

从我羊，隸作義。《說文》：「己之威儀也。」晚期卜辭用為殷祭地名。

　　《掇2.49》☒丑用于 義 ☒。

1218. 𦍋

从子義聲，隸作𢀑義。《說文》無字。第五期卜辭中用為地名，僅一見。與上𣂏同辭。約處殷東。

　　《前2.5.3》庚寅王卜，在 義 貞，余自在茲上 𣂏 。

1219. 𦍋京

乃「義京」二字合文。卜辭用為祭地。以獻𦥑羌人為主。

　　《前6.2.3》己未俎于 義京 ：羌三，卯十牛。中。

　　《前6.2.2》己未俎☒ 義京 ：羌☒人，卯十牛。右。

　　《續1.52.2》癸酉俎于 義京 ：羌三人，卯十牛。左。

以上諸辭見殷人有一事三卜之習。

1220. 𠂋 𠚣

从刀於口上，隸作召。省作 𠂋 ，字又作 𠚣 。島邦男《殷虛卜辭研究》中譯本頁四零零和陳夢家《卜辭綜述》頁二八五至二八七都把 𠚣 、 𠂋 分作兩個不同的方國名稱：一為旨；一為黎方。然而根據字形結構分析，從 𠂋 從 𠚣 在形體上是非常接近，卜辭中亦見混同的例子；从口从曰的偏旁亦可以通用。況且 𠚣 方的出現在卜辭多寫作 𠚣 ，從甘的反而是少數。就斷代分期而言，二字是分屬於不同的時期： 𠂋 見於第一期武丁卜辭； 𠚣 則多出現於第二、三期卜辭。二者在辭例中雖然一屬殷的附庸，一為殷的外敵，但因為斷代不同，所以本身是沒有衝突的。殷時外族順逆無常，這種例子是頗多的。由下列諸辭，更可以考見 𠚣 方早在武丁時代已接受殷王的差遣，後來才交惡而成敵國。

　　《庫1875》☒令 𠂋 ☒沚、𡙇 。

　　《續2.24.5》辛亥卜，般貞：屮于 𦥑 、 𠚣 二☒。

召方字形由 𠚣 （ 𠚣 ）而 𠂋 而 𠚣 ，吾人透過卜辭的斷代可概見殷人對該族稱謂用字的衍進。復由地望而言， 𠚣 、 𠚣 都是位於殷西地，二者亦曾與沚和羌族見於同條卜辭，更可以作為 𠚣 、 𠚣 同字的佐證。島邦男、陳夢家二氏僅就形構稍異而劃分召方為二族，唯實無確證。今僅就字形，斷代分期和地望三者綜論 𠚣 、 𠚣 為一族如上。

召方處殷西，與 𤔫《粹1125》、 𠙴《京4387》、 𠂈《粹1124》、 𡉉《寧1.427》、羌《金651》、畫《乙1054》、沚《庫1875》、𣪊《京4382》、長《續3.26.3》諸地望同辭。是武丁初期的西邊附庸，助殷人守邊。

　　《續3.26.3》丙午卜，賓貞： 𠚣 弗其叶王事。

322

復協助殷人出擊方國，拓展西土：戋 🦅 族，伐龍方、征畫、擒羌，成為殷初得力的附庸大族。

《乙5395》乙卯卜，爭貞：𠂤戋 🦅 。

🦅 ，隸作瞿；或作 🦅 ，增从人。當即 🦅 族之異體。

《乙1054》庚寅卜，爭貞：𠂤征畫。

《金651 》☑貞：𠂤獲羌。

及至武丁後期，召方始坐大，成為殷西大患。其禍亂一直延緜到殷末始告平息。召方叛殷之後一再侵犯殷邊地。

《南門617 》癸卯卜，召方其出。

《粹1188》癸卯卜，召方其出。

並與𣃟方合抗殷人。

《京4382》癸巳☑于一月伐𣃟𤔲召方，受佑。

殷王嘗卜求鬼神降災召方，可見殷人對此西方邊患的重視。

《甲2958》☑貞：禍召☑。

殷王數度徵召民力親征，又派遣大將𠂤，圍勦召方。

《粹1126》☑登伐召，受佑。

《寧1.424 》丁巳貞：王征召方。

《寧1.427 》丁未貞：王征召方。在𣃟卜。九月。

《佚520 》于辛巳，王圍召方。

《人2525》丁丑貞：王令𠂤以眾𠂤伐召，受佑。

復派遣王族、三族乘勝追討。

《南明616 》己亥貞：令王族追召方及于☑。

《京4387》己亥　貞：三族王其令追召方，及于𠂤 。

「三族」屬賓語，前置於句首。

　殷人卒大敗召方。

《人2521》庚午貞：辛未辜召方。易日允。易日弗及召方。

《佚865 》☑弗執召。

召方降服，其族眾淪為殷人祭祀的犧牲。

《乙5272》☑貞：召河奠于䖵，虫雨。

言在昆地舉行奠祭，用召人祭於河神以求降雨。

《粹1125》壬申卜，衍召于𠂤 。

衍，从午得聲，即卸字異體；有祭祀意。

1221.　𠂤

　　从刀，丶指刀柄處。《說文》無字。字用為族稱。見於第一、四期卜辭。及殷西附庸，與沚同辭。

《乙3225》辛亥卜，賓貞：召叶王事。

《庫1875》☑令召☑沚、𠂤 。

《前6.65.1》辛酉卜貞：召不其禍凡。

1222. 〰

从水刀聲，隸作汈。《說文》無字。晚期卜辭用為族稱。其酋嘗受封為侯。

《人3233》☑弗戋 〰 。

《鐵264.2》☑子卜貞：致侯 〰 。

1223. 〤

从刀亡亦聲。从刀、从人形近易混。隸作刎。《說文》：「𠚍也。逯安說：亡人為刎。」卜辭習言「刎某方」，字本有以刀戈滅亡某部方國之意。引申有禍害意。

《後上17.3》壬申卜，殻貞：于河刎呂方。

《庫1649》貞，刎 呂 方于上甲。

《天84》己亥卜，爭貞，㞢㞢夢，勿羍。㞢刎？亡刎？十月。

「有刎」、「亡刎」，即卜問有禍，抑無禍之意。用法與「禍」、「𡧊」、「尤」等意同。

1224. 剛

从刀。𤓯或象綱罟之正形，隸作剛。《說文》無字。卜辭用為地名。殷人曾於此種植稻米，外邦亦曾由此地納貢於殷。

《乙7811》☑寅卜，爭貞，今歲不其受年。在剛。十二月。

《合407》貞：我受稻年☑剛。

《丙19》入二，在剛。

1225. 剢

从刀。《說文》無字。第二期卜辭用為地名，與产 地相近。

《後上13.2》辛丑卜，行貞，王步自剢于产，亡𡧊。

1226. 剢

从刀。《說文》無字。晚期卜辭用為地名。僅一見。

《遺264》☑午卜，☑剢貞：☑夕亡𦣞。

1227. 刜

从刀弗聲，隸作刜。《說文》：「擊也。」卜辭亦有擊斷意。

《合78》癸亥卜貞：旬一月㞢，雨自東。九日辛未大采各雲自北，雷征大風自
西，刜雲率雨，尤𤕤日。

324

李孝定《甲骨文字集釋》頁一五三一引董彥堂《殷歷譜》下編卷九第四十七葉：「《廣雅・釋詁》訓：『斸也。』此辭言刜斸其雲也。」

1228. ⺊⺊

象人執耒耜之形，有鋤田之意。為耤字省。參 ⺊ 字。卜辭僅一見，與「墾田」連用。

《粹1223》甲子貞：于下人⺊⺊墾田。

1229. ⼝⺊

从口刀，隸作叨。《說文》無字。卜辭用為地名或族稱。辭間仍待審定。

《前4.30.1》☑呼行取龏友于⺊⺊，☑致。

1230. ⺊ ⺊⺊

从日降於人側：隸作昏。《說文》：「日冥也。从日氐省。氐者下也。一曰民聲。」卜辭用黃昏本義。多貞問旁晚雨否，習稱「至昏」、「至於昏」。

《粹715》郭兮至 ⺊⺊ 不雨。

「郭兮」，為下午的一段時間。由《屯南624》卜辭言旦而食日而中日而郭兮，和《屯南42》言旦而食日而中日而戻，可見郭兮的時間乃屬日中以後，黃昏以前；約現今三時至五時一段。昏則在暮夕以前，相當於五六點之間。

1231. ⺊⺊

象耒形，今言犁把，諸點或示所翻泥土。參耤字的偏旁，隸作勿。乃犁字初文，即《說文》犁字：「耕也。从牛黎聲。」卜辭用為狀詞，乃驪黑字。《字林》：「驪，黃黑也。」凡从黎聲多有黃黑之意，如黎民黔首皆是。《戰國策・秦策》：「面目犁黑。」《釋名》：「土青曰黎。」《爾雅》：「鸝，黃楚雀」。《說文》雜：「雜黃也。从隹黎聲。一名楚雀，其色黎黑而黃。」《方言》作鸝黃。今俗稱黃鸝。《戰國策・楚策》：「驪牛之黃也，似虎」。又《通俗文》：「斑黑謂之黎黮。」《淮南子》注：「犁牛，不純色。」卜辭習言「勿牛」，「勿馬」、「勿牡」、「勿牝」，「勿牢」，皆指黃黑色雜混之牲口。

《前4.54.4》貞，賓十勿牛，屮五豈。

《佚401》貞：翌辛丑祖辛歲 勿牛。

《戩3.7》丁酉卜，即貞：后祖乙召勿。三月。

《佚203》重不勿馬。

或單言「勿」，亦驪牛意之省。見於下列諸組對貞卜辭。

(1) 　　　　《陳68》貞，勿。

　　　　　　貞：弜勿。

弜，弗也。「弜勿」，即貞卜不要用犧牛祭祀。與前辭相對而卜。

(2) 《粹301》貞：翌丁亥父丁歲其㣔牛。
　　　　　貞：弜㣔。

(3) 《戩6.7》貞：父丁歲㣔。在五月。
　　　　　貞：弜㣔。

由卜辭的對貞，可見殷人所用副詞有一定的對應習慣。

　　勿　──　弜勿　　　《林2.16.5》
　　重勿　──　勿勿　　《甲2632》
　　重勿──　重不勿　　《佚203》
　　㞢禍──　亡禍　　　《合218》
　　㞢疾──　弗疾　　　《佚921》

勿字有譌同為勿，不也。見下二文例互較得之。

　　《粹540》貞：㣔呼。九月。
　　《存1.559》貞：㣔呼伐舌方。

1232.

從双持召置於甑盧上。《說文》無字。晚期卜辭用為田狩地名。

　　《文688》乙酉卜貞：王迩于㽀，往來亡災。

字又增酉作　　、　　。

　　《前2.22.2》戊寅卜貞：王迩于㽀，☑來亡災。王占曰：☑唯王祀肜日，唯
　　　　　　　☑。

卜辭見殷人又曾駐軍於此。

　　《續3.22.5》☑在㽀師。

1233.

從双持酉置於皿上，或與㽀字同。晚期卜辭用為田狩地名。

　　《續3.22.1》甲寅卜貞：王迩于㽀，往來亡災。茲卲。獲鹿二。

1234.

象首飾，隸作亲。《說文》：「辠也。從干二。二，古文上字。讀若愆。」由童、
妾、僕諸字首皆從亲，可推知亲屬奴役頭上配戴的標誌。卜辭用為族名或地名。始見第
三期甲文。

　　《前8.3.1》丙申卜，王令屾戈亲。
　　《人315》庚子卜，㣔令取㽀亲。

1235.

326

隸作 丂 ，意與辛同。或即妾字省。卜辭見於第一、二期，用為外族族稱。

《後下34.5》癸丑卜，賓貞：重貯令目擒丂。

曾貢於殷。

《海2.38》壬午卜，喜貞，歲邑。重丂邑用。

「丂邑」，即自丂地所得之邑，用以祭祀。

1236. 咢　咢

從丂从口，隸作 咢 。《說文》無字。字見第一、二期卜辭，用為殷西附庸族稱；或即與丂字同。

《戩26.7》貞：呼咢于西。

《前5.4.2》丙寅卜，兄貞：令保虜咢☑。

「虜咢」，或即烹煮咢人之意。字有用為田狩地名。

《京4490》重壬射咢豕☑弗擒☑。

又用為人名：「子咢」。

《乙8810》己未卜，往西，子咢、妣庚：三牢。

言用三牢祭祀子咢，妣庚，貞問王出巡西邊的吉凶。

1237. 咢

從丂占，隸作 嵜 。《說文》無字。卜辭或用為地名。辭殘仍待考。

《京4465》☑嵜田，亡戈。

嵜田，即「田於嵜地」之倒文。

1238. 岁　岁

從丂从夕，隸作夕丂，讀與辥同。《說文》：「辠也。从辛岁聲。」有災禍意，卜辭與禍、勹對文。

《鄴3.35.2》乙未卜貞：王夢，岁。不唯禍。

《乙4687》祖丁弗其岁王。

貞：王其业勹于祖丁。

「辥」與「不唯禍」，「弗其辥」與「其业勹」對文。

卜辭多問王夢與農作收成的吉凶。

《續1.3.1》勿岁年，业雨。

1239. 岁　岁

從丂自，隸作辥；與岁字無別。由下列二組文例互較亦可得證。

(1)　　《乙4604》貞，王聽唯岁。

　　　《乙5347》貞：王聽唯岁。

327

（2）　《鹽游32》貞：唯趾 [甲骨文] 。

　　《南輔17》卲疾趾于父乙， [甲骨文] 。

《說文》：「罪也。」凡从辛、辛字均有災害意。「辥」與「㞢」對文。

　　《乙1881》貞：寅 [甲骨文] ，不唯㞢㞢。

寅，相當寅尹之省，乃殷先臣名，或即伊尹。

1240. [甲骨文]

　　从考呂，隸作 [字] 。《說文》無字。卜辭用為殷西外族族稱，與召方相接，其酋稱伯。見於第一期甲文。

　　《丙38》貞：登召，呼伐 [甲骨文] 。

　　《乙2874》壬戌卜，爭貞：召伐 [甲骨文] ，戈。

　　《乙5253》貞：召弗其伐 [甲骨文] 伯。

1241. [甲骨文]

　　从考 从倒匕，匕，示母。隸作 [字] 。乃妾字異體。參 [字] 字。一

　　《前2.25.6》☑丑㞢于五后，至于龔 [甲骨文] 。

卜辭佑於五后，龔妾為其中一人。妃妾有隨殷王正室一併受祭。

　　《前1.30.5》☑凡母辛，歲于 [甲骨文] 。實致囟。十月。

妾見受祭於諸子。

　　《林1.5.14》癸丑卜，大貞：子㞢于 [甲骨文] ：羌五☑。

妾又有稱「小妾」。

　　《續2.18.1》☑午卜，大貞：翌癸未㞢于小 [甲骨文] ：三羍、豭、一牛。

1242. [甲骨文]

　　从卩辛，示罪人，隸作郣；即辟字。《說文》：「法也。从卩辛。節制其罪也，从口，用法者也。」卜辭或用本義，殷每用罪人出戍，稱：「自辟」。文例「自某」，又多作地名者。

　　《摭1.397》王其尹二方伯于自 [甲骨文] 。

　　《乙6768》☑ [甲骨文] 㞢循。

有循，即出巡意。罪臣稱「辟臣」、「多辟臣」。

　　《粹1280》☑卜，多 [甲骨文] 臣其☑。

　　《摭75》重 [甲骨文] 臣 [甲骨文] 。

　　 [甲骨文] ，或作 [甲骨文] ，即祭字。卜辭見卜問用罪臣上祭宜否？

1243. [甲骨文]

　　从卩辛，亦隸作辟字。卜辭用為人名，曰：「子辟」，見於自組卜辭。字省一橫以

328

別於罪人的 ⟨字⟩ 。

《續1.41.5》庚午卜，王于母庚祐子 ⟨字⟩，囗月。

《甲3013》乙巳卜，𡧏貞：王弗其子 ⟨字⟩ 钟。

此辭見殷文有賓語前置於動詞。即「钟子𡧏」之倒文。

《人3028》己未卜，钟子 ⟨字⟩ 小王不。

　　　　　　钟子 ⟨字⟩ 中子不。

見「子𡧏」屬殷王仲子，又稱「小王」。

1244. ⟨字⟩ ⟨字⟩

从禾𠂂聲，隸作𥝉 。《說文》無字。第一期卜辭用為地名。

《丙33》甲辰卜，𣪊貞：王勿衣入，于 ⟨字⟩ 入。

字又與黍連用：「𥝉 黍」，當屬黍稷一類。用作祭品。有植於商邑附近。

《戩44.7》甲子卜，弜囗 𥝉 黍。

《粹433 》癸丑卜， ⟨字⟩ ，茲用。

《甲2121》己丑卜，賓貞：今春商 𥝉 。

卜辭有見「王立 𥝉 」，與習見的「王立黍」釋例類同。王親自種植 𥝉 黍，以示躬耕勤政。

《柏24》丁丑卜，𣪊貞：王往立 𥝉 ，征从沚、 ⟨字⟩ 。

1245. ⟨字⟩

从辛。字形未審。卜辭用為殷附庸將領或族稱，與殷西南的周族同辭。

《掇2.82》重 ⟨字⟩ 令周。

1246. ⟨字⟩ ⟨字⟩ ⟨字⟩ ⟨字⟩

从倒矢从几，象鑽刻之形。《說文》無字。第一期卜辭用為婦姓。

《南南2.18》戊子婦 ⟨字⟩ 示四屯。岳。

《南南2.15 》癸酉婦 ⟨字⟩ 示一屯。永。

第四、五期卜辭用為東南地名，與杞、 ⟨字⟩ 、剌、人方《掇189 》同辭。

《前2.8.7 》壬辰卜，在杞貞：今日王步于 ⟨字⟩ 。亡災 。

　　　　　癸巳卜，在 ⟨字⟩ 貞：王逆 ⟨字⟩ ，往來亡災。于自北。

　　　　　甲午卜，在 ⟨字⟩ 貞：王步于 剌，亡災。

1247. ⟨字⟩

即不字，象花萼之形。《說文》：「鳥飛上翔不下來也。从一，一猶天也。」卜辭習見借為否定詞，與弗、無、非等意同。古籍不輕弗重。段玉裁不字注引《公羊傳》曰：「弗者，不之深也。」

329

《後上32.10》辛酉卜貞：今日**雨**。

有用於句末，作「否」解。

《前3.19.4》丙戌卜貞：自今日至庚寅雨**不**。

《前3.20.4》辛未卜貞：自今至乙亥雨，**不**雨。

由此二辭例相比核，可見「雨不」即「雨否？」即卜問「雨？不雨？」對貞的省文。

《丙1》庚申卜，王貞：余伐**不**。

伐不，即伐否，相當「伐？不伐？」之省。言卜問我是否要出兵征伐之意。

不字有用作人名，曰：「子不」。

《前4.32.2》貞，子**不**其出疾。

《丙3》重子**不**呼阱。

復用為地名。

《乙5803》勿呼从 **不** 于**不**。

1248. **不又**

从不从又，隸作**秋**。乃不字的繁體。多見於句末，作否字解。始見於第一期卜辭。

《拾9.15》癸丑卜貞：貯 **不又**。

《丙1》丙寅卜，爭，呼龍、光侯**往帚不又**。

《存2.339》其執 **不又**。

又用作人名：「子**不又**」，或即「子不」。

《乙9091》☑子**不又**出。

1249. **不手**

从不从手，亦隸作**秋**；與**秋**字同。由下二文例互較可證。

(1) 《林1.21.7》庚戌卜，即貞：翌辛亥乞酌肜 **不手** 自上甲，衣至于多后，亡壱。
十月。

《存1.1483》庚戌卜，洋貞：翌辛亥乞酌肜 **不又** 自上甲，衣至于☑后☑。

卜辭用為否定意，即否字。習見於第二期以後甲文的句末。下與「亡壱」、「亡炎」、「亡尤」等辭連用。

《續2.6.8》庚子卜，王貞，辛丑酌**不手**，亡壱。

謂辛子日是否宜用酌祭。

《前2.25.5》辛巳卜貞：王賓上甲**不手**至于多后，衣亡尤。

1250. **从匕不聲** **不匕**

从匕不聲，隸作**死**。或即《說文》作坏：「婦孕一月也。」卜辭用為附庸族稱。

《粹933》癸丑貞：王令**死**出田，告于父丁：牛。茲用。

《乙1057》☑王往**死**。

復用為人名：「子**死**」。

330

《文504　》☒卜☒貞：子✄✄。

1251. 𝄇𝄇

从刀不聲。隸作𠚏。《說文》作伓：「有力也。」《廣雅・釋訓》：「眾也。」卜
辭用為地名或族稱，僅一見。

　　　　《前4.36.7》貞，于𝄇𝄇南，奮奠。

1252. 丙

乃不字的異體。用作句末否定詞；釋作否。

　　　　《南門625　》☒于父丁其奠 丙 ？

1253. 𝄞𝄞

从雙手持斤，即兵字，《說文》：「械也。从廾持斤，并力之皃。」段注：「械者
，器之總名，器曰兵，用器之人亦曰兵。……干與斤皆兵器。」卜辭習言「出兵」，即
卜問是否要遣師出征之意。

　　　　《佚729　》甲子卜☒貞：出 𝄞𝄞，若。
　　　　《京1531》甲☒貞：☒出 𝄞𝄞 。

又有言「易兵」、「易寅兵」，或即「賜兵」，「賜矢兵」。寅、矢字義同。見殷王已
有賞賜兵戈與功臣之例。

　　　　《陳100　》貞：勿易寅 𝄞𝄞 。
　　　　《後下29.6》☒丁☒易☒ 𝄞𝄞 。

1254. 辛斤

从斤伐薪，辛亦聲，隸作新。《說文》：「取木也。」卜辭用為新舊的新，如「新
寢」，「新星」，「新豐」，新的祭品如「新𥁕」、「新南」、「新眼」等。

　　　　《殷24》☒三婦宅 辛斤 寢，衣宅。十月。
　　　　《殷27》☒未屮設 辛斤 星。
　　　　《後下7.1　》☒七日己巳夕𦲳☒屮 辛斤 大星並火☒。

此或謂發現新大星與火星並出。

　　　　《粹232　》丙戌卜，重 辛斤 豐。用。
　　　　《續1.44.6》丙辰卜貞：襪告吳疾于祊：辛斤𥁕。
　　　　《金623　》貞，賣于王亥，五牛、辛斤 南。
　　　　《後下16.2》庚戌卜，爭貞：王乞征河：辛斤 眼。允征。十月。

又用為地名或族稱，曰：「新寅」，見第一期甲文。

　　　　《南南2.14》婦井示五屯。般自 辛斤 寅乞。

331

1255. 

从宀新聲，隸作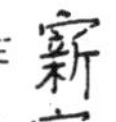，即《說文》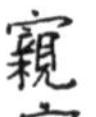字：「至也。」《廣韻》：「屋空貌。」卜辭通作新字。習言「宗」、「某王字」，即指新造的廟主。

《南南1.142 》☒宗。王受又(佑)。

《佚133 》☒卜，祖丁宗。王☒。

《南明668 》☒王其又妣庚宗。王☒。

又省作「某王」，即言「宗某王」。

《寧1.180 》辛酉卜，其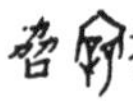祖乙，王受又。

《粹145 》☒大乙又升。王受又。

字復用為農業地名。

《續6.10.5》其桒年于沈，受年。

1256. 

从幺从斤，隸作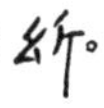。《說文》無字。第一期卜辭用為外族納貢的貢品，唯其義未詳。

《丙78》乙丑卜，賓貞：致。

1257. 

从斤伐木。斤，斫木斧也。隸作析。《說文》：「破木也。一曰折也。」卜辭用為祭奠四方中之東方神靈的專有名詞。與《山海經·大荒經》論及四方之名類同。《東經》：「東方曰折，來風曰俊，處東極以出入風。」《大戴禮·夏小正》：「正月，時有俊風。」俊風即春月之風，春令主東方。《北山經》：「錞于毋逢之山，北望雞號之山，其風曰劦。」胡厚宣《商史論叢初集》二冊有考。

《掇2.158 》東方曰：；風曰：。

《合261 》貞：禘于東方，曰：；風曰：劦。

析字復用為卜祭地名，疑屬殷東面地名。

《文721 》庚申卜，于在卜。

《人3240》戊戌又牢。

1258. 

从囟斤，隸作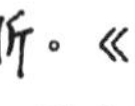。《說文》無字。卜辭用為地名。

《人3113》壬午卜，㞢苗在東北，獲。

1259. 

从人从斤，隸作伒。《說文》無字。卜辭用為人名或族稱，僅一見。

《掇1.352》貞：勿呼 [字形] 。

1260. [字形]

象斤折木之形，隸作折；與析當屬一字。其形由 [字形] 而 [字形] 而 [字形] 而 [字形] 。卜辭用為地名。

《人3131》在 [字形] 。
《京1565》在 [字形] 。

1261. [字形] [字形]

从兵省从卜聲。或不省，隸作[字]。《說文》無字。卜辭用為附庸族稱，產農作。

《前4.43.5》貞：勿令 [字形] 歸。
《乙4750》戊申卜，賓，今吳☑ [字形] 芻。

1262. [字形]

从各从斤，隸作[字]。《說文》無字。晚期卜辭用為地名。

《續3.31.9》癸酉王卜，在 [字形] 貞：旬亡[字]。王占曰：☑。

1263. [字形]

从雨斤从石省，隸作[字]。《說文》無字。卜辭用為地名，曰：「[字] 門」。

《合376》自入，至于 [字形] 門。

1264. [字形]

从口。卜辭用為外族名。僅一見。形構與召方同；或即召字異體，參 [字形] 字。

《合288》望 [字形] 。

卜辭習見望某方的出入，以示警問吉凶。

1265. [字形] [字形] [字形] [字形] [字形]

即矢字，象形。《說文》：「弓弩矢也。从入，象鏑栝羽之形。古者夷牟初作矢。」卜辭主要借用為地支的寅字。字又作為方國名：「矢方」。

《續5.9.3》循 [字形] 方。

循，即巡。又倒文用作地名。

《甲1804》☑日王其田 [字形] ，不遘雨。

字有通作疾。卜辭有連用「矢往」，即「疾往」。速赴某地也。

《合158》貞：不 [字形] 往☑。

貞：其 🏹 往☒。

有謂「不矢眾」，矢倒文作 🏹 。即「不至眾」，意謂：可否召集眾人從事某種勞役。

《鐵233.1》貞：多射不 🏹 眾。

卜辭矢字復有一見與殷先「小丁」共祭，未悉是否亦用為殷先人名，待考。

《文336》丁巳卜，行貞：小丁歲，眔 🏹 歲，酌。

1266. 🏹🏹　🏹🏹

从二矢，隸作狋。《說文》無字。卜辭借為雉，或借為至。習稱「狋眾」，即「雉眾」，參 🏹 字。雉，借為夷，有平定意。

《後下22.2》不 🏹 眾。
　　　　其 🏹 眾。

《乙7818》呼从尹 🏹 。

🏹，即尹之繁體，乃殷附庸方國名。

1267. 🏹

从矢八聲，隸作矢。《說文》無字。卜辭用為地名，見於晚期甲文。

《粹1426》癸卯貞，旬亡禍。在 🏹 。

1268. 🏹

从矢从虫、口。隸作矯，《說文》無字。卜辭用為地名，與 🏹 相鄰。位殷東南。

《庫1672》壬辰王卜在 🏹 貞，其至于 🏹 ，觀旧師，往來亡災。

1269. 🏹　🏹

从水矢聲，隸作洯。《說文》作濟：「長流也。一曰水名。」卜辭用為水名，屬田狩地區，背靠山麓。地與 🏹 相近。米在河北景縣。

《後上10.8》甲午卜，在 🏹 貞：王步于 🏹 ，亡災。

《前2.32.4》☒田于 🏹 ，往來☒獲麋十又八。

《京5301》壬申☒ 🏹 麓☒亡災。茲☒獲狼☒。

1270. 🏹

从矢置匚中，隸作医。晚期卜辭用為田狩地名。

《文9》戊寅卜貞：☒田于 🏹 ，往來亡☒獲。

1271. 🏹

334

从矢旨聲，隸作𥎿，《說文》無字。第五期卜辭用為人名，曰：「小𥎿」。僅一見。

《佚518》壬午王田于麥麓，獲商戠象。王賜宰封寢。小𥎿祝在五月。唯王六祀。肜日。

辭謂宰封因助殷王狩獵有功，受封寢室，而小𥎿往賀。事在帝辛在位六年五月。

1272. 𢎥

从弓矢，隸作𢎥。《說文》：「況詞也。从矢引省聲。从矢，取詞之所之，如矢也。」卜辭用為祭祀地名。甲文僅一見。

《寧1.231》即于𢎥仲姓。

即，就食也。姓，乃殷婦姓。仲姓，即姓族次女，屬殷祭祀對象；當為殷先王妃妾。

1273. 寅

从矢，尾具栝羽之形，从𥬔盧。仍隸作寅。《爾雅·釋詁》：「進也。」唯與从口，从曰之寅、寅形構有別。卜辭用為人名，見於第一期甲文，為徵收、管理貢骨之官。

《寧1.526》丁未寅乞骨五☒。

《甲759》己亥寅乞☒己卯乞骨于☒。

《鄴3.35.12》己巳寅乞貯骨三。

「貯」，即貯字，屬地名。

寅並負責祭奠；卜辭見其卜求豐年，求降雨。

《粹232》丁亥卜，寅其奠歲三牢。

《人2284》丙申貞：又祊于父丁。叀寅祝。

《甲808》丁丑卜，叀寅往燊禾于河，受年。

《佚519》貞：翌辛卯寅求雨𥎿。矢雨。

言寅求雨於先王𥎿。「矢雨」，即「疾雨」。

字偶有用為地支，見於晚期卜辭。

《福8》戊寅卜貞：王逆于𥎿，往來亡災。

《林1.16.8》戊寅卜☒于𥎿☒。

《存2.863》庚寅卜貞：今日不雨。

地支寅字形構由 ↑ 而 寅 而 寅 而金文的 寅 而篆文的 寅。

1274. 寅 寅

从矢，隸作寅。卜辭用為人名。習稱「寅尹」。主要見於第一、二期甲文，又作「寅𦥑」。晚期則稱「伊尹」。相當《詩》、《書》、《殷本紀》所稱誦的成湯大臣「伊尹」。

335

《合302 》己未卜，爭貞，🔣 尹弗壱王。

《存2.384 》◻午卜，敵貞：𡉈疾，唯🔣尹壱。

《戩22.15 》貞：🔣尹希我。

據上古韻：寅屬真部字，收 en ；伊屬脂部字，收 ed；脂真二部字陰陽對轉，可以有通段的條件。

《佚159 》己酉卜，敵貞：𡉈于🔣尹：五牛。

《合272 》癸未卜，敵，叀🔣尹：一牡、一羊，卯三牛。曾五十牛。

《天36》丙寅卜，爭貞：𡉈于🔣🔣：二羌。

🔣，从人亦聲，古音與尹字同屬真部。

「寅尹」有省作「寅」。

《卜753 》貞：奴于🔣。

《乙2472》貞：于🔣告。

卜辭寅有借為黃，習稱的「寅牛」，即「黃牛」，屬殷祭牲。

《續1.53.1》甲申卜，賓貞：㞢于東：三豕三羊，🔣 犬，卯 🔣 牛。

《乙7120》叀幽牛𡉈（又）🔣牛。

幽牛，即黝牛；黝，黑也。此辭卜用牲之色。

寅字在第四、五期卜辭中復有作地名，曰：寅林。為殷駐兵地，與商同辭。

《綴182 》癸巳卜，在 🔣 林師◻天邑商、公、宮、衣，茲月亡厭。寧。

1275. 🔣 🔣

即寅字的異體；从宀，示專有名詞。卜辭用為人名。

《鐵84.2》貞，勿钔 🔣 于母庚。三月。

《前6.31.4》貞：🔣 不囚。

1276. 🔣

从人尹，隸作伊。《說文》：「殷聖人阿衡也。尹治天下者，从人尹。」段注：「《毛詩箋》云：『阿，倚；衡，平也。』伊尹，湯所依倚而取平，故以為官名。伊與阿，尹與衡，皆雙聲；然則一語之轉也。」卜辭早期稱「寅尹」，參 🔣 字；晚期則習稱「伊尹」，又作「伊 🔣 」。

《鄴3.39.7》丁丑卜，🔣 尹歲三牢，茲用。

《甲828 》乙丑貞：寧風于🔣🔣。

有與天乙即成湯同辭問卜雨否。

《京4104》◻ 🔣 尹◻大乙◻雨。

伊尹復省作「伊」。由下二文例可證。

(1)　　《南明507 》癸酉卜，又🔣 五示。

　　　　《南明459 》甲申卜，又🔣 尹五示。

其祭奠的宗廟曰：「伊祊」。

　　　　《南明493 》丁酉貞：又于🔣 祊。

1277. 〔甲骨文〕

从矢从攴，隸作敎，即《說文》敎字：「象也。从攴交聲。」卜辭用為子名，多處殷西地，始見第一期甲文。

　　　　《鐵22.4》丁卯卜，爭貞：今子〔甲骨文〕囗于囗。

　　　　《乙5323》重子〔甲骨文〕令西。

　　　　《鐵175.1》丙寅卜，子〔甲骨文〕臣田，獲羌。

1278. 〔甲骨文〕

从矢尹，隸作𠈉。《說文》無字。卜辭或用為先世人名，武丁時期已有廟備受殷人祭祀。卜辭稱：「𠈉祊」，有女姓祊人守其廟主。或即『寅尹』合文。

　　　　《林1.21.12》丙戌卜，爭貞，取〔甲骨文〕祊人嬉。

　　　　《明387》丙午卜，爭貞：〔甲骨文〕祊人㦬不因，在祊家㞢子。

1279. 〔甲骨文〕

从又矢，隸作𠬪。《說文》無字。卜辭用為侯名，僅一見。

　　　　《後下5.10》囗重〔甲骨文〕呼从侯〔甲骨文〕。

1280. 〔甲骨文〕

从矢从厂，隸作厎，與古文諸矦字同，今作侯。殷外邦封侯的有：

1. 〔甲骨文〕侯

　　　　《前4.44.6》貞：今囗从〔甲骨文〕侯虎伐〔甲骨文〕方，受㞢又。

　　　　《前7.31.4》貞：令猴从〔甲骨文〕侯寇周。

該族始見武丁卜辭，屬殷西南的附庸方國，助殷討伐周人。其侯有名虎。

2. 舞侯

　　　　《合282》己酉卜，㱿貞：呼〔甲骨文〕舞侯。

亦屬武丁卜辭。〔甲骨文〕，當亦疾字，意謂求降災於外族舞侯。

3. 犬侯

　　　　《續5.2.2》己卯卜，〔甲骨文〕貞：令多子族从犬侯寇周。叶王事。五月。

犬亦屬武丁方國，位於殷西南，曾助殷人伐周。

4. 〔甲骨文〕侯、〔甲骨文〕侯、〔甲骨文〕侯

　　　　《粹367》己未貞：王其告，其从亞侯。

亞侯始見武丁卜辭。與殷將領〔甲骨文〕同辭。

5. 〔甲骨文〕侯、〔甲骨文〕侯

　　　　《前2.28.2》壬戌卜，爭貞：乞令𤔲田于〔甲骨文〕侯。十月。

　　　　《丙1》丙寅卜，爭，呼龍，〔甲骨文〕侯專希否。

見於武丁卜辭，處於殷西。其侯名〔字〕。

6. 〔字〕侯

《前5.3 》壬寅卜，〔字〕侯弗〔字〕〔字〕。

7. 〔字〕侯、〔字〕侯

《戩47.6》甲辰卜，雀〔字〕〔字〕侯。

8. 〔字〕侯

《南明104 》从〔字〕侯囗牽三十牢。

9. 〔字〕侯

《南明786 》癸卯卜，黃貞：王旬亡〔字〕。在正月。王來征人方。在〔字〕侯喜鄙
　　　　　　。永。

　　〔字〕侯，見於第五期卜辭，地約處東南，其侯名喜。

10. 杞侯

《後下37.5》丁酉卜，般貞：杞侯〔字〕弗其禍凡，屮疾。

字見於武丁卜辭。

11. 〔字〕侯

《乙4645》貞：呼从〔字〕侯。

12. 〔字〕侯

《乙2661》貞：呼从〔字〕侯。

13. 〔字〕侯

《乙7476》貞：勿呼〔字〕侯。

14. 〔字〕侯

《戩44.11 》囗〔字〕侯。

15. 〔字〕侯

《南南1.80》貞：〔字〕侯呼宅。

16. 〔字〕侯

《通V3》戊子卜，𡧤貞：王曰：余其曰，多尹其令二侯：上兹眔〔字〕侯其囗周。

屬第二期卜辭，與周族同辭。

17. 周侯

《甲436 》囗周侯今生月亡禍。

18. 長侯

《庫1670》囗長侯囗〔字〕止。

19. 〔字〕侯

《前2.2.6 》囗貞：翌日乙酉小臣〔字〕其囗又老〔字〕侯，王其囗以商。

而卜辭中見直呼侯名的有：侯〔字〕《後下5.10》、侯〔字〕《合124 》、侯〔字〕《合124
》、侯〔字〕《續5.5.6 》、侯〔字〕《甲3332》、侯〔字〕《卜597 》、侯〔字〕《丙1 》、
侯虎《前4.44.6》、侯〔字〕《甲3483》、侯〔字〕《人423 》。

　　卜辭又習稱：「侯屯」，即外邦侯酋來貢的祭骨。

《庫1132》壬戌卜，用侯屯自上甲十示。

《庫1128》壬戌卜，乙丑用侯屯。

又習稱「王侯」，或即殷王族封侯者、有委為中軍統師。

《人268》庚申卜，王侯其立朕中人。

1281.　从㫃矢，即族字。《說文》：「矢鏠也。束之族族也。从㫃从矢，㫃所以標眾。眾矢之所集。」段注：「今字用鏃，古字用族。金部曰：鏃者，利也。引申為凡族類之偁。」卜辭用引申義，習稱：「王族」、「子族」、「多子族」。為殷王室的單位。

　　《南明616》己亥貞：令王　追召方，及于囗。

　　《續5.2.2》己卯卜，　貞：令多子　从犬侯寇周，叶王事。五月。

族為一軍事單位，亦從事邊地屯田的工作。

　　《人281》戊子卜，賓貞：令犬征　墾田于　。

卜辭又有「三族」、「五族」之例，比核《南明616》與《京4387》二片卜辭，或即殷王室多子族的別稱。

　　《京4387》己亥　貞，三　王其令追召方，及于　。

　　《鄴3.39.10》囗丑卜，五　戌，弗雉王眾。

1282.　从倒矢，从一。一，地也。象前矢由此射往彼地之形。隸作至。《說文》：「鳥飛從高下至地也。象形。不上去而至下，來也。」引申有到、來的意思。卜辭用引申義。

　　《續4.11.3》丙子卜，永貞：自今　于庚辰雨。

　　《甲2905》癸亥卜，宮貞：秦年自上甲，　于多后。九月。

　　《續3.1.3》己卯卜，敵貞：昌方不　于　。

至與來、出字對文。

　　《庫1794》貞：　　，告曰：　來致羌。

　　《丙27》王固曰：　其出。重庚其先　　。

1283.　从倒矢置於箙袋之中，隸作箙。《說文》：「弩矢箙也。从竹服聲。《周禮》：仲秋獻矢箙。」段注引《周禮》注：「箙，盛矢器也，以獸皮為之。」卜辭亦用為武器類祭品。

　　《續2.18.1》囗午卜，大貞：翌癸未　于小妾：三宰、　、一牛。

字又用為附庸族稱，嘗為殷王徵召。

　　《乙7009》　受年。

　　《乙4208》囗登多　囗。

1284.　从箙从山，隸作　。《說文》無字。卜辭用為殷西地名，與　地相近。見於第

339

一期甲文。

《鐵55.2》甲戌卜，囚囚呂方其𩫏占、𥁃

呂方，乃殷武丁時西北強族。𩫏，即敦，有攻伐意。

1285. 𘎾　𘎿

象箭袋，當亦𦨭字異體，參 𘈕 字。卜辭用為田狩地名。

《前2.32.2》囚在囚貞：囚田 𘎿 。

《後下22.6》貞：重 𘎾 豕逐，獲囚。

意謂在𦨭地逐豕，問卜有否收獲。

1286. 𘎀　𘎁

从水𦨭聲，隸作 溉 。《說文》無字。卜辭用為水名。屬殷王田狩地。

《京4467》囚擒 𘎁 塞。

《人2012》王田 𘎀 。湄日亡災，擒。

1287. 𘎂

从二倒矢从來，隸作 𘎃 。《說文》無字。第一期卜辭用為殷西北地名，僅一見。

《菁2 》癸卯卜，𧈙貞：囚己巳尤㞢來艱自西，長·𠬞 角告曰：呂方出，侵我

示 𘎂 田。七十五人。

1288. 𢧵　𢧵　𢧵　𢧵

象三鋒矛之形，隸作癸。即《說文》𢧵字：「周制侍臣執𢧵立於東垂兵也。从戈癸

聲。」卜辭用為地名，與甘、𩫏二地同辭。《左傳》僖公九年有「葵丘」，即今河南考

城。

《前1.52.5》貞，王去 𢧵 于甘。

《後上12.10 》丁未卜，爭貞，王往，去 𢧵 于𩫏。

卜辭謂居其地之人曰：「𢧵人」，為殷順民。地望或在殷南。

《前4.11.5》庚寅卜貞：重𢧵人令省在南鄙。十二月。

省，巡也。治其地之官曰：「𢧵尹」。

《前6.37.4》囚卯卜貞：𢧵尹亡禍。

卜辭又有稱：「新𢧵」，屬地名；與原本的𢧵地或有別。

《南南2.14》婦井示五屯。般自新 𢧵 乞。

《林2.7.7 》囚自新 𢧵 卅囚。

1289. 𢦔

象長矛之形，隸作戭。《說文》：「長槍也。从戈寅聲，《春秋》傳有檮戭。」卜

340

辭用本義，作為祭品。

　　《乙8852》戊午卜，祝亞：^{字形}、^{字形}。

謂在禱告先祖亞室時用戴矛、野蠶祭祀。

　　《乙8897》妣庚：牢、^{字形}、羊、豕。

　　《乙8722》十^{字形}。

字或用作地名或族稱。

　　《梓976 》重^{字形}西寮从囗。

1290.　^{字形}

　　從戴從貝。隸作賳。《說文》無字。晚期卜辭用為族名，與杞見於同辭。

　　《乙8895》癸巳卜，令登 ^{字形}、杞。

此謂卜問殷人下令徵召 ^{字形}、杞二族的族眾宜否。今河南有杞縣。

1291.　^{字形}

　　乃寅字之譌寫，卜辭僅一見，作：「寅尹」。

　　《南明67》^{字形} 尹。

1292.　^{字形}

　　象箭矢形，即矢字。《說文》：「弓弩矢也。」字與 ^{字形} 形構相同。因甲文的 ^{字形} 形習用為干支的寅，故言矢字遂大其首而作 ^{字形} ，以示區別意。卜辭言「矢雨」，乃疾字省。疾雨，即驟雨。

　　《佚519 》貞：翌辛卯 ^{字形} 求雨霽， ^{字形} 雨。

矢字有借用為陳。朱駿聲《說文通訓定聲》頁五一五引：「《爾雅・釋詁》：『矢，陳也。』《書序皋陶》：『矢厥謀。』《詩・大明》：『矢于牧野。』《詩・卷阿》：『以矢其音。』《左隱五傳》：『公矢魚于棠。』」

　　《前1.3.4 》貞：小妾 ^{字形} 奚。

　　《前4.51.4》戊寅卜貞， ^{字形} ^{字形} 蠶。

「矢奚」，即謂陳列奚奴以祭。「矢蠶」，即陳牲。

　　字復借用為弛，懈惰也。《爾雅・釋詁》：「矢，弛也。」

　　《散2 》貞，帝不我其 ^{字形} 土方又。

前辭卜問謂上帝不祐我，使土方鬆懈。

　　《京2294》囗帝 ^{字形} 我。

字又借用為地名，有曰：「東矢」。

　　《零1 》貞，牧，涉于東 ^{字形} 。

1293.　^{字形}　^{字形}

341

象人垂手交脛之形，示從囚，隸作交。卜辭習言「及交」，即追及交人；又謂「希交，得。」即言降禍交人，而有所獲。交字用為殷人奴隸一種。由焚人牲以祭的炊字從交作 ⌇ ；可證。甲文與奚、僕字同辭。

《戩49.3》乙丑貞：重奚令希 ⌇ 。

《甲807 》戌及 ⌇ 于又衣兄。

此謂派遣戌卒追捕交人於兄地，並用彼等作祭牲。

《甲806 》甲戌貞：令鳴希 ⌇ 。得。

1294. ⌇ ⌇

從人束脛，置於火上焚燒；或加木助燃。象用人牲焚祭之形。字或誨從文作 ⌇ 。隸作炊。《說文》：「交木然也。從火交聲。」《玉篇》：「交木然之，以賣柴天也。」卜辭用本義。

《合309 》貞， ⌇ ， 屮雨。

《存1.109 》甲子卜貞： ⌇ 于見， 屮從雨。

炊祭主要目的是求雨。行祭之地有：見《存1.109 》、 ⌇ 《佚936 》、凡《掇1.421 》、周《後下15.2》、 ⌇ 《鄴3.45.13 》、 舟《甲637 》、 ⌇ 《甲637 》、 ⌇ 《庫1047》、 ⌇ 《存1.1831》、兮《存1.1831》。

殷人炊祭有用外族女子，如 ⌇ 、 ⌇ 、 ⌇ 、 ⌇ （凡）、 ⌇ 、 ⌇ 、 ⌇ 女等。

《存2.744 》戌申卜，其 ⌇ 三 ⌇ 。

《乙3449》貞：今丙戌 ⌇ ⌇ ， 屮從雨。

《人3081》甲辰卜， ⌇ ⌇ 。

《前6.27.1》甲申卜，賓貞： ⌇ ⌇ 。

《人133 》己酉卜，賓貞：翌庚戌 ⌇ ⌇ 。

《鄴3.48.3》于甲 ⌇ 凡。

《粹653 》☐卜，其 ⌇ ⌇ 。

《掇1.549 》丙戌卜， ⌇ ⌇ 。

《存1.1886》戌申卜，其 ⌇ ⌇ 女，雨。

字復或大其人作 ⌇ 《前6.21.5》，唯辭殘仍未審。

字又作 ⌇ ，習稱：「炊馬」，或即焚馬以祭。

《掇237 》乙未卜， ⌇ 貞：在寧田☐ ⌇ 馬其 ⌇ ☐。

1295. ⌇ ⌇

象枷鎖手扣之形，由執字作 ⌇ 可互證，隸作㚔。《說文》：「所以驚人也。從大從干。」卜辭習言「㚔某方」，引申用為拘執意。

《遺171 》貞：我弗其 ⌇ 呂方。

《存1.638 》辛亥貞：雀 ⌇ 亘，受又（佑）。

《乙3381》貞：虎致卅馬，尤其 ⌇ 羌。

342

1296. 　【字形】

　　從夅從口，隸作圉。《說文》：「圉圉，所以拘辠人。」卜辭用為動詞，捕捉也。

　　　　《卜124》☒旬亡禍☒秋芻，夅自乂，【字】六人。八月。

　　由《卜124》與《後下41.1》文例互較，知【字】與【字】是同字。

　　　　《後下41.1》☒亞。己未寇秋芻，往自乂，【字】☒。

1297. 　【字形】

　　從止從夅，隸作逢。《說文》無字。卜辭多與「轟」、「追」等動詞連用對貞，轟，即邁，遇也。

　　　　《前4.33.1》貞：王固曰：轟，勿【字】。

　　　　《外15》辛亥卜，㱿貞：追，不【字】。

　　又習稱「逢羌」而「得」。

　　　　《天92》☒【字】羌☒得。

　　　　《續5.32.1》☒亞乙巳疾，【字】羌五人。五月。在臺。

　　可見逢字屬動詞，有追及的意思。由《卜124》：「逢自某地」與《後下41.1》互較，見逢與往字意同。從止有移動意，從夅可作拘執解，是知逢字乃前往搜捕的意思。

　　　　《卜124》☒亡亡禍☒秋芻，【字】自乂。圉六人。八月。

　　　　《後下41.1》☒亞，己未寇秋芻，往自乂，圉☒。

　　圉，有拘捕意。乂，地名。

1298. 　【字形】

　　從囗從夅，示囚禁罪犯之所，隸作圉。《說文》：「圉圉，所以拘辠人。」卜辭用囚所本義，屬名詞。

　　　　《前4.4.1》壬辰卜貞：執于【字】。

1299. 　【字形】【字形】

　　從囗從夅從口，亦隸作圉。與【字】字同。卜辭用為動詞，有拘執意。

　　　　《合36》☒疾，【字】羌、戋。

　　　　《庫276》☒【字】、得。

　　　　《乙1935》☒【字】十☒。

　　　　《菁2》癸卯卜，殻貞：旬亡禍☒五日丁未允㞢來艱。飲邲，自弓【字】。六月。

1300. 　【字形】【字形】【字形】

　　從之夅，夅亦聲，隸作敊。即執字。《說文》：「捕辠人也。」卜辭用本義。有稱

343

：「執 𡙇 」，即搜捕女奴。

      《甲2433》辛亥卜貞：𣀟𡙇☑。

      《掇2.11.2》貞：勿令𣀟☑。

字復用為名詞，地名。

      《存1.719》☑𣀟致芻于𣀟。

𣀟，殷西北方國名，始見第一期卜辭。

1301.　〔字形〕

    從雙手係於羍，示雙手被扣。亦執字異體。卜辭用為拘捕，俘虜意。

      《續1.40.6》乙丑卜，㱿貞：于保，呂方〔字〕。

「呂方執」，即「執呂方」之倒文。

      《粹1074》辛酉卜，爭貞，勿〔字〕多寇，呼望呂方其〔字〕。

晚期卜辭中，字又用為殷人名。

      《人269》丁卯卜，令〔字〕致人田𧱓。

      《鄴3.40.6》甲辰貞：〔字〕以𢁜，用于父丁。

1302.　〔字形〕

    從女從執，隸作㛯。《說文》無字。卜辭僅一見，用為婦姓。

      《甲38》甲辰卜，☑婦〔字〕☑。

唯辭意殘缺，由《鐵244.1》：「貞：呼婦〔字〕。」「貞：呼婦好〔字〕。」二辭觀察，此㛯字或為合文之殘缺；文辭或謂「呼婦某執」，亦未可知！

1303.　〔字形〕

    從卂羍，羍亦聲，隸作執。象人膝跪受枷鎖之形。《說文》：「捕辠人也。」卜辭主要用為動詞。作拘捕、活捉解。字後多接方國、賊寇。

      《乙4693》己亥卜，爭，令弗其〔字〕亘。

      《南明90》癸丑卜，賓貞：重吳令〔字〕寇。

      《掇2.130》重戍呼征〔字〕于止(此)。擒。王受又。

      《粹1163》己巳貞：〔字〕井方。

有用作名詞：罪犯。殷多用為人牲，與奴僕字對文。

      《存2.268》用〔字〕？用奴？

      《存1.1795》〔字〕其用自中宗祖乙。王受☑。

      《乙4030》壬午☑爭貞：其來〔字〕？不其來〔字〕？四月。

「來執」，即來獻罪囚作祭牲之意。

1304.　〔字形〕

    從執，從倒口，示上令下，當屬執字繁體。隸作〔字〕。《說文》無字。早期卜辭用

為人名。唯僅一見。

《明247》☑旬亡禍。三日乙丑子 🔣 ☑。

1305. 🔣

从水 🔣 亦聲。隸作 🔣 。《說文》無字。卜辭用為地名或族稱。僅一見。與方國「先」同版。

《前2.3.1》其伐 🔣 🔣。
其伐先 🔣。

1306. 🔣 🔣

从手从執,為執字繁體。卜辭習言「執寇」,字用 🔣 ,亦用 🔣 ;可證。增手,示上位壓抑所拘之罪囚。

《前6.29.5》丁酉卜, 🔣 貞:兄 🔣 寇,撲。

1307. 🔣

从執从囗。囗,示囚室。字有囚禁罪犯之意。隸作 🔣 。當即《說文》圉字:「圉圄,所以拘罪人。」與 🔣 、 🔣 、 🔣 字同。卜辭用本義,屬動詞。

《京1402》☑ 🔣 二人。
《前7.19.2》☑五日丁未在 🔣 , 🔣 羌。
《續5.35.6》貞: 🔣 🔣 。二月。

字或增攴作 🔣 ;例僅一見。

《文631》庚午卜,賓貞:旁方其 🔣 ,作 🔣。

1308. 🔣

从卂从夲,象人雙手受枷鎖之形;亦隸作執字。與 🔣 同。卜辭用本義,拘執也。

《天90》貞:伯 🔣 🔣 。四月。

字又用作名詞,示執囚。殷人多用罪犯為人牲。

《續1.36.3》丙戌卜,即貞:其告 🔣 于河。

言告用執祭於河神。甲文有言「來執」,謂獻犯人助祭。

《鄴3.36.10》☑來 🔣 ,王其尹☑茲用。

1309. 🔣

从執上增口。由 🔣 、 🔣 、 🔣 、 🔣 一系字的關連,當知 🔣 亦當用為執字。卜辭習稱「告執」,有用 🔣 《續1.36.3》;亦有用 🔣 ,可見二字實通用。

《明239》貞:告 🔣 于南室:三牢。

345

1310. 〔甲骨文〕 〔甲骨文〕

　　从孔夲，唯人首增繫繩索，與雙手受溥意同。其義可參奚、熱字，當仍隸作執。乃
殷人因犯，字見第三期以後的卜辭，有用作人牲。

　　　　《甲1268》丙辰卜，狄貞：〔甲骨文〕以〔甲骨文〕，先用。

　　　　《甲1166》癸卯卜貞：翌辛亥☑其擒，不〔甲骨文〕。

卜辭復習言「逆執」，即追捕犯人。

　　　　《鄴3.44.10》翌己巳貞：王逆〔甲骨文〕，又若。

1311. 〔甲骨文〕

　　从夲虎合文。示虎族族人為殷執囚，隸作虣。乃執字的專有名詞。卜辭言「來
虣」、「用 虣 」，即謂捕獲虎族族眾，及用彼等為祭祀牲口。

　　　　《甲2772》戊辰卜，壴貞，又來〔甲骨文〕自戰。今日其征于祖丁。

　　　　《甲757 》王其用 〔甲骨文〕，叀☑。

　　　　《寧1.294》☑卜，其用〔甲骨文〕，王受☑。

1312. 〔甲骨文〕

　　象弓之全形，張弦。隸作弓。《說文》：「窮也。以近窮遠者，象形。《周禮・六
弓》：王弓、弧弓以射甲革甚質，夾弓、庾弓以射于侯鳥獸，唐弓、大弓以授學射者。
」弓字主要見於第一期卜辭，用為人名或族稱。字與畫地同辭。

　　　　《前5.7.3》☑貞☑畫☑〔甲骨文〕☑

　　　　《合166 》乙巳卜，古貞，〔甲骨文〕窝于壶。

1313. 〔甲骨文〕

　　从弓；冫，示弓弦所在，當隸作弦。《說文》：「弓弦也。」卜辭殘闕，唯由「呼
弦出」、「令弦」諸辭觀察，當用為人名或族稱。

　　　　《鐵162.2 》貞：勿呼〔甲骨文〕出☑。

　　　　《乙4055》☑令〔甲骨文〕☑。

又，若于卜辭在弦字前有增一方國名詞之例，如「公弦」《林2.21.10 》、「凵 弦」
《前5.8.2 》、「〔甲骨文〕侯弦」《前4.37.5》，弦字於此似當用作動詞，張弓示動兵戈之意
。

　　　　《戬45.11 》☑公〔甲骨文〕，允寇。

「允寇」，即果然前往搶奪之意，可互證弦字作動詞用。

　　　　《前5.8.2 》貞：呼凵〔甲骨文〕。

　　　　《前5.9.1 》☑凵〔甲骨文〕，取☑。

取，亦有掠取，攻佔之意，可與張弓射敵之弦字互看。

1314. 从弓，．示弓弦部份，當亦釋作弦字，與 形同。字由 而弘而弦，乃文字形
譌的演變。前人有釋作彈。卜辭或用為族稱，有曰：「弦人」。

《前5.8.5》己卯卜貞， 人征于丁宗，熯。
《前5.8.4》癸卯卜貞： 鬯百牛百☒。

1315. 从弓口，隸作吕。《說文》無字。第一期卜辭用為殷附庸外族，處於殷西北方。

《掇2.185》貞：重 呼伐吕。
《合112》甲寅卜，爭貞： 叶王事。
《菁2》癸卯卜，殼貞：旬亡禍。王固曰：㞢希。其㞢來艱。五日丁未允㞢來
　　　　艱。歙卲☒自 圍。
《存2.38》 入。

字又作人名，曰：「子吕」，見於第一、二期卜辭。

《佚921》癸亥卜，出貞，子 弗疾？㞢疾？
《拾3.3》貞：翌丁未子 其㞢于祊：三羌☒宰。

1316. 从弓口，隸作弘。《說文》無字。卜辭用為人名，曰：「子弘」，見於第一期甲文
。字當與 字同。

《合112》癸卯卜，殼貞：呼 往于☒。
《乙2374》 子 入五。

1317. 从弓从攴擊弦，隸作弢。《說文》無字。武丁卜辭用為人名曰：「子弢」。

《菁1》癸未卜，殼貞：旬亡禍。王固曰：往，乃茲㞢希。六日戊子子 囚
　　　　。一月。

囚，即死意。字復用為動詞，由「羌弢五十」《後下6.7》、「其弢廿人」《掇1.392
》、「弢，王受祐」《粹593》、「弢，有征」《鄴1.33.12》等辭觀察，弢或有射獲
的意思。唯諸卜辭殘間，仍待深考。

1318. 从弓从雙手持｜。｜或矢之間省，示搭弦以射。隸作彏。《說文》無字。卜辭僅一
見。或用為附庸族稱。

347

《續5.15.6》貞：呼 [甲骨文] 入 钔事。

1319. [甲骨文]

从弓矢，隸作躲，即躳字；今作射。《說文》：「弓弩發於身而中於遠也。」卜辭有用作動詞：射獸，屬田狩卜辭。

《前3.32.6》呼 [甲骨文] 鹿，獲。

《寧1.389 》王其 [甲骨文] 虤豕。擒，亡戈。

《粹935 》戊辰卜，在瀗，犬中告：寮。王其 [甲骨文]，亡戈。擒。

又用為名詞，屬官名。《小屯南地2417》首見「六射」之官，相當於《儀禮‧大射儀》的射人，屬武官，主征戰箭射。卜辭中見射官有 [甲骨文]。

《續3.43.3》乙酉卜，𡀔貞：射 [甲骨文] 獲羌。

射官又泛稱「多射」，示統轄諸射箭隊伍。

《南地7 》☑多射 [甲骨文]，馬☑于斳？

《甲1167》癸酉卜，爭貞：令多 [甲骨文] 圍☑。

《存1.705 》貞：呼多 [甲骨文] 隻馭。

射又用為殷兵種之一，以百人為單位，卜辭習稱「三百射」；或分左中右三組。

《乙751 》勿登 [甲骨文] 三百。

《乙2803》貞：重異令 [甲骨文] 三百 [甲骨文]。

《乙7661》勿令 [甲骨文] 致三百 [甲骨文]。

字又增手作 [甲骨文]，仍用射字動詞。

《前5.42.7》王 [甲骨文]。

1320. [甲骨文]

从弓，丿示弓衣，隸作弘。《說文》：「弓聲也。从弓厶聲。厶，古文厷字。」段注：「經傳多叚此篆為宏大字。宏者屋深，故《爾雅》曰：宏，大也。」卜辭驗辭中弘字用叚借意，大也。習言「弘吉」，即「大吉」。

《人1997》 [甲骨文] 吉。茲用。

《存附8 》甲申☑婦好冥㚸。王固曰：其唯丁冥㚸，其唯庚冥。 [甲骨文] 吉。

弘字復用為人名，字與周族同辭。

《合268 》丙☑卜☑貞：☑重 [甲骨文] 呼田。

《前5.15.2》☑寅卜☑貞：令 [甲骨文] ☑周☑。

1321. [甲骨文] [甲骨文] [甲骨文]

从側人，隸作勿。《說文》：「州里所建旗。象其柄，有三游。襍帛，幅半異，所以趣民，故遽偁勿勿。」《說文》釋字就勿或體的 [甲骨文] 字解，而其字本義未審。卜辭中已用叚借義，作否定詞；毋也，沒也。

《續4.27.6》貞： [甲骨文] 令婦妌黍。

348

《存1.559》貞：🝔 呼伐呂方。

1322. 🝔

从斤，象斧伐夷人。隸作伒。《說文》無字。卜辭用為動詞，有砍伐意。

《乙5303》戊午卜，爭貞：呼雀🝔🝔。

《乙6697》乙酉卜，賓貞：呼🝔奴，若。

復用為地名，或族稱。始見第一期甲骨。

《乙6753》丁亥卜，亘貞：🝔受年。

又有用為人名。

《乙4130》貞，🝔亡疾。

1323. 🝔　🝔　🝔

从二弓，隸作弜。《說文》：「彊也。」卜辭用作貞辭中的否定語，見於動詞之前。

《京4093》癸未卜貞：🝔葬妣辛。

《粹433》癸丑卜，🝔叀新，茲用。

卜辭若連用二否定語，弜的位置均在首位，如「弜不」、「弜弗」、「弜亡」。

《甲752》🝔不饗，叀多尹饗。

《甲2608》🝔往田，不擒。

《六束32》🝔舞，今日不其雨。允不。

《人2061》🝔往，弗每（牧）。

《拾8.11》丙寅卜，🝔弗其轟。

《後下41.15》🝔墾，弗受又年。

《巴21》🝔亡雨。

弜有與「叀」、「其」諸肯定語詞對貞。

《人1881》🝔作豐。其作豐。

《粹1161》🝔令。叀終令。

字復用為地名。

《佚217》祖丁召。在🝔。王受又。

《南南1.41》戊☒翌☒其戋🝔。

1324. 🝔

字亦隸作弜，唯其形構左右相連，與🝔形稍異。卜辭用為第四期　西邊附庸部落，與羌、雀、先同辭。

《拾5.2》辛丑卜，王貞，🝔戋羌。

《粹1167》乙巳卜，🝔眾雀伐羌。禍。

《存2.319》己卯卜，王貞：余呼🝔章先。

349

《前2.4.3 》丙戌卜貞：🖉 自在先。不水。

字又與 🖉字通用，作否定詞，弗也。由下二文例對應得之。

(1)　　　《明1472》🖉 雨。

　　　　《攈讀216 》🖉 亡雨。

1325. 🖉

即乃字。《說文》：「曳詞之難也。象气之出難也。」段注：「乃、然、而、汝、若，一語之轉。」卜辭借為然，有結果；終於之意。固辭中習稱「乃茲」，意即「果然如此」。

　　　《菁1 》癸未卜，䇅貞：旬亡禍。王固曰：往，🖉茲，屮希。六日戊子子弦囚。一月。

字復借用為「以」。

　　　《粹1241》貞：邲婦🖉🖉執。

1326. 🖉

隸作可。《說文》：「肯也。从口乛、乛亦聲。」卜辭用為外族附庸名，與西邊寧地、𢼑方、盧方、重方同辭。其酋有稱伯。

　　　《京4830》自🖉至于寧☒。

　　　《鄴3.43.7》重🖉伯🖉呼敾 𢼑方、盧 方、🖉 方。

後淪為殷人宗廟用牲。

　　　《金202 》重🖉用于宗父甲·。王受有佑。

1327. 🖉

象皿器之形，隸作皿。《說文》：「飯食之用器也。象形。與豆同意。」小徐本《說文》「飯食」作「飲食」。卜辭借為寽，即寧字，安也。

　　　《乙1001》丁酉卜，🖉貞：🖉多子。

卜辭有稱：「皿雨」，即「寧雨」之省。意為止息豪雨。由下二文例可互證。

(1)　　　《明166 》乙巳卜，中貞：于方，🖉人🖉雨。

　　　　《後上19.7》己未卜，🖉雨于土。

字復用為田狩地名。

　　　《卜90》☒多射登人于 🖉。

　　　《乙7288》貞：令🖉田于🖉。

350

1328. 〔血字〕

　　從皿 丨，隸作血。《說文》：「祭所薦牲血也。從皿，丨象血形。」晚期卜辭用為
地名。

　　　　《寫36》癸卯卜，在〔血〕貞，王旬亡畎。

　　　　《前6.1.6 》癸卯☑在〔血〕☑亡畎。

1329. 〔血字〕

　　從皿，隸作血，與〔血〕字同。卜辭用為地名。或屬田狩地。

　　　　《明1330》癸卯☑在〔血〕☑王今月☑。

　　　　《鄴3.36.7》重〔血〕田亡戈。

　　字又用為薦血於鬼神之意，與〔血〕字同。

　　　　《南南2.230 》貞，王賓祖乙，〔血〕，歲亡尤。

1330. 〔血字〕

　　從皿，隸作血。字形與〔血〕、〔血〕類同。卜辭習稱「血室」，為獻薦牲血之所。

　　　　《鐵176.4 》貞：翌辛未其屮于〔血〕室：三大牢。九月。

　　　　《金466 》☑其𤔲于〔血〕室，重小牢。

　　　　《鐵50.1》貞：酻祊于〔血〕室。亡尤。

　　又用為動詞，即用牲血祭祀鬼神也。

　　　　《庫1988》戊寅卜，〔血〕牛于妣庚。

　　　　《後下30.17 》☑巳卜，即貞：〔血〕子歲羌土。

1331. 〔血字〕

　　從皿，為血字之異體，參〔血〕字。卜辭用為動詞，薦牲血於先公以求祐。

　　　　《前8.12.6》戊寅卜貞：三卜，用〔血〕二牢，世伐廿𠭭、卅牢、卅奴、二多于妣
　　　　　　庚。三。

　　殷人有三卜之習。一卜用三龜，由龜版同辭分別有左中右之記號可知。

　　　　《佚871 》辛丑卜，〔血〕三羊，册五十五牢。

　　字復用為名詞，為「血室」之省文。

　　　　《甲2613》癸丑卜，尤貞：于〔血〕。

1332. 〔盟字〕

　　從皿囧，隸作盟。卜辭用為動詞，當為血字的繁體。比核血字文例可證。

　　　　《摭續64》丁未貞：其大衇王自上甲，〔盟〕用白豕九。下示盤牛。在父丁宗卜。

　　謂用九隻白色的公豕釁血祭大宗。

　　　　《存2.282 》辛亥☑酻衇☑百牢☑〔盟〕三牢。

1333.

　　從皿從諸點，仍隸作血。與 字同。卜辭主要用作動詞；習稱「血莫」，即薦獻牲血。

　　　　《遺393 》己巳卜，大貞：翌辛未 莫。

　　　　《乙4810》丙戌卜，酌。丁亥 豕， 牢。

血豕，即薦以豕血。有藉此祈求不雨。

　　　　《林2.26.10 》己巳卜貞：今日 ，祈不雨。

字又借為地名。

　　　　《鐵223.4 》☒午卜，出☒日征 。

1334.

　　從水皿，隸作益。《說文》：「饒也。」卜辭用為地名。始見第一期甲骨。

　　　　《菁3 》癸丑卜，爭貞：旬亡禍。王固曰虫 ☒告曰：往芻自 十人虫二。

1335.

　　從人置於皿中。有倒人作 ，隸作盉。《說文》無字；或即後起之 。《說文》醢：「肉醬也。」殷有用人牲之習，烹人以祭鬼神。由盉字字形亦可佐證。卜辭用為動詞，烹人以獻也，有見用於歲祭祖妣。

　　　　《存1.1592》甲申卜，即貞，妣歲其 。

　　　　《人1339》辛未卜，尤貞：歲 。

　　　　《文829 》貞：女 。

復用為祭地名，或屬烹人地之專名。

　　　　《前1.5.1 》貞：于 ，用。

1336.

　　從日從盉，當屬二字合文，非別創一字。示即日烹人牲以祭。此本為「今日盉」之省。「今日盉」而「今盉」而「盉」，據下列諸文例可證。

　　　　《拾8.3 》☒丑☒今日☒ ☒。

　　　　《佚881 》甲子卜，大貞：告于父丁。重今 酌。

　　　　《前6.41.6》貞，其 。

字與歲祭同辭，與盉字文例亦同。

　　　　《菁9.17》貞：妣歲☒ 敳。

1337.

从皿盛人肉，字當屬盦字的繁體，示烹人肉以祭祖。卜辭用本義。

《後下5.2》貞，王賓，⊹，亡尤。

賓，即儐；迎神也。《尚書•洛誥》：「王賓，殺、裡咸格，王入太室祼。」亡尤，意即無咎，無禍。

1338. ⊹⊹

从皿从二虫，亦有省从一虫，隸作蠱。《說文》：「腹中蟲也。《春秋》傳曰：皿蟲為蠱，晦淫之所生也。梟磔死之鬼亦為蠱。」卜辭字與禍、疾、弋、伐等不吉之詞連用對貞，當有禍害意。《說文》所引或屬本義，指腹疾。

《乙1926》貞：母丙亡⊹。

《合286 》貞：王禍，唯⊹。

《合301 》己未卜，殼貞：王夢⊹囗禍。

《乙7310》坐疾齒，唯⊹虎。

字復引申為災害意。

《合264 》癸丑卜，殼貞：召弋，坐⊹羌。

《合255 》庚申卜，爭貞：召其伐，坐⊹翟。

1339. ⊹ ⊹

从卣皿，卣象水酒容器。隸作盅。或即《說文》直字，从有从卣，二字古韻屬之、幽二部旁轉：「小顗也。」《廣韻》：「抒水器也。」卜辭用為祭品，與羊、卷同辭。

《金31》戊申囗旅貞：王賓大戊，裸五牛囗 ⊹，亡尤。在十月。

《戩25.9》囗旅囗卷、五⊹。

卜辭復習言：「⊹ 雨」，字或叚作有字；或作地名解。

《庫1559》癸丑卜，亘貞：亦⊹雨。

《林2.11.3》貞：不其⊹雨。

1340. ⊹ ⊹

从皿氏聲，隸作盛。《說文》無字。晚期卜辭中用為田狩地名。

《甲1163》貞：王其田⊹，亡災。

《綴附3 》戊午王卜貞：田⊹，往來亡災。王占曰：大吉，獲狼五。

1341. ⊹

从血大聲，隸作盌，或即《說文》盇字：「覆也。」晚期卜辭用為田狩地名。

《粹986 》囗田⊹囗擒。

《人2892》翌曰戊，王囗⊹亡弋。擒。

1342.

　　从皿 𦏌，隸作 𥁓。《說文》無字。卜辭用為殷邊地名，與 𡆥 地同辭。主要見於第二期甲文。

　　　　《京3475》乙丑卜，行貞：王其步囗 𡆥 于 𥁓，亡灾。在正月。
　　　　《粹1352》戊辰卜，行貞：今夕亡禍。在 𥁓。

1343.

　　从皿盛羊，隸作 𦏓。《說文》無字。卜辭用為田狩地名。
　　　　《前2.37.8》貞：弗其擒。十月在 𦏓。

1344.

　　从羊置於笙廬中，或象埋羊於坑中以祭之形。參 𦏓 字。隸作 𦏋。《說文》無字。卜辭用為耕地名。始見第一期甲骨。
　　　　《前2.37.6》戊辰卜，賓貞：令永墾田于 𦏋。
　　復用作附庸族稱。
　　　　《乙4299》貞：重棄令 𦏋 射。
　　　　《前2.37.7》丁丑卜，爭貞：令 𠈓 致子商臣于 𦏋。

1345.

　　从凵，《說文》無字。卜辭作為用牲祭祀之地名。見第一期甲文。
　　　　《存2.271》庚子卜，㱿貞：沉牛于 𦏋。十三月。

1346.

　　从瓶倒水於皿中。《說文》無字。卜辭用為地名，始見於第一期甲文。
　　　　《前6.43.1》貞：囗于 𥂁。
　　其地產豕，有用以祭祀，
　　　　《前6.42.8》貞：𥂁 豕土百。九月。

1347.

　　从聿皿，隸作 𦘒。《說文》無字。或即盡字初文。卜辭用為人名，習稱：「盡戊」，為殷先世之人名，能降災時王。殷先公稱「戊」者唯「大戊」一人，然卜辭間短，未悉太戊、盡戊是否同一人。
　　　　《前1.44.7》貞：㞢于 盡 戊。
　　　　《合242》盡 戊弗㞢王。

1348. 盂

　　从皿于聲。隸作盂。晚期卜辭用為方國名，其酋稱伯。地與澡、喪《粹968》、向《粹1067》、夫《前2.20.4》等地見於同辭。王國維《殷虛卜辭地名考》：「今河南懷慶府河內縣。」地近殷都，可從。

　　　　　　《後上18.6》☑澡貞：旬亡㕻。☑弘吉。在三月。甲申祭小甲☑唯王征盂方伯
　　　　　　　　　　☑。

殷人曾主動出兵征伐。

　　　　　　《粹1189》☑丑王卜貞：今禍☑多伯征盂方☑。

後淪為殷王田狩地名。

　　　　　　《甲691》乙未卜，在盂田，擒☑。
　　　　　　《佚288》辛亥卜，狄貞：王田盂，往來亡災。
　　　　　　《遺124》辛未卜貞：王田盂，往來亡災。獲鹿四。

1349. 盉　盉

　　从皿刊聲，隸作盉。即盂字繁體。由于、刊屬一字可證。字見於第五期卜辭，用為田狩地名。

　　　　　　《甲3939》☑在九月唯王☑杞肜日。王田盉前，獲白㝡。

1350. 盅　盅　盅

　　从皿壬聲，隸作盅。《說文》無字。卜辭用為武丁時婦名，乃「子商」之妾，有孕

　　　　　　《粹1239》丁亥卜，亘貞：子商妾盅冥，不其㚯。

又用為武丁時族稱或地名。

　　　　　　《續5.33.4》☑寅卜，殻貞：今日我其狩盅☑。
　　　　　　《綴227》☑殻貞：今日我其狩盅☑獲擒麆五十屮六☑。

1351. 盅

　　从黽盅聲。《說文》無字。卜辭用為祭黽之一種，由卜辭言外邦一次來貢五百一十隻，可知並非罕有的黽種。

　　　　　　《存2.57》貞：擒☑來王☑唯來☑尤至，致黽：黽八，盅五百十。四月。

1352. 寍　寍

　　从皿，隸作寍，即寧字，安也。卜辭習言：「寧風」、「寧雨」，即卜求止息風雨之意。

355

《人1994》癸未其 𡳿 風于方，又雨。

《掇1.549》丙辰卜，于土 𡳿 風。

《濟2.15.3》甲戌貞：其 𡳿 風：三羊、三犬、三豕。

《前5.18.4》癸酉卜貞： 𡳿 雨于岳。

《後上19.7》己未卜， 𡳿 雨于土。

《粹1545》丁丑貞：其 𡳿 雨于方。

《南明487》庚戌卜， 𡳿 于四方，其五犬。

《通X3z》☒从☐， 𡳿 北。

祈求的對象為岳、土和四方神。殷室復有每夕卜問殷王安寧無恙否之習。

《明854》貞：今夕王 𡳿 。

《京3556》貞：今夕王 𡳿 。

字又用為殷西邊地，曾駐師及耕種，與外邦猶族見於同辭。

《乙7751》乙未卜，爭貞，我戈 猶 。在 𡳿 。

《後上15.11》☒卜，在 𡳿 師。

《菁10.5》乙未卜， 𡳿 貞：在 𡳿 田☒焚，馬其犁。

「馬其犁」，或即以馬犁田之意。

《乙5594》翌丁亥焚 𡳿 。

「焚寧」，即焚寧地之田，見殷人已有休耕焚田之習。

殷人亦於此地狩獵。

《乙6776》丙戌卜，敵貞：翌丁亥我狩 𡳿 。

1353. 〔溁〕

从水孛聲，隸作溁。《說文》：「滎溁，絕小水也。」今人謂泥溁。晚期卜辭用為祭祀地名。與羌方同辭。《左傳》文公五年有𡪀地，即今河南獲嘉縣西北。

《人2142》于〔溁〕禘，呼禦羌方于止（此）。戈。

1354. 〔虤〕

从皿虎，隸作虤。《說文》無字。第一期卜辭用為殷西族名，習稱「虤屮」。與冔地同辭。

《庫1288》☒冔、虤☒。

冔地與戲又見於同條卜辭。戲復與殷西將領 𠂤 有關連，推知戲、冔皆殷西地名。

《甲3588》癸丑卜，𤕟在冔在戲門祝，乙卯彫品 彡 自祖乙至后☒。

《人2146》戊从𠂤，戲方戍？

虤屮為殷西小族，與殷人交戰的卜辭僅三條：殷武丁率兵大敗其族眾，卒吞併為殷西邊地。

《京71》庚申卜，敵貞：☒伐 虤 屮。戈？

《佚631》☒伐 虤 屮，戈？

《拾4.17》☒貞：王伐 [字] ☒戈？

1355. [字]

從皿。或從先，隸作 [字]。《說文》無字。晚期卜辭用為田狩地名。

《人2049》翌日戊，王其田。重 [字] 田，弗每（牧）。

1356. [字]

從皿上有火，隸作 [字]。《說文》無字。第一期卜辭用為外族 [字] 伯名。殷人俘之作為人牲。

《後下33.9》丁卯卜，賓貞：奚☒ [字] 伯 [字] 用于祊。

奚為動詞，示人束手繫髮，有遭拘執之意。

1357. [字]

從絲在鼎皿中，隸作 [字]。《說文》無字。卜辭用為地名，或族稱。

《後下40.16》☒友于 [字]。

1358. [字] [字]

從皿從虍，隸作 [字]。或即盧字之省。《說文》：「飯器也。從皿 [字] 聲。」晚期卜辭中用為外族稱號。

《佚935》☒翌甲子伐 [字] ☒。

☒師 [字] 伐 [字]，帝☒。

1359. [字]

從雙持卣置於皿中。隸作 [字]。《說文》無字。卜辭用為人名或族稱。

《乙5317》貞： [字] 涉于 [字]。

1360. [字]

從壹文聲，隸作 [字]。《說文》無字。或即壹字。卜辭僅一見，用為人名。唯此辭疑偽刻。

《庫1506》[字] 子曰： [字]。

[字] 叔曰： [字]。

[字] 子曰：喪。

357

1361.　从皿王聲，隸作呈。《說文》無字。卜辭用為殷地名。

《人2400》甲戌其雨。在 ⟨字⟩。

1362.　从倒皿从手，隸作𥃝。《說文》無字。按字形或即《說文》盥字：「澡手也，从臼水，臨皿也。」即沃水以洗手。第一期卜辭用為附庸族稱。助殷王田狩。

《甲3113》庚戌卜，⟨字⟩獲。羅獲八。

其地望位於殷西，與沚、⟨字⟩、⟨字⟩印方同辭。

《乙2948》辛未卜，爭貞：婦好其从沚，⟨字⟩伐印方。王自東⟨字⟩伐⟨字⟩。

1363.　从大而配首飾。《說文》無字。卜辭用為田狩地名。

《金80》☒其田 ⟨字⟩。湄日亡☒。

1364.　从皿从手，隸作𥃝；或與𥃝字同。第一期卜辭用為地名。

《乙7199》丙午卜，㱿貞：旬⟨字⟩禍。

1365.　从皿，从勹，隸作䀪。《說文》無字。卜辭用為地名，與 ⟨字⟩ 同辭。

《甲1516》叀⟨字⟩☒⟨字⟩征☒又年。

1366.　象人跪地就食之貌，乃即字繁體。卜辭僅一見，在第一期甲文。由「呼某」例，當用為人名或族稱。

《寧2.52》辛亥卜，㱿貞：呼 ⟨字⟩ 在畫不貯。六月。

1367.　从雙手持椿杵擊奴役罪人於弃中之貌，示埋人之儀式。有省刀、有省杵。隸作凶。《說文》無字。字習見第一期，用本義。

《續5.2.4》癸巳卜，爭貞：旬☒甲午屮聞，曰：⟨字⟩☒使 ⟨字⟩ 复，七月在☒亘囚。

《鐵59.3》辛酉卜，爭貞：⟨字⟩ ☒于亘西，唯☒雨。

358

上二辭均與亘地有關，或即是殷人舉行埋祭的常用地。

《鐵171.3 》☒ 〔埋字〕 父乙☒弗 〔字〕。

謂用埋人祭於父乙。

1368. 〔字形〕

从女埋於幵中，隸作〔字〕。字意與埋人的凶字同。《說文》無字。女首一橫，用義與夫、妾、僕、童等字首配飾相當，亦用為區別義，特指用牲之女奴。與一般言母女字作〔字〕相異。卜辭用本義。

《遺34》丙申卜，王貞：勿〔字〕〔字〕于門☒用。十二月。

古有祭門之儀。《爾雅·釋宮》：「閍謂之門。」注：「閍，門祭也。」卜辭謂用羊，和埋祭女子於門旁祭祀。

1369. 〔字形〕

从人埋於幵中，象活埋人牲之祭。隸作凶。與〔字〕、〔字〕諸字意實同。

《乙8716》丁丑卜，子啟〔字〕，亡禍。

此卜問用埋牲求子啟無禍否。

1370. 〔字形〕

象酒樽之形，獨體。隸作酉。卜辭除借用為地支外，復用為祭地名。

《佚199 》☒辰卜，翌丁巳先用三牢、羌。于酉用。

字又借為奠之意。

《合33》壬午卜，〔字〕酉〔字〕甲。

〔字〕甲，即陽甲。酉，借為奠字。與〔字〕通。

1371. 〔字形〕

从酉置於一上，有設置酒食而祭之意。隸作奠。《說文》：「置祭也。從酋。酋，酒也。丌其下也。禮有奠祭。」卜辭用為名詞，乃奠祭之所。

《掇2.386 》☒在奠卜。

《前2.15.2》丙辰卜，在奠貞：今日王步于〔字〕。亡災。

殷人尚祭，故固定舉行奠祭的地方甚多，統稱「多奠」。

《乙4973》貞：勿呼登牛多奠。

多奠或用為主司祭祀，舞祭迎送鬼神之官。

《合282 》癸酉卜，般貞：令多奠〔字〕舞〔字〕。

字復用為早期甲骨中西邊附庸族稱。

《合171 》奠來四。在〔字〕。

《乙2245》奠來卅。在寧。

《乙5407》貫入廿。

《外9 》豆示十屯㞢一。永。

1372. 𢍏

從雙手獻酉，隸作奠。乃貫字繁體。增從雙，示用為動詞；祭奠也。

《林2.3.11》丙午卜貞：㞢奠歲羌卅，卯三宰、𥇡、一牛于宗。用。八月。

《人2291》甲寅貞：來丁巳奠禼于父丁，俎卅牛。

1373. 禛

從示奠，隸作禛。字乃貫、奠之繁體。用為名詞，設酒置祭也。

《存2.971 》癸亥卜貞：王旬亡畎。在六月。王☑曰：禛。

1374. 隤

從阜奠，隸作隤。卜辭用為動詞，乃禛字異體。用酒祭也。

《南明443 》丙戌卜，戊亞其隤，其豐。

《鐵16.7》癸丑卜，吏貞：其隤直，告于唐：牛。

前辭謂置酒奠祭於直地，並問吉於先祖成湯，獻以牛牲。

1375. 𡨄

從雙手持酉，亦隸作奠。卜辭有用作動詞，祭獻之意。

《鹽雜69》癸亥其萃，奠子呂，其☑。

有用為名詞。示奠儀。卜辭稱「大奠」。

《京3422》庚寅卜，出貞，于翌乙未大奠。

字復用為外族族稱，見第一期甲文。

《乙7040》壬寅卜，𠧞貞：永執奠。

1376. 𡩜

象二人持酉，與奠字同。從人，從手通用。當隸同奠字，為奠字的繁體。卜辭用為動詞。由下二文例對比得之。

(1) 《後下24.12 》貞：禘，弗其奠王。

《京710 》乙亥卜貞：☑奠，唯陽甲。

由「奠某王」一文例，亦可知𡩜、奠實為一字。卜辭中奠字字形的簡繁衍變可歸納如次：

（圖形字符）

1377. （字形）

　　从酉从冂。隸作（字）。《說文》無字。由（字）（泉）、（字）（牢）、（字）（宰）諸字證冂乃山谷之形。《說文》阹字曰：「依山谷為牛馬圈也。」（字）或取象在放牧之山谷中舉行祭奠，以佑生畜之意。乃祭儀一種。

　　　　《後下19.4》☑戊子其（字），重秫用。十月。
　　　　《京3430》貞：我☑其（字）☑三牢☑。
　　　　《佚964》貞：☑（字）三牢☑腹一牛☑十月。

1378. （字形）

　　从倒口从酉，隸作（字）。郭忠恕《汗簡》作（字）。即飲字省，與（字）、（字）字同。《說文》：「（字）也。从欠（字）聲。」卜辭中言鬼神飲用，有受喜之意。

　　　　《庫1002》于寢門，祝，高、（字）。王弗每。
　　　　《鄴1.328》癸卯卜，重伊（字）。

　　伊，即殷先臣伊尹之省稱。此言伊尹受祭。

1379. （字形）

　　象人俯首伸舌飲酒之形，隸作歙。即飲字，啜也。卜辭用為動詞，有啜吸意。

　　　　《菁1》王固曰：出希。八日庚戌出各雲自東，面母臾　亦出出蜺，自北（字）于河。

　　虹飲於河，乃殷人對雨後水邊出現一雲蜺作神話化的解釋。

1380. （字形）

　　象人飲皿，皿為酉之譌，亦隸作飲字。由下二文例「王飲」見與（字）字用法同。

　　　　《合229》貞：王（字），出壱。
　　　　《寧1.54》重祝王（字）。

　　二辭均卜問王飲用後無禍否。此見殷王連飲食般日常瑣事都加以占卜。

1381. （字形）

　　从酉，隸作酚。或即酒字。卜辭乃用酒之祭。祭祀對象為先祖鬼神。

　　　　《陳21》癸酉卜，爭貞：來甲申（字）大礿自上甲。五月。

《遺5》辛巳卜，爭貞，來乙未**月**唐，五牢。

《通259》丙寅貞：于庚午**月**于契。

《後上20.10》岳眔沈**月**，王受又。

《乙3357》呼雀**月**于河五十☑。

彰祭地點有在血室、南室等宗廟地。

《鐵50.1》貞：**月**祊于血室，亡尤。

《佚413》☑屮祊于丁于南室，**月**。

亦有在師旅中彰祭求佑。

《文352》貞：于師**月**。

殷人每在肳、肜、卯、祭、歲、害、又諸祭典中用酒祭奠。

《掇2.98》貞：王于肳**月**于上甲。

《鐵249.1》辛卯卜，亘貞：肜**月**于上甲，亡蚩。九月。

《存1.392》貞：勿**月**卯。

《佚318》癸酉卜，允貞：旬亡禍。甲戌**月**祭于上甲。在☑。

《存1.599》貞：叀即☑害☑**月**歲。

《甲1509》其又妣丙眔大乙，**肜**。王受又。

1382. **茻 茻**

从米，舁聲，隸作糱。《說文》：「糜和也。」唐蘭《殷虛文字記》頁廿五論為稻字：「糱、饟、稻蓋三名一實，糱象容米於舁，稻象杯米於臼，故可引申為同一穀名矣。」文獻謂夏代已有水稻。《夏本紀》：「令益予眾庶稻，可種卑濕。」《詩·小雅·白華》：「滮池北流，浸彼稻田。」殷卜辭中「受**糱**年」與「受黍年」屢有同卜之例，亦可互證糱為稻的本字。金文稻有从米作**稻**。卜辭卜問稻米收成的月份為二、三月。

《後上31.11》貞：弗其受**糱**年。二月。

《遺456》癸巳卜，般貞：我受**糱**年。三月。

字後期復用為駐軍地名，與**臨**、**淒**諸地同辭。約處殷東南。

《文714》叀今日甲戌☑在**糱**。

《文716》王在自**糱**犇。

《菁10.10》☑未卜，在**糱**貞：王步于**臨**。不遘☑。

《前2.16.4》甲午卜，在**淒**師貞：今日王步于**糱**。亡災。

1383. **獋**

从犬覃聲，隸作獋。又从猶。《說文》：「猶，玃屬。从犬酋聲；一曰隴西謂犬子為猶。」卜辭用為武丁時期西南方國名，與皆《前7.12.1》、雀《拾4.13》、罖《乙7751》、棘《合集6942》、沚《合集6937》諸地同辭。

《前7.12.1》癸巳卜，爭：皆戈**獋**。八月。

《合集6942》☑般貞：猶伐棘。其戈。

高又與蜀《後下38.1》、🔲侯《京2120》見於同辭。猶是殷初西南弱族，曾侵擾殷邊地《合集6942》。

    《佚779 》🔲貞：猶其馭。

馭，擊也。字象人雙手奉戈擊伐之貌。武丁親率殷眾討伐猶族，敗之於寧地。

    《遺481 》乙未卜，穀貞：勿唯王自征猶。

    《前7.18.2》乙丑卜，王貞，余伐猶。

    《乙7751》乙未卜，爭貞：我𢦏猶。在寧。

復命令雀、孚、多子、🔲、沚、畐等出擊猶，卒大敗其族眾。猶人多被擄為奴役，其地亦淪為殷邊地，再不復振。

    《林2.15.11 》庚寅卜，穀貞：呼雀伐🔲。

    《合集6931》庚寅卜，穀貞：呼孚伐🔲。

    《合集6933》🔲貞：🔲多子呼伐🔲。

    《合集6934》己卯卜貞：重🔲伐猶。

    《合集6937》乙酉卜貞：呼畐从沚伐🔲。

    《掇1.117 》🔲畐擒🔲。

    《合集6943》丁未🔲貞：余獲🔲。六月。

1384. 🔲

    象盛酒器，或即𧆑字。戴侗引唐本《說文》：「鬲𧆑，从鬲虍省聲。」晚期卜辭用為祭祀地名。

    《寧2.106 》丙辰卜，其祼黍于🔲。

    《南明695 》其㳫于🔲，其射。

由下列同期同文的卜辭，可比較甲文的詞序變化。

    《遺637 》丁未卜，其又杏于父丁🔲一牢。

    《庫1633》壬子卜，父甲杏于🔲。

    《甲571 》丙子卜，🔲杏一牢。

    《佚167 》癸巳卜，🔲杏牢。于🔲，茲用。

前四辭均謂在𧆑地卜求父丁賜祐於時人杏。第一辭文意最完備，只是在地名前省略一介詞：「于」。第二辭則省略動詞：「又」和賓語「若干牢」。第三辭、四辭中地名置於受祐人之前，乃名詞當形容詞用，而省卻動詞和禱告的對象。由同文卜辭語詞運用的差異性，可反映出當日語言結構仍是非常之鬆散。

1385. 🔲 🔲

    象三足器之形，隸作鬲。《說文》：「鬲𧆑也。實五觳。斗二升曰觳。象腹交文三足。」《爾雅・釋器》：「鼎款足者謂之鬲。」

    卜辭有用作本義，稱：「奠鬲」，即用鬲祭奠之意。

    《後上27.10 》甲寅貞：來丁巳奠🔲于父丁，俎卅牛。

字復用為動詞。卜辭習稱：「鬲龜」，即以鬲承龜拜祭之意。

《前7.5.2》乙卯卜，賓貞：𠙴 🐲，翌日・十三月・

又用為武丁時人名，曰：「子𠙴」。

《後下8.1》丙寅卜，賓貞：令子𠙴 辭𣅷于四方・十月・

字形復譌與鼎字混，借用為貞卜之貞。

《掇2.188》己卯𠙴：祁冥（娩）于二示。

《掇2.187》乙巳 𠙴：不𣏴。

1386. 𠙴

象鼎之側形，即鼎字。《說文》：「三足兩耳，和五味之寶器也・象析木以炊，貞省聲・」卜辭有用為動詞，示盛牲於鼎彝以烹祭。

《人99》貞：𠙴宰。

有借為貞字，用法與「干支貞」、「干支卜貞」全同。此形構多見於晚期卜辭。

《前8.12.6》戊寅卜，𠙴：三卜，用。血二宰，𣪊伐，廿𠙴、卅牢、卅奴、二多于妣庚。三。

1387. 𠙴

亦象鼎形，即鼎字。字與 𠙴 形同屬晚期卜辭。其用法有二：一為用鼎祭，名詞當動詞用。

《京3875》王其𠙴，又（佑）大雨。

《佚783》其𠙴，用三玉、犬、羊☒。

一借為貞字，由下二文例互較可證。

《乙8888》己巳 𠙴：婦𡥃 長亡禍。

《乙8695》己巳𠙴：婦𡥃 長亡禍。

1388. 𠙴

象鼎具耳足之形，卜辭借為貞卜之貞字。《說文》：「卜問也。從卜，鼎省聲・」貞字形演變如下：

$$
\begin{array}{ccc}
\text{𠙴} & \left\{ \begin{array}{l} \text{𠙴} \\ \text{𠙴} \\ \text{𠙴} \end{array} \right. & \begin{array}{l} \text{𠙴} \\ \text{𠙴} \end{array}
\end{array}
$$

殷人尚鬼，每事多貞問吉凶，這主要是史官的職司，亦有由殷王親自問卜。

《粹1255》二月𠙴：卜子亡若。

《佚988》辛酉𠙴：王往田，亡𢦔。

《粹1426》癸亥𠙴：旬亡禍。在𣆪旬。

364

1389.

从人置於鼎彝之中，象烹人牲之形。《說文》字誤作 ，隸作鼐：「鼎之絕大者，从鼎乃聲。」段注引《周頌》傳曰：「大鼎謂之鼐，小鼎謂之鼒。」卜辭用本義。

《寧1.1》甲子卜，祭祖乙，又（有）。王受又（佑）。

《寧1.193》于祖丁，用 。

字又泛指用鼎彝烹牲以祭之意，習稱：「鼎豕」。

《甲840》☑父丁 三豕。

《寧1.193》其 豕祖丁。

字或从鬲作 《粹1546》；或增火作 《摭續183》。

1390.

从鼎將聲，隸作鼒。《說文》無字。卜辭習稱：「鼒隙」，示圓形鼎彝。與西周銘文例同。

《甲849》卒歲 隙。王受又。

謂歲祭時用 隙作祭彝，結果殷王受祐。

《南明504》☑ ，重伊受又。

伊即先臣伊尹之省文。

1391.

从鬲口聲，隸作鬲。《說文》無字。字與《說文》員字籀文相似。晚期卜辭用為地名。

《六中107》田于 。

1392.

从鬲从虎首，隸作虜。《說文》：「鬲屬。」卜辭僅一見，屬第三期。字用作動詞，有用鬲烹牲之意。字與「鼎」字相似。

《甲2082》乙卯卜，狄貞： 羌，其用。妣辛 。

「虜羌其用」，即用鬲烹煮羌人以祭，先妣受用之意。

1393.

或即鳥字異體，象形。第一期卜辭用為人名：「子鳥」，僅一見。

《鐵31.4》貞：子 亡疾。

1394.

象鬲形，具三款足。亦隸作鬲。卜辭用為地名，僅一見。

《合286 》于 。

1395.

象爵形，隸作爵。《說文》作 ：「禮器也。 象雀之形，中有鬯酒。又，持之也。所以飲器象雀者，取其鳴節節足足也。」早期卜辭用為外族名，其族眾每淪為殷人祭牲。

《前5.5.2 》☑亥卜，亘☑☑☑☑子伯☑。

《後下5.15》庚戌卜，王曰貞：其 用。

《存1.1458》戊寅卜，叀 于祖己。

晚期卜辭用為殷地名。與商同辭。

《前2.3.5 》癸未卜貞：王旬亡𡆥。在七月。王征 、商。在 。

《前2.20.7》癸未卜，在 貞：王旬亡𡆥。

1396.

从爵聲，隸作瀞。《說文》無字。晚期卜辭用為爵地水名。僅一見。

《粹1456》癸未卜，在 貞：王旬亡𡆥。

1397.

即皀字，象形。《說文》：「穀之馨香也。象嘉穀在裹中之形。匕所以扱之。或說：皀，一粒也。又讀若香。」卜辭用為地名。殷人於此祭葉、田狩。

《遺380 》辛巳卜，行貞，王賓父丁歲宰𢇍亡尤。在 。

《甲1613》甲子卜，叀 田于之（此）。擒。

1398.

从水皀聲，隸作涫。《說文》無字。卜辭用為皀地水名。

《人1593》☑卜，行貞，其雨。在 卜。

《文403 》貞：亡尤。在 。

1399.

从三皀，隸作皍，《說文》無字。或皀字繁體。卜辭用為地名。

《文302 》庚申卜☑貞：南庚歲☑賓☑在 。

《續3.28.2》☑卜在☑貞：王☑于 ☑㝵。

366

1400. 　　[字形]

　　从皂从倒口，象就食之形，隸作食。《說文》：「亼米也。」段注：「集眾米而成食也。引申之人用供口腹亦謂之食。」卜辭用為一日中之時令，習稱「大食」、「小食」。

　　　　《庫209》丙申卜，翌丁酉酚伐，啟。丁明[字]（霧）。大[字]日啟。一月。
　　　　《合78》癸丑卜貞：旬甲寅大[字]，雨自北。乙卯小[字]，大啟。丙辰⊘日大雨自南。

「大食」、「小食」的時間在「大采」之後「小采」以前，相當一日中兩餐的一段時間。卜辭食又借作蝕，每多稱述日、月有蝕之自然現象。早期甲文曰：「屮食」，晚期作「又食」，即「有蝕」。《說文》有字引《春秋》傳曰：「日月有食之。」

　　　　《丙56》癸未卜，爭貞：翌甲申易日。之月夕屮[字]。甲霍，不雨。
　　　　《庫1595》七日己未[字]。庚申夕屮[字]。
　　　　《合465》甲寅卜，又[字]告。

「又食告」，告即來告，此知殷時已有專職現察四方星象天文的官員。

　　　　《佚374》癸酉貞：日月又[字]。唯若。

在某一旬若曾預測有發生日或月蝕之氣象變化，則稱該旬曰：「食旬」。

　　　　《粹1426》癸酉貞：旬亡禍。在[字]旬。

殷時觀察日月盈虧的地點，卜辭中可知的只有[字]地。

　　　　《合57》丁未卜，[字]屮在[字]。

1401. 　　[字形]

　　象盛食器，隸作豆。《說文》：「古食肉器也。」古文作[字]。僅於武丁卜辭中一見，與酚（酒祭）同辭對文，用為動詞，當指持豆內盛牲肉以祭之意。

　　　　《人83》丙午卜，賓貞：[字]八羊眔酚卅牛。八月。用。

「豆八羊」，即用豆盛羊祭。

1402. 　　[字形]　[字形]　[字形]　[字形]

　　从皂，象盛黍稷之器，有蓋。隸作壹。金文作[字]、作[字]，相當《說文》觀字：「設飪也，从丮从食才聲。」董作賓《殷曆譜》上編卷三有列壹字的斷代：第一期作[字]、第二期作[字]、第三、四期作[字]、第五期作[字]。但根據貞人斷代，董氏所分稍誤：[字]字有見於三、四期卜辭，而[字]則始見於第二期。卜辭用為殷五種常祭之一，薦黍稷以祭祖妣。

　　　　《遺246》癸亥王卜貞：旬亡[字]。王占曰：大吉。在十月。甲子祭[字]甲，[字]羌甲，[字]戔甲。
　　　　《後上8.13》丙申卜，行貞：王賓報丙，[字]亡禍。

367

1403. 【甲骨文字形】

從皂，器上分義。仍隸作皂。晚期卜辭借用為地名，字或與【字】同。

《存1.2488》癸未卜，在【字】貞：王旬亡【字】。

1404. 【甲骨文字形】　【甲骨文字形】

從皂殳，隸作毀，即簋字。《說文》：「黍方器也。從竹皿從皂。」卜辭習稱：「毀若干人」、「毀羌」，毀字當用為動詞，有用方器烹煮之意。字與卯牛對文。卯，劉也；有殺牲意。

《京5080》己卯卜貞：王賓祖乙【字】妣己：姬【字】二人。【字】二人，卯二牢，亡尤。

《寧1.231》又【字】：羌。王受又。

《存1.1467》戊寅卜貞：出【字】。

字復用為田狩地名。

《京4462》囗田【字】，擒。

1405. 【甲骨文字形】　【甲骨文字形】

從皂。字與壹同，即《說文》【字】字，設食也。盛禾黍以祭先祖，為祭儀一種。常見於酒祭之下。

《存1.1433》癸亥卜，乙丑酒，【字】。暘日。

《甲795》丙午卜，重于甲子酒，【字】。

字復誤作【字】，辭雖殘闕，唯由文例仍可推知。

《鐵181.2》囗丑卜囗于囗酒囗【字】囗。

1406. 【甲骨文字形】　【甲骨文字形】　【甲骨文字形】

象鼓支架之形，乃鼓字初文，隸作壴。《說文》：「陳樂立而上見也。從屮從豆。」早期卜辭除作為第三期貞人名外，有用為地名和族稱；殷人曾駐兵於此。

《文682》在自壴卜。

《合309》丙子卜，丙貞：翌丁丑王步于壴。

《甲2869》己亥卜，行貞，王賓父丁，歲牢。亡尤。在壴。

其族人來歸，淪為殷西附庸。

《續5.12.3》貞：令壴歸。

《乙8235》壴叶王事。

《後下38.6》囗令壴因沚、可。

並屢納貢於殷。

《乙7378》壴入五。

《乙3265》壴入四十。

《乙4514》壴入十。

族中有任司殷貯官之職者，曰：「貯喜」。

《續5.24.5》貞：勿呼貯[甲骨文]來☑。

有嫁為晚期殷王妃妾，曰：「婦喜」。

《乙4504》戊子貞：婦[甲骨文]又(有)子。

卜辭喜有用作動詞，或借為蠱，害也。唯仍屬孤證。

《卜409》貞，王疾，不隹[甲骨文]？

1407. [甲骨文]

　　从喜从口，隸作喜。《說文》：「樂也。」當為喜字繁體。卜辭除用為第二期貞人名外，有用為族稱、婦名和地名；與喜字全同。

《乙4597》[甲骨文]入五。

《南坊2.1》辛丑婦[甲骨文]示四屯。

《粹1211》戊子卜，王在自[甲骨文]卜。

唯婦喜與史官[甲骨文]、岳同辭，當屬第一期人名，但婦喜則由字形推斷，當只見於晚期卜辭。由此可推論婦喜、婦喜是同族而不同期的二婦。

《粹1486》癸☑婦[甲骨文]示一屯。[甲骨文]。

《粹1487》☑婦[甲骨文]☑。岳。

由文意觀察，婦喜代喜族納貢於殷，當為使節身份；殷人為婦喜有子否問卜，則顯為殷王妾妃；二者雖同以族號為名，但顯然不屬於同一人。

　　第五期卜辭中喜字又用為東南攸侯的稱謂。

《南明786》癸卯卜，黃貞，王旬亡[甲骨文]，在正月。王來征人方。在攸侯[甲骨文]鄙。永。

攸，島邦男《殷虛卜辭研究》頁三六六：「在安徽宿縣與蒙城間。」

1408. [甲骨文]

　　从喜从火，示焚喜族人，隸作[甲骨文]，《說文》無字。卜辭多「[甲骨文]用」連稱。用，即鬼神受牲享用之意，按文例前一字當屬祭物。

《後上21.13》重祖乙[甲骨文]用。

《粹232》乙酉卜，重妣[甲骨文]用。

字或「火喜」二字合文；喜，卜辭用為族稱。[甲骨文]，或即焚喜族人以祭獻於鬼神求佑。

《前5.8.5》己卯卜貞：[甲骨文]人征于祊宗，[甲骨文]。

《外445》☑[甲骨文]，允雨。

羅振玉《殷虛書契考釋》頁三八釋作熹，借為饎；意亦可參。《詩‧小雅‧天保》：「吉蠲為饎，是用孝享。」傳：「饎，酒食也。」

1409. [甲骨文]

　　从喜，彡示鼓聲彭彭，隸作彭。《說文》：「鼓聲也。」早期卜辭用為殷西族稱，

369

與龍族同辭。

《撫績147》貞：勿令自般取☒于 [字] 、龍。

《前5.34.1》辛丑卜，亘貞：呼取 [字] ☒。

晚期卜辭已見併為殷地。

《前6.1.6》癸丑王卜，在 [字] 貞：旬亡畎。

復用為第三期甲骨的貞人名。

《甲1158》乙卯卜， [字] 貞：「今夕亡禍？」

1410. [字]

从水彭聲，隸作澎。《說文》無字。晚期卜辭用為地名；或即彭故地水名。

《前2.6.3》癸丑卜，在 [字] 貞：王旬☒畎。

1411. [字]

从水直亦聲，隸作㳽。《說文》無字。晚期卜辭用為殷師旅屯駐地名。或為直族故地水名。

《文561》貞：亡尤。在自 [字] 。

《合345》甲戌卜，王在自 [字] 卜。

1412. [字] [字]

从直攴，象手持枚擊鼓之形。隸作鼓，即鼓字。卜辭用為祭儀，指祭祀時擊鼓，聲聞於鬼神，習稱「鼓肜」。

《餘10.2》辛亥卜，出貞：其 [字] 肜，告于唐：九牛。一月。

《前5.1.1》貞：其彭肜，勿 [字] 。十月。

字又用為族稱，或處殷南。始見第一期甲文。

《合272》壬午卜，殷貞：亘其𢦚 [字] 。八月。

《乙662》弗其取 [字] 。

《甲2934》☒行擒 [字] ☒圍于南。

後為殷併為屬地。

《零91》貞：翌☒卯王步于 [字] 。十一月。

晚期甲文又有作為婦牲，曰：「婦鼓」，當為殷王妃妾。

《乙1424》庚戌卜，我貞：婦 [字] ☒ [字] 。

[字]，隸作劢，即嘉，有分娩意。

1413. [字]

从直力，隸作勂。《說文》無字。或即鼓字異體。晚期卜辭用為地名，與帛地同辭。

370

《前2.12.4》癸酉卜，在帛貞：王步囗 🔣 囗災。

《粹1296》囗卜，在 🔣 貞，囗王占曰：大吉。

字或从又作 🔣 。

《京3484》囗在 🔣 囗。

或譌直作 🔣 、作 🔣 、 作 🔣 、作 🔣 ，與人方、偁 、淮、𢓊 諸地同辭，當位於東南。

《戩188 》癸酉王卜貞：旬亡𡆥。在十月。王征人方。在 🔣 。

《戩219 》庚申王卜在 偁 貞：今日步于 🔣 。亡災。

　　　　辛酉王卜在 🔣 貞：囗淮。亡災。

《續3.28.6》囗卜，在 🔣 囗田𢓊囗亡災。

字又譌力作 🔣 ，與𤕠地同辭。

《後上12.12 》癸卯卜，行貞：王步自𤕠于 🔣 ，亡災。在八月。在自𤕠卜。

1414. 🔣

从壴从火。火或示祭玉，即豊字。《說文》：「豊，行禮之器也，从豆。象形。讀與禮同。」金文〈古戲中𩪊父乍豊鬲〉字作 🔣 ，與殷文同。武丁卜辭用為婦名。

《續5.11.7》壬寅婦 🔣 示二屯。岳。

1415. 🔣

从壴，當亦隸作豊。字形與 🔣 、 🔣 稍別，有區別義。晚期卜辭用為祭地名。

《後上10.9》癸未卜，王在 🔣 貞：旬亡禍。在六月甲申囗示册其酒肜。

1416. 🔣　🔣

从壴从二玉，隸作豐，實即豊字，為禮醴字初文。古文 🔣 、 🔣 意均用作豊。象獻玉以祭奠之形。《說文》：「行禮之器也。讀與禮同。」卜辭用為名詞，舉行禮祭也；習稱：「作豊」、「茲豊」、「某先王豊」。

《人1881》其作 🔣 祐征囗受又。

《佚241 》重茲 🔣 用。王受囗。

《甲3629〉囗子卜，父甲 🔣 。

1417. 🔣

从女壴，隸作嬉，字與 🔣 同，即艱字，《說文》：「土艱治也。」籀文从喜作 🔣 。字引申有困難意。卜辭習言「來 嬉 」，謂有外來災困。

《甲2123》癸酉卜貞：其自 🔣 㞢來 🔣 。

《粹1136》囗固曰：其㞢來 🔣 ，其唯丙不吉囗。

殷人謂「來艱」，多來自四邊方國之亂。

371

《乙6378》貞：其屮來〔卣〕自西。

《鐵178.1》貞：亡來〔卣〕自南。

《乙361》☑自北來〔卣〕。

《掇1.544》☑〔卣〕自東。

《續4.33.2》貞：亡來〔卣〕自方。

1418. 〔𡖊〕

　　从壴卩，隸作𡖊，亦即嫟字，艱難也；从卩从女通用。由卜辭中文例「來艱」兼用嫟𡖊二字可互證。

　　《鐵182.3》癸丑卜，出貞：旬屮希，其自西屮來〔𡖊〕。

　　《鐵115.3》貞：其自南屮〔𡖊〕。

1419. 〔卣〕

　　字釋眾說紛紜，孫詒讓釋豊，葉玉森釋塱，郭沫若釋蝕，唐蘭釋良，于省吾釋〔鎷〕，詳李孝定《集釋》卷十四〔鎷〕字條。今从于說為長，隸作〔鎷〕。《說文》：「〔鎷〕，酒器也，从金。〔亞〕象器形。〔亞〕，〔鎷〕或省金。」卜辭用法有四：一為婦名。

　　《續5.20.5》婦〔卣〕示十☑。

一讀為〔断〕，《說文》：「斫也。」《廣雅·釋詁》：「裂也。」為祭祀用牲之法，與卯字相約。習稱：「〔卣〕牛」、「〔卣〕豕」、「〔卣〕羊」。

　　《佚126》丁子卜，爭貞：㝢年于祊：〔卣〕十鬯牛，卯百鬯牛。

　　《佚889》貞：钔于父乙：〔卣〕二牛、卯卅☑伐卅。

一讀為〔瞂〕，《說文》：「目蔽垢也，讀若兜。」引申為天氣陰蔽之意，卜辭習稱「夕〔卣〕」，見於晚上風雨過後。

　　《菁3》癸卯卜，爭貞：旬亡禍。甲辰大驟風。止（此）夕〔卣〕。

　　《續4.6.1》☑雨。止夕〔卣〕。丁酉尤雨。

復用為名詞，乃祭地名。

　　《合248》貞：用二小宰于〔卣〕。

1420. 〔箕〕

　　象箕形，隸作其，篆文作𠀠，《說文》：「所以簸者也。」字由〔箕〕而〔𠀠〕而〔箕〕，乃累增字。卜辭借為助詞。主要見於動詞或形容詞之前，名詞之後。

　　《摭續217》王〔其〕田，不雨。

　　《前1.27.4》貞：弗〔其〕受屮又。

在否定語句中，則置於否定詞之後，習稱「弗其」，「不其」。

　　《丙74》貞：畫弗〔其〕來牛。

　　《續4.21.6》貞：今日不〔其〕雨。

372

1421. 〔基〕

从其土，象其承土之形。隸作基。《說文》：「牆始也。从土其聲。」卜辭用為方國名，或作 〔基〕方，隸為棊方；見《合集8451》，武丁以後，有省作 〔基〕。其地望約處殷西南，與缶《合178》、〔雀〕《乙7981》、雀《乙6692》等地見於同辭。

《合178》癸未卜，丙貞：子商戋 〔基〕方、缶。

缶與西南的蜀和殷西雀地又屬同辭。

《合集6864》庚亥卜，殻貞：王臺缶于蜀。二月。

《合集6989》☒卜，殻貞：缶其戋雀。

基方在殷初時期已與殷人互有攻伐。

《拾4.16》丁卯卜，殻貞：〔基〕☒其戋☒。

《前5.12.5》☒貞：〔基〕方扴。

《掇1.253》☒卜，王☒ 〔基〕☒扴。

扴，象人持戈擊伐之貌，本有擊意。《說文》：「擊踝也。从丮戈，讀若踝。」唯於文字形構看卻未見足踝意。「擊踝」的踝字，當為下文讀若的誤增。字宜釋為：「擊也。从丮戈。讀若踝。」殷王曾派遣子商、雀等率軍攻伐基方。

《前5.13.1》乙酉卜，丙貞：子商戋 〔基〕方。四月。

《乙5582》甲戌卜，殻貞：雀及子商往 〔基〕方，克☒。

基方族勢受挫，卜辭見有聯合鄰近方國缶拒殷，並敗殷帥子商於魚地。

《乙7981》☒卜，殻貞：呼自魚。〔基〕方、缶乍臺子商。戋。四月。

《合121》辛卯卜，殻貞：呼自魚。〔基〕方，缶乍臺子商。

然而，由卜辭中上下文可以顯示，基方在殷人不斷用兵底下，終於降服。自此亦一蹶不振。

《乙5349》乙亥卜，丙貞，今乙亥子商擒 〔基〕方，弗其戋。

《乙6692》辛丑卜，殻貞：今日子商其擒 〔基〕方、缶。戋。五月。

壬寅卜，殻貞：莫雀重亯擒 〔基〕方。　　壬寅卜，殻貞：子商不戋 〔基〕方。

武丁以後，基方顯已為殷人吞併，其地遂淪為殷王田狩區。

《人263》☒貞：狩，勿至于 〔基〕。九月。

《戬9.16》☒子王卜☒出于 〔基〕。

《掇2.399》辛巳卜，在 〔基〕：今日王逐馬，擒。允擒七馬。

1422. 〔棋〕

从其己聲，隸作棋。《說文》：「長踞也。讀若杞」晚期卜辭用為地名及族稱，其酋封為侯。

《甲2398》癸未☒于 〔棋〕☒。

《前2.2.6》☒貞，翌日乙酉小臣 〔𣂤〕其☒又老 〔棋〕侯。王其☒。

373

1423.

从双托其，有抛置之意。隸作棄。本義與 字同。晚期卜辭用為田狩地名。

《人263》貞：狩，勿至于 。九月。

《戩9.16》☑子王卜☑出于 。

《掇2.399》☑擒☑百又六。在 。

1424.

象雙手持其棄木之形，隸作棋，《說文》：「簙棊也，从木其聲。」卜辭用為地名，與 地同辭，僅一見。

《前2.18.6》壬申卜貞：呼☑御在 ☑在 。

1425.

象童僕持其打掃之形， 示執賤役者首飾。隸作僕。《說文》：「給事者。古文从臣作㒒。」卜辭僅一見，用為名詞：或為地名，或為人稱。唯辭殘未審。

《後下20.10》☑ 卜。

1426.

从𦥑其聲，隸作隈，《說文》無字。晚期卜辭用為地名，與 地同辭。

《瀆3.30.6》庚寅卜，在 貞，王步于 ，亡災。

1427.

亦其字。《說文》：「所以簸者也。」𠂇示專有名詞。字始見第二期卜辭，用為殷地名，與 地同辭。

《京3475》癸亥卜，行貞：王其步自 于 ，亡災。在正月。

1428.

象捕獸網器，有柄。即畢字。《說文》：「田网也。从网干聲。」卜辭用法有，一、附庸族名，始見第一期。

《乙5670》貞： 受年。

《乙6740》貞： 來，亡告。

《乙3426》 入四十。

《乙4953》貞， 弗其叶（協）王事。

二、用為動詞，讀如禽；即擒字。習言：「阱禽」、「射禽」、「狩禽」、「田禽」、「逐禽」。卜辭稱殷王狩獵擒捕鳥獸之地有： 《林2.15.17》、 《前1.29.4》、敝轆《前6.11.5》、 敵《乙2908》、 《天79》、 《佚232》、 《粹

991 》、畫《甲3639》、𦥑《粹931 》、麥《戩10.8》、 殷《庫77》、 𠫔《京44
72》、 宇《人2066》、 毀《人2044》、 瀧《人2012》、 殷《京4452》、 盂《甲
692 》、 𣥏《粹986 》、 徉—𣥏《後上14.11 》、 𦥔《寧1.392 》、 𤖦—西
𤖦《人2052》、 介《人2059》、 𥝩《戩11.4》、 𨖷《人2071 》、 𤔲《掇2.167
》、 狼—𤔲《掇1.401 》、 𠬍—𤘪《人2049》、豆《甲1613》、 𣥏《甲673
》、 𤔲《粹935 》、 𣏁《外54》、陝《存1.968》、 哥《京4490》、門《後下41.1
3 》、 𤔲《寧1.389 》、 瀹《續3.44.3》、 𦥑《金401 》、 𠂤《存1.746 》、盍
《前3.37.8》、 𥁘《前2.4.2 》、 斂《前5.45.4》、 虎《卜410 》、 飲《存1.
746 》、芊《寧1.409 》、 𦬆—𦮲《人2051》、 賑《寧1.397 》、 𣪘《粹1561
》、 宮《人2089》、 𨛜《京4467》、 𣏁《京4499》、 白《甲816 》、 河《卜673
》、 𡉈《鐵42.1 》、 去《前2.11.1》、 潢《前2.5.7 》、 龍《乙8997》等地

《林2.15.7》辛卯卜貞：其狩 𥁘 ， 𣥏 。

《甲673 》癸丑卜，王其田于 𣥏 ，重乙 𣥏 。

《存1.968》王重今日壬射陝鹿， 𣥏 。

1429. 𣥏

從畢，示張網捕人。隸作 𣥏 ，即禽字，今增手作擒。卜辭用為人名，乃武丁將領
，始見於第一期卜辭。

《前5.27.1》癸未卜，賓貞：重 𣥏 往追羌。

《佚17》丁未卜，賓貞：勿令 𣥏 伐呂方，弗其受㞢又 。

《後上16.10 》貞：王勿令 𣥏 致眾伐呂方。

《乙7661》勿令 𣥏 致三百射。

《卜52》貞：勿令 𣥏 田于京。

《粹249 》貞：令 𣥏 伐東土，告于祖乙于丁。八月。

曾任小臣之官。

《掇1.343 》小臣 𣥏 囗 。

後復用為地名。

《甲2123》癸酉卜貞：自 𣥏 㞢來艱 。

1430. 𢑚

從畢捕隹，隸作 𢑚 ，或增從手。引申有擒獲意。《說文》無字。卜辭用為動詞，
即擒字。並見於征伐卜辭和田狩卜辭。

《後下37.6》貞，弗其 𢑚 土方。

《文637 》丁酉卜，出貞： 𢑚 𢑚 呂方。

《摭續125 》辛巳卜，在棘，今日王逐豕， 𢑚 。九 𢑚 。

《甲2270》囗卜，王其狩。 𢑚 。

375

1431.

從双持畢。隸作畢、震，有擒捕意。《說文》無字。晚期卜辭用為人名。

    《粹1240》辛亥子卜貞：婦妥子曰：

又用為族稱或地名。

    《南坊3.2》☒　入百。

    《明1453》弗戈　。

字復用為動詞，擒也。用意與　、　字同。

    《南明502》己亥貞：其　。

    《前2.30.1》☒貞：王☒往來☒　☒卅八象☒雖☒。

1432.

象酒器，隸作鬯。《說文》：「以　釀　艸芬芳攸服以降神也。從凵。凵，器也，中象米，匕所以扱之。《易》曰：不喪匕鬯。」古人以香艸合黍稷釀酒，作為祭祀、迎賓之用。卜辭用本義，示灌酒以祭。

    《續4.15.1》☒寅卜☒貞，　致新　。重今夕出于祊。

    《京4232》癸未卜，宗歲又　。

    《擬續87》☒亥貞：丁卯王又百☒。

    《前4.54.4》貞：夐☒熹牛出五。　。

鬯的單位為卣，如：

    《京4237》　五卣，又征。

    《前1.18.4》丁酉卜貞：☒實文武丁，伐十人，卯六牛，　六卣。亡尤。

島邦男《綜類》頁四零八把　字亦附於鬯字下，實誤。　即禽字，由所收文例亦可見當釋作禽字。

    《擬續87》☒亥貞：丁卯王又百　、百羊、百牛。

    《乙8807》甲子卜，夐　羊。

「百禽」，即用擒獲的人牲百人以祭；「夐禽羊」，或指用禽族來貢之羊隻夐祭。

1433.

從匕鬯，當屬鬯字繁體。卜辭用為人名，為殷將帥，主率眾征伐。字隸作鬯。

    《人2525》丁丑貞：王令　致眾　伐召，受又。

    《粹1129》丁卯貞：　伐，受又。

並助殷管理耕地與氣象的測算。

    《粹1224》重　令田。

    《粹87》庚申貞：王令　夐。

字分見於前後期卜辭，未悉與武丁時期的　是否一人。

1434.

象網形，隸作网。見於晚期卜辭，形構與早期的 网 字別。《說文》：「网，庖犧氏所結繩以田以漁也。从冂，下象网交文。」或體作罔、作網。卜辭用為動詞，乃捕獸方法之一，用網捕捉也。

《人2116》弜 网 鹿，弗擒。

《合354 》庚戌卜， 网 獲。 网 雉，獲五十。

1435.

从网捕兔，示捕獸罟，隸作 网 。《說文》無字，唯相當《說文》的 罟、罝 字。卜辭用為族稱或地名，始見武丁卜辭。

《前1.11.5》貞：吳率，致 网 芻。

《南南1.63》戊寅卜，殷貞：勿呼自殷从 网 。

1436.

从网捕獸。字與 网 同，所从兔側立、豎立無別，字均始見第一期，由下列二組文例相較亦可知。

(1) 《人289 》☑唯☑ 网 芻于☑。

《前1.11.5》貞，吳率，致 网 芻。

(2) 《庫327 》戊☑卜賓貞，致从 网 。

《南南1.63》戊寅卜，殷貞，勿呼自殷从 网 。

1437.

从网捕虎豹之形，隸作 网 。《說文》無字。捕小獸用 网 ，捕大獸用 网 。卜辭用作動詞，示用網捕獸。

《合387 》甲☑ 夏 于萬， 网 虎。

字又用為名詞：族稱。

《外116 》甲戌卜，翌乙亥圍 网 ，不往 网 。

《佚629 》☑亥卜，王圍 网 。

1438.

从网捕隹。隸作翟，即《說文》羅字：「以絲罟鳥也。古者芒氏初作羅。」字僅見第一期卜辭，用為殷西邊地名；與召族同辭。

《乙5395》乙卯卜，爭貞，召戋 网 。

1439.

从网牛从刀。為剛字繁體，即剛字。晚期卜辭用為屯兵地名，習稱：「剛 師」。

與 滷 地同辭。

> 《寧2.148》甲寅卜，在 ☒ 貞，今夕自不 跌。
>
> 《前2.18.1》☒在 ☒ 師貞，今夕亡 �。寧。在十月又☒。
>
> 《前2.18.3》☒在 ☒ 師貞：☒于 滷 ，亡災。

1440. ☒ ☒

　　從网刀，隸作剛，即剛字。《說文》：「強斷也。」卜辭作動詞，示兼用刀、網捕獸。字與擒字同辭。

> 《存1.741》貞： ☒ ，中擒。

又習稱，「剛于某先祖」。剛乃祭儀，此當泛指宰殺用網捕獲之野獸，用以獻祭。字見各期卜辭。

> 《續4.21.10》壬申 ☒ 于伊 ☒ 。
>
> 《粹1039》辛酉卜， ☒ 于父乙。

亦有特定以用網捕獲之某類野獸為祭牲，如：「剛羊」、「剛豕」。

> 《後上23.4》己未卜，其 ☒ 羊十于西南。

字與 ☒ 、 ☒ 、 ☒ 諸字用法同。

1441. ☒

　　從网從弋。隸作 ☒ 。《說文》無字。第一期卜辭用為地名或族稱。

> 《乙4540》癸亥卜，丙貞：呼般從 ☒ 。

般，或為武丁功臣甘盤之省稱。

1442. ☒

　　從网戉，隸作 ☒ 。《說文》無字。晚期卜辭用為祭儀，示兼用網鉞捕獸以祭；習稱「 ☒ 于某先祖」。字與剛字意同。

> 《鄴3.42.6》戊辰貞： ☒ 于大甲： ☒ 珏，三牛。
>
> 《鄴3.42.4》辛亥卜， ☒ 于父庚。

1443. ☒

　　從剛從束。束，橐也，亦為捕獸工具。隸作 ☒ 。《說文》無字。字見於晚期卜辭，為剛字繁體：示用網獸作祭牲。

> 《後上15.4》王其田 ☒ ， ☒ 于河。
>
> 　　河： ☒ 一牛。
>
> 《存1.1773》☒卜，沈， ☒ ☒。

1444. 从刚矢。隸作剦。《說文》無字。乃刚字繁體。見晚期卜辭。

《甲3916》癸酉卜貞：其剦 于沈，王賓囗。
貞，王其用于沈，剦 。

謂王用牲祭祀沈水，所用之牲口均屬用網捕的一類。

剦 字形的演變如下表：

1445. 从人持网，隸作罧。或隸作 舞 。《說文》：「牖中网也。」字後期復增佳作 罧 ，象人用網捕鳥。卜辭用為外族族稱，始見第一期甲骨文。由《合集6959》見同卜日的貞辭，謂殷將領雀連瀆討伐秦，亘和 罧，是以 罧 的地望當距秦地不遠，而秦又見與周方《乙7312》、杞《前2.8.7 》、灃《林2.20.9》同辭，位殷西南，約處陝西歧山附近。由此亦概見 罧 地的方向。

《合集6959》辛巳卜，骰貞：呼雀韋秦。 辛巳卜，骰貞：雀得亘·戋囗
辛巳卜，骰貞：呼雀伐 罧 。

罧 為西南弱族，武丁曾派遣雀大敗其部眾。

《合249 》辛巳卜，骰貞：呼雀伐 罧 。
《庫1750》囗骰貞：我戋 罧 。

殷王復親自率兵追捕 罧 人，用為祭奠的人牲。 罧 族自此滅亡，不再見於殷卜辭中。

《庫1094》乙亥卜貞：今日乙亥王韋罧，戋。
《乙6694》囗貞：我用 罧 俘。

1446. 象網形。隸作网，即網字，與 网 、 罒 諸字同。唯字見於第一期甲文。卜辭用作動詞，有捕捉意。

《乙5329》壬戌卜，骰貞：呼多犬网 麏于饡。

多犬，為殷官名。

1447. 从双持網。隸作罧。《說文》無字，或為網字繁體。卜辭用為子名。

《乙2904》囗子罧 其獲。

379

1448.　月　　月

　　　象盤形，隸作凡。乃般、盤字初文。《說文》作鎜：「承槃也。」段注：「承槃者，承水器也。」古文从金作鑒，籀文从皿作盤。卜辭中的先王盤庚作「甬月」合文可證。

　　　《前1.16.2》庚申卜貞：王賓　　月，　　日亡尤。
殷有用般本義，習言「鑑般」。
　　　《摭續190》重老須令鑑月。
卜辭般亦有用為武丁時人名，稱：「子般」。
　　　《合446》乙丑卜，般貞：先彭子月，父乙：三宰。
又用為族稱，為殷人所追捕，遂淪為人牲。其族地亦併為殷邊田狩地。
　　　《遺566》貞，追月。
　　　《鄴3.48.3》于癸烄月。
即於癸日烄祭殷族人牲。
　　　《粹960》戊寅☑貞：王其田，亡戈。在月。

1449.　曰

　　　从井，隸作丹。《說文》：「巴越之赤石也，象采丹井。丨象丹形。」卜辭用為族稱。其酋稱伯。有見於第二期甲文。
　　　《乙3387》呼从曰伯。
後淪為殷地。
　　　《京3649》己卯卜，王在曰。
　　　《文713》貞：亡☑在十二月在曰。

1450.　月　　月

　　　从盤有耳，象承水器。隸作般。《說文》作鎜。《內則》注：「鎜，承盥水者。」卜辭用為動詞，示持盤承牲以祭之意。
　　　《粹150》甲申卜，王冎四宰：大乙。翌乙酉用。
字或借為殷桓、殷遊意。
　　　《前5.27.5》庚子卜，爭貞：王冎，其轟。此日冎。轟雨。五月。
轟，即邁，遇也。

1451.　戌月

　　　从二人持盤，有授受之意，隸作興。《說文》：「起也。从舁从同。同力也。」卜辭有用作動詞，示獻盤祭上之意。

《乙5327》辛亥卜，[⿰𠂤丹] 祖庚。

《甲2124》丁卯卜，賓貞，歲不 [⿰𠂤丹]，亡匄。五月。

此武丁卜辭問歲祭時不用盤獻祭是否會無禍。

　　有用為名詞：人名。

《合233 》貞： [⿰𠂤丹] 舟册，呼歸。

　字復增口作 [⿰𠂤丹]。

《甲2030》囗 [⿰𠂤丹] 彭祖丁囗父，王受又佑。

興字在武丁時期又用為方國名，與羌人《丙42》、下 ⿱ 《合151 》同辭。下 ⿱，即 ⿱方
，其族又與基方、興方等西南方國見於同辭。

　　興方是一弱小部族，曾接受殷王稱册歸降，成為殷邊附庸。

《合233 》囗貞， [⿰𠂤丹] 舟册。呼歸。

興方協助殷王圍攻 ⿱方，並追捕羌人，用作殷人祭牲。

《合151 》囗貞：王从 [⿰𠂤丹] 方伐下 ⿱。

《丙42》壬寅卜，殼貞： [⿰𠂤丹] 方致羌。用。自上甲至下乙。

由武丁以後的卜辭，見興方已完全遭殷人同化，其地亦歸併為殷王田獵區中。

《撫74》壬申卜貞：王其田 [⿰𠂤丹]。亡戈。

1452.　[⿰𠂤丹]

　　从手持盤授予他人，隸作受。《說文》：「相付也。从受，舟省聲。」即興字之省
。卜辭用為武丁時外族名；或即興方。

《合283 》戊午卜，殼貞，戎及 [⿰𠂤丹]。

　　及，有追捕意。

1453.　[凸]

　　从殷有耳。∩，示專有名詞。仍隸作殷。卜辭僅一見，用為族名。其酋稱伯。

《佚962 》丁卯囗貞：呼囗 [凸] 伯囗。

1454.　[隹]

　　从殷隹，或即羅字之異構。第一期卜辭中用為人名，殷室曾為其問疾。

《丙27反》王固曰： [隹] 其出，重呂不出。 [隹] 其屮疾，弗其凡。

《丙28》戊寅卜，殼貞， [隹] 其來。

1455.　[宁]　[宁]

　　隸作宁。即貯字初文。《說文》：「宁，辨積物也。」又：「貯，積也。」字象貯
物之所。殷有「宁官」一職，乃管理來貢甲骨儲存之官。如宁𣪊《文547》、宁 𦍒《南
坊3.19》、宁 ⿱ 《京189》等是。

《乙2149》[宁] 入十。

381

《南坊3.19》卧 斡入。

復稱「多宁」。

《南明440》戊午貞，敕多 卧 以邑。自上甲。

字復有為地支「子」字之誤刻。

《乙6738》翌戊 卧 焚于西。

《合202》翌庚 卧 其雨。

《寧230》☒旬亡禍。旬壬午九屮來☒甲 卧 卒。

辭言「戊宁」、「庚宁」、「甲宁」，即干支的「戊子」、「庚子」、「甲子」之譌誤。

1456. 甲

象方盾形。隸作盾。《說文》：「瞂 也。 所以扞身蔽目。」卜辭用為族稱，後併為殷地。

《後下37.2》癸未卜貞：旬亡禍。三日乙酉屮來自東。晝呼 甲 告井方戈☒。

《乙3331》先冏于 甲。

字又用為人名，稱「侯 甲」。字見早期甲骨。

《人423》貞：王从侯 甲 ☒。

1457. 屮

从宁，或即宁字的異構。卜辭用為殷屯兵地。

《後下24.1》于 屮 自。

《人2307》于 屮 自。

1458. 井

隸作井。《說文》：「八家為一井。象構 韓 形。古者伯益初作井。」卜辭用為武丁時外族婦名，曰：「婦井」，屢入貢於殷。

《甲2912》婦井來。

《戬35.6》婦井示七屯。賓。

《乙7426》婦井來女。

字復用為武丁時西邊方國名，曰「井方」。井方曾與殷西部族的沚《後下39.6》、澅《後下24.5》、唐宗《後上8.5》、 髟 《京303》諸地見於同辭。澅地又靠龍方《戬49.5》，位於殷的西北方。由此可概見井方的位置。

《戬49.5》☒貞，王☒龍方☒唯 澅 。

井方族勢弱小，乃其他方國入侵目標。卜辭亦見為此小族卜問吉凶。

《卜624》☒亥卜，賓貞，方執井方。

後卒為殷人降服。武丁以後的卜辭中再找不到任何井方為患的痕迹。

《粹1163》己巳貞，執井方。

井方淪為附庸，有入貢女子，間亦成為殷王寵幸者，有孕。

《乙7426》婦井來女。

《佚967 》☐亥，婦井育☐。

其族並屢貢甲骨，成為殷邊順民。

《續4.28.5》☐入五☐婦井乞 🜚 自☐七，耳十五。

《簠典41》癸巳婦井示一屯。亘。

《戩35.6》婦井示七屯。賓。

《乙6967》婦井示四十。賓。

1459.

　　象磬鐘類樂器之形。隸作㓾，即南字。卜辭有見於豝、卯諸字卜，作為祭牲名，與牛羊犬羌諸牲並列，字當讀為豰。《說文》：「小豚也。」今言乳豬。卜辭又連言「南豕」。

《京609 》貞：叀年于王亥骨☐犬、一羊、一豵，豝三小宰，卯九牛，三㓾、三羌。

《乙5398》豝五㓾十牛。

《庫1606》癸未卜，婦 🜚 㞷妣己：㓾豕。

南又借為四方之一，有稱：「南土」、「南室」、「南鄙」、「南門」、「南方」、「南沚」。

《京530 》癸卯卜，大貞：㓾土受年。

《甲2123》庚子卜貞：㞷祊于㓾室。

《乙6670》㞷來自㓾，致🜚。

《合78》癸丑卜貞：旬甲寅大食，雨自北。乙卯小食大啟。丙辰☐日大雨自㓾。

或連稱「西南」，「東西南」。

《後上23.4》己未卜，其刐羊十于西㓾。

《合278 》貞，叀東西㓾，卯黃牛。

1460.

　　从夊擊南，隸作敳。《說文》無字。卜辭用為第一期貞人名。

《粹1498》書示四屯。敳。

《外459 》癸卯婦井示三屯。敳自乞屖。

前辭乃「敳自屖乞」之倒文。乞，求也。

1461.

　　為南字之譌變。卜辭借為豰，小豕也。或用作本義，祭樂器也。

《外8 》丁巳卜，賓貞，豝于王亥：十㓾，卯十牛、三㓾。告其从望乘征

383

下 🦴。

1462. 🦴

　　字亦隸作南，唯屬專有名詞，與一般的南字用法異。卜辭作為田狩地名。僅一見。
　　《後下3.10》重田 🦴，不 🦴。唯止（此）又遘。

1463. 🦴　🦴

　　象朽骨之形，隸. 歺。《說文》：「列骨之殘也。从半冎。」卜辭有讀如烈，盛也
。
　　　　《京419》貞：不亦歺雨。
　　「烈雨」，即降大雨。
　　　　有讀如列，行列也。如：「列鼎」，乃祭儀之一。
　　　　《合278》貞：其不多歺鼎。
　　由殷墓的發掘，已見殷王室墓葬有一定用鼎數目和列置方式。此可反映部份祭祀時實況
。

1464. 🦴

　　从人舊於朽骨之前，隸作歺人，即死字。《說文》：「澌也。人所離也。从歺人。」
卜辭與「禍」字連文。用法或已作死亡之意解。
　　　　《合470》貞：不歺人。
　　　　《海1.21》☑不☑子禍☑曰：弜☑歺人。

1465. 🦴

　　就形構言，亦即死字，與歺人字同；就字用觀察彼此亦通。唯辭間省仍待深考。
　　　　《前5.4.13》己酉卜，王弜唯死。
　　卜辭貞問時王曾逝世否。「弜唯死」，即「弗唯死」，亦即「弗死」，屬貞詞。

1466. 🦴

　　象棄置朽骨於阱穴中之形，隸作 歺。《說文》無字。卜辭用為第一期中的殷西族
稱。與武丁將領雀同辭。
　　　　《合283》雀戋 歺。
　　　　《前2.13.3》☑翌癸亥雀弗其戋 歺邑。

1467. 🦴

從夂山，隸作仙。《說文》無字。卜辭用為祭祀地名。

《佚891》于 🔳 則父甲 🔳 。

1468. 🔳

從攴貝，隸作斀。《說文》：「突堅意也。從攴從貝。貝，堅實也，讀若概。」卜
辭用為田狩地。有見於第三期甲文。

《甲1650》丁亥卜，狄貞：其田 🔳 。重辛湄日亡災，不雨。

《寧1.70》弜田 🔳 ，其雨。

1469. 🔳

字或攴之異構。卜辭僅一見，屬第五期甲文。字用作屯師地名，與公地連用。

《合331》癸亥卜，在 🔳 公師貞，王旬亡 🔳 。

1470. 🔳

字或與 🔳 形同，隸作工。《說文》：「巧飾也。象人有規榘。與巫同意，」晚期卜
辭用為地名。

《遺263》己酉卜在 🔳 貞：王今夕亡 🔳 。

1471. 🔳   🔳

從攴尚亦聲，隸作敝。《說文》：「帗也。一曰敗衣。」卜辭用為田狩地名。始見
第一期，地屬山麓，習稱：「敝麓」。

《前6.11.5》乙丑🔳貞：翌丁卯其狩 🔳 。弗擒。

《京4454》王其田 🔳 🔳遘🔳 。

1472. 🔳

象鉦鐃類樂器形，有作 🔳 。即庚字。卜辭除多用作天干字外，有用為附庸族稱

《乙931》🔳 入十。

有用為婦名、子名。

《乙617》貞：婦 🔳 又子。今六月。

《存1.1456》🔳卜，䄡于子 🔳 ：豕一。

有作為祭地名，又稱：「庚宗」。

《合104》丙子卜，亘貞：王坐祊于 🔳 ：百長。

謂以長族百人祭於庚地。

《前1.45.5》于 🔳 宗：十羌，卯廿牛。

385

1473. 角

从庚大，隸作庚。《說文》無字。晚期卜辭用為地名，與尤地見於同版對稱。

《乙9073》丁未卜貞：角禍，告王。

丁未卜貞，尤禍，告囚。

前辭意謂庚、尤二地發生禍患，遂來朝稟告殷王，因而卜問其吉凶。

1474. 亞

象亞型墓室。隸作亞。卜辭用本義。

《乙8852》戊午卜，祝亞。用十寅系。

「祝亞」，即在亞室禱告，用祭牲若干。

又稱「亞宗」，為殷王墓葬之所。

《後下27.1》囚其作亞宗。

《南明443》丙戌卜，戊亞其陣、其禮。

卜言戊日「其陣」、「其禮」，乃對亞室先公先王的祭儀。蓋人死為鬼，多能施疾降災。況殷人尚鬼，對先王鬼魂更倍加敬畏。卜辭有連言「亞多鬼」，可反映亞室本意。

《前4.18.3》貞，亞多鬼疾？亡疾？四月。

疾，有降災意。卜問亞室中諸鬼魂是否會降禍。

亞室有泛稱：「亞」、「亞宗」，專稱則曰：「亞某先王」；意與「示某先王」同。

《卜253》囚唯亞祖乙岂王。

《撫1.389》其祝示父甲：三牛。

卜辭中有言「多亞」為殷官，職司管理殷王墓葬。

《寧2.16》庚辰卜，今多亞救犬。

卜辭中稱亞官的有：「亞雀」、「亞弜」、「亞脤」、「亞般」、「亞旁」等。

《乙3478》乙巳卜，貞于翌丙告妣于亞雀。

《粹1178》丁酉卜，亞弜以眾涉于西、若。

《甲3913》壬戌卜，狄貞，亞脤伐異。

《鄴3.44.4》囚卜亞般歲从老囚。

《甲2464》乙巳卜，尤貞：亞旁以羌其钔用。

1475. 亞

亦象亞形異構，隸作亞。卜辭用為附庸族稱，其酋稱侯。曾助殷王狩獵。

《後下4.3》貞，弜立事于亞侯，六月。

《合105》呼亞獲豕。

《乙1101》貞：亞往來亡禍。

386

1476.

　　字與 字同。亦隸作亞。卜辭用為附庸族稱，其酋稱侯。始見於第一期甲骨。

　　　　《存2.463 》丁亥卜，賓☒ 侯却☒。

　　　　《粹367 》己未貞：王其告其从 侯。

　　　　《甲2396》貞，重直令見于 。

1477.

　　字形與用義和 、 諸字具同，即亞字。見於晚期卜辭。仍用為附庸族名，習稱：「 侯」。

　　　　《七P119》庚辰卜，不來。戊寅 侯允來。

1478.

　　字或宁字的形譌，參 字。多見於晚期卜辭，用為屯師地名。

　　　　《合331 》癸酉☒在 師貞，王旬亡戜。在十月又二。

1479.

　　象神主之形。字作 《續1.5.1》、作 《後上10.9》、作 　 《後下20.7》。當與 、 形同，隸仍作示。前人釋作工，實誤。卜辭有言報乙、報丙、報丁、示壬、示癸合為「三 二示」，示字作 ，亦有作 ；可證。

　　　　《粹542 》 三 二 ，卯。王敎于此。若。佑征。

晚期卜辭習言「 冊 」，即「示冊」，今言「祀冊」，屬祭祀先王之典策記錄，列述下旬需要祭祀的先祖妣名、祭名和祭日。

　　　　《金455 》癸巳王卜貞：旬亡戜。王占曰，大吉。在五月。甲午 冊其酯有佑。

　　　　《綴附2 》癸☒王卜貞：旬☒王占曰：吉☒二月。甲寅 冊其酯肜日。

「示冊」之公告和獻神儀式每在甲日舉行，為開啟下一旬諸常祭之前的一特殊祭儀。

　　　　《後上10.9》癸未卜王在 貞：旬亡禍。在六月甲申 冊其酯肜。

卜辭又稱「多 」、「多 」，實亦「多示」之異構。

　　　　《粹1271》☒于多 。

　　　　《丙54》☒丑卜，賓貞：翌乙☒午月夕㞢食。乙未酯多 率 。

「酯多示」，即酯祭列位先王神主。

1480.

　　字與 同，亦當隸為示字。由「示典」、「多示」諸文例可證。卜辭又習言「帝 」，即「褅示」，褅祭於先王神主。

387

《存1.1831》辛亥卜，帝🝔，壱。

又對稱言：「出🝔」、「亡🝔」，即「有示」、「無示」。示，讀如祀。

　　　《外452》戊寅卜，爭貞：今春眾出🝔。十月。

　　　《粹1216》貞：自亡其🝔。

　　　《京4844》亡🝔。

卜辭中復有作「🝔」之先祖，當即示壬，與「🝔」全同，乃🝔、示一字的又一例證。

　　　　《人2982》壬辰卜，夕又🝔壬：牢。

🝔又作為放置神主之宗廟地名。卜辭有謂「北🝔」，乃殷人徵召軍隊之地點。古人征戰，必先於宗廟祈福，此習蓋已始見於卜辭。

　　　《粹1217》貞：今在北🝔収人。

収人，即登人；言召集殷民从事征伐之意。

1481. 🝔

　　象宗廟神主之形。字與示、🝔實同，即示字初文。由文例「三🝔二示」作🝔、示、🝔可證。

　　　《遺628》丙申卜，又三🝔二🝔。

　　　《乙8670》丙戌卜，祟于四🝔。

四示，即四宗，指四位先祖。

1482. 🝔

　　从示，隸作亙。讀如恆。《說文》：「常也。」卜辭習言「王亙」，即文獻的殷先公「王恆」。

　　　《後上9.10》貞：出于王🝔。

　　　《粹78反》貞：于王🝔出。

比較二辭，見動詞出（祐）可置於受詞之前；亦可置於句末，而前置賓語。

1483. 巫

　　即巫字。字見《詛楚文》。玄應《一切經音義》卷三：「事鬼神曰巫。」《說文》：「祝也。女能事無形，以舞降神者也。」卜辭巫多女稱，如：巫🝔《拾11.11》、巫🝔《鄴1.38.6》，與文獻所言：男曰覡，女曰巫相合。卜辭中的巫主要與司與祭祀問卜有關。

　　　《寧1.76》庚戌卜，巫帝：一羊一犬。

「巫帝」，即「巫禘」，言巫師事鬼神，舉行禘祭。

　　　《後下42.4》癸酉卜，巫宁風。

「宁風」，即「寧風」，有止息風暴意。見巫者具神力，能影響大自然的變化。

1484. 【字形】

　　从宀巫，隸作宓。或是寇字異構。參 【字形】、【字形】 字條。字始見第一期甲文，用為地名或族稱。與殷西將領雀同辭。

　　　　《佚961》雀其戈 【字形】。

1485. 【字形】

　　从𠬞持禾獻於示前，隸作 【字形】。《說文》無字。卜辭用為人名，或附庸族稱。

　　　　《乙4527》乙未 【字形】 入二。
　　　　《乙5542》【字形】 入二。

1486. 【字形】　【字形】

　　字為羑字之繁體。卜辭用為鳥名，乃 【字形】 字之省。由比較下二文例可見：

　　　　《佚389》癸未卜貞，翌戊子王往逐 【字形】。
　　　　《存2.166》戊子卜，賓貞，王逐 【字形】 于沚。亡災。此日王往逐 【字形】 于沚，尤亡災，獲 【字形】 八。

　　殷人有用 【字形】 鳥祭。

　　　　《乙1201》丁卯卜，般貞，【字形】 娟㞢子。

　　辭義當謂用 【字形】 鳥祭祀，求祐殷武丁之妾娟有子。

1487. 【字形】　【字形】　【字形】　【字形】　【字形】　【字形】

　　隸作彔，即麓字。《說文》：「林屬於山為麓。《春秋》傳曰：沙麓崩。」古文作 【字形】。

　　卜辭多言：「某麓」，均屬田狩地區。有： 【字形】《前6.1.8》、敝【字形】《前6.11.5》、雍【字形】《林2.4.19》、桮【字形】《粹1276》、唐【字形】《乙498》、【字形】【字形】《外434》、洗【字形】《京5301》、【字形】【字形】《後上15.7》、【字形】【字形】《讀3.32.3》、麥【字形】《佚518》、白【字形】《乙8688》。

　　在山麓狩獵對象主要為兕牛，亦間有鹿羣。

　　　　《佚518》壬午王田于麥 【字形】，獲商戠兕。王賜宰封寢，小䊷祝。在五月。唯王六祀肜日。

　　戠，讀如熾，赤也。「戠兕」，即棕色野牛。

　　　　《後下13.14》壬寅☑貞，翌癸卯王亦東【字形】出，㞢兕。

　　卜辭復有「北鹿」、「東鹿」之列，或即指滴水之東、北高地。

　　　　《鐵233.2》貞：北【字形】亡其兕。
　　　　《鄴3.45.11》滴北☑【字形】☑。

389

1488. 󲈀

　　从彖虎，隸作 虥 。《說文》無字。第五期卜辭中用為地名，當為「虎彖」二字合文
，即「虎彖」。地與外邦「人方」同辭，當處於殷東南一帶。
　　　　《綜圖21.2》丙午卜，在攸貞：王其呼☒征執，克人方 󲈀 ，焚☒弗每(牧)在
　　　　　　　正月。唯來征人☒。
辭言敗人方於虎彖。

1489. 󲈁

　　字亦隸作彖。卜辭借用為附庸族稱或人名。僅一見。
　　　　《合400 》 󲈁 入☒。

1490. 󲈂

　　字當與彖同，隸作彖。今作彖。參  󲈂 字條。卜辭習稱「成 󲈂 」，或屬祭祀成湯之
專有地名。　　　《合200 》貞，�于成 󲈂 。 
　　　　《續6.13.7》☒ 戠☒土于☒成 󲈂 ☒若。

1491. 󲈃

　　字形不識。卜辭用為名詞，或屬農耕地名。僅一見。
　　　　《佚905 》勿呼☒嗇于☒自 󲈃 。

1492. 󲈄

　　象束橐之形，口示聲符。隸作橐。《說文》：「橐也。從 󲈄 省，石聲。」段注：
「《大雅》毛傳曰：小曰橐，大曰橐。高誘注《戰國策》曰：無底曰橐，有底曰橐。」
卜辭借為蠹，有敗壞意。《經典釋文》：「蠹，蟲敗也。」《公羊傳》宣公十二年：「
皮不蠹。」杜注：「壞也。」《戰國策·秦策》：「有漢中蠹。」高注，「害也。」
　　　　《乙7312》丁巳卜，㱿貞：王伐，不 󲈄 。 
謂卜問殷王征戰順利，無有敗挫否之意。
　　　　《乙3305》翌乙卯王入，不 󲈄 。 
謂殷王翌日是否將戰勝，順利而歸。

1493. 󲈅

　　从中置於橐臼中，隸作  󲈅 。《說文》無字。與 󲈅 、 󲈅 字同。參杗字條。从中从木偏
旁可通。由下二文例比較亦可作為同字異構之佐證。卜辭用為祭祀地名，始見第一期甲
文。
　　　　《佚14 》☒般☒呼子 󲈅 㞢于 󲈅 。重犬㞢羊。

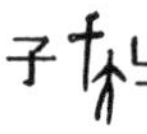

390

《後上9.6》貞：屮于🔲。

1494. 中　中

　　字形與 🔲 同，隸作中，唯字的本義與用義稍別。中，讀為仲；有次貳之意。《釋名・釋親屬》：「仲，中也，言位在中也。」如「中婦」，即「仲婦」。

　　　　《人417 》重🔲矢中婦。

　　　　《後下23.6》🔲卜🔲🔲中婦。

卜辭習稱先祖「中宗」，即「仲宗」，指介乎上甲至武丁中間的大宗。乃「祖乙」之專稱。

　　　　《存1.1795》執其用自中宗祖乙。王受🔲。

　　　　《甲1481》其又中宗祖乙，又羌。

卜辭又言「立中」，乃「立朕中人」之省文，「中人」乃探子、伺警類官員。

　　　　《存2.803 》癸酉貞：方大出，立中于北土。

　　　　《人268 》庚申卜，王侯其立朕中人。

1495. 🔲　🔲　中

　　　　象風吹旂旗之形。即中字。卜辭言「🔲🔲」，亦隸作「立中」，唯此中乃指驗風測氣候之儀器。參立字條。

　　　　《金677 》🔲爭貞：翌丙子其立🔲風。丙子立🔲 🔲亡風。晹日🔲。

殷人習稱左右中三師亦用此 🔲 字形。

　　　　《粹597 》丁酉貞：王作三𠂤：右🔲左。

　　　　《前3.31.2》丙申卜貞，🔲馬：左右🔲人三百。六月。

又有稱「🔲日」，即指日中，有日午之意。

　　　　《掇1.394 》🔲 日戾其雨。

　　　　《甲547 》🔲 日至郭兮啟。

　　　　《人3114》庚寅雨。🔲 日既。

　　　　《粹682 》莫。于日🔲酒往，不雨。

中復用為小臣名。

　　　　《前7.7.2 》🔲乞自岛廿屯。小臣 🔲示。🔲。

　　　　《前4.27.6》丙子小臣 中🔲。

1496. 中

　　亦隸作中字，卜辭用為祭地名。

　　　　《掇2.33》🔲又茲用，在 中 。

復誤用為中字。由下二文例「中人」可證。

　　　　《後下8.6》貞：令🔲中人🔲。

　　　　《人269 》庚申卜，王侯其立朕中人。

1497. 史

从手持中，或隸作史。唯結構與 史 異，有區別義。晚期卜辭用為地名。

《鄴1.40.8》癸酉卜，王在 史 。

1498. 韋

从中从高省。隸作 韋 。《說文》無字。字始見第一期甲文，卜辭用為動詞，有征伐意。當為 韋（ 韋 ）字之誤，讀如敦，示正面撲伐之意。

《合301 》戊午卜，殼貞：我其呼 韋舀 。戈。

西，殷西方國名。

1499. 忠

从口，中亦聲，隸作忠。《說文》無字。卜辭多用為第一期貞人名外，復用作武丁時附庸族稱。

《乙5305》貞：忠來豕。

《續5.16.3》丁卯曼示二屯，自忠乞。小叙。

《粹1504》忠示十屯屮一。實。

1500. 史 史

从手持中。隸作史，《說文》：「記事者也。从又持中。中，正也。」卜辭有借為事，習言：「叶王事」，「叶朕事」。「叶我事」。叶，即協；有助意。

《甲3338》己丑卜，爭貞，吳叶王 史 。

《佚15》甲戌卜，王，余令角婦叶朕 史 。

《乙1781》囗 蛾 叶我 史 。

又借為吏字。《說文》：「治人者也。」

《殷古13.1》壬戌卜，殼貞，乞令我 史 步伐呂方。

或借為使者之使。卜辭有言鳳鳥為上帝遣使。

《遺935 》于帝 史 鳳：二犬。

《通II1 》乙巳卜貞，王賓帝 史 ，亡尤。

復用為動詞，有出使意。

《丙5 》庚子卜，爭貞：西 史 召，其屮禍。

《合281 》丁酉余卜，唯今八月又 史 。

1501. 冊

象簡牘之形，隸作冊。《說文》：「符命也。諸侯受命於王者也，象其札一長一短

，中有二編之形。」卜辭習稱：「冊冊」、「乍冊」，即「稱冊」，「作冊」。前人釋為封策外族之意，唯無實證。

《續3.10.2》乙卯卜，爭貞，沚 冊冊，王从伐土方。受坐又。

細審冊字多作動詞，與祝、用字連文，又言「冊某先妣」。冊，策告也；當與祭祀事類有關，乃指祭祀時將祭事書寫於竹間上，祈求上蒼降蔭之意。

《甲743 》冊 祝。

《人2263》祝其 冊 。

《京4320》貞：重 冊 用，受囗。

《南明673 》辛卯卜，其 冊 妣辛。

冊又用作人名。

《京179 》冊 入。

1502. 祄冊

从示冊亦聲，隸作祄 或為「冊示」二字合文，示書冊告於宗廟之意。字與冊通用。由下列諸文例比較得之。

(1)　《後下43.4》祄冊 用人十又五。王受又(佑)。

　　　《粹1 》重 冊 用。

(2)　《人1875》重茲祄冊 用，又征。

　　　《甲1665 》冊 至，又征。

(3)　《南明605 》其 冊 祖甲，重囗祄冊 牢又一牛。

　　　《佚871 》辛丑卜，坐三羊， 冊 五十五牢。

(4)　《甲726 》重妣辛 祄冊 用。

　　　《南明673 》辛卯卜，其 冊 妣辛。

1503. 曶

从冊口，隸作曶。《說文》無字。卜辭用為名詞，字與冊、祄同，習稱「冊曶」《存2.293 》、「殷曶」《人1876》、「坐冊」《續1.28.5》、「冊曶」《合233 》。有書策告祖之意。「冊 曶」，前一冊字用為動詞，有書寫意，即作冊書以禱告於鬼神。

《金491 》貞：其坐 曶 南庚。

《粹230 》乙酉卜貞，王又 曶 于祖乙。

屢見於祭祀卜辭中。曶下每書列所祭獻之數。

《佚889 》貞，卯于父乙：坐三牛。曶：卅伐、卅牢。

《庫1701》甲戌卜，亘貞：卯婦好于父乙， 曶 ：奴。

《合254 》貞： 曶祖乙：十伐坐五，卯十牢坐五。

《佚118 》 曶 奴二人。

《粹387 》囗其 曶 妿。

妿，即女奴。卜辭用為人牲。

1504. 　　〔圖〕　〔圖〕　〔圖〕

　　從水册亦聲，或增从曾；隸作洲。《說文》無字。卜辭作為動詞，用法與册同。或即「册水」合文，意為册告於水。

　　　　《乙7808》己卯卜，殼貞：宦耤于名。允。不〔圖〕。

　　　　《乙1887》貞，王往出于田，不〔圖〕。

　　　　《後下24.7》☑婦井〔圖〕☑。

　　　　《丙42》王固曰：吉。勿〔圖〕。

1505. 　　〔圖〕

　　從双持册，隸作典。《說文》：「五帝之書也，从册在丌上。尊閣之也。莊都說：典，大册也。」唯卜辭用法與册同。由下二文例「稱册」可證典、册是同字異構。

　　(1)　　《前7.6.1》壬申卜，殼貞：☑禍。再〔圖〕，呼从。

　　　　　《前7.27.1》☑卜，殼貞：迍歬再册，王从☑。

　　(2)　　《人1876》☑〔圖〕〔圖〕曾羌方。王☑。

　　　　　《簠雜89》貞：婦〔圖〕曾册畫。

1506. 　　〔圖〕

　　從双持册，隸作典，下附文飾「=」作為「工典」專有名詞之用。工典即示册，乃舉行諸常祭以前一公告儀式，謂獻上所禱告的書文。多在甲日進行。

　　　　《遺495》癸未卜貞：旬亡〔圖〕。在☑月甲申示〔圖〕其彫。

　　　　《後上10.9》癸未卜，王在豐貞：旬亡禍。在六月。甲申示〔圖〕其彫肜。

1507. 　　〔圖〕

　　從双持册獻於示前，亦隸作典。乃「示册」二字合體。參册、典諸字。與彫祭連用。由下二文例比核得　證。

　　　　《鄴3.38.4》☑辛彫〔圖〕。若。

　　　　《後下20.7》癸酉卜，王貞：旬亡禍。在四月。甲戌示〔圖〕其彫肜。

1508. 　　〔圖〕

　　從双持册於口上，仍隸作典。字與曾字亦同。由下二文例比較可見。

　　　　《南坊5.58》☑未卜，又〔圖〕于妣庚，其奠秦宗。

　　　　《粹230》乙酉卜貞，王又曾于祖乙。

　　是知册、洲、曾、洲、潜、典、典、禖、奠諸字均屬同一字根所衍生，大致如下表：

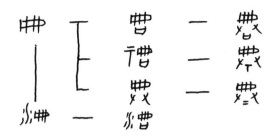

1509.

從火焚木冊，隸作 樊 。《說文》無字。卜辭用為地名，僅一見。

《甲436 》☑ㄓ亡☑于 樊 ☑從東圍。

1510. 冊

字形未識。或即冊字異體。卜辭用為武丁時方國名。冊方曾與屰地同辭。而屰地乃殷王率師往伐冊方所經之地，約位於殷的西南，距離周方《京1271》、缶《寧3.138 》、羌《後下24.11 》、 《前6.54.1》諸地不遠。由此可推測冊方的大致方向。

《鹽游68》☑貞：王自于屰，迺呼 冊☑。

《京1271》☑屰于☑眔周。

武丁時曾親徵兵討伐冊方，卒滅其族。

《合集6541》☑貞：王伐冊方，受ㄓ又。

☑貞：勿登人五千。

《存1.627 》壬寅卜，爭貞：今春王伐冊方，受ㄓ又。十三月。

《後下34.2》☑散貞：王自☑ 冊☑。

武丁以後不復見冊方的記載，相信其族已盡為殷人同化，不再為患中土。

1511. 凸

字形未識。卜辭用為子名，與「子韋」同辭。

《後下18.2》癸丑卜，子韋。

子凸。

1512. ✕ ✕

象紡車下垂之形，ↄ為絲繫，θ屬線穗，ᴗ是線錘。為專字古文。《說文》：「專，一曰紡專。」前期卜辭作✕，後期者多作 ✕ 。隸作重。卜辭用為助詞、發語詞：唯。肯定式用重，否定式有用「勿隹」。

《京1347》貞：✕王。

貞：勿唯王自望。

395

重字語句主要形式有四。其後絶多緊隨名詞，如人名、地名、時間、祭牲等。

1. 重 + 名詞 + 動詞

《鐵118.2》貞：◎王征呂方。

句式乃「發語詞 + 主詞 + 動詞 + 賓詞」的常格。

《撫續140》貞：◎呼伐呂。

2. 名詞 + 重 + 名詞 + 動詞

《明2328》乙卯卜，瓥貞：王◎土方征。

賓語「土方」前置，成「賓動」式的變格。

《前7.22.1》庚寅卜，永貞：王◎中立。若。十一月。

3. 重 + 名詞

《揻2.125》貞：父戊歲，◎羊。

《合430》丙午用。◎七月。

《存1.1755》◎大雨。

名詞之前有添加形容詞修飾。如上辭「七月」的七為數詞，形容名詞「月」。「大雨」的大為形容詞，亦置名詞之前，發語詞「重」之後。

4. 重 + 動詞

《乙3177》丁巳卜，亘貞：☒王固曰：◎出。

此類型均為「重 + 名詞 + 動詞」之省，詞例最少。

「重出」，即「重王出」之省文。

《金55》貞：◎疾。

「重疾」，即卜問「重某人疾」否之省文。

1513. ◎

從手持重，隸作專。《說文》：「專，一曰紡專。」卜辭用為人名，「侯專」。

《前5.9.2》癸亥卜，王貞：余從侯◎。八月。

與殷西龍族同辭，始見用於第一期甲文。

《丙1》丙寅卜，爭，呼龍先侯◎希取。

復用作地名。

《乙811》貞：呼乍 [圖] 于◎。

字有增手作 ◎。為殷侯專之專名。

《粹149》☒西☒九示，自大乙至丁祖。其從侯 ◎。

1514. ◎

從又重，亦專字。《說文》：「紡專。」卜辭用為地名或族稱，始見第一期甲文。

《鐵216.3 》戊子卜，賓貞：⊬其♦伐。

「其專伐」，即「其伐專」之倒文，賓語前置。專由外族降而為附庸，卒淪為殷邊地。

《合220 》貞：呼省♦牛。

「呼省專牛」，省有巡視意。卜辭習見「呼省某地」，可見專屬殷附庸地名。

《存2.125 》己亥☒貞：今☒♦雨。

1515.

从重从口，隸作 。《說文》無字。晚期卜辭用為地名。乃殷王田狩、屯兵地。與麥地望相近。麥約在殷東南。

《南南2.252 》丙戌王卜在 貞：田麥，往來亡災。

《前2.35.1》乙未王卜貞，田 ，往來亡災。王占曰：吉。茲卯。獲鹿四、
☒。

《金532 》丁酉卜貞：王迍于 。往來亡災。

《讀3.18.4》癸亥卜貞：王旬亡畎。在五月。在 師。

1516.

字从 緐飾，或為 字異構。參 字條。字見於第五期卜辭，用作地名，與
地同辭。

《前2.5.5 》壬寅卜，在 貞：王步于 。亡災。

1517.

从重从酉，隸作 。《說文》無字。晚期卜辭用為地名，乃殷王田狩、屯兵地。由辭例「田 」、「迍 」、「 師」，與 字的用法全同，从口、从酉皆盛器；義亦近。二字當屬同名異構。

《前2.44.5》戊寅王卜貞：田 ，往來亡災。王占曰：吉。茲卯。獲鹿二。

《佚56》乙酉卜貞，王迍于 ，往來亡災。

《讀3.18.4》癸卯卜貞：王旬亡畎。在五月。在 師。唯王來征人方。
地與征人方同辭，當處於殷東南一帶。

1518.

字亦隸作重，象紡車之形。《說文》：「小謹也。」卜辭用為殷邊地名，始見第一期甲骨文，與吕方、召族等同辭，當位於殷西北。

《存1.550 》戊寅卜，賓貞：今秋吕方其圍于 。

《粹1125》壬申卜，衍，召于 。

《粹1436》癸亥貞：旬亡禍。在 旬。

地又與 、 同辭，彼此當亦相隔不遠。

《摭續164 》丁巳貞：王步自 [甲骨文] 于 [甲骨文] 。若。

乙丑貞：今日王步自 [甲骨文] 于 [甲骨文]。

殷人除於此舉行祭祀外，復曾屯兵於此地。

《柏30》☑衋于 [甲骨文] 。

《人2511》☑于 [甲骨文] 自。

殷晚期卜辭復有稱：「[甲骨文] 方」，或即此地族眾坐大者；與叔方、盧 方同辭。

《鄴3.43.7》重可伯 [甲骨文] 呼 [甲骨文] 叔方、盧方、[甲骨文] 方。

1519. [甲骨文] [甲骨文] [甲骨文] [甲骨文]

字當亦隸作重。因區別義而與 [甲骨文]、[甲骨文] 諸形稍異。卜辭用為地名、族稱和人名。

《人3118》☑丑卜，弜田 [甲骨文] ☑ [甲骨文] 受禾。一月。

《前7.10.3》☑重 [甲骨文] 令取射。

發語詞「重」字之下均接名詞，復由「某令」辭例可知 [甲骨文] 當為殷附庸或人名。又反觀前辭言「田 [甲骨文] 」，是知此字當屬族稱，而非人名。

《鄴3.43.7》重可伯 [甲骨文] 呼 [甲骨文] 叔方、盧方、[甲骨文] 方。

此見 [甲骨文] 又用為「可伯」之名。

1520. [甲骨文]

象穀米具皮之形，或即穀字初文。卜辭用為祭地名。

《後下23.1》己未卜貞：衋酓 [甲骨文]，哲大甲。

即「衋酓于 [甲骨文] 」之省。

《京3080》王 [甲骨文] 钔乙。

此句乃殷王在 [甲骨文] 地祭禩于先祖名乙者之省文。

1521. [甲骨文]

字與穀（ [甲骨文] ）形相近，卜辭亦借用為地名。二字或屬同文。卜辭僅一見。

《粹1178》丁酉卜，亞 [甲骨文] 以眾涉于 [甲骨文] 。若。

1522. [甲骨文] [甲骨文] [甲骨文]

象束橐之形，隸作東。卜辭已借為四方之東，如「東土」、「東方」、「東寢」、「東室」、「東鄙」、「東沚」、「河東」等是。

《乙3287》甲午卜，征貞，[甲骨文] 土不其受年。

《鄴3.38.4》甲子卜，其桒雨于 [甲骨文] 方。

《戩23》癸巳卜，吉貞：令自殷涉于河 [甲骨文]。

《前6.57.7》其自 [甲骨文] 來雨。

殷人有祭四方之習，東方神曰：析，有鳳使曰「劦桒」。卜辭復見祭「東母」，為東方

398

女神，與「西母」並稱。

《合261》貞：禘于🔣方曰：析。鳳曰：🔣。

《存1.442》辛巳卜，賓貞：燎于🔣。

《續1.53.2》己酉卜，㱿貞，燎于🔣母：九牛。

《後上28.5》壬申卜貞：屮于東母、西母。若。

卜辭復多言「从東」獲獸，可見殷東無強敵，多屬田狩地區。

《林2.22.11》止（此）日王往于田，从🔣。允獲豕三。十月。

《摭續133》☑从🔣擒🔣。

《人2058》☑从🔣狩。亡戈。

1523. 🔣

从二東，隸作棘。《說文》無字。卜辭用為殷邊地名，為武丁時西南猶族入侵的對象。字或曹字初文。《左傳》閔公二年：「立戴公以🔣于曹。」即今河南滑縣南白馬城。

《後上15.15》貞，猶伐🔣，其戈。

1524. 🔣

从双持東予人，有接受意。隸作與。《說文》無字。早期卜辭用為附庸族稱，習稱「下與」，與望來、虎方、🔣諸地望同辭。🔣地、虎方均位於殷西南。

《　19》貞：令望乘眾下🔣途虎方。十一月。

《掇2.62》乙未☑貞：立事☑南又☑中从☑🔣又从🔣。

1525. 🔣　🔣

从手持東，隸作敕。《說文》無字。卜辭用為人名或族稱。

《甲2329》丁丑🔣入七。

1526. 🔣　🔣　🔣　🔣

从東，字形不識。晚期卜辭用為邊地名，與🔣地相接。

《前2.17.3》辛丑王卜，在🔣師貞：今日步于🔣。亡災。

1527. 🔣

从手持東，或與族稱的敕字同。卜辭用為婦名。

《庫1583》貞：呼婦🔣。

1528. 𝍓

象鳥巢之形，隸作西。《說文》：「鳥在巢上也，象形。日在西方而鳥棲，故因以為東西之西。」卜辭借用為四方之西，習見「西土」、「西方」、「西邑」、「西鄙」等是。多與東對稱。

  《存2.155》甲辰卜，永貞：𝍓 土其㞢降艱。二月。

  《殽37》其自 𝍓 來雨。

  《乙5323》貞，叀王自往 𝍓 。

  《林1.9.14》貞：叀于 𝍓 邑。

殷人亦屢用祭西方。西方神曰：𢍺，風使曰：彝。

  《庫1987》庚戌卜，爭貞：袞于 𝍓 。骨一犬、一南，袞四牡、四羊、南二，
    卯十牛、南一。

  《乙2282》己巳卜，賓貞，禘于 𝍓 。

  《掇2.158》 𝍓 方曰：𢍺；風曰：彝。

殷人多言「其有來艱自西」，可見殷時外來頑敵侵擾主要源自西面。

  《甲3506》貞：其㞢來艱自 𝍓 。

  《菁2》癸巳卜，殼貞：旬亡禍。王固曰：㞢祟。其㞢來艱。乞至五日丁酉允
  㞢來艱自 𝍓 。沚，告曰：土方圍于我東鄙，戈二邑；呂方亦侵我
  西鄙田。

1529. 𡩠 𡩠

从宀西聲，隸作㝔。《說文》無字。卜辭中用為武丁期間方國名，位於殷西，與戔地同辭。

  《京2714》☒ 𡩠 ☒于戔。

戔地是殷王攻略召方時途經地。

  《寧1.427》丁未貞，王征召方。在戔卜。九月。

其族勢力弱小，自始即為殷人壓迫，並不見任何反抗痕迹。

  《後下25.1》癸丑卜，丙☒：我弗其戈 𡩠 。

  《丙1》壬子卜，爭貞：自今日我戈 𡩠 。

  《合301》戊子卜，殼貞：我其呼羍 𡩠 。戈。

  《合集6829》☒伐 𡩠 。

殷王亦曾親自用兵，以顯其武功。

  《掇2.170》辛卯卜，王羍 𡩠 ，受祐。

㝔族降服，為殷人所吞併，不復見於武丁以後的卜辭。

1530. 㞢西

从不西聲，隸作㹸。不或即犬（𤜁）之形譌，字與 𤜁 同即猶字。卜辭用為外族名。

  《寧1.430》辛酉卜，王翌，壬戌戈 㞢西 。十二月。

  《鄴3.40.5》癸丑卜，王羍 㞢西 。戈。十二月。

1531. 

从犬西聲，隸作猷，或作犻。《說文》無字。卜辭用為外族名。未悉與西南的犻是否同族。

《京3138》☐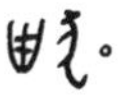。

，象人持戈形，有擊伐意。

1532. 

象其帚形，隸作帚。《說文》：「所以糞也。从又持巾埽冂 內。古者少康初作箕帚。」卜辭多借為婦字。《廣雅‧釋親》：「女子謂之婦人。」武丁時有：

1. 婦好

　　《續4.29.2》己丑卜，㱿貞，翌庚寅帚好冥(娩)。

2. 婦妌，婦井

　　《續1.53.1》壬午卜，爭貞：帚妌冥，幼。二月。

3. 婦媟

　　《續4.28.4》甲子卜，㱿貞，帚媟冥。幼。四月。

4. 婦

　　《合94》辛未卜，㱿貞：婦冥☐其　。

5. 婦

　　《前4.1.6》戊辰卜，爭貞：勿帚子子。

　　《後下34.4》帚冥，不其幼。

6. 婦姓

　　《前6.28.3》甲☐姓冥☐。

7. 婦娕

　　《拾9.4》☐午卜，㱿☐婦娕子不囚。

8. 婦媧

　　《陳102》戊午卜，爭☐媧冥，幼☐。

　　《乙6373》貞：婦媧冥，幼。

9. 婦

　　《存1.1043》丁丑卜，爭貞：帚冥，幼☐二月。

10. 婦

　　《乙5286》貞，帚㞢子。

11. 婦

　　《人459》☐帚☐其幼。

12. 婦

　　《粹1238》☐帚☐幼。

13. 婦

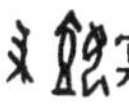

《粹1243》☑卯卜☑ 求 䇂 中子。

上述諸婦由字形、貞人斷代均可考見為殷武丁時人。又由卜辭內容見卜問諸婦孕否，可推知這些女仕與殷王有密切關係，大致論為殷武丁妃妾不差。然而有若干進貢卜辭言「婦某來」，「婦某示」，則仍未審其人除屬來貢使節的身分外，是否與殷王有進一步的關係，如：

1. 婦婞、婦羊
   《乙3130》求婞來。
   《存2.67》求婞示十屯。賓。
   《續6.24.9》求羊示十屯。

2. 婦𭏷、婦丙、婦丙
   《乙7134》求𭏷示。賓。
   《丙87》求丙示四。
   《乙2684》求丙示百。殷。

3. 婦嬗、婦豐
   《外7 》壬子婦嬗示一屯。敖。
   《南南1.22》壬子求豐示二屯。敖。

4. 婦喜
   《粹1486》癸☑求喜示一屯。屮。

5. 婦𠱾
   《外11》戊子求𠱾示四屯。岳。

6. 婦𩵋
   《續6.9.4 》戊申求𩵋示二屯。永。

7. 婦杞
   《後下33.10 》求杞示七屯又一〈。賓。

8. 婦寶
   《甲3330》庚午求寶示三屯。岳。

9. 婦宅
   《南南2.22》戊戌求宅示二屯。服。

10. 婦妌
    《存1.65》乙丑求妌示一屯。小敖。

11. 婦娘、婦良
    《坎T04 》求娘示七屯。亘。

12. 婦𣇃
    《粹1480》戊戌求𣇃示一屯。岳。

13. 婦妻
    《佚997 》庚寅求妻示三屯。小敖。

14. 婦兯
    《續5.20.5》求兯示十。𭏷。

15．婦相

　　　　《佚999 》甲辰婦相示二屯。岳。

16．婦汝

　　　　《福35》辛未帚汝示囗𧥣。

17．婦枚

　　　　《戩35.8》乙未婦枚示屯。爭。

18．婦亻

　　　　《存2.62》庚申帚亻示八屯。告。

19．婦龐、婦龐

　　　　《簠典42》己亥帚龐示二屯。賓。

20．婦茲

　　　　《乙6716》庚辰卜，爭，婦茲來。

21．婦𠂤

　　　　《掇1.342 》帚𠂤來。

22．婦㛪

　　　　《甲38》甲辰卜，囗婦㛪囗。

23．婦媵

　　　　《佚732 》囗帚媵囗弗囗。

24．婦林

　　　　《合356 反》庚申帚林示十囗。

25．婦婞

　　　　《六中119 》囗丑卜囗帚婞囗。

26．婦楚

　　　　《明2364》辛卯婦楚囗。

卜辭中記載武丁以後的婦名有：

1．婦妌、婦妌

　　　　《乙8896》帚妌子疾，不征。

　　　　《乙8877》癸亥卜，帚妌亡禍。

2．婦𡚾

　　　　《乙8713》癸巳卜貞：帚𡚾亡疾。

3．婦姪

　　　　《前1.25.3》己亥卜，王余弗其子帚姪子。

4．婦爵

　　　　《乙8893》乙丑卜貞：帚爵子亡疾。

5．婦𡝩

　　　　《戩1.9 》丁未卜貞：帚𡝩㚸。四月。

6．婦𡠎

　　　　《甲211 》丁丑卜，帚𡠎 力。八月。

7. 婦𪔂
　　　《乙1424》庚戌卜，我貞，㞢𪔂㞢力。
8. 婦𠂤
　　　《前8.3.5 》貞：㞢𠂤又子。
9. 婦𡥀
　　　《乙4504》戊子貞：㞢𡥀又子。
10. 婦𡡓
　　　《粹1240》乙巳卜貞：㞢𡡓子，亡若。
11. 婦𡙅
　　　《合287 》壬辰子卜貞：㞢𡙅子曰：𢦏。
12. 婦𡥃
　　　《金738 》卸㞢𡥃子于子𧤭。
13. 婦妊
　　　《前8.14.3》重尤卸㞢妊、妣壬。

上述諸婦除言為其佑子、問疾、陪祭先妣者外，亦未必悉數屬於殷王妃妾。
　　帚又用作殷諸妃妾之泛稱。
　　　《卜660 》庚子卜貞：㞢于㞢，三豕。
　　　《前1.29.2》丙寅卜貞：來丁亥子美☒歲于示、于丁、于母庚、于㞢。
帚與母庚、武丁、及大小宗合祭，論其列次，位當最卑，自是指殷王諸妾無疑。

1533.　𢆶　𢆶

　　從又持帚，隸作𠭥。《說文》無字。第一期卜辭用為殷史官名，負責冊管外邦來貢物品。
　　　《佚160 》壬申邑示三屯。𠭥。
　　　《存1.69》壬寅邑示八屯。小𠭥。
　　　《天42》丁巳邑示丕屯。占𠭥。
　　　《存1.324 》☒午卜☒貞：㞢于𠭥工。
由諸辭互較，知「𠭥」又稱「小𠭥」，其職為工官，有稱「工𠭥」，卜辭工、示通用，即管理宗廟名𠭥者。又倒文作「𠭥工」。後期卜辭見用為殷人祭拜的對象。

1534.　厥

　　從厂𠭥，隸作厥。《說文》無字。卜辭用為子名。
　　　《後下29.4》己未卜，擒。子厥亡疾。

1535.　𢆶𢆶

　　從二帚，隸作𪎮。字與𠭥同。由下二文例互較可見均用作史官名。

　　　　　　　　　　　　454

《存2.69》庚申乞十屯。小[字]。

《存2.50》乙亥乞自雪五屯。小[字]。

1536. [字]

从帚冬聲，當即姙（[字]）字繁體，比較下二文例亦可見。卜辭用為婦名，見第一期。

《後下27.10》甲子婦[字]示三屯。小[字]。

《存1.65》乙丑婦[字]示一屯。小[字]。

1537. [字] [字]

从牛帚又聲，隸作[字]。讀如侵，犯也。《廣雅·釋言》：「淩也。」《左傳》莊公廿九年：「凡師有鐘鼓曰伐，無曰侵。」卜辭屢謂：「某方侵我田，俘人若干」。字多見於第一期。

《菁6》王固曰：㞢希。其㞢來艱。乞至九日辛卯允㞢來艱自北。收敏姘告曰：土方[字]我田十人。

1538. [字]

从帚自聲，隸作歸，即《說文》歸字。《廣雅·釋詁》：「往也，就也。」《釋言》：「返也。」卜辭用為動詞，返也。有疊言：「涉歸」、「來歸」，與「往」字對文。

《甲3476》癸未卜，賓貞，㞢往田，不來[字]。十二月。

《前5.29.1》辛卯卜，爭貞：翌甲午王涉[字]。

晚期卜辭復用為名詞，作族稱，統稱：「歸人」。其酋稱伯。

《庫1231》庚子卜，呼圍[字]人于[字]。戈。

《粹1180》☑伐[字]伯☑受佑。

殷人平定歸人，其族遂淪為殷祭牲。

《南上96》☑祖丁☑用[字]。

《乙6397》☑[字]人呼奴于庚。

「歸人呼奴于庚」，即「呼令用歸人作奴牲，以祭先人祖庚」之省文。

1539. [字]

隸作自。即師字之初文。《爾雅·釋詁》：「師，眾也。」《說文》：「二千五百人為師。从帀从自。」《周禮·小司徒》：「五旅為師。」殷人軍旅，師分左中右三支。

《粹597》丁酉貞，王乍三[字]：右中左。

一師約百人，與《周禮·夏官》言「二千有五百人為師」相異。

《前3.31.2》丙申卜貞：戠馬左右中人三百。六月。

由卜辭言左右中人三百，顯然每師編制不過百人。師中成員泛稱「師人」。

《人2141》戊寅卜，在韋師：⦿人亡𢆶。異其措。

殷人駐軍地亦曰：師。殷人出兵征戰，屢在屯兵師旅地卜問吉凶，習謂「在師某卜」。卜辭記錄殷人屯師地有：

1. 師⦿，師⦿
        《粹1328》己卯卜，王在⦿⦿卜。
        《粹1208》乙丑卜，王在⦿⦿卜。

2. 師⦿
        《文182》甲辰卜，王在⦿⦿卜。

3. 師喜
        《文881》丁亥卜，王在⦿喜卜。

4. 師澅
        《文180》甲戌卜，王在⦿澅卜。

5. 師滴
        《文682》在⦿滴卜。
    滴地見與師喜同條卜辭。

6. 師昳
        《文666》壬辰卜☑在⦿⦿。

7. 師⦿
        《文225》辛卯卜，王在⦿⦿卜。

8. 師殷
        《文710》☑酉卜，王☑夕在⦿殷卜。

9. 師休
        《文735》貞：女往在正月。在⦿休。

10. 師⦿
        《京3648》庚午卜，王在⦿⦿卜。

11. 師⦿
        《後下15.1》戊戌卜，王在一月。在⦿⦿。

12. 師亢
        《南南2.189》乙丑卜，王在⦿亢卜。

13. 師封
        《佚271》甲寅卜，行貞：王其田。亡災。在⦿封。

14. 師⦿
        《通11118》辛巳卜，行貞：王賓父丁，歲牢，裸亡尤。在⦿⦿。

15. 師丙
        《夕718》☑貞：亡尤。在⦿丙卜。

16. 師⦿
        《文677》☑在⦿⦿卜。

17. 師鬲

406

《佚318 》☑在𝌆高。

18．師稻

《文715 》☑在𝌆稻☑。

19．師𝌈

《文716 》王在𝌆𝌈彝。

地與師稻屬同條卜辭。

20．師𝌈

《文717 》王在𝌆𝌈彝。

21．師𝌈

《鄴1.33.8》丁酉卜，行貞，王賓，襪亡禍。在𝌆𝌈。

22．師𝌈、師𝌈

《乙718 》☑𝌆貞，王往于𝌆𝌆。

《摭續162 》☑子貞，令☑𝌆在𝌆。

23．師𝌈

《掇1.437 》☑寅卜，方其至于𝌆𝌆。

24．師𝌈

《人2511》☑于𝌆𝌆。

25．師𝌈

《後下23.7》☑于𝌆𝌆。

26．師𝌈

《掇1.397 》王其尹二方伯于𝌆𝌈。

27．師先

《前2.4.3 》丙戌卜貞：𝌆𝌆在先。不水。

28．師韋

《人2141》戊寅卜，在韋師，𝌆人亡戈。異其糟。

29．師𝌈

《乙3522》貞：𝌆𝌈其㞢禍。

地或與 15．的 𝌆 屬同文。

殷人屢卜問王師出征順利否，曰：「師寧」、「師獲」、「帥亡禍」。

《粹1206》乙酉卜貞：今夕𝌆亡𝌆。寧。

《後上30.14 》丁巳卜，𝌆貞，𝌆獲羌。十二月。

《林2.30.10 》丙辰卜，爭貞：𝌆亡其戈。

《甲2935》丙子卜，爭貞：𝌆亡禍。十一月。

文例又習稱「自辰」，即「師跤」。跤，讀如振，動也，謂師旅是否有所驚動。

《摭續231 》庚午貞，今夕𝌆亡㞢。

《卜89》貞：方來，入☑邑。今夕弗㞢王𝌆。

《前2.12.5》☑巳卜，在𝌆東貞：今夕𝌆不㞢。

《摭續289 》☑𝌆其㞢。

由上述諸例比較，見殷語法中肯定語助詞多用「其」；否定語詞則有用：亡、弗、不，
諸否定字可互通。

407

又，卜辭有名詞作「𠂤般」，即「師般」，見於武丁卜辭，或相當文獻中的武丁功臣甘盤。《竹書紀年》：「武丁元年命卿士甘盤」，甘盤以賢尊稱師，一如呂尚之稱「師尚父」是。

《金410》貞：重 𐀢 般呼伐☒。

《金1》辛酉卜‧賓貞：呼 𐀢 般取珏不☒。

《撫續147》貞，勿令 𐀢 般取☒于彭、龍。

1540.　𐀢　𐀢

亦隸作𠂤，即師字。下增橫畫，示動詞；卜辭習言「𐀢 于某地」，有遣派師旅意；與 𐀢 字用法稍異。

殷師屯駐地除𠂤字條所列外，有：

1. 屮

《續3.24.4》☒卜，𣪘貞：王 𐀢 于屮，迺呼 𡦦 册☒。

2. 沘

《續1.4.6》☒𣪘貞：王往 𐀢 于 沘。

3. 𢽤

《丙61》貞：王勿往 𐀢 𢽤。

4. 鼓

《京1560》☒卜，𣪘貞：王勿于鼓 𐀢。

5. 教

《前5.8.1》☒呼多寅尹 𐀢 于教。

6. 寵

《粹1214》貞：余于寵 𐀢。八月。

7. 𤰒

字或與寵同。

《丙3》貞：王于𤰒 𐀢。

8. 𣥏

《丙3》己未卜，𣪘貞：我于𣥏 𐀢。

9. 𢕌

《乙514》壬戌卜，𣪘貞，王𢕌 𐀢。

10. 北奠‧潯、𡴀

《人2307》師般以人于北奠 𐀢。

☒人于潯 𐀢。

☒于𡴀 𐀢。

11. 𢦔

《鐵168.3》☒貞：亦☒師般在 𢦔 呼 𐀢 在此奠。

12. 上 𥁕

《前2.5.3》庚寅王卜，在 𥬇 貞，余其 𐀢，在茲上 𥁕。

13. 貯

《乙7806》貞：呼登貯 〔甲骨〕 。

14. 〔甲骨〕

《前6.55.7》☒卜，亘貞：呼登 〔甲骨〕 。

「收自」，即「登師」，乃徵召師旅之意，自字亦作名詞用。

1541. 〔甲骨〕

從自止，隸從追。《說文》：「逐也。」《方言》：「隨也。」《周禮・小司徒》：「以比追胥」注：「逐寇也。」卜辭多「往追」連詞。

《前5.27.1》癸未卜，賓貞：重 〔甲骨〕 往 〔甲骨〕 羌。

《南明616 》己亥貞：今王族 〔甲骨〕 召方，及于☒。

《乙5303》戊午卜，㱿貞：雀 〔甲骨〕 亘。㞢獲。

《鐵116.4 》貞，呼 〔甲骨〕 寇，及。

及，亦有捕獲意。

1542. 〔甲骨〕 〔甲骨〕

從自束。隸作 陳，即師字。《說文》：「二千百人為師。」字見第四、五期甲文；乃自字繁體。卜辭習言「某師」，乃殷用兵的屯經地點。地多與東南人方卜辭有關。如韋《人2141》、敫《寧1.331 》、寅林《綴182 》、齊、〔甲骨〕 〔甲骨〕《後上15.12 》、〔甲骨〕、〔甲骨〕《庫1672》、剛《前2.18.1》、〔甲骨〕《前2.40.7》、〔甲骨〕《續3.29.2》、〔甲骨〕《京5328》、淮《南明806 》、澅、〔甲骨〕、〔甲骨〕 永《綴218 》、〔甲骨〕《金493 》、〔甲骨〕《後上15.13 》、〔甲骨〕《前2.10.3》、〔甲骨〕《合331 》、洛《存2.974 》、〔甲骨〕《前2.16.2》、〔甲骨〕《前2.16.2》、霍《前2.15.7》、〔甲骨〕《南明834 》、寧《後上15.11 》、〔甲骨〕《續3.22.5》等地是。

《前2.15.3》癸巳卜貞，王旬亡𢦏。在二月。在齊 師。唯王來征人方。

《庫1672》己亥王卜在 〔甲骨〕師貞：今日步于 〔甲骨〕，亡災。

字或作晚期地名，殷人於此田狩、祭祀。

《甲3689》丁卯王卜，在 束貞：其逖從 師西，往來亡災。

《金577 》壬戌卜貞，王田于 師☒來亡災。茲卸。獲☒。

《文352 》貞，于 〔甲骨〕酌。

《粹192 》☒大甲 師。㞢大牢。

辭乃祭祀「太甲于師」地之省文。

1543. 〔甲骨〕

從自束，亦隸作 陳 ；與 師字同。晚期卜辭用為地名。

《粹989 》重 〔甲骨〕田省，不遘雨。

重，屬發語詞，其下多緊接名詞。「陳田省」，即「巡視陳地之田」之倒文。

字或作 〔甲骨〕 。

《後下2.16》戊申☒貞：坐☒在 [甲骨文字] 。

1544. [甲骨文字]

從双持𠂤，有用師之意。隸作𦦶。即《說文》遣字：「縱也。」第一期甲文習稱王「有遣」，「有遣出」，而卜求先祖降佑。當屬遣兵調將之備戰卜辭。

　　　《合213　》貞：王坐 [甲骨文字] ，祖乙弗又（佑）。

　　　《合215　》貞☒坐 [甲骨文字] 出。

　　　《丙54》☒丑卜，賓貞：翌乙☒乙未彭多示，率𤔲 [甲骨文字] 。

字復作 [甲骨文字] ，從𨸏。多見於第二期卜辭。

　　　《庫1542》癸巳卜，兄貞，二示希王 [甲骨文字] 並。

二示，即大小宗，此謂殷先祖一致降災於殷王所派遣的師旅。

1545. [甲骨文字]

字從𦦶從口，乃𦦶字繁體。由下列文例「王遣」可證同文異構。

　　　《續4.35.8》☒亘貞：王 [甲骨文字] 。若。

　　　《乙980　》貞：王坐 [甲骨文字] 。

　　　《續1.43.1》☒兄貞：二示希王 [甲骨文字] 並。十月，

1546. [甲骨文字]

從宀𠂤，隸作官。《說文》：「吏事君也。」卜辭用為祭祀地名，始見第一期甲骨文。

　　　《乙5321》戊戌卜，坐☒父戊，用牛于 [甲骨文字] 。

　　　《存2.484　》辛未卜，亘貞：呼先 [甲骨文字] 。

1547. [甲骨文字]

從𠂤攴，隸作𢻸。《說文》無字。晚期卜辭用為殷婦名；僅一見。

　　　《乙5286》貞：婦 [甲骨文字] 坐子。

1548. [甲骨文字]

從木𠂤聲，隸作棺；或即《說文》棺字：「關也，所以掩屍。」卜辭用為地名或族稱；僅一見。

　　　《後上11.6》☒王在 [甲骨文字] 。

410

1549. 〔甲骨文字形〕

象旗幟形，即㫃字。《說文》：「旌旗之游㫃蹇之兒。从屮，曲而下垂者游，从入，游相出入也。讀若偃。古人名㫃，字子游。」卜辭言「立㫃」，用本義。或與「立中」意同。

　　　　《粹4》弜其立〔甲骨文字形〕。
　　　　《南明684》弜〔甲骨文字形〕。

1550. 〔甲骨文字形〕　〔甲骨文字形〕

从㫃，从止，或从足，當為旋字初文。《說文》：「周旋，旌旗之指麾也。从㫃正。正，足也。」卜辭讀如還，有凱旋，得勝而返之意。

　　　　《後下35.5》辛酉卜，王貞：余内示，〔甲骨文字形〕于圍。
　　　　《金462》貞，襖，告〔甲骨文字形〕于母辛。

征戰得利，返當入宗廟告祖謝神。圍，或屬地名，乃殷師旅凱旋返邦處。「襖告旋于母辛」即「襖于母辛，告旋」之倒文。

1551. 〔甲骨文字形〕

从人持㫃，从止聲。隸作旌。《說文》無字。卜辭用為亞官名，見第三期。

　　　　《甲3913》壬戌狄貞：亞明☐〔甲骨文字形〕。王受有佑。

1552. 〔甲骨文字形〕

从人持㫃，冉聲。隸作㫃。或即《說文》旃字：「旗曲柄也。所以旃表士眾。」第一期卜辭用為殷人名。

　　　　《乙8169》貞：〔甲骨文字形〕累敔其屮禍。
　　　　《乙6373》辛丑卜，賓貞：〔甲骨文字形〕累敔致羌。
　　　　《前7.31.4》貞：令〔甲骨文字形〕从〔甲骨文字形〕侯寇周☐。

1553. 〔甲骨文字形〕

从子執㫃，隸作斿。《說文》作游：「旌旗之流也。从㫃汓聲。」俗作遊。第二期以後的卜辭用為殷王田狩地。

　　　　《庫1033》辛未卜，〔甲骨文字形〕貞：王其田于〔甲骨文字形〕。
　　　　《後上14.1》☐酉卜，出☐王其田☐〔甲骨文字形〕亡災。
　　　　《前2.26.7》壬子貞：王田于〔甲骨文字形〕，往來亡災。茲钔。獲麋十。

1554. 〔甲骨文字形〕

象二人奉㫃之形，隸作旅。《說文》：「軍之五百人為旅。从㫃从从。从，俱也

」卜辭用為第二期貞名；復用為師旅字泛稱。

　　《庫310 》辛巳卜貞：登婦好三千，登 [字] 一萬，呼伐☑。
謂「登旅一萬，呼伐某方」，旅當為殷人兵種編制單位之一，唯其性質較自婦好所登召
的三千精兵稍有差別。

　　《佚971 》丁丑王卜貞：其 [字][字]，征逐于盂，往來亡災。王占曰：吉。在九
　　　　　　　月。

[字]，與 [字] 字通。即跡，讀如振，動也。「振旅」，即驚動軍旅。

1555. [字]

　　從㹥人，冉聲，字當與 [字] 字同，隸作㹥。卜辭用為人名；僅一見。
　　　《掇2.82》重 [字] 令。
由「重某令」辭例觀察，某當為名詞。

1556. [字]

　　從人持㹥，字當與 [字] 同，仍隸作㹥。卜辭用為人名。由下二文例比較得之。
　　　《前4.32.1》癸未卜，☑令 [字] ☑族寇周，叶王事。
　　　《前7.31.4》貞，令 [字] 從 [字] 侯寇周☑。

1557. [字]

　　從人持㹥。卜辭用為人名。亦或與 [字][字] 字合，隸作㹥。
　　　《明1522》☑呼 [字] ☑。

1558. [字]

　　象旗偃蹇之形，隸作㹥。字與 [字] 同。晚期卜辭用為田狩地名。
　　　《前2.44.6》☑巳卜☑王田 [字]，往來☑災。

1559. [字]

　　從㹥覽於凵上，字形未悉。第一期卜辭用為殷西族稱，其酋封侯。
　　　《鐵55.2》甲戌卜，留☑吕方其羍 [字] ☑。
　　　《續3.28.3》勿令周往于 [字]。
　　　《京1388》☑執 [字]。
　　　《南明104 》弜 [字] 侯☑來三十宰。
第二期已用作殷地名。
　　　《粹1351》己巳卜，行貞：今夕亡禍。在 [字]。
　　　《陳61》貞：亡尤。在 [字] 卜。

1560. 从扒，字形與 ⿰ 同。晚期卜辭用為殷地名，與 ⿰ 地同辭，當位於殷西。

《前2.8.3》辛巳卜，在 ⿰ 貞：王步于 ⿰ ，囗災。

1561. 从 从

象捕獸畢器，隸作單。始見於第一期甲文。卜辭用為地名，有：「東單」、「西單」、「南單」之稱。

《存2.917》庚辰王卜，在 ⿰ 貞：今日其逆旅以執于東單。亡災。

《存2.166》庚辰囗貞：翌癸未尿西單田，受业年。十三月。

《粹73》岳于南單。

「逆旅以執」，即迎接師旅勝利，驅獲俘虜，來歸於東單地。又「尿西單田」，即言施肥於西單田，見西單乃殷耕地。而南單則為祭地，「岳於南單」，即「祭祀自然神岳於南單」之省文。

字又省作 ⿰ ，如獸之作 ⿰ ，作 ⿰ 是；由文例「南單」亦可互證。

《庫491》囗南 ⿰ 。

1562. 从 ⿰

从手持單，有捕獸意。隸作戰。《說文》無字。卜辭用為地名，疑與單字同，相當於東單地。字見於第二期甲文。

《甲277.2》戊辰卜，㱃貞：又(有)來 ⿰ 自 ⿰ 。今日其征于祖丁。

⿰ ，即「執虎」合文，意為用桎梏拘執虎族族眾，作為俘虜犧牲。字又見《屯南》2148、2179、2351、4558諸片。用義與執同。

1563. ⿰

从子从單省，隸作孴。《說文》無字。卜辭用為名詞：人名。

《乙6271》貞：钔 ⿰ 于母庚。

貞：于母己钔 ⿰ 。

由下列「钔某于先祖」辭例。可推知某當屬時人之名，

《京807》貞：钔子漁于父乙，业一伐，卯宰。

《南無134》囗戌卜囗钔子 ⿰ 于母己二小宰。

1564. ⿰

从單木亡，隸作欛。《說文》無字。晚期卜辭用為地名。

《粹945》囗子卜，在 ⿰ 田囗。

1565. 〔圖〕

　　從狄單尹，隸作𤲬。或即𤲬字，乃旃之繁體，金文作 〔圖〕。《說文》：「旗有眾鈴以令眾也。」卜辭用為祭祀地名。

　　　　《戬47.8》癸丑卜，其用 〔圖〕。

　　「用 〔圖〕」，乃用祭於 〔圖〕 地之意。

1566. 〔圖〕　〔圖〕

　　從單斤，隸作𣂤。《說文》無字。卜辭中字本為族稱，其酋稱候。

　　　　《佚952》囗 〔圖〕 候囗。

　　後用為祭祀地名。見該族已淪為殷地。

　　　　《續1.51.3》貞：燮于 〔圖〕：三豕。

　　　　《前1.47.6》貞：屮于 〔圖〕。

　　地近河邊，故卜辭有言「從𣂤涉」。

　　　　《粹934》辛卯貞：從 〔圖〕 涉。

1567. 〔圖〕　〔圖〕

　　從單犬，隸作狩。即獸。讀如狩。《爾雅‧釋天》：「冬獵為狩。」《說文》：「火田也。從犬守聲。」卜辭習言「往狩」、「涉狩」、「田狩」、「出狩」、「狩逐」。

　　　　《乙2352》貞：王往 〔圖〕。

　　　　《前4.1.1》甲申卜，𣪊貞：王涉 〔圖〕。

　　　　《甲1656》貞：王其田 〔圖〕，亡災。

　　　　《七T14》辛亥卜，𣪊貞：王勿往出 〔圖〕。

　　　　《餘5.1》己巳卜， 〔圖〕 逐。

　　殷王狩獵的對象有動物、鳥佳，和奴役。

　　　　《天79》乙未卜，今日王 〔圖〕 光，擒。允獲二豸、一鷹、二十豕、二　、百廿

　　　　　　　　十囗寇囗廿七。

　　　　《乙814》貞：王 〔圖〕，隻。

　　　　《乙143》庚戌卜，今日 〔圖〕，不其擒奴。十一月。

　　　　《合392》己亥卜，不雨， 〔圖〕 取奴。

　　殷王狩獵地有：敝籲《前6.11.5》、𣆶《乙2906》、光《天79》、 〔圖〕《林2.15.17》、 〔圖〕《前1.29.4》、 〔圖〕《續5.33.4》、區《乙6404》、寧《乙7094》、乂《前1.44.7》、棄《人263》、 〔圖〕《後下16.13》、 〔圖〕《天81》、狩《鹽游121》、喪《佚523》、 〔圖〕《粹934》、 〔圖〕《粹1566》、 〔圖〕《合367》、 〔圖〕《佚497》。

　　　　《前6.11.5》乙丑囗貞，翌丁卯其 〔圖〕 敝籲，弗擒。

　　　　《前1.44.7》貞：王 〔圖〕 于乂。

414

1568. 爿

象牀形，由疾字作 𤕫 ，夢字作 𢇛 可參證。隸作爿。《說文》作爿，卜辭用為地名。

《掇2.132》戊戌貞：又殺于爿。攸侯叶啇。

中，殺于義，攸侯叶啇。

「又殺于爿」，即用殺人作祭牲，求佑於爿地。

1569. 吅

从爿口，隸作和。《說文》無字。卜辭用為人名，曾封為侯；與第三期貞人宁同辭。

《陳137 》扣入。

《存1.1447》乙巳卜，宁告人，呼吅囗。

《讀5.5.6 》侯吅來。

1570. 宁

从宀爿，隸作㝁。或即寢字初文。《說文》：「臥也。」卜辭用為地名。見第一期甲文。

《乙4293》己卯卜，㱿貞，囗執土匃自㝁。王固曰：其唯丙囗。

1571. 戕

从爿戈。隸作戕。《說文》：「槍也。它國臣來弒君曰戕。从戈爿聲。」段注：「槍，歫也。歫謂相抵為害。」卜辭用為地名，僅一見，乃殷王用兵之地。

《粹1219》囗其𢆶戕。

「𢆶戕」乃「遣于戕」之省文，用師於戕地之意。

1572. 疾

从人躺於爿上，諸點示汗水。隸作疾，《說文》：「病也。」卜辭多卜問殷王身體安康否。有問齒、腹、趾、目、首、肱、鼻、耳、口、舌、足等病痛是否無恙。

《讀5.5.4 》壬戌卜，亘貞：虫疾齒，唯虫壱。

《乙7797》貞：王疾腹，唯妣己壱。

《庫92》貞：疾止，钔于妣己。

《佚524 》癸巳卜，㱿貞：子漁疾目，𢍜告于父乙。

《後下7.13》甲辰卜，出貞：王疾首，亡𢍜。

《乙7488》貞：虫疾肱，致小𡗦，钔于囗。

415

《乙6385》貞：屮【字形】自，唯屮老。

自為鼻字初文。

《遺271　》貞：【字形】耳，唯屮老。

《合123　》貞：【字形】口，钔于妣甲。

《文904　》貞：【字形】言，囗于祖。

言，當釋作舌字。

《乙1187》貞：【字形】足，龍。

龍，讀如雝，和也；安也。

　　疾，引申為急也，速也；有劇烈意。如「雨疾」。

《佚565　》貞：今夕其雨【字形】。

《鐵64.1》囗禍，雨【字形】囗。

《前4.9.7　》囗【字形】雨，亡匄。

早期卜辭又有作【字形】字，實為「雨疾」二字合文。由下二文例「雨疾」一分一合可證。

《乙2814》囗貞：禍，【字形】。

《鐵64.1》囗禍。雨【字形】囗。

1573. 【字形】　【字形】

　　字為疾字繁體，增从手；病也。比較下列諸組文例見疾字增从「手」與否無別。

(1)　　《甲2040》丙辰卜，殷貞：婦好【字形】，征龍。

　　　　《乙6412》貞：屮【字形】，龍。

龍，讀如雝，安和也。

(2)　　《乙2340》貞：【字形】腹，龍。

　　　　《乙4071》乙巳卜，殷貞：屮【字形】腹，不其龍。

(3)　　《庫1803》貞：【字形】，其唯禍。

　　　　《乙8355》貞：王唯其【字形】，禍。

(4)　　《京1631》囗卜，【字形】囗翌辛囗不雨。

　　　　《南明202　》貞：今夕其雨【字形】。

1574. 【字形】

　　从人披髮躺臥牀上，披髮或示驚醒兒。隸作寤。《說文》：「寐而覺者也。从宀，从片夢聲。《周禮》：以日月星辰占六寤之吉凶：一曰正寤，二曰咢寤，三曰思寤，四曰寤寤，五曰喜寤，六曰懼寤。」今俗作夢字，寢而有夢。字多見第一期甲文，用本義。殷王夢見先王先妣，鬼神異祥，遂卜問其吉凶。

《乙5265》己丑卜，殷貞：王【字形】，唯祖乙。

《佚62》辛未囗殷貞：王【字形】兄戊，尤从不唯禍。四月。

《乙6408》貞：王【字形】兄丁，不唯禍

《鐵148.2　》囗午卜囗貞：王【字形】，唯岳。

《簠典28》☐㞢　帝。

《合301　》己未卜，㱿貞：王　蠱，唯☐。

《庫1213》丁未卜，王貞：多鬼　，亡來艱。

「多鬼夢」，即「夢多鬼」之倒文。《殷本紀》言殷人尚白，卜辭亦見殷王夢見罕見的白牛，故卜問吉凶。

《簠人6　》庚子卜，賓貞：王　白牛，唯禍。

《乙2971》戊午卜，㱿貞：王㞢　，其㞢禍。

　字又因形近而有譌作「疾」字解。

《乙3475》壬戌卜，㞢貞，王　唯止。

《通X114》貞：王　，唯止辥。

1575. 

从爿从人張口，隸作　。《說文》無字。卜辭用為疾字，病也。由下列諸組文例互較可考見。

(1)　《明105　》甲戌卜貞：㞢　和　。

《續6.23.10　》☐卜，賓貞：☐　王和　。

(2)　《存1.817　》☐　，不唯辥。

《掇2.473　》貞：王　，唯止辥。

(3)　《天84》己亥卜，爭貞：㞢　，勿　。㞢旬？亡旬？十月。

《庫1542》丁酉卜貞：子弗　？㞢　？十月。

1576. 

从爿从人而大其目，用法與豎髮的　字同。當隸作　。俗作夢。由下二組文例互較得之。

(1)　《後下3.18》庚辰卜貞：多鬼　，不至禍。

《前4.18.3》貞：亞多鬼　，亡疾。四月。

(2)　《菁3　》癸丑卜，爭貞：旬亡禍。王固曰：㞢　。㞢　。甲寅允㞢來艱。又告曰：㞢往芻自盜十人㞢二。

《乙273　》己亥卜，爭貞：㞢　。王亡禍。

1577. 

从　，爿聲，隸作牆。《說文》：「垣蔽也。」籀文作　、作　。卜辭用為小臣名。

《粹1161》叀小臣　令呼从受又。

1578. 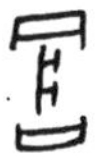

从爿合，隶作 ⟨glyph⟩ 。《說文》無字。卜辭用為西南附庸族名。其酋稱侯名虎，曾助殷征伐。始見於第一期甲文。

　　《前4.44.6》貞：今☒從 ⟨glyph⟩ 侯虎伐 ⟨glyph⟩ 方，受山又。

　　《前7.31.4》☒貞：令掄從 ⟨glyph⟩ 侯寇周☒。

　　《甲3510》癸亥卜，賓貞：令 ⟨glyph⟩ 侯☒圍戡。

　　《續3.13.2》貞：令 ⟨glyph⟩ 侯歸。

1579. ⟨glyph⟩

　　從手持聿畫，隶作畫。《說文》：「介也。從聿。象田四介，聿所以畫之。」卜辭用為武丁時子名。

　　《前2.5.4》☒子卜，賓貞，子 ⟨glyph⟩ 其☒。

　　《掇2.185》貞：重子 ⟨glyph⟩ 呼伐。

其封地亦曰：畫，屢次來貢。

　　《丙74》貞： ⟨glyph⟩ 來牛。

　　《七T1》癸未卜，亘貞： ⟨glyph⟩ 來我豕。

　　《乙7561》 ⟨glyph⟩ 來十三。在 ⟨glyph⟩ 。

　　《乙1906》 ⟨glyph⟩ 入二。在高。

後復用為殷邊田狩地名，稱「東畫」，位殷之西，與召、雍、井方、兒同辭。

　　《甲3639》戊王其田于 ⟨glyph⟩ ，擒犬。

　　《前2.28.7》☒雍☒田 ⟨glyph⟩ ，令☒。

　　《乙1054》庚寅卜，爭貞：召征 ⟨glyph⟩ 。

　　《後下37.2》癸未卜貞：旬亡禍。三日乙酉山來自東 ⟨glyph⟩ ，呼⟨glyph⟩告井方戈☒。

　　《前7.40.2》王固曰：山希。丙其山來艱☒日丙申允山來艱自東 ⟨glyph⟩ ，告曰：兒☒。

《孟子》：「去齊宿於畫。」《史記·田單傳》：「燕之初入齊，聞畫邑人王蠋賢。」畫邑，又云漯邑，在山東臨淄縣西北二里。唯卜辭所見地望又與殷西北的井方、召方，殷南的兒不合。卜辭的畫地或與文獻的畫屬異地同名。

1580. ⟨glyph⟩

　　為畫字省。見於第一期卜辭。又作人名，稱「子 ⟨glyph⟩ 」率眾。字的用注與 ⟨glyph⟩ 同。

　　《乙3681》癸未卜，亘貞， ⟨glyph⟩ 亡☒。

　　《庫1745》重子 ⟨glyph⟩ 以眾☒。

1581. ⟨glyph⟩

　　從水畫聲。隶作澅。《說文》無字。卜辭用為田狩地，始見第一期卜辭；或即畫地水名。

　　《明57》☒未卜，⟨glyph⟩☒敏☒ ⟨glyph⟩ 。

《粹986 》☑重 🔣 田，亡災。擒。

《粹935 》戊辰，在 🔣 ，犬中告麇。王其射，亡戈。擒。

1582. 🔣

　　从手持筆，隸作聿。《說文》：「所以書也。楚謂之聿，吳謂之不律，燕謂之弗。
从聿一。」秦以後皆作筆字。卜辭用為地名；又稱：「聿土」。

　　　　《京1566》☑在 🔣 ☑。

　　　　《京4359》☑在 🔣 土禦。

禦，祀也。

1583. 🔣

　　从聿口，隸作書，或即《說文》盡：「器中空也。从皿隶聲。」卜辭用為第二期地
名；僅一見。

　　　　《存2.724 》☑卜，出貞：☑往 🔣 。

1584. 🔣

　　从聿𠙴，隸作畫。《說文》無字。或與 🔣 字同。卜辭用為地名或族稱，見於晚期
甲文。

　　　　《遺610 》丙寅卜貞， 令逆从 🔣 于舞☑月。

1585. 🔣

　　象葉之下垂。隸作冄。《說文》：「毛冄冄也，象形。」段注：「冄冄者，柔弱下
垂之皃。須部之 🔣 取下垂意，女部之姌取弱意。」卜辭用為武丁貞人名，與貞人「爭
」合貞。合貞之例可參君（ 🔣 ）字條。

　　　　《前2.37.7》丁丑卜， 🔣 、爭貞：今大致子，翌臣商 🔣 于☑。
在第三期卜辭中，復用為附庸外族名，以拼種為業。嘗納貢於殷。殷人有用其族人作祭
牲。

　　　　《後下24.10 》壬辰卜， 🔣 令 🔣 ☑。

　　　　《粹918 》☑取☑ 🔣 芻于丘。

　　　　《乙4525》 🔣 入十。

　　　　《乙6350》王用 🔣 ，若。

1586. 🔣　　🔣

　　象葉枯垂之形，隸作冬。《說文》：「四時盡也。从仌从夂。夂古文終字。」卜辭
習言「冬月」，早期甲文作 🔣 ，晚期則作 🔣 。

419

《庫1807》戊戌卜，王貞：乙其雨 ∧ 月。

《福32》貞：不其 ∧ 月雨。

《乙15》五百四旬七日至丁亥在 ∧ 月。

亦嘗卜問「冬日」天氣。

《存2.76》辛未卜，丙：翌壬申啟。壬 ∧ 日雚。

雚，讀如霧。貞問冬日是否有霧。字又用作動詞，借為終，有止息意。《釋名·釋天》：「冬，終也。」

《丙66》丙辰卜，敵貞：帝唯其 ∧ 茲邑。

「終茲邑」，即降災使此邦邑滅亡之意。

1587. 俜 俜

    從人冉聲，隸作俜，有增土作 俜。《說文》無字。卜辭用為地名，始見第一期甲文。與盂、寧地同辭。寧地在殷西。

《粹779 》☑于盂、俜 不雨。

《寧1.509 》☑戌 于寧。

又有稱「下 俜 」，為殷耕地。

《人1932》在下 俜 南田受禾。

卜辭復有用作子名。

《前6.4.4 》己未卜，钟子 俜 于母雚。

1588. 儐 儐

    從人聲 聲，隸作儐。《說文》無字。第一期卜辭用為人名或族稱。由文例：「某致若干」，某用為名詞，乃來貢者。

《鐵60.4》乙丑卜，敵貞：儐 致擒。

《續3.38.4》貞：今四月儐 至。

1589. 鼻

    從自冉，隸作鼻。《說文》無字。卜辭用為耕地名。

《人3118》☑丑卜，弜田，重☑ 鼻 受禾。

卜辭有 鼻 字，即「鼻 年」二字合文。年，即禾黍收成。卜求「受某地年」為習見文例。

《前6.64.1》貞：我受 鼻 。

《金589 》貞：我受 鼻 。

1590. 偋

    從人鼻聲，由隸作偋。《說文》無字。卜辭用為殷人名。

《乙7817》貞： 其㞢疾。

1591. 

从人以爪持冉，爯亦聲，有舉意。隸作偁。《說文》：「揚也。」《廣雅》：「譽也。」今寫作稱。卜辭多見於驗辭之前，習言「若偁」，即謂事情果如卜兆所呈現的徵象一般。

《菁4》王固曰：乃若偁。

《菁1》癸巳卜，殼貞：旬亡禍。王固曰：乃茲，亦㞢祟。若偁。甲午王往逐兕，小臣叶車，馬硪，馭王車。子央亦墜。

1592. 

从爪持冉，隸作爯。《說文》：「并舉也。」卜辭習言「爯册」、「爯㪿」、「爯丗」，省言「爯」，即祭祀前舉簡策以禱告求吉祥

《續3.10.2》乙卯卜，爭貞：沚𢦔爯册，王从伐土方，受㞢又。

《合147》貞：𢦔爯册，王𢦔，帝若。

爯册又作「爯𠁩」，由文意更可考見此屬於禱告鬼神之儀式。前人謂此乃封策異族之禮儀，實誤！

《鄴3.45.12》庚午貞：王其爯𠁩于祖 ，尞二宰，卯☐乙亥酌。

《南明614》丁卯貞：王其爯𠁩，尞三宰，卯三大牢。

爯册的對象為上帝、先祖。

《乙5296》庚午卜，叀𠂤爯，呼帝降食，受又。

《掇1.428》☐爯大示。

《前5.21.5》弜爯祊，即于宗。吉。

殷人在常祭前多舉行「示册」的儀式，而於征伐之前亦多舉行此種「爯册」儀式，以佑卒眾平安。

《存2.755》弜爯，眾不出。

弜，弗也。

1593. 

从目冉，隸作䀢。《說文》無字。卜辭用為地名，與洀地同辭。

《林2.15.16》☐酉卜☐貞：☐涉洀☐于䀢。

1594. 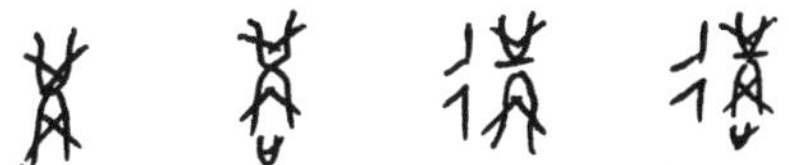

从二冉，隸作冓。或增止、辵，作遘。《說文》：「遇也。」又即覯字，見也；參《爾雅・釋詁》。卜辭主要用作遇見之意，如：「冓某方」、「冓風」、「冓雨」是。

《佚13》貞：苗弗冓吕方。

《佚73》今日辛王其田，不 ⊗ 大風。

《人1460》丁丑卜，王曰貞：翌戊☑其田亡災。往，不 ⊗ 雨。

《前2.29.6》壬午卜，今日王田 ⊗ ，不 ⊗ 雨。

卜辭又有言「蕘某祖先」，蕘借為媾，會也。《易‧屯》：「匪寇，婚媾。」

《明61》癸亥☑貞：☑婦☑不 ⊗ 。在正月，⊗ 小甲肜夕。唯九祀。

《前3.27.6》☑王占曰：吉。在九月，⊗ 上甲，⊗ 。唯十祀。

在第一期甲文中，復借為附庸族稱和地名。

《合284 》☑貞：⊗ 眔永獲。允獲。

《合248 》癸丑卜，㱿貞：⊗ 受年。

《續3.45.3》☑呼 ⊗ 逐麀于襄，獲。

1595. 𠂪

象豕形，隸作亥。《說文》：「亥為豕，與豕同。」卜辭用為地支之一。

《乙6409》乙 ⊗ 不酌。

《前4.31.1》翌癸 ⊗ 王步。

《掇1.385 》重 ⊗ 霖 孟田，又雨。

謂在亥日於孟田進行舞祭，求佑降雨。

字因形誤有與四方之「方」字混。由下二組文例互較可證。

(1) 《粹784 》甲申卜，今日 ⊗ 不雨。

《人1994》癸未其寧風，于 ⊗ 又雨。

(2) 《金36》丙戌卜，中貞：多 ⊗ ☑入☑。

《掇2.36.3》丁卯卜貞：聖 ⊗ 多 ⊗ 示☑乍大☑。

字當為「方不雨」、「多方」之誤。

1596. 𠂇

乃方字之誤，用為外族之泛稱。由文例「方圍」、「東方」等可證 𠂇、𠂆 同字。

(1) 《合34》丁亥卜，⊗：𠂇 圍商。

《陳47》丁酉卜，賓貞：㞢來告 ⊗ 圍于尋☑。

(2) 《南南2.56》甲申卜，賓貞：勿于東 ⊗ 告。

《林1.28.3》貞：今自殷从☑東 ⊗ 。

1597. 𠂆 𠂇 才

象耒耜之形，乃手耕之曲木，說見徐中舒〈耒耜考〉《史語所集刊第二本一分》。隸作方。《說文》：「併船也；象兩舟總頭形。」卜辭用為四方意。殷人有求佑四方之習。

《南明487 》庚戌卜，寧于四 ⊗ ，其五犬。

《鄴3.38.4》甲子卜，其燎雨于東 ⊗ 。

于丁卯酚南 ⍰。

《粹1252》戊其 ⍰ ⍰于西 ⍰東饗。

復用為外邦方國之泛稱。

《陳47》丁酉卜，賓貞：⍰來告：⍰圍于尋。襲夕，告于祊。

《乙142 》乙巳卜，今日⍰其至不。

《前5.28.6》丙子卜，賓貞：⍰其大出。七月。

方，為外邦方國的泛稱。若指特定方國，則專稱「某方」。方國卜辭主要見於武丁及帝辛時代。諸方國集中在殷西面和北面，仍處於遊牧部落的階段，出沒無常，構成殷人存亡的主要威脅。

就武丁卜辭所見的方國為例，處殷西北面的，有：吾方、土方、龍方、亘方、⍰方、御方、馬方、⍰方、召方、印方、井方、湔方、 ⍰ 方、 ⍰ 、長，共十五個部落；在殷西方的，有：羌方、祭方、戈方、 ⍰ 方、 ⍰ 方、 ⍰ 、 ⍰ 、 ⍰ 、 ⍰ 、衛、先，共十個部落；位於殷西南的，有：基方、周方、⍰方、⍰方、 ⍰ 方、冊方、興方、 ⍰ 方、蜀、缶、猶、秦、 ⍰ ，共有十三個部落。而散居殷南的，只有旁方，兒二族，遊牧在東南的，亦只有佣、歸二個小部落。可見武丁期殷人外患主要都是來自西面。這與考古材料徵引鳥圖騰的商人是源自山東龍山文化的一支，其後積極向西拓展，爭取中原勢力的發展路綫可以互證。

1598. ⍰

伐字之省，參 ⍰ 字條。從一斷人首，一乃戈之省略。伐，擊也。由下列文例比較亦可證 ⍰、伐同字異構。

(1)　　《丙1 》庚申，王貞：余 ⍰ 不。

　　　　《同版》庚申卜，王貞：余 ⍰ 不。

(2)　　《人2945》丁酉卜，亘貞：呼 ⍰ ，其佑。

　　　　《粹1093》貞：重 ⍰ 呼 ⍰ 吾。

(3)　　《續3.11.3》庚申卜，爭貞：今春王從⍰乘 ⍰ 下 ⍰ ，受⍰又。

　　　　《續3.11.4》丙申卜，殻貞：今春王勿 ⍰ 下 ⍰ ，弗其受⍰又。

1599. ⍰

從冂方，又作 ⍰ 、 ⍰ ，隸作 ⍰。或即《說文》旁字：「溥也。從二，闕。方聲。」金文作 ⍰ 。卜辭用為武丁期南面方國，見該族曾自東進犯殷邊的畫。

《後下37.2》癸未卜貞：旬亡禍。三日乙酉⍰自東。畫呼 ⍰ 告，旁戔⍰。

畫與蜀見於同條卜辭，蜀的活動範圍在殷的西南，參見基方條。從殷西南的畫來告東面有旁方來犯，可推知旁方約處於殷的南面。《後下37.2》所引的畫、 ⍰ 、旁方地宜相隔不遠，而 ⍰ 與 ⍰ 族曾見於同辭，⍰又與亞候連用。

《乙3331》⍰ ⍰于 ⍰。

《前4.5.1 》⍰貞：⍰⍰⍰亞候⍰二月。

⍰ 亦位於殷南，字可隸作亞。

423

《前2.8.5》己亥卜，在長貞：王☒ ✠ 其从㪔伯伐南方，不菖㦰。在十月又
☒。

由旁方與畫、 ⊕ 、 ⊰ 、 ✠ 諸部族的關係，可概見其族約處殷南。畜牛為業，善射
。

《通ⅩⅠⅠ1》辛酉貞：旁致牛，登于來甲申。

《合253 》戊亥卜，丙貞：㦰，㝉射。
貞：㦰，㝉射三百。

其族曾入侵殷邊。武丁時期，殷師旅已克服其族眾。

《文631 》庚午卜，賓貞：㝉方其執。

《林1.17.14 》☒㝉☒擒。

旁方遂淪為殷邊附庸，貢物有牲畜和所俘羌人。

《通ⅩⅠⅠ1》辛酉貞：㝉致牛，登于來甲申。

《甲2464》乙巳卜，尢貞：亞㝉以羌，其衁。用。

後更遭殷人吞併，族亡地喪。晚期卜辭已見成為殷南屬地。

《前2.3.2 》癸亥王卜，在㝉貞：旬亡畎。王占曰：吉。

1600. 㦱

从方。或即「小方」合文。卜辭用為地名。

《京2916》☒于㦱☒雨。

1601. 舟

象舟形，隸作舟。《說文》：「船也。古者共鼓，貨狄刳木為舟，剡木為楫，以
濟不通。象形。卜辭言「涉舟」、「 舟 」，當用其本義。乃殷代水上交通工具
。

《合109 》癸酉卜，宣貞：臣得。王固曰：其得。唯甲乙、甲戌臣涉舟，征
區，弗告。旬㞢五日丁亥執。十二月。

《林2.26.4》☒衁，舟歸。

《後上15.8》☒丑卜，行貞：王其尋舟于滴，亡災。

尋舟，即「尋舟」。尋，取用也。此言殷王令駕舟巡於滴水。卜辭有行舟求雨之例。

《甲637 》于舟烄雨。

1602. 朕

从舟关，隸作朕。今作朕字，我也。卜辭用為殷王自稱。卜辭主語用余，朕則多見
用於王親自貞卜卜辭的賓語中。

《佚15》甲戌卜，王余令角婦叶（協）朕事。

《乙8368》王固曰：吉。又（佑）朕。

《甲1500》貞：來甲彭朕上甲。十月。

424

1603.

从手持舟相授受，舟或為盤凡字之譌，有給予意；即受字。《說文》：「相付也。从爻，舟省聲。」字的用法有二：有作獲得解；卜辭習言：「受禾」、「受年」、「受佑」、「受有佑」。即「我受禾」，「我受佑」之省。

《續3.7.5》甲午卜，㸒貞：王伐呂方，我⟨受⟩又(佑)。

《續3.5.3》貞：呼伐呂方，受㞢又。

《合109》☑卜，般貞：今來歲我不其⟨受⟩年。

亦有作授，賜予解；習言：「帝受我又」，「帝受我禾」，即上帝鬼神授我禾，或授我佑之意。

《乙3787》貞：王叀㳡歬从伐卬方，帝⟨受⟩我又。

《後上8.7》貞：上子⟨受⟩我又。

《天24》☑般☑勿⟨受⟩不雨。帝⟨受⟩我年。二月。

1604.

从爻擊盤，隸作般。《說文》：「辟也。」《爾雅·釋言》：「還也。」卜辭引先王盤庚作般庚，又省作般，乃小辛、小乙之兄；武丁之伯父。

《前1.15.4》庚申卜貞：王賓般庚。翌日亡尤。

復有「自般」，隸作「師般」，即武丁功臣甘盤。參自字條。

《綴23》癸巳卜，㸒貞：今自般涉于河東☑。

在第一期卜辭中見有附庸屢次入貢，並受殷王差遣的般，或亦即「甘盤」之省稱。

《乙962》般入十。爭。

《合147反》般入十。爭。

《乙4540》癸亥卜，丙貞：呼般从罒。

《鐵59.2》叀般呼田于并。

《續5.26.3》☑般圍㵲。二月。

《乙6876》☑未卜，賓貞：今般受☑。

1605.

象人持竿駕舟之形，不行而前，有進舟意，即舟字。《詩·公劉》：「何以舟之。」舟，借作舟，進也。卜辭用為動詞。

《後下43.7》甲戌卜，㗊貞：方其⟨舟⟩于東。九月。

《粹1294》壬子卜，王貞：羌其⟨舟⟩于東。

《人3220》庚午卜，白貞：弜衣⟨舟⟩河，亡若。十月。

《前4.1.7》戊申☑王⟨舟⟩☑千·翌☑行于☑千☑行☑。

425

字或从側人作 [字形]。

《合303》貞：勿令吳、[字形] [字形]。吉。取舟。不若。

1606. [字形]

从 [字形] 从又持升，隸作 [字形]。《說文》無字。晚期卜辭用為地名。

《前2.3.6》丁未卜，在 [字形]，王令。

《續3.30.9》丙辰王卜，在 [字形] 囗。

1607. [字形]

从水从舟口，隸作 [字形]。《說文》無字。卜辭用為地名；僅一見。

《粹1567》于 [字形]。

1608. [字形]

从宀舟聲，隸作宎。《說文》無字。晚期卜辭用為地名，與攸地同辭。

《簠征38》壬申卜，在攸貞：又牧圅，告啟。王其呼伐，从 [字形] 伐。

1609. [字形]

从目舟聲，隸作䀜。《說文》無字。卜辭用為地名。

《柏13》囗在 [字形] 囗隹牢囗女囗。

1610. [字形]

象車形，隸作車。《說文》：「輿輪之總名也。夏后時奚仲所造。象形。」卜辭用為動詞：駕駛，驅車意。

《菁1》癸巳卜，瑴貞：旬亡禍。王固曰：乃茲，亦㞢希。若偁。甲午王往逐兕。小臣叶 [字形] 馬，硪馭王車。子[字形]亦墜。

《庫1686》囗昌 [字形] 囗亡戋。

1611. [字形]

象人首之形，如貌之作 [字形]，臭之作 [字形]，可作佐證。隸作白。《說文》：「西方色也」。《史記‧殷本紀》謂殷用物事色尚白。晚期卜辭字用為田狩地名。

《存2.982》癸未卜，在 [字形] 貞：王旬亡㦜。

《南明534》庚子卜，王往田于 [字形]。

字復借用為白色。如：白牛、白羊、白豕、白彘、白狼、白鹿、白馬是。

《後上28.1》貞：㞢于王亥，重三 [字形] 牛。

《粹786 》重⊖羊，又大雨。

　　　　　奉雨。重黃羊用，又大雨。

前辭中見用白羊、黃羊求雨對貞。

　　《前7.29.2》丙午卜，賓貞：业于祖乙十⊖豕。

　　《甲3939》在九月，唯王⊠祀，肜日。王田孟于 𠂤 ，獲⊖豕。

　　《粹956 》⊠王卜貞：⊠壴，往⊠亡災。獲鹿⊠𡆥二、⊖狼一。

　　《前2.29.3》壬申卜貞：王田⿰，往來亡災。　獲⊖鹿一，狼三。

　　《乙5305》貞：昌呼取⊖馬，致⊠。

白又借為伯。乃一族之君長，如：方伯，多伯是。

　　《寧1.442 》壬戌卜，王其尹二方⊖。

　　《後上18.7》⊠王卜貞：旬亡𢇓。王占曰：弘吉⊠甲辰，宫祖甲。王來征盂方
　　　　　⊖。

　　《粹1189》⊠丑王卜貞：今禍⊠多⊖征盂方⊠。

　　《南南2.148 》辛巳卜，㱃貞：王從易⊖㽔。

　　《合180 》貞：呼取長⊖。

字有譌與「百」字同。由下列文例互較可證。

(1)　　《卜245 》戊子卜，賓貞：重今夕用三⊖羌于祊。用⊠。

　　《續2.16.3》三⊖羌用于祊。

(2)　　《鐵53.4》⊠丑卜⊠貞：㚔⊖人。

　　《京1688》⊠卜⊠貞：其⊠⊖人⊠⊠。

1612. 帛

　　從巾白聲，隸作帛。《說文》：「繒也。」字亦作帕。晚期卜辭用為地名，與𢽾
地同辭。蓋處殷東南。

　　《前2.12.4》癸酉卜，在 帛 貞：王步⊠𢽾 ⊠災。

1613. 百

　　從一白聲，隸作百。《說文》：「十十也。」卜辭已借用為數名，以十十為一百。
見殷人已有十進的概念。如用人牲以百計：百寇、百羌、百長是。

　　《京1255》癸丑卜，㱃貞：五百 寇用。旬壬戌业用寇百。三月。

　　《佚873 》貞：卲自唐、大甲、大丁、祖乙：百羌、百牢。

　　《合104 》貞：王业祊于庚：⊖長，勿用。

殷作戰單位的「射」亦有以每百人為編制單位。

　　《乙751 》勿登射三 ⊖ 。

　　《合264 》癸卯卜，爭貞：王令三 ⊖ 射，弗告十示。王禍唯止。

殷人計算時間亦以十、百為基本單位。

　　《乙15》⊠五⊖四旬七日至丁亥在⊠。

　　《卜579 》⊠貞：⊠好不⊠业女⊠固曰：业希。百日⊠辰⊠。

427

1614. 〔甲骨字形〕

即率字。《說文》：「捕鳥畢也。象絲網上下其竿柄也。」《廣雅·釋言》：「率，扐也。」《史記·老莊申韓傳》：「大抵率寓言也。」《漢書·宣帝紀》：「率常在下。」均用為總計之言；均也，皆也。與卜辭用法同。

《丙38》丙子卜，㱿貞：今來羌 〔字形〕 用。

「率用」，言所俘獲羌人統皆用作人牲。

《佚986 》☑未卜，桒雨自上甲、大乙、大丁、大甲、大庚、大戊、中丁、祖乙、祖辛、祖丁十示：〔字形〕牡。

「率牡」，言祭祀上列十宗率皆以公羊。

1615. 〔甲骨字形〕

从人，首具編髮之形，或象奚隸之意。隸作㣆。《說文》無字。或即奚字。卜辭用為人名或族稱。

《甲208 》☑今 〔字形〕 从宋家。

1616. 〔甲骨字形〕

字與 〔字形〕 同，象人編髮之形，附四點示用法與㣆字相異。晚期卜辭用為王田狩地名，與𦤞地同辭。𦤞地在殷西，與羌見於同版。

《前2.43.3》戊辰王卜貞：田 〔字形〕 ，往來亡災。獲犰(狼)七。

《前2.43.1》辛巳卜，在 𦤞 貞：王田 〔字形〕 ，衣☑亡災。

1617. 〔甲骨字形〕

从爪執人之編髮，隸作奚。《說文》：「大腹也。从大，𢇺省聲。」晚期卜辭用為殷王田狩地名。由俱見獵狼卜辭，與 〔字形〕 字或同屬一字異體。

《前2.42.3》壬申卜貞：王田 〔字形〕 ，往來亡災。王占曰：吉。獲犰三十。

《金580 》戊子卜貞：王田 〔字形〕 ☑來亡災。茲卻。獲犰十。

1618. 〔甲骨字形〕

从鳥奚聲，隸作鷄，篆文作雞。《說文》：「知時畜也。」晚期卜辭用為王田狩地，地多狼羣；或即奚字繁體。

《續3.10.3》戊寅王卜貞：田 〔字形〕 ，往來亡災。王占曰：吉。茲卻獲狼廿。

《前2.36.7》戊申卜貞：王田 〔字形〕 ，往來亡災。王占曰：吉。茲卻，獲狼二。

428

1619. 象人首係枷鎖之形，示俘虜，隸作係。《說文》：「絜束也。从人系。」卜辭用本義，為方國附庸進貢之人牲。

《乙4607》辛亥卜，賓貞：☒、正、化致王：☒。

《前2.19.1》☒癸未☒方于☒☒馬廿。丙虫☒一月。在貞卜。

《瀆2.18.7》☒羌。王固☒屮二日。癸酉☒十羌☒☒。

「羌係」，即指羌人俘虜。

1620. 象人編髮膝跪而雙手反搏，示奴僕犯人。隸仍作奚。或即奚字。卜辭用本義，作為人牲一種。

《合28》庚午卜，屮(佑)☒大乙卅。

即「佑于大乙卅奚」的倒文。

《柏8》乙丑卜，王屮三☒于父乙。三月。雨。

1621. 从人編髮配枷反搏，或增雙手拘執之。隸作奚字。《周禮‧天官‧序官》：「奚三百人。」注：「古者從坐男女，没入縣官為奴，其少才知以為奚。」《春官‧序官》：「奚四人。」注：「女奴也。」第一期卜辭用為附庸族名，地與西北卬方同辭。當與☒字用義同。

《乙3449》甲辰卜，設☒☒來白馬。王固曰：吉，其來馬五。

《合144》貞：今春☒來牛。

《乙7741》癸丑卜，亘貞：王比☒伐卬。

字復用為動詞，有執俘之意。

《後下33.9》丁卯卜，賓貞：☒敎伯，益用于祊。

1622. 从戉擊奚。隸作☒，即撲字，擊背也。卜辭有用為名詞，乃從戰爭所俘之人，用作人牲。

《㲹50》☒彭雚至☒卯小辛三牢又☒二。

卯，即禦，祀也。字復用為動詞，撲擊也。

《合255》己丑卜，爭貞：王其☒。

《前6.29.5》丁酉卜，☒貞，邑執，寇☒。

1623. 从二糸，隸作丝。讀為茲，《說文》：「艸木多益也。」卜辭借作代詞，此也。《

429

廣雅・釋言》：「茲，今也。」《左傳》襄公廿一年：「念茲在茲」，箋、注均訓此也。甲文習言：「茲邑」、「茲商」、「茲雨」、「茲風」、「茲雲」、「茲電」、「茲卜」、「茲祝」、「茲册」、「茲夕」、「茲日」、「茲禦」、「茲用」等，均作「此」解。

《乙4742》甲申卜，爭貞：88雨，唯我禍。

《南坊1.79》甲辰卜，重88卜用。

《前3.19.2》乙酉卜，大貞：及88二月屮大雨。

《遺365 》己巳卜，其又歲于南庚。88用一牛。

《菁1 》癸未卜，殼貞：旬亡禍。王固曰：往。乃88，屮希。六日戊子子弧囚。一月。

「乃茲」，即「如此」。用作驗辭的轉折語。

1624.

从絲从火，隸作幽。《說文》：「隱也。从山，中从絲。」卜辭借為黝字，黑也。《詩經・隰桑》：「其葉有幽。」毛傳：「黑色也。」《周禮・牧人》：「故土陰祀用幽牲。」鄭司農注：「黑也。」《禮記・玉藻》：「再命赤韍幽衡。」鄭注：「幽，讀為黝。」卜辭習言祭牲有「幽牛」，即「黑牛」；與黃牛同辭。

《乙7120》重88牛，屮黃牛。

1625.

从木絲聲，隸作樒。《說文》無字。晚期卜辭用為地名，與商、喪地見於同辭。

《續3.28.5》丙午卜，在商貞：今日步于樒，亡災。

己酉卜，在樒貞：今日王步于喪，亡災。

1626.

从木絲聲，隸作樑 。當為樒字繁體。同屬一地異文。

《前2.8.1 》乙未卜，在樑貞：王步，亡災。

1627.

為 冊、 字省文，仍隸作系，續也。

《乙8370》丁亥卜，丙貞：子商亡系 ，在禍。

此言「亡系」，即不接續祭祀，是以有禍。

1628.

从爪繫絲，隸作系。《廣雅・釋詁》：「連也。」《說文》：「縣也，从糸ㄕ聲。

」段注：「引申為凡總持之儞。」《東京賦》：「雖系以隰牆填壍」注：「繼也。」籀文作 [字形]、今多作繫。卜辭有用接續意。

《存1.1475》甲午卜，王貞：亡禍。在八月。大甲 [字形]。

甲午卜，王貞：其又（有）禍。不 [字形]。在八月。

比較此同版二辭，謂 [字形]祭太甲則無禍害，如果不接續祭祀先祖則會招致災難。「不系」，有不繼續的意思。

字復借為第二期卜辭中的史官名。

《前7.7.2》☑乞自嵒廿屯。小臣中示。 [字形]。

又用為晚期附庸方國名，與 [字形]方同辭。

《鄴3.43.4》☑ [字形] 方，重 [字形]方乍 ☑。

並作為殷王巡狩地名，與 [字形] 地見於同版。

《摭續181》☑卜，在 [字形] ☑遂于 [字形]，往來亡災。

1629. [字形] [字形]

從水絲聲，隸作濕。《說文》作溼：「幽溼也。從水，一所以覆也。從 [字形] 省聲。」卜辭用為王巡地名，與 [字形] 地同辭。

《後上13.6》戊☑貞：翌己☑王步于 [字形]。

《前2.3.4》☑亡災。在 [字形]。

《甲1516》重 [字形]☑ [字形] 征☑又年。

1630. [字形]

從舟系聲。隸作 [字形]。《說文》無字。卜辭讀如系，與 [字形]、[字形] 字同；有續祭意。

《掇1.453》癸酉 [字形] 于 [字形] 十牛。[字形]。

[字形]，從舟從典，或示在舟中進行祭奠之意，或為冊字繁體，有獻意。比核《甲2114》：「乙卯卜，貞：[字形] 十牛、羌十人。用。」可推知 [字形] 字應有用牲意。

1631. [字形]

從幺力，隸作幼。《說文》：「小也。」《爾雅・釋言》：「稺也。」第一期卜辭用為人名。

《後下35.1》☑ [字形]貞：[字形]漁，在☑。

1632. [字形]

象束糸形，隸作束。《說文》：「縛也。」卜辭用為外族名，與殷西長地同辭。後淪為殷邊附庸。

《金590》貞：令射 [字形]于長。

《京780》乙丑卜貞：今 ⟨字⟩ ☐登在☐示。十二月。

1633. ⟨字⟩

　　從口午聲，隸作咎，即吾字，我自偁也。卜辭習言：「不咎蚩」，即「不吾誅」，今言「不我害」，乃記述兆 ⟨字⟩ 之術語，屬借義。字本義為止樂之樂器，即《說文》敔字：「樂器椌楬也，形如木虎。」朱駿聲《說文通訓定聲》：「按樂器柷為椌，敔為楬，如伏虎，以木為之。《周禮·小師》：「掌教鼓鼗柷敔。」《尚書·益稷》：「合止柷敔。」 鄭注：「狀如伏虎，背有刻鉏鋙，以物櫟之，所以止樂。」卜辭習言「吾彡」，或即「敔彡」。彡屬用鼓祭，「敔彡」即停止彡祭之意。

　　《丙83》丁巳卜，王余 ⟨字⟩ 彡。

1634. ⟨字⟩

　　從口午聲，隸作咎。即吾字；借為禦。《續漢書·百官志》：「執金吾」注：「猶禦也。」《說文》：「禦，祀也。」卜辭習言：「咎子，幼」，即「代子求祀，問其是否有身孕」之意。

　　《甲300》壬午卜， ⟨字⟩ 子，不其幼。允幼。

1635. ⟨字⟩

　　從司咎聲，隸作詞。為咎字繁體。晚期卜辭字與卯字對文，屬動詞，仍宜讀如禦，祀也。有舉牲以祭祀 之意。

　　《粹430》丙寅卜，又伐于后。 ⟨字⟩ 卅☐羌，卯卅家。

1636. ⟨字⟩

　　從刀索聲，隸作剟。《說文》無字。卜辭用為田狩地名，始見第二期甲文。

　　《後上14.12》壬辰卜，出貞：王其田 ⟨字⟩ ，亡災。

　　《南明395》甲申卜，行貞：今夕亡禍。在 ⟨字⟩ 卜。

1637. ⟨字⟩

　　從糸從二丰，隸作絳。《說文》無字。第四、五期卜辭用為屯兵地名，與 ⟨字⟩ 地同辭，二地相距一天路程。

　　《摭續175》丙申卜，在 ⟨字⟩ 貞：☐于 ⟨字⟩ ☐。

　　　　丁酉卜，在 ⟨字⟩ 師貞：王今日迻☐亡災。

1638. ⟨字⟩

432

从糸。字形未悉。卜辭似用為地名；僅一見。

　　《後上9.3》乙丑卜，王于✦告。

1639.
　　从牛，首繫絲索，示捕獲之野牛。《說文》無字。卜辭用本義，作祭牲之一種。

　　《佚96》丁亥卜☒其五十✦。

1640.
　　象束形，即束字。《說文》：「縛也。」《漢書·食貨志》注：「聚也。」卜辭用為地名：

　　《卜403》☒乞自✦☒。

1641.
　　亦束字，屬地名；由下二文例見與✦的用法同。

　　《甲3521》☒先見☒乞自✦☒。

　　《卜402》☒乞自✦☒。

　　束地除為貢地外，亦有用為祭祀之所。

　　《鄴3.41.7》☒⊟，重✦用。

　　字亦作✦。

　　《甲2103》☒乞自✦十☒。

1642.
　　亦束字，與✦、✦、✦同。卜辭有用作束字省，由下二文例互較得之。

　　《南南2.56》甲申卜，賓貞：勿于✦方告。

　　《前1.48.5》貞：方告于✦西。

1643.
　　亦束字繁體。屬地名。由下二文例排比得之。

　　《合359》☒女，其用✦☒。

　　《鄴3.41.7》☒⊟，重✦用。

　　「用束」、「束用」均指於束地用牲祭祀之意。

1644.
　　象束絲繩之形，隸作糸。《說文》：「細絲也。象束絲之形，讀若覛。」字又可隸

作束。《說文》：「薄也。」卜辭用為第一、二期人名，又稱「子糸」。

《後下35.9》☑重 ⧚ 令从上 敖 。二月。

《乙3094》翌乙卯酌子 ⧚ ：河。

即「酌祭求祐子糸於河神」之省文。

字復用為祭祀類動詞，讀如束，即鍊（⧚）字省文。《說文》作鍊：「鼎實。」卜辭謂以鍊祭於祖也。

《讀1.10.5》丙午卜貞： ⧚ 于大甲，于亦于丁：三牢。

1646. ⧚⧚
从二束糸，隸作絲，《說文》：「蠶所吐也。」卜辭用為附庸名，習稱「上絲」，見於第一、二期甲文，與西南周族同辭。

《後下8.6 》☑爭貞：令上 ⧚ 眔禾侯☑。

《通V3》戊子卜，㱿貞：王曰：余其曰：多尹其今二侯：上 ⧚ 眔宣侯其☑周。

1646. ⧚ ⧚ ⧚
从糸从尹。隸作紃。《說文》無字。卜辭習稱「多紃」，為殷西附庸邊族。始見第一期甲文。

《後上31.9》辛丑卜，賓貞：今多 ⧚ 从望乘伐下 𡇬，受虫又。

《乙5395》辛酉卜貞：往西，多 ⧚ 其致王伐。

字亦用與「絲」字同。由下二文例「上絲」與征伐周方同文可證。

《讀5.22.3》☑酉☑令☑上 ⧚ ☑侯二☑寇☑周。

《通V3》戊子卜，㱿貞：王曰：余其曰：多尹其今二侯：上 ⧚ 眔宣侯其☑周。

1647. ⧚
从攴擊絲索之形，隸作綏。《說文》無字。晚期卜辭用為田狩地名。

《前2.8.2 》庚寅卜，在 ⧚ 貞：王田，往來亡𡆥。

1648. ⧚ ⧚
象刀割糸之形，隸作紉。《說文》作紉：「單繩也。」《離騷》：「紉秋蘭以為佩。」王逸注：「索也。」卜辭用為地名，習稱：「丘紉」，即今言紉丘。殷人於此祭奠、耕種。

《前1.24.3》貞：奠于丘 ⧚ 。

《乙7119》貞：朕芻于丘 ⧚ 。

434

1649. 

从手奉糸，隸作紁。糸、束二體通用，由 、  二形互用可知，當即餗字，與  字同。《說文》作 。朱駿聲《通訓定聲》：「熟肉謂之羹，以菜盉羹曰餗；以米盉羹亦曰 。」今寫作鬻、作粥。卜辭中名詞作動語用，示以鬻祭奠祖先。

《金375 》己亥貞：其  于祖乙。

《粹500 》☐丑貞：王其☐十羌又五☐已酏  。

1650. 

从爪持束，束亦聲。隸作  。即鬻字。比較下二文例，見用法與  字全同；从糸从束，从手从爪均無別。

《甲2903》辛巳  祖辛。

《金375 》己亥貞：其  于祖乙。

「  祖辛」，即以米粥鼎實上祭祖辛。

1651. 

从手授糸束之形，隸作捒，讀如束。《釋名・釋言》：「束，促也。」卜辭借為促，有倉猝意。

《續3.7.9 》貞：叀呂方  伐，𢦏。

辭謂征伐呂方若倉猝成軍，無充份準備，戰果將會是不利的。

1652. 

从収持火束。字形未悉。晚期卜辭中用為田狩地名，與徣地相接。

《後上14.11 》王田  于 ，亡𢦏。擒。

1653. 

从糸令，隸作紷。《說文》無字。卜辭殘簡，唯由詞例「比某」、「叀某令」、「侯某」等觀察，字當為名詞，屬人名或族稱。

《人2161》☐冉比  。

《粹1161》叀  令☐。

《前5.36.7》☐卜貞令禍。王☐伐☐侯 ☐。

1654. 

从糸从卩从倒口，字與 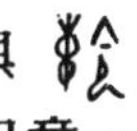 同，隸作紷。《說文》無字。卜辭謂「亳紷」、「即紷」，亳，伐也；即，有祀意。字當用為族稱和地名。

《佚720 》☐亳☐。

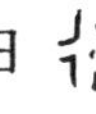

《乙434》☑即 [字形]，不潛。

1655. [字形] [字形]

　　從酉束，隸作醶。卜辭用與棟同。由下列文例互較亦可證 醶、棟同字。

（1）　　《後下22.13》丁酉卜，爭貞：來丁來 [字形] 王。
　　　　《粹629》☑卜，庚☑ [字形] 王。
（2）　　《林2.11.1》乙酉卜貞：來乙未酚 [字形] 于祖乙。十二月。
　　　　《鄴1.32.7》重丁巳酚 [字形]。

1656. [字形] [字形] [字形] [字形]

　　從食束聲，隸作餗。《說文》：「鼎實。」以米盉羹曰：餗，即鬻。今寫作粥。字與醶（[字形]）、或省作敕（[字形]）、作棗（[字形]）通。卜辭用本義。

　　　　《菁帝202》貞：☑婦奠 [字形]，其用于祊☑。
　　　　《南明572》☑亥其 [字形]，自祖乙至多后。
　　　　《粹138》☑王其又（佑）大乙，重 [字形]。

1657. [字形]

　　從束奠，隸作櫝。《說文》無字。卜辭用為第一期地名。

　　　　《前2.19.7》☑爭貞：王往于 [字形]。

1658. [字形]

　　從人，隸作未。即叔字，《爾雅》：「父之弟，後生為叔父。」唐蘭《古文字學導論》下頁二十隸作弔。卜辭有用作叔伯字，與兄同辭。

　　　　《前1.39.3》貞：郊 [字形] 于兄丁。
　　此當為禫祀於叔某、於兄某之省。

1659. [字形]

　　象盛水酒之勺，隸作勺。《說文》勺：「枓也。所以挹取也。象形。中有實，與包同意。」形與升字類同，卜辭借為昇。有「卜夕」之習，於是日卜問次日晚上月亮是否會出現，稱「比升」。

　　　　《合162》己亥卜夕，庚比 [字形]，征雨。
　　　　　　　　己酉卜夕，翌庚比 [字形]。
　　　　《乙174》庚午卜夕，辛未比 [字形]。
　　　　《乙134》癸亥夕，甲比 [字形]。

1660. 𓏪

从宀，从手持斗。隸作𡧱。《說文》無字。卜辭僅一見，用作祭地名。

《前6.29.8》貞：于 𓏪 酌☑小宰。

1661. 𓎟

象挹注水酒之勺器，即升字。加一以別「斗」字，見於第二期以後甲文。《說文》：「十合也。从斗，象形。」段注：「《律曆志》曰：合龠為合，十合為升，十升為斗，十斗為斛。」卜辭用為祭酒邑的容量單位，與卣相類。

《戩28.10》其襲新邑二 𓎟 一卣，王☑。

《粹323》其即父庚 𓎟 。

《戩5.6》祖丁 𓎟 邑，卯重牛。王受又。

《前4.20.6》癸卯卜貞：王賓二 𓎟 ，登禾亡尤。

屢見用於歲祭，指升酒。

《粹337》癸亥卜，其又夕，歲于父甲： 𓎟 。王受有佑。

《甲550》饮， 𓎟 歲酌。

字復用作祭地名。

《南輔71》在 𓎟 用。王受又。

《通X6》祖乙歲，其祝于祖丁、父丁、父甲。在 𓎟 。

1662. 祇

从示升，隸作祄，即升字繁體。象用升酒祭於示前。見於晚期卜辭。由文例可證祄、升同字。

(1)　《粹153》即大乙，祇 歲，王☑。

　　　《人1848》☑二 𓎟 歲，重藝，王受☑。

(2)　《甲3940》戊戌王蒿☑文武丁𥸨☑王來征☑。

　　　《前1.18.1》丙午卜貞：文武丁 祇 ，祄其宰。

1663. 禩

从示从双持升，隸作禩 ，亦即升字繁體，與 𓎟 、 祇 字同。由下二組文例互較可證。

(1)　《甲2391》貞：夕 禩 其☑。

　　　《南明611》☑未卜，父甲 𓎟 夕歲☑。

(2)　《前1.16.4》貞：王賓 禩 ，亡尤。

　　　《前4.20.6》癸卯卜貞：王賓二 𓎟 ，登禾亡尤。

437

1664. 𓏢 𓏢

从手馭馬，隸作馭。《說文》：「使馬也。」通作御。卜辭習言殷王「馭每」，即「馭牧」；乃操轡駕馬放牧之意。

《甲2491》辛亥卜貞：𓏢每。

《粹1195》𓏢于止（此）。若。王弗每。

又習言「馭𓏢」，即「馭釐」。馭，引申有進意。《廣雅·釋詁》二：「馭，進也。」「馭釐」，即進福。殷人每於祭祀先祖妣時祈福。

《合52》庚戌卜，㠯貞：妣辛歲，其𓏢釐。

《存1.1782》☒𓏢釐于止，若（諾）。

1665. 𓏢

从二豸，隸作豩。《說文》無字。卜辭用為地名，始見第一期。

《前1.48.3》貞：于𓏢，先𓏢。一月。

先，為殷附庸族名，此言於豩地設阱，卜問吉凶。

1666. 𓏢

从豩口，隸作𓏢。《說文》無字。始見於第一期甲骨文，用為殷地名，曾為外邦所侵擾；或與𓏢同。

《寧2.28》癸酉卜，爭貞：☒方圍𓏢☒。

《人2059》𓏢至于𓏢。

字復用為子稱。

《菁5 》☒四日庚申亦㞢來艱自北。子𓏢告曰：昔甲辰方圍于𓏢，俘人十㞢五人☒。

1667. 𓏢

象豸形，隸作豸。《說文》：「獸長脊行豸豸然，欲有所司殺形。」見於第一期卜辭，或與𓏢、𓏢字同。用為殷地名。

《前4.352.1》丁酉卜，亘貞：𓏢𓏢于豸。

1668. 𓏢

从攴擊豸，隸作敊。《說文》無字。卜辭用為族稱或地名，有見遭殷奴所襲擊。

《續6.14.5》辛丑余卜，奴執𓏢。

《前8.1.1 〉壬辰余卜，𓏢至于☒。

由「某至於甲地」例，某當為名詞，或屬人名，或屬族號。敊當是殷晚期卜辭中的附庸名。

438

1669.

隸作乍、止也，亡也。《說文》：「止亡詞也。从亡一，有所礙也。」卜辭習言：
「乍禍」、「乍𠂤」、「乍敦」、「乍艱」。乍均作「止」、「無」解。

《乙2465》乙卯卜，丙貞，杞，乍王禍。

《林2.17.9》貞：其出，乍𠂤。

《前4.29.4》☒辰卜貞：子雍不乍艱，不囚。

字有借為「作」，為也，起也。如：「乍邑」、「乍𠂤」、「乍册」、「乍豐」均是：

《丙86》庚午卜，丙貞：王乍邑。帝若。八月。

「作邑」，與《尚書•康誥》：「作新大邑于東國洛」之意同。「帝若」，即帝諾；謂
上帝允諾所請。

《後下6.12》乙亥卜，賓貞：乍大𠂤自上甲。

《人1881》其乍豐，又(佑)征。受又。

乍由作意，復引申有興建，修治意。

《戩25.13》甲午貞：其令多尹乍王帝，

帝，即寢。「乍王帝」，即修建殷王後宮寢室。

《後下27.1》☒其乍亞宗。

《丙71》☒令尹乍大田。

《人2363》癸亥貞：多尹弜乍，受禾。

「乍大田」，「乍，受禾」。乍，讀為作，有開墾意。《周禮》：「稻人作田。」注：
「猶治也。」

乍又通用為胙、祚、酢字，獻肉報祭也。《說文》：「祭福肉也。」《左傳》僖公
九年：「王使宰孔賜齊侯胙。」《周禮》：「以脤膰之禮，親兄弟之國，先神錫福同受
之意。」

《粹1113》☒卜，𣪏貞：我其杞。賓乍，帝降。若。

賓，儐也，導迎鬼神曰儐。卜辭謂舉行祚祭，以迎鬼神的來臨。

1670.

亦乍字異體，讀如作。由以下文例「乍邑」、「乍寢」等可證與乍字相同。

(1)　　《鐵220.3》貞：王乍邑。帝若。

　　　《丙86》貞：王乍邑。帝若。八月。

(2)　　《前4.15.5》☒尹貞：乍王寢于☒。

　　　《戩25.13》甲午貞：其令多尹乍王寢。

(3)　　《後上22》乙亥貞：唯大庚乍𠂤。

　　　《林2.17.9》貞：其出乍𠂤。

卜辭又見殷王建軍，作左中左三師之例。

《粹597》丁酉貞：王乍三𠂤：左中右。

439

1671. 〔甲骨字形〕　〔甲骨字形〕　〔甲骨字形〕

从乍攴，隸作攸。《說文》無字。卜辭通作乍，讀如昨；祭福肉也。引申有祈福意

　　　《粹835》于翌日壬迺〔字形〕廑，不轟大風。

廑，本象刻鑽骨版之形，又从册作〔字形〕《屯南1022》，或即庸字。《說文》：「用也。」

　　　《前2.42.3》☑卯卜貞：☑〔字形〕于彙，往來亡災。

1672. Ｘ

　　　即乂字。《說文》：「芟艸也。」俗作刈，《廣雅・釋詁》：「斷也。」卜辭用為田狩地名，始見於第二期甲文。

　　　《前1.44.7》貞：王狩于Ｘ。

　　　《庫1799》貞：王勿狩Ｘ，即阱寇歸。九月。

又用為晚期附庸族稱。

　　　《粹1149》癸巳卜，王其令Ｘ族戍〔字形〕☑伐，弋。

字復用作動詞，通作艾，訓報。《國語・周語》：「艾人必豐」，《晉語》：「必有艾」，注均訓艾作報答意。

　　　《續6.21.5》己丑卜，出貞：壽日其Ｘ十祊：牢。

「壽日」，即禱日，請福於鬼神之日。

　　　《後上22.1》癸巳貞：又〔字形〕，伐于伊，其Ｘ大乙肜。

〔字形〕，讀如祐，除疾祀也。伐，示殺人牲以祭。伊，即殷先臣伊尹。

1673. 〔甲骨字形〕

　　　从二乂，即爻字。《說文》：「交也。」讀如教。卜辭殷先祖有「爻戊」，字作爻，又作〔字形〕、〔字形〕，又作〔字形〕、〔字形〕、〔字形〕，又作〔字形〕。比較下四文例的字形可證通用。

　　　《後下4.11》貞：屮于〔字形〕戊。

　　　《合194》貞：屮于〔字形〕戊。

　　　《遺522》貞：〔字形〕戊不屮。

　　　《前1.44.5》辛丑卜，叶钔，步于〔字形〕戊☑。

卜辭用為王漁狩地名。

　　　《甲3510》庚寅卜貞：翌辛卯王魚〔字形〕，不雨。八月。

　　　《金36》丙戌☑多方☑入〔字形〕。

　　　《後下41.1》☑〔字形〕，己未寇秋芻，往自〔字形〕〔字形〕☑。

字復用為動詞，訓告。《呂覽》：「願仲父之教寡人也。」注：「猶告也。」卜辭有禱告意。

《存2.126 》辛亥☑貞：王其𠬝，衣不冓雨．止（此）日王𠬝，允衣不冓雨
《丙21》丁巳卜，𣪊貞：王𠬝 眾，伐于𡆥方，受㞢又。

「教眾」，有訓戒百姓之意。

1674. 𢼅

以攴爻聲，隸作教。《說文》：「上所施，下所效也。」卜辭用為農地名。

《甲206 》戊戌卜，雀芻于 𢼅 。

又或用作動詞，習也。

《粹1162》其 𢼅 戌。

「教戌」，即使民習兵也。

1675. 爻

即文字繁體，《說文》：「道 畫也。」今字作紋。卜辭「文武丁」又作 爻吝 可證
。字復用為納貢之附庸名。

《乙6280》 爻 入十。

1676. 吝

从口文聲，隸作吝。《說文》：「恨惜也。」卜辭用為地名。

《後下13.15 》☑卜，大☑歲于☑于 吝 。

大，第二期貞人名。

1677. 五

或與 五 字同，隸作五。卜辭用為地名；僅一見。

《合294 》☑曰：㞢 自在 五。

1678. 五　　吾

隸作五，或增口作吾。《說文》：「五，五行也。」，「吾，我自偁也。从口五聲
。」晚期卜辭用為祭地名。有稱「北五」、「新五」。

《粹221 》壬寅卜，𣦼其伐歸。重北五用廿示：一牛；二示：羊。致四七蠡
歸，乃武丁時東南方國。

《卜796 》☑重北 吾 ☑用。

《佚211 》重新五用。

用，即用牲祭。

1679. 吾

441

從酉五聲。隸作酓。《說文》無字。字見晚期甲文，屬名詞，或為酒的一種。卜辭「儀酓」連用；儀，從執，有祭獻意。

《前7.14.2》☒子子豪德酓☒。

《前6.39.2》☒亥東☒酓祊。若。

1680. 酓

從囟酉，隸作酓。《說文》無字。字從五得聲。《一統志》：「今山東泗水縣東南有郚城。」地與山東莒縣南的向城相距不遠。卜辭用為晚期殷東地名，習稱「上酓」。地與反、麋、定、向、癸、爵《通596》、保、胥《林2.15.16》、羲《前2.15.3》同辭。

《綴207》癸巳卜，在上酓貞：王旬亡𠵩。在正月。

《通596》癸巳卜，在反貞：王旬亡𠵩。在五月。王延上酓。

1681. 太 王

象人拱手端坐之形，示君上威儀，即王字。《說文》：「天下所歸往也。孔子曰：『一貫三為王。』」字形由第一期的 太 而二至四期的 天 而第五期的 王，參諸皇字、士字及殷虛陶人君拱坐之形，可證王字本非「一貫三」之意。

卜辭見專稱「王」的殷祖有：王亥，王恆，王夰。

《後下23.16》甲辰卜，般貞：來辛亥袞于太亥：卅牛。

《後上9.10》貞：坐于太恆。

《後下4.14》坐于太夰：二犬。

餘均用為時王泛稱。

《乙5265》壬寅卜，般貞：河壱太。

由貞人般，知此卜辭所指的王，即時王殷高宗武丁。壱，害也。

1682. 玞

從又持玉，隸作玞。《說文》無字。晚期卜辭用為田狩及祭牲地名。

《前2.35.1》壬辰王卜貞：田玞，往來亡災。王占曰：吉。在十月。茲卸，獲鹿六。

《粹653》☒卜，其燄玞。

即在玞地舉行焚人的燄祭。

1683. 丰

從｜貫三，隸作玉，石之美者。字象三玉連貫之形。卜辭用本義，作為獻祭物品。

《佚783》其鼎，用：三丰、犬、羊☒。

《後上26.15》癸酉貞：禘五丰，其☒牢。

442

1684. 玨　玨

　　从二玉，隸作玨。即毄字。《說文》：「二玉相合為玨。」卜辭用為地名或族稱，又作「上玨」。

　　　　《金1 》辛酉卜，賓貞：呼自般取玨，不囗。

　　　　《乙7645》囗五人，卯五牛于上玨。

1685. 玨

　　从二玉相聯，隸作朋。《廣雅·釋詁》：「朋，比也。類也。」《易·損》：「或益之十朋之龜。」崔憬注：「雙貝為朋。」《詩·菁菁者莪》：「錫我百朋。」箋：「古者貨貝五貝為朋。」今考諸卜辭，朋為貨貝單位，其形與二串貝為一朋之說相合。

　　　　《甲777 》重貝朋。

　　　　《南坊3.81》囗圍，不因，賜貝二朋。一月。

　　　　《後下8.5 》庚戌囗貞，賜多母屮貝朋。

1686. 佣

　　从人持朋，朋亦聲。隸作佣。《說文》：「輔也。」卜辭用為第一期外邦族名。

　　　　《續3.47.1》己丑卜，賓貞，令射佣，衛。一月。

1687. 玫

　　从玉攴，隸作玫。《說文》無字。或即玫字。卜辭用為子名；僅一見。

　　　　《金415 》囗子玫重牛。二月。

1688. 㭒

　　从木。《說文》無字。文獻讀同夷字。卜辭用為西方神名。

　　　　《掇2.158 》東方曰：析；風曰：劦。
　　　　　　　　　　南方曰：炎；風曰：長。
　　　　　　　　　　西方曰：㭒 ；風曰：彝。
　　　　　　　　　　北方曰：夗 ；風曰：役。

《山海經》亦記載有四方神與四方風之名，與卜辭略同。《大荒東經》：「(有神)名曰析丹，東方曰折，來風曰俊，處東極以出入風。」《大荒南經》：「有神名曰因乎，南方曰因，來風曰民，處南極以出入風。」《大荒西經》：「有人名曰石夷，西方曰夷，來風曰韋，處西北隅，以司日月之長短。」《大荒東經》：「有人名曰鵷，北方曰鵷，來風曰狁，是處東北隅以止日月。」及《尚書·堯典》，神活傳說已落實歷史化為帝王之四方使臣：「(堯)分命羲仲，宅嵎夷，曰暘谷……，申命羲叔，宅南交……，……

分命和仲，宅西，曰昧谷，……申命和叔，宅朔方，曰幽都。」
核對卜辭與《山海經》四方神名形構，見其演變如次：
東方： 𣂤 （析）　　《山海經》東方誤作折。
西方： 𣏒 （㒸）　　《山海經》西方譌同夷。
南方： 𤌭 （炎）　　《山海經》混入北方風名，曰狻。
北方： 𠆢 （人）　　《山海經》混入南方，增囗曰因。

1689. 冊 冊

象冊之豎形，與 卌 字同，隸仍作冊。即策告文書。由下列文例「舟冊」、「用冊」、「莫囗冊」、「㞢囗冊」等冊字字形可互證。
(1)　　《南明614》丁卯貞：王其舟冊，㞢三军，卯三大牢。
　　　　《卜85》戊子卜，殼貞：沚馘舟卌，王从。六月。
(2)　　《前6.26.7》囗伐用冊。
　　　　《庫1051》甲辰用曹，𨖚 上甲：十五牛囗。
(3)　　《前5.4.7》乙巳卜，賓貞：翌丁未酢，姜歲囗于祊囗莫㞢冊。
　　　　《瀆1.38.6》貞：襪于妣己，曹奴，卯军。
(4)　　《乙6738》甲申卜，爭貞：㞢于王亥其冊。
　　　　《金670》囗卜，爭貞：㞢曹百羊、百牛、百豕、𣇀五十。
字復用為名詞：策書，與犧牲同祭鬼神。
　　　　《南輔20》囗一冊三军。

1690. 册󠄀

从冊又，隸作姗。《說文》無字。卜辭用為晚期田狩地名。
　　　　《合367》辛丑卜，狩姗。

1691. 丰 丰

象艸茂植於土上，隸作丰。今寫作豐。《說文》：「艸盛丰丰也。」卜辭用為殷臣名，見晚期甲文，稱「宰丰」。
　　　　《佚518》壬午王田于麥麓，獲商戠豕。王賜宰丰寢，小籍祝。在五月。唯
　　　　　　王六祀肜日。
字又用作封，與《說文》古文封字作　　相似。《說文》：「爵諸侯之土也。」《小爾雅·廣詁》：「封，界也。」《周禮》：「大司馬制畿封國。」注：「立封于疆為界。」《左傳》隱公元年：「潁谷封人。」杜注：「典封疆者。」卜辭有稱「二封方」、「三封方」、「四封方」。封方，即邊境附近的方國，乃殷人征伐的對象。
　　　　《後上2.16》囗賓祖乙䅈妣己囗于二丰方囗。
　　　　《後上18.2》己酉王卜貞：余征三丰方囗。
　　　　《瀆3.13.1》乙丑卜貞：囗伐四丰方。

444

1692. 　

　　　從弋立於土上，隸作　。《說文》無字。第五期卜辭用作殷王田狩地名；僅一見。
　　　　《前2.27.5》戊戌王卜貞：田　，往來亡災。王占曰：大吉。在四月。茲卻。
　　　　　　獲狂(狼)十又三。

1693. 　

　　　從封於口中，隸作　。《說文》無字。卜辭僅一見，用為田狩地名，與雈同辭。
　　　　《人264》戊☑豎狩☑三日庚辰☑　豕☑獲豕☑二豕。

1694. 　

　　　從屮生長於土上，隸作坣。今寫作往。往字字源有二：一為　，一為　，後因
　　形近同隸作坣。卜辭用為方國出沒地名；僅一見。
　　　　《鹽地62》貞：射　，戋方。
　　射，作動詞解，有攻擊、襲取意。

1695. 　

　　　從艸植於土上，當即　字繁體，亦隸作坣。卜辭用為殷王田狩的邊地名，與
　　地同辭，始見第二期甲文。
　　　　《佚271》甲寅卜，行貞：王其田，亡災。在二月。在自　。
　　　　　　癸丑卜，行貞：王其步自　于　，亡災。

1696. 　

　　　字形未悉。或象屮形。卜辭僅一見；用為納貢地名或族稱。
　　　　《合302》自　十。

1697. 　

　　　即省字省文，讀如協。卜辭用為諸常祀典快要完畢之一合祭。由下列諸文例見　、　通
　　用，乃同文異構。
　　(1)　　《陳50》重　先彭。
　　　　　《掇2.98》貞：王于　彭于上甲入。
　　(2)　　《乙5405》戊午卜貞：婦石　。十月。
　　　　　《前1.41.1》貞：母　。在十月。
　　(3)　　《乙8698》☑蓳☑婦☑　十豹☑女。

445

《續1.16.2》丁酉卜，即貞：后祖乙□牝。四月，

1698. □

　　亦為咎祭字省文，與□、□、□字同。由下列諸文例可互證。
（1）　　《庫231 》□屮牢。
　　　　《甲2207》父庚□又牛。
（2）　　《京4255》□卜貞：□其祝。
　　　　《粹1 》□祖乙祝。重祖丁用，王受又。
（3）　　《甲726 》丁卯卜，于來辛巳酌□。
　　　　《甲755 》乙巳貞：酌其□小乙，茲用□。
（4）　　《誠397 》庚辰貞：辛巳其□自祖□。
　　　　《存2.751 》其自上甲□。

1699. □　　□　　□

　　字形未悉。卜辭用為殷武丁時西南方國，又稱「下□」、「□方」。其族見與望乘、多□、興方、羌人、基方和 □、□ 、攸諸地《巤217 》同辭。
　　《丙11》辛酉卜，殼貞：今春王從望乘伐下□。受屮又。
望乘，是殷人討伐□方必經之附庸地，亦與殷西南的芍方《殷19》、羌人《卜596 》相鄰。
　　《後上31.9》辛丑卜，賓貞，今多□從望乘伐下□。受屮又。
多□是殷西附庸，亦曾助殷致力發展南面領土。
　　《乙5395》辛酉卜貞：往西，多□其致王伐。
　　《甲2303》□曰：□南土。
　　《合151 》□從興方伐下□。
興方是殷初西南外族，參見興方條。
　　《甲3690》辛卯□方于□□余其基□余又不□戈□天邑商。亡□。
　　基方在殷西南方，參見基方條。由上述諸地望比較，是知□方活動於殷的西南一帶。武丁屢次由望乘出擊□方，以誇示其武功。
　　《丙23》辛酉卜，爭貞：王從望乘伐下□。
　　《續3.8.9 》辛巳卜，賓貞：今春王從□乘伐下□。受屮又。十一月。
復派遣邊族多□、興方圍勦，並祈求鬼神降災其族眾。
　　《乙6382》己酉卜，殼貞：□方其屮禍。
其族終降為殷西附庸，納貢牛畜，並遣眾助殷人征戰。
　　《巤334 》癸亥貞：□方以牛。
　　《合集7311》□貞：今春登下□人，呼畫伐□受屮又。
殷人同化其部屬，武丁以後，其地亦淪為殷西邊田狩區。
　　《金25》戊亥卜，尤貞：王其田，亡災。在正月，在□卜。

1700. 𠂤

即屯字。《說文》：「象艸木之初生。」《易序卦》傳：「屯者，物之始生也。」晚期卜辭用為屯師地名。

《後上15.12》癸巳王☒貞：旬亡☒在𠂤師。

字又增水作 川。

《前2.10.6》☒子卜，在☒于 川 往來☒王來征☒。

1701. 𠂤 𠂤

象束骨之形，合二骨為一束，隸作屯字。《廣雅•釋詁三》：「屯，聚也。」卜辭有用本義。

《存2.50》乙亥乞自𩆜五𠂤。小㲃。

《前7.7.2》☒乞自𡀓廿𠂤。小臣中示。兹。

卜骨以屯為單位，二骨為一屯。

《後下33.10》婦杞示七𠂤㞢一𠂤。賓。

《林2.30.12》妻示四𠂤㞢一骨。

前二版均屬骨臼刻辭，記來貢骨版數。示，有貢獻意。「七屯㞢一𠂤」即十五片貢骨，「四屯一骨」共九版貢骨。見貢骨率以二版為一束。殷用貢骨占卜、祭祖：

《乙7128》貞：翌甲午用多𠂤。

《合333》壬戌卜，用侯𠂤，自上甲十示。

「侯屯」，即方國侯伯所進貢的甲骨。示，通作宗。

字復用為春（萅）字省，與 𣍘、𣍘、𣍘 字同。習言「今春」、「來春」。

《前4.6.6》壬子☒貞：今𠂤受年。九月。

《人363》己卯卜，王于來𠂤伐𡦣。

1702. 旾

从日，屯聲，隸作旾。即萅字，今作春，為四季之始。《說文》：「推也。从日艸屯，屯亦聲。」

《戩22.2》于旾彭，王受又。

《存1.1479》旾不雨。

1703. 多

象重肉形，即多字。《說文》：「重也。」《爾雅•釋詁》：「多，眾也。」《史記•五帝本紀》索隱：「多，大也。」《漢書•趙廣漢傳》注：「多，厚也。」卜辭多字亦用作大、眾諸義。

《鐵249.2》丙戌卜，爭貞：今三月多雨。

《乙8816》丙午貞：多婦亡疾。

《菁征5》乙巳卜，爭貞：呼多臣伐呂方，受囗。

多字復用作晚期卜辭中殷婦名，或為殷王妃妾。

《乙8882》壬午貞：婦多亡禍。

《乙8711》貞：婦多妨。

1704.

象置肉於薦几上之形，且亦聲，字由𥃩而𥃩而俎，隸作俎。《說文》：「禮俎也。從半肉在且上。」《國語•楚語》韋注：「俎，即胙。」胙，祭福肉也。《儀禮•公食大夫禮》：「士設俎于豆南，西上牛羊豕魚。」《禮記•玉藻》：「特牲三俎」注：「三俎：豕、魚、腊。」「五俎四簋」注：「加羊與其腸胃也。」

卜辭用本義，習稱「俎牛」、「俎豕」、「俎羊」、「俎牢」、「俎羌人」。

《後上24.4》丁卯卜，丙，尞于河十牛，俎十牛。

由「尞十牛」與「俎十牛」同辭相較，見俎與尞同屬祭祀的方式。尞為焚祭，俎即用作牲肴陳几以薦之祭。

《續1.1.5》貞：尞于土一牛，俎牢。

《零72》翌乙巳俎牝。

《乙6274》勿于父庚豕，俎羊。

字用作動詞為主，亦間有作名詞：用薦几陳祭之意。《士冠禮》鄭玄注：「煮於鑊曰亨，在鼎曰升，在俎曰載。」

《乙6879》貞，王又三羌于俎，不又若。

1705.

從刀且，象用刀切割俎上牲肴之形；或言從匕七取肉之形。隸作刞。字為俎字用作動詞的繁體。由下列諸組文例互較可證。

(1)　　《寧1.178》甲辰貞：重壬子刞祖乙囗。

　　　　《乙9028》囗俎牝母牛。

(2)　　《存1.347》貞：刞羌百囗。

　　　　《京1045》俎牛十。

(3)　　《前6.37.6》囗刞，用百囗。

　　　　《鄴1.33.12》重舊囗二牛用，俎大牢，又征。

(4)　　《人2142》其呼戌御羌方于義，刞，弋羌方，不喪眾。

　　　　《續1.52.2》癸酉俎于義京：羌三人，卯十牛。

1706.

字不可識。卜辭用為附庸名。始見第一期甲文。

《鐵88.1》貞：𣓉取射。

《佚323》囗爭貞：王曰：田𣓉，其執。

448

1707. 〔字形〕

象薦几之形，諸點示血水。字从几聲，即衁字，《說文》：「以血有所刉塗祭也，从血幾聲。」意即割牲用血以釁也，乃祭禮之一種。《月令章句》：「塗以牲血謂之釁。」《大戴禮・諸侯釁廟》：「成廟釁之以羊。」文獻字又作禡，《廣雅・釋天》：「禡，祭也。」《周禮肆師》：「及其祈珥。」注：「祈珥，即禡衈，釁禮之事，以 〔字形〕 為之。」卜辭用本義，血祭也。

《甲59》己亥卜，賓貞：〔字形〕，用來羌。

《甲712》乙卯卜貞：燎禾自上甲六示：牛，小示：〔字形〕羊。

《存2.68》戊申卜貞：〔字形〕酓。

1708. 〔字形〕

象冓籠之形，隸作冓。《說文》：「交積材也。象對交之形。」卜辭僅一見，用為殷婦名，有子。

《粹1243》☑卯卜，婦〔字形〕㞢子。

1709. 〔字形〕

象衣上所繡文飾，即黹字。《說文》：「箴縷所紩衣。从㒸丵省，象刺文也。」《爾雅・釋言》：「紩也。」卜辭僅一見，用為殷婦名。

《庫1231》☑卜，☑〔字形〕幼。

幼，讀如嘉，習稱「娩嘉」，即分娩意。殷人生子曰嘉。

1710. 〔字形〕

象黽鼀之正形，有角，隸作鼀。今人有所謂蟾蜍、田雞、蝦蟆之別，三者同類，均可謂之鼀。卜辭用為殷人祭祀對象，唯未悉是否屬於自然神一類。

《摭續201》甲寅卜，重翌日祀〔字形〕。

比較文例，祀字下所承接的多屬名詞，為受祀的對象。

《存1.257》☑祀祖乙。

《佚860》癸卯王卜貞：其祀多先祖，余受有佑。王占曰：弘吉。

1711. 〔字形〕

象戈擊〔字形〕，東聲。仍隸作〔字形〕，今作誅。字見於第三期以後甲文，東屬後起附加聲符。東，朱形音俱近，《風俗通》：「呼雞曰朱。朱，猶祝祝也。」東字作〔字形〕、〔字形〕；朱字作〔字形〕、〔字形〕。卜辭習言：「又〔字形〕」、「酓〔字形〕」。又，讀如祐，文例多用作「又某牲于某祖妣」，「酓某牲于某祖妣」。可見〔字形〕字當用作外族名，其俘淪為人

449

牲。

《後下33.7》癸亥卜，其酌 [甲骨文] 于沈。

沈，屬河名，乃自然神之一。

《佚625 》☐亥卜，其又 [甲骨文] 。

《甲1569》其又 [甲骨文] ☐于父甲，王受☐。

1712. [甲骨文]

象蠆形。隸作 蠆 。《說文》：「毒蟲也。象形。」晚期卜辭僅一見，用為農地名
。

《後下33.5》癸酉卜，黍禾于 [甲骨文] 。

1713. [甲骨文]

象蟲而有歧角，未審今為何字。晚期卜辭用為方國名。

《粹1535》己巳貞：並沚伐 [甲骨文] ，受又。

1714. [甲骨文] [甲骨文] [甲骨文]

字形不識。卜辭用為晚期祭祀求豐年的對象，與「土」同辭，當屬自然神一類。

《前4.7.8 》癸未卜貞：㞢于 [甲骨文] ：十小宰，卯十牛，年。十月。用。

《卜592 》貞：禘秋于 [甲骨文] 、于土。

1715. [甲骨文] [甲骨文]

象帽形，冠首作捲狀。俗稱軍帽。隸作冑，《說文》：「兜鍪也。」段注：「首鎧
也。今謂之盔。」晚期卜辭用為殷西方國名。

《人363 》己卯卜，王于來屯伐 [甲骨文] 。

屯作 [甲骨文] ，即 [甲骨文] 省，乃春字。「來春」，言明年的春天。

《甲2277》辛丑卜，步 [甲骨文] 伐 [甲骨文] 。五月。

「步豙伐 [甲骨文] 」，即「豙步伐 [甲骨文] 」之倒文。由下列二辭可互證。[甲骨文] 為殷將領。

《林2.14.6》己亥卜，重四月令 [甲骨文] 步 。

《續5.30.12 》丁酉卜，令 [甲骨文] 征 [甲骨文] ，弋。

[甲骨文] 方戰敗，遂淪為俘虜。見與羌人同辭。

《乙8649》☐ [甲骨文] 致羌、 [甲骨文] 。

1716. [甲骨文]

象首飾、冑盔之形。與 [甲骨文] 、 [甲骨文] 形相類，字見晚期卜辭，與「示册」、「祭報甲
」連用；或即首字。有始祭之意。《爾雅‧釋詁》：「始也。」《方言》：「人初生謂

450

之首。」

《續1.5.1 》癸酉王卜貞：旬亡㦡。王占曰：吉。在十月又一。甲戌㛸，示册
　　　其𦥑。唯王三祀。

《明789 》癸巳王卜貞：旬亡㦡。在十二月。甲午𦥑 祭上甲。

1717. 從日申，隸作㘴。《說文》無字。卜辭用為附庸族稱。

《乙1335》㘴 入三，在☒。

《乙2374》㘴 子弘入五。

子弘，為㘴族人子名。

1718. 即良字，篆文作𠅔 。《說文》：「善也。從畗省亡聲。」卜辭用為第一期殷婦名
，有子。

《乙2510》壬辰卜，殼貞：婦𦥑㞢子。

《七T22 》☒爭貞：翌☒酚，婦𦥑☒㞢☒。

及第二期甲文見用為田狩地名。

《前2.21.3》丁巳卜，行貞：王其田，亡災。在𦥑。

1719. 即良字省文，與𦥑同。比較下二文例可證。卜辭亦用為第一期甲骨中婦名。

《續5.20.5》婦𠅔示十。𤇾。

《佚1000》婦𦥑☒示☒。

1720. 象分別相背之形，隸作八。唯形構與陰數八稍異；示專有名詞。第一期卜辭用為婦
名、子名。

《存2.62》庚申婦八示八屯。𤇾。

《京2512》☒子八于☒。

及第五期中用為屯兵地名。

《後上15.10 》癸亥王卜，在八師貞：旬亡㦡。

字有誤同為數目的八。

《乙4514》☒ 八犬、八羊。

1721. 八

象重八之形，別也，八亦聲。隸作𠔁。即兆字。《說文》：「分也。」卜辭用為田狩地名，始見第一期甲文。

《前2.45.1》貞，呼婦姘田于𠔁。

及至四、五期卜辭，地 復用為殷師屯駐和祭祀之所。與戉地同辭。

《合331 》癸亥卜，在戉、𠔁師貞：王旬亡𡆥。

《存2.974 》☐王卜☐𠔁祀☐旬亡𡆥☐占曰：吉。

1722. 㕣 㕣

从八口，隸作公。《說文》：「平分也。」《廣雅・釋詁》：「正也。」晚期卜辭用為殷地名，與 [illegible] 、天邑商、宮、衣、寅林等地同辭。商，即今河南商邱縣。

《綴182 》癸巳卜，在寅林師☐天邑商、㕣、宮、衣☐。

乙丑卜貞：在 [illegible] 、天邑商、㕣、宮、衣茲夕亡𡆥。寧。在九月。

殷人嘗於此地舉行祭祀。

《寧1.140 》于㕣吉。

《存2.791 》☐㕣歲，叀𢦏☐受又。

1723. 谷

从𠔁口，隸作谷。《說文》：「泉出通川為谷。从水半見出于口。」字當與公同。从𠔁从八通用。《說文》訟字或作[illegible]、容字或作[illegible]，頌字或作[illegible]，松字或作[illegible]是。卜辭用為地名，始見第一期甲文。

《前2.5.4 》☐申卜，賓☐在谷☐及☐。

晚期甲文用為田狩、祭祀地。

《佚113 》甲寅卜，王曰貞：翌乙卯其田，亡災，于谷。

辭乃「翌乙卯其田于谷亡災」的倒文。

《後下3.3 》☐申卜貞：☐賓谷☐歲亡尤。

1724. 𢆉

即辛字；與𢆉同。《說文》：「罪也。从干二。讀若愆。」引申有禍害意。

《前6.40.4》貞：㞢𢆉口。

卜辭貞問王口是否有患。

《續4.30.5》貞，婦好㞢𢆉。

《鐵171.3 》☐ [illegible]，父乙弗𢆉。

謂用人牲活埋，祈求父乙免禍。

晚期卜辭中字復用作地名。

《鄴3.45.10 》☐二骨乞自𢆉。

1725. 從宀辛，隸作宰。即辛字繁體。卜辭用為地名。

《庫474》☑自宰。

1726. 當即辛字異體。屬地名。由下二文例亦可互證與辛同字。

《粹1530》☑骨乞自辛。

《鄴3.45.10》☑二骨乞自辛。

1727. 從木火，字乃焚字省文；參見焚、焚、焚。卜辭見「焚岳」、「焚山」，字有用火燒木以祭之意。

《庫1107》己卯卜，㞷，焚岳，雨。

辭謂焚祭岳神以求雨，乃「焚岳，㞷雨」之倒文。

1728. 從又持火柱。亦為焚（焚）字省文。與焚用法相同，互較下列二組文例可證。

(1) 《掇2.159》甲申卜，焚十山。

《庫1107》焚十山。

(2) 《掇2.159》丙子卜，焚契，雨。

《庫1107》己卯卜，㞷，焚岳，雨。

焚、焚 都是用作持火柱祭神求雨之意，形構與焚、焚字雖同隸定為焚，唯用法稍異。 後者主要是用於田狩卜辭；焚木以逐獸圍獵。

1729. 象手持火杖燒林。即焚字。與焚字同。《說文》：「燒田也。」卜辭用本義，屢見焚某地、焚某山麓以擒捕走獸。

《摭續121》王其焚兌西菜。王于東立，犬出，擒。

《人2052》重又西焚，亡戋。擒。

《甲598》☑寅卜，王重辛焚麓，亡☑。

1730. 從宀從焚省，隸作宷。《說文》無字。字始見第一期甲文，用為地名或族稱。

《前4.29.1》☑自宷。

453

1731. 𢍠

　　从人，即允字，《說文》：「信也。从儿㠯聲。」《爾雅・釋詁》：「誠也。」字有誠然，果然之意，主要用在卜辭的驗辭中。唯鮮見於第四、五期卜辭。

　　　　《乙5303》辛亥卜，爭貞：翌乙卯雨。乙卯𢍠雨。
　　　　《存附8 》甲申卜，㱿貞：婦好冥（娩），不其㚔。三旬㞢一日甲寅冥，允不㚔。
　　　　《合94 》貞：于翌甲辰用羌。允用。
　　　　《粹1071》☒卜，㱿貞：呂方允㦰戈。
　　　　《合272 》壬午卜，㱿貞，亘允其㦰殸。

　　前二辭乃省文，是「呂方㦰？允㦰戈。」、「亘㦰？允其㦰殸。」之省略重疊的動詞例。

1732. 𢍠

　　从允公，允亦聲，隸作 𦔮 。《說文》無字。卜辭用為田狩地名。

　　　　《前8.9.4 》翌日王重𢍠田，亡㦰。擒。

　　「𢍠田」，即「田于 𦔮 」的倒文。

　　　　《摭續121 》王其焚𢍠西麓。王于東立，犬出。擒。

1733. ‖

　　从二豎，隸作‖。《說文》無字。卜辭用為祭地名。

　　　　《前1.53.2》㞢于 ‖。
　　　　《粹1235》☒王☒乙丑其又彡歲于祖乙：白牡。王在‖卜。

1734. 𠂤 𠂤

　　从‖丁，即兮字，篆文作 𠔏 。《說文》：「語所稽也。从丂八，象气越亏也。」《廣雅・釋詁》：「詞也。」晚期卜辭中用為祭地名，又稱「南兮」。

　　　　《甲2562》丁酉王卜，在𠂤貞，☒其以☒。
　　　　《甲690 》乙亥貞：來甲申酚禾㚔于 𠂤，桒。
　　　　《後下3.16》于南 𠂤。

　　卜辭有習見「𠁣兮」，即「郭兮」，在中日和昏之間，乃下午三至五時一段時令的專稱。

　　　　《甲547 》中日至敦𠂤啟。

　　𡱀，即啟；有放晴之意。

　　　　《粹717 》敦𠂤至昏，不雨。

454

1735. 屮勻

　　从屮勻，隸作㫗。《說文》無字。或即勻字繁體。卜辭用為求豐年之祭地名。

　　　　《摭1.550》乙亥卜，其寧秋于屮勻。

　　　　《庫1644》☑彰，秦禾于屮勻。

1736. 三

　　从三橫，數也，二與一為三。隸作三。《說文》：「天地人之道也。」殷人習用三數，如三軍、三卜、三牢等。

　　　　《六元133》乙卯卜，賓貞：三卜，王往☑于陀京。若。六月。

　　　　《佚855》☑犧☑三牢于岳。十月。

　　三又有譌同為乞（乞）。讀如迄，止也、至也。

　　　　《菁6》王固曰：业希。其业來艱，三至九日辛卯允业來艱自北，收、敏、妨告曰：土方侵我田十人。

1737. 彡　彡

　　隸作彡。象鼓聲彭彭，即肜字。有相尋不絕之意。《爾雅·釋天》：「繹，又祭也。周曰繹，商曰肜，夏曰復胙。」《尚書·高宗肜日》偽孔傳：「祭之明日又祭。」卜辭肜字用為擊鼓之祭典，屬殷五種定祭之一；居翌、祭、㲈、劦之後，儀式最隆重。習稱「肜日」、「肜夕」、「肜龠」。

　　　　《粹176》丁未卜，允貞：王賓大甲，彡亡尤。在正月。

　　　　《戩6.5》丙午卜，行貞：翌丁未彡于父丁，亡冬。在七月。

　　　　《摭21》癸丑卜，王貞：旬亡禍。在五月。甲寅彡小甲。

　　　　《前1.18.3》丁未卜貞：王賓武丁，彡日亡尤。

　　　　《林1.12.8》甲辰卜貞：王賓小甲，彡日亡尤。

　　　　《續1.23.5》癸巳王卜貞：旬亡　。王占曰：吉。在六月。甲午彡羌甲。唯　　　　　　王三祀。

　　卜辭祭祀先祖，往往與干支相匹配，即甲日祭某甲，乙日祭某乙，丙日祭某丙，餘類推。如肜祭有言「肜日」之祭，所祀對象相率與當日干支相對。唯「肜夕」之祭則於甲日祭某乙，乙日祭某丙，乃於是夜祭次日當祭先祖之儀式。

　　　　《前1.13.5》己未卜貞，王賓南庚，彡夕亡尤。

　　　　《前1.16.4》己丑卜貞：王賓般庚，彡夕亡尤。

　　　　《存2.866》癸酉卜貞：王賓大甲，彡夕亡☑。

　　因知肜祭之前夕，有「肜夕」之祭。肜祭之明日則有「肜龠」之祭。奏管龠與鼓聲相和，或為當日肜祭之實況。

　　　　《粹226》乙巳卜，旅貞：王賓戔甲，彡龠，叙☑？

　　　　《佚397》戊戌卜，尹貞：王賓父丁，彡龠，亡禍？

乙巳日為甲辰肜祭戔甲之次日；戊戌日為丁酉肜祭父丁（武丁）之次日。是知肜禽當屬肜祭次日之祭。因知肜祭過程有三：肜夕屬前祭迎神之典，肜日是正祭，而肜禽則屬送神之祀。五種祀典中，前翌後肜都是單獨舉行，而中間的祭、璽、劦則是交叠舉行的。

1738. 𠬝

　　象斲錫形，隸作易。卜辭習稱「易日」，即「暘日」。暘，示天晴。《說文》：「日覆雲暫見也。」

　　卜辭暘與雨對貞。

　　　　《丙56》☒未卜，爭貞：翌甲申(易)日。止(此)月夕坐食。甲霧，不雨。翌甲申不其(易)日。

　　　　《合303》丙寅卜，㱿貞：來乙亥不其(易)日。王固曰：吉。乃兹，不(易)日。乙亥允不(易)日，雨。

　　　　《鐵193.2》☒卜，出☒丁酉☒𠬝日☒不雨。八月。

　　字又借為賜字，予也，惠也。吉金文有作錫。

　　　　《佚518》壬午王田于麥麓，獲商戠豕。王(易)宰丰寢。小楷祝。在五月。唯王六祀肜日。

　　　　《南坊3.81》☒(易)貝二朋。一月。

　　字復借為瘍。《廣雅·釋詁》一：「病也。」

　　　　《前6.32.1》甲子卜，㱿貞：王疾齒，亡(易)。

　　又用為族稱或人名。

　　　　《乙8001》𠬝入廿。

1739. ⼩

　　象三小點，隸作小。《說文》：「物之微也。」與大相對，如：小示、大示；小子、大子；小宗、大宗；小采、大采；小雨、大雨；小吉、大吉；小牢、大牢；小方、大方等是。

　　　　《粹1004》丁至庚不轟(小)雨。

　　轟，讀如遘，遇也。

　　　　《人1894》重小牢。王受又。

　　　　《佚131》己丑卜，在(小)宗又夕，歲自大乙。

　　𩰚(⼩)借為祿，除疾之祭也。

1740. ⼩

　　象諸小點，隸作少。結體與小同，實亦大小之小字。由以下「小雨」、「小牢」、「小宰」、「小臣」諸文例可證。

　(1)　　《續4.6.1》☒雨。此夕妣。丁酉允雨(少)。

　　　　《續4.12.1》癸卯卜貞：夕亡禍。此夕雨(少)。

(2)　　　《南明490 》岳夒小宰，卯牛。

　　　　　《前2.21.4》癸酉卜貞：夒于祊：五小宰，卯五牛。

(3)　　　《明410 》己巳卜，亡小臣其取又。

　　　　　《乙2835》貞：小臣允生。

1741. 中　才

　　即才字，篆文作才，《說文》：「艸木之初也。从丨上貫一，將生枝葉。一，地也。」字讀如在。於也，下接某地、某王或某月。《廣雅‧釋詁》二：「在，居也。」

　　　　　《文187 》辛丑卜，王，才正月。

　　　　　《撫讀64》丁未貞：重今夕酚，卯。才父丁宗卜。

　　　　　《遺758 》甲戌卜，賓貞：才易牧獲羌。

1742. 才口

　　字為「才口」二字合文，即「在口」。口用為地名。殷人於口地建邑。排比下二文例可證。

　　　　　《丙86》庚午卜，丙貞：王勿作邑才口。茲帝若（諾）。

　　　　　《合287 》丙戌子卜貞：我亡作口。

1743. 乂

　　即乂字。《說文》：「木本，从氐大於末，讀若厥。」羅振玉釋其形為矢括，說詳郭沫若《金文餘釋之餘》頁廿八。卜辭借為祐，祀也；有刮除災禍之意。與《說文》禬字相略：「除疾殃祭也。」

　　　　　《卜255 》丁卯卜，爭貞：生乂于祖乙：宰、羌三人。

　　　　　《甲750 》癸亥貞：又乂于上甲，轟雨。

　　　　　《佚78》甲辰卜，乂二伐祖甲。歲，二牢用。

　　伐，即人牲。謂祐祭於祖甲，用人牲二，復行歲祭，用二牢。

1744. 笜

　　从竹畢聲，隸作笜。《說文》無字。字復增辵作𨒅。晚期卜辭用為田狩地名。

　　　　　《綴174 》乙巳卜貞：王其田笜，亡𢦏。

　　　　　《金401 》重王射笜鹿，亡𢦏。擒。

1745. 用

　　即用字。獨體，象鐘甬之形，篆文作用，或作甬。《說文》：「可施行也。从卜从中。」《倉頡篇》：「用，以也。」《方言》六：「用，行也。」殷代占卜多一事

457

以三卜之例。

　　　　《乙3558》丙辰貞：余 [甲骨文] 三卜。

殷人習稱「用某牲于先祖」，均指用祭之意。

　　　　《合248 》貞：勿 [甲骨文] 二小宰于 [甲骨文] 。

　　　　《合272 》乙巳卜，殼貞：㞢于祖乙：一牛， [甲骨文] 。

　　　　《續1.44.1》丁卯卜， [甲骨文] 奴于兄己。

驗辭中又稱「茲用」、「吉，用」，即祭牲果為先祖鬼神所接受之意。

　　　　《寧1.392 》弘吉。茲 [甲骨文] 。王擒豚卅又七。

　　　　《鄴3.37.5》大吉。茲用。允大啟。

　　　　《遺391 》丁未卜貞，父丁祊其牢。在十月又一。茲 [甲骨文] 。唯王九祀。

1746. [甲骨文]

　　　　從臼持用於土。用，象犁耕器。隸作 [字] ，讀如耰，耕田用力反土也。卜辭習言「 [字] 田」。

　　　　《前7.3.2 》甲子卜，㔾貞：令受 [甲骨文] 田于囗方。

　　　　《甲3510》癸巳卜，賓貞：令眾人囗入囗方囗 [甲骨文] 田。

「眾」為殷耕種主要的勞動力來源。

　　　　《後下41.15 》弜 [甲骨文] ，弗受又年。

1747. [甲骨文]

　　　　象胎之本形，即㠯字。今作以。《說文》：「用也。」《漢書‧劉向傳》注：「由也。」《左傳》定公十年：「封疆社稷是以。」注：「猶為也。」卜辭「以」主要作「用」解。

　　　　《庫1001》己卯貞：令 [甲骨文] 眾伐龍，戈。

　　　　《摭續2 》丁卯貞： [甲骨文] 羌于父丁。

　　　　《南明499 》癸亥貞：召方 [甲骨文] 牛其登于來甲申。

亦有釋作由，或借為祀。

　　　　《粹227 》其盤 [甲骨文] 小示。

辭謂此次血祭由小宗開始，或是用來祭祀小宗的。

1748. [甲骨文]

　　　　從水ㄑ豕。《說文》無字。晚期卜辭用為地名；僅一見。

　　　　《續3.27.6》囗巳囗貞：王囗于 [甲骨文] 囗來，亡災。

1749. [甲骨文]

　　　　象窗飾。隸作囧，篆文作 [篆] ，《說文》：「窗牖麗廔闓明也。讀若獷，賈侍中說讀

458

與明同。」《蒼頡篇》：「囧，光也。」《廣雅‧釋詁》四：「囧，明也。」卜辭用為
殷耕地名。

《前5.20.2》戊寅卜，賓貞：王往，致眾黍于囧。

《後下23.5》己巳貞：王其登南囧米，重乙亥。

登，獻也。「登南囧米」，即以南囧地所產稻米為獻祭品。

1750. 乎

　　象氣出，隸作乎。《說文》：「語之餘也。从兮。ノ，象聲上越揚之形。」卜辭用
作動詞，即評字，有號令意，《說文》：「召也。」

《前4.31.3》乎多臣伐呂方。

《金526 》乙未卜，般貞：大甲乎王羍𢼸‧十月。

呼字通常應用於複合語句之中，作為前置主句的動詞，其後多緊隨一補充語性質的賓句
，如「呼某伐某方」、「呼某逐獸」、「呼某征某地」等，而補充賓句的主詞一般又有
省略的現象，於是以一類似複合動詞的形式出現，其下緊接另一及物動詞，如：呼往，
呼伐，呼來，呼令，呼征，呼从，呼出，呼圍，呼戍，呼藝，呼奠，呼祝，呼田，呼黍
等。

《前6.60.6》癸卯卜，賓貞：重苗乎令征壱羌方。七月。

《續1.10.3》貞：登人三千，乎伐呂方，受屮又。

《鐵59.2》重般乎田于并。

《天55》貞：乎黍于北，受年。

「呼田」、「呼黍」，言令耕作、令種黍；田、黍二名詞當動詞用。

1751. 𢆶

　　𢆶與乎字近，有增手作𢆶。早期卜辭用為族名，其酋稱侯。曾與殷相互攻伐。

《佚604 》甲辰卜，雀戈𢆶侯。

　　　　☑辰卜，𢆶侯戈雀。

𣏰，即屮，乃戈字，今作災。

《甲622 》甲子卜，王从東弋𢆶侯，戈。

弋、用作動詞，有攻擊之意。其族或在殷東。

1752. 卜

　　即卜字。《說文》：「灼剝龜也。象灸龜之形。」按丨象龜坼，一象楚焞，一曰象
龜兆紋之縱橫。其形為甲骨上卜兆，其音則源自灸龜爆裂之聲。卜辭多用作動詞，見兆
問吉凶也。讀如咵。《說文》：「卜以問疑也。从口卜。」俗作乩。與占同意。《說文
》占：「視兆問也。」字多處干支之下，貞人或貞字之前。

《乙8669》戊寅卜，爭貞：翌己卯其雨。

《前4.40.7》庚子卜，賓，翌辛丑屮告麥。

459

《粹975 》壬午〔卜〕貞：王其田喪，亡戋。

殷人尚鬼神，帝王除在平日有日卜、夕卜，出巡於外更是屢問吉凶。殷王在外問卜之地有：〔字〕《前2.19.1》、〔字〕《文720 》、〔字〕《佚792 》、〔字〕《粹300 》、沚《文685 》、止《金25》、〔字〕《文398 》、〔字〕《京3641》、〔字〕《文121 》、〔字〕《陳61 》、〔字〕《佚271 》、丘〔字〕《南明395 》、〔字〕《南明395 》、〔字〕《文456 》、〔字〕《文722 》、‖《誠152 》、析《文721 》、〔字〕《人1593》、〔字〕《粹1326》、〔字〕《通729 》、〔字〕《文676 》、〔字〕《摭2.386 》、〔字〕《人2504 》、〔字〕《鄴3.40.10 》、〔字〕《粹1578 》、〔字〕《誠367 》、〔字〕《文702 》、〔字〕《寧1.346 》、〔字〕《寧1.340 》、〔字〕《人2165 》、〔字〕《後下20.10 》、〔字〕《京2788》、〔字〕《摭續306 》。上述多為殷王出巡、祭祀、田狩地。殷人征戰亦每必卜吉，故亦多見在屯師地問卜，如：自〔字〕《文690 》、自〔字〕《佚395 》、自〔字〕《京3326》、自〔字〕《文225 》、自〔字〕《後上13.2》、自〔字〕《文710 》、自〔字〕《文718 》、自尤《南南2.189 》、自直、自〔字〕《文782 》、自〔字〕《文180 》、自〔字〕《京3648 》、〔字〕《寧1.427 》。

《金25》戊辰〔卜〕，尢貞：王其田，亡災。在正月。在止〔卜〕。

《誠152 》☑乙丑其又〔字〕歲于祖乙：白牡。王在‖〔卜〕。

《文225 》辛卯〔卜〕，王，在自〔字〕〔卜〕。

《寧1.427 》丁未貞：王征召方。在〔字〕卜。九月。

殷人卜問鬼神，每事多重復卜問三次。

《甲544 》癸酉〔字〕貞：旬亡禍。三〔卜〕。

《乙3558》丙辰貞：余用〔卜〕三。

《鄴1.33.11 》乙卯〔卜〕，賓貞：三〔卜〕，王往征于〔字〕京，若。六月。

首卜稱「元卜」。

《續1.39.9》庚申卜，旅貞：重元〔卜〕用。在二月。

有言「習卜」，即重卜。重復卜問該事之意。

《甲920 》習一卜。

《佚220 》習二卜。

《粹1550》☑〔卜〕，習〔字〕一〔卜〕☑。

除三卜之習外，晚期卜辭復間有「四卜」、「五卜」，「六卜」之例。此見殷末對事情決定之審慎或對卜問事情的猶疑未決。

《外30》丁巳〔卜〕，王貞：四〔卜〕，呼从圍方。允獲。

《甲268 》用五卜。

《乙5399》戊子〔卜〕，用六〔卜〕。

1753. 〔字〕

从口卜，隸作占。《說文》：「視兆問也。」《廣雅·釋詁》二：「視也。」《漢書·韓安國傳》注：「問也。」《荀子賦》：「請占之五泰。」注：「驗也。」《左傳》哀公九年「晉趙鞅卜救鄭，遇水適火，占諸史趙、史墨、史龜。」見文獻有眾史官共占一事之例。卜辭用本義。

460

《濱5.7.5》己酉卜，王占娍冥（娩），尤其于一月。

辭意謂殷王為妃妾娍卜問身娩的時間，由檢視兆象推測是在一月生。驗辭謂果然是在一月誕下嬰兒。

1754. 屮

　　本義不識，戰國中山王墓出土屮型禮器，其用不詳，未悉與屮字本形有關連否。字在卜辭作有，作又，作祐，作祄解。

(1) 屮，讀如有，與亡對文。

　　　《丙87》貞：屮來自西。

　　　　　　亡其來自西。

　　　《合308》貞：炆，屮雨。

　　　　　　勿炆，亡其雨。

　　　《合302》貞：犬追亘，屮及。

　　　　　　犬追亘，亡其及。

(2) 屮，讀如又，多用於數量詞中。作連詞。

　　　《乙764》☒擒。壬申允狩，擒獲 六，豕十屮六，兕百屮九屮九。

　　　《菁5》☒戌 申方亦圍，俘人十屮六人。六月在☒。

　　　《甲2124》貞：宰屮牛。六月。

　　　二牛為一牢；宰屮牛，即三牛。

(3) 屮，讀如祐，神助也，福也。

　　　《粹1298》壬戌卜，我弗入商。我又屮。

(4) 屮，讀如祄，即侑，有勸助之意。《詩經·楚茨》：「以妥以侑。」傳：「勸也。」《爾雅·釋詁》：「酬、酢、侑，報也。」《周禮·膳夫》：「以樂侑食。」侑祭，乃奏鐘鼓以勸食之祭。

　　　《佚598》甲申卜，介貞：屮父乙：一牛，用。八月。

　　　《遺349》丙午卜，出貞：翌丁未其屮于祄。

　　　《寧2.35》乙巳屮于祖乙，屮一牛。

1755. 屮　　屮

　　即屮字晚期異體，屬第四、五期字。由下列文例的字形互證得之。

(1)　　《京2988》☒屮禍奴，亡禍。若。

　　　《丙29》貞：前往來其屮禍。

(2)　　《乙7543》丁亥貞：屮疾。

　　　《乙4071》乙巳卜，般貞，屮疾腹。

(3)　　《合30》壬辰卜，屮彳歲祖☒。

　　　《前3.23.4》乙卯卜，尤貞：屮卜歲于唐，亡屯。十二月。

(4)　　《甲202》乙亥卜，屮事。

　　　《乙4064》辛未卜貞：屮事。

1756. 𢏘

即尤字。《說文》：「異也。从乙又聲。」尤有罪過、不是之意。《中庸》：「下不尤人。」《論語》：「則寡尤。」《詩經・四月》：「莫知其尤。」尤均訓過也，非也。《史記屈賈列傳》：「般紛紛其離此尤兮。」索隱：「怨咎也。」卜辭多用怨尤、過失意。

> 《前1.4.5》丁未卜貞：王寅大丁，祭亡𢏘。
> 《合49》壬戌卜，王貞：今夕亡𢏘。
> 《粹1270》丁亥卜貞：其屮𢏘。十二月。

1757. 于

隸作于。篆文作亏。《說文》：「於，詞也。象气之舒于。从丂从一。一者其气平也。指事。」卜辭用與文獻的「於」同，作介詞。

> 《鄴1.38.5》貞：藝，奉至于丁，于兄庚。
> 《後上7.11》甲申卜，即貞：其又于兄壬、于母辛宗。
> 《佚146》癸巳貞：即夌于河，于岳。

復用為連詞，與也。

> 《粹1175》丁卯卜，般貞：王羣缶于蜀？
> 《甲10》即夌報甲于唐？

又用為動詞，有往意。

> 《粹1069》壬寅卜，王于商？
> 《乙1355》王使人于沚，若？

晚期卜辭字又增作𢍀。

> 《甲3941》在九月唯王☑己亥王田𢍀羌。
> 《文299》☑王☑祭𢍀祖丁☑壱在禍。

1758. 卯 卯 卯

隸作卯。《說文》：「冒也，二月萬物冒地而出，象開門之形。」卜辭除用為地支外，主要作為動詞，借為劉。《爾雅・釋詁》：「劉，殺也。」《方言》：「劉，殺也。」《尚書・盤庚篇》、《詩經武勝篇》、《左傳》成公十三年傳皆訓劉為殺。卜辭習言「卯若于牲」於某祖，意亦為剖殺牲口。

> 《遺633》癸丑貞：其又祊于上甲，其卯于大乙：六牛。
> 《乙2854》辛未卜，卯于祖乙：牡、豕。
> 《乙6408》貞：來乙亥酚祖乙：十伐屮五，卯十宰。

晚期卜辭字復借用為地名，與𢍀地同辭。

> 《前2.10.4》☑卜，在卯貞：☑王步☑𢍀，亡災。

462

1759.

　　即子字，見晚期甲骨文。字復作 朁、朁、朁、屶 ；與早期 屶 形稍別。象子襁褓之形，从囟有髮；與《說文》籀文子作 朁 形近。殷文均借作地支之首。

　　　　《佚911》甲 朁 卜，王自大乙祝，至祖乙。

　　　　《後上1.8》甲 朁 卜貞：王賓示癸，酺 妣甲，壹亡尤。

1760.

　　即而字。象頰毛之形。《說文》：「須也。」早期卜辭用為附庸方國名，其酋封伯名龜。

　　　　《乙2948》貞：王重 川 伯龜从伐囡方。

　　位處殷西，與羌同辭。

　　　　《後下38.7》囡虎囡乘羌囡獲廿屮囡五 川 二囡。

　　復用為殷祭地名。

　　　　《鹽人26》囡辛囡夔于 川 囡莫。

1761.

　　象虹蜺之形，隸作虹。虹，《說文》：「蟛蝀也。」《春秋元命苞》：「陰陽交為虹。」即今言雨與日相薄而成虹。蜺，《說文》：「屈虹，青赤或白色陰氣也。」《說文通訓定聲》：「雨與日相薄而成光，有雌雄。鮮者為雄虹，闇者為雌蜺。」經傳多作蜺字。《楚辭·天問》：「白蜺嬰茀。」注：「雲之有色似龍者也。」卜辭用本義，虹見於雨後。

　　　　《乙8503》囡九日辛亥日酚，大雨自東囡 虹 西囡。

　　　　《菁4》王固曰：屮祟。八日庚戌屮各雲自東面母，昃亦屮出 虹 自北，飲于河。

1762.

　　象豕首之形。《說文》無字。卜辭用為地名。與第一期殷將須 朁 同辭。

　　　　《後下14.17》囡令 朁 往于 彔 。

1763. 丁

　　隸作丂。《說文》：「气欲舒出，勹上礙于一也。」晚期卜辭用為殷地名。

　　　　《存2.340》丁酉卜貞：在 丁 妥來囡二人征囡祊用。

　　　　《前2.7.4》囡在 丁 囡步于囡亡災。

1764. 甾

或象其類乘器之形。字形未悉。晚期卜辭中用為殷西邊地名，與盂方同辭。

《前2.38.2》☑余一人☑田甾，征盂方☑自上下于☑示☑。

《陳92》戊戌王卜貞：今☑↓盂方☑册酉田☑余一人☑田甾，征☑自上下于☑。

1765. 弗

即弗字。晚期甲文有作 弗、弗 形。《廣雅·釋詁》四：「弗，不也。」《公羊傳》桓公十年：「弗者，不之深也；與用非、勿略同。」卜辭亦用作否定詞。弗、屮對貞。

《人62》貞：帝弗令雨。

《庫1542》丁酉卜，貞：子弗疾？屮疾？☑月。

《佚921 》癸亥卜，出貞：丁卯子吕弗疾？屮疾？

1766. 亡

即亡字，獨體。《說文》：「逃也。从入乚，會意。」經傳有借為無，無、亡一聲之轉。卜辭亦用「無」意，與屮(有)對貞。

《合315 》貞：呼婦往，亡得。

貞：呼婦往，其屮得。

《金638 》呼舞，亡雨。

呼舞，屮雨。

1767. 𢼄

字形不識。晚期卜辭用為地名；與大邑商、公、宮等地同辭。僅一見。

《戩182 》乙丑卜貞：在𢼄、大邑商、公、宮衣，茲夕亡𢽠·寧。在九月。

1768. 北

字形不識。晚期卜辭用為地名。字與癹商、爵諸地同辭；僅一見。

《前2.3.5 》癸未卜貞：王旬亡𢽠·在七月。王征癹北、商。在爵。

1769. 多

从二肉，隸作多。形與弓稍異而意別。卜辭用本義，祭肉。與牢、奴、人牲並薦於祖廟。

《前8.12.6》戊寅卜貞：三卜，用血二宰，昚伐廿☑邑，卅牢，卅奴，二多于妣庚。

464

《後上21.10 》☑來庚寅酌，血三羊于妣庚☑昔伐廿﨟卅牢卅奴三 ⚇ 。

1770. ⿴

字形不識。卜辭用為婦名，僅一見。
《掇1.342 》婦 ⿴ 來。

1771. 帶

字形不識。卜辭用為祭地名；僅一見。
《庫1047》于 帶 炆。
炆，示焚活人牲以祭。

1772. ⚲

象矛形。或隸作矛。《說文》：「酋矛也。建於兵車，長二丈。象形。」卜辭用為
祭地名；僅一見。
《乙8177》貞：尞于 ⚲ 。

1773. ⿰

字形不識，或隸作可。《說文》：「肎也。从口乙，乙亦聲」段注：「肎者，骨間
肉肎肎箸也。」卜辭用為西邊地名，與召方同辭。
《京4387》己亥 貞：三族王其令追召方，及于 ⿰ 。
「三族王其令追召方」，乃「王其令三族追召方」之倒文。

1774. ⚵

字形不識。卜辭作為用牲的祭地名；僅一見。
《前5.1.5 》⚵ 用。
由文例：「于某用」、「某用」，某多作祭地名用可證。

1775. ⿺

从二凵相聯。《說文》無字。卜辭僅一見，字屬晚期甲骨文，用為殷祭地。
《合279 》辛未卜，重庚辰用牛于子庚。于 ⿺ 用。

1776. ⚺

象人持戈。或即 ⚺ 字繁體，擊也。卜辭作為地名。僅一見。

465

《前2.10.2》☑在 [甲骨文] ☑衣逐☑在九月。

1777. [甲骨文]

或象老之側形，亦隸作老。卜辭用為殷王田狩地名。僅一見。

《鹽游99》辛巳卜☑王田 [甲骨文] ☑來亡災。

1778. [甲骨文]

象獸形。字形未審。卜辭用為地名；僅一見。

《林1.26.15》☑卜，在 [甲骨文] ☑今夕亡㤔。

1779. [甲骨文]

字形不識。卜辭用為殷地名，或為殷王田狩地；僅一見。

《存1.723》貞：呼田于 [甲骨文] 。

一九八七年閏六月初二稿。

466